Baden-Württemberg

Deutschbuch

Differenzierende Ausgabe

Servicepaket

4

Herausgegeben von
Christa Becker-Binder und
Christian Weißenburger

Erarbeitet von
Carolin Bublinski
Carmen Collini
Dorothea Fogt
Agnes Fulde
Andreas Glas
Peter Heil
Isabelle Kunst
Tanja Seidelmann
Yvonne Streb
Christian Weißenburger
Michaela Wenk

Cornelsen

Inhaltsverzeichnis

Inhalt der CD-ROM

Auf der dem Buch beiliegenden CD-ROM finden sich sämtliche Seiten des Servicepakets zum Ausdrucken als PDF-Datei und als editierbare Microsoft®-Word®-Datei.

Die Microsoft®-Word®-Dateien erlauben es, Musteraufsätze und Vorschläge für Tafelbilder zu den Inhalten des Schülerbands wie auch Klassenarbeiten, Tests, Projekte und Kopiervorlagen problemlos den Anforderungen des Unterrichts anzupassen, indem einzelne Aspekte oder ganze Aufgaben geändert, zusätzliche Lernschritte eingefügt oder Teilaufgaben gestrafft werden und so das Anschauungs- und Übungsmaterial passgenau auf die Lerngruppe zugeschnitten wird.

Außerdem bietet die CD-ROM:

Bewertungshinweise zu den Klassenarbeiten und Tests mit Lösungshinweisen

Lösungshinweise zu den Kopiervorlagen, mit denen sich die Arbeitsblätter auch zum selbstständigen Wiederholen und Üben einsetzen lassen

PowerPoint-Folien mit Bildern, Grafiken und Übungseinheiten für Whiteboard, Beamer und Overheadprojektor:
- „Was zum Teufel ist Wasser?" – Einen Begriff bestimmen
- Ein Diagramm auswerten
- Medien früher und heute
- Den Aufbau einer Argumentationskette kennen
- Ein Protokoll anfertigen
- Zukunftsvisionen – Lebensentwürfe beschreiben
- Traumberufe – Personen beschreiben
- Dort könnte ich mal arbeiten – Orte beschreiben
- „Wir bieten …" – Eine Anzeige auswerten
- „Darf ich mich vorstellen?" – Sich in einem Gespräch präsentieren
- An seine Grenze gehen – Bericht und Reportage
- Entscheidende Momente
- Die Kurzgeschichte im Interview
- Eine Figurenkonstellation skizzieren
- Ich im Hier und Jetzt
- Sprachliche Bilder verstehen
- „Wilhelm Tell" – Ein Drama untersuchen
- Zeichen zur Vorbereitung eines Vortrags
- Den Aufbau eines Zeitungsberichts kennen
- Wortarten wiederholen
- Vergangenes durch Verben ausdrücken
- Verben im Aktiv oder Passiv
- Den Konjunktiv II verstehen und bilden
- Konjunktiv I in der indirekten Rede
- Grammatiktraining – Satzgefüge
- Partizipialsätze
- Infinitivsätze
- Infinitivsätze international – Sprachen vergleichen
- Rechtschreibstrategien anwenden
- Kommas richtig setzen
- Rechtschreibwissen anwenden
- Glücklich sein – Texte auswerten, Lernstrategien anwenden
- Diagramme entschlüsseln und auswerten

Eine komplette Jahresplanung
mit einer detaillierten Gegenüberstellung der Teilkapitel im „Deutschbuch" und der Kompetenzbereiche
des Lehrplans

Verwendete Zeichen

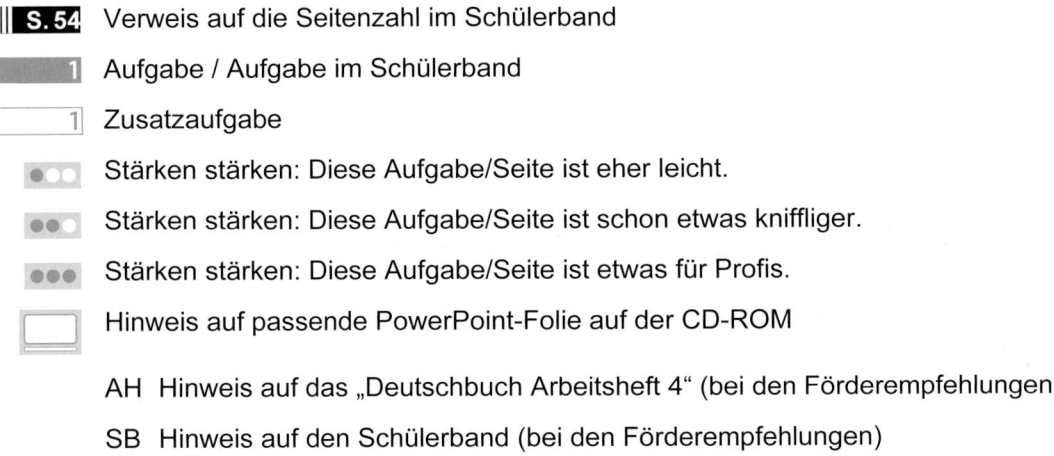

S. 54 Verweis auf die Seitenzahl im Schülerband

1 Aufgabe / Aufgabe im Schülerband

1 Zusatzaufgabe

●○○ Stärken stärken: Diese Aufgabe/Seite ist eher leicht.

●●○ Stärken stärken: Diese Aufgabe/Seite ist schon etwas kniffliger.

●●● Stärken stärken: Diese Aufgabe/Seite ist etwas für Profis.

  Hinweis auf passende PowerPoint-Folie auf der CD-ROM

AH Hinweis auf das „Deutschbuch Arbeitsheft 4" (bei den Förderempfehlungen)

SB Hinweis auf den Schülerband (bei den Förderempfehlungen)

KV Hinweis auf das Servicepaket (bei den Förderempfehlungen)

Vorwort

1 Zur Grundkonzeption des Lehrwerks

Das „Deutschbuch" ist ein **integratives** Lehrwerk, das die Vermittlung der Inhalte des Faches Deutsch eng mit der Ausbildung und Entwicklung von **Schlüsselkompetenzen** verknüpft. Der Erwerb und die Weiterentwicklung der Kompetenzen werden als **Prozess** verstanden, der sich über den gesamten Bildungsgang in der Sekundarstufe I erstreckt und ggf. in der Kursstufe im Sekundarbereich II fortgesetzt wird. Damit folgt das „Deutschbuch" den Intentionen und Vorgaben des Bildungsplans, der die Kompetenzbereiche in prozessbezogene und inhaltsbezogene Kompetenzen gliedert, aus denen sich die Bildungsstandards für das Fach Deutsch entwickeln. **Den prozessbezogenen Kompetenzen** sind die inhaltsbezogenen Kompetenzen der Bereiche „**Sprechen und Zuhören**", „**Schreiben**" und „**Lesen**" zugeordnet. Bei den **inhaltsbezogenen Kompetenzen** werden im Bildungsplan die Inhalte und Standards des Faches Deutsch benannt. Dieser Bereich gliedert sich in „**Texte und Medien**" und „**Sprachgebrauch und Sprachreflexion**".

Im Lehrwerk „Deutschbuch" werden der prozesshafte Erwerb und die Weiterentwicklung der Kompetenzen in allen im Bildungsplan 2016 vorgegebenen Kompetenzbereichen konsequent umgesetzt, indem über die einzelnen Klassenstufen hinweg die Lernenden sowohl **spiralcurricular** als auch **differenzierend und individualisierend** in ihrem Lernprozess gefördert, begleitet und unterstützt werden. Sie erwerben und vertiefen so die Grundlagen und Voraussetzungen für die Ausbildung fachlicher Kenntnisse und Qualifikationen. Dabei wird im „Deutschbuch" dem Grundsatz Rechnung getragen, dass sich erfolgreiches Sprachlernen nur aus komplexen und realitätsnahen Lernsituationen heraus entwickeln kann. Mündliche und schriftliche Mitteilungen, Gebrauchs- oder Sachtexte eröffnen die Möglichkeit, die Bedingungen und Ausprägungen sprachlichen Handelns, aber auch einzelne Formulierungsentscheidungen zu reflektieren. Insbesondere literarische Texte schärfen durch ihre sprachliche Intensität die Aufmerksamkeit für Ausdrucksmöglichkeiten. Im „Deutschbuch" wird dabei durchgehend von einem erweiterten Textbegriff ausgegangen, der auch medial vermittelte sowie diskontinuierliche Texte beinhaltet. In dem praxisorientierten Unterrichtswerk wurde besonderer Wert darauf gelegt, die Lernbereiche/Kompetenzbereiche in didaktisch umsetzbare und – insbesondere unter dem Aspekt der Integration – miteinander verknüpfbare Einheiten zusammenzuführen.

Ziele des Lehrwerks „Deutschbuch" sind sowohl die **Integration der Gegenstandsstrukturen** als auch die **Integration der intendierten Lernprozesse.** So verstanden ergänzen sich die Integration der Systematik und des Lernens in sinnvoller Weise. Ausgangspunkte der 13 Kapitel sind im Sinne eines erfahrungsbezogenen Unterrichts Problemstellungen und Themen, die sich an der Alltagsrealität der Schüler/-innen orientieren. Sie erhalten ihre fachspezifische Ausprägung jeweils durch sprachliche oder kommunikative Fragestellungen. Die Anknüpfung an die Lebenswelt der Schüler/-innen und an gesellschaftliche Schlüsselprobleme öffnet auch **fachübergreifende Perspektiven.** Dies gilt vor allem dann, wenn Unterricht handlungsorientiert (bis hin zum Projekt) angelegt werden soll und der zu erarbeitende oder zu erforschende Bereich nicht nur Sprache und Literatur umfasst. Insofern wird die Forderung des Bildungsplans nach **fächerübergreifendem Lernen** im „Deutschbuch" sowohl beim Umgang mit Texten und Medien, die inhaltlich aus allen Fachdisziplinen einbezogen werden, als auch durch Aufgabenstellungen, z. B. bei Rechercheaufgaben und bei den Arbeitstechniken, eingelöst. Folgerichtig ist die **Integration der Kompetenzbereiche** und ihre enge Verknüpfung miteinander eine didaktische Notwendigkeit, zu der es keine Alternative gibt. Ausdrücklicher Wert wird im „Deutschbuch" darauf gelegt, dass die Zugänge zu den Lerninhalten altersangemessen, motivierend und abwechslungsreich sind. Durch eine enge Verknüpfung der Kompetenzbereiche gelingt es im „Deutschbuch", sowohl handlungs- und produktionsorientierte Verfahren als auch analytische Zugangsweisen zum Ausgangspunkt der Auseinandersetzung mit dem Lerngegenstand anzubieten. Aus dem Umgang mit literarischen Texten z. B. kann eine produktive Schreibaufgabe, eine analytische Operation, eine Rechtschreibübung oder eine Sprachreflexion erwachsen – je nach der konkreten Unterrichtskonstellation. Die einzelnen Kapitel sind so angelegt, dass sie Formen des entdeckenden Lernens und induktive Unterrichtsformen unterstützen und initiieren.

Kapitelübersicht – Inhalte des Deutschbuchs 4 + 5

1 Informieren und Präsentieren	1 Texte lesen, auswerten, schreiben
2 Digitale Medien – Standpunkte vertreten	2 Argumentieren und Erörtern
3 Beschreiben	3 Informieren und Präsentieren
4 Bericht – Reportage	4 Kurzprosa lesen und deuten
5 Kurzgeschichten	5 Jugendroman „Tschick"
6 Jugendroman „Simpel"	6 Gedichte erschließen und deuten
7 Lyrik – Gedichte untersuchen	7 Ein Drama untersuchen und produktiv schreiben
8 Drama „Wilhelm Tell"	8 Sachtexte – Kommunikation in den Medien
9 Sachtexte – Zeitungstexte	9 Grammatik – Sprachgebrauch und Sprachwandel
10 Grammatik – Konjunktiv, Modalverben	10 Grammatik – Stil und Ausdruck
11 Grammatik – Satzgefüge	11 Rechtschreibung – Regeln anwenden, Fehler vermeiden
12 Rechtschreibung	12 Arbeitstechniken – Recherchieren und Präsentieren
13 Arbeitstechniken – Lernstrategien	

Die Gliederung des „Deutschbuchs" orientiert sich an den Kompetenzbereichen des Bildungsplans:

— **Roter Bereich:** Die prozessorientierten Kompetenzbereiche „Sprechen und Zuhören" und „Schreiben" sind eng miteinander verzahnt und in eigenen Kernkompetenzkapiteln ausgewiesen.

— **Gelber Bereich:** „Lesen" als prozessorientierte Kompetenz korrespondiert mit den inhaltsbezogenen Kompetenzen „Texte und Medien".

— **Grüner Bereich:** Der Kompetenzbereich „Sprachgebrauch und Sprachreflexion" umfasst sowohl die strukturelle und funktionale Betrachtung der Sprache als auch die Rechtschreibung.

> **Methode** Diagramme verstehen und auswerten
>
> Um ein Diagramm auszuwerten, geht ihr so vor:
> 1 Schaut euch das Diagramm genau an. Lest die Überschrift und die übrigen Angaben und Erklärungen.
> 2 Stellt fest, worüber das Diagramm informiert. Welche Maßeinheiten werden verwendet, z. B.: Prozent (%), Kilo (kg), Euro (€)?
> 3 Setzt Angaben in Beziehung zueinander, indem ihr sie beispielsweise vergleicht.
> 4 Fasst zusammen, was sich an dem Diagramm ablesen lässt.

Abbildung 1: Arbeitstechniken und Methoden

— **Blauer Bereich:** Ein letztes Kapitel wird den Arbeitstechniken und Methoden gewidmet. Durch eine Verweisstruktur ist dieses Kapitel mit den inhaltsbezogenen Kapiteln verwoben – neu zu erarbeitende Methoden oder Arbeitstechniken sind hier übersichtlich und kompakt auf 1–2 Seiten zusammengefasst. Schlüsselkompetenzen können so im Zusammenhang erlernt oder wiederholt werden.

Leitperspektiven

Der gesamte Bildungsplan für alle Bildungsgänge wird durch die Leitperspektiven, die jedes Unterrichtsfach betreffen, bestimmt. Bezüge zu den Leitperspektiven „Bildung für nachhaltige Entwicklung (BNE)", „Bildung für Toleranz und Vielfalt (BTV)", „Prävention und Gesundheitsförderung (PG)", „Berufsorientierung (BO)", „Medienbildung (MB)" und „Verbraucherbildung (VB)" werden für das Fach Deutsch im „Deutschbuch" immer dann hergestellt, wenn dies aus fachlich-didaktischer Sicht und unter Berücksichtigung der Altersangemessenheit als sinnvoll erscheint. Über alle Jahrgangsbände hinweg werden die Leitperspektiven so in geeigneter Weise integriert und in verschiedenen Zusammenhängen aufgegriffen. So wird z. B. die **Leitperspektive „Bildung für nachhaltige Entwicklung"** in Kap. 1 „Lebenselixier Wasser – Informieren und Präsentieren" berücksichtigt, indem sich die Schüler/-innen durch Sachtexte und Diagramme über den Wasserverbrauch auch in virtueller Weise informieren. Sie beschäftigen sich anhand der Aufgabenstellungen mit dem Element Wasser, reflektieren ihr eigenes Konsumverhalten bezüglich des Verbrauchs bzw. der Verschwendung von Wasser und können die Auswirkungen in einen globalen Zusammenhang einordnen. **Die Leitperspektive „Berufsorientierung"** durchzieht im Schülerband 4, Kap. 3 „Zukunftsvisionen – Lebensentwürfe beschreiben" in besonderer Weise. In einem eigenständigen Kapitel setzen sich die Schüler/-innen mit ihren beruflichen Wünschen auseinander. Im Teilkapitel 3.1 „Ich in zehn Jahren – Personen, Orte und Arbeitsabläufe beschreiben" erhalten sie Einblick in unterschiedliche Arbeitsbereiche, bevor sie sich im Teilkapitel 3.2 „Lebensläufe – Sich um einen Praktikumsplatz bewerben" aktiv mit der Bewerbungssituation befassen – sowohl in schriftlicher Form (Lebenslauf und Bewerbungsschreiben) als auch in mündlicher Form (Präsentieren beim Vorstellungsgespräch).

Der zunehmende Einfluss digitaler Medien auf die Lebenswelt der Schüler/-innen und der kompetente Umgang mit ihnen steht im Mittelpunkt des Kapitels 2 „Digitale Medien – Standpunkte vertreten". Insbesondere im Teilkapitel 2.2 „Jederzeit online, jederzeit erreichbar? – Überzeugend formulieren" nehmen die Schüler/-innen ihr eigenes Medienverhalten unter die Lupe und setzen sich sachlich argumentativ damit auseinander. Kapitel 9 „Aktuelles vom Tag – Zeitungstexte verstehen und gestalten" widmet sich den Printmedien. Journalistische Textsorten werden analysiert, kritisch hinterfragt und die Schüler/-innen gestalten selbst journalistische Texte. Der **Leitperspektive „Medienbildung"** wird in beiden eigenständigen Medienkapiteln in besonderer Weise Rechnung getragen.

Die **Leitperspektive „Bildung für Toleranz und Akzeptanz von Vielfalt"** kommt im Schülerband 4, Kap. 6 „‚Simpel' – Einen Jugendroman erschließen" besonders zum Tragen, indem sich die Schüler/-innen mit der Lebenssituation eines geistig behinderten Jugendlichen auseinandersetzen und so Einblick und Verständnis für Diversität und die Gestaltung unterschiedlicher Lebensentwürfe gewinnen.

1.1 Kompetenzorientierung und Integration in den einzelnen Kapiteln

Im „Deutschbuch" wird dem **kompetenzorientierten Lehren und Lernen** konsequent Rechnung getragen. In jedem Kapitel gibt es Einheiten zur **Selbstdiagnose** sowie zur **Differenzierung**, die die Forderung nach individualisierten Lernformen einlösen. Die Lernenden erhalten so einerseits eine Rückmeldung über ihren Lernfortschritt und werden andererseits durch differenzierende Aufgabenstellungen darin unterstützt, die angestrebten Kompetenzen zu erwerben. Das ist mit Blick auf die zunehmende Heterogenität in den Schulen und in der Gesellschaft und der damit verbundenen Forderung nach stärkerer Individualisierung, Differenzierung und Unterstützung aller Schüler/-innen unumgänglich.

Sowohl in der Gesamtkonzeption des „Deutschbuchs" als auch im **Aufbau der einzelnen Kapitel** zeigt sich, dass dieses Lehrwerk die Forderung nach kompetenzorientiertem Lehren und Lernen auf der Grundlage des Bildungsplans einlöst und umsetzt. Der **didaktische „Dreischritt"** ermöglicht in idealer Weise eine inhaltliche und differenzierende Abstimmung. Im Teilkapitel x.1 wird jeweils der Hauptkompetenzbereich des Gesamtkapitels entfaltet. Die durch den Bildungsplan verbindlich vorgegebenen Schreibformen und Textgrundlagen – beschreibend, informierend, appellierend, argumentierend bis hin zu literarisch gestaltend – werden in den einzelnen Teilkapiteln **differenziert** angeboten, wobei in der Orientierungsstufe beschreibende, erzählende und informierende Schreibformen aus Gründen der Altersangemessenheit im Vordergrund stehen.

Das „Deutschbuch" berücksichtigt den Bildungsauftrag der Realschule, alle Standards in den **Niveaustufen** „grundlegendes Niveau" und „mittleres Niveau" anzubieten. Darüber hinaus bietet es auch immer wieder Hinführung zur Niveaustufe „erweitertes Niveau" an. Um der Heterogenität in der Realschule gerecht zu werden, differenziert das „Deutschbuch" **auf drei Differenzierungsstufen**. Durch ein **Punktesystem** erkennen die Schüler/-innen die Komplexität der Aufgabenstellung:

●●● die Aufgabenstellung führt die Schüler/-innen zum E-Niveau hin.

●●○ die Aufgabenstellung ist der mittleren Niveaustufe zuzuordnen, wobei die Schüler/-innen auf die angebotenen unterstützenden Hilfestellungen zurückgreifen können.

> **2** Verbessert Moritz Stegmeiers Bericht. Lest den Merkkasten unten und wählt dann a, b oder c.
>
> ●●● a Überarbeitet den Text so, dass er die Anforderungen an einen Zeitungsbericht erfüllt. Arbeitet in eurem Heft.
>
> ●●○ b Stellt euch vor, ihr seid Chefredakteur Lange. Gebt Moritz Hinweise für die Überarbeitung seines Berichts. Unterstreicht dafür auf einer Kopie des Textes alle wesentlichen Informationen und streicht alles Überflüssige durch. Schreibt dann den Bericht neu.
>
> ●○○ c Notiert zuerst in Stichworten alle Informationen, die die Leser eures Zeitungsberichts brauchen, um die Ereignisse zu verstehen (= W-Fragen beantworten). Bringt die Informationen dann in die richtige Reihenfolge und schreibt einen sachlichen Zeitungsbericht im Präteritum in euer Heft.
>
> *Abbildung 2: Aufgaben in drei Niveaustufen*

●○○ Die Aufgabenstellung orientiert sich zum Grundniveau (G) hin, indem sie kleinschrittige Hilfestellungen anbietet.

Die Schüler/-innen sind nicht auf ein Niveau festgelegt, vielmehr können sie bei jeder Aufgabenstellung neu wählen und sich ausprobieren. So gelangen sie auf differenziertem Weg zum gemeinsamen Lernziel. Auf diese Weise orientiert sich das „Deutschbuch" am neuen Bildungsauftrag der Realschule und setzt die Forderungen des Bildungsplans 2016 nach individualisierendem und differenzierendem Lehren und Lernen transparent und für Schüler/-innen verständlich um.

Überblick über die Kapitelstruktur der einzelnen Kapitel nach dem Prinzip des didaktischen Dreischritts im „Deutschbuch":

Kapitelstruktur

Kapitelaufbau im Dreischritt: transparent, systematisch, integrativ

(1) Thema einführen und enfalten – mit Selbstdiagnose („Testet euch!")

(2) Integration eines weiteren Kompetenzbereichs und Differenzierung („Stärken stärken")

(3) Vorbereitung auf Klassenarbeiten und/oder Tests („Fit in ...?") bzw. Projekt

1. Schritt/Erstes Teilkapitel: Basisteil

– <u>Entfaltung des Hauptkompetenzbereichs</u>, basale Operationen im Verstehens- und Produktionsbereich bei konsequenter Berücksichtigung eines heterogenen Leistungsniveaus durch Differenzierungsaufgaben nach den drei Niveaustufen des Bildungsplans

– <u>Selbstdiagnose</u>: „Testet euch!"

Die im ersten Teilkapitel erworbenen basalen Fähigkeiten – in Gestalt differenzierender Lernarrangements – werden abschließend durch eine Selbstdiagnose evaluiert (z. B. in Form von Checklisten, geschlossenen Aufgabenformaten, Rätseln, Textüberarbeitungsangeboten, Lerntagebuch).

2. Schritt/Zweites Teilkapitel: Integration und Differenzierung

– <u>Integration eines weiteren Kompetenzbereichs oder eines methodischen Schwerpunkts</u>, wobei die im ersten Teilkapitel erworbenen Kompetenzen mit neuen Akzenten differenzierend angewendet und vertieft werden

– <u>ergänzende Differenzierungsseiten</u> („Stärken stärken") mit Aufgaben auf zwei bis drei Niveaustufen zur individuellen Förderung.

Im Teilkapitel x.2 wird ein weiterer Kompetenzbereich integriert, der die im ersten Teilkapitel erworbenen Kompetenzen differenzierend vertieft. Auch hier werden die Aufgabenstellungen zu den zentralen Schreibformen bzw. zu den verbindlichen Textgrundlagen durch das Punktesystem entsprechend der Niveaustufen gekennzeichnet. Das zweite Teilkapitel wird mit der Differenzierungsseite „Stärken stärken" abgeschlossen, die ausgehend von einer komplexen Aufgabenstellung den schwächeren Schülerinnen und Schülern Unterstützung bietet und einen **individualisierten Lernprozess** ermöglicht.

3. Schritt/Drittes Teilkapitel: Klassenarbeitstraining oder Projekt

– <u>„Fit in ...?"</u>: Schritte des Schreibprozesses bei klassenarbeitsbezogenen Kapiteln oder

– <u>Projekt</u> bei eher teamorientierten, kreativ-produktiven Arbeitsprozessen.

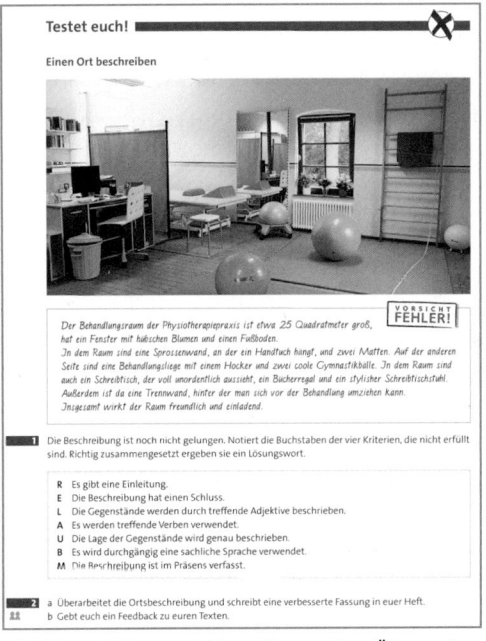

Abbildung 3: Testet euch! – selbstständige Überprüfung

Abbildung 4: Särken stärken – differenzierende Förderung

Im Teilkapitel x.3 „Fit in …?" werden die erworbenen Kompetenzen entweder z. B. im Schreibprozess oder für eine Leistungsüberprüfung vertieft und geübt (vgl. Abb. 5) oder sie münden je nach inhaltlichem oder methodischem Schwerpunkt in projektbezogene Angebote.

In allen drei Teilkapiteln werden, wenn sich vom Lerngegenstand ausgehend auch eine komplexere Bearbeitung anbietet, Dreipunkt-Aufgaben auf der Niveaustufe E angeboten, die sich für fortgeschrittene Schüler/-innen eignen.

Insofern wird das „Deutschbuch" den Anforderungen des Bildungsplans 2016 gerecht, **alle Schüler/-innen individuell und differenziert zu fördern**, was auch im Hinblick auf die **horizontale Durchlässigkeit** innerhalb der verschiedenen Schularten im Sekundarbereich I eine Notwendigkeit darstellt.

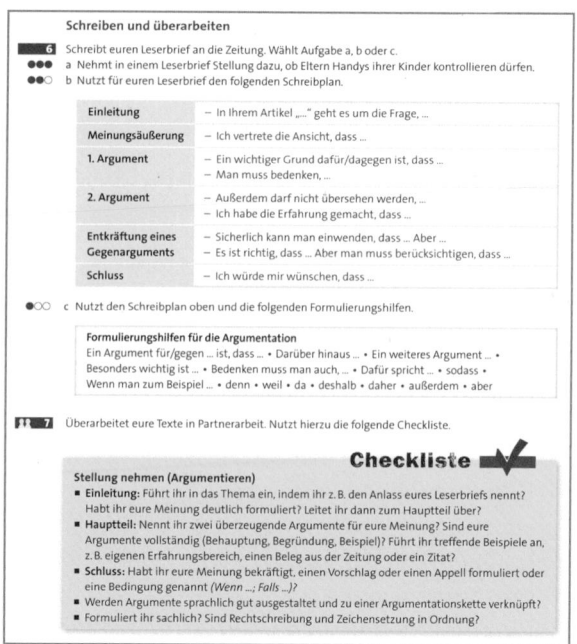

Abbildung 5 Fit in…? – Vorbereitung auf Leistungsüberprüfung

Die dreigliedrige Grundstruktur der Kapitel sichert eine Zentrierung auf wesentliche Aspekte. Die Transparenz der Schrittfolge ermöglicht nicht nur eine schnelle Orientierung für die Lehrerin/den Lehrer, sondern fördert im Besonderen den organischen Aufbau des Lernprozesses, sodass Schüler/-innen erhöhte Chancen der aktiven Teilnahme und des produktiven Verstehens erhalten.

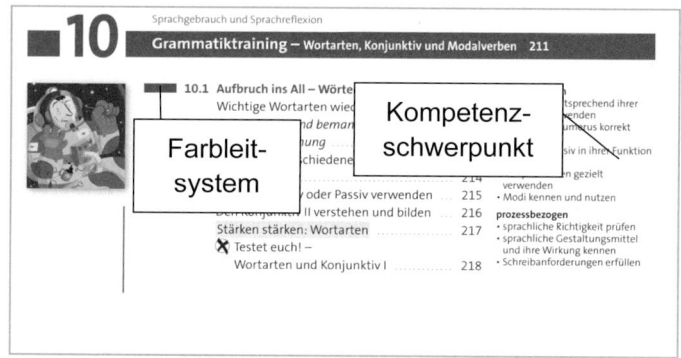

Abbildung 6: Kapitelaufriss mit Kompetenzschwerpunkten und Farbleitsystem

Ein **Farbleitsystem** informiert über das jeweilige Zusammenspiel von dominanten und zugeordneten Kompetenzbereichen. Die Arbeitsaufträge verknüpfen den dominanten Kompetenzbereich mit dem ergänzenden oder erweiternden Bereich. Der „Ausflug" über die Grenzen der Kompetenzbereiche hinaus erfolgt also nicht nur auf der Ebene der Materialien, sondern konkret auf der Ebene der einzelnen Tätigkeiten der Schüler/-innen. Die Unterscheidung der Modi ist nicht nur eine Operation bei einer analytischen und strukturellen Betrachtung der Sprache (vgl. Kap. 10 „Grammatiktraining – Wortarten, Konjunktiv und Modalverben, S. 211 ff.), sondern hat eine weitere Funktion beim Verbessern eigener Texte (z. B. beim Berichten, vgl. Kap. 4 „An seine Grenze gehen – Bericht und Reportage") oder bei der Analyse literarischer Texte in Kap. 5 („Entscheidende Momente – Kurzgeschichten lesen und verstehen").

Die Kapitel sind nicht darauf angelegt, vollständig erarbeitet zu werden. Je nach Lernsituation und vorgesehenem Zeitrahmen können einzelne Teilkapitel oder auch nur wenige Abschnitte in der gewünschten Schwerpunktsetzung behandelt werden. Die **Bezüge sowohl zu den inhaltsbezogenen als auch zu den prozessbezogenen Kompetenzschwerpunkten des Bildungsplans finden sich im Inhaltsverzeichnis** neben dem Kapitelaufriss notiert.

Der Lernbereich „Arbeitstechniken und Methoden" ist im „Deutschbuch" besonders hervorgehoben (vgl. Abb. 2). Einerseits ist ihm ein eigenes Kapitel gewidmet (Kap. 13 „Glücklich sein – Texte auswerten, Lernstrategien anwenden", S. 279 ff.), in dem übergreifende Lernstrategien und Arbeitstechniken vorgestellt und geübt werden (so z. B. „Lesetechniken anwenden – Informationen entnehmen und bewerten" im Teilkapitel 13.1), andererseits sind viele Methoden – wie basale Lese- und Verstehenskompetenzen, Recherchestrategien sowie Techniken des Visualisierens und Präsentierens – themenübergreifend sinnvoll und werden daher in den Kapiteln integriert behandelt.

Eine angemessene Berücksichtigung der Leitprinzipien „Schüler- und Wissenschaftsorientierung" erfolgt nach dem Grundsatz: „So viel Situations- und Erfahrungsanbindung wie möglich, so viel Fachsystematik wie nötig." Als Folge des durchgehend geforderten Prinzips **Lernen in Zusammenhängen** ergibt sich, dass das Lehrgangsprinzip im „Deutschbuch" nur noch dort Gültigkeit für die Organisation von Lernprozessen hat, wo fachlichem Klärungsbedarf anders nicht zu entsprechen ist, z. B. beim Aufbau einer „grammatischen" Verkehrssprache oder der Rechtschreibfähigkeit. Einheiten des Rechtschreibunterrichts können sich aber auch im Zusammenhang eines Schreibvorhabens oder im Anschluss an eine Sprachreflexion ergeben. Natürlich wird man auch die Grammatik als thematisierte Sprachreflexion wiederfinden. Es finden sich jedoch immer Angebote, die Sprachreflexion mit anderen Bereichen des Deutschunterrichts thematisch zu verklammern. Schreib- und Lesesituationen, kommunikative Verwendungssituationen oder auch Sprachspiele ermöglichen Einsichten in Strukturen, Funktionen und Leistungen der Sprache.

2 Didaktische Prinzipien in den Kompetenzbereichen

Innerhalb der drei Kompetenzbereiche haben sich in den letzten Jahren **fachdidaktisch begründete methodische Neuansätze** ergeben, die in den Bildungsstandards und auch in einem aktuellen Lehrwerk wie dem „Deutschbuch" ihren Niederschlag finden. Vor allem zeigt sich das in der **Prozessorientierung** auf allen Ebenen des Lernens. „Sprechen und Zuhören" werden als sich gegenseitig bedingende Faktoren eines gelingenden Kommunikationsprozesses verstanden, und in der prozessorientierten Schreibdidaktik, verortet im Kompetenzbereich „Schreiben", ist es das Ziel, dass die Lernenden ihren Schreibprozess zunehmend eigenverantwortlich und sprachlich kompetent gestalten. In den Bereichen „Lesen" und „Texte und Medien" sind es der **erweiterte Textbegriff**, speziell die Integration des Umgangs mit den elektronischen Medien, der Aufbau einer basalen Lese- und Verstehenskompetenz im Umgang mit Sachtexten und literarischen Texten sowie der produktive Ansatz im Literaturunterricht. Der Bereich „Sprachgebrauch und Sprachreflexion" orientiert sich am integrativen, funktionalen und operativen Grammatikunterricht, der Sprachförderung und an den neuen Wegen im Rechtschreibunterricht.

2.1 Prozessorientierte Kompetenzen

2.1.1 Sprechen und Zuhören

Die didaktisch-methodischen Innovationen im Bereich „Sprechen" beziehen sich maßgeblich auf eine Erweiterung des kommunikativen Grundansatzes durch Gesprächsregeln und bewusst erarbeitete **Formen der Gesprächsführung**. Des Weiteren werden **rhetorische und argumentative Fähigkeiten und Strategien** erarbeitet, u. a. im freien Vortrag, durch die Präsentation (von Texten oder Informationen), mittels szenischen Lesens mit verteilten Rollen sowie neuen Formen der Diskussionsführung. Infolgedessen rücken auch das **Zuhören** und die dafür notwendigen Fähigkeiten und Fertigkeiten in den Fokus der zu stärkenden Kompetenzen. Die methodischen Möglichkeiten des **darstellenden Spiels** sichern über entsprechende Aufgabenstellungen oder Vorschläge zur Projektarbeit die ästhetische Komponente in diesem Lernbereich. Die Kompetenzbereiche **„Sprechen und Zuhören"** und **„Schreiben"** korrespondieren und durchdringen sich in besonderer Weise.

So werden das mündliche Berichten, Beschreiben und Argumentieren und das sinnerfassende Zuhören, was jeder Schülerin und jedem Schüler aus dem Alltag vertraut ist, sinnvollerweise im Unterricht behandelt, bevor diese Tätigkeiten zum Gegenstand der Schreiberziehung werden. In Teilkapitel 2.1 mündet S. 37 „Das digitale Klassenzimmer – Eine Pro-und-Kontra-Diskussion führen" in die Schreibaufgabe in Teilkapitel 2.3 „Fit in …? – Stellung nehmen", in der die Schüler/-innen einen argumentativen Leserbrief schreiben. Und das mündliche Beschreiben im Teilkapitel 3.1 „Ich in zehn Jahren – Personen, Orte und Arbeitsabläufe beschreiben" führt zum schriftlichen Beschreiben im Teilkapitel 3.3 „Fit in …? – Einen Arbeitsablauf beschreiben".

2.1.2 Schreiben

Die im baden-württembergischen Bildungsplan 2016 sowie in den KMK-Bildungsstandards für das Fach Deutsch herausgehobene Ausbildung mündlichen und schriftlichen Sprachvermögens spiegelt sich in Anlage und Gewichtung dieser Bereiche im „Deutschbuch" wider. In den Abschnitten zu „Sprechen und Zuhören" und „Schreiben" finden alle verbindlich vorgegebenen **Schreibformen und Textgrundlagen** des Bildungsplans ausführliche Berücksichtigung. Das „Deutschbuch" rückt mehrfach **„Sprechen und Zuhören"** und **„Schreiben"** ins Zentrum und schlägt von dort aus Brücken zu anderen fachspezifischen Tätigkeiten.

Im Bereich **„Schreiben"** werden seit der so genannten „kommunikativen Wende" in der Aufsatzdidaktik die Adressaten, die Berücksichtigung der Schreibsituation und die Orientierung am Schreibziel als wesentliche Funktionen beim Verfassen eigener Texte in den Fokus genommen. Um den **Prozesscharakter des Schreibens** zu betonen, spricht das „Deutschbuch" von **Erzählen, Berichten, Beschreiben, Argumentieren** usw. als Tätigkeiten. Die Schreibkompetenz der Schüler/-innen wird prozessorientiert in ausgewiesenen Schritten differenziert gefördert, in: der Planung, Ausführung und der Überarbeitung (z. B. Schreibkonferenz).

Die aktuelle Schreibprozessforschung betont, dass besonders **mehrsprachige Lernende** im Schreiben unterstützt werden müssen. Das „Deutschbuch" bietet z. B. für die Textplanung schreibvorbereitende und -begleitende Verfahren wie etwa im Kap. 5.1 „Zwischenmenschliche Spannungen – Kurzgeschichten erschließen", in dem die Schüler/-innen zunächst die „Figuren und ihre Beziehungen beschreiben" (vgl. Kap. 5.1, S. 97), die Zeitgestaltung in einer Geschichte (vgl. S. 104) erfassen oder die Handlungsschritte (vgl. S. 109) untersuchen, bevor sie eine Inhaltsangabe schreiben. Zu den Schreibaufgaben werden **Starthilfen** durch angebotene Satzanfänge, Cluster zur Ideensammlung und -strukturierung sowie Wortfelder für die Erweiterung des Wortschatzes (vgl. z. B. Kap. 5, S. 110 ff.) angeboten. Besonders unterstützt werden die Schüler/-innen durch Starthilfen bei den Differenzierungsaufgaben und durch die „Stärken stärken"-Angebote.

Kreative Formen des Schreibens haben im „Deutschbuch" einen besonderen Stellenwert. Das Spektrum reicht vom freien, spontanen, textungebundenen Schreiben bis zum produktiv-gestaltenden Schreiben im Anschluss an Textvorlagen.

Wichtig und neu hinzukommend zu allen Formen des „Aufsatzschreibens" ist das **funktionale Schreiben**. Es handelt sich um Arbeitstechniken der Schriftlichkeit, die nicht zu in sich geschlossenen Texten führen, wohl aber im Alltag (z. B. für die Bewältigung von Lernsituationen) große Bedeutung besitzen. Dazu gehören nicht nur die bekannten „Notizzettel" und „Stichpunktsammlungen", sondern auch der schriftliche Entwurf von Argumentationsskizzen, die Mitschrift von Gesprächen und der Entwurf von Schreibplänen/Gliederungen für umfangreichere Ausführungen.

Eine besondere Art des funktionalen Schreibens ist die Verbesserung von Geschriebenem. Der Arbeitsschwerpunkt **Textüberarbeitung** (mit und ohne Einbeziehung computergestützter Schreibprogramme) besitzt ein großes Gewicht im gegenwärtigen Deutschunterricht. Unter dem Aspekt des Selbstkontrollierens und der eigenen Überprüfung des Lernfortschritts reicht dieses Verfahren bis zur Möglichkeit, Texte von Schülerinnen und Schülern erst nach der vorgenommenen Textverbesserung in einem **mehrstufigen Schreibprozess** zu bewerten. Der Aufgabenschwerpunkt „Überarbeiten von Schülertexten" wird im „Deutschbuch" besonders in den Teilkapiteln „Fit in ...?" immer wieder thematisiert und durch umfassende **Checklisten zur Überprüfung eigener Schreibprodukte** unterstützt. Dabei ist es Aufgabe der Lehrkraft und der Lerngruppe, im Sinne einer inneren Differenzierung und Individualisierung die jeweiligen Hinweise des Lehrbuchs, insbesondere auch zur Rechtschreibung, situativ angemessen zu nutzen.

2.1.3 Lesen

Das **Lesen** und **Erfassen von Texten** gilt als eine **Schlüsselkompetenz** zum Erwerb von Wissen und ist damit eine wichtige Voraussetzung für die Teilhabe an unserer Kultur, für die Mitgestaltung gesellschaftlicher Entwicklungen und für die persönliche und berufliche Weiterentwicklung.

Hinsichtlich des Lesens bedarf es geeigneter Methoden zur Stärkung der **Lesemotivation**, zur **Förderung von Lesetechnik und Leseverstehen** und des **Erwerbs von Lesestrategien**. Hierzu gehören texterschließende und textsichernde Methoden.

Die didaktische Umsetzung erfordert die konsequente Durchdringung der prozessbezogenen Kompetenz **„Lesen"** mit der inhaltsbezogenen Kompetenz **„Texte und Medien"**.

Im „Deutschbuch" werden beide Kompetenzbereiche sinnvollerweise miteinander verzahnt und in eigenen Kapiteln (gelbe Kennzeichnung) ausgewiesen. Eine große Auswahl verschiedener Texte bietet den Schülerinnen und Schülern vielfältige Anregungen zum Lesen und so die Möglichkeit zu **Literarischem Lernen**. Exemplarisch dafür sind die gelb gekennzeichneten Kapitel, z. B. das Jugendbuchkapitel 6 „Simpel' – Einen Jugendroman erschließen", Kapitel 7 „Ich im Hier und Jetzt – Gedichte untersuchen, gestalten, vortragen", das Kapitel 8 „Wilhelm Tell' – Ein Drama untersuchen" und Kapitel 9 „Aktuelles vom Tag – Zeitungstexte verstehen und gestalten" zu nennen.

Indem die Lernenden sich mit Texten auseinandersetzen, Lesestrategien anwenden und ihr Leseverständnis reflektieren, erweitern sie stetig und gezielt ihre Lesekompetenz.

Den Schülerinnen und Schülern begegnen Texte sowohl in **kontinuierlicher**, schriftlicher Form – z. B. als literarische und anwendungsbezogene Texte – als auch in Form von **diskontinuierlichen Texten** – etwa als Grafiken, Tabellen, Schaubilder und Diagramme (z. B. Teilkapitel 1.1, S. 18 f., S. 25, Teilkapitel 9.1, S. 192 oder Teilkapitel 13.1, S. 285).

Sach- und Gebrauchstexte werden vorwiegend unter den Aspekten des Lesens, der Entnahme, Verknüpfung und Auswertung von Informationen angeboten. Entsprechende Aufgabenstellungen fördern das sinnerfassende Lesen und das Sichern, Reflektieren und Bewerten von Informationen. Dabei werden auch diskontinuierliche Texte und Bilder einbezogen.

Darüber hinaus rezipieren die Schüler/-innen sowohl **Texte in gesprochener Form** (z. B. Gedichtvortrag, Kap. 7 „Ich im Hier und Jetzt – Gedichte untersuchen, gestalten, vortragen") als auch in **audiovisuellem Format**, z. B. Texte aus verschiedenen Medien (vgl. Kap. 9 „Aktuelles vom Tag – Zeitungstexte verstehen und gestalten".

2.2 Inhaltsbezogene Kompetenzen

2.2.1 Texte und Medien

Durch die sinnfällige und didaktisch notwendige Entscheidung, die Kompetenzbereiche **„Lesen"** und **„Texte und Medien"** im „Deutschbuch" als einander sich bedingende Lernfelder zu verbinden, erschließen sich die Schüler/-innen sowohl literarische, fiktionale, ästhetisch gestaltete als auch Sach- und Gebrauchstexte. Bei der **Textauswahl** für das „Deutschbuch" wurden unterschiedliche Gattungen, verschiedene historische Zusammenhänge, Autorinnen und Autoren der Vergangenheit und Gegenwart und insbesondere interkulturelle Themen berücksichtigt. Es werden Texte aus dem Bereich der Kinder- und Jugendliteratur, Sachtexte und Beiträge aus audiovisuellen Medien angeboten. Textauszüge aus altersgerechten Jugendbüchern sowie Buchtipps laden zum Weiterlesen als Klassenlektüre oder zur individuellen Lektüre ein.

Das „Deutschbuch" widmet dem Kompetenzbereich **„Texte und Medien"** ein eigenes Kapitel (Kap. 9 „Aktuelles vom Tag – Zeitungstexte verstehen und gestalten"). Die Schüler/-innen untersuchen journalistische Texte, vergleichen sie und gestalten selbst unterschiedliche journalistische Formate, z. B. erstellen sie im Teilkapitel 9.3 ein Jugendmagazin (vgl. S. 209 f.).

Über dieses Kapitel hinaus wird der **Umgang mit Medien** in weiteren Kapiteln integrativ und projektartig verortet. Es werden sowohl medienpädagogische Aspekte als auch filmanalytische und produktive Verstehens- und Handlungskompetenzen entwickelt, z. B. im Teilkapitel 6.3 „Projektideen: Rund um Jugendliteratur", wo die Lernenden angeleitet werden, ein Hörspiel aufzunehmen und/oder ein verfilmtes Jugendbuch vorzustellen.

Sowohl Medien- als auch Methodenkompetenzen können nur aufgebaut und erweitert werden, wenn Anwendungen im Zusammenhang mit entsprechenden Kompetenz- und Gegenstandsbereichen ermöglicht werden. Deshalb werden Aufgabenstellungen zum Umgang mit und zur Verwendung von modernen Informations- und Kommunikationsmedien integriert, wo dies sinnvoll erscheint. So stellt das „Deutschbuch" fachspezifische methodische Grundlagen zur Nutzung des PCs bei der Informationsbeschaffung (z. B. im Kap. 1 „Lebenselixier Wasser – Informieren und Präsentieren", „Virtuelles Wasser – Recherchieren für die Materialsammlung", S. 18 ff.), bei der Be- und Verarbeitung von Texten (z. B. im

Teilkapitel 9.2 „Journalisten bei der Arbeit – Journalistische Texte erfassen und verfassen", S. 202 ff.) und beim Gestalten von Texten (z. B. im Teilkapitel 3.1, S. 62 ff.) bereit.

Eine wichtige Form der Auseinandersetzung mit Texten ist **das kreative und produktiv-gestaltende Schreiben** im Literaturunterricht. Gemeint sind unterschiedliche Formen des Wechsels der Schüler/ -innen aus der Rezipienten- in die Produzentenrolle. Der dem „Deutschbuch" zu Grunde liegende integrative Ansatz wird in didaktisch sinnvoller Weise umgesetzt, indem hier zahlreiche Vorschläge bis hin zur Einbeziehung produktiv-gestaltender Aufgabenstellungen in Klassenarbeiten entwickelt werden. Ziel dieses didaktischen Ansatzes ist es, den Schülerinnen und Schülern subjektive Formen des Verstehens zu ermöglichen und ihnen nahezubringen, dass das fantasievolle Weiterdenken und die experimentierende Veränderung von Texten ein produktiver Weg zu einem besseren Textverständnis ist. Das „Deutschbuch" sieht sich hier dem Ansatz des **Literarischen Lernens** verpflichtet: So wird die Auseinandersetzung mit literarischen Texten unter Bezug auf die Aspekte Literarischen Lernens wie beispielsweise „mit Fiktionalität bewusst umgehen" (z. B. in Kap. 6 „‚Simpel' – Einen Jugendroman lesen und verstehen", insbesondere im Teilkapitel 6.2 „‚Ich vermute, das ist ein Problem für euch?' – Gestaltend erzählen") oder „sprachliche Gestaltung aufmerksam wahrnehmen" (z. B. in Kapitel 7 „Ich im Hier und Jetzt – Gedichte untersuchen, gestalten, vortragen") angeregt.

Produktiv-gestaltende Arbeitsweisen sind dabei eine wesentliche Ergänzung analytisch-hermeneutischer Methoden, die daneben selbstverständlich ihre Berechtigung behalten.

2.2.2 Sprachgebrauch und Sprachreflexion

Die deutsche Sprache ist im Deutschunterricht nicht nur Medium für die Auseinandersetzung mit Texten, Äußerungen, Kommunikationssituationen und Beschreibungen der Wirklichkeit, sondern sie wird selbst zum Gegenstand der Betrachtung und Untersuchung. In diesem Arbeitsbereich erfolgte in den letzten Jahren ein Paradigmenwechsel: Im Bildungsplan 1994 verstand man unter „Sprachbetrachtung und Grammatik" einen weitgehend systematischen Grammatikunterricht. Schon mit dem Bildungsplan 2004 erfolgte eine Öffnung hin zu situativer, funktionaler und integrativer Sprachbetrachtung, begrifflich gefasst unter dem Kompetenzbereich „Sprachbewusstsein entwickeln". Mit dem Bildungsplan 2016 wird diese enge Verzahnung inhaltlich gefestigt und durch die inhaltsbezogene Kompetenz **„Sprachgebrauch und Sprachreflexion"** zum Ausdruck gebracht.

Die Ebenen des Sprachgebrauchs und der Sprachreflexion sind nicht voneinander zu trennen. Im „Deutschbuch" wird diesem Grundsatz, dass sprachliche Äußerungen und Kommunikationssituationen immer in Bezug auf ihre **Struktur** und in ihrer **Funktion von Äußerungen** zu reflektieren sind, durchgehend Rechnung getragen.

Eine **wesentliche Neuerung** ist die im Bildungsplan verankerte Betrachtung sprachlicher Strukturen nach dem **„Feldermodell"**. Nach diesem Modell, auch „topologisches Modell" genannt, gilt der Satz als grundlegende Einheit, der in Felder eingeteilt wird. Ein mehrteiliges Prädikat „umklammert" das Mittelfeld. Der finite Teil des Prädikats steht in einem Aussagesatz immer in der linken Satzklammer. Vor der Satzklammer steht das Vorfeld, dahinter das Nachfeld. Im Vorfeld können alle Arten von Satzteilen stehen, bis auf das finite Verb. Von der Satzklammer eingeschlossen stehen im Mittelfeld oft mehrere Satzglieder. Das Nachfeld kann frei bleiben oder lange Satzglieder, z. B. Nebensätze, enthalten.

Information	**Die Grundstruktur des Satzes – Das Feldermodell**

Das Prädikat als Kern des Satzes kann aus einem oder mehreren Teilen bestehen.
Mehrteilige Prädikate bilden im Aussagesatz eine Satzklammer und unterteilen den Satz in Felder.

Vorfeld	linke Satzklammer	Mittelfeld	rechte Satzklammer	Nachfeld
Einstein	*lud*	*häufig Gäste*	*ein.*	
Einstein	*hatte*	*häufig Gäste.*		
Einstein	*schlief.*			

- Im **Vorfeld** steht im Aussagesatz ein Satzglied, häufig das Subjekt.
- Im **Mittelfeld** können mehrere Satzglieder stehen.
- Das **Nachfeld** bleibt häufig unbesetzt.

Abbildung 7: Das Feldermodell

Durch die Umstell- oder Weglassprobe erkennen die Schüler/-innen die Satzglieder, also Wörter oder Wortgruppen, die beim Umstellen des Satzes stets zusammenbleiben.

Gegenüber der traditionellen normativen Betrachtung der deutschen Sprache bietet das „Feldermodell" den Vorteil, dass sich Schüler/-innen unabhängig von ihrer Erstsprache die Grundstruktur des deutschen Satzbaus auf anschauliche und intuitive Weise aneignen können. Schüler/-innen mit Deutsch als Zweitsprache (DaZ) werden nach dem gegenwärtigen Forschungsstand durch diese Art der Sprachbetrachtung besser darin unterstützt, sprachliche Strukturen durch operative Handlungen in der Syntax zu erfassen. Entsprechend den Vorgaben des Bildungsplans wird im „Deutschbuch" das „Feldermodell" in den Grammatikkapiteln wie auch bei integrierten Aufgabenstellungen in den Inhaltskapiteln verständlich und folgerichtig umgesetzt.

Eine Äußerung verfolgt immer auch eine **Absicht** und übernimmt eine **Funktion** im Kontext des Kommunikationsprozesses. Die Beschreibung, Analyse und kritische Bewertung der Sprache in der Rezeption von Texten und Medien wie auch bei der Produktion von mündlichen und schriftlichen Äußerungen befähigen die Schüler/-innen zunehmend, sprachliche Äußerungen zu hinterfragen und im eigenen Sprachhandeln kompetent und funktional zu verwenden. Im Lehrwerk „Deutschbuch" werden daher die **strukturelle Betrachtung der Sprache und der funktionale Sprachgebrauch** stets **in Beziehung zueinander** gesetzt. Eigene identitätsbildende Spracherfahrungen der Lernenden, z. B. Dialekt, Soziolekt, Gruppen- und Jugendsprache und Mehrsprachigkeit, werden an geeigneten Stellen aufgegriffen und geben Anlass für Analyse und vergleichende Reflexion sprachlicher Handlungen.

Ziel ist die kompetente Schreibentscheidung des erwachsenen Schriftbenutzers. Dementsprechend sind die dem Kompetenzbereich „Sprachgebrauch und Sprachreflexion" zugeordneten Kapitel des „Deutschbuchs" nach dem ressourcenorientierten, integrativen und themenorientierten Prinzip organisiert. In Anlehnung an neuere didaktische Konzepte wird an **bereits erworbene Sprachkompetenzen** angeknüpft. Lernprozesse sind immer dann besonders erfolgreich, wenn sie von Vorwissen ausgehen: Das Vertrauen in die eigenen sprachlichen Fähigkeiten wird gestärkt. Sprachbewusstsein entwickelt sich auch durch den **Vergleich verschiedener Sprachen**. Das „Deutschbuch" reagiert auf die gesellschaftliche Realität, dass immer mehr Kinder und Jugendliche mehrsprachig aufwachsen. In manchen Klassen stellen sie die Mehrheit. Indem die Schüler/-innen ihre muttersprachlichen Kenntnisse auf das Erlernen einer fremden Sprache beziehen, differenzieren und festigen sie ihre grammatische Sprachkompetenz. Die Kompetenzen, die die Schüler/-innen für ihre Muttersprache aufweisen, werden aufgegriffen, wenn sie Sprachen vergleichen (z. B. Begriffe, Artikel, Kasus in verschiedenen Sprachen). Auf diese Weise wird das „Deutschbuch" dem Prinzip „Sprachen im Kontakt" gerecht, das in der neueren Spracherwerbsforschung eine wichtige Rolle spielt. **Sprachliche Phänomene wie z. B. Wortarten** werden nicht über Definitionen, sondern **funktional** eingeführt. Dabei sind sowohl die grammatischen Merkmale wichtig als auch die semantische, syntaktische, stilistische oder kommunikative Funktion einer Wortart. Entscheidend ist, dass nicht mit allumfassenden Definitionen gearbeitet wird, sondern mit prototypischen Merkmalen, z. B.: Kann man ein Wort mit einem Artikel versehen, kann man es deklinieren und bezeichnet es einen in der Wirklichkeit vorkommenden Gegenstand, Vorgang oder Gedanken, dann ist das ein Nomen. Die Schüler/-innen lernen, solche Merkmale als Prüfinstrument einzusetzen. Ihr deklaratives und operatives Sprachwissen hilft ihnen, Situationen zu bewältigen, die metasprachliche Kompetenzen erfordern. Dies bezieht sich z. B. auf die Erschließung von Texten, auf das Thematisieren sprachlicher Alltagssituationen und das Bewältigen von Schreibaufgaben sowie auf die Beherrschung der Rechtschreibung.

Der **Lernbereich „Rechtschreibung"** wird in einem eigenen Kapitel angeboten. Ausgangspunkt und durchgängig leitendes Prinzip ist die Anwendung von Rechtschreibstrategien und Regeln. In Kapitel 12 „Rechtschreibtraining – Fehler vermeiden, Regeln sicher anwenden" steht der pragmatische Ansatz im Vordergrund, dass Schüler/-innen beim Schreiben und Überarbeiten ihrer Texte Sicherheit gewinnen.

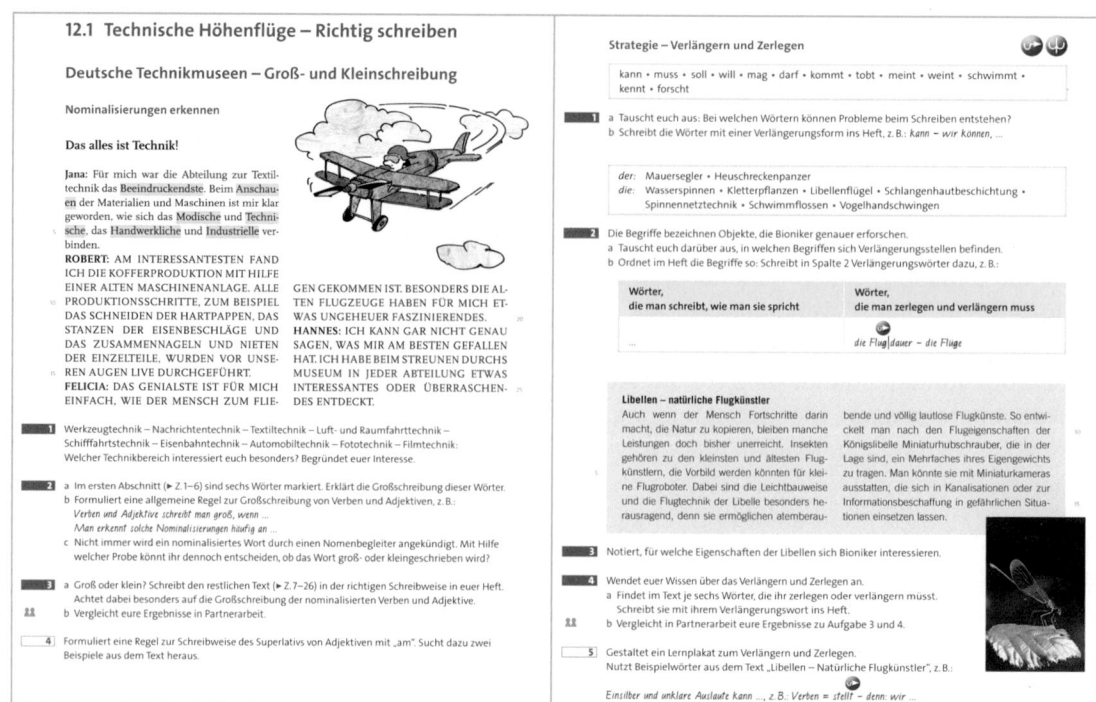

Abbildung 8: Rechtschreiben lernen mit Regeln und Strategien

Die Schüler/-innen eignen sich **Rechtschreibstrategien** an und nutzen sie, um zunehmend kompetent Rechtschreibentscheidungen zu treffen und Fehler zu korrigieren. Die Entwicklung einer **Fehlersensibilität** geht einher mit der Entwicklung einer **Lösungskompetenz** mittels der erworbenen Strategien. Einzelne **Rechtschreibstrategien**, z. B. Nomen erkennen, sind den traditionellen Fehlerschwerpunkten zugeordnet, bauen jedoch ein über den Phänomenen stehendes Strategiewissen auf und tragen so nachhaltig zur Verbesserung der Schreibkompetenz bei. Durch die **Strategie der Proben** verfestigen die Schüler/-innen ihr Strategiewissen. Von diesen Strategien ausgehend können individuelle Fehleranalysen erstellt werden, an die sich wiederum Übungen anschließen. Über das eigentliche Rechtschreibkapitel hinaus sind unter dem Aspekt der **Textlupe zur Textüberarbeitung** auch in den anderen Kapiteln Übungen zur Rechtschreibung integriert. Dabei wird ein besonderer Schwerpunkt auf unterschiedliche Verfahren der Überarbeitung von Texten gelegt.

3 Methodische Entscheidungen

Die methodischen Entscheidungen kommen in besonderer Weise in den Aufgabenstellungen und den dort impliziten Tendenzen zum Ausdruck. Leitend sind die Prinzipien des thematischen, induktiven, kooperativen, selbst regulierten und individualisierten Lernens. Den Benutzern des „Deutschbuchs" wird dabei vor allem die Mischung aus kreativen, handlungsorientierten und analytischen Aufgabenstellungen auffallen. Im Rahmen **kooperativer Verfahren** wird sowohl auf die individuelle Einzelarbeit als auch auf den Austausch unter Partnern und im Team Wert gelegt. **Differenzierende Aufgabenstellungen** zu ausgewählten Materialien, deren individuelle Ergebnisse wieder zusammengeführt werden, fordern und fördern Schüler/-innen mit unterschiedlichen Leistungsstärken. Eine wesentliche Voraussetzung des **eigenverantwortlichen Lernens** ist die Fähigkeit, den eigenen Lernstand und Lernbedarf richtig einzuschätzen. Das „Deutschbuch" bietet vielfältige Möglichkeiten, das eigene Wissen und Können zu testen (**Selbstdiagnose** in den „Testet euch!"-Einheiten). Die metakognitiven Fähigkeiten der Schüler/-innen werden zu Beginn jedes Kapitels gefördert. Über die Aufgaben wird auf der Auftaktseite vorhandenes Vorwissen abgerufen; eine Zielvorstellung über die zu erwerbenden Kompetenzen macht Inhalte und Struktur des Lernprozesses auf schülergemäße Weise transparent (**Advance Organizer**).

3.1 Aufgabenstellungen/Selbstständiges Lernen

Materialarrangements und Aufgaben sind so angelegt, dass von der Lerngruppe eigenverantwortliche Entscheidungen getroffen werden (können). Anregungen zur Anwendung **prozeduraler, metakognitiver und evaluierender Strategien** fördern den kommunikativen Aufbau des Lernprozesses, sodass Wissen im Zusammenhang verfügbar wird und Ergebnisse nicht beziehungslos nebeneinander stehen. In wechselnder Akzentuierung erfüllen die Aufgaben Funktionen des **entdeckenden Lernens**, des operativen, analytischen und produktiven Arbeitens sowie der transferorientierten Anwendung.

Eigenverantwortliches und handlungsorientiertes Arbeiten fördert die Effizienz des Lernprozesses und stärkt die Selbstständigkeit der Schüler/-innen. Diese Zielsetzung wurde bei der Formulierung der Aufgabenstellungen besonders berücksichtigt. Oftmals kann die Aufgabenstellung von der Lehrkraft je nach situativem Unterrichtskontext problemlos modifiziert werden. Sie enthält Alternativen oder sie lädt ein, einen Versuch zu unternehmen, der nicht unbedingt zu einem vorzeigbaren „Ergebnis" kommen muss. Insgesamt ist der Prozess des Lernens wichtiger als das jeweils entstehende Produkt.

Aufgabenstellungen haben im „Deutschbuch" oft einladenden Charakter, sie enthalten häufig mehrere Vorschläge, von denen man nach eigenen Bedürfnissen eine Auswahl kombinieren kann. Darin liegt auch eine Aufforderung an die Schüler/-innen, selbst mitzuentscheiden, welche Variante der vorgeschlagenen Tätigkeiten sie für sich auswählen. Besonders bei Vorschlägen für Gruppenarbeit und in den projektartig angelegten Teilen des Unterrichts ist es wünschenswert, dass die Lerngruppe aushandelt und selbst organisiert, welche Aufgabe von wem übernommen wird.

3.2 Individuelle Förderung/Differenzierung

Der wachsenden **Heterogenität der Lerngruppen** sieht sich das „Deutschbuch" in besonderem Maße verpflichtet. Unterschiedlichkeit wahrzunehmen und zu würdigen bedeutet, Lernen als aktiven, selbstgesteuerten, konstruktiven, emotionalen, sozialen und situativen Prozess zu betrachten. Wissen wird damit vom Individuum nicht einfach rezeptiv übernommen, sondern kann je nach Vorwissen, Motivation und Einstellung des Einzelnen aktiv erworben werden. Hier setzt Differenzierung mit dem Ziel an, jede Schülerin und jeden Schüler mit unterschiedlichen, leicht umsetzbaren **Angeboten zur Differenzierung** individuell maximal zu fordern und zu fördern.

In allen Kapiteln finden sich **auf verschiedenen Niveaustufen differenzierte Aufgaben** zu den Kernkompetenzen, die in dem jeweiligen Kapitel aufgebaut und erweitert werden. In den Inhaltskapiteln steht an erster Stelle der differenzierten Aufgaben immer eine komplexere Dreipunkt-Aufgabe für das erweiterte E-Niveau. Danach folgen Zwei- und Einpunktaufgaben für das mittlere (M) bzw. das grundlegende (G) Niveau. An ausgewählten Stellen werden darüber hinaus in den Kapiteln Zusatzaufgaben für das E-Niveau angeboten.

Diese Art der Differenzierung bietet den Schülerinnen und Schülern die Möglichkeit, den eigenen Lernvoraussetzungen und -interessen entsprechend über den Schwierigkeitsgrad der Aufgabenarrangements bzw. das Lerntempo selbst zu entscheiden und zu wählen ob sie zu einem materialgestützten, progressiv angelegten Aufgabenangebot zusätzliche Hilfen in Anspruch nehmen wollen (wie etwa erste Lösungsvorgaben, Formulierungshilfen, Visualisierungen, Wortspeicher, informative Tipps).

Die besonders ausgewiesenen **Differenzierungsseiten „Stärken stärken"**, die das Teilkapitel x.2 abschließen, ermöglichen eine zusätzliche Differenzierung ebenfalls auf zwei Niveaustufen, beginnend mit einer herausfordernden Aufgabenstellung, zu der nachfolgend Hilfestellungen angeboten werden.

Die Differenzierungen in den Grammatik-Kapiteln und im Rechtschreibkapitel folgen dem Prinzip von einfachen zu komplexeren Aufgabenstellungen. Die Schüler/-innen können auf dem grundlegenden Niveau beginnen und sich je nach Interesse und Lernvermögen additiv den größeren Herausforderungen stellen.

Die **Auftaktseiten** knüpfen unmittelbar an den realen Alltag der Schüler/-innen an und ermöglichen es ihnen so, von ihren ganz konkreten persönlichen Erfahrungen ausgehend in den jeweiligen Kompetenzbereich einzusteigen. Die **Wörterlisten** am Ende der Kapitel ermöglichen die gezielte Förderung nicht muttersprachlicher Schüler/-innen im Förderschwerpunkt „Lernen". Diese „Schreibwörter" umfassen Basiswörter, fehleranfällige Wörter sowie – in Maßen – grundlegende Fachbegriffe. Die Schreibwörter eignen sich für die Arbeit in den Bereichen Wortschatz/Semantik ebenso wie für einfache Rechtschreib- und Grammatikübungen. Im **Orientierungswissen** findet sich auf S. 338 eine Anleitung für die Schüler/-innen, wie die Schreibwörter zum Selbstlernen genutzt werden können.

3.3 Lernen in Unterrichtsprojekten/fachübergreifendes Lernen

Jeder Jahrgangsband enthält Projektvorschläge, die zwar einen fachspezifischen Ausgangspunkt haben, sich aber nicht auf das Fach Deutsch beschränken, sondern Aspekte anderer Fächer mit einbeziehen. Aus der **Didaktik des Projektunterrichts** entstanden die beiden wichtigsten pädagogischen Prinzipien des **handlungs- und erfahrungsorientierten Lernens** und des **selbst organisierten und selbsttätigen Arbeitens in Gruppen**. Aus der Fachdidaktik stammen die Prinzipien der besonderen Berücksichtigung des sprachlichen Anteils an den Lernprozessen. Dabei können unterschiedliche Texte, Schreib-, Lese- und Sprachverwendungssituationen zur Verständigung der Teilnehmer und zur Organisation der Arbeit dienen.

Der Anteil „Deutsch" ist weder zu unterteilen in die fachinternen Kompetenzbereiche noch abzugrenzen gegenüber den anderen Unterrichtsfächern.

Nicht nur in den projektorientierten Teilkapiteln ist fachübergreifendes Arbeiten sinnvoll. Auch in den übrigen Kapiteln finden sich Fachgrenzen überschreitende Arbeitsschritte. So sind z. B. in Teilkapitel 9.1 („Nachrichtenflut – Journalistische Testsorten untersuchen") die Fächer Deutsch und Geographie zueinander in Bezug gesetzt und in Kapitel 1 („Lebenselixier Wasser – Informieren und Präsentieren") die Fächer Deutsch und Sport ebenso wie Deutsch und Geographie. Die Bilder bekannter Künstler aus verschiedenen Epochen in Kapitel 7 („Ich im Hier und Jetzt – Gedichte untersuchen, gestalten, vortragen") stellen Bezüge zum Fach „Bildende Kunst" her.

Die fachübergreifenden Bereiche sind so konzipiert, dass Absprachen zwischen den Fächern sinnvoll sind, dass sie aber auch von der Deutschlehrkraft allein durchgeführt werden können.

3.4 Orientierungswissen (Informationen, Methoden)

Wichtig für das selbstständige Lernen – und dies gilt gleichermaßen für leistungsstärkere wie leistungsschwächere Schüler/-innen – ist eine knappe, gut geordnete und überschaubare Zusammenfassung von informativem und methodischem Wissen. Dort, wo in den Kapiteln das von den Schülerinnen und Schülern erarbeitete Wissen gesichert werden muss, weil es die Grundlage für das weitere Vorgehen bildet, wird es als „Information" oder auch „Methode" zusammenfassend dargestellt. Auf diese Weise festigt sich die eingeführte Terminologie, sodass den Schülerinnen und Schülern die notwendigen Begriffe für ihre weiteren Lernaktivitäten zur Verfügung stehen. Daneben bieten Tipps während der Arbeit im Kapitel Hilfen und Anregungen zur eigenständigen Problemlösung an.

Eine weitere Unterstützung und Entlastung beim selbstständigen und eigenverantwortlichen Lernen und Arbeiten bietet das „Orientierungswissen" im Anhang. Dort wird im Überblick das in den Kapiteln vermittelte Kernwissen in komprimierter Weise zusammengefasst, sodass die Schüler/-innen selbstständig nachschlagen können, wenn sie sich nicht im Kapitelzusammenhang bewegen. Gleichzeitig verschafft das Orientierungswissen den Lernenden einen Überblick über die in den Bildungsstandards und Lehrplänen festgelegten Kompetenzen. Es spiegelt die Leistungsanforderungen bei Lernstandserhebungen, Tests und Klassenarbeiten.

3.5 Hinweise zur Arbeitsorganisation

Die Arbeitsorganisation bleibt in den Aufgabenstellungen weitgehend offen. Ob etwas als Gruppenoder Partnerarbeit im kooperativen Lernen oder als Einzelaufgabe gelöst werden soll, ist zunächst einmal Angelegenheit der Lehrerin/des Lehrers und der Lerngruppe. Aber das „Deutschbuch" macht Vorschläge, die sinnvoll und praxiserprobt sind.

Arbeitsschritte, Materialien und Aufgabenstellungen sind im „Deutschbuch" so organisiert, dass Lehrer/-innen phasenweise eine stärker moderierende und prozessbegleitende Rolle einnehmen können. Diese Lehrmethoden erlauben den Schülerinnen und Schülern zunehmend ein selbsttätiges und mitverantwortliches Arbeiten, das ihre sozialen und kommunikativen Kompetenzen stärkt.

Die Kapitel des „Deutschbuchs" eröffnen vielfältige Möglichkeiten für eine situationsgerechte und auf die Lernenden bezogene Aufbereitung des Stoffes im Unterricht. Je nach Lernsituation und vorgesehenem Zeitrahmen können einzelne Teilkapitel oder auch nur wenige Abschnitte in der gewünschten Schwerpunktsetzung sinnvoll behandelt werden.

4 Begleitmaterial rund um das „Deutschbuch"

Servicepaket für individualisiertes und differenziertes Lernen

Das vorliegende „Servicepaket" unterstützt die Lehrenden durch ein umfangreiches Angebot als Ergänzung zum Schülerband bei der individuellen und differenzierten Förderung aller Schüler/-innen.

Evaluation über Diagnose- und Förderempfehlungen

Zu jeder Lerneinheit wird ein Diagnosebogen angeboten, mit dem die Lernenden ihre Kenntnisse im Rahmen einer Selbsteinschätzung evaluieren.

Lernwegelisten

Zu allen Kernkompetenzbereichen der einzelnen Kapitel hält das Servicepaket Lernwegelisten bereit, die die Kernkompetenzen des jeweiligen Inhaltskapitels erfassen. Für das eigenverantwortliche Lernen im Lernatelier oder für die Selbstlernphasen brauchen die Schüler/-innen darin Unterstützung, die angestrebten Lernziele selbstständig und eigenverantwortlich zu erreichen. Das setzt voraus, dass sie ihre Fähigkeiten und Fertigkeiten zunächst selbst einschätzen. Drei Kategorien werden angeboten: „kann ich gut", „geht so" und „muss ich noch üben" – gekennzeichnet durch drei verschiedene Smileys. Die Lehrperson kann so erkennen, wie sich die Schülerin/der Schüler selbst einschätzt und kann ggf. unterstützend eingreifen und/oder einen Hinweis auf der Lernwegeliste eintragen. Über die Selbstevaluation hinaus bieten die Lernwegelisten Lernmaterialien für Übungen und Vertiefung an, auf die die Schüler/-innen zurückgreifen können.

Die Lernwegelisten sind so angelegt, dass sie von den Lehrenden redigiert und ergänzt werden können, je nachdem, welche weiteren Lerninhalte Gegenstand des Unterrichts sind.

Whiteboard- / PPT-Folien für Unterrichtsgespräche

Das „Deutschbuch" bietet für Lehrende die Möglichkeit, Inhalte im Klassengespräch auch medial gestützt zu erarbeiten. Hierfür sind auf der Servicepaket-DVD zu jedem Kapitel fertig vorbereitete und auf die Unterrichtseinheit abgestimmte Foliensätze hinterlegt, die mittels PC und Beamer oder per Whiteboard präsentiert werden können. Oftmals greifen diese Folien konkrete Inhalte oder Aufgaben des Lehrwerks auf, Lernschritte werden auf verschiedenen Folien visualisiert und progressiv erarbeitet. Gerade im Unterricht heterogener Klassen können Lehrende so im konzentrierten Unterrichtsgespräch Lerngegenstände oder -inhalte vorentlasten. Die Präsentation unterstützt visuell orientierte Lerntypen.

Alle Whiteboard-/PPT-Foliensätze auf der Servicepaket-DVD sind frei formatierbar und veränderbar. Eine Anpassung der bereits bestehenden Folien ist also mit wenig Aufwand rasch umsetzbar.

Klassenarbeiten auf zwei Anforderungsstufen

Im Servicepaket für das Lehrwerk bekommen die Lehrenden zu jedem Kapitel zwei fertig vorbereitete und auf die Unterrichtseinheit abgestimmte Klassenarbeitsvorschläge angeboten. Diese Leistungsüberprüfungen sind folgendermaßen differenziert:

- Eine Klassenarbeit ist nach zwei Leistungsstufen differenziert: Die etwas schwerere Klassenarbeit hat meist einen umfangreichen Textkorpus und anspruchsvollere Aufgaben, während die leichtere Variante mit weniger Textmaterial, einfacheren Aufgaben, zusätzlichen Hilfen und geringeren selbst zu erstellenden Textteilen konzipiert ist.
- Die zweite Klassenarbeit bietet zusätzliche Hilfestellung durch eine abschließende Checkliste zur selbstständigen Überprüfung der eigenen Texte sowie drei individuell einsetzbare Hilfe-Karten zu Sprache, Inhalt und Form.

Als Hilfestellung für die Korrektur werden für alle Klassenarbeitsvorschläge Kompetenzraster angeboten, die von der Lehrperson individuell angepasst werden können. Alle Klassenarbeiten und auch die Kompetenzraster auf der Servicepaket-DVD sind frei formatierbar und veränderbar.

Kopiervorlagen für alle Themen und Lernbereiche
Das Servicepaket bietet zu jedem Kapitel eine Fülle von Kopiervorlagen auf drei Differenzierungsstufen, die in der Regel zu demselben Ergebnis führen:

- ●●● Arbeitsblätter mit Aufgabenstellungen für leistungsstärkere Schüler/-innen, d. h. ohne oder mit geringfügigen Hilfen,
- ●●○ Arbeitsblätter für weniger lernstarke Schüler/-innen mit Hilfestellungen/Starthilfen, wie z. B. Satzanfängen und Tipps,
- ●○○ Arbeitsblätter mit stark angeleiteten Aufgaben.

Die Arbeitsblätter sind nach Niveaustufen differenziert: durch das Punktsystem auch für Schüler/-innen übersichtlich und analog zu den Differenzierungsaufgaben im Schülerband. Die Kopiervorlagen sind damit besonders geeignet, Lerninhalte in eigenverantwortlichem Lernen zu vertiefen – beispielsweise im Lernatelier oder in Freiarbeitsphasen.
Alle Kopiervorlagen auf der Servicepaket-DVD sind frei formatierbar und veränderbar. Eine Anpassung der Aufgaben oder weitere Differenzierung über zusätzliche Hilfen ist also rasch umsetzbar.

Zusätzlich bietet die beiliegende CD-ROM:
- Bewertungshinweise (Kompetenzraster) zu den Klassenarbeiten und Lösungen zu den Tests,
- Lösungshinweise zu den Kopiervorlagen, mit denen sich die Arbeitsblätter auch zum selbstständigen Wiederholen und Üben einsetzen lassen,
- PowerPoint-Folien mit Bildern, Grafiken und Übungseinheiten für Whiteboard, Beamer oder Overheadprojektor,
- einen Jahresplaner mit einer detaillierten Gegenüberstellung der Teilkapitel im „Deutschbuch" und der Kompetenzbereiche der jeweiligen Lehrpläne.

Neben dem Servicepaket bietet der Verlag weiteres Übungsmaterial zum „Deutschbuch" an:

Deutschbuch 4 Arbeitsheft, wahlweise mit interaktiven Übungen
Im Arbeitsheft werden ausgewählte Lernbereiche und Themen des Schülerbands aufgegriffen. Die Übungen und Aufgaben stehen in direktem Zusammenhang mit der Erarbeitung dieser Kapitel des „Deutschbuchs" und vertiefen die im Unterricht erarbeiteten Kompetenzbereiche. Die farbliche Markierung der Übungskapitel folgt dem Farbleitsystem des Schülerbands, wonach vertiefende Übungen zu den Kernbereichen des Schreibens (rot gekennzeichnete Kapitel), des Lesens („gelbe" Kapitel), der Grammatik und der Rechtschreibung (beide grüne Kennzeichnung) angeboten werden. In einem Methodenkapitel (blaue Kennzeichnung) laden Übungen dazu ein, basale Methoden und Arbeitstechniken zu wiederholen. Ein Lernstandstest am Ende des Arbeitshefts bietet ein Format, bei dem die Schülerin/der Schüler selbst überprüfen kann, was sie/er nach Erarbeitung des Arbeitshefts beherrscht. Das ist gleichermaßen eine Übung für den Umgang mit Überprüfungstests und Lernstandserhebungen.

Wie kann die Schülerin/der Schüler mit dem Arbeitsheft üben?
In jedem Lernbereich/Kapitel wird der Lerngegenstand aus dem Schülerband in kleinschrittiger Weise aufgebaut und vertieft. Daran schließen sich Differenzierungsseiten („Stärken stärken") an. Diese Differenzierungsseiten folgen dem Prinzip der „Schritt-für-Schritt-Vertiefung", wonach die Schülerin/der Schüler mit Ein-Punkt-Aufgaben beginnt und mit den Zwei-Punkt-Aufgaben fortfahren kann. Sollte sie/er diese problemlos bewältigen, kann sie/er im Anschluss die Drei-Punkt-Aufgaben bearbeiten. Dabei kann die Schülerin/der Schüler ganz ihrem/seinem eigenen Lerntempo folgen, denn das Arbeitsheft ist für die Einzelarbeit vorgesehen, entweder für Übungs- und Vertiefungsphasen innerhalb des Unterrichtsgeschehens, für die Verwendung innerhalb des Förderkonzepts der Schule oder für Hausaufgaben. Jedes Kapitel schließt mit einer Selbstevaluation „Teste dich!" ab. Anhand einer „Checkliste", die die wichtigsten Merkmale des zu vertiefenden Lerngegenstands in Frageform zusammenfasst, kann die Schülerin/der Schüler überprüfen, was gut „sitzt" und was noch mal geübt werden sollte. Das dem Arbeitsheft beiliegende Lösungsheft bietet Musterlösungen an, die als Orientierungshilfen dienen können.

Das Arbeitsheft kann auch unabhängig vom „Deutschbuch" zur Förderung verwendet werden.

Interaktive Übungen zum Arbeitsheft: Mit den interaktiven Übungen als Ergänzung zum Arbeitsheft lernen die Schüler/-innen genau die richtigen Inhalte. Die Übungen sind auf das Arbeitsheft und die Unterrichtsinhalte abgestimmt. So ist zielgerichtetes Lernen garantiert.

Die Übungen können sowohl auf dem Tablet als auch am Computer bearbeitet werden und bieten interaktive Trainingseinheiten zu allen wichtigen Themen auf verschiedenen Differenzierungsstufen – passend zum jeweiligen Wissensstand. Das Angebot wird aufgelockert durch abwechslungsreiche und motivierende Übungsformate und hält viele Tipps und Hilfestellungen für eigenständiges Lösen der Aufgaben bereit.

Deutschbuch **Diagnose und Fördern**: www.scook.de/diagnose – als kostenloser Online-Service zum Deutschbuch

Die Diagnosetests können online ausgewählt und den Lernenden direkt zugewiesen werden.

Sie ermöglichen einen schnellen Überblick über den Lernstand und die Fähigkeiten der Schüler/-innen und bieten gezielte Empfehlungen zur differenzierten Förderung.

Der **Sprachtrainer** eignet sich ideal zur individuellen Förderung und besonders für den DaZ-Förderbedarf. Sorgfältig aufbereitetes Material stärkt Lese- und Schreibkompetenzen, verbessert die Ausdrucksfähigkeit und unterstützt bei dem Erwerb von sprachlichem Grundwissen.

Der Sprachtrainer kann auch unabhängig vom „Deutschbuch" zur Förderung verwendet werden.

Differenzieren und Fördern Ordner mit CD-ROM:

Der Ordner umfasst Kopiervorlagen, die lernschwächere Schüler/-innen auch ohne fremde Hilfe bearbeiten können – im Unterricht oder zu Hause. Er bietet jeweils Diagnosetests mit Förderempfehlungen, Lernlandkarten für das selbstständige Arbeiten, Fördermaterialien auf drei Niveaus – auch für Schüler/ -innen mit Deutsch als Zweitsprache – Differenzierende Klassenarbeiten samt Hilfe-Karten und Bewertungsbogen sowie Musteraufsätze und Checklisten an.

Die beigelegte CD-ROM hält die Lösungen sowie alle Arbeitsblätter in editierbarer Form bereit.

1 Lebenselixier Wasser – Informieren und Präsentieren

Konzeption des Kapitels

In diesem Kapitel werden zentrale Kompetenzen im Umgang mit Texten geschult: Die Schüler/-innen lesen kontinuierliche und diskontinuierliche, sachliche und literarische Texte, entnehmen diesen Informationen und werten sie aus. Im ersten Teil reflektieren sie zudem die Informationen und nutzen sie zur Erstellung einer Materialsammlung. Die damit zusammenhängende themengebundene Recherche in verschiedenen Informationsquellen vertieft die Medienkompetenz. Schließlich wird mit dem Vorbereiten, Erstellen und Halten eines Vortrags auch der Bereich des Sprechens integriert. Inhaltlich wird das Kapitel durch das Thema „Wasser" zusammengehalten, das in seinen unterschiedlichen Facetten beleuchtet wird.

Im ersten Teilkapitel (**„Wasser – Materialien sammeln und auswerten"**) setzten sich die Schüler/ -innen zunächst semantisch mit der Vielschichtigkeit des Begriffs „Wasser" auseinander. Anschließend werten sie sowohl kontinuierliche als auch diskontinuierliche Texte aus, entnehmen gezielt Informationen und beurteilen diese. Des Weiteren werden sie zum selbstständigen Recherchieren angeleitet. All diese Zwischenschritte zielen auf die Erstellung einer Materialsammlung zum Thema „Wasser" ab. In einem abschließenden reflektierenden Prozess überdenken sie ihre Arbeitsschritte und erstellen in diesem Zusammenhang ein Inhaltsverzeichnis für ihre Materialsammlung. In einer **Selbstevaluation** („Testet euch! – Materialien auswerten und vergleichen") festigen und prüfen sie ihr Wissen zu diesem Textformat.

Im zweiten Teilkapitel (**„Wasser ist Leben – Informationen entnehmen, ordnen, aufbereiten"**) liegt der methodische Schwerpunkt auf der Erschließung unterschiedlicher Materialien. Anhand eines Interviews und eines Gemäldes, die beide mit den Themen „Wasser" zu tun haben, arbeiten die Schüler/ -innen handlungs- und produktionsorientiert. Anschließend beschäftigen sie sich mit dem Erstellen einer Folienpräsentation und vertiefen ihre Erkenntnisse mit der **Differenzierungsseite** („Stärken stärken: Folien für eine Präsentation erstellen") anhand der Planung und Durchführung eines mündlichen Vortrags.

Das dritte Teilkapitel (**„Fit in … ? – Präsentation zum Thema ‚Wasser'"**) integriert den Kompetenzbereich „Sprechen" mit dem Vorbereiten und Halten eines Vortrags. Die Schüler/-innen entscheiden sich für einen der vorgestellten Aspekte zum Thema „Wasser", bevor sie dazu eine Präsentation erstellen. Ziel dieses Teilkapitels ist der mündliche Vortrag, der anhand von Karteikarten vor der gesamten Klasse gehalten werden soll. Die abschließende Checkliste ermöglicht die **Sicherung des Wissens** vor einer Präsentation und bietet ein verlässliches Instrument zur **Selbstdiagnose** aller weiterer Vorträge. Eine das Kapitel abschließende Wörterliste erweitert den Grundwortschatz und kann für eine Rechtschreibübung genutzt werden (s. Orientierungswissen „Mit den Wörterlisten üben" im SB auf S. 338).

Literaturhinweise

Fix, Martin/Jost, Roland: Sachtexte im Deutschunterricht. Schneider, Baltmannsweiler 3. Aufl. 2010
GEOlino Extra: Wasser. Nr. 27, 2011
Raecke, Renate: Von Meerjungfrauen, Kapitänen und fliegenden Fischen: Geschichten und Gedichte rund ums Wasser. Gebundene Ausgabe. Boje Verlag, Köln 2012
Rund um Sachtexte 1 (Klasse 5–8). Arbeitsheft. Cornelsen, Berlin 2004
Schuh, Bernd: Wasser. Der wichtigste Rohstoff der Erde. Gerstenberg Verlag, Hildesheim 2012

Inhalte	Kompetenzen
	Die Schülerinnen und Schüler
S. 15 **1 Lebenselixier Wasser – Informieren und Präsentieren**	– wenden Lesetechniken an – werten lineare und nichtlineare Texte aus – wenden Präsentationstechniken an – leisten freie Redebeiträge
S. 16 **1.1 Wasser – Materialien sammeln und auswerten**	– wenden Methoden der Texterschließung an und nutzen Medien zur Dokumentation des Lernwegs
S. 16 Annäherung an ein Element – Begriffsklärung	– nutzen Methoden der Texterschließung zur Vorbereitung des Schreibens (Cluster) – verfassen einen Lexikonartikel – entwerfen ein Plakat
S. 18 Virtuelles Wasser – Recherchieren für die Materialsammlung	– wenden Methoden der Texterschließung an – lesen und werten lineare und nichtlineare Texte aus (Fotos, Texte, Grafiken)
S. 22 Vielfalt des Wassers – Zusammenhänge darstellen	– reflektieren Informationen und setzen sie miteinander in Verbindung – verfassen einen formalisierten Text
S. 23 „Wasser" – Eine Materialsammlung ausarbeiten	– erschließen den Aufbau einer Materialsammlung – erstellen ein Inhaltsverzeichnis – reflektieren ihren Arbeitsprozess
S. 25 Testet euch! – Materialien auswerten und vergleichen	– wenden Methoden der Texterschließung an (Sachtext und Diagramm)
S. 26 **1.2 Wasser ist Leben – Informationen entnehmen, ordnen, aufbereiten**	– nutzen Medien zur Dokumentation des Lernwegs
S. 26 Ein Interview auswerten	– lesen einen linearen Text und werten ihn aus – verfassen eine Mind-Map
S. 28 Ein Bild beschreiben	– verwenden einen differenzierten Wortschatz (Bildbeschreibung)
S. 29 Folien für eine Präsentation erstellen	– gestalten Texte adressatengerecht
S. 30 Stärken stärken: Folien für eine Präsentation erstellen	– prüfen ihr Wissen zum Thema „Präsentationsfolien gestalten"
S. 31 **1.3 Fit in …? – Präsentation zum Thema „Wasser"** Was bedeutet Wasser für euch? – Einen Vortrag halten	– strukturieren Redebeiträge transparent – nutzen Präsentationsprogramme – tragen Referate frei vor – formulieren kriterienorientiert Feedback

||S.15 Auftaktseite

1 **a** Das Foto der Auftaktseite soll die Schüler/-innen für das Element Wasser sensibilisieren. Es lenkt ihre Aufmerksamkeit auf die Vielfalt des Elements. Mögliche Eindrücke könnten folgende Aspekte beinhalten: Abkühlung, Frische, Nässe, durstlöschend, lebenswichtig.

b Dass es ohne Wasser auf der Erde kein Leben gäbe, dürfte den Schülerinnen und Schülern bekannt sein. Für die meisten Organismen ist es der wichtigste Bestandteil und somit lebensnotwendig. Beispielsweise könnte aufgegriffen werden, dass auch der menschliche Körper zu etwa 70 % aus Wasser besteht.

Als alternativer Einstieg in das Kapitel kann die **Folie** „‚Was zum Teufel ist Wasser?' – Einen Begriff bestimmen" genutzt werden, mit der sich die Schüler/-innen dem Thema durch ein markantes Beispiel von David Foster Wallace nähern.

1.1 Wasser – Materialien sammeln und auswerten

||S.16 Annäherung an ein Element – Begriffsklärung

1 **a** Das Foto und die Aussagen sollen den Schülerinnen und Schülern die Vielschichtigkeit des Elements verdeutlichen. Bevor die Bedeutung des Wassers thematisiert werden kann, müssen die Aussagen im Kasten geklärt werden. Hier bietet es sich an, dass sich die Schüler/-innen erst mit einer Lernpartnerin/einem Lernpartner austauschen, bevor im Plenum die Begriffe geklärt werden.

Das blaue Gold der Erde: Bezug auf die Farbe und den Wert (auch finanziell) von Wasser
Ein Stoff mit drei Gesichtern: Bezug auf die drei verschiedenen Aggregatzustände: fest, flüssig, gasförmig
Kostbare Tropfen: in Gebieten mit Wasserknappheit ist jeder Tropfen Wasser wertvoll
Urgewalt der Fluten: zerstörerische Kraft des Wassers in geballter Form
Heilende Kraft: bereits seit Antike wird Wasser heilende Wirkung zugeschrieben
Reinheit für die Seele: Wasser ist in vielen Religionen ein wichtiger Bestandteil (z. B. im übertragenen Sinne reinigende Wirkung des Wassers)

b Beispiellösung:

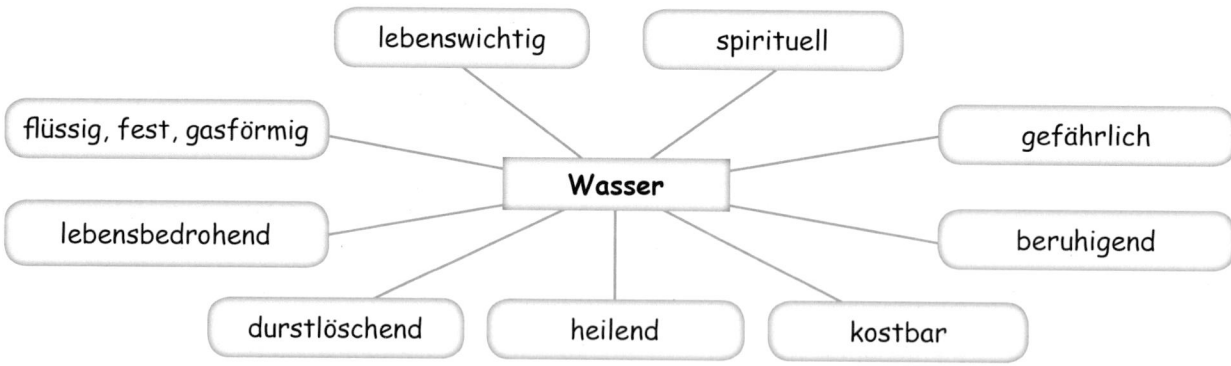

2 Beispiellösung:

> Wasser ist ein Element mit vielen Gesichtern. Es kann sowohl fest, flüssig als auch gasförmig auftreten und bedeckt 71 % der Oberfläche unseres Planeten. Trotzdem gibt es auch Regionen, z. B. Wüsten, in denen Wasser äußerst knapp ist. Alles Leben auf der Erde braucht Wasser. Auch der menschliche Körper funktioniert ohne Wasser nicht, so befinden sich etwa gut 20 Liter Wasser allein in den Lymphflüssigkeiten eines Menschen. Wasser kann das Leben aber auch bedrohen, beispielsweise als Sturmflut oder orkanartiger Regenfall.

3 Diese Aufgabe eignet sich hervorragend dazu, mit einer Internetrecherche die Medienkompetenz der Schüler/-innen zu vertiefen.
Der Methodenkasten „Informationen gezielt entnehmen" im SB auf S. 17 sollte vor der Materialsichtung gemeinsam erarbeitet werden.

4 a Hier sollte darauf geachtet werden, dass auf den Plakaten möglichst viele Eigenschaften zum Thema „Wasser" dargestellt werden. Möglich wäre auch die Erstellung einer Collage. Während der Erarbeitung sollten die Schüler/-innen nochmals daran erinnert werden, die Ergebnisse der vorangegangenen Aufgaben einzubeziehen. Wichtig ist, dass die Vielschichtigkeit sowie die Komplexität des Wassers auf den Plakaten zu erkennen ist.

  b Damit die Arbeiten aller Schüler/-innen gewürdigt werden, können sie in einem Galeriegang ausgestellt werden. Der Galeriegang lässt sich auch bei Partnerarbeiten durchführen. In dem Fall bleibt ein Schüler/eine Schülerin am eigenen Plakat und der/die andere schaut sich die Plakate der Mitschüler/-innen an. Nach einer festgesetzten Zeit wird gewechselt. Im Anschluss können alle Plakate gemeinsam besprochen werden.

5 Bei dieser Aufgabe ist es wichtig, dass sämtlichen Schülerinnen und Schülern die Anforderungen an eine Materialsammlung klar sind, damit im Anschluss mit diesem Wissen weitergearbeitet werden kann.

S.18 Virtuelles Wasser – Recherchieren für die Materialsammlung

Fotos, Grafiken, Texte – Materialien sichten

Mit der **Folie** „Ein Diagramm auswerten" kann die Erschließung einer Grafik am Beispiel eines Balkendiagramms vertiefend geübt werden.

1 a–c Die offenere Herangehensweise, die hier vorgeschlagen wird, bietet eine gute Möglichkeit zur Binnendifferenzierung. Während die weniger lernstarken Schüler/-innen mit den jeweils passenden Aufgaben arbeiten, können lernstärkere Schüler/-innen allein oder in Partnerarbeit die Materialien weitestgehend selbstständig auswerten.

M I: Trinkwasserverwendung von Haushalten 2015 pro Tag und Einwohner in Deutschland

2 Zur letzten Frage („Welcher Wert hat euch am meisten verwundert?") kann ergänzend ein Meinungsbild der gesamten Klasse gesammelt werden.

Um welche Art von Diagramm handelt es sich?
— Es handelt sich um ein Säulendiagramm.
Wofür stehen die %-Angaben?
— Die %-Angaben stehen für den %-Anteil eines Bereichs der Trinkwasserverwendung pro Einwohner am Tag. Zum Beispiel liegt der Anteil am Trinkwasserverbrauch für das Geschirrspülen bei 6 %, dies entspricht 7 Liter.
In welchem Bereich wird am meisten Wasser benötigt?
— Den größten Anteil am Trinkwasserverbrauch pro Einwohner und Tag weist der Bereich Baden/Duschen/Körperpflege auf. An zweiter Stelle steht der Verbrauch des Wassers für die Toilettenspülung mit einem Anteil von 27 %.

3 Die vertiefende Recherche bietet sich sehr gut als Hausaufgabe an. Wichtig ist, dass im Anschluss auch eine Bewertung und Auswertung der gefundenen Materialien erfolgt. Dies kann mit den Fragen aus Aufgabe 2 angeleitet werden. Ergänzend sollte im Vorhinein der Methodenkasten „Informationsmaterial beurteilen und auswerten" im SB auf S. 21 gemeinsam erarbeitet werden.

M II: Die großen Wasserschlucker

1 a Bei dem vorliegenden Material handelt es sich um einen diskontinuierlichen Sachtext. Der Text liefert Sachinformationen zum Thema „Virtuelles Wasser", das Diagramm verdeutlicht den Inhalt.

b Beispiellösung:

> **virtuelles Wasser** = Dieser Begriff wurde in den 1990er Jahren vom Londoner Geografen John Anthony Allan eingeführt. Man versteht darunter die Menge Wasser, die man zur Produktion von Nahrungsmitteln und Gebrauchsgegenständen einsetzen muss.
> **aquatischer Rucksack** = Unter dem Begriff „aquatischer Rucksack" versteht man die Menge Wasser, die benötigt wurde, um ein bestimmtes Produkt herzustellen. Etwa bei Rindfleisch das Trinkwasser für das Rind sowie den Anbau von Futter.

c „Zwölf Badewannen Wasser im Hamburger" – diese Wassermenge ist realistisch und kommt dadurch zustande, dass man sämtliches Wasser addiert, das sowohl zur Produktion des Hamburgers als auch für dafür notwendige Nebenprodukte (wie Tierfutter) benötigt wird. Der massive Hauptanteil des Wasserverbrauchs steckt in der Produktion von 150 g Burgerfleisch. Dieses Phänomen kann mit den Schülerinnen und Schülern gesondert thematisiert werden.

M III: Tomate ist nicht gleich Tomate

1 a Diese Aufgabe muss dem individuellen Leistungsstand der Klasse angepasst werden. Mögliche unbekannte Begriffe könnten sein: der reale Wasseranteil (Z. 10 f.), Verbraucher (Z. 19), importieren (Z. 20), wasserintensive Produkte (Z. 20 f.), Oasen (Z. 25), Konzept (Z. 35), virtueller Wasserhandel (Z. 36), Ressourcen (Z. 40)

b Unter dem realen Wasseranteil versteht man die Menge an Wasser, die tatsächlich im Endprodukt enthalten ist.

c Das Problem ist, dass der Anteil an virtuellem Wasser nicht vergütet wird. Oftmals fertigen wasserarme Länder Produkte an, deren Herstellung viel Wasser verbraucht. Das wenige ihnen zur Verfügung stehende Wasser nimmt dadurch noch mehr ab. Das Konzept eines besseren virtuellen Wasserhandels bedeutet, dass wasserarme Länder Produkte einführen, die wasserintensiv sind, statt sie selbst herzustellen. Somit gleichen sie den eigenen Wassermangel aus. Länder hingegen, die ausreichend Wasser zur Verfügung haben, erstellen besser Produkte, die wasserintensiv sind.

M IV: Interview mit Markus Lanz zur UNICEF-Kampagne „Wasser wirkt"

1 a Bei diesem Text handelt es sich um ein Interview. Aufgrund der Fragen und Antworten wirken die Aussagen sehr lebendig und authentisch.

b Der Text stellt die Kampagne „Wasser wirkt" vor. Ziel dieser Kampagne ist, in sechs Ländern 500 000 Kinder mit sauberem Wasser zu versorgen und ihnen einen Zugang zu sanitären Einrichtungen zu ermöglichen.

c Markus Lanz war selbst schon vor Ort und hat damals einer Frau beim Wasserholen geholfen. Der Weg, den diese Frau dreimal täglich zurücklegen musste, war zwei Kilometer lang. Dabei schleppte sie in der dort herrschenden Hitze noch einen 25-Liter-Kanister voll Wasser. Markus Lanz berichtet, dass ihn diese Hilfe körperlich an seine Grenzen gebracht hat.

2 Hier sind individuelle Lösungen möglich.

Die **Kopiervorlage 1** („Eine Präsentation vorbereiten") kann auch zur vertiefenden Übung der Materialsichtung und -auswertung genutzt werden. In diesem Fall sollte nur die Aufgabe zur Ausarbeitung eines Vortrags weggelassen werden.

S. 22 Vielfalt des Wassers – Zusammenhänge darstellen

1/2 Mögliches **Tafelbild**:

Material	Thema	Schlüsselwörter
M I	– Verteilung des Wasserverbrauchs im Haushalt	– Trinkwasserverwendung – pro Tag und Einwohner – Deutschland – höchster Verbrauch: Baden/Duschen/Körperpflege und Toilettenspülung
M II	– in Produkten steckt viel mehr Wasser, als sichtbar ist	– virtuelles Wasser – aquatischer Rucksack – Wasserfußabdruck
M III	– viele wasserarme Länder stellen wasserintensive Produkte her; Verbesserungsvorschlag: wasser-reiche Länder produzieren wasser-intensive Produkte, wasserarme Länder importieren diese	– virtuelles Wasser – nicht vergütet – wasserarme Länder produzieren wasserintensiv – Verbesserung des virtuellen Wasserhandels
M IV	– in vielen Ländern besteht Mangel an sauberem Trinkwasser; Hilfskampagne „Wasser wirkt" als Gegenmaßnahme	– 3 000 Kinder – sterben täglich – Wasserverschmutzung/mangelnde Hygiene – UNICEF-Kampagne – 500 000 Kinder in sechs Ländern – Wasser ist Menschenrecht

3 M I: Durch das Säulendiagramm wird die Aufteilung des Wassers in die einzelnen Bereiche illustrativ ver-deutlicht.

M II: In der Abbildung wird der zur Herstellung der einzelnen Lebensmittel eines Hamburgers nötige Wasserverbrauch aufgezeigt und so der Begriff „virtuelles Wasser" veranschaulicht.

M III: Hier spiegelt die Abbildung nicht die wesentlichen Textinhalte wider, sondern hat eine eher aus-schmückende Funktion.

4 **a–c** Der Methodenkasten „Beziehungen zwischen den Informationsmaterialien herstellen" im SB auf S. 22 kann zur Verdeutlichung der Aufgabenstellung hinzugezogen werden. Beispiellösung:

Was meint der Begriff „virtuelles Wasser" und worauf macht er aufmerksam?
In einem Haushalt wird vor allem durch Baden und Duschen sowie die Toilettenspülung viel Was-ser verbraucht – das dürfte den meisten bekannt sein. Immerhin kann man ganz genau sehen, wie viel Wasser etwa in eine Badewanne passt. Dass aber auch zur Produktion beispielsweise eines Hamburgers insgesamt zwölf Badewannen Wasser notwendig sind, ist nicht sofort ersichtlich. Doch der Anbau von Salat, Tomaten, Gurken, Zwiebeln oder auch Sonnenblumen zur Herstellung von Mayonnaise benötigt enorme Mengen an Wasser. Der mit Abstand größte Teil des Wasser-verbrauchs steckt sogar in den nur 150 g Burgerfleisch: Insgesamt 2 250 Liter braucht es, um den Wasserbedarf der Kuh zu stillen und Futter für sie herzustellen. Diesen versteckten Was-serverbrauch, der zur Herstellung eines Produkts notwendig ist, nennt man „virtuelles Wasser". Wichtig ist auch, dass dieses virtuelle Wasser nicht vergütet wird. Trotzdem stellen wasser-arme Länder, in denen Wasser für die Menschen teilweise mehr wert ist als Gold, häufig was-serintensive Produkte her. Gleichzeitig sterben in solchen Ländern aber viele an verschmutztem Trinkwasser und mangelnder Hygiene, weil zu wenig Wasser verfügbar ist. Deshalb sollte der virtuelle Wasserhandel dahingehend verbessert werden, dass wasserreiche Länder wasserin-tensive Produkte herstellen und wasserarme Länder diese importieren, statt sie herzustellen.

S.23 „Wasser" – Eine Materialsammlung ausarbeiten

1/2 Bei der Erstellung des persönlichen Arbeitsplanes sollten neben den genannten Fragen folgende Arbeitsschritte berücksichtigt werden:
- Entscheidung für einen Themenbereich
- Ziel formulieren
- Materialbeschaffung
- Materialsichtung/-bewertung

3 a–d Hier sind individuelle Lösungen möglich.

4 Die Erstellung eines Inhaltsverzeichnisses hilft den Schülerinnen und Schülern, die aus der Materialsammlung gewonnenen Informationen zu strukturieren. Anhand des vorgestellten Beispiels können die Schüler/-innen einen möglichen Aufbau der Materialsammlung erschließen:
- Vorwort (1)
- persönlicher Arbeitsplan (2)
- Einleitung zum gewählten Thema (3)
- grundlegende Informationen zum Thema (4, 5)
- Beispiel zum Thema (6)
- spezifische Informationen zum Thema mit Zusammenfassung/Bilanz (7, 8)
- persönlicher Bezug zum Thema (7.1)
- Schluss: Rückblick über die Arbeit mit der Materialsammlung (9)

5 Die Schüler/-innen reflektieren ihren Arbeitsprozess und sammeln Ideen für die Fortführung des Projekts. Weitere Anstöße gibt der Methodenkasten „Den Arbeitsprozess überdenken" im SB auf S. 24.

S.25 Testet euch! – Materialien auswerten und vergleichen

1 a Bei dem Text handelt es sich um einen Sachtext, da sich dieser mit realen Ereignissen und Vorgängen beschäftigt und informieren will. Er könnte zum Beispiel in einem Sachbuch oder als Bericht in einer Zeitung abgedruckt sein.

b Möglich ist, dass die Schüler/innen sowohl **A** als auch **B** auswählen. Die Begründung für **A** könnte sein, dass der Text verschiedene Aspekte des leichtsinnigen Umgangs mit Wasser behandelt und auch der Umgang mit giftigem Wasser übergreifend als Verschwendung bezeichnet werden könnte. Schüler/-innen, die sich für **B** entschieden haben, könnten argumentieren, dass Wasserverschmutzung durch giftige Stoffe aus der Landwirtschaft das Hauptthema des Textes ist, wobei dieser auch Industrieabwässer als Verursacher von Umweltverschmutzung nennt.

2 Es handelt sich um ein Balkendiagramm. Die Liter-Angaben stehen für den durchschnittlichen Verbrauch in Haushalten verschiedener Länder pro Tag. Das meiste Wasser verbraucht Dubai mit 500 Litern pro Tag, Haushalte in Haiti kommen mit 16 Litern aus. Deutschland liegt mit einem Wasserverbrauch von 126 Litern pro Haushalt im mittleren Bereich der Skala.

3 Aus dem Diagramm ist ersichtlich, dass Dubai einen sehr hohen Wasserverbrauch hat. Dies wird durch das im Text genannte Beispiel veranschaulicht, dass es in Dubai möglich ist, in der künstlich bewässerten Wüste Golf zu spielen.

1.2 Wasser ist Leben – Informationen entnehmen, ordnen, aufbereiten

S. 26 **Ein Interview auswerten**

Verrückt nach Meer

1 a Auch bei diesem Text (s. auch Aufgabe 1a, S. 21 im SB) handelt es sich um ein Interview. Aufgrund der Fragen und Antworten wirken die Aussagen authentisch und der Text wird lebendig und gut lesbar.

b Beispiellösung:

> Für Steffi Wahl ist jeder Surftag anders, da die Surfbedingungen immer unterschiedlich sind und sie sich täglich neu auf Wind und Wellen einstellen muss. Die Surferin erlebt die Natur beim Surfen intensiv, was sie glücklich macht. Schon als kleines Mädchen lernte sie, keine Angst vor dem Wasser zu haben. Dennoch brauchen Surfer ihrer Meinung nach Respekt vor dem Wasser. Am liebsten surft Steffi Wahl an der Ostseeküste, wo sie auch zu Hause ist. Dort schätzt sie die ordentlichen Wellen und die verwinkelte Küste sowie die vielen Überraschungen, die die Ostsee bietet. Um häufig zum Surfen zu kommen, muss sie jedoch weiter in den Norden an die Nordsee fahren. Vom Herbst bis zum späten Frühjahr ist für sie die beste Zeit zum Surfen, weil es dann besonders windig ist. Durch das Surfen ist Steffi Wahl viel herumgekommen und hat herrliche Strände kennen gelernt, die sie sonst wahrscheinlich nie gesehen hätte.

c Für Steffi Wahl ist das Meer ein riesiger Spielplatz, auf dem sie sich austoben kann und der sie glücklich macht. Wenn man ihre Aussagen liest, bekommt man durchaus den Eindruck, dass sie „verrückt nach Meer" ist. Von daher ist die Überschrift des Interviews treffend.

d Beispiellösung:

> Wenn ich die Aussagen von Steffi Wahl lese, bekomme ich den Eindruck, dass sie das Meer sehr intensiv erlebt. Sätze wie „Surfen macht mich glücklich, weil ich den Wind, das Wasser und die Wellen liebe" oder "Es ist einfach toll, draußen in der Natur zu sein" zeigen, wie sehr das Surfen auf dem Meer ihr Leben ausfüllt. Daher trifft die Aussage „Wasser ist Leben" auf Steffi Wahl zumindest im übertragenen Sinne zu.

2 a–c Beispiellösung:

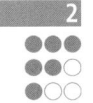

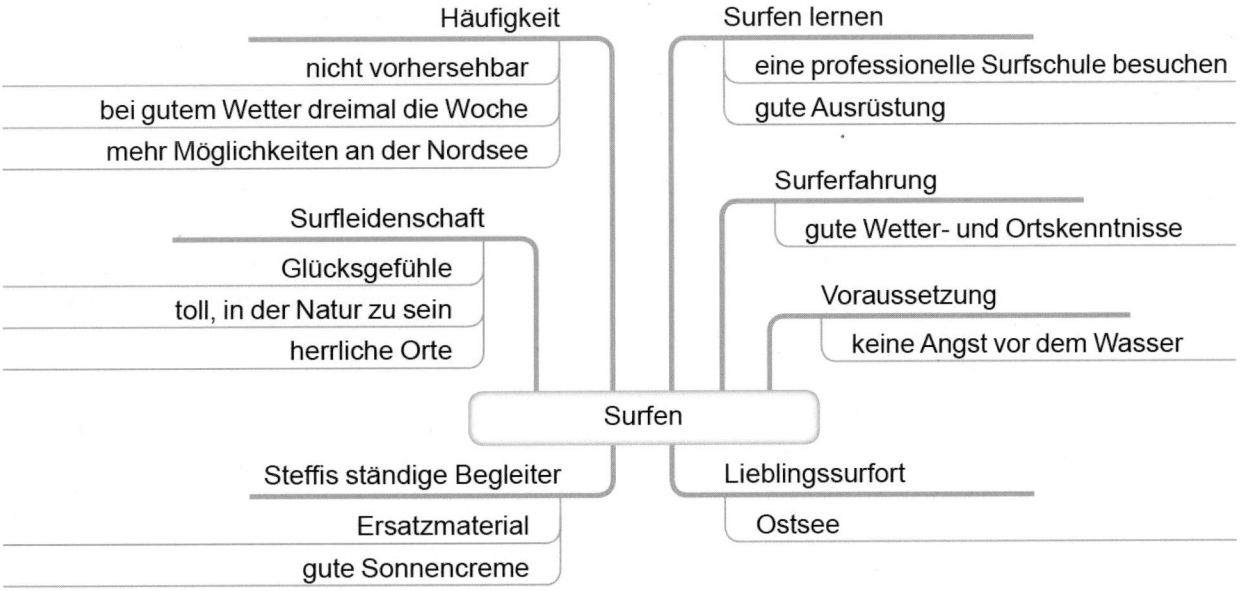

S.28 Ein Bild beschreiben

1

a Hier sind individuelle Eindrücke möglich. Viele Schüler/-innen werden womöglich an heiße Sommer- oder Urlaubstage denken, die sie selbst erlebt haben, und an die Erfrischung, die ein Sprung in den Pool bedeutet. Vielleicht ruft das Bild auch Assoziationen an eine Party der Eltern oder an einen Kinofilm hervor.

b Das Bild zeigt ein modernes Zimmer, in dem rechts ein großer Sessel und links eine Art Ablage zu sehen sind. Offenbar hat das Zimmer eine große Glasfront, denn der Betrachter blickt durch den Raum hindurch auf eine sommerlich gekleidete Frau mit einem Trinkglas in der rechten Hand, einen Garten mit Pool und Hügel im Hintergrund unter einem Himmel mit weißen Wolken.

2

a Beispiellösung:

> Im Vordergrund sieht der Betrachter in der unteren rechten Ecke einen großen Sessel. Links daneben liegt ein Teppich auf dem Boden. An der linken Bildseite ragt eine Art Regalbrett oder Ablagefläche in den Raum hinein. Der Bildaufbau lässt keine eindeutige Aussage darüber zu, ob sich die Frau in der linken Bildhälfte im Zimmer oder im Garten befindet. Die beiden senkrechten schwarzen Pfeiler rechts von ihr können sowohl als Fensterrahmen wie auch als Stützpfeiler einer Pergola interpretiert werden. Für die Pergola spricht, dass die Frau auf einer grünen Farbfläche steht, die an Gras erinnert. Im Mittelgrund sind rechts ein länglicher Pool und links zwei Rasenflächen zu erkennen. Eine ockerfarbene Einfassung umgibt den Pool. Den Hintergrund bestimmen zwei Hügel mit spärlichem grünen Bewuchs und der teils gelbe, teils blaue Himmel mit weißen Wolken. Den oberen Bildrand bildet eine ockerfarbene, von schwarzen Balken durchzogene Fläche, die als Zimmerdecke oder Pergoladach gedeutet werden kann. Das Bild wird durch die Aufteilung in geometrische Farbflächen bestimmt und hat etwas Kubistisches.

b Gelbtöne: z. B Ockergelb (Pooleinfassung, oberer Bildrand),
Hellgelb (Himmel), Sandgelb (Hügel)
Orangerot (Sessel, Ablage)
Grüntöne: Hellgrün (hinter Sessel, Rasenfläche, über Ablage), Mittelgrün (Bewuchs auf den Hügeln)
Blautöne: Dunkelblau, Mittelblau (Teppich, Kleid), Hellblau (Pool), Türkisblau (Himmel rechts)
Beispiellösung:

> Das Bild wird von vier Farbgruppen dominiert: Die ockergelbe Pooleinfassung, die sandgelben Hügel, der hellgelbe Himmel und der ockergelbe obere Bildrand vermitteln die Wärme eines Sommertages. Der hellblaue Pool steht für die Kühle des Wassers und korrespondiert mit der ovalen Teppichfläche im Innenraum. Dort bilden der orangerote Sessel und die Ablage zwei leuchtende Farbtupfer. Die grünen Flächen ziehen sich diagonal durch das Bild.

3

a Das Bild vermittelt eine entspannte Stimmung. Es scheint, als würde die Frau (und der Betrachter) am Ende eines Sommertages den Feierabend einläuten und genießen.

b Hier sind individuelle und durchaus gegensätzliche Lösungen möglich. Während einige Schüler/-innen argumentieren könnten, dass es an einem heißen Tag ein menschliches Bedürfnis ist, im Wasser zu sein, könnten andere einwenden, dass Pools mit ihren großen Mengen Wassers eine unnötige Wasserverschwendung bedeuten, vor allem in heißen Ländern mit knappen Wasserressourcen.

S.29 Folien für eine Präsentation erstellen

1

a Viele Schüler/-innen werden sich vermutlich für die Folie auf der rechten Seite entscheiden, weil sie besser strukturiert und gestaltet ist, die Stichworte kurz und prägnant sind und die Abbildung das Thema „Eisbachwelle" veranschaulicht. Vielleicht werden einige Schüler/-innen der Meinung sein, dass sich die linke Folie besser für einen Vortrag eignet, weil sie mehr Informationen vermittelt und die bunten Farben den Text ansprechend machen.

b Im gemeinsamen Erfahrungsaustausch können die Schüler/-innen Tipps für zukünftige Erstellungen von Folien erhalten.

2 Beispiellösung:

> Die linke Folie vermittelt zwar umfassende Informationen, aber die ausformulierten Sätze erfordern konzentriertes Lesen und könnten dadurch vom eigentlichen Vortrag ablenken. Die Überschrift setzt sich durch die Großbuchstaben nicht deutlich genug vom restlichen Text ab, die Großbuchstaben machen sie zudem schwer lesbar. Die unterschiedlich bunten Passagen bringen viel Unruhe in den Text. Das Gelb setzt sich zudem kaum vom weißen Hintergrund ab und erschwert dadurch das Lesen.

3 Mit Hilfe des Methodenkastens „Eine Folienpräsentation erstellen" vertiefen die Schüler/-innen die aus den vorherigen Aufgaben erlangten Eindrücke und Ergebnisse.

S. 30 Stärken stärken: Folien für eine Präsentation erstellen

1/2 Präsentationsfolien erstellen – Worauf muss man achten?
5-4-6-Regel: → 5 Folien jeweils zu einem Unterthema
→ 4 Unterpunkte pro Folie
→ etwa 6 Wörter pro Unterpunkt

Folieninhalt – Nur das Wichtigste!
nur wichtige Informationen in Stichworten

Folienlayout – Gut lesbar und übersichtlich!
Tabellen, Bilder, Grafiken: deutlich erkennbar
Schriftart: klar und schnörkellos, ausreichende Schriftgröße
Schriftfarbe: auf passenden Kontrast zum Hintergrund achten
Hintergrund: möglichst einfach und nicht ablenkend

Vortrag mit Präsentationsfolien – Nach vorn schauen!
Folien nicht ablesen
Zum Publikum schauen, nicht zu Folien umdrehen
Tipp: Folien ausdrucken, Notizen ergänzen, damit vortragen

1.3   Fit in …? – Präsentation zum Thema „Wasser"

Das Sichten und Auswerten von Materialien sowie die Ausarbeitung eines Vortrags können mit der **Kopiervorlage 1** („Eine Präsentation vorbereiten") vertiefend geübt werden.

S. 31 Was bedeutet Wasser für euch? – Einen Vortrag halten

1 a Die dargestellten Aspekte gehören zum Bereich „Wassersport". Das Element Wasser wird auf verschiedene Weise für sportliche Betätigungen (oder die Freizeitgestaltung) genutzt. Zu sehen sind das Kunstspringen vom Brett, Surfen, Wasserball, Wettkampfschwimmen, Wasserballett, Rudern im Zweier, Segeln, Tauchen mit Sauerstoffflasche und Kajakfahren/Paddeln.

b Als weitere Aspekte könnten genannt werden: Unterwasserhockey, -rugby oder -fußball, Wassergymnastik, Wasserski, Rafting, Motorbootrennen, Turmspringen, Synchronschwimmen, Apnoetauchen und eventuell auch Sportarten, bei denen das Wasser einen anderen Aggregatzustand hat, also z. B. Eiskunstlaufen, Eisschnelllaufen oder Eishockey.

2–7 Die folgenden Aufgaben befassen sich mit der Vorbereitung, Recherche, Gliederung sowie dem Halten eines Vortrags und fördern die Kompetenz der Schüler/-innen zum selbstständigen und eigenverantwortlichen Arbeiten. Damit das anschließende Feedback kriterienorientiert ist, sollte im Vorhinein ein Beobachtungsbogen erarbeitet werden. Einen möglichen Beobachtungsbogen bietet die **Kopiervorlage 2** (Beobachtungsbogen: Vortragen).

Material zu diesem Kapitel auf den folgenden Seiten und auf der CD

Lernwegeliste zum Kompetenzschwerpunkt des Kapitels (vollständig auf der CD), S. 35
Diagnose: Materialien für eine Materialsammlung auswerten (auf der CD, mit Lösungshinweisen und Förderempfehlungen)
KV 1:   Eine Präsentation vorbereiten, S. 36 ff.
KV 2:   Beobachtungsbogen: Vortragen (auf der CD)
Hinweis: Lösungen zu allen KV finden sich auf der CD.

Folie: „Was zum Teufel ist Wasser?" – Einen Begriff bestimmen (zu SB S. 15, auf der CD)
Folie: Ein Diagramm auswerten (zu SB S. 18–21, auf der CD)

Weiteres Übungsmaterial

„Deutschbuch Arbeitsheft 4"
Arbeitstechniken und Methoden, S. 4 ff.
– Ein Kurzreferat vorbereiten und halten, S. 4 ff.
– Sachtexte und Schaubilder erschließen, S. 26 ff.
– Einen Sachtext lesen und verstehen, S. 26 ff.
– ●○○ Stärken stärken: Sachtext und Grafik verstehen, S. 29
– ●●○ Stärken stärken: Den Text und ein Diagramm auswerten, S. 30
– ●●● Stärken stärken: Den Text zusammenfassen und bewerten, S. 31

„Deutschbuch Differenzieren und Fördern 7/8"
Sachtexte aus Zeitungen verfassen und verstehen, S. 326 ff.
– Sachtexte erschließen – Ein Interview lesen, S. 362 ff.
– Grafiken verstehen, S. 366 ff.
Methoden und Arbeitstechniken beherrschen, S. 499 f.
– Überfliegendes Lesen, S. 499 f.
– Im Internet recherchieren, S. 503
– Einen Kurzvortrag halten, S. 504
– Eine Folienpräsentation vorbereiten, S. 505

Name: _____   Klasse: _____   Lehrer/-in: _____

Lernwegeliste – mit Materialzuordnung und Dokumentationsmöglichkeit

Kompetenzbereich: Sprechen und Zuhören – Monologisches und dialogisches Sprechen

Kompetenz:
Ich kann Techniken und Strategien zur Erschließung von Texten und anderen Medien nutzen.
Ich kann meine Redebeiträge klar strukturieren.

Was dir dabei helfen kann:
Du kannst unterschiedliche Lesetechniken anwenden.
Du kannst Methoden der Texterschließung nutzen.
Du kannst einfache Suchstrategien und Hilfsmittel zur Informationsbeschaffung nutzen.
Du kannst Inhalte verstehen und wiedergeben.

	Was du in Kapitel 1 lernen kannst:	Niveau	Lernmaterialien	Selbsteinschätzung ☺	Selbsteinschätzung ☺	Selbsteinschätzung ☹	Hinweise/ Bewertung der Lehrkraft
01	Ich kann Lesetechniken anwenden.	GME	„Annäherung an ein Element – Begriffsklärung“ – Buch S. 16 f.				
02	Ich kann lineare und nichtlineare Texte, z. B. Schaubilder oder Diagramme, lesen und auswerten.	GME	„Virtuelles Wasser – Recherchieren für die Materialsammlung“ – Buch S. 18 ff.				
03	Ich kann einen informierenden Text verfassen.	GME	„Vielfalt des Wassers – Zusammenhänge darstellen“ – Buch S. 22				
04	Ich kann verschiedene Medien zur Recherche nutzen (z. B. eine Materialsammlung) und meinen Lernweg dokumentieren.	GME	„,Wasser‘ – Eine Materialsammlung ausarbeiten“ – Buch S. 23 f.				

Die zweite Seite der Lernwegeliste ist auf der CD zu finden.

Kapitel 1
Lernwegeliste, Blatt 1

Kopiervorlage

Eine Präsentation vorbereiten

1 In deiner Klasse sollst du einen Vortrag über einen beliebigen Wassersport halten. Du hast dich für das Thema „Waken – das Surfen auf einer Endloswelle" entschieden und dazu folgende Materialien gesammelt. Lies sie zunächst aufmerksam.

M I: Sommertrend für coole Wasserratten

Wie so viele Sporttrends hat auch das Wakeboarden seine Wurzeln in den USA. Im Land der unbegrenzten Möglichkeiten tricksen die Boarder klassischerweise im Schlepptau von Motorbooten. Daher auch der Name. „Wake" ist die Heckwelle, und die eignet sich hervorragend als Absprungrampe für Tricks und Luftsprünge, sogenannte „Airs". Doch es braucht nicht unbedingt eine satte Bugwelle, um hoch hinaus zu kommen. Auch am Lift kann man hervorragend in die Luft gehen. Oder ganz gemütlich über die Wellen cruisen und beim scheinbar schwerelosen Gleiten ein bisschen Bauchkribbeln spüren. Für den Anfang braucht man nicht mehr als eine Badehose. Boards und Schwimmwesten sind in

der Regel in den Punkte- und Tageskarten für den Lift inbegriffen. Für wenig Geld kann man sich auch Neoprenanzüge ausleihen. Wen das Wakeboard-Fieber erfasst hat, der wird bald mit einem eigenen Board liebäugeln. Denn wenn das Brett perfekt zum Boarder passt, dann hat er deutlich mehr Möglichkeiten als mit einem Leihgerät. Das muss für möglichst viele Fahrertypen geeignet sein.

Mit ein wenig Gleichgewichtsgefühl hat man den Dreh schnell heraus und auch die anfangs so gefürchteten Kurven verlieren mit etwas Übung bald ihren Schrecken. Dann gibt es nur noch Boarden pur und vielleicht schon bald den ein oder anderen übermütigen Hüpfer.

http://www.faz.net/aktuell/sport/wakeboarden-sommertrend-fuer-coole-wasserratten-124428.html (gekürzt und leicht verändert, Stand: 02.06.2017)

M II: Dettelbacher Wakeboarder in ihrem Element

Tobias Reißmann zählt zu den erfolgreichsten Wakesurfern Deutschlands. Der Sportler wurde in dieser Disziplin im Jahr 2012 Vizeeuropameister in der Masters Klasse. Seine Frau Petra, die durch ihren Ehemann zum Waken kam, ist eine der besten Fahrerinnen hierzulande. Die gelernte Grafikerin gewann im Jahr 2008 alle nationalen Wettbewerbe und wurde somit „Rider of the Year".

Wenn das Wasser nur so spritzt, versuchen sie, jedem einzelnen Tropfen auszuweichen – durch gewagte Sprünge. Während mancher Probleme hat, überhaupt auf einem Board zu stehen, fliegen sie geradezu übers Wasser und zeigen dabei noch Figuren und Sprünge: Petra und Tobias Reißmann. Sie fühlen sich auf den wackeligen Brettern zu Hause und freuen sich, wenn es wieder warm genug ist, um dem Wakeboarden und Wakesurfen nachzugehen.

„Wakesurfen ist Wellenreiten wie am Meer, man fährt ohne Leine und Bindung. Ein Boot fährt langsam voraus und erzeugt dabei eine hohe Welle", sagt Tobias Reißmann und ist im Geiste schon wieder in seinem Element. „Man fährt in und auf dieser Welle ohne Leine dem Boot hinterher."

Salto über selbstgemachte Wellen

Zum Wakeboarden braucht es ein ganz anderes Brett. Zwar fährt auch hier das Boot voraus, man hat aber über eine Leine Verbindung mit dem Boot, das relativ schnell fährt. „Man kann dann über die erzeugte Welle springen und Saltos machen", weiß Tobias Reißmann, und seine Augen beginnen zu leuchten, wenn er davon erzählt. „Die Kielwelle wird als Rampe benutzt, so können sehr hohe Sprünge und Figuren vorgeführt und gezeigt werden."

Für Publikum sei das Wakeboarden interessanter, weil es viel mehr zu sehen gibt. Auch Petra

Autorin: Carolin Bublinski

Kapitel 1
KV 1, Blatt 1

Kopiervorlage

und Tobias Reißmann saßen einst unter den Zuschauern, probierten andere Wassersportarten aus. „Vor zehn Jahren sind wir zuerst Wasserski gefahren. Dann kam das Wakeboarden in Ame- 35 rika auf, wir haben uns auch so ein Board besorgt und seitdem hat uns der Virus gepackt."

Hobby vor der Haustür

Ein Leben ohne das Wakesurfen und -boarden können sich die beiden nicht mehr vorstellen. Im 40 Winter muss als Ersatz das Snowboarden herhalten. „Das ist zwar auch okay, aber unser wirkliches Hobby können wir eben auch direkt vor der Haustür ausüben", erzählt Petra Reißmann. „Man

kann diesen Sport wunderschön auf dem Main ausüben – natürlich nur dort, wo Strecken für 45 Wasserski ausgewiesen sind."

In diesem Fall sei der Trendsport Surfen nicht nur viel weniger aufregend, sondern auch schmerzhafter als das Boarden. „Irgendwann steigen fast alle von Wakesurfen auf Wake- 50 boarden um. Beim Wakesurfen zerschießt du dir ständig die Knie und machst dir irgendwas kaputt", sagt Tobias Reißmann aus eigener Erfahrung. Ganz aufhören käme für ihn aber nie in Frage. 55

http://www.infranken.de/regional/kitzingen/Dettelbacher-Wakeboarder-in-ihrem-Element;art218,361247 (gekürzt, Stand: 02.07.2017)

M III: Wasserski- und Wakeboardanlagen in Deutschland

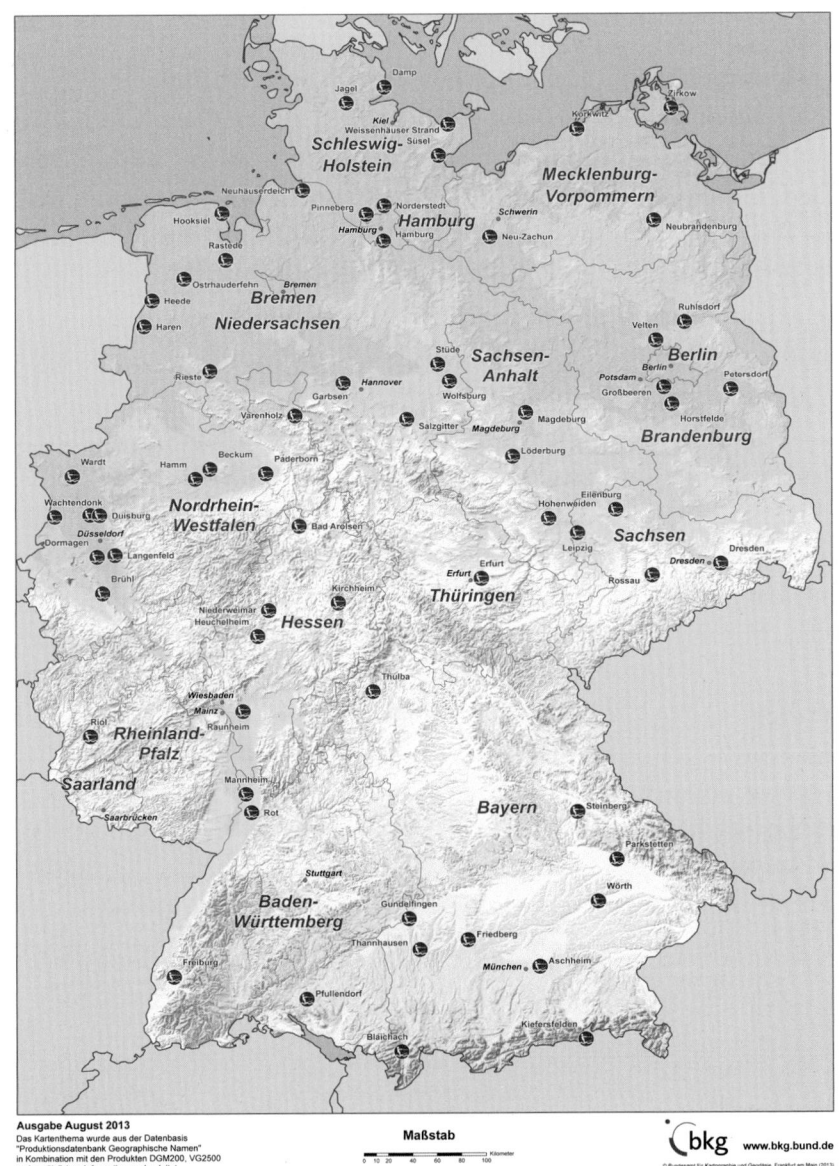

Ausgabe August 2013
Das Kartenthema wurde aus der Datenbasis „Produktionsdatenbank Geographische Namen" in Kombination mit den Produkten DGM200, VG2500 und zusätzlichen Informationen abgeleitet. In unserem Downloadbereich finden Sie noch mehr

Maßstab
1 : 2 500 000 bei Ausdruck auf DIN A3

© Bundesamt für Kartographie und Geodäsie, Frankfurt am Main (2013)

Autorin: Carolin Bublinski

Kapitel 1
KV 1, Blatt 2

Kopiervorlage

M IV: Interview mit der Wakeboarderin Petra Reißmann

Im Interview verrät uns Petra Reißmann von ihren ersten Wakeboarderfahrungen an einem kleinen Bötchen und warum sie nun für eine Weile erst einmal im Boot sitzt, statt sich davon ziehen zu lassen.

Was machst du, wenn du nicht gerade Wakeboard fährst?

Ich bin ein kleiner Workaholic. Ich habe ein Grafikbüro und meist viel um die Ohren. Wenn
5 ich Zeit habe, treffe ich mich mit Freunden, mache mit meinem Mann Kurztrips mit unserem 71er VW-Bus oder gehe shoppen. Diesen Sommer werde ich auf Grund des Nachwuchses besonders genießen – auch ohne Wakeboarden.

10 **Erzähl uns von deinen Anfängen im Wakeboarden? Wie bist du dazu gekommen?**

Angefangen habe ich im Sommer 2001 an einem kleinen Bötchen und einem viel zu großen Wakeboard. Es hat verdammt lange gedauert, bis ich es
15 überhaupt hinbekommen habe – den Wasserstart zum Beispiel. Heute lache ich drüber. Aber es hat trotzdem riesigen Spaß gemacht und jeder weitere Schritt war eine neue Herausforderung. 2003 bin ich meinen ersten Contest gefahren und
20 seither jedes Jahr auf den Bootcontests unterwegs. 2005 haben wir uns unser erstes Wakeboardboot zugelegt, um endlich die perfekten Wakeboard-Bedingungen zu haben. Seither ging es stetig aufwärts. Seit dem letzten Jahr bin ich
25 sogar einige Male am Cable gewesen, was auch super viel Spaß macht!

Gibt es Vorbilder? Was macht für dich einen herausragenden Wakeboarder aus?

Vorbilder gibt es immer – man muss nur mal in
30 die USA schauen. Krass, was da die Mädels machen. Hut ab, Ladies! Ein herausragender Wakeboarder ist für mich jemand, der es so richtig drauf hat: fetten Style, krasse, technisch saubere Tricks, und nie stürzt *(lacht)*.

Wo siehst du das Wakeboarden in zehn Jah- 35 **ren? Und wo siehst du dich persönlich?**

Die Leistungen der Wakeboarder werden auf jeden Fall immer stärker werden und der Sport an sich immer bekannter. Ist schon der Wahnsinn, was die „jungen Hüpfer" so alles hinterm 40 Boot oder auch am Cable raushauen. Ich hoffe, dass ich in zehn Jahren auch noch den Sport betreibe, am besten zusammen mit meiner kleinen Familie. Das wäre das Größte!

Was war gefühlt dein größter Erfolg? Was 45 **deine größte Niederlage?**

Meine größten Erfolge hatte ich 2008: 1. Platz Chill and Ride, 1. Platz Citrus Wakeboard Challenge, 1. Platz Open Ladies – Deutsche Meisterschaft am Boot, 1. Platz WSD 50 Championships und „Rider of the Year", was mich am meisten gefreut hat! Niederlagen und Enttäuschungen gehören dazu, ich ärgere mich oft genug, wenn etwas nicht klappt! 55

Wie sieht ein Wochenende ohne Wakeboard aus? Was machst du im Winter?

Im Moment komme ich zwangsläufig auch mal ganz gut ohne Wakeboarden aus. Mein Mann und unsere Freunde wakesurfen viel und somit 60 habe ich den Platz des Bootfahrers eingenommen. Was bei 400 PS ja auch eine feine Sache ist *(lacht)*. Im Winter sind wir sonst viel in den Bergen zum Snowboarden unterwegs.

http://www.massive-rides.de/interview-mit-der-wakeboarderin-petra-reismann/ (gekürzt und leicht verändert, Stand: 03.06.2015)

Autorin: Carolin Bublinski

Kapitel 1
KV 1, Blatt 3

Kopiervorlage

••• Eine Präsentation vorbereiten

2 Werte nun die Materialien I–IV aus und bereite die Informationen auf.
Suche dazu die wichtigsten Informationen zu dem Thema „Waken – das Surfen auf einer Endloswelle"
heraus.
Tipp: Unterstreiche in den Texten jeweils die Schlüsselwörter. Kurze Notizen können nützlich sein.

3 Ordne die entnommenen Informationen in einer Mind-Map zu deinem Thema. Ordne den Oberbegriffen
im Kasten passende Unterbegriffe zu. Du kannst auch weitere Oberbegriffe finden.

> Waken – Arten des Wakens – Wakeboardanlagen – Ausstattung zum Waken –
> Profi-Wakeboarder: die Reißmanns – Erfolge der Reißmanns

Du kannst so beginnen:

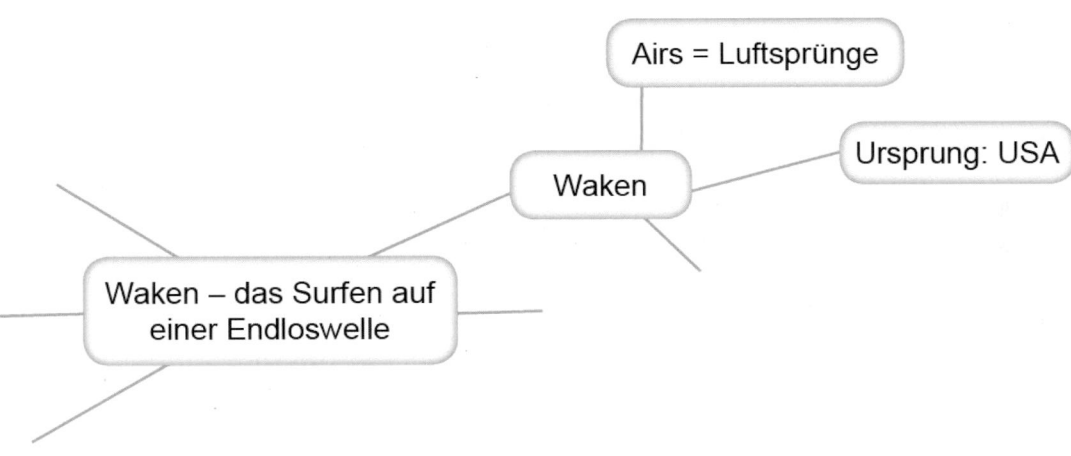

4 Bereite nun einen Vortrag zum Thema „Waken – das Surfen auf einer Endloswelle" vor. Schreibe in
dein Heft.

a Erstelle anhand deiner Ergebnisse aus Aufgabe 3 eine Gliederung für deinen Vortrag.

b Ordne deiner Gliederung die Informationen aus den Materialien M I–IV zu.

c Formuliere nun eine Einleitung zu deinem Vortrag. Gib dazu einen kurzen Überblick, worüber du
sprechen möchtest.

d Verfasse den Hauptteil, indem du in Stichworten die zentralen Informationen geordnet wiedergibst.

e Formuliere einen treffenden Schluss, indem du wichtige Informationen zusammenfasst und eine
persönliche Einschätzung zum Thema oder einen Ausblick gibst.

5 Überarbeite deinen Vortrag am Ende in Bezug auf Inhalt und Sprache.
Prüfe genau, ob du alle Infos aus der Mind-Map in den Vortrag aufgenommen hast.

Kopiervorlage

   Autorin: Carolin Bublinski

Kapitel 1
KV 1, Blatt 4

●●○ Eine Präsentation vorbereiten

2   Werte nun die Materialien I–IV aus und bereite die Informationen auf.
Beginne mit dem Text „Sommertrend für coole Wasserratten" (M I).

    a   Was versteht man unter den Begriffen „Wake" und „Air"? Erläutere.

_____

_____

    b   Welche Ausstattung ist zum Waken nötig? Notiere.

_____

3   Lies den Text „Dettelbacher Wakeboarder in ihrem Element" (M II) noch einmal.

    a   „Waken" ist der Oberbegriff für zwei Trendsportarten. Erläutere im Heft die Gemeinsamkeiten und Unterschiede.

    b   Welche Auszeichnungen und Erfolge können Tobias und Petra Reißmann verzeichnen? Notiere.

_____

_____

4   Sieh dir die Karte „Wasserski- und Wakeboardanlagen in Deutschland" (M III) genauer an.

    a   Werte die Karte aus, indem du die folgenden Fragen im Heft beantwortest.

       A Wie viele Wakeboardanlagen gibt es deutschlandweit?

       B Welches Bundesland zählt die meisten Anlagen?

    b   Informiere dich im Internet über eine Anlage genauer. Notiere in Stichworten deine Ergebnisse.

_____

_____

5   Lies das Interview mit Petra Reißmann (M IV) noch einmal. Trage anschließend stichwortartig im Heft zusammen, was du über die Sportlerin erfährst.

6   Bereite nun einen Vortrag zum Thema „Waken – das Surfen auf einer Endloswelle" vor. Schreibe in dein Heft.

    a   Suche zunächst aus den Materialien die Informationen heraus, die du für deinen Vortrag nutzen möchtest. Notiere wichtige Aussagen und Fakten in Stichworten.

    b   Erstelle dann eine Gliederung. Notiere dazu die zentralen Informationen der einzelnen Materialien nach Oberbegriffen geordnet.

    c   Formuliere nun eine Einleitung zu deinem Vortrag. Gib dazu einen kurzen Überblick, worüber du sprechen möchtest.

    d   Verfasse den Hauptteil, indem du in Stichworten die zentralen Informationen geordnet wiedergibst.

    e   Formuliere einen treffenden Schluss, indem du wichtige Informationen zusammenfasst und eine persönliche Einschätzung zum Thema oder einen Ausblick gibst.

    f   Überarbeite deinen Vortrag am Ende in Bezug auf Inhalt und Sprache.

Autorin: Carolin Bublinski

Kopiervorlage

Eine Präsentation vorbereiten

2 **a** Werte nun die Materialien aus und bereite die Informationen auf. Beginne mit dem ersten Text (M I). Was versteht man unter den Begriffen „Wake" und „Air"? Erläutere im Heft.
Du kannst so beginnen: Unter „Wake" versteht man die Heckwelle eines Boots, die …

b Welche Ausstattung ist zum Waken nötig? Notiere:

Badehose _____

3 Lies den Text „Dettelbacher Wakeboarder in ihrem Element" (M II) noch einmal.

a „Waken" ist der Oberbegriff für zwei Trendsportarten. Erläutere im Heft die Gemeinsamkeiten und Unterschiede. Du kannst so beginnen:

Waken ist der Oberbegriff für Wakesurfen und Wakeboarden, bei beiden Sportarten …

b Welche Auszeichnung kann Tobias Reißmann verzeichnen? _____

4 **a** Sieh dir die Karte „Wasserski- und Wakeboardanlagen in Deutschland" (M III) genauer an.

b Werte die Karte aus, indem du die richtigen Kästchen ankreuzt.

A Wie viele Wakeboardanlagen gibt es deutschlandweit?   ☐ 44   ☐ 66

B Welches Bundesland zählt die meisten Anlagen? _____

5 Lies das Interview mit Petra Reißmann (M IV) noch einmal. Trage anschließend im Heft zusammen, was du über die Sportlerin erfährst.

Du kannst so beginnen: Petra Reißmann - hat ein eigenes Grafikbüro, ist verheiratet mit Tobias Reißmann, …

6 Bereite nun einen Vortrag zum Thema „Waken – das Surfen auf einer Endloswelle" vor. Schreibe in dein Heft

a Suche zunächst aus den Materialien die zentralen Informationen heraus. Ergänze dazu folgende Stichworte.

Unter dem Begriff „Waken" versteht man zwei ähnliche Sportarten: Wakeboarden und Wakesurfen. Die Gemeinsamkeiten und Unterschiede bestehen in … Zur Wakeausstattung gehört … Eine Wakeanlage ist nötig, weil … Die Reißmanns sind … Sie verzeichneten folgende Erfolge …

b Erstelle dann eine Gliederung. Ordne dazu die zentralen Informationen der einzelnen Materialien den folgenden Oberbegriffen des Hauptteils zu.

> Waken – Arten des Wakens – Wakeboardanlagen – Ausstattung zum Waken –
> Profi-Wakeboarder: die Reißmanns – Erfolge der Reißmanns

c Ergänze für deine Einleitung den folgenden Text.

Sommer, Sonne, Wasser. Rauf aufs Brett und das Spiel mit den Wellen beginnt. Immer mehr Menschen … Doch was versteht man eigentlich unter der Trendsportart? Dies und die Frage … möchte ich heute beantworten.

d Verfasse den Hauptteil, indem du in Stichworten die zentralen Informationen geordnet wiedergibst.

e Ergänze für deinen Schluss folgenden Text.

Zusammenfassend ist festzustellen, dass … Waken ist eine Trendsportart weil, … Für mich persönlich …

f Überarbeite deinen Vortrag am Ende in Bezug auf Inhalt und Sprache.

Autorin: Carolin Bublinski

Kapitel 1
KV 1, Blatt 6

Kopiervorlage

2 Digitale Medien – Standpunkte vertreten

Konzeption des Kapitels

Handy und Smartphone, Tablet und PC, Internet und soziale Netzwerke spielen eine wichtige Rolle im täglichen Leben Jugendlicher. Das Thema „Digitale Medien" ist für Schüler/-innen dieser Jahrgangsstufe anregend und motivierend. Darum werden die Kompetenzen des mündlichen und schriftlichen Argumentierens daran vertieft. Schwerpunkte sind das argumentierende Schreiben sowie die kommunikative Funktion argumentierender Textformen. Das in früheren Jahrgangsstufen bereits eingeführte materialgestützte Argumentieren wird anhand komplexer Ausgangsmaterialien gezielt erweitert und gefördert. Prozessorientierte Schreibaufgaben führen zu vollständigen Schreibprodukten.

Im ersten Teilkapitel (**„Vorsicht, Computer? – Diskutieren und Stellung nehmen"**) stehen Kompetenzen aus den Bereichen „Sprechen und Zuhören" sowie „Schreiben" im Zentrum. Ausgehend von einem Interview untersuchen und reflektieren die Schüler/-innen zunächst die Argumentationsstruktur eines medienkritischen Textes, um in einem nächsten Schritt anhand von Blog-Beiträgen die eigene Meinungsbildung und Argumentation in einer Pro-und-Kontra-Diskussion systematisch zu erproben: von der Vorbereitung über das Verfassen eines Statements und die Durchführung der Diskussion bis zu deren kriterienorientierter Bewertung. Anschließend untersuchen die Schüler/-innen ein Präsentationsprotokoll, protokollieren eine selbst geführte Diskussion über Hausaufgabenportale und festigen und prüfen ihr Wissen in einer **Selbstevaluation** („Testet euch! – Argumente untersuchen").

Im zweiten Teilkapitel (**„Jederzeit online, jederzeit erreichbar? – Überzeugend formulieren"**) wird das argumentierende Schreiben nachhaltig geübt. Zunächst werten die Schüler/-innen ein komplexes Interview mit einer amerikanischen Soziologin aus und erarbeiten dann eigene Stellungnahmen zu den Themen „Hausaufgabenportale" und „Digital-Diät". In der **Differenzierungseinheit** („Stärken stärken: Stellung nehmen") stehen für weniger Leistungsstarke binnendifferenzierende Hilfen zur Verfügung.

Das dritte Teilkapitel (**„Fit in …? – Stellung nehmen"**) dient dem Training für eine Klassenarbeit. Ausgehend von einem Artikel über die Frage, ob Eltern das Handy ihrer Kinder kontrollieren dürfen, können die Schüler/-innen selbstständig in einem gesteuerten Schreibprozess das Verfassen eines Leserbriefs üben. Die abschließende Checkliste ermöglicht die **Sicherung des Wissens** vor einer Klassenarbeit und bietet ein verlässliches Instrument zur **Selbstdiagnose** aller weiteren selbst verfassten Stellungnahmen. Eine das Kapitel abschließende Wörterliste erweitert den Grundwortschatz und kann für eine Rechtschreibübung genutzt werden (s. Orientierungswissen „Mit den Wörterlisten üben" im SB auf S. 338).

Literaturhinweise

Argumentieren. Praxis Deutsch 160/2000

Becker-Mrotzek, Michael (Hrsg.): Mündliche Kommunikation und Gesprächsdidaktik. Schneider, Baltmannsweiler 2009

Becker-Mrotzek, Michael/Böttcher, Ingrid: Schreibkompetenz entwickeln und beurteilen. Cornelsen, Berlin 2002

Klippert, Heinz: Kommunikationstraining. Übungsbausteine für den Unterricht. Beltz, Weinheim und Basel 11. Aufl. 2006

Ludwig, Otto/Spinner, Kaspar H.: Mündlich und schriftlich argumentieren. In: Praxis Deutsch 160/2000, S. 16–22

Meinungen bilden. Praxis Deutsch 211/ 2008

Spinner, Kaspar H.: Was gehört zu einer guten Argumentation? In: Praxis Deutsch 203/2007, S. 21–24

Streit und Konflikt. In: Praxis Deutsch 174/2002

Inhalte	Kompetenzen
	Die Schülerinnen und Schüler
S. 33 **2 Digitale Medien – Standpunkte vertreten**	– setzen sich kritisch mit dem eigenen Umgang mit Medien auseinander – untersuchen die Struktur eines einfachen Arguments – verfassen formalisierte nichtlineare Texte
S. 34 **2.1 Vorsicht, Computer? – Diskutieren und Stellung nehmen**	– bestimmen und bewerten den Standpunkt des Verfassers – praktizieren Gesprächsformen – wenden Formen der Informationsverschriftlichung an
S. 34 Umstrittene Spielkonsolen – Argumentieren *Janina Funk:* Hirnforscher warnt vor „digitaler Demenz"	– unterscheiden Thesen, Argumente und Beispiele
S. 37 Das digitale Klassenzimmer – Eine Pro-und-Kontra-Diskussion führen: Tablet-PCs im Unterricht?	– formulieren Sprechabsichten situations- und adressatenorientiert – moderieren Gespräche – formulieren kriterienorientiert Feedback
S. 40 Digitales Klassenzimmer – Eine Präsentation protokollieren	– erklären, welche Funktion ein Protokoll hat – beschreiben den Aufbau und die Form eines Protokolls
S. 42 Hausaufgabenportale – Eine Diskussion protokollieren	– hören aktiv zu – beobachten und bewerten Gesprächsverhalten – wenden Formen der Informationsverschriftlichung an (hier: ein Protokoll)
S. 43 Testet euch! – Argumente untersuchen	– überprüfen ihr Wissen zum Argumentieren
S. 44 **2.2 Jederzeit online, jederzeit erreichbar? – Überzeugend formulieren**	– bestimmen und bewerten den Standpunkt des Verfassers – schreiben argumentierend (hier: eine begründete Stellungnahme)
S. 44 Die Macht der Smartphones – Ein Interview auswerten *Peter Haffner:* Wir sind zusammen allein	– untersuchen ein Interview – bestimmen und bewerten die Meinung der befragten Wissenschaftlerin
S. 46 Hausaufgaben aus dem Internet? – Schriftlich Stellung nehmen *Julia Bonstein:* Schummeln leicht gemacht	– bilden Argumentationsketten – formulieren verständlich in sachlichem Stil
S. 50 Stärken stärken: Stellung nehmen Digital-Diät: Eine gute Idee?	– bilden Argumentationsketten – formulieren Gegenargumente – überarbeiten ihren Text kriteriengeleitet
S. 52 **2.3 Fit in …? – Stellung nehmen** Privatzone Handy – Dürfen Eltern das Handy ihrer Kinder kontrollieren?	– werten einen Sachtext und Kommentare aus – verfassen und überarbeiten einen Leserbrief – verwenden differenzierten Wortschatz

S.33 Auftaktseite

Die Auseinandersetzung mit der auf dem Foto abgebildeten Situation verfolgt mehrere Ziele: Die gezeigte parallele Nutzung verschiedener Geräte – Notebook und Smartphone – verweist auf die Allgegenwärtigkeit digitaler Medien im Leben Jugendlicher; auch in einer natürlichen Umgebung, an einem Tisch im Park. Zugleich lässt sich aus der Situation bereits ein kontroverses Thema zwischen Jugendlichen und ihren Eltern ableiten: die ständige Präsenz von Tablet, Smartphone & Co. Ausgehend davon können die Schüler/-innen rekapitulieren, was sie über den Aufbau und die Funktion von Argumentationen wissen.

1 a Die Schüler/-innen zählen das Smartphone, das Notebook und den Kalender/Notizblock als Medien auf.

b Vermutlich wird den meisten Schülerinnen und Schülern ihr Smartphone sehr wichtig sein, da es viele Funktionen vereint und die einfache Nutzung sozialer Netzwerke und anderer Kommunikationsplattformen ermöglicht.

2 Die digitalen Medien ermöglichen die Mediennutzung zu jeder Zeit und jedem Ort. Telefonierte man früher von zu Hause aus kurz, um sich zu verabreden, lassen sich heute – wie auf dem Foto – unterschiedliche Freizeitsituationen und Kommunikation miteinander verbinden. Auch das Anschauen von Filmen z. B. ist nicht mehr an den Fernseher und somit einen festen Ort gebunden: auf Smartphones, Tablets oder Notebooks können Sendungen überall online abgerufen werden. Die enorme Vielfalt an Kommunikationsmöglichkeiten mit modernen Medien (etwa durch soziale Netzwerke, Chats, Messenger, Video-Telefonie etc.) rücken den unmittelbaren Kontakt zu Freunden in den Hintergrund.

3 Mögliches **Tafelbild:**

positive Veränderungen	negative Veränderungen
– unmittelbarer Zugriff auf Informationen weltweit, auch für schulische Inhalte – entwickeln neuer und kreativer Kommunikationsformen, z. B. über soziale Netzwerke – Notebooks und Tablets als nützliche und intelligente Helfer bei der Informationsverarbeitung und -darstellung	– weniger Zeit für „echte" Gespräche und Treffen – die Möglichkeit, sich nicht festlegen zu müssen, weil man immer und überall erreichbar ist – die zunehmende Anonymisierung in der Kommunikation

Als alternativer Einstieg in das Kapitel kann die **Folie** „Medien früher und heute" genutzt werden, welche die Aufgaben der Auftaktseite teilweise aufgreift und um Bildimpulse ergänzt.

2.1 Vorsicht, Computer? – Diskutieren und Stellung nehmen

S.34 Umstrittene Spielkonsolen – Argumentieren

Janina Funk: Hirnforscher warnt vor „digitaler Demenz"

Wenn das Thema „Mediennutzung von Jugendlichen" im Unterricht behandelt wird, besteht immer die Gefahr, dass die Schüler/-innen darin den erhobenen Zeigefinger von Erwachsenen sehen oder erwarten. Aus ihrer Sicht ist das Thema häufig mit Reglementierungen, Einschränkungen oder Verboten verbunden. Eine der Folgen für den Unterricht könnte sein, dass sich die Schüler/-innen „politisch korrekt" äußern, also im Sinne von der Lehrkraft gewünschter Antworten. Für die Förderung der Argumentationskompetenz ist es dennoch wichtig, im Unterricht mit authentischen Stellungnahmen der Jugendlichen zu arbeiten.

Deshalb ist die Auswahl der Materialien sowie der Diskussionsschwerpunkte in diesem Teilkapitel so angelegt, dass sowohl medienkritische als auch medienaffirmative Positionen zu Wort kommen. Das

Interview mit dem Hirnforscher Manfred Spitzer wird hier nicht nur genutzt, um eine medienkritische Position in Grundzügen vorzustellen, sondern auch, um zu zeigen, ob und in welcher Weise Aussagen eines Experten bei den Begründungen Lücken aufweisen können. Nach der Sicherung des Verständnisses von Spitzers polemischer Auseinandersetzung mit den „Digital Natives" geht es darum, dass die Schüler/-innen Möglichkeiten kennen lernen, sich kritisch mit dessen Position auseinandersetzen.

1 a Die geforderten „Pre-Reading"-Aktivitäten – das Formulieren von Vermutungen über den Text nach dem Lesen des Titels, des Untertitels und der ersten Zeilen – dienen dazu, das Lesen des gesamten Interviews zu entlasten und später durch den Abgleich von Erwartungen und Leseerfahrungen das Textverständnis zu sichern. Denkbar ist, dass trotz der Fußnote der Begriff „Demenz" noch erläutert werden muss. Anhand der Titel und der ersten Zeilen sollten die Schüler/-innen ein erstes Vorverständnis über die Argumentationsrichtung des Hirnforschers entwickeln.

b Zur Sicherung eines grundlegenden Textverständnisses ist es sinnvoll, beim Abgleich zwischen Erwartungen und Leseerfahrungen immer wieder Textbezüge (mit Zeilenangaben) herzustellen.

2 Auf der Basis eines ersten Textverständnisses wird hier eine Textbewertung eingefordert, die dazu dienen kann, auf die anschließende intensivere Erschließung vorzubereiten.

Beispiellösung:

> **(kontra)** Spitzer sieht die digitalen Medien zu negativ. Ich spiele Computerspiele, bin jedoch auch im Fußballverein und mache daher regelmäßig Sport.
>
> **(pro)** Ich finde, Herr Spitzer übertreibt etwas mit seiner „Gefahr", doch den Aspekt mit der Unkonzentriertheit und Oberflächlichkeit kann ich teilweise bestätigen. Es leuchtet mir auch ein, dass man sich durch das Internet immer weniger merken muss und dass dies Folgen für einen selbst und die Mitmenschen haben kann.

3 Da der Begriff der „digitalen Demenz" zentral für Spitzers Argumentation ist, ist es ratsam, dessen Bedeutung zu sichern, z. B. in Partnerarbeit.

Beispiellösung:

```
┌─────────────────────┐                    ┌─────────────────────────┐
│ Leistung des Gehirns│                    │ Koreanische Ärzte: Es gibt│
│ nimmt ab (Z. 2 f.)  │                    │ Menschen, die sich nichts mehr│
│                     │                    │ merken können. (Z. 19–23)│
└─────────────────────┘    ┌──────────────┐ └─────────────────────────┘
                           │digitale Demenz│
┌─────────────────────┐    └──────────────┘ ┌─────────────────────────┐
│ Wenn man alles auslagert,│                │ geistiger Abstieg, der durch│
│ wird das Gehirn nicht trainiert.│         │ digitale Medien verursacht ist│
│ (Z. 29–32)          │                    │ (Z. 25 f.)              │
└─────────────────────┘                    └─────────────────────────┘
```

4
> Manfred Spitzer ist der Meinung, dass die Leistungsfähigkeit des Gehirns durch verstärkte Nutzung digitaler Medien abnimmt.

5 a–c Beispiellösung:

Die Leistung des Gehirns nimmt durch die Nutzung digitaler Medien ab **(Behauptung)**, da das menschliche Gehirn wie ein Muskel arbeitet, der dadurch nicht mehr ausreichend trainiert wird **(Argument)**. Wenn man beispielsweise viel Auto fährt und wenig läuft, verkümmert die Beinmuskulatur **(Beispiel)**.

Die Beschäftigung mit Spitzers Argumentation kann zur Erschließung des Informationskastens „Bestandteile eines Arguments" im SB auf S. 36 hinführen.

Der Zusammenhang von These, Argument und Beispiel kann mit der **Folie** „Den Aufbau einer Argumentationskette kennen" vertiefend geübt werden.

45

S. 37 Das digitale Klassenzimmer – Eine Pro-und-Kontra-Diskussion führen

Tablet-PCs im Unterricht?

1 a In dem Text „Tablet-PCs im Unterricht?" werden Einsatzmöglichkeiten von Tablets an einer Real-schule beschrieben. In den anschließenden Kommentaren finden sich Argumente für und gegen ei-nen digitalen Unterricht.

b Die Ergebnisse zu dieser Aufgabenstellung hängen von den Erfahrungen und vom Wissen der Lerngruppe ab. Die Schüler/-innen, die keine eigenen Erfahrungen mit Tablets im Unterricht besit-zen, werden vermutlich die Kommentare im SB auf S. 37 variieren.

Beispiellösung:

- Die Klassenräume sind entweder mit einer digitalen Tafel oder mit Beamern ausgestattet.
- Die Hausaufgaben werden direkt auf dem Tablet oder auf einem PC zu Hause geschrieben und können z. B. in einer Cloud gespeichert werden. So kann man die Dateien ansehen und besprechen.
- Allerdings wird nicht in jeder Stunde mit Tablets gearbeitet, weil noch nicht alle Lehrwerke digitalisiert sind.
- Manchmal gibt es auch technische Probleme mit dem Internet und den Servern in der Schule.

c Beispiellösung (pro):

- Wenn Unterrichtsstoff verpasst wird, z. B. durch eine Krankheit, können die Inhalte leicht rekonstruiert werden, da sie gespeichert sind.
- Die behandelten Inhalte können auch beliebig erweitert und verändert werden. So kann an einem Thema sehr strukturiert und übersichtlich in einer nächsten Stunde weitergearbeitet werden.

Beispiellösung (kontra):

- Digitale Daten können verloren gehen oder manipuliert werden, sofern sie nicht ausreichend gesichert sind.
- Die Schüler/-innen haben mit den Tablet-PCs immer Möglichkeiten, zu spielen oder im Internet zu surfen. Das könnte sie vom Unterricht ablenken.

2 a

Sollte man Tablets im Unterricht einsetzen?	
pro	**kontra**
Einsatz der vertrauten digitalen Technik im Unterricht wirkt motivierend (Mephisto)	ständiger schneller Zugriff auf Unterrichtsmaterial beschleunigt das Lerntempo und ist damit eine höhere Belastung für Schüler (Iphigenie)
Schüler/-innen werden durch Tablets im Unter-richt auf spätere Anforderungen des Berufslebens vorbereitet (Lena24)	digitaler Unterricht ist im Gegensatz zum „klassischen" Unterricht anfällig für technische Störungen und Probleme (Röntgen)
digitales Unterrichtsmaterial ist jederzeit und überall zugänglich und erspart das Tragen schwerer Schulbücher (Fidus01)	
Kompromiss: digitale Medien sind sinnvoll, sollten aber nach Expertenmeinung maßvoll (nicht mehr als 35 Prozent des Unterrichts) eingesetzt werden, damit Schüler/-innen Kulturtechniken wie das Schreiben mit der Hand nicht verlernen (Thomson)	

b/c Die Schüler/-innen sollen sich zunächst selbst eine Meinung zu Tablets im Unterricht bilden und diese begründen, bevor sie später in Aufgabe 3 in Gruppen die Diskussion vorbereiten.

Beispiellösung:

> pro) Ich vertrete die Meinung, dass Tablets im Unterricht eingesetzt werden sollten.
> Dafür spricht, dass das Lernen mit Tablets sehr motivierend ist.
> (kontra) Ich bin der Meinung, dass digitaler Unterricht nicht immer effektiv und sinnvoll ist,
> denn im Gegensatz zum Unterricht mit Büchern, Stiften und Papier sowie Tafel und Kreide sind
> Tablets störungsanfällig und können ausfallen.

3 a Zunächst sollen sich die Schüler/-innen gemeinsam vergewissern, dass ihnen der Kern der strittigen Frage bewusst ist: Es geht um den Einsatz von Tablets im Unterricht. Bedingung ist, dass sie in allen Fächern in mindestens 50 Prozent der Unterrichtszeit eingesetzt werden. Daraus ergibt sich die Einschränkung, dass knapp die Hälfte des Unterrichts auch konventionell ohne Tablets stattfinden kann. Außerdem liegt der Einsatz von Tablets mit der genannten Vorgabe deutlich über der Richtlinie des Vereins „n-21".

b Es wäre wünschenswert, wenn es jeweils mehrere Pro- und Kontra-Gruppen gäbe. In jeder Gruppe sollten nicht mehr als vier Schüler/-innen arbeiten. Vor der arbeitsteiligen Formulierung der Statements sollte entschieden werden, ob und ggf. wer die Diskussionsleitung übernehmen könnte.

Beispiellösung (pro):

> Einleitung:
> Heute werden PC und Internet in nahezu allen Bereichen des Lebens genutzt. Mittlerweile
> halten Tablets und PCs auch in die Klassenzimmer Einzug.
> Meinung:
> Deshalb sind wir der Meinung, dass es sinnvoll ist, wenn an unserer Schule Tablets in allen Un-
> terrichtsfächern eingesetzt werden – und zwar in mindestens 50 Prozent der Unterrichtszeit.
> Argument:
> Ein besonders wichtiges Argument für unsere Position ist, dass wir durch einen intensiven Ein-
> satz von Tablets im Unterricht gut auf die Anforderungen des Berufslebens vorbereitet wer-
> den. Denn sowohl in der beruflichen Ausbildung als auch im Studium sind digitales Lernen und
> Arbeiten verbreitet. Darunter verstehen wir zum Beispiel die kompetente Materialrecherche
> im Internet oder gekonnte Präsentationen mittels Beamer.
> Zusammenfassender Schlusssatz:
> Wir fänden es daher sehr wünschenswert, wenn im Unterricht unserer Schule Tablets in
> mindestens 50 Prozent der Unterrichtszeit genutzt würden.

Beispiellösung (kontra):

> Einleitung:
> Heute werden PC und Internet in nahezu allen Bereichen des Lebens genutzt. Deshalb diskutie-
> ren wir derzeit, ob sie nicht auch an unserer Schule verstärkt eingesetzt werden sollten.
> Meinung:
> Wir sind dagegen, dass an unserer Schule Tablets in allen Unterrichtsfächern in rund 50 Pro-
> zent der Unterrichtszeit benutzt werden.
> Argument:
> Ein besonders schlagkräftiges Argument für unsere Position ist, dass sich dadurch das Tempo
> im Unterricht beschleunigen würde – ähnlich wie in allen Bereichen, in denen Computer genutzt
> werden. Gestützt wird unsere Befürchtung z. B. durch die Smartphone-Nutzung von Jugendli-
> chen. Ständig schauen sie auf das Display, dauernd wird eine Reaktion von ihnen erwartet, das
> erzeugt Stress.

> Zusammenfassender Schlusssatz:
> Deshalb fänden wir es besser, wenn Tablets nicht so intensiv eingesetzt würden wie vorgeschlagen.

4/5 Durch die verschiedenen Teilaufgaben wird der Ablauf der Diskussion klar gegliedert. Vor den einzelnen Diskussionsrunden ist es wichtig, zu entscheiden, ob Schüler/-innen die Diskussionsrunden moderieren sollen oder die Lehrkraft. Wenn Schüler/-innen die Moderation übernehmen, dann sollten sie sich parallel zu den verschiedenen Pro- und Kontra-Gruppen darauf vorbereiten.

S.40 Digitales Klassenzimmer – Eine Präsentation protokollieren

Das Mitschreiben sowie das anschließende Verfassen eines Protokolls kann mit der **Kopiervorlage 1** („Eine Mitschrift anfertigen") und der **Kopiervorlage 2** („Ein Protokoll anfertigen") vertiefend geübt werden.

1 a Der Verlauf der Unterrichtsstunde ist gut nachvollziehbar, da das Protokoll übersichtlich gegliedert ist. Neben dem Protokollkopf und dem Schluss enthält der Hauptteil die Inhalte der Deutschstunde, die mit Unterüberschriften gegliedert sind.

b Hier handelt es sich um ein Verlaufsprotokoll, das den Ablauf möglichst genau wiedergibt. Das Wichtigste der Deutschstunde soll hier knapp und sachlich wiedergegeben werden. Allen Anwesenden dient es als Gedächtnisstütze und Basis für weiterführende Prozesse. Abwesende können anhand des Protokolls den Verlauf der Deutschstunde und die gewonnenen Informationen nachvollziehen.

c Weitere Anlässe, an denen der Verlauf oder Inhalte und Ergebnisse protokolliert werden, sind z. B. eine Vereinssitzung, ein Treffen der Schülervertretung, eine Teamleiterrunde im Rahmen der Jugendarbeit etc.

2 a Das Protokoll ist in Protokollkopf, Hauptteil und Schluss gegliedert. Es ist wichtig, dass nur das Wichtigste der Unterrichtsstunde sachlich und knapp zusammengefasst dargestellt wird. Der Protokollkopf hat eine besondere Funktion, da hier neben dem Datum und der Zeit abwesende und anwesende Schüler/-innen sowie die Lehrkraft genannt werden. Somit ist für die Informationsweitergabe, z. B. bei der Vorbereitung einer Klassenarbeit, sofort ersichtlich, wer welchen Informationsstand hat. Ebenso kann bestimmt werden, wer als Nächstes Protokoll führt. Anhand des Schlusses können das Datum und die Protokollantin/der Protokollant abgelesen werden.

b Beispiellösung:

sachlich, kurz, knapp, übersichtlich, informativ

Die äußere Form von Protokollen kann vertiefend mit der **Folie** „Ein Protokoll anfertigen" geübt werden.

3 a Inhalte können entweder sehr ausführlich oder knapp in Stichworten mitgeschrieben werden.
Ein Vorteil der möglichst vollständigen Mitschrift ist die genaue Nachvollziehbarkeit der Inhalte. Ein Nachteil kann sein, dass wichtige Informationen übersehen werden, weil man versucht, alle Details mitzuschreiben.
Der Vorteil der Stichworte ist ihre Übersichtlichkeit. Anhand von Aufzählungszeichen, Überschriften, Absätzen, Unterstreichungen und Verweispfeilen können die Inhalte leicht rekonstruiert werden. Ein Nachteil kann sein, dass Informationen vergessen werden, wenn das Protokoll nicht unmittelbar nach dem Vortrag angefertigt wird: Evtl. weiß man nicht mehr, was mit dem einen oder anderen Stichwort gemeint war.

b Im Vergleich zu der ausführlichen Mitschrift, die man genau nachlesen muss, können den Stichworten die Informationen schneller entnommen werden. Sie sind auf einen Blick ersichtlich.

c Mit Hilfe des Methodenkastens „Tipps zum Mitschreiben" im SB auf S. 41 formulieren die Schüler/-innen Hilfen, die als Tafelbild oder Wandplakat festgehalten werden können.

Mögliches **Tafelbild:**

Unsere Tipps für das Mitschreiben von Unterrichtsinhalten
– ordentlich und groß genug schreiben – Informationen übersichtlich mit Spiegelstrichen versehen – Absätze machen – Abkürzungen verwenden – Wichtiges durch Unterstreichungen hervorheben – logische Zusammenhänge durch Pfeile deutlich machen

S. 42 Hausaufgabenportale – Eine Diskussion protokollieren

1 a–c Mit Hilfe der vorherigen Aufgaben haben die Schüler/-innen gelernt, wie ein Protokoll verfasst wird. Nun sollen sie eine Diskussion zum Thema „Hausaufgabenportale" protokollieren. Der Methodenkasten „Ein Protokoll anfertigen" im SB auf S. 42 fasst dazu die wesentlichen Merkmale eines Protokolls noch einmal zusammen. Der Kasten mit Formulierungshilfen soll die Schüler/-innen darin unterstützen, abwechslungsreiche Begriffe zu verwenden.

S. 43 Testet euch! – Argumente untersuchen

1 Richtig sind die Aussagen **F**, **E**, **I**, **R** und **B**. Das Lösungswort lautet: Brief.

2 a–c Beispiellösung:

1. Hausaufgabenportale sind als Informationsquelle sehr hilfreich (Behauptung), denn man kommt schnell und gezielt an Inhalte aus allen möglichen schulischen Bereichen (Begründung). So konnte ich schon viel Zeit sparen (Beispiel).
2. Es ist nicht in Ordnung, Hausaufgabenportale zu nutzen (Behauptung), da man durch das Abschreiben die Lehrerin oder den Lehrer täuscht (Begründung). So haben Lehrer schon häufig Referate gut benotet, die eins zu eins aus dem Internet kopiert wurden (Beispiel).
3. Sicherlich kann man gegen die Nutzung von Hausaufgabenportalen einwenden, dass Abschreiben nicht schlau macht (Behauptung). Aber vielen Schülerinnen und Schülern helfen die Portale bei den Hausaufgaben (Begründung). Sie nutzen die Referate und Aufsätze zum Beispiel als Muster (Beispiel).
4. Die Portale sind nützlich (Behauptung), weil sie auch den Austausch mit anderen Schülern ermöglichen (Begründung). Ich habe beispielsweise neulich ein Problem mit einer schwierigen Matheaufgabe gehabt und konnte dieses mit Hilfe des Forums lösen (Beispiel).
5. Hausaufgabenportale sind sinnvoll (Behauptung), weil sie nicht nur bei den Hausaufgaben helfen, sondern auch andere nützliche Informationen liefern (Begründung). Man kann mit Hilfe der Hausaufgabenportale zum Beispiel die kluge Nutzung des Internets trainieren (Beispiel).

2.2 Jederzeit online, jederzeit erreichbar? – Überzeugend formulieren

S. 44 Die Macht der Smartphones – Ein Interview auswerten

Peter Haffner: Wir sind zusammen allein

Das Interview mit der Soziologin Sherry Turkle entstand im Zusammenhang mit dem Erscheinen der deutschen Übersetzung ihres Buches „Alone Together" (Verloren unter 100 Freunden: Wie wir in der digitalen Welt seelisch verkümmern. Riemann, München 2012).

1 **a** Die Offenheit der Impulse wird, abhängig von den Erfahrungen der Lerngruppe, zu sehr unterschiedlichen Ergebnissen führen.
  – Überraschend könnten die Schüler/-innen z. B. die Formulierung finden: „Dass sie glauben, sie seien niemand, wenn sie es nicht tun." (Z. 34 f.)
  – Interessant finden sie möglicherweise die Aussagen zu den Besonderheiten des „redigierten", „retuschierten" Kommunizierens in Text und Bild via Twitter, SMS, WhatsApp oder Facebook gegenüber einer unmittelbaren Beziehung, einem direkten Gespräch. (Z. 49 ff.)
  – Bekannt könnte sein, dass die Technik bereits zu einem Teil der meisten Jugendlichen geworden ist (Z. 41 f.).

  b Beispiele für Aussagen, denen die Schüler/-innen spontan zustimmen könnten:
  – Turkles differenzierte Position, die digitale Kommunikation nicht grundsätzlich zu verdammen („Smartphones, Computer und das Internet sind nicht schlecht. Es geht um den Platz, den wir ihnen in unserem Leben geben.", Z. 13–15)
  – Meinung, dass moderne Kommunikationsmittel (wie soziale Netzwerke) auch Druck und Sorge verursachen können (Z. 64–73)

    Aussagen, denen Lerngruppen spontan eher widersprechen könnten:
  – Turkles These, dass Smartphones bestimmen, „wie wir miteinander und mit uns selbst umgehen" (Z. 25 f.)
  – Turkles Behauptung, Jugendliche „bevorzugen SMS, weil es weniger riskant ist" (Z. 45)
  – Turkles These: „Die Technologie wird genutzt, um sich mit den Problemen [einer Freundschaft] nicht auseinandersetzen zu müssen." (Z. 59–61)

2 Mögliches **Tafelbild**:

Beispielsatz	trifft zu	trifft nicht zu	Textbelege
A		✓	Z. 11–15
B	✓		Z. 18–22/Z. 24–27
C	✓		Z. 29–31
D		✓	Z. 26 f.
E		✓	Z. 43–47
F	✓		Z. 57–61
G	✓		Z. 64–73

3 Beispiellösung:

Argumente für Turkles Position:
  – In einer Freundschaft von Angesicht zu Angesicht findet ein direkter Austausch statt, der uns mehr fordert.
  – Mit Hilfe des Smartphones können Nachrichten und Bilder zeitversetzt versendet werden und somit spricht man nicht direkt miteinander. Die Persönlichkeit wird inszeniert.
  – Smartphones erzeugen Druck, uns ständig mitteilen zu müssen und dabei zugleich darauf zu achten, wie wir erscheinen und welches Bild wir von uns entwerfen.

Argumente gegen Turkles Position:
  – Man kann sich auch über Facebook und WhatsApp über Persönliches austauschen: Zeitversetzt heißt nicht automatisch unpersönlich.
  – Trotz sozialer Netzwerke etc. pflegt man engste Freundschaften noch immer direkt.

S. 46 Hausaufgaben aus dem Internet? – Schriftlich Stellung nehmen

Julia Bonstein: Schummeln leicht gemacht

Ziel dieser Unterrichtssequenz ist eine schriftliche Stellungnahme zu der Frage, ob es sinnvoll ist, Hausaufgabenportale zu benutzen. Dabei werden die bisher in mündlichen Kommunikationssituationen entwickelten und wiederholten Elemente einer Argumentation in einem argumentativen Schreibauftrag zusammengeführt.

Die Schwerpunkte des angeleiteten Schreibprozesses liegen auf der Verwendung von externem Weltwissen, dem Eingehen auf Einwände und der schriftlichen Umsetzung in einen kohärent argumentierenden Text.

1 Die Auseinandersetzung mit den Argumenten des Textauszugs bereitet das Formulieren einer eigenen Stellungnahme in Aufgabe 2 vor.

Standpunkte, auf die die Schüler/-innen Bezug nehmen könnten, sind etwa:
- „Das Netz bietet Schülern neue Schummelmethoden." (Z. 1)
- „‚Abschreiben ist heute so leicht wie nie.'" (Z. 11 f.)
- „‚Deine fertige Hausaufgabe gibt's doch schon. [...] Warum also selbst abmühen?'" (Z. 13 f.)
- Lehrer erkennen in der Regel schnell, ob eine Hausaufgabe aus dem Internet stammt oder selbst verfasst worden ist. (Z. 15–20)

- Hausaufgabenportale können auch für weiterführende Informationen oder Tipps nützlich sein (Luke24, roro16).
- „Durch Abschreiben ist noch niemand schlau geworden." (Lucie)

Ideen sammeln (Stoffsammlung anlegen)

2 a Beispiellösung:

> - (pro) Ich bin für die Nutzung von Hausaufgaben- oder Informationsportalen beim Schreiben von Hausaufgaben.
> - (kontra) Ich denke, dass die Nutzung von Hausaufgaben- oder Informationsportalen beim Schreiben von Hausaufgaben wenig sinnvoll ist.

b Da die Qualität der Stellungnahme wesentlich von der Sammlung und Gewichtung von Argumenten und stützenden Beispielen abhängt, sollten die Schreibteams dabei ggf. durch die Lehrkraft unterstützt und beraten werden. Dazu gehört auch der Hinweis auf den Informationskasten „Argumente ausgestalten und verknüpfen (Argumentationskette)" im SB auf S. 48, der das Entwickeln einer argumentativen Strategie unterstützt. Ein Tipp könnte lauten, die Argumente in einer Tabelle so anzuordnen, dass sich Pro und Kontra aufeinander beziehen lassen. Das erleichtert das Eingehen auf einen Einwand gegen die eigene Position.

Beispiellösung:

Für (pro) Hausaufgabenportale	Gegen (kontra) Hausaufgabenportale
als Informationsquelle sinnvoll - Hausaufgaben sicherer und schneller erledigen - man findet z.B. Muster für Aufsätze oder Tabellen für Erdkunde-Referate - es gibt ein Forum für den gezielten Austausch und Hilfe bei der Suche - man kommt schnell und gezielt an weiterführende Informationen	eher schädlich - man prägt sich den Lernstoff nicht ein - in der Klassenarbeit hilft das Internet nicht - beim Täuschungsversuch drohen schlechte Noten - fertige Texte oder Lösungen helfen nicht, schulische Defizite zu beheben - genauso schnell wie Schüler können auch Lehrer an die Hausaufgaben kommen

3 a/b Beispiellösung (pro):

> Hausaufgabenportale sind als Informationsquelle sinnvoll, weil …
> 1. man z. B. Muster für Aufsätze findet,
> 2. es ein Forum für gezielten Austausch gibt,
> 3. man Hausaufgaben sicherer und schneller erledigen kann.

Beispiellösung (kontra)

> Hausaufgabenportale sind eher schädlich, weil …
> 1. man sich den Lernstoff nicht einprägt,
> 2. in der Klassenarbeit das Internet nicht hilft,
> 3. fertige Lösungen nicht helfen, schulische Defizite zu beheben.

Argumente ausgestalten und verknüpfen

4 Der inhaltliche Zusammenhang der Argumente wird mit der Satzverknüpfung durch die Konjunktion „weil" besonders gut deutlich, die einen Kausalsatz einleitet.

5 Beispiellösung:

> Argument 1: Hausaufgabenportale schaden eher, weil man sich den Lernstoff nicht einprägt.
> In der Klassenarbeit zum Beispiel kann man die Portale nicht nutzen.
> Argument 2: Es ist nicht fair, Hausaufgabenportale zu nutzen, wenn andere Schüler die Aufgaben ohne Hilfe erledigen. Denn sie erhalten dann eine schlechtere Note.

6 a–c Beispiellösung:

> Hausaufgabenportale schaden eher, denn man prägt sich den Lernstoff nicht ein. Es darf nicht übersehen werden, dass fertige Aufsätze oder Referate aus dem Internet kein Weg sind, um schulische Defizite zu beheben. Da Schülerinnen und Schüler beispielsweise in einer Klassenarbeit keinen Zugriff aufs Internet haben, werden ihre Schwächen spätestens dann offensichtlich. Noch wichtiger ist für mich, dass man mit absichtlichem Abschreiben oder Kopieren andere Personen (Lehrer/-innen, Mitschüler/-innen) täuscht. Daher kann es zu einer ungerechten Bewertung kommen. In meiner Klasse hat beispielsweise eine Mitschülerin für ein aus dem Internet kopiertes Referat eine bessere Note erhalten als ein ehrlicher Mitschüler für seine mühevolle Arbeit. Das ist sehr unfair.

Die Stellungnahme ausformulieren und überarbeiten

7 a–c Beispiellösung (pro):

> (Einleitung) In dem Artikel „Schummeln leicht gemacht" wird die Nutzung von Hausaufgabenportalen aus verschiedenen Perspektiven betrachtet. Für die einen sind die Portale ein tolles Hilfsmittel, für die anderen eine Einladung zum Abschreiben. Im Folgenden möchte ich zu der Frage Stellung nehmen, ob es sinnvoll ist, Hausaufgabenportale zu nutzen.
> (Hauptteil) Ein wichtiges Argument für eine sinnvolle Nutzung ist meiner Meinung nach, dass diese Portale als Forum zum Austausch mit anderen Schülerinnen und Schülern dienen. Daher kann man sich, wenn etwas in der Schule nicht gut erklärt worden ist, schnell mit anderen, die ähnliche Probleme haben, austauschen. Ich habe zum Beispiel Probleme mit einer komplizierten Mathehausaufgabe gehabt und konnte diese mit Hilfe eines Internetforums sehr gut lösen.
> Die Nutzung von Hausaufgabenportalen ist außerdem sinnvoll für viele Schülerinnen und Schüler, weil sie dort Lösungsmuster finden, die sie bei der Arbeit entlasten. An manchen Tagen

haben wir so viel auf, dass ich die Aufgaben ohne Unterstützung aus dem Internet zeitlich nicht schaffen würde. Auch viele meiner Mitschülerinnen und Mitschüler sind froh, wenn sie in stressigen Zeiten beispielsweise auf Formulierungshilfen für eine Einleitung zurückgreifen können.

(Schluss) Wenn man die Vor- und Nachteile von Hausaufgabenportalen abwägt, dann spricht meiner Meinung nach eindeutig mehr dafür, diese zu nutzen.

Beispiellösung (kontra):

(Einleitung) Hausaufgabenportale werben damit, Zeit zu sparen. Das spricht uns Schülerinnen und Schüler selbstverständlich an. Deshalb lohnt es sich, darüber nachzudenken, ob es sinnvoll ist, solche Portale zu nutzen. Nachdem wir im Unterricht einen Artikel besprochen haben, der sich aus verschiedenen Perspektiven mit Hausaufgabenportalen auseinandersetzt, möchte ich meine Meinung darstellen. Ich bin der Auffassung, dass es nicht sinnvoll ist, solche Hausaufgabenportale zu benutzen, und will das begründen.

(Hauptteil) Das entscheidende Argument ist, dass man mit absichtlichem Abschreiben oder Kopieren andere Personen (Lehrer/-innen, Mitschüler/-innen) täuscht und dass es dabei zu einer ungerechten Bewertung kommen kann. In meiner Klasse hat beispielsweise eine Mitschülerin für ein aus dem Internet kopiertes Referat eine bessere Note erhalten als ein ehrlicher Mitschüler für seine mühevolle Arbeit. Das ist sehr unfair.

Außerdem sind Hausaufgabenportale bedenklich, denn fertige Aufsätze oder Referate aus dem Internet sind keine Lösung, um schulische Defizite zu beheben. Da Schülerinnen und Schüler beispielsweise in einer Klassenarbeit keinen Zugriff aufs Internet haben, werden ihre Schwächen spätestens dann offensichtlich. Die Bloggerin Lucie hat völlig Recht, wenn sie schreibt, dass vom Abschreiben noch niemand schlau geworden ist.

(Schluss) Aus den dargelegten Gründen bin ich gegen die Nutzung von Hausaufgabenportalen. Ich nutze diese nicht und halte die eingangs zitierten Werbeversprechen für falsch.

8 a/b Abhängig von der Erfahrung der Lerngruppe mit Korrektur- und Überarbeitungskonferenzen kann die Lehrkraft überlegen, ob die fünf Beurteilungskriterien arbeitsteilig in der Gruppe verteilt und ggf. ergänzt werden sollten. Für weniger erfahrene Lerngruppen sollte der vorgegebene Kriterienkatalog für die Bewertung ausreichend Orientierung bieten.

Das Verfassen einer schriftlichen Stellungnahme kann mit der **Kopiervorlage 3** („In einem Blog-Beitrag Stellung nehmen") vertiefend geübt werden.

S. 50 Stärken stärken: Stellung nehmen

Digital-Diät: Eine gute Idee?

Der fiktive Beitrag aus einer Schülerzeitung bildet den Schreibanlass für einen Leserbrief in Form einer argumentierenden Stellungnahme. Für das in dem Text dargestellte „Experiment" einer freiwilligen Einschränkung der Nutzung digitaler Medien gibt es immer wieder reale Vorbilder. Die Anlage des Ausgangstextes mit reportageähnlichen Elementen, authentisch klingenden Aussagen und nachvollziehbaren Prozentangaben zielt darauf, nicht von vornherein eine eindeutige Positionierung nahezulegen, sondern Meinungen pro und kontra zuzulassen. Der Schreibauftrag erfordert im Sinne des materialgestützten Argumentierens die akribische Auswertung des Interviews und einen Rückbezug darauf. Die Lehrkraft sollte darauf achten, dass die konkreten Anforderungen für die Schüler/-innen transparent sind. Die Aufgaben bilden die Anforderungen an den Schreibprozess ab: Planung, Durchführung und Überarbeitung.

1 **a** Es geht um die Frage, ob eine digitale Diät sinnvoll ist oder nicht.

b Beispiellösung:

> (pro) Ich finde eine Digital-Diät überzeugend.
> (kontra) Meiner Meinung nach ist eine Digital-Diät weniger sinnvoll.

2 **a** Die Argumente sind bereits nach Überzeugungskraft angeordnet, wie in der folgenden Aufgabe gefordert. Das schlagkräftigste Argument steht zuletzt.

Beispiellösung (pro):

> **Für eine Digital-Diät spricht**
> – Chance, über den eigenen Umgang mit Medien nachzudenken; Jugendliche ändern nach der Digital-Diät das eigene Medienverhalten
> – man trifft sich mehr mit anderen und lernt, konzentrierter zuzuhören und sich mit anderen auseinanderzusetzen
> – man hat mehr Zeit und ist weniger gestresst; ständige Erreichbarkeit erzeugt Druck und lenkt ab (man muss SMS und Mails beantworten, Facebook-Profil aktualisieren usw.); alle im Text genannten Teilnehmer haben es als positiv empfunden, mehr Zeit zu haben

Beispiellösung (kontra):

> **Gegen eine Digital-Diät spricht**
> – Bei einem maßvollen Umgang mit dem Handy/Smartphone, dem Internet und sozialen Netzwerken ist eine Digital-Diät überflüssig.
> – Ein Smartphone ist mehr als nur ein Telefon und kann in schwierigen Situationen helfen, z. B. als Kamera, Taschenlampe, Wegweiser.
> – Smartphone und Internet ermöglichen direkten und schnellen Austausch mit Freunden – auch über große Entfernungen. 75 Prozent der Teilnehmer sagen, sie hätten während der Digital-Diät Kontakte verloren.
> – Internet und Computer sind wichtige Arbeitsmittel für die Schule; 80 Prozent der Teilnehmer sagen, dass ihnen Informationen für die Schule fehlten.

b Beispiellösung:

wichtige Argumente und Beispiele pro Digital-Diät	
wichtigstes Argument	Ständige Erreichbarkeit lenkt von wichtigen Dingen ab und erzeugt Zeitdruck.
stützendes Beispiel	Alle Teilnehmer an der Digital-Diät haben es als positiv empfunden, mehr Zeit zu haben.
weiteres Argument	Man hat mehr direkte Kontakte mit anderen und lernt dabei, aufmerksam zuzuhören.
stützendes Beispiel	Wissenschaftlerin Sherry Turkle sagt, wir gewöhnen uns daran, zusammen allein zu sein.

wichtige Argumente und Beispiele kontra Digital-Diät	
wichtigstes Argument	Internet und Computer sind unverzichtbare Arbeitsmittel für die Schule.
stützendes Beispiel	80 Prozent der Teilnehmer an der Digital-Diät sagen, dass ihnen Informationen für die Schule fehlten.
weiteres Argument	Smartphone und Internet ermöglichen direkten und schnellen Austausch mit Freunden – auch über große Entfernungen.
stützendes Beispiel	In der Reportage berichten 75 Prozent der Teilnehmer, sie hätten während der Digital-Diät Kontakte verloren.

3 a Beispiellösung (pro):

Ich habe mit Interesse den Artikel über die „Digital-Diät" gelesen, in dem von 16 Teenagern berichtet wird, die freiwillig für drei Wochen auf Handy, Computer und Internet verzichtet haben. Weil ich selbst schon häufiger darüber nachgedacht habe, mein Medienverhalten zu ändern, möchte ich im Folgenden meine Position formulieren.

Ich halte die Digital-Diät für eine gute Idee, die sich mit überzeugenden Argumenten begründen lässt.

Das wichtigste Argument für eine Digital-Diät ist, dass die ständige Erreichbarkeit durch Smartphones zu großem Zeitdruck führt. Ich fühle mich gezwungen, dauernd SMS und Blog-Beiträge zu beantworten oder mein Facebook-Profil zu aktualisieren, wodurch ich in Stress gerate und von wichtigen Dingen abgelenkt werde. Dass dies durch eine Digital-Diät verringert wird, lässt sich durch die Äußerungen der Teilnehmer belegen, denn diese haben es als positiv empfunden, während der drei Wochen mehr Zeit gehabt zu haben.

Außerdem spricht für eine Einschränkung der Handy-Kommunikation, dass man dann häufiger und intensiver direkt und ohne Ablenkung mit anderen sprechen kann und einander sehr genau zuhört. Die amerikanischen Wissenschaftlerin Sherry Turkle sagt beispielsweise, dass wir uns immer mehr daran gewöhnen, zusammen allein zu sein. Das entspricht auch meiner Erfahrung, wenn man andauernd aufs Handy schaut.

Meiner Meinung spricht demnach sehr viel dafür, sich auf eine Digital-Diät einzulassen. Das bedeutet nicht, dass man überhaupt kein Handy, Smartphone und keinen Computer mehr benutzen soll. Aber man sollte die digitale Kommunikation einschränken und Freundschaften im direkten Kontakt pflegen.

Charlotte Burckhardt (Klasse 8 e)

Beispiellösung (kontra):

In dem Artikel über eine „Digital-Diät" wird ein interessantes Experiment beschrieben, das für alle Teilnehmer wichtige Erfahrungen mit sich gebracht hat. Er berichtet über 16 Jugendliche, die freiwillig drei Wochen lang auf Handy, Computer und Internet verzichtet haben. Deren Erfahrungen haben meine eigene Meinung zur Nutzung von Smartphone und Computer bestätigt. Ich halte die Digital-Diät für keine überzeugende Idee, da wichtige Argumente dagegen sprechen.

Das entscheidende Argument gegen eine Digital-Diät lautet, dass Computer und Internet unverzichtbare Arbeitsmittel für die Schule sind. Die Fähigkeit, damit umgehen und kommunizieren zu können, ist darüber hinaus auch außerhalb der Schule und im späteren Berufsleben enorm wichtig. 80 Prozent der Teilnehmer an der Digital-Diät erklären jedoch in der Reportage, dass ihnen während dieser Zeit Informationen für die Schule gefehlt hätten. Eine Digital-Diät schadet also eher.

Außerdem sollte man bedenken, dass Smartphone, Tablet und PC Kontakte mit anderen Schülerinnen und Schülern oder Freunden erleichtern oder überhaupt erst möglich machen. Über soziale Netzwerke kann ich mehr Jugendliche kennen lernen als ohne Computer, da ich Gleichgesinnte auch aus anderen Städten oder Ländern kontaktieren kann. Ohne die Möglichkeit digitaler Kommunikation haben hingegen 75 Prozent der Teilnehmer an der Digital-Diät sogar Kontakte verloren.

Insgesamt gesehen sprechen meiner Meinung nach mehr Argumente gegen eine Digital-Diät als dafür. Die intensive Nutzung von Smartphone und Computer bedeutet nach meiner Erfahrung nicht, dass man sich nicht mit seinen Freunden trifft.

Jeremy Meyer (Klasse 8 b)

b Nach der kriteriengeleiteten Überarbeitung der Leserbriefe sollte mit der Lerngruppe diskutiert werden, ob bzw. wo und wie man die Leserbriefe publizieren kann.

S.52 2.3 Fit in …? – Stellung nehmen

Privatzone Handy – Dürfen Eltern das Handy ihrer Kinder kontrollieren?

Das Training für eine Klassenarbeit ist so angelegt, dass die Schüler/-innen selbstständig üben können. Schreibprodukt ist ein Leserbrief, in dem die eingeübten Schreibkompetenzen zusammengeführt werden. Neben dem Wissen über die Grundelemente schriftlichen Argumentierens spielt auch das Textsortenwissen über den Aufbau eines Leserbriefs eine Rolle.

Der Schreibanlass knüpft an das Kapitelthema „Digitale Medien" an. Das für die Begründung der eigenen Meinung notwendige Wissen wird in einem Artikel über Internetschulen und fiktiven Blog-Beiträgen dazu zur Verfügung gestellt.

Die Aufgabe richtig verstehen

1 Richtig sind die Aussagen **L**, **I**, **A** und **M**. Das Lösungswort lautet: Mail.

Ideen sammeln (Stoffsammlung anlegen)

2 Die strittige Frage ist, ob Eltern das Handy ihrer Kinder kontrollieren dürfen.

3 Für die eigene Entscheidungsfindung ist es sinnvoll, Meinungen pro und kontra Handykontrolle einander gegenüberzustellen, damit der Prozess der eigenen Positionierung sachorientiert und rational erfolgt.

Die Starthilfen zur Meinungsäußerung bieten Formulierungsvorschläge an, die eigene Meinung muss jedoch von den Schülerinnen und Schülern ergänzt werden.

Beispiellösung:

(pro) Ich würde mein Handy von meinen Eltern kontrollieren lassen.
(kontra) Ich bin dagegen, dass meine Eltern mein Handy kontrollieren.

4/5 Beispiellösung (Gegenüberstellung; das schlagkräftigste Argument steht jeweils zuletzt):

Argumente für die Handykontrolle	Argumente gegen die Handykontrolle
– Behauptung: Handy gehört den Eltern – Begründung: sie bezahlen dafür – Beispiel: Aufladen des Handy-Kontos – Behauptung: Handykontrolle in bestimmten Bereichen sinnvoll – Begründung: Eltern sind für die Kinder verantwortlich – Beispiel: Eltern übernehmen Haftung – Behauptung: Handykontrolle in bestimmten Bereichen sinnvoll – Begründung: Großteil der Freizeit online – Beispiel: jugendgefährdende Inhalte, Mobbing	– Behauptung: Handy gehört den Kindern – Begründung: sie zahlen dafür – Beispiel: Aufladen des Handy-Kontos – Behauptung: Kinder brauchen unkontrollierte Freiräume, um stark und selbstbewusst zu werden – Begründung: Jugendliche sollten verantwortungsbewussten Umgang lernen – Beispiel: keine persönlichen Daten preisgeben – Behauptung: Eltern sollten Kindern vertrauen – Begründung: Die Kinder fühlen sich von den Eltern in ihrer Privatsphäre gestört – Beispiel: Überwachungs-Apps

Schreiben und überarbeiten

6 a–c Beispiellösung (pro):

Nachdem ich Ihren Artikel „Privatzone Handy – Dürfen Eltern das Handy ihrer Kinder kontrollieren?" gelesen habe, würde ich gerne in diesem Leserbrief Stellung dazu nehmen.

Ich vertrete die Ansicht, dass eine Handykontrolle durch die Eltern in einigen Bereichen durchaus sinnvoll ist.

Ein wichtiger Grund dafür ist, dass wir einen großen Teil unserer Freizeit online und daher besonders gefährdet sind, an jugendgefährdende Inhalte zu geraten. Da kann es zum Beispiel helfen, wenn Eltern ein Auge darauf haben, welche Webseiten wir besuchen oder welche Apps wir runterladen.

Außerdem habe ich die Erfahrung gemacht, dass wir in den sozialen Netzwerken schnell angreifbar werden, wenn wir zum Beispiel zu viel von uns preisgeben. Eine Mitschülerin ist zum Beispiel schon wegen eines geposteten Fotos heftig gemobbt worden. Sicherlich kann man einwenden, dass manche Eltern ihre Kinder zu sehr kontrollieren und diese in ihrer Privatsphäre stören, aber man sollte auch bedenken, dass sie für uns auch noch verantwortlich sind.

Ich finde es also nicht schlecht, wenn Eltern kontrollieren, was ihre Kinder mit dem Handy machen. Schließlich sind wir noch nicht volljährig und im Netz kann viel passieren, wenn man nicht aufpasst.

Emre Gundogan (14), Stuttgart

Beispiellösung (kontra):

In Ihrem Artikel geht es um die Frage, ob Eltern das Handy ihrer Kinder kontrollieren dürfen. Ich kann mir jedenfalls nicht vorstellen, mein Handy von meinen Eltern kontrollieren zu lassen. Eltern sollten ihren Kindern vertrauen. Man muss bedenken, dass Eltern es mit der Kontrolle auch übertreiben, sodass sich Kinder überwacht fühlen und keine Privatsphäre mehr haben. So gibt es zum Beispiel spezielle Apps, mit denen Eltern ihre Kinder digital überwachen können, sodass sie unsere SMS lesen oder in Facebook stöbern können. Daher schließe ich mich dem Blogger Alphatier an, der nichts von einer solchen Überwachung hält.

Außerdem darf nicht übersehen werden, dass Kinder unkontrollierte Freiräume brauchen, damit sie stark und selbstbewusst werden. Ich habe die Erfahrung gemacht, dass ich viel besser im Netz zurechtkomme, wenn ich eigenständig lerne, verantwortungsbewusst mit Daten umzugehen. So weiß ich mittlerweile, dass ich vorsichtig mit dem Posten von Fotos sein muss, weil sie praktisch nicht mehr aus dem Netz verschwinden.

Es ist richtig, dass wir gefährdet sind, weil wir viel Zeit mit dem Handy verbringen. Aber man muss berücksichtigen, dass wir daher auch oft fitter sind als unsere Eltern und vielleicht schon mehr gelernt haben über den vorsichtigen Umgang mit Daten, als sie meinen.

Ich würde mir wünschen, dass Eltern ihren Kindern mehr vertrauen. Vielleicht reicht es schon aus, dass wir öfter miteinander sprechen.

Alina Hahn (15), Freiburg

 Mit der kriteriengeleiteten kooperativen Überarbeitung der Leserbriefe wird der Schreibprozess beendet. Auch wenn die Schüler/-innen den Leserbrief nicht im Unterricht verfassen, sollte dort genügend Zeit für den Austausch über Besonderheiten und Schwierigkeiten dieser Schreibaufgabe bleiben.

Vorschläge für Klassenarbeiten

Vorschlag 1: Begründet Stellung nehmen
Siehe **Kopiervorlage S. 61 ff.**

Vorschlag 2: In einem Leserbrief Stellung nehmen
Siehe **Kopiervorlage S. 64 ff.**

Material zu diesem Kapitel auf den folgenden Seiten und auf der CD

Lernwegeliste zum Kompetenzschwerpunkt des Kapitels (vollständig auf der CD), S. 60
Diagnose: Standpunkte vertreten (auf der CD, mit Lösungshinweisen und Förderempfehlungen)
Klassenarbeit: Begründet Stellung nehmen (KA 1, mit Bewertungshinweisen auf der CD), S. 61 ff.
Klassenarbeit: In einem Leserbrief Stellung nehmen (KA 2, mit Bewertungshinweisen auf der CD), S. 64 ff.
KV 1: Eine Mitschrift anfertigen, S. 68
KV 2: Ein Protokoll anfertigen, S. 69
KV 3: In einem Blog-Beitrag Stellung nehmen, S. 71 ff.
Hinweis: Lösungen zu allen KV finden sich auf der CD.

Folie: Medien früher und heute (zu SB S. 33, auf der CD)
Folie: Den Aufbau einer Argumentationskette kennen (zu SB S. 36, auf der CD)
Folie: Ein Protokoll anfertigen (zu SB S. 41, auf der CD)

Weiteres Übungsmaterial

„Deutschbuch Arbeitsheft 4"
Eine Stellungnahme überzeugend formulieren, S. 9–13
– Einen Standpunkt vertreten, S. 9
– ●○○ Stärken stärken: In einem Blog-Beitrag begründet Stellung nehmen, S. 10
– ●●○ Stärken stärken: Die Stellungnahme schriftlich ausformulieren, S. 11
– ●●● Stärken stärken: Überzeugend argumentieren, Gegenargumente entkräften, S. 12

„Deutschbuch Differenzieren und Fördern 7/8"

Eine Argumentation verfassen, S. 78–99

- Diagnose – Argumentieren, S. 78 f.
- Lernlandkarte, S. 80
- Argumente finden und durch Beispiele verdeutlichen, S. 81 ff.
- Sprachtraining: Beispiele formulieren, S. 84
- Eine überzeugende Argumentation aufbauen, S. 85 ff.
- Gegenargumente entkräften, S. 88 ff.
- Sprachtraining: Pronomen und Adverbien einsetzen, S. 91
- Eine Argumentation verfassen – Argumente einleiten, S. 92 ff.
- Musteraufsatz – Eine Argumentation verfassen, S. 95 f.
- Klassenarbeit – Eine Argumentation verfassen, S. 97 ff.

Methoden und Arbeitstechniken beherrschen, S. 499–507

- Ein Ergebnisprotokoll verfassen, S. 507

Name: _____ Klasse: _____ Lehrer/-in: _____

Lernwegeliste – mit Materialzuordnung und Dokumentationsmöglichkeit

Kompetenzbereich: Sprechen und Zuhören – Monologisches und dialogisches Sprechen

Kompetenz:
Ich kann eigenes und fremdes Gesprächsverhalten beobachten und bewerten.
Ich kann argumentierende Texte analysieren.
Ich kann argumentative Texte verfassen.

Was dir dabei helfen kann:
Du kannst anderen zuhören und einem Gespräch folgen.
Du kannst verständlich informieren.
Du kannst deinen Standpunkt formulieren.
Du kannst Begründungen und Beispiele erkennen und selbst formulieren.

	Was du in Kapitel 2 lernen kannst:	Niveau	Lernmaterialien	Selbsteinschätzung ☺	Selbsteinschätzung ☺	Selbsteinschätzung ☹	Hinweise/ Bewertung der Lehrkraft
01	Ich kann den Aufbau eines einfachen Arguments untersuchen.	GME	„Umstrittene Spielkonsolen – Argumentieren" – Buch S. 34 ff.				
02	Ich kann Gespräche moderieren sowie Gesprächsverhalten beobachten, bewerten und reflektieren.	GME	„Das digitale Klassenzimmer – Eine Pro-und-Kontra-Diskussion führen: Tablet-PCs im Unterricht?" – Buch S. 37 ff.				
03	Ich kann sprachliche Äußerungen, z. B. in einer Diskussion, zusammenfassen und adressaten- und zielorientiert schriftlich wiedergeben (z. B. in einem Protokoll).	GME	„Digitales Klassenzimmer – Eine Präsentation protokollieren" – Buch S. 40 f.				
04	Ich kann aktiv zuhören.	GME	„Hausaufgabenportale – Eine Diskussion protokollieren" – Buch S. 42				

Die zweite Seite der Lernwegeliste ist auf der CD zu finden.

Cornelsen

Kopiervorlage

Kapitel 2
Lernwegeliste, Blatt 1

Klassenarbeit – Begründet Stellung nehmen

In dem folgenden Artikel geht es darum, wie die Kommunikation über das Internet und speziell über soziale Netzwerke das Zusammenleben der Menschen beeinflusst.

1 Formuliere eine begründete Stellungnahme zu der Frage: Sind Freunde in sozialen Netzwerken echte Freunde? Begründe deine Meinung/Position mit zwei überzeugenden Argumenten. Werte für deine Begründung die Leserkommentare aus. Denke an stützende Beispiele.

→ zu Aufgabe 1: Hilfe-Karte A: Inhalt
→ zu Aufgabe 1: Hilfe-Karte B: Form: Schreibplan
→ zu Aufgabe 1: Hilfe-Karte C: Sprache: Formulierungshilfen

Christian Weber
Du hast 100 neue Freunde

Auf sozialen Internet-Seiten findet jeder schnell „Freunde". In der realen Welt aber würden viele dieser Bindungen nicht einmal kleinste Krisen überstehen. Wie aufrichtig sind Freundschaften
5 heute noch?

Am Weihnachtsabend um 22:53 Uhr schrieb Simone Back aus dem südenglischen Brighton eine Nachricht an ihre 1048 Freunde. „Hab all meine Pillen genommen, bin bald tot, also bye
10 bye an alle." Acht Minuten später erschien auf ihrer Facebook-Seite eine erste Reaktion: „Sie erzählt immer von Überdosen, und sie lügt."
In den 148 folgenden Nachrichten finden sich Häme, Lügenbezichtigungen, Diskussionen dar-
15 über, wie ernst sie es wohl meint, und über-

haupt: „Es ist ihre Entscheidung." Niemand setzte einen Notruf ab. Erst am nächsten Tag informierte jemand Backs Mutter. Als die Polizei die Tür aufbrach, war es zu spät: Simone Back starb in einem Krankenhaus, 18 Stunden nachdem sie 20 ihren Hilferuf abgesetzt hatte.
So geht eine Internetgeschichte, die in diesen Tagen von den britischen Medien heftig diskutiert wird. Die Frage ist, was sie tatsächlich aussagt über das Wesen der Freundschaft in Zeiten 25 digitaler Kommunikation, beschleunigter und komplexer Lebensverhältnisse. Stimmt die These, wonach mit jeder neuen Kommunikationstechnologie das soziale Leben weiter verfällt und die allgemeine Vereinsamung droht? 30
[…]

http://www.sueddeutsche.de/wissen/freundschaft-im-internetzeitalter-du-hast-neue-freunde-1.1055857 (Stand: 26.04.2017)

> *Luzie25, 10.05. 19:02*   Ziemlich erschreckend das Beispiel mit Simone Back. Ich kann mir vorstellen, dass viele Leute Hunderte von Online-Freunden haben, aber nur drei oder vier, denen sie wirklich etwas bedeuten. Eine Freundschaft muss man pflegen. Mit ein paar Mal hin und her schreiben ist es nicht getan. Daher meine Meinung: Soziale Netzwerke sind super praktisch, um sich mal schnell auszutauschen, aber wenn es um etwas Persönliches geht, treffe ich mich mit einer guten Freundin oder einem guten Kumpel.

> *Panda, 10.05. 21:20*   Ich kann nachvollziehen, dass es einem manchmal schlecht geht und man dieses Gefühl mit anderen teilen will. Aber das Beispiel von Simone ist extrem und hoffentlich sehr selten. Bei dem ganzen sinnlosen Quatsch, der ständig gepostet wird, ist es oft nicht einfach, zu unterscheiden, was ernst gemeint ist und was nicht. Ich denke, wir müssen sensibler werden im Umgang mit sozialen Netzwerken.

> *McBenny, 11.05. 14:46*   Die Gefahr, dass man sich fast nur noch online austauscht, sehe ich schon. Vor allem, weil es viel einfacher ist, seine Meinung mal kurz auf Facebook zu schreiben, als in einem echten Gespräch anderer Meinung zu sein!

Hilfe-Karten zur Klassenarbeit 1 – Begründet Stellung nehmen

Checkliste

Prüfe deinen Text mit Hilfe der Checkliste.

Checkliste: Begründet Stellung nehmen	
Aufbau	
Hast du deine Meinung/Position deutlich formuliert?	☐
Hast du in der Einleitung in das Thema eingeführt, z. B. indem du Interesse für das Thema weckst?	☐
Hast du zum Hauptteil übergeleitet?	☐
Hast du im Hauptteil zwei überzeugende Argumente für deine Meinung/Position genannt?	☐
Hast du einen möglichen Einwand entkräftet?	☐
Sind deine Argumente vollständig (Behauptungen, Begründungen und Beispiele)?	☐
Hast du treffende Beispiele angeführt (z. B. eigene Erfahrungen, nachvollziehbare Erläuterungen, Belege oder Zitate)?	☐
Hast du am Schluss deine Position bekräftigt oder einen Vorschlag, einen Appell oder einen Wunsch für die Zukunft formuliert?	☐
Sprache	
Hast du deine Argumente sprachlich geschickt eingeleitet und zu einer Argumentationskette verknüpft?	☐
Hast du deinen Beitrag sachlich verfasst?	☐
Hast du noch einmal die Rechtschreibung in deinem Text geprüft?	☐
Hast du die Zeichensetzung überprüft?	☐

✂ --

Hilfe-Karte A   Inhalt

1 Formuliere eine begründete Stellungnahme zu der Frage: Sind Freunde in sozialen Netzwerken echte Freunde? Begründe deine Meinung/Position mit zwei überzeugenden Argumenten. Werte für deine Begründung die Leserkommentare aus. Denke an stützende Beispiele.

Sieh dir die folgenden Textstellen noch einmal genauer an:

– Ich kann mir vorstellen, dass viele Leute Hunderte von Online-Freunden haben, aber nur drei oder vier, denen sie wirklich etwas bedeuten. Eine Freundschaft muss man pflegen. Mit ein paar Mal hin und her schreiben ist es nicht getan.

– Vor allem, weil es viel einfacher ist, seine Meinung mal kurz auf Facebook zu schreiben, als in einem echten Gespräch anderer Meinung zu sein.

Oder

– Aber das Beispiel von Simone ist extrem und hoffentlich sehr selten. Bei dem ganzen sinnlosen Quatsch, der ständig gepostet wird, ist es oft nicht einfach, zu unterscheiden, was ernst gemeint ist und was nicht.

Autorinnen: Isabelle Kunst/Yvonne Streb

Kapitel 2
KA 1, Blatt 2

Kopiervorlage

Hilfe-Karte B   **Form: Schreibplan**

1   Formuliere eine begründete Stellungnahme zu der Frage: Sind Freunde in sozialen Netzwerken echte Freunde? Begründe deine Meinung/Position mit zwei überzeugenden Argumenten. Werte für deine Begründung die Leserkommentare aus. Denke an stützende Beispiele.

Schreibplan
1) Einleitung – Einführung in das Thema – Überleitung zum Hauptteil mit deutlicher Formulierung deiner Meinung/Position
2) Hauptteil: – Argumentationskette (Behauptungen, Begründungen, Beispiele) – entkräfteter Einwand
3) Schluss Bekräftigung deiner Meinung/Position, Vorschlag, Appell und Wunsch an die Zukunft

✂ -

Hilfe-Karte C   **Sprache: Formulierungshilfen**

1   Formuliere eine begründete Stellungnahme zu der Frage: Sind Freunde in sozialen Netzwerken echte Freunde? Begründe deine Meinung/Position mit zwei überzeugenden Argumenten. Werte für deine Begründung die Leserkommentare aus. Denke an stützende Beispiele.
Leite deine Argumente geschickt ein und verknüpfe sie zu einer Argumentationskette. Nutze das Material unten.

Formatierungshilfen	
Einleitung:	In dem Artikel „Du hast 100 neue Freunde" … Freunde in sozialen Netzwerken sind …
Überleitung zum Hauptteil	Deshalb stellt sich die Frage, … Im Folgenden möchte ich zu der Frage Stellung nehmen, … Es lohnt sich, einmal darüber nachzudenken … Ich finde … Meiner Meinung nach … Weil ich selbst …, möchte ich meine Position …
Hauptteil:	Ein wichtiges Argument für/gegen … ist, dass …, weil … Wenn ich zum Beispiel … Es trifft zu, dass … Dennoch bin der Meinung, dass … Einerseits verstehe ich, dass … Aber ….
Schluss:	Ich fände es … Meiner Meinung nach … Wenn …, fände ich …

Kopiervorlage

Autorinnen: Isabelle Kunst/Yvonne Streb

Kapitel 2
KA 1, Blatt 3

Klassenarbeit A – In einem Leserbrief Stellung nehmen

Einige Bundesländer haben den Kontakt von Lehrern und Schülern über Facebook eingeschränkt oder sogar verboten. In dem folgenden Artikel werden die unterschiedlichen Regelungen in den verschiedenen Bundesländern vorgestellt.

1 Verfasse einen Leserbrief, in dem du deine Meinung/Position zu einem Verbot der Kommunikation zwischen Lehrern und Schülern über Facebook formulierst und mit zwei Argumenten aus den Texten begründest.

Leite deine Argumente sprachlich geschickt ein und verknüpfe sie zu Argumentationsketten.

Freundschaftsverbot für Lehrer und Schüler – zumindest auf Facebook!

Rheinland-Pfalz verbietet seinen Lehrern, in dem sozialen Netzwerk Freundschaften mit ihren Schülern zu schließen. Auch dürfen die Lehrer Facebook nicht mehr nutzen, um zum Beispiel
5 Noten mitzuteilen, Hausaufgaben zu vergeben oder Klassenausflüge zu planen. Der Grund: Der Erziehungs- und Bildungsauftrag der Schule sei mit dem Geschäftsmodell von Facebook – einer Auswertung und Vermarktung persönlicher Daten –
10 nicht zu vereinbaren, so der Datenschutzbeauftragte von Rheinland-Pfalz. Zum Austausch gebe es Alternativen.

Doch Rheinland-Pfalz ist nicht das einzige Land! Auch andere Bundesländer wollen den Kontakt von
15 Lehrern und Schülern strenger regeln.

Das Kultusministerium **Baden-Württemberg** schränkt den Einsatz sozialer Netzwerke an Schulen mit Hinweis auf den Datenschutz stark ein. In einer Handreichung wird die Rechtslage
20 dargestellt, die den Pädagogen verbietet, etwa Facebook für die Kommunikation mit den Schülern sowie untereinander zu nutzen. Demnach werden Chats, die Vereinbarung schulischer Termine und das Einrichten von Lerngruppen
25 sowie das Speichern personenbezogener Daten aus sozialen Netzwerken künftig untersagt.

In **Bayern** und **Schleswig-Holstein** bestehen bereits seit Längerem entsprechende Verbote. In Schleswig-Holstein beispielsweise sollen Lehrer
30 bereits seit Ende 2012 keine sozialen Netzwerke mehr nutzen, um etwa Schulausflüge zu planen oder Noten mitzuteilen. Auch Bayern hat schon vor längerer Zeit seinen Lehrern ein dienstliches

Facebook-Verbot erteilt. „Privat dürfen sie aber auf Facebook aktiv sein, ebenso die Schüler", 35 sagte ein Sprecher.

In Sachsen arbeitet das Kultusministerium derzeit an einer Handreichung für die Schulen. Andere Bundesländer, allen voran die Stadtstaaten **Berlin**, **Hamburg** und **Bremen**, halten solche 40 Regelungen für überflüssig. Berlin baut darauf, dass Lehrer sich bei der beruflichen Facebook-Nutzung verantwortungsvoll verhalten, so die Begründung. Die Hamburger Schulbehörde setzt im Unterricht und mit Broschüren darauf, „einen 45 sensiblen Umgang mit sozialen Netzwerken zu erreichen", erklärt ein Sprecher. Auch die Bremer Behörde hält es für sinnvoll, etwa Klassenfahrten über das Netzwerk zu organisieren.

Ähnlich beurteilen das **Nordrhein-Westfalen,** 50 **Niedersachsen, Hessen, Brandenburg, Mecklenburg-Vorpommern, Sachsen-Anhalt** und **Thüringen.** Dort wird kein Handlungsbedarf gesehen. Das Ministerium in NRW verweist auf die allgemeine Schulordnung, die von Lehrern 55 ein „amtsangemessenes Verhalten" verlange. Dazu gehörten eine „pädagogische Distanz zu den Schülern und eine Trennung von dienstlicher und privater Kommunikation", erklärte ein Sprecher. Sachsen-Anhalt und Thüringen bauen eben- 60 falls auf die Eigenverantwortung der Lehrer. Lehrer müssten auch bedenken, dass wichtige Informationen über Online-Netzwerke nicht alle Schüler erreichen, erklärte das Thüringer Ministerium. 65

http://www.bild.de/politik/inland/facebook/duerfen-auf-facebook-keine-freunde-sein-33075142.bild.html (Stand 26.04.2017)

Autor: Klaus Tetling

Kapitel 2
KA 2, Blatt 1

Kopiervorlage

Leserkommentare

Sevilla123, 22.10. 14:41
Das ist ein echtes Problem: Einerseits ist Facebook sehr nützlich, um Verabredungen mit großen Gruppen zu koordinieren. Andererseits ist es wegen des fehlenden Datenschutzes sehr problematisch. Was tun? Den Kontakt zu verbieten, ohne eine Alternative vorzuschlagen, halte ich nicht für eine gute Idee. Stattdessen könnten die Kultusministerien einige kluge Informatiker einstellen und ein eigenes soziales Netzwerk aufbauen, das ausschließlich der Kommunikation zwischen Schülern und Lehrern dient. Dabei könnte man genau festlegen, was mit den sensiblen Daten geschieht. So etwas gibt es ja auch an den Universitäten.

OttoMainz, 23.10. 18:07
Die Lehrkräfte sollen ihre Schüler da abholen, wo diese stehen. Deren Leben spielt sich in sozialen Netzwerken ab. Jetzt darf die Lehrerin/der Lehrer sie dort nicht mehr treffen. Das ist ein Widerspruch! Außerdem sind soziale Netzwerke für Lehrer wichtig, um sich über die Jugendlichen, deren Leben und Interessen zu informieren.

Kopiervorlage

Autor: Klaus Tetling

Kapitel 2
KA 2, Blatt 2

Klassenarbeit B – In einem Leserbrief Stellung nehmen

Einige Bundesländer haben den Kontakt von Lehrern und Schülern über Facebook eingeschränkt oder sogar verboten. In dem folgenden Artikel werden die unterschiedlichen Regelungen in den verschiedenen Bundesländern vorgestellt.

[1] Lies den folgenden Text und die Leserkommentare darunter. Notiere deine eigene Meinung/Position.

_____

_____

[2] Welche Argumente für deine Meinung werden in den Texten genannt? Notiere mindestens zwei Begründungen und Beispiele mit Textbelegen.

_____

_____

_____

_____

_____

_____

[3] Verfasse nun einen Leserbrief, in dem du deine Meinung zu einer Kontakteinschränkung für Schüler und Lehrer in Facebook formulierst und begründest. Leite dazu deine Argumente sprachlich geschickt ein und verknüpfe sie zu Argumentationsketten.

Tipp: Denke dabei an den Aufbau eines Leserbriefs:
   – Betreffzeile, passende Anrede, Anlass, Meinung
   – Aufzählung der Argumente (Behauptung, Begründung, Beispiel)
   – Bekräftigung der eigenen Position, Vorschlag, Appell, Wunsch, Grußformel

Freundschaftsverbot für Lehrer und Schüler – zumindest auf Facebook!

Rheinland-Pfalz verbietet seinen Lehrern, in dem sozialen Netzwerk Freundschaften mit ihren Schülern zu schließen. Auch dürfen die Lehrer Facebook nicht mehr nutzen, um zum Beispiel
5 Noten mitzuteilen, Hausaufgaben zu vergeben oder Klassenausflüge zu planen. Der Grund: Der Erziehungs- und Bildungsauftrag der Schule sei mit dem Geschäftsmodell von Facebook – einer Auswertung und Vermarktung persönlicher Da-
10 ten – nicht zu vereinbaren, so der Datenschutzbeauftragte von Rheinland-Pfalz. Zum Austausch gebe es Alternativen.

Doch Rheinland-Pfalz ist nicht das einzige Land! Auch andere Bundesländer wollen den Kontakt von Lehrern und Schülern strenger regeln. 15
Das Kultusministerium **Baden-Württemberg** schränkt den Einsatz sozialer Netzwerke an Schulen mit Hinweis auf den Datenschutz stark ein. In einer Handreichung wird die Rechtslage dargestellt, die den Pädagogen verbietet, etwa 20 Facebook für die Kommunikation mit den Schülern sowie untereinander zu nutzen. Demnach werden Chats, die Vereinbarung schulischer Termine und das Einrichten von Lerngruppen

 Autor: Klaus Tetling

Kopiervorlage

Kapitel 2
KA 2, Blatt 3

25 sowie das Speichern personenbezogener Daten aus sozialen Netzwerken künftig untersagt.

In **Bayern** und **Schleswig-Holstein** bestehen bereits seit Längerem entsprechende Verbote.

In Schleswig-Holstein beispielsweise sollen 30 Lehrer bereits seit Ende 2012 keine sozialen Netzwerke mehr nutzen, um etwa Schulausflüge zu planen oder Noten mitzuteilen. Auch Bayern hat schon vor längerer Zeit seinen Lehrern ein dienstliches Facebook-Verbot erteilt. 35 „Privat dürfen sie aber auf Facebook aktiv sein, ebenso die Schüler", sagte ein Sprecher.

In Sachsen arbeitet das Kultusministerium derzeit an einer Handreichung für die Schulen. Andere Bundesländer, allen voran die Stadt-40 staaten **Berlin**, **Hamburg** und **Bremen**, halten solche Regelungen für überflüssig. Berlin baut darauf, dass Lehrer sich bei der beruflichen Facebook-Nutzung verantwortungsvoll verhalten, so die Begründung. Die Hamburger Schul-45 behörde setzt im Unterricht und mit Broschüren darauf, „einen sensiblen Umgang mit sozialen Netzwerken zu erreichen", erklärt ein Sprecher. Auch die Bremer Behörde hält es für sinnvoll, etwa Klassenfahrten über das Netzwerk zu organisieren. 50

Ähnlich beurteilen das **Nordrhein-Westfalen, Niedersachsen, Hessen, Brandenburg, Mecklenburg-Vorpommern, Sachsen-Anhalt** und **Thüringen**. Dort wird kein Handlungsbedarf gesehen. Das Ministerium in NRW verweist 55 auf die allgemeine Schulordnung, die von Lehrern ein „amtsangemessenes Verhalten" verlange. Dazu gehörten eine „pädagogische Distanz zu den Schülern und eine Trennung von dienstlicher und privater Kommunikation", erklärte 60 ein Sprecher. Sachsen-Anhalt und Thüringen bauen ebenfalls auf die Eigenverantwortung der Lehrer. Lehrer müssten auch bedenken, dass wichtige Informationen über Online-Netzwerke nicht alle Schüler erreichten, erklärte das Thü-65 ringer Ministerium.

http://www.bild.de/politik/inland/facebook/duerfen-auf-facebook-keine-freunde-sein-33075142.bild.html (Stand 26.04.2017)

Leserkommentare

Sevilla123, 22.10. 14:41
Das ist ein echtes Problem: Einerseits ist Facebook sehr nützlich, um Verabredungen mit großen Gruppen zu koordinieren. Andererseits ist es wegen des fehlenden Datenschutzes sehr problematisch. Was tun? Den Kontakt zu verbieten, ohne eine Alternative vorzuschlagen, halte ich nicht für eine gute Idee. Stattdessen könnten die Kultusministerien einige kluge Informatiker einstellen und ein eigenes soziales Netzwerk aufbauen, das ausschließlich der Kommunikation zwischen Schülern und Lehrern dient. Dabei könnte man genau festlegen, was mit den sensiblen Daten geschieht. So etwas gibt es ja auch an den Universitäten.

OttoMainz, 23.10. 18:07
Die Lehrkräfte sollen ihre Schüler da abholen, wo diese stehen. Deren Leben spielt sich in sozialen Netzwerken ab. Jetzt darf die Lehrerin/der Lehrer sie dort nicht mehr treffen. Das ist ein Widerspruch! Außerdem sind soziale Netzwerke für Lehrer wichtig, um sich über die Jugendlichen, deren Leben und Interessen zu informieren.

Autor: Klaus Tetling

Kopiervorlage

Eine Mitschrift anfertigen

☐1 **Lies folgende Äußerungen zu einem Streitschlichterfall.**

MYRIAM: Hallo, ich und David freuen uns, dass ihr die Möglichkeit des Streitschlichtens wahrnehmt. Allerdings gibt es einige Regeln, die dabei zu beachten sind. Ihr müsst eure Anliegen
5 sachlich vortragen und versuchen, die Gegenseite zu verstehen. Ihr beleidigt niemanden, verstanden?

DENNIS (8 B), LAURA (8 C): Okay.

MYRIAM: Dann bitte ich euch, einfach mal zu
10 erzählen, warum wir uns jetzt nach der 6. Stunde hier treffen.

DENNIS: Es geht um die Torwand draußen im Pausenhof. Wir, also die 8 b, und die 8 c haben immer dienstags und donnerstags nach der
15 5. Stunde aus und wollen sie gleichzeitig nutzen. Gestern gab's deswegen ein richtiges Gerangel darum, welche Klasse jetzt darauf kicken darf. Die 8 c wollte uns einfach nicht spielen lassen.

LAURA: Die 8 b war gar nicht zimperlich. Unse-
20 ren Ball haben die uns einfach weggenommen. Seitdem ist er nicht wieder aufgetaucht. Ganz schön gemein, die Typen.

DAVID: Darf ich an die Sachlichkeit erinnern, mit der ihr eure Anliegen vortragen sollt?

25 **LAURA:** Ja, sorry. Also, ich muss schon zugeben, dass wir denen überhaupt keine Möglichkeit gelassen haben, auch mal zu schießen. Aber wir

hatten ja gerade so eine Art klasseninternes Turnier.

DENNIS: Verstehe ich schon, dass das spannend 30 ist. Aber die Torwand gehört ja nicht der 8 c allein. Jeder soll sie nutzen können.

DAVID: In Ordnung, wir sehen, dass ihr das Verhalten der Gegenseite auch nachvollziehen könnt. Das ist ein erster Schritt zur Schlichtung. 35

MYRIAM: Der zweite Schritt wäre nun, dass wir Ansätze von Lösungswegen erarbeiten. Habt ihr denn eine Idee dazu?

LAURA: Also die 8 b will kicken und wir natürlich auch. Wir könnten einen Plan machen, wer 40 die Torwand wann nutzt.

DENNIS: Da stimme ich zu. Und den Ball geben wir euch natürlich zurück.

DAVID: Was haltet ihr davon, wenn wir nun festlegen, dass die Torwand am Dienstag von der 8 b 45 und donnerstags von der 8 c genutzt wird? Außerdem soll die 8 b der 8 c den Ball wieder zurückgeben.

DENNIS, LAURA: Gute Idee. Das geben wir unseren Klassen so weiter. 50

MYRIAM: Dann bitte ich euch als Klassensprecher, uns nach zwei Wochen zu berichten, ob es denn klappt.

☐2 **Notiere dieses Streitschlichtergespräch stichpunktartig mit Hilfe von Abkürzungen und Symbolen.**

_____

_____

_____

_____

_____

_____

_____

Autorin: Kerstin Scharwies

Kapitel 2
KV 1, Blatt 1

Kopiervorlage

Ein Protokoll anfertigen

1 In der Klassenleiterstunde bespricht die 8 c vier aktuelle Fragen und Probleme (TOP 1 bis TOP 4). Verfasse mit Hilfe der vorliegenden Informationen ein vollständiges, zusammenhängendes Protokoll der Klassenleiterstunde.

Gehe dabei so vor:

a Lies erst aufmerksam den fehlerhaften Protokolltext zu TOP 1 und die Mitschrift.

b Kläre in der Mitschrift die Bedeutung der markierten Abkürzungen/Symbole in den Zeilen darunter.

c Erstelle anschließend aus den vorhandenen Informationen und gegebenenfalls nötigen eigenen Ergänzungen einen vollständigen Protokollkopf.

d Überarbeite den fehlerhaften Protokolltext zu TOP 1 und schreibe ihn verbessert ab.

e Fertige aus der Mitschrift zu den restlichen TOPs ebenfalls einen Protokolltext.

A Fehlerhafter Protokolltext

TOP 1 (Mahnung zu besserem Arbeitsverhalten):

Die Klassenlehrerin Frau Ahrend begrüßte die 8 c zur Klassenleiterstunde mit einem ganz ernsten Gesicht und verkündete mit Stirnrunzeln: „Einige Hauptfachlehrer beschwerten sich gerade eben in der ersten Pause über das Arbeitsverhalten von manchen Schülern in dieser Klasse." Angesichts der Tatsache, dass heute zehn Schüler in Englisch und sieben in Mathematik ihre Hausaufgaben nicht vorweisen konnten, ist eine Ermahnung von Frau Ahrend echt voll korrekt. Die alten Hausaufgabenmuffel gelobten Besserung, Frau Ahrend erteilte trotzdem an alle zwölf eine Nacharbeit. Zwölf Schüler deswegen, weil fünf der Mathe-Hausi-Schwänzer auch gleich noch die Englischhausaufgabe auch nicht gemacht hatten. Geschieht ihnen recht!

B Mitschrift

TOP 2 (Klärung des Geldbeutelverlustes von Max):

– Max: vermisst seit gestern sein Geld

– Anna: Ja, bist wohl in der Eisdiele gewesen! *lach*

– Fr. Ahrend: Ruhe! fragt Max nach mehr Infos

– Max: nach d. Sportu. war Geldbeutel nicht mehr i. d. Jackentasche ☹ Jacke war die ganze Zeit über i. d. Umkleide

– Ben: Beschreibung der Geldbörse?

– Max: schwarz, ca. DIN A6, Klettverschluss, 12 Euro wg. 10 € Kopiergeld

– Ben: ← lag unter der Sitzbank, Samuel mit mir noch i. d. Umkleide → wussten nicht, wem er gehört → im Sekretariat abgegeben

– Max: Boah, super! ☺ fragt Fr. Ahrend, ob er seinen Geldbeutel gleich holen darf

– Fr. Ahrend: ± // schwups, schon isser wieder da

Autorin: Kerstin Scharwies
Illustrator: Peter Menne, Potsdam

Kapitel 2
KV 2, Blatt 1

TOP 3 (Schlichtung des Streits zwischen Ayla und Jakob):

— Hannes (Klassenspr.): Ayla und Jakob streiten die ganze Zeit *nerv* auch im Unterricht

→ Ablenkung **deswg.**

_____

— Jakob: Ayla zickt immer **+** hat meine Mütze mit Edding bemalt → kaputt wg. Flecken,

_____

die beim Waschen nicht rausgehen

— Luis: Bist ja selber schuld! Jakob ärgert Ayla oft, **bspw.** Federmäppchen verstecken, Partnerarbeit

boykottieren **usw.**   _____

_____

— Ayla: Jakob provozierte → ausgeflippt → Edding wg. Bio-Plakat i. d. Hand → Rache!

— Fr. Ahrend: Erwartungen von Ayla an Jakob u. umgekehrt?

— Ayla: mich in Ruhe lassen + evtl. anderer Banknachbar

— Jakob: umsetzen, Ayla soll neue Mütze bezahlen

— Fr. Ahrend: Vorschlag: Ben ←→ Jakob Plätze, Ayla zahlt Mütze

— Jakob, Ayla: o. k.   _____

TOP 4 (Planung und Beschluss zu einem Beitrag für den Tag der offenen Tür):

— Fr. Ahrend: Tag der offenen Tür am 31.01. – Beitrag der 8 c?

— Max: englisches Theaterstück wie letzt. Jahr, viele Zuschauer, Werbung für die Schule ☺

— Mira: ☺ hat Spaß gemacht

_____

— Jakob: **–** lange Vorbereitungszeit → Schulaufgaben nun auch in Ch, nicht nur in M, Ph, D, E!

_____

— Ben: 7 a will engl. Theaterstück machen (lt. seiner Schwester i. d. 7 a) – Doppelung ☹

— Anna: unser Balladenprojekt v. letzt. Schuljahr? Gedichtpräsentation?

— Fr. Ahrend: Habe die Zeichnungen dazu aus dem Kunstunterricht noch.

— Hannes: die unterschiedl. Balladen am 31.01. vortragen **u.** Ausstellung der Zeichnungen dazu?

_____

— Lilly: ja, warum nicht – manche könnten noch die Theorie dazu den Interessierten erklären

allgemeines Gemurmel – schon wieder so laut *nerv*

— Fr. Ahrend: Wer ist denn für diesen Vorschlag?

— Abstimmung: **Ergeb.** 23:5, die 5 wollen wohl gar nix machen!!! – Gong und Ende

_____

Jonas Jockel, 8 c

Cornelsen   Autorin: Kerstin Scharwies

Kapitel 2
KV 2, Blatt 2

In einem Blog-Beitrag Stellung nehmen

Soll man Smartphones an der Schule grundsätzlich verbieten?

☐1 Lies den anonymen Brief eines Schülers, in dem es um Auswirkungen von Handys und Smartphones auf Leistungsüberprüfungen in der Schule geht.

Brief eines Schülers
Fair bringt mehr? Wer trickst, liegt vorn

Der Betrug an Schulen hat mit der Entwicklung von Technik und Informationsverbreitung ein anderes Ausmaß angenommen. Man ist längst über das Abgucken von einzelnen Abschnitten
5 und das Spicken auf kleinen Zetteln hinausgegangen. Durch das Handy – oder besser Smartphone – werden ganze Englischaufsätze von Übersetzungsseiten gelöst und eins zu eins übernommen.

10 In Fächern mit hohem Lernaufwand wie Geschichte oder Sozialkunde wird eine Vielzahl von Fakten vorher als Notiz auf dem Handy eingetippt und dann einfach abgelesen. Internetseiten tun ihr Übriges. Das alles ist Ihnen sicherlich
15 bekannt, allerdings nicht, wie der Umgang mit solchen Dingen an der Schule ist.

Einerseits ist das Verhalten der Schüler zu betrachten: Ehrliche Schüler oder auch einfach nur Schüler, die durch ein finanziell weniger ausge-
20 stattetes Elternhaus nicht mit einem Smartphone und Internetzugang gesegnet sind, fühlen sich jedes Mal hintergangen, wenn Mitschüler auf diesem Wege gute Noten erzielen – und gleichzeitig unter Druck gesetzt, ebenfalls bei diesem
25 falschen Spiel mitzumachen. Denn es wäre ja unfair, wenn die anderen spicken und man es selbst lässt und schlechtere Noten bekommt.

Der Teufelskreis setzt sich fort. Die Betrüger selbst haben längst keine Hemmschwelle mehr.
30 Egal, ob kleiner Test oder dreistündige Klassenarbeit: Wer sich die beste Technik und die passende Flatrate leisten und am besten betrügen kann, hat gewonnen. Gespräche über Fairness stoßen auf uneinsichtige Antworten.

Das Verhalten der Lehrer ist fatal: Diese Genera-35 tion hat selbst in Sachen Betrug nur Trivialitäten wie Spicken auf Zetteln oder Abgucken erlebt. Die Folgen hielten sich früher in Grenzen und die Ungerechtigkeit war relativ minimal. Dementsprechend sind heute auch ihre Vorstellungen 40 von Betrug und ihr Umgang damit.

Mit der voranschreitenden Technisierung und dem anhaltenden Zugang zu Informationen hat sich die Situation allerdings grundlegend geändert. Richtig ist, dass Reden und Ansprachen 45 über Teamgeist, Fairness und Werte wie Ehrlichkeit bei den betrügenden Schülern auf unfruchtbaren Boden fallen und leider eine Wirkung gleich null haben.

Leider sind die Lehrer beim Einhalten ihrer eige-50 nen Regeln auch nicht sehr konsequent: Wenn ein Schüler während der Klausur mit einem Handy erwischt wird, gibt es oft nur eine kurze Ermahnung. Das Handy landet in der Hosentasche und wird im nächsten Moment wieder flei-55 ßig eingesetzt. Eine Sechs wird selten erteilt.

Abgesehen davon hat das Schülerhirn schon sehr viele Schlupfwinkel entdeckt, um ungestört betrügen zu können. Zudem gibt es viele Lehrer, denen ein Einsammeln der Handys vor jeder 60 Arbeit viel zu mühsam und umständlich ist. Aber nur durch das Einführen konsequenter Regelungen – bei sehr wichtigen Arbeiten auch Leibesvisitationen bei jedem einzelnen Schüler – können die Bedingungen gerechter werden. Das hört sich 65 sehr hart an, aber nur damit wird man dem Wandel der Zeit gerecht.

Brief eines Schülers, anonym abgedruckt in: Mitteldeutsche Zeitung, 20.01.2012 (Online-Ausgabe)
http://www.mz-web.de/mitteldeutschland/fair-bringt-mehr---wer-trickst--liegt-vorn-,20641266,17351612.html (Stand 28.04.2017)

 Autor: Klaus Tetling

Kapitel 2
KV 3, Blatt 1

Kopiervorlage

●●●● **In einem Blog-Beitrag Stellung nehmen**

[2] Formuliere, welche Behauptungen und Forderungen in dem Brief aufgestellt werden.

_____

_____

_____

_____

[3] Stelle dar, mit welchen Begründungen der Schüler seine Forderung untermauert und mit welchen Bei-spielen er diese stützt. Ergänze die Lücken.

Für die Forderung spricht:
Der Betrug an Schulen hat durch technische Entwicklungen eine neue Dimension angenommen.
Ansprachen über Fairness und Werte wie Ehrlichkeit zeigen keine Wirkung mehr.

Bei Klassenarbeiten, z. B. in Fächern _____

_____.

Ehrliche Schüler oder Schüler ohne Smartphone/Internetzugang _____

_____.

Zum Beispiel spicken manche Schüler nur, weil _____

_____.

Die Lehrer verhalten sich beim Einhalten von Handy-Regeln _____.

Wenn Schüler _____, dann

_____

Autor: Klaus Tetling
Illustrator: Peter Menne, Potsdam

Kapitel 2
KV 3, Blatt 2

Kopiervorlage

4 Nach einigen Täuschungsversuchen bei Klassenarbeiten sollen Handys/Smartphones an eurer Schule grundsätzlich verboten werden. Nimm Stellung zu dem geplanten Verbot.

a Verfasse einen Blog-Beitrag, der auf der Webseite eurer Schule erscheinen könnte.

Beziehe dich in deiner Stellungnahme auf die Überlegungen des Schülers.

Begründe deine Position mit zwei überzeugenden Argumenten.

Du kannst die folgende Vorlage und die Formulierungshilfen verwenden:

Überschrift	Soll man Smartphones an unserer Schule grundsätzlich verbieten?
Einleitung	Nachdem ... und deshalb ..., möchte ich ... Interessante Argumente liefert ... Ich vertrete die Meinung, dass …
Hauptteil 1. Argument 2. Argument	Ein wichtiges Argument … Das zeigt beispielsweise ... …
Schluss	Zusammenfassend ... Das könnte …

b Überarbeite deinen Blog-Beitrag. Achte dabei auf folgende Aspekte:
 — sinnvolle Anordnung der Argumente,
 — sprachlich geschickte Einleitung der Argumente,
 — Verknüpfung der Argumente zu einer Argumentationskette,
 — sachliche Formulierungen.

Cornelsen   Autor: Klaus Tetling

Kapitel 2
KV 3, Blatt 3

Kopiervorlage

In einem Blog-Beitrag Stellung nehmen

2 Formuliere, welche Behauptungen und Forderungen in dem Brief aufgestellt werden.

Der Schüler behauptet, dass der technische Fortschritt zu verstärktem _____

_____

Er fordert _____

_____

3 Stelle dar, mit welchen Begründungen der Schüler seine Forderung untermauert und mit welchen Beispielen er diese stützt. Ergänze die Lücken.

Für die Forderung spricht:

Der Betrug an Schulen hat durch technische Entwicklungen eine neue Dimension angenommen. Ansprachen über Fairness und Werte wie Ehrlichkeit zeigen keine Wirkung mehr.

Bei Klassenarbeiten, z. B. in Fächern mit hohem Lernaufwand _____

_____.

Ehrliche Schüler oder Schüler ohne Smartphone/Internetzugang finden es ungerecht, _____

_____.

Zum Beispiel spicken manche Schüler nur, weil es unfair wäre, _____

_____.

Die Lehrer verhalten sich beim Einhalten von Handy-Regeln nicht immer konsequent.

Wenn Schüler beim Mogeln mit dem Smartphone _____, dann

_____

Tipp: Markiere im Text die Begründungen blau und die Beispiele gelb.

Autor: Klaus Tetling
Illustrator: Peter Menne, Potsdam

Kapitel 2
KV 3, Blatt 4

Kopiervorlage

4   Nach einigen Täuschungsversuchen bei Klassenarbeiten sollen Handys/Smartphones an eurer Schule grundsätzlich verboten werden. Nimm Stellung zu dem geplanten Verbot.

a   Verfasse einen Blog-Beitrag, der auf der Webseite eurer Schule erscheinen könnte. Beziehe dich in deiner Stellungnahme auf die Überlegungen des Schülers. Begründe deine Position mit zwei überzeugenden Argumenten und denke an stützende Beispiele.

Du kannst die folgende Vorlage und die Formulierungshilfen verwenden:

Überschrift	Soll man Smartphones an unserer Schule grundsätzlich verbieten?
Einleitung (mit Überleitung zum Hauptteil)	Nachdem an unserer Schule ... und deshalb Handys/Smartphones ..., möchte ich zu ... Stellung nehmen. Interessante Argumente liefert der anonyme Brief eines Schülers, der ... Ich vertrete die Meinung, dass …
Hauptteil **1. Argument** (Behauptung, Begründung, Beispiel) **2. Argument** (Behauptung, Begründung, Beispiel)	Ein wichtiges Argument für/gegen ... ist, dass … ... wird zum Beispiel erklärt ... Darüber hinaus spricht für/gegen ... Das zeigt beispielsweise ... …
Schluss (Bekräftigung der Meinung, Vorschlag, Appell, Bedingung)	Zusammenfassend bin ich der Auffassung, dass ... Das könnte ... ein Kompromiss sein ... / Wenn... , würde ich ... Ich würde mir wünschen, dass …

Tipp: Gewichte deine Argumente nach Überzeugungskraft:
– Welche Begründung ist am schlagkräftigsten?
– Welche Beispiele belegen deine Meinung am besten?

b   Überarbeite deinen Blog-Beitrag. Achte dabei auf folgende Aspekte:
– sinnvolle Anordnung der Argumente,
– sprachlich geschickte Einleitung der Argumente,
– Verknüpfung der Argumente zu einer Argumentationskette,
– sachliche Formulierungen.

In einem Blog-Beitrag Stellung nehmen

2 Formuliere, welche Behauptungen und Forderungen in dem Brief aufgestellt werden.

Der Schüler behauptet, dass der technische Fortschritt zu verstärktem _____

_____

Er fordert die Einführung konsequenter Regeln _____

_____

3 Markiere in den folgenden Argumenten Behauptungen (grün), Begründungen (blau) und Beispiele (gelb).

Für die Forderung spricht:

A Der Betrug an Schulen hat durch technische Entwicklungen eine neue Dimension angenommen.

B Ansprachen über Fairness und Werte wie Ehrlichkeit zeigen keine Wirkung mehr.

C Bei Klassenarbeiten, z. B. in Fächern mit hohem Lernaufwand wie Latein, Geschichte oder Sozialkunde, wird eine Vielzahl von Fakten auf dem Handy eingetippt und dann abgelesen.

D Ehrliche Schüler oder Schüler ohne Smartphone/Internetzugang finden es ungerecht, wenn Mitschüler allein durch Mogeln bessere Noten bekommen.

E Zum Beispiel spicken manche Schüler nur, weil es unfair wäre, wenn sie schlechtere Noten bekämen als die Abschreiber.

F Die Lehrer verhalten sich beim Einhalten von Handy-Regeln nicht immer konsequent.

G Wenn Schüler beim Mogeln mit dem Smartphone erwischt werden, dann werden sie oft nur ermahnt und spicken kurz darauf weiter.

Autor: Klaus Tetling
Illustrator: Peter Menne, Potsdam

Kapitel 2
KV 3, Blatt 6

Kopiervorlage

4 Nach einigen Täuschungsversuchen bei Klassenarbeiten sollen Handys/Smartphones an eurer Schule grundsätzlich verboten werden. Nimm Stellung zu dem geplanten Verbot.

a Verfasse einen Blog-Beitrag, der auf der Webseite eurer Schule erscheinen könnte. Beziehe dich in deiner Stellungnahme auf die Überlegungen des Schülers. Begründe deine Position mit zwei überzeugenden Argumenten und denke an stützende Beispiele.

Du kannst die folgende Vorlage und die Formulierungshilfen verwenden:

Überschrift	Soll man Smartphones an unserer Schule grundsätzlich verbieten?
Einleitung (mit Überleitung zum Hauptteil)	Nachdem an unserer Schule … und deshalb Handys/Smartphones …, möchte ich zu … Stellung nehmen. Interessante Argumente liefert der anonyme Brief eines Schülers, der … Ich vertrete die Meinung, dass …
Hauptteil **1. Argument** (Behauptung, Begründung, Beispiel) **2. Argument** (Behauptung, Begründung, Beispiel)	Ein wichtiges Argument für/gegen … ist, dass … … wird zum Beispiel erklärt … Darüber hinaus spricht für/gegen … Das zeigt beispielsweise … …
Schluss (Bekräftigung der Meinung, Vorschlag, Appell, Bedingung)	Zusammenfassend bin ich der Auffassung, dass … Das könnte … ein Kompromiss sein … / Wenn… , würde ich … Ich würde mir wünschen, dass …

Tipp: Gewichte deine Argumente nach Überzeugungskraft:
– Welche Begründung ist am schlagkräftigsten?
– Welche Beispiele belegen deine Meinung am besten?

Du kannst so beginnen:

> **Soll man Smartphones an unserer Schule grundsätzlich verbieten?**
>
> Nachdem an unserer Schule Betrügereien mit Smartphones bei Klassenarbeiten vorgekommen sind und deshalb Handys grundsätzlich verboten werden sollen, möchte ich zu dieser Frage Stellung nehmen. Interessante Argumente dafür liefert …

b Überarbeite deinen Blog-Beitrag. Achte dabei auf folgende Aspekte:
– sinnvolle Anordnung der Argumente,
– sprachlich geschickte Einleitung der Argumente,
– Verknüpfung der Argumente zu einer Argumentationskette,
– sachliche Formulierungen.

Kopiervorlage

Autor: Klaus Tetling

Kapitel 2
KV 3, Blatt 7

3 Zukunftsvisionen – Lebensentwürfe beschreiben

Konzeption des Kapitels

In diesem Kapitel beschreiben die Schüler/-innen fremde und eigene Lebensentwürfe und Zukunftsvisionen – ein für die Jugendlichen dieser Jahrgangsstufe zentrales Thema. Dabei werden bereits erworbene Kompetenzen des Beschreibens aufgegriffen und erweitert. Außerdem wird die Bewerbung um einen Praktikumsplatz detailliert angeleitet.

Im ersten Teilkapitel (**„Ich in zehn Jahren – Personen, Orte und Arbeitsabläufe beschreiben"**) erhalten die Schüler/-innen die Möglichkeit, sich mit der Frage auseinanderzusetzen, wie sie in zehn Jahren leben, aussehen und arbeiten möchten. In diesem Zusammenhang wird das bereits in der 7. Jahrgangsstufe geübte Beschreiben von Personen vertieft. Hinzu kommt das Beschreiben von Orten (Zimmer, Arbeitsplätze) und Arbeitsabläufen. Das Beschreiben wird dabei schrittweise entwickelt – vom Sammeln erster Ideen über kurze Formulierungsübungen bis hin zum Verfassen der gesamten Beschreibung. Im Anschluss daran werden die Schüler/-innen dazu angeleitet, ein Radio-Feature zu einem Beruf zu produzieren. Dies bietet ihnen die Möglichkeit, sich mit einem möglichen „Traumberuf" genauer auseinanderzusetzen. Die zuvor geschulten Kompetenzen zum Beschreiben werden dabei noch einmal gefördert, wenn zur Vorbereitung des Features interviewte Personen, die besuchten Arbeitsplätze und die Arbeitsabläufe beschrieben werden müssen. Abschließend können die Schüler/-innen ihr neues Wissen zum Beschreiben in einer **Selbstevaluation** („Testet euch! – Einen Ort beschreiben") überprüfen und anwenden.

Im zweiten Teilkapitel (**„Lebensläufe – Sich um einen Praktikumsplatz bewerben"**) werden die Schüler/-innen auf ein mögliches Praktikum vorbereitet. Sie lernen zunächst, wie man ein Bewerbungsschreiben mit Lebenslauf verfasst und wie man sich bei einem Bewerbungsgespräch angemessen verhält. Anschließend trainieren sie ihre Schreibkompetenz in der **Differenzierungseinheit** („Stärken stärken: Eine Bewerbung schreiben").

Im Mittelpunkt des dritten Teilkapitels (**„Fit in …? – Einen Arbeitsablauf beschreiben"**) steht das gezielte Training für eine Klassenarbeit, in der die Schüler/-innen einen Arbeitsablauf beschreiben sollen. Dabei wenden sie noch einmal die im ersten Teilkapitel erworbenen Kompetenzen des Beschreibens an. Der Prozess des Planens, Schreibens und Überarbeitens wird ihnen in einzelnen Arbeitsschritten nahegebracht. Die abschließende Checkliste ermöglicht die **Sicherung des Wissens** vor einer Klassenarbeit und bietet ein verlässliches Instrument zur **Selbstdiagnose** aller weiteren Beschreibungen eines Arbeitsablaufs. Eine das Kapitel abschließende Wörterliste erweitert den Grundwortschatz und kann für eine Rechtschreibübung genutzt werden (s. Orientierungswissen „Mit den Wörterlisten üben" im SB auf S. 338).

Literaturhinweise und Internettipp

Anleitungen schreiben. Praxis Deutsch 229/2011

Baurmann, Jürgen: Überarbeiten von Texten – sieben Fragen, sieben Antworten und ein Praxisbeispiel. In: Deutschunterricht 1/2005, S. 4–9

Beschreiben und Beschreibungen. Praxis Deutsch 182/2003

Fix, Martin: Texte schreiben. Schreibprozesse im Deutschunterricht. Schöningh, Paderborn 2006

Hauser, Françoise: Würden Sie für mich aus dem Fenster springen? – Bewerbungswahnsinn für Anfänger und Fortgeschrittene. Herder, Freiburg/Brsg. 2013

Kriterien entwickeln – Schreiben fördern. Praxis Deutsch 223/2010

Püttjer, Christian/Schnierda, Uwe: Bewerben um ein Praktikum. Campus Verlag, Frankfurt/M., 2. Auflage 2011 (Reihe „Bewerbung last minute")

Bundesagentur für Arbeit: www.planet-beruf.de (Tipps rund um das Bewerbungsverfahren)

Inhalte	Kompetenzen
	Die Schülerinnen und Schüler
S. 55 **3 Zukunftsvisionen – Lebensentwürfe beschreiben**	– verfassen beschreibende und formalisierte Texte – erfüllen Schreibanforderungen
S. 56 **3.1 Ich in zehn Jahren – Personen, Orte und Arbeitsabläufe beschreiben**	– verfassen beschreibende Texte
S. 56 Traumberufe – Personen beschreiben	– informieren über eine Person – grenzen Wörter in Wortfeldern ab
S. 58 Dort könnte ich mal arbeiten – Orte beschreiben	– informieren über einen Ort – verwenden einen adressaten- und situations- orientierten Wortschatz
S. 60 Interessante Berufe – Arbeitsabläufe beschreiben	– informieren über einen Vorgang (hier: einen Arbeitsablauf) – verdeutlichen die Abfolge der Arbeitsschritte – verwenden Aktiv- und Passivformulierungen
S. 62 Mein Traumberuf …? – Ein Radio-Feature produzieren	– erstellen eine Stoffsammlung für ein Radio- Feature – erstellen einen Regieplan – gestalten Texte szenisch (hier: ein Radio- Feature)
S. 64 Testet euch! – Einen Ort beschreiben	– überarbeiten eine Ortsbeschreibung
S. 65 **3.2 Lebensläufe – Sich um einen Praktikumsplatz bewerben**	– erarbeiten die wesentlichen Merkmale eines Bewerbungsschreibens und eines Lebenslaufs
S. 65 „Wir bieten …" – Eine Anzeige auswerten	– untersuchen eine Stellenanzeige – stellen einen Zusammenhang her zwischen individuellen Fähigkeiten und beruflichen Kompetenzen
S. 66 Formal perfekt und mit persönlicher Note – Eine Bewerbung schreiben	– verfassen und überarbeiten formalisierte Texte (hier: Bewerbung; Lebenslauf)
S. 69 „Darf ich mich vorstellen?" – Sich in einem Gespräch präsentieren	– gestalten eine Situation szenisch (hier: ein Bewerbungsgespräch) – untersuchen die Wirkung nonverbalen Verhaltens
S. 70 Stärken stärken: Eine Bewerbung schreiben	– erstellen eine Stoffsammlung – verwenden einen adressaten- und situationsgerechten Wortschatz – verfassen eine Bewerbung
S. 72 **3.3 Fit in …? – Einen Arbeitsablauf beschreiben**	– erstellen einen Schreibplan – verfassen und überarbeiten einen beschreiben- den Text (hier: einen Arbeitsablauf)

S. 55 Auftaktseite

1 **a/b** Das Auftaktfoto, das ein Jugendzimmer zeigt, soll die Schüler/-innen dazu anregen, sich im Beschreiben von Orten zu erproben und ihre Präferenzen zu reflektieren.

Das Jugendzimmer ist hauptsächlich in Blau- und Weißtönen gehalten und wirkt recht aufgeräumt. Links ist die Wand mit einem Rankentattoo geschmückt, rechts daneben folgt eine hellblau gestrichene Fläche, auf die einige Fotos aufgeklebt sind. Daran schließen sich senkrechte, unterschiedlich breite Streifen in Dunkelblau, Weiß und Grau an. Das weiße Bett steht in der linken Ecke und ist mit Schubkästen ausgestattet. Auf dem Bett liegen eine weiß-rot gemusterte Decke, mehrere bunte Kissen und ein aufgeklappter Laptop. Neben dem Kopfende steht ein weißes Nachtschränkchen. Ein blauer Fadenvorhang trennt das Bett von einem weißen, niedrigen Regal. Auf dem Regal erkennt man einen kleinen Aluminiumkoffer, daneben ein weißes Schmuckkästchen mit offenem Deckel und einen Schminkspiegel. Im Regal sieht man drei weiße Aufbewahrungsboxen. Die weiße Zimmertür links vom Regal steht offen. An der Längsseite des Bettes ist ein schwarzer Rucksack mit weißen Symbolen auf dem hellen Holzboden abgestellt. Rechts vom Fußende ragt ein weiteres weißes, niedriges Regal in den Raum. Auf diesem stehen ein Fernseher und eine Glasvase mit bunten Blumen. An der Wand hinter dem Fernseher lehnt eine große Holzskulptur, die eine Kerze darstellt. Rechts daneben sieht man ein Stück eines hellblauen Vorhangs, hinter dem sich wohl ein Fenster verbirgt. Im rechten Vordergrund sind zwei weiße Tische zu erkennen. Auf dem einen erkennt man eine schwarze Musikanlage, eine Fernbedienung, Schulhefte und ein Mäppchen, auf dem anderen eine Tischlampe mit pinkfarbenem Schirm und ein rosa-weiß gestreiftes Etui. Ein Bürostuhl mit weiß-hellblau kariertem Bezug steht zwischen Bett und Tisch auf einem runden, dunkelblauen Teppich. Das Schmuckkästchen, der Schminkspiegel, die bunten Kissen, die Lampe und die Wandgestaltung lassen auf eine junge weibliche Bewohnerin schließen.

2 **a/b** Die Aufgabe gibt den Schülerinnen und Schülern die Möglichkeit, sich über ihre Zukunftsvisionen von einem „Traumzimmer" auszutauschen und dieses genau zu beschreiben. Bei der Rückmeldung durch ihre Lernpartner/-innen, ob die Beschreibung genau genug war, sollten erste wichtige Kriterien für eine gelungene Ortsbeschreibung klar werden.

3 Die Aufgabe regt zur Aktivierung des Vorwissens über Kriterien für eine gute Beschreibung an. Hier könnten schon Aspekte wie „Gliederung in Einleitung, Hauptteil und Schluss", „sachliche Sprache", „aussagekräftige Adjektive und treffende Verben", „sinnvolle Reihenfolge" oder „Präsens" genannt werden. Die Ergebnisse können in einem **Tafelbild** festgehalten werden:

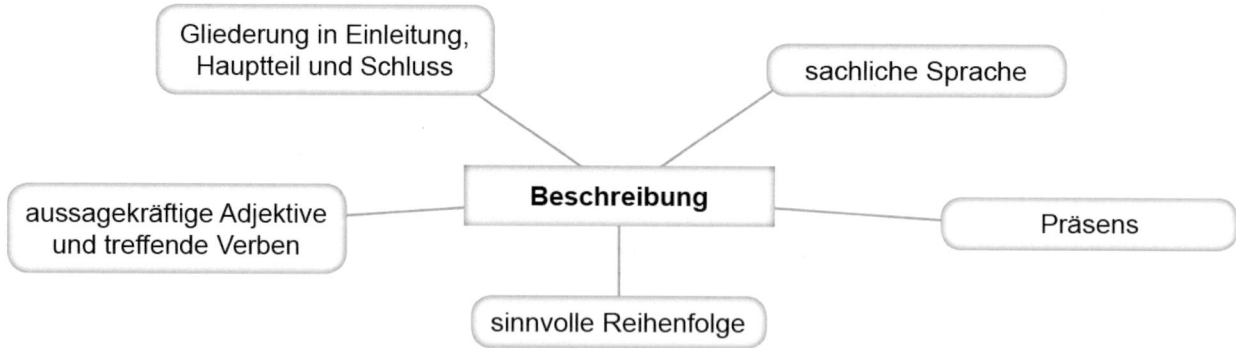

Die **Folie** „Zukunftsvisionen – Lebensentwürfe beschreiben" bereitet die Aufgaben der Auftaktseite medial auf und kann begleitend eingesetzt werden.

3.1 Ich in zehn Jahren – Personen, Orte und Arbeitsabläufe beschreiben

S. 56 Traumberufe – Personen beschreiben

Die Aufgaben in diesem Abschnitt leiten die Schüler/-innen dazu an, Schritt für Schritt eine Person zu beschreiben, wobei auf das Vorwissen aus der 7. Jahrgangsstufe zurückgegriffen wird. Hier wird vor allem die Verwendung aussagekräftiger Adjektive und treffender Verben trainiert.

1 Das Klassengespräch über Traumberufe regt die Schüler/-innen zur Reflexion darüber an, wie sie sich selbst in der Zukunft sehen.

2 Es ist zu erwarten, dass die Schüler/-innen unterschiedliche Meinungen dazu haben, ob Pilot/-in ein Traumberuf ist. Als Argumente dafür könnten z. B. angegeben werden: Piloten bereisen die ganze Welt und bekommen ein gutes Gehalt, Fliegen vermittelt ein Gefühl von Freiheit, der Beruf ist angesehen. Gegenargumente könnten sein: Piloten müssen ihre sehr teure Ausbildung selbst bezahlen, tragen große Verantwortung, haben keinen geregelten Tagesablauf und damit kaum Zeit für eine Familie, außerdem können die Zeitverschiebungen sich negativ auf Körper und Psyche auswirken.

3 Beispiellösung:

A Allgemeine Angaben	B Körpermerkmale	C Kleidung	D Wirkung
Name: Franziska	Kopf/Gesicht: rund	Kleidungsstil: lässig	sympathisch
Alter: 15 Jahre	Haare/Frisur: braun, schulterlang, glatt, Pony, Scheitel, Pagenkopf	Kleidung: weißer Schal mit Fransen, enge Jeans	interessant
Geschlecht: weiblich	Augen/Augenbrauen: grünblau, eng stehend, geschwungen		
Beruf: Schülerin	Nase: gerade, kurz		
Größe: klein	Mund/Lippen: voll, geschlossen	**E Besondere Kennzeichen**	
Hautfarbe: hell	Kinn: Grübchen, vorgeschoben		
	Figur: kräftig, stämmig		

4 Der Informationskasten „Eine Person beschreiben" im SB auf S. 57 verdeutlicht den Schülerinnen und Schülern alle wichtigen Schritte zum Verfassen einer Personenbeschreibung.

●●● a Beispiellösung:

A Allgemeine Angaben	B Körpermerkmale	C Kleidung	D Wirkung
Name: Franziska	Kopf/Gesicht: schmal	Kleidungsstil: ordentlich	sympathisch
Alter: 25 Jahre	Haare/Frisur: rotbraun, lang, glatt	Kleidung: weiße Bluse, schwarze Jacke, schwarze Stoffhose	interessant
Geschlecht: weiblich	Augen/Augenbrauen: grünblau, eng stehend, geschwungen		glücklich
Beruf: Pilotin	Nase: gerade		selbstbewusst

Größe: mittelgroß	Mund/Lippen: offen, lächelnd	**E Besondere Kennzeichen**
Hautfarbe: hell	Kinn: spitz	
	Figur: schlank, sportlich	

Personenbeschreibung

Franziska ist auf dem Foto rechts 25 Jahre alt und ungefähr 1,75 Meter groß. Sie besitzt eine schlanke, sportliche Figur und ihre Haut erscheint hell.

Ihre glatten, rotbraunen Haare trägt Franziska auf der rechten Seite gescheitelt. Sie fallen ihr bis auf die Schulterblätter und umrahmen ihr schmales Gesicht. Unter geschwungenen Augenbrauen strahlen grünblaue, eng stehende Augen. Ihr Mund unter der geraden Nase ist zu einem breiten Lächeln geöffnet.

Franziskas Kleidung wirkt sehr ordentlich. Sie trägt eine schwarze Jacke und darunter eine weiße Bluse mit Stehkragen. Die schwarze Stoffhose passt zur Jacke, sodass die Kleidung aussieht wie ein Anzug oder eine Art von Uniform.

Insgesamt macht Franziska einen sympathischen, interessanten Eindruck. Sie wirkt glücklich und selbstbewusst.

●●○ **b** Beispiellösung:

Das Mädchen auf dem Foto links heißt Franziska, ist 15 Jahre alt und geht noch zur Schule. Franziska dürfte ungefähr 1,65 m groß sein und besitzt eine helle Hautfarbe.

Sie trägt ihre braunen Haare glatt, schulterlang und zu einem Pagenkopf mit Pony frisiert. In ihrem runden Gesicht wölben sich geschwungene braune Augenbrauen über ihren grünblauen, eng stehenden Augen. Ihre Nase ist kurz und gerade, die vollen Lippen sind geschlossen. Auf ihrem vorgeschobenen Kinn erkennt man ein Grübchen. Für ihre kräftige Figur hat Franziska einen lässigen Kleidungsstil gewählt. Sie trägt ein weißes, langärmeliges Shirt und darüber eine weite graue Tunika mit kurzen Ärmeln. Um den Hals liegt locker ein weißer Schal mit Fransen. Der Unterkörper ist mit engen blauen Jeans bekleidet. Insgesamt wirkt Franziska nachdenklich, aber sympathisch und interessant.

●○○ **c** Beispiellösung:

Einleitung: Das Mädchen, das man auf dem Foto links sieht, heißt Franziska und ist 15 Jahre alt. Die Jugendliche geht noch zur Schule. Sie dürfte mittelgroß sein und besitzt eine helle Hautfarbe.

Hauptteil: Sie hat ein rundes Gesicht. Nachdenklich blickt sie mit ihren grünblauen Augen. Ihre braunen Haare sind zu einem Pagenkopf geschnitten. Die Nase ist kurz und unter ihren vollen Lippen erkennt man auf ihrem Kinn ein kleines Grübchen. Ihren Kleidungsstil kann man als lässig beschreiben, denn sie trägt einen weißen Schal mit Fransen und enge Jeans.

Schluss: Auf mich wirkt die Fünfzehnjährige insgesamt sympathisch.

Die **Folie** „Traumberufe – Personen beschreiben" bereitet die Aufgaben 2 bis 4 im SB auf S. 56 f. medial auf und kann begleitend eingesetzt werden.

5 **a–c** Die Schüler/-innen prüfen ihre Beschreibungen in Partnerarbeit, rekapitulieren dabei die Merkmale einer Personenbeschreibung und überarbeiten ihre Beschreibungen.

6 **a/b** Der Vergleich der Beschreibungen schärft durch Kontrastierung den Blick der Schüler/-innen für die äußerlichen Merkmale der abgebildeten Person. Stark verändert hat sich bei Franziska die Gesichtsform, die Figur und die Haare. Kaum verändert haben sich die Nase und die Augen.

7   a–c Die Fragen, wie sie sich in 15 Jahren sehen und welchen Beruf sie ausüben möchten, motivieren die Schüler/-innen über einen sehr persönlichen Impuls zum Beschreiben. Sie setzen sich mit ihren Wünschen auseinander, ordnen ihre Ideen in einer Mind-Map und formulieren eine eigene Personenbeschreibung. Das sich anschließende Ratespiel sensibilisiert die Schüler/-innen für ihre Mitschüler/-innen und kann so zum Gruppenzusammenhalt beitragen.

S. 58 Dort könnte ich mal arbeiten – Orte beschreiben

Auf dieser Doppelseite werden die Schüler/-innen schrittweise dazu angeleitet, einen Ort – in diesem Fall das Gewächshaus einer Gärtnerei – zu beschreiben. Dabei üben sie, sich zunächst mit Hilfe einer beschrifteten Skizze einen Überblick über den Ort zu verschaffen. Des Weiteren lernen sie, die Lage der Bestandteile und Gegenstände genau zu beschreiben und dazu treffende Adjektive zu benutzen.

1   a/b Bei dem abgebildeten Ort handelt es sich um ein Gewächshaus. Die Personen gehen dem Beruf des Gärtners/der Gärtnerin nach.

   c Die Schüler/-innen könnten ihre Entscheidung für den Beruf wie folgt begründen: Man arbeitet mit der Natur, die Arbeit ist abwechslungsreich, sie besteht sowohl aus körperlicher als auch aus geistiger Arbeit. Die Entscheidung gegen den Beruf ließe sich folgendermaßen begründen: anstrengende körperliche Arbeit (Tragen von schweren Töpfen, Säcken mit Erde, großen Pflanzen), Schmutz und Staub, vor allem im Sommer kann es im Gewächshaus unangenehm schwül-heiß werden, die Arbeit kann monoton sein (stundenlanges Umtopfen, Pikieren, Schädlinge beseitigen).

2   Die Schüler/-innen klären im Gespräch die Vorteile von Gewächshäusern: Die Umweltbedingungen sind in Gewächshäusern weitgehend kontrollierbar, die Temperatur und die Wasserzufuhr können an die Bedürfnisse der Pflanzen angepasst werden. Das garantiert ein optimales Wachstum. Empfindliche Pflanzen sind zudem gut vor Wind geschützt.

3   Mögliches **Tafelbild**:

das Gewächshaus: Aufbau, Bestandteile, Details	die Arbeit im Gewächshaus: Pflanzen, Dinge, Gegenstände
– lichtdurchlässige Kunststoffplatten – Giebelklappe (für die Belüftung) – Stahlgerüst – Bewässerungsanlage, Bewässerungscomputer – lange Arbeitstische – Lampen über den Tischen	– Topfpflanzen, Schnittblumen – Gießkanne – Töpfe – Schere – Arbeitshandschuhe – Schubkarre – Blumenerde – Dünger

4   a/b Beispiellösung:

Bei dem abgebildeten Ort handelt es sich um ein großes Gewächshaus, in dem sich neben zahlreichen Pflanzen, die auf Tischen stehen, auch mehrere Gerätschaften für den Anbau von Zierpflanzen befinden. In meiner Beschreibung will ich mich auf die wesentlichen Bestandteile des Gewächshauses und auf die wichtigsten Geräte beschränken, die für den Gartenbau genutzt werden.

   c Beispiellösung:

Der abgebildete Ort ist ein großes Gewächshaus, in dem sich neben zahlreichen Pflanzen, die auf Tischen stehen, sehr viele Gerätschaften für den Anbau von Zierpflanzen befinden. In meiner Beschreibung will ich mich auf die wesentlichen Bestandteile des Gewächshauses und auf die wichtigsten Geräte beschränken, die man für den Gartenbau nutzt.

83

5 Lampen und Bewässerungsanlagen hängen **über** den Tischen. Eine Giebelklappe zur Belüftung befindet sich **in dem** Dach des Gewächshauses. Gruppen großer und kleiner Topfpflanzen stehen **auf** den Tischen. Vorne **rechts**, **an** der Ecke des Tisches liegen Arbeitshandschuhe. Ganz **hinten im** Raum steht eine Palme.

Die **Folie** „Dort könnte ich mal arbeiten – Orte beschreiben" bereitet die Aufgaben 1 bis 5 im SB auf S. 58 f. medial auf und kann begleitend eingesetzt werden.

6 Beispiellösung:

> **Ortsbeschreibung: Gewächshaus**
>
> Bei dem abgebildeten Ort handelt es sich um ein großes Gewächshaus, in dem sich neben zahlreichen Pflanzen, die auf Tischen stehen, auch mehrere Gerätschaften für den Anbau von Zierpflanzen befinden. In meiner Beschreibung will ich mich auf die wesentlichen Bestandteile des Gewächshauses und auf die wichtigsten Geräte beschränken, die für den Gartenbau genutzt werden.
>
> An dem Stahlgerüst des Gewächshauses sind lichtdurchlässige Kunststoffplatten angebracht. Eine Giebelklappe zur Belüftung befindet sich im Dach. Lampen und Bewässerungsanlagen hängen über den beiden langen Arbeitstischen. Ein kleiner Bewässerungscomputer sorgt für eine geregelte Wasserzufuhr. Auf dem linken Tisch stehen Töpfe in verschiedenen Größen und unter dem Tisch steht hinten eine Gießkanne. Auf dem rechten Tisch liegen vorn an der linken Ecke Arbeitshandschuhe. Rechts dahinter steht eine Flasche mit Dünger und schräg gegenüber auf der anderen Seite des Tisches topft ein Gärtner gerade einige Pflanzen um. Vorn zwischen den Tischen befindet sich eine Schubkarre mit einem Sack Blumenerde. Vor dem linken Tisch hält eine Gärtnerin einen Strauß Schnittblumen und eine Schere in den Händen. Dahinter, ganz am Ende des Mittelgangs, ragt eine große Palme auf.
>
> Das Gewächshaus wirkt sehr hell und freundlich, durch die herumliegenden Pflanzenteile und die Erde allerdings auch etwas schmutzig.

7 **a–c** Durch das Ortsspiel werden die Schüler/-innen angeregt, den Gebrauch von Wörtern für Positionsangaben noch einmal zu üben.

Die **Kopiervorlage 1** („Einen Ort beschreiben") bietet mit der Beschreibung eines Gerichtssaals vertiefendes Übungsmaterial.

S. 60 Interessante Berufe – Arbeitsabläufe beschreiben

Die Aufgaben in diesem Abschnitt leiten die Schüler/-innen dazu an, Arbeitsabläufe zu beschreiben. Dazu untersuchen sie zunächst einen korrekt vorgegebenen Arbeitsablauf (eines Auszubildenden zum Veranstaltungskaufmann), um die Erkenntnisse zu Fachbegriffen, Reihenfolge und Modus dann auf eine eigene Beschreibung (Fotografieren eines Motivs) anzuwenden.

1 Die Aufgabe regt die Schüler/-innen dazu an, sich über den Beruf des Veranstaltungskaufmanns/der Veranstaltungskauffrau auszutauschen.

2 Beispiellösung:
Pressebericht: Berichterstattung in den Medien
kalkulierter Preis: im Vorhinein berechneter oder eingeschätzter Preis
Lieferzeit: Zeitpunkt, bis wann etwas geliefert sein soll
Rechtsabteilung: Abteilung in einem Unternehmen, die sich um rechtliche Fragen kümmert
Catering: Beschaffung von Lebensmitteln, Verpflegung; Bewirtung

3 a Wörter, mit denen im Text die Reihenfolge der einzelnen Arbeitsschritte deutlich gemacht wird:
zunächst – inzwischen – daraufhin – anschließend – dann – danach – jetzt – zwischenzeitlich – nachdem – schließlich – zum Schluss

b Weitere Wörter, mit denen man die zeitliche Abfolge eines Vorgangs verdeutlichen kann:
als Erstes – zuerst – als Nächstes – hinterher – abschließend – zuletzt – als Letztes

4 a Alle Passivformen aus dem Text:
ob … entworfen wurde, wird … geprüft und … versandt, muss … organisiert werden, werden … besprochen, wird … skizziert, möchte … informiert werden

b Schließlich skizziere ich den Ablaufplan für die gewünschte Veranstaltung in meinem Büro.
Die Originale werden von mir in einem Ordner abgeheftet.

5 a–c Beispiellösung:

> ### Einen Arbeitsablauf beschreiben: Entstehung eines Werbefotos
>
> *(Einleitung)* Zunächst findet ein Gespräch zwischen dem Fotograf und dem Kunden statt, um festzustellen, was genau gewünscht wird.
> *(Hauptteil)* Dann entwickelt der Fotograf Bildideen und fertigt Aufnahmeentwürfe an. Als Nächstes werden verschiedene Arrangements des Produkts ausprobiert, das heißt, man präsentiert es auf unterschiedliche Weise. Danach bereitet der Fotograf die Kamera vor und fotografiert das gewünschte Motiv. Anschließend wird die Bildbearbeitung vorgenommen. Das bedeutet, dass das Bild technisch optimiert und z. B. vergrößert oder verkleinert wird.
> *(Schluss)* Zum Schluss präsentiert der Werbefotograf dem Kunden das fertige Werbefoto.

6 Bei der Beschreibung eines weiteren typischen Arbeitsablaufs in einem Beruf, der sie interessiert, können die Schüler/-innen auf die Arbeitsanweisungen und Tipps aus Aufgabe 5 zurückgreifen.

S.62 Mein Traumberuf …? – Ein Radio-Feature produzieren

In dieser Unterrichtssequenz produzieren die Schüler/-innen Schritt für Schritt ein Radio-Feature (vgl. Informationskasten „Das Radio-Feature" im SB auf S. 63), das verschiedene Beschreibungsformate enthält, sodass sie das zuvor erarbeitete Wissen dabei nutzen können.

1 a In dem abgedruckten Regieplan wird der Beruf der Erzieherin vorgestellt.

b Das Feature besteht aus: Geräuschen, einem Interview, einer Ortsbeschreibung, einer Personenbeschreibung, zusätzlichen Informationen über den Beruf.

2 a/b Bei der Auswahl des Berufs, den die Schüler/-innen vorstellen wollen, sollten sie – wie im Tippkasten angegeben – darauf achten, dass sie den Arbeitsplatz tatsächlich besuchen und dort interessante Geräusche aufnehmen können und dass sie auskunftsfreudige Gesprächspartner finden.

c Beim Erstellen des Regieplans können sich die Schüler/-innen am Beispiel im SB orientieren, aber auch weitere Elemente einfügen, z. B. die Beschreibung eines typischen Arbeitsablaufs.

3 a Folgende Fragen sind in einem Interview für das Radio-Feature sinnvoll:
Wie sieht Ihr Tagesablauf aus?, Wie wird man …?
Die übrigen drei Fragen sollte man weglassen, da die Antworten keine wichtigen Informationen für die Berufsvorstellung enthalten würden.

b Weitere mögliche Fragen:
– Was macht Ihnen an Ihrer Arbeit besonders viel Spaß?
– Was machen Sie nicht so gern?
– Was können Sie uns über Ihr aktuelles Projekt erzählen?
– Mit wem arbeitet man als … zusammen?

4 Die Aufgabenverteilung kann als weiterer Punkt in den Regieplan aufgenommen und für jede Sequenz neu ausgehandelt werden.

5 a–d Bei der Durchführung kann die Lehrkraft meist nur beratend zur Seite stehen, etwa wenn ein zu exotischer Beruf gewählt wurde und deshalb keine Kontaktperson gefunden werden kann.

6 a–c Bei der Beschreibung des Ortes und der Person gelten die Kriterien, die zuvor erarbeitet wurden, z. B. genaue Beschreibung, aussagekräftige Adjektive, treffende Verben, sachliche Sprache, Erklärung von Fachbegriffen, Präsens.
Die Informationen zum Beruf sollten möglichst konkret und für die Zuhörer verständlich sein.

7 a–c Ob der Zusammenschnitt in der Schule oder zu Hause erfolgt, ist von den Kapazitäten der Schule abhängig. Denkbar ist, diese Aufgabe zusammen unter Anleitung der Lehrkraft durchzuführen.

S.64 Testet euch! – Einen Ort beschreiben

1 Vier Kriterien, die in der Beschreibung nicht erfüllt sind:
L Die Gegenstände werden durch treffende Adjektive beschrieben.
A Es werden treffende Verben verwendet.
U Die Lage der Gegenstände wird genau beschrieben.
B Es wird durchgängig eine sachliche Sprache verwendet.
→ Lösungswort: Laub

2 a Beispiellösung:

Ortsbeschreibung: Behandlungsraum in einer Physiotherapiepraxis
Der Behandlungsraum der Physiotherapiepraxis misst etwa 25 Quadratmeter und wird durch weiße Deckenlampen und ein großes Fenster, auf das man frontal blickt, hell beleuchtet.
Die Wände sind unten blassgelb, oben weiß gestrichen, die Farbflächen werden durch einen leuchtend orangefarbenen und einen schwarzen Streifen getrennt. Den Fußboden der Praxis bedeckt helles Parkett. Rechts vom Fenster ist eine Sprossenwand befestigt, an der ein großes rotes Handtuch hängt. Links vom Fenster befindet sich ein hoher rechteckiger Spiegel. Davor stehen die gelb bespannte Behandlungsliege mit orangefarbenen Kissen und der ebenfalls gelb gepolsterte Hocker des Therapeuten. Die Behandlungsliege wird von einem Schreibtisch durch eine orangefarbene Trennwand abgeteilt, hinter der sich die Patienten auch umziehen können. Der Schreibtisch an der linken Wand ganz vorn weist eine hellgraue Platte und dunkelgraue Container auf. Auf dem Tisch befinden sich ein Monitor, zahlreiche Papiere, Behälter mit Stiften, Stempel und andere Büromaterialien. Auf den Regalbrettern darüber sind Bücher untergebracht. Vor dem Schreibtisch stehen ein moderner weißer Schreibtischstuhl sowie links davon ein großer, grasgrüner Mülleimer mit Deckel.
Auf der freien Fläche vor dem Fenster und der Sprossenwand liegen große quadratische Gymnastikmatten auf dem Holzfußboden – eine kräftig rosafarbene und eine leuchtend blaue. Darauf sind unterschiedlich große Gymnastikbälle in Hellblau, Orange und Gelb verteilt. Ein weiterer, kleinerer grauer Gymnastik- oder Sitzball ruht in einem Gestell vor dem Fenster.
Das Licht, die hellen, bunten Farben und die blühenden Topfpflanzen auf der Fensterbank lassen den Raum freundlich und einladend erscheinen.

---

b Alternativ kann das Feedback kann auch in Form einer Schreibkonferenz erfolgen.

3.2 Lebensläufe – Sich um einen Praktikumsplatz bewerben

S. 65 „Wir bieten ..." – Eine Anzeige auswerten

1 Die Stellenausschreibung des „Sportivo-Clubs" soll exemplarisch die Vorstellungen der Schüler/-innen von einem Praktikum aktivieren und so vielleicht auch unrealistische Erwartungen relativieren. Denkbare Antworten auf die Frage, wie sie sich ein Praktikum beim Sportivo-Club vorstellen, sind: Einsatz in unterschiedlichen Bereichen: Kunden an der Rezeption empfangen, Spielfelder oder Trainingsgeräte zeigen, Telefondienst, um Termine anzunehmen, Servicedienste in der Gastronomie, Zusammenarbeit mit Fitnesstrainern, Einblick in die Werbung des Clubs.

2 Die Aufgabe erfordert das genaue Lesen der Stellenanzeige und strukturiert die zu untersuchenden Aspekte bereits vor. Dementsprechend kann die Stellenanzeige wie folgt ausgewertet werden:
– Über das Unternehmen erfährt man: Es ist ein großes Sport- und Freizeitstudio mit vielen unterschiedlichen Sport- und Wellnessangeboten und einem Gastronomiebereich. Betreuung und Beratung der Kunden sind dem Betrieb wichtig.
– Praktikanten können vielfältige Erfahrungen und Einblicke sammeln, sowohl im Bereich der Kundenbetreuung und -beratung als auch im Marketing.
– Vom Bewerber wird erwartet, dass er Freude an Sport und am Umgang mit Menschen hat. Ebenso werden Teamfähigkeit und Computerkenntnisse vorausgesetzt.
– Bei der Bewerbung muss besonders darauf geachtet werden, dass sie rechtzeitig (mindestens sechs Monate vor Praktikumsbeginn) und vollständig (Anschreiben, Nennung des gewünschten Zeitraums, Lebenslauf, Zeugniskopie) eingereicht wird. Des Weiteren sollte das Anschreiben an die Ansprechperson (Frau Nadja Weber) gerichtet sein.

3 a Die Aufgabe schärft das Bewusstsein der Schüler/-innen dafür, dass persönliche Stärken und Fähigkeiten an konkreten Beispielen gezeigt werden können, etwa:
  – Mitglied im Schulchor → musikalisch
  – Lieblingsfächer Deutsch und Sport → interessiert an Büchern und Sport, kann sich gut ausdrücken
  – Mitglied im Kletterverein → sportlich, mutig, teamfähig, verantwortungsbewusst
  – Lieblingsbuch „Tschick" → lesefreudig und abenteuerlustig
  – wöchentliches Austragen von Prospekten → arbeitsam, verantwortungsbewusst
  – zwei Hasen → tierlieb
  – Konsolenspiele → spielfreudig, erfahren im Umgang mit dem Computer
  – Mitarbeit bei der Schülerzeitung → engagiert, verantwortungsbewusst, teamfähig, organisationsfähig, erfahren im Umgang mit dem Computer

 b Auf der Grundlage von Teilaufgabe a erkennen die Schüler/-innen, dass bei einer Bewerbung nur die Fähigkeiten und Stärken genannt werden, die möglichst gut zu der ausgeschriebenen Stelle passen. Unterstrichen werden sollten deshalb: interessiert an Sport, sportlich, teamfähig, verantwortungsbewusst, arbeitsam, erfahren im Umgang mit dem Computer, engagiert, organisationsfähig.

 Die **Folie** „Wir bieten ...' – Eine Anzeige auswerten" bereitet die Aufgaben 1 bis 3 im SB auf S. 65 medial auf und kann begleitend eingesetzt werden.

4 Diese Aufgabe zielt darauf ab, die zuvor an einem fremden Beispiel erarbeiteten Verknüpfungen von Fähigkeiten/Interessen mit beruflichen Kompetenzen auf die eigene Person zu übertragen.
 a Die Schüler/-innen reflektieren ihre eigenen Fähigkeiten.
 b Diese Teilaufgabe verlangt nun, die eigenen Fähigkeiten an ausgewählten Beispielen zu konkretisieren, um zu erkennen, dass bei einer Bewerbung die reine Nennung von individuellen Fähigkeiten nicht aussagekräftig genug ist. Hier sind ganz unterschiedliche Beispiele denkbar.
 c Die Schüler/-innen sollen im Austausch prüfen, in welchen Berufsfeldern ihre Fähigkeiten besonders vorteilhaft sind bzw. ob sie für den gewünschten Praktikumsplatz bereits die notwendigen Qualifikationen mitbringen.

Formal perfekt und mit persönlicher Note – Eine Bewerbung schreiben

 a Das Bewerbungsschreiben soll den Schülerinnen und Schülern Orientierung geben, wie eine Bewerbung formal und inhaltlich gestaltet werden kann. Erkennen sollten sie an diesem Beispiel:
- den klaren Aufbau (inkl. Absätze/Abstände)
- die Vollständigkeit der Angaben (Absender, Adresse, Datum, Betreffzeile usw.)
- die Berücksichtigung der in der Anzeige genannten Ansprechperson (Frau Weber)
- den freundlichen Sprachstil
- den korrekten Ausdruck und die korrekte Orthografie/Zeichensetzung
- dass die eigenen Fähigkeiten und Interessen mit konkreten Beispielen untermauert werden

b Die Bewerbung berücksichtigt folgende Hinweise aus der Anzeige:
- rechtzeitige Bewerbung (mindestens sechs Monate vor Praktikumsbeginn)
- Angabe des Zeitraums für das geplante Praktikum
- gewünschte Anlagen (Lebenslauf, Zeugniskopie)
- Berücksichtigung der Ansprechperson und direkte Anrede (Frau Weber)
- Hinweis auf Interesse an Sport, konkrete Darstellung wichtiger Eigenschaften und Fähigkeiten, die gefordert werden: Freude an Sport, Teamfähigkeit, Computerkenntnisse

Optimal wäre die Bewerbung auf die Anzeige zugeschnitten, wenn auch Erfahrungen in den in der Anzeige genannten Sportarten vorhanden wären (z. B. Tennis, Squash, Badminton) und/oder Erfahrungen in der Gastronomie (Aushilfe in einem Café oder Ähnliches).

2 Die Erarbeitung des Aufbaus gibt den Schülerinnen und Schülern eine Art Muster für ein eigenes Bewerbungsschreiben:
1 = Briefkopf (Absender, Datum, Anschrift), 2 = Betreffzeile, 3 = Anrede, 4 = Einleitung, 5 = Hauptteil, 6 = Schluss, 7 = Grußformel, 8 = Unterschrift, 9 = Anlagen

3 a–c Beispiellösung:

Clarissa Maxia
Juliusstraße 3
71634 Ludwigsburg
Tel: 07141/234578
E-Mail: c.maxia@vum.de

Ludwigsburger Tagespost
Herrn Isenbort
Ebertstraße 3
71634 Ludwigsburg

Ludwigsburg, den 20.03.20…

Bewerbung um ein Schulpraktikum vom 1.10.20… bis 14.10.20…

Sehr geehrter Herr Isenbort,

durch eine telefonische Anfrage habe ich erfahren, dass es möglich ist, bei der „Ludwigsburger Tagespost" ein Schulpraktikum zu absolvieren. Darum bewerbe ich mich hiermit in Ihrem Zeitungsverlag um einen Praktikumsplatz in der Zeit vom 1.10. bis zum 14.10.20…

Zurzeit besuche ich die 8. Klasse der Gottfried-Keller-Realschule in Ludwigsburg.

Mit großem Interesse lese ich täglich Ihre Zeitung und wollte immer schon wissen, wie Journalisten bei einer richtigen Zeitung arbeiten. Durch meine engagierte Mitarbeit bei der Schülerzeitung unserer Schule konnte ich bereits erste Erfahrungen im Verfassen von journalistischen Texten sammeln. Besonderes Interesse habe ich daran, Informationen zu recherchieren und Interviews durchzuführen. Meine Stärken liegen auch im Bereich Textverarbeitungsprogramme und Layoutgestaltungen am Computer.

Von einem Praktikum bei Ihrer Zeitung erhoffe ich mir Einblicke in die Arbeit einer professionellen Redaktion. In meiner Freizeit interessiere ich mich für die Lokalnachrichten und würde daher gern erfahren, wie Journalisten vor Ort Informationen zu bestimmten Ereignissen und Veranstaltungen recherchieren und auswerten. Ein Einsatz im Ressort „Lokales" wäre deshalb besonders reizvoll, aber auch andere Ressorts interessieren mich. Auf diese Weise könnte ich nach einem Praktikum sicher die Arbeit unserer Schülerzeitung verbessern.

Gerne stelle ich mich Ihnen in einem persönlichen Gespräch vor.

Mit freundlichen Grüßen
Clarissa Maxia

Anlagen
Lebenslauf
Zeugniskopie

●●○ **b** Folgende Fehler und Mängel können in dem Bewerbungsschreiben nachgewiesen werden:
- **Aufbau:** Es fehlen Briefkopf (Absender, Datum, Anschrift), Betreffzeile, Unterschrift sowie Absätze. Die Bewerbung hat keine erkennbare inhaltliche Struktur/Anordnung.
- **Sprache:** Es gibt deutliche Mängel im Ausdruck, z. B.: „ich möchte gern einen Praktikumsplatz", „ganz gut", „in der Schülerzeitung", „ziemlich gut", „was so bei uns vor Ort passiert". Ebenso stören die gleichen Satzanfänge („Ich … Ich …"). Der Schluss ist unpassend und unhöflich: „Sagen Sie mir doch …".
- **Inhalt:** Die Bewerbung fängt zu unvermittelt an, ohne Einleitung. Es fehlt ein Hinweis auf den Zeitraum des Praktikums. Zwar werden einige wichtige Fähigkeiten für das Praktikum und Erfahrungen bei der Schülerzeitung genannt, dennoch fehlt ein überzeugender Grund, warum das Praktikum gerade bei dieser Zeitung gemacht werden soll und welche Erwartungen und/oder Ziele damit verbunden werden.

Methodischer Hinweis: Die Aufgabe kann so ergänzt werden, dass die Schüler/-innen die Mängel und Fehler benennen, aber gleichzeitig konstruktive Tipps zum Verfassen eines Bewerbungsschreibens notieren.

Die **Kopiervorlage 2** („Ein Bewerbungsschreiben überarbeiten") bietet vertiefendes Übungsmaterial, um das Verfassen eines Bewerbungsschreibens anzubahnen.

4 Die Aufgabe erfordert einen Transfer der bislang gewonnenen Kenntnisse und Fähigkeiten. Mit Hilfe der Anregungen und Fragen wird die Struktur des Bewerbungsschreibens nochmals vorgegeben und darauf hingewiesen, welche Informationen in das Schreiben eingebaut werden müssen. Es ist sinnvoll, die Bewerbung mit dem PC schreiben zu lassen, um so die Formatierungen zu üben.

5 Die Schüler/-innen lernen jetzt exemplarisch den Aufbau und die Gestaltung eines Lebenslaufs kennen:
- Eingeleitet wird der Lebenslauf mit der „fett" formatierten Überschrift „Lebenslauf".
- Oben rechts wird in der Regel das Bewerbungsfoto angebracht.
- Anschließend folgen die einzelnen Gliederungspunkte, die fett geschrieben werden:
  - persönliche Daten
  - Schulbildung (beginnend mit dem aktuellen Jahr)
  - besondere Kenntnisse und Interessen
Die jeweiligen Informationen folgen stichpunktartig untereinander in Normalschrift.
- Der Lebenslauf endet mit Ortsangabe, Datum und Unterschrift der Bewerberin/des Bewerbers.
- Der Umfang beschränkt sich auf eine Seite.
- Insgesamt muss der Lebenslauf übersichtlich und gut lesbar sein.

6 Die Aufgabe soll die Funktion des Lebenslaufs und dessen Bedeutsamkeit für das Bewerbungsverfahren verdeutlichen. Denn viele Arbeitgeber lesen zuerst den Lebenslauf, um sehr schnell einen ersten Eindruck von der Bewerberin/dem Bewerber zu bekommen. Die Übersichtlichkeit und die formalisierte

Abfolge ermöglichen eine schnelle Erfassung wichtiger Daten, sodass sich verschiedene Bewerber leicht miteinander vergleichen lassen. Außerdem kann der Leser die Angaben, die immer auf einer Seite stehen sollten, schnell wiederfinden.

7 Weitere Tätigkeiten können z. B. besondere Aufgaben in der Schule (SV-Sprecher/-in), ein absolviertes Praktikum, eine Nebentätigkeit (Nachhilfeunterricht), ein freiwilliger sozialer Dienst (Betreuung einer älteren Dame im Seniorenheim) oder das Engagement in einem Verein sein.

8 a Die Schüler/-innen leisten einen Transfer der bisherigen Ergebnisse. Nach Möglichkeit schreiben sie ihre Lebensläufe am PC, um die spezielle Formatierung zu üben. Ein Bewerbungsfoto ist für diesen Übungszweck nicht notwendig. Der Informationskasten „Sich schriftlich bewerben (Bewerbungsschreiben, Lebenslauf)" im SB auf S. 68 fasst die wesentlichen Ansprüche an einen Lebenslauf noch einmal zusammen.

b Die Korrekturen erfolgen in Partnerarbeit. Die Schüler/-innen sollten besonders auch die Übersichtlichkeit der Lebensläufe durch ausreichende Abstände und geeignete Schriftgröße sowie die Rechtschreibung und das Vorhandensein der Unterschrift kontrollieren und korrigieren.

S.69 „Darf ich mich vorstellen?" – Sich in einem Gespräch präsentieren

1 a Die Diskussion kann ergebnisoffen geführt werden, da der Kleidungsstil je nach Berufsfeld unterschiedlich ausfallen kann. Dennoch kann in der Diskussion deutlich werden, dass ein Vorstellungsgespräch immer ein offizieller Anlass ist, zu dem man sich angemessen respektvoll kleidet. Ein Kapuzenshirt mit bunter Aufschrift ist eine sehr lässige Freizeitbekleidung und für ein offizielles Gespräch nicht geeignet. Ein weißes Hemd mit Sakko passt deutlich besser zu einem Bewerbungsgespräch, ein Anzug wäre jedoch für einen Schüler übertrieben.

b Die Kriterien für einen angemessenen Kleidungsstil können in einem **Tafelbild** festgehalten werden:

Kriterien für einen angemessenen Kleidungsstil bei Bewerbungsgesprächen
– Die Kleidung passt zum Berufsfeld.
– Der eigene Stil weicht nicht zu weit vom Kleidungsstil der Mitarbeiter ab.
– Die Kleidung strahlt Seriosität aus.
– Sie muss sauber sein.
– Die Kleidung sollte zur Bewerberin/zum Bewerber passen.
– Die Bewerberin/Der Bewerber muss sich in der Kleidung wohlfühlen.
– Zu starke Auffälligkeiten (zu viel Make-up, Schmuck, Piercings usw.) sollten vermieden werden.

2 a Die Aufgabe lenkt den Blick der Schüler/-innen auf die Körpersprache beim Vorstellungsgespräch. Das nonverbale Verhalten ist ein wichtiger Punkt für ein erfolgreiches Bewerbungsgespräch.
   – Die Körpersprache auf dem linken Foto zeigt zwar Offenheit und Interesse, aber gleichzeitig auch eine deutliche Unsicherheit (eine Hand etwas ratlos vor dem Mund, die zweite unter dem Tisch versteckt, angespannte Sitzhaltung).
   – Der Junge auf dem rechten Foto drückt eine gewisse Ratlosigkeit und beinahe schon Überforderung aus (rauft sich die Haare), nimmt dabei aber zugleich eine allzu lässige Sitzhaltung ein, die großspurig wirken könnte.
   Beide Bewerber zeigen kein angemessenes und selbstbewusstes nonverbales Verhalten.

b Durch das Ausprobieren verschiedener Körperhaltungen für ein Vorstellungsgespräch werden die Schüler/-innen für nonverbale Verhaltensweisen und Signale sensibilisiert. Von besonderer Bedeutung sind Signale wie z. B. Interesse/Desinteresse, Offenheit/Abwehr, Selbstbewusstsein/Unsicherheit, Höflichkeit/Unhöflichkeit, Steifheit/Lockerheit. Dabei können auch ganz individuelle – vielleicht sogar unbewusste – Gesten und mimische Ausdrucksweisen kritisch beobachtet und gedeutet werden. Die Rückmeldungen an die Mitschüler/-innen dürfen jedoch keinesfalls beleidigend sein.

c Mögliches **Tafelbild**:

Tipps zur Körpersprache beim Vorstellungsgespräch	
Gestik	– Unterstütze das Reden durch gezielte Gesten, jedoch ohne Übertreibung. – Stimme durch Kopfnicken zu. – Vermeide den Ausdruck von Abwehr, Unsicherheit und Angst, z. B. das Verschränken der Arme vor der Brust. – Spiele nicht mit den Händen.
Körperhaltung	– Achte auf eine korrekte, aber entspannte Sitzhaltung. – Sitze nicht auf der Stuhlkante. – Verstecke die Arme nicht unter dem Tisch.
Mimik	– Halte Blickkontakt mit dem Gesprächspartner. – Schaue nicht ständig auf den Boden. – Lächele freundlich und nicht übertrieben oder verkrampft.

Die **Folie** „Darf ich mich vorstellen?' – Sich in einem Gespräch präsentieren" bereitet die Aufgaben 1 und 2 im SB auf S. 69 medial auf und kann begleitend eingesetzt werden.

 **3** a Das kleine Rollenspiel ermöglicht eine deutlichere Vorstellung der Kommunikationssituation im Bewerbungsgespräch. Die Schüler/-innen überprüfen die zuvor genannten Kriterien einer gelungenen Körpersprache an einer konkreten Gesprächssituation. Gleichzeitig reflektieren sie die Wirkung eines bestimmten sprachlichen Verhaltens. Die Rollenspiele können auch in Kleingruppen mit vier Schülerinnen und Schülern (zwei Spieler/-innen, zwei Beobachter/-innen, wie in Aufgabe 3 b) ausprobiert werden. Die Beobachtungen werden anschließend im Plenum zusammengetragen. Folgende Rückmeldungen sind zu erwarten:
- unhöfliches Verhalten: Max setzt sich, bevor die Gesprächspartnerin ihn dazu auffordert oder selbst sitzt; Wunsch nach einem sehr speziellen Getränk
- wenig kommunikatives Verhalten: Knappe Antworten und unvollständige Sätze wirken nicht kommunikativ und freundlich, sondern eher unsicher oder desinteressiert.
- Das Interesse an dieser speziellen Praktikumsstelle wird nicht deutlich: Die zufällige Entdeckung des Sportstudios spricht nicht für eine bewusste Entscheidung.
- Der Wunsch nach einem Getränk ohne Zucker wird nicht als (ernährungs-)bewusste Entscheidung dargestellt.
- Umgangssprache: „cool", „Geht so"

b Die Schüler/-innen erproben nun alternative Verhaltensweisen und zeigen so positives kommunikatives Verhalten. Bei der Beobachtung und Rückmeldung sollten die Kritikpunkte aus Aufgabe 3 a und auch die zuvor genannten Kriterien (vgl. die Tipps aus Aufgabe 2 c) berücksichtigt werden.

|| **S.70** Stärken stärken: Eine Bewerbung schreiben

1 Die differenzierten Hilfeangebote auf S. 71 im SB unterstützen leistungsschwächere Schüler/-innen bei der Bearbeitung der Aufgaben.

a Konrads Profil zu seinen Eigenschaften:
prima Kumpel: nett, freundlich; *packt Probleme an*: aktiv; *unterstützt jeden*: hilfsbereit und kooperativ; *ihm fällt (immer) etwas ein*: ideenreich; *probiert neue Computerprogramme aus*: offen für Technik; *muss man nichts zweimal erklären*: intelligent; *immer (noch) am Tüfteln*: wissbegierig, ausdauernd; *hängt nicht rum*: zielstrebig; *will die Welt jeden Tag neu entdecken*: neugierig

b prima Kumpel → kommunikativ, teamfähig
packt Probleme an → problemorientiert, zielgerichtet
unterstützt jeden → teamfähig, verantwortungsbereit
fällt (immer) etwas ein → kreativ
probiert neue Computerprogramme aus → technisch begabt

muss man nichts zweimal erklären → rasche Auffassungsgabe

immer (noch) am Tüfteln → zielgerichtet, problemorientiert

hängt nicht rum → zielgerichtet, leistungsbereit, verantwortungsbereit

will die Welt jeden Tag neu entdecken → leistungsbereit

2 a

Was erwartet wird	Was geboten wird
– Freude am Umgang mit Menschen und am Gespräch – eine rasche Auffassungsgabe – Organisationsgeschick – Teamfähigkeit – Einfallsreichtum – Interesse für Geografie und Reisen – PC- und Englischkenntnisse	– Kunden über Reisemöglichkeiten und Reiseziele beraten – Preise kalkulieren – Marketingmaßnahmen entwickeln und durchführen – Berufsalltag einer/eines Tourismuskauffrau/-mannes kennen lernen

b Beispiellösung (Bewerbungsmail):

Von. k.hurtig@son.de
An: Service@Laxo.de
Betr: Bewerbung/Schulpraktikum/15.10.20… bis 29.10.20…

Sehr geehrte Damen und Herren,

durch Ihre Annonce im Bietigheimer Stadtkurier habe ich erfahren, dass es möglich ist, in Ihrem Reisebüro Laxo-Reisen GmbH ein Schülerpraktikum zu absolvieren. Da ich mich sehr für den Beruf eines Tourismuskaufmanns interessiere, würde ich mich darüber freuen, im Rahmen eines Praktikums in der Zeit vom 15.10. bis zum 29.10.20… Einblick in dessen Berufsalltag zu erhalten.

Während der Urlaube mit meinen Eltern ist es eine große Bereicherung für mich, Land und Leute einer fremden Region kennen zu lernen. Besonders hilfreich sind hierbei meine Englischkenntnisse, die ich auch bereits im Rahmen eines Schüleraustauschs im 8. Schuljahr in England anwenden konnte. Darüber hinaus helfe ich als Klassensprecher jedes Jahr bei der Organisation der Klassenfahrten, und da gilt es, viele unterschiedliche Interessen im Blick zu haben und auf die Kosten zu achten. Der Umgang mit Menschen fällt mir nicht schwer und ist mir sehr wichtig. Daher habe ich mich an meiner Schule zum Streitschlichter ausbilden lassen und arbeite mit großer Freude in einem Team. Da ich persönlich sehr motiviert bin, bin ich in der Lage, mich schnell und umfassend in neue Themen einzuarbeiten. Besonders gern arbeite ich mit dem Computer und probiere neue Programme aus.

Über eine Einladung zu einem Vorstellungsgespräch würde ich mich sehr freuen.

Mit freundlichen Grüßen
Konrad Hurtig

Anhang:
Lebenslauf
Zeugniskopie

S.72 3.3 Fit in ...? – Einen Arbeitsablauf beschreiben

Das Beschreiben eines Vorgangs (eines Arbeitsablaufs) ist eine typische Aufgabenstellung für eine Klassenarbeit in der 8. Jahrgangsstufe. In diesem Teilkapitel wird der Schreibprozess für die Schüler/-innen noch einmal Schritt für Schritt entfaltet. Sie werden dazu angeleitet, die Aufgabenstellung zu verstehen, einen Schreibplan zu erstellen und darauf aufbauend die Beschreibung zu verfassen. Schließlich bietet die Checkliste eine Grundlage für die abschließende Überarbeitung der Vorgangsbeschreibung.

Die Aufgabenstellung richtig verstehen

1/2 Richtig sind folgende Aussagen: **E, C, I, S**.

Einen Schreibplan erstellen

3 Beispiellösung:

> 1. Vorbereitung: Die Zutaten werden ausgewählt und bereitgestellt
> 2. Berechnen, Abmessen und Wiegen der benötigten Mengen
> 3. Zubereitung des Biskuitteigs mit einem Mixer
> 4. Tortenboden im Ofen backen
> 5. Kirschen in einem Sieb abtropfen
> 6. Kirschfüllung in der Pfanne zubereiten
> 7. Boden mit Sahne beschichten
> 8. Torte garnieren
> 9. Präsentation der Torte und Kundenberatung

4 Die Überschrift „Eine Schwarzwälder Kirschtorte zubereiten" passt am besten zu der Beschreibung, weil sie den Arbeitsablauf konkret benennt.

Die Beschreibung verfassen und überarbeiten

5 a Beispiellösung:

> **Als Erstes** berechnet man die jeweiligen Mengen der Zutaten für die Schwarzwälder Kirschtorte. **Nachdem** man die Zutaten ausgewählt und bereitgelegt hat, beginnt man mit dem Abmessen und Wiegen der benötigten Mengen. Damit der Biskuitboden genug Zeit zum Auskühlen hat, bereitet man **zuerst** den Teig zu. Hierbei ist es wichtig, die Butter rechtzeitig aus dem Kühlschrank zu nehmen. Butter, Zucker, die Eigelbe und das Kakaopulver verrührt man **anschließend** mit dem Mixer. **Danach** kommen noch das Mehl, die Speisestärke, Backpulver und **abschließend** der steif geschlagene Eischnee dazu. Die Masse füllt man dann in eine mit Backpapier ausgelegte Springform.
> **Sobald** der Tortenboden im Ofen ist, beginnt man mit dem Abgießen der Kirschen, dabei fängt man die Flüssigkeit in einem Behälter auf. Für die Erstellung der Kirschfüllung weicht man **als Nächstes** die Gelatineblätter fünf Minuten in kaltem Wasser ein und erwärmt sie **schließlich** in einem kleinen Topf mit Zucker und dem Kirschwasser. **Nun** schlägt man die Sahne steif ...

b Beispiel für eine abwechslungsreichere Gestaltung durch den Wechsel ins Passiv:
- Nachdem die Zutaten ausgewählt und bereitgelegt worden sind, beginnt man mit dem Abmessen und Wiegen der benötigten Mengen.
- Damit der Biskuitboden genug Zeit zum Auskühlen hat, wird zuerst der Teig zubereitet.
- Danach werden noch das Mehl, die Speisestärke, Backpulver und abschließend der steif geschlagene Eischnee dazugegeben.

93

6 a Beispiellösung:

Einen Arbeitsablauf beschreiben: Eine Schwarzwälder Kirschtorte zubereiten.

Wenn man eine Schwarzwälder Kirschtorte zubereiten möchte, recherchiert man zunächst im Internet oder in einem Backbuch.

Nachdem die Zutaten ausgewählt und bereitgelegt worden sind, beginnt man mit dem Abmessen und Wiegen der benötigten Mengen. Damit der Biskuitboden genug Zeit zum Auskühlen hat, wird zuerst der Teig zubereitet. Hierbei ist es wichtig, die Butter rechtzeitig aus dem Kühlschrank zu nehmen. Butter, Zucker, die Eigelbe und das Kakaopulver verrührt man anschließend mit dem Mixer. Danach werden noch das Mehl, die Speisestärke, Backpulver und abschließend der steif geschlagene Eischnee dazugegeben. Die Masse füllt man dann in eine mit Backpapier ausgelegte Springform.

Der Biskuitboden wird im vorgeheizten Backofen bei 175 °C gebacken. Danach muss er auf einem Kuchengitter auskühlen.

Während der Tortenboden im Ofen ist, beginnt man mit dem Abgießen der Kirschen, dabei fängt man die Flüssigkeit in einem Behälter auf. Für die Erstellung der Kirschfüllung weicht man als Nächstes die Gelatineblätter fünf Minuten in kaltem Wasser ein und erwärmt sie schließlich in einem kleinen Topf mit Zucker und dem Kirschwasser. Nun schlägt man die Sahne zusammen mit dem Vanillezucker steif.

Nach dem Erkalten des Tortenbodens wird dieser zweimal waagrecht geteilt. Jeweils die Hälfte der Kirschmasse wird nun darauf verteilt, nachdem diese ausgekühlt und geliert ist. Als Nächstes deckt man die erkaltete Kirschmasse mit der steif geschlagenen Sahne ab. Schließlich legt man den zweiten Tortenboden darauf und bedeckt diesen erneut mit der Kirschmasse und der Sahne. Der letzte Tortenboden wird nun auch auf diese Ebene gelegt.

Abschließend wird die Torte rundum mit Sahne bestrichen.

b Beispiellösung:

– Setzt zuletzt bei der Verzierung der Torte zunächst vier Sahnerosetten als Kreuz, danach in die Zwischenräume jeweils zwei weitere Rosetten. So werden die Rosetten gleichmäßig verteilt. Auf die Rosetten könnt ihr noch eine kandierte Kirsche legen und die Oberfläche und den Rand der Torte anschließend mit geraspelter Schokolade bedecken.

– Wie man sieht, gehört zur Zubereitung einer Schwarzwälder Kirschtorte großes handwerkliches Geschick und sehr sorgfältiges Arbeiten. Die Herstellung einer solchen Torte ist nur ein kleiner Teilaspekt des Berufs des Konditors.

7 a/b Die Aufgabe ermöglicht den Schülerinnen und Schülern einen Transfer des bisher erworbenen Wissens. Die Korrekturen erfolgen in Partnerarbeit. Die Schüler/-innen sollten besonders den Aufbau einer Arbeitsablaufbeschreibung beachten, der in der Checkliste aufgeführt wird.

Vorschläge für Klassenarbeiten

Vorschlag 1: Einen Ort beschreiben
Siehe **Kopiervorlage S. 97 f.**

Vorschlag 2: Einen Arbeitsablauf beschreiben
Siehe **Kopiervorlage S. 99 ff.**

Material zu diesem Kapitel auf den folgenden Seiten und auf der CD

Lernwegeliste zum Kompetenzschwerpunkt des Kapitels (vollständig auf der CD), S. 96
Diagnose: Beschreiben (auf der CD, mit Lösungshinweisen und Förderempfehlungen)
Klassenarbeit: Einen Ort beschreiben (KA 1, mit Bewertungshinweisen auf der CD), S. 97 f.
Klassenarbeit: Einen Arbeitsablauf beschreiben (KA 2, mit Bewertungshinweisen auf der CD), S. 99 ff.
KV 1:   Einen Ort beschreiben, S. 102 ff.
KV 2:   Ein Bewerbungsschreiben überarbeiten, S. 108 ff.
Hinweis: Lösungen zu allen KV finden sich auf der CD.

Folie: Zukunftsvisionen – Lebensentwürfe beschreiben (zu SB S. 55, auf der CD)
Folie: Traumberufe – Personen beschreiben (zu SB S. 56 f., auf der CD)
Folie: Dort könnte ich mal arbeiten – Orte beschreiben (zu SB S. 58 f., auf der CD)
Folie: „Wir bieten …" – Eine Anzeige auswerten (zu SB S. 65, auf der CD)
Folie: „Darf ich mich vorstellen?" – Sich in einem Gespräch präsentieren (zu SB S. 69, auf der CD)

Weiteres Übungsmaterial

„Deutschbuch Arbeitsheft 4"
Einen Vorgang beschreiben, S. 14–20
– ●○○ Stärken stärken: Einen Arbeitsablauf genau wiedergeben, S. 15
– ●●○ Stärken stärken: Mit Fachbegriffen einen Vorgang beschreiben, S. 17
– ●●● Stärken stärken: Eine Vorgangsbeschreibung anschaulich und abwechslungsreich formulieren, S. 19

„Deutschbuch Differenzieren und Fördern 7/8"
Arbeitsplätze und Arbeitsabläufe beschreiben, S. 121 ff.
– Einen Arbeitsplatz anschaulich beschreiben – Treffende Begriffe verwenden, S. 124 ff.
– Sprachtraining: Einen Arbeitsplatz treffend beschreiben, S. 128
– Einen Arbeitsablauf beschreiben – Zementmörtel herstellen, S. 129 ff.
– Sprachtraining: Zeitadverbien verwenden, S. 133
– Musteraufsatz – Einen Arbeitsablauf beschreiben, S. 134 f.
– Klassenarbeit – Einen Arbeitsablauf beschreiben, S. 136

© 2017 Cornelsen Verlag GmbH, Berlin
Alle Rechte vorbehalten.

Name: _____   Klasse: _____   Lehrer/-in: _____

Lernwegeliste – mit Materialzuordnung und Dokumentationsmöglichkeit

Kompetenzbereich: Schreiben – Texte planen und verfassen

Kompetenz:	Ich kann informierende Schreibformen anwenden.
	Ich kann produktiv mit Texten umgehen.
Was dir dabei helfen kann:	Du kannst verständlich erzählen.
	Du kannst Inhalte visualisieren.
	Du kannst dich in andere Personen hineinversetzen.
	Du kannst mit Sprache schreibend experimentieren und sprachliche Mittel erkennen und einsetzen.

	Was du in Kapitel 3 lernen kannst:	Niveau	Lernmaterialien	Selbsteinschätzung ☺	Selbsteinschätzung ☺☺	Selbsteinschätzung ☹	Hinweise/ Bewertung der Lehrkraft
01	Ich kann eine Person nach vorgegebenen Kriterien beschreiben.	GME	„Traumberufe – Personen beschreiben" – Buch S. 56 f.				
02	Ich kann einen Ort nach vorgegebenen Kriterien beschreiben.	GME	„Dort könnte ich mal arbeiten – Orte beschreiben" – Buch S. 58 f.				
03	Ich kann einen Vorgang nach vorgegebenen Kriterien beschreiben.	GME	„Interessante Berufe – Arbeitsabläufe beschreiben" – Buch S. 60 f.				
04	Ich kann Texte szenisch gestalten (z. B. ein Radio-Feature).	GME	„Mein Traumberuf …? – Ein Radio-Feature produzieren" – Buch S. 62 f.				
05	Ich kann einen beschreibenden Text überarbeiten.	GME	„Testet euch! – Einen Ort beschreiben" – Buch S. 64				

Die zweite Seite der Lernwegeliste ist auf der CD zu finden.

Cornelsen

Kopiervorlage

Klassenarbeit A – Einen Ort beschreiben

1 Du hast ein Praktikum in einem Hotel in der Stuttgarter Innenstadt gemacht und dabei unter anderem am Empfang geholfen. Verfasse mit Hilfe des folgenden Bildes eine möglichst genaue Ortsbeschreibung.

Autorin: Deborah Mohr
Illustratorin: Christiane Grauert, Milwaukee (USA)

Kapitel 3
KA 1, Blatt 1

Kopiervorlage

Klassenarbeit B – Einen Ort beschreiben

1 Du hast ein Praktikum in einem Hotel in der Stuttgarter Innenstadt gemacht und dabei unter anderem am Empfang geholfen. Verfasse mit Hilfe des folgenden Bildes eine möglichst genaue Ortsbeschreibung. Gehe dabei so vor:

- Verschaffe dir einen Überblick über den Aufbau der Empfangshalle. Notiere stichwortartig die Bestandteile, Gegenstände und Pflanzen.
- Nenne in der **Einleitung** den Ort und mache allgemeine Angaben.
- Beschreibe im **Hauptteil** den Empfang in einer geordneten Reihenfolge, z. B. vom Wesentlichen zum weniger Wichtigen oder im Uhrzeigersinn.
- Beschreibe im **Schluss**, wie der Empfang auf dich wirkt.

Autorin: Deborah Mohr
Illustratorin: Christiane Grauert, Milwaukee (USA)

Kapitel 3
KA 1, Blatt 2

Kopiervorlage

Klassenarbeit – Einen Arbeitsablauf beschreiben

1 In einer Informationsbroschüre hast du dich über Berufe rund um die Zeitung informiert. Dabei bist du auf die folgenden Bilder gestoßen, die zeigen, wie ein Bericht über ein aktuelles Ereignis in die Zeitung und zum Leser gelangt. Beschreibe den Arbeitsablauf in einem zusammenhängenden Text.

→ zu Aufgabe 1: Hilfe-Karte A: Inhalt,

→ Hilfe-Karte B: Form: Schreibplan,

→ Hilfe-Karte C: Sprache: Formulierungshilfen

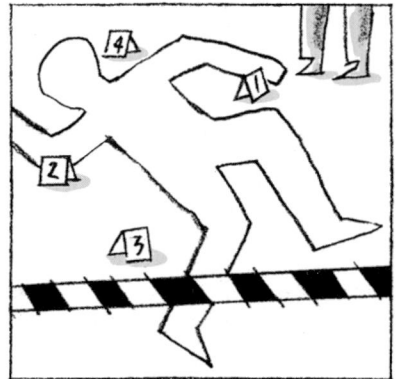

Ereignis, z. B. Verbrechen oder Unfall

Ereignis wird der Zeitung gemeldet

Recherche vor Ort

Redaktionskonferenz entscheidet, dass Bericht in die nächste Ausgabe kommt

Weitere Recherche und Schreiben des Artikels

Bildredaktion

Layout

Druck

Verkauf

Autorin: Deborah Mohr
Illustratorin: Christiane Grauert, Milwaukee (USA)

Kapitel 3
KA 2, Blatt 1

Kopiervorlage

Hilfe-Karten zur Klassenarbeit 2 – Einen Arbeitsablauf beschreiben

Checkliste

Prüfe deinen Text mit Hilfe der Checkliste.

Checkliste: Einen Arbeitsablauf beschreiben	
Aufbau	
Hast du deine Beschreibung gegliedert: Einleitung, Hauptteil, Schluss?	☐
Hast du in der Einleitung die notwendigen Vorbereitungen/Voraussetzungen beschrieben?	☐
Hast du den Arbeitsablauf im Hauptteil Schritt für Schritt beschrieben?	☐
Hast du im Schluss das Ergebnis erklärt und/oder einen weiterführenden Hinweis gegeben?	☐
Sprache	
Verwendest du passende Wörter, die die Reihenfolge der einzelnen Arbeitsschritte deutlich machen?	☐
Wechselst du zwischen Aktiv- und Passivformulierungen, um die Beschreibung abwechslungsreicher zu machen?	☐
Hast du deine Beschreibung im Präsens und in einer sachlichen Sprache verfasst?	☐
Hast du noch einmal Rechtschreibung und Zeichensetzung überprüft?	☐

✂

Hilfe-Karte A   Inhalt

1. Beschreibe den Arbeitsablauf in einem zusammenhängenden Text.
   - Nutze für die Einleitung die Bilder 1 und 2. Was ist die Voraussetzung für den Arbeitsablauf?
   - Beantworte für den Hauptteil die folgenden Fragen:
     - Welche Personen sind an dem Arbeitsablauf beteiligt?
     - Welche Tätigkeiten führen die Personen durch?
     - Welche Arbeitsmittel verwenden die Personen?

Autorin: Deborah Mohr

Kopiervorlage

Hilfe-Karte B   Form: Schreibplan

1 Beschreibe den Arbeitsablauf in einem zusammenhängenden Text. Der folgende Schreibplan hilft dir.

Schreibplan
1) Überschrift   – sachlich, benennt den Arbeitsablauf
2) Einleitung   – Voraussetzungen für den Arbeitsablauf
3) Hauptteil: – Beschreibung des Arbeitsablaufs Schritt für Schritt und mit Fachbegriffen   – Für jedes Bild: Nennung der beteiligten Personen, der Tätigkeiten und Arbeitsmittel
4) Schluss   – Ergebnis des Arbeitsablaufs, weiterführender Hinweis

✂ ---

Hilfe-Karte C   Sprache: Formulierungshilfen

1 Beschreibe den Arbeitsablauf in einem zusammenhängenden Text. Die folgenden Formulierungen helfen dir.

Formulierungshilfen
– Nachdem sich ein bestimmtes Ereignis …, muss es zunächst …
– Die Berichterstattung beginnt mit der Recherche …   – Der Reporter interviewt Zeugen oder Beteiligte …   – … macht Fotos …   – … Mitglieder der Redaktion … entscheiden gemeinsam, …   – Darauf folgen weitere Recherchen …, z. B. Telefonate oder …   – Danach wird der Artikel …   – Anschließend wählt ein Mitglied der Bildredaktion …   – Dann wird das Layout für den Bericht …   – Zum Schluss muss die Zeitung in der Druckerei …   – Damit ist die Produktion abgeschlossen und die Zeitung kann ausgeliefert …
– Am nächsten Tag können die Leser den Bericht …   – An dem Arbeitsablauf sieht man, wie viele Arbeitsschritte … und wie viele Menschen …

Autorin: Deborah Mohr

Kopiervorlage

●●● Einen Ort beschreiben

1 Betrachte das Bild genau und kreuze an, um was für einen Raum es sich handelt.

- ☐ Büro eines Staatsanwalts
- ☐ Büro einer Steuerberaterin
- ☐ Rechtsanwaltskanzlei
- ☐ Gerichtssaal
- ☐ Lehrerzimmer
- ☐ Konferenzraum

2 Verschaffe dir einen Überblick über die Möbel und einzelnen Gegenstände, die sich im Raum befinden. Beschrifte sie mit treffenden Begriffen. Die Wörter im Kasten helfen dir dabei. Ergänze weitere Begriffe selbständig. Schreibe auf, neben oder unter die Zeichnung, verbinde ggf. die Gegenstände und Bezeichnungen durch Pfeile.

> **Begriffe:** Sicherungskasten – Sammlung mit Gesetzestexten – Stapel mit Akten – Deckenleuchte – Hängeleuchte – Gegensprechanlage – StGB (Strafgesetzbuch) – StPO (Strafprozessordnung) – …
>
> **treffende Adjektive:** weiß – klein – rund – quadratisch – …

Autorin: Deborah Mohr
Illustratorin: Christiane Grauert, Milwaukee (USA)

Kapitel 3
KV 1, Blatt 1

Kopiervorlage

3   Überarbeite die folgenden Sätze, indem du die unsachlichen oder ungenauen Passagen umformulierst oder ergänzt und abwechslungsreiche, treffende Verben verwendest.

Hinten links im Raum ist ein voll unmoderner Garderobenständer.

_____

_____

An der Decke sind rechts und links vorne je eine komische Hängeleuchte und hinten zwei eckige Deckenleuchten.

_____

_____

Auf dem Richtertisch sind drei fette Bücher: das StGB, die StPO und Gesetzestexte.

_____

_____

4   Vervollständige die folgenden Sätze, indem du in die Lücken Wörter einsetzt, die die Position und Lage der Gegenstände bezeichnen.

Vor dem Richtertisch steht _____ der kleine quadratische Holztisch für die Zeugen.

_____ und _____ davon befinden sich _____ zu den Seitenwänden mit

Blickrichtung _____ Zeugentisch zwei lange rechteckige Tische, die für den Staatsanwalt bzw.

den Angeklagten und den Verteidiger gedacht sind.

_____ sieht man _____ der Wand

eine helle Holztür, _____ der eine Uhr hängt. _____ _____

der Tür erkennt man einen kleinen weißen Sicherungskasten, _____ dem ein niedriger

quadratischer Holztisch steht.

5   Verfasse nun in deinem Heft eine vollständige Beschreibung des Raums. Deine Vorarbeiten helfen dir dabei. Achte darauf, den Raum in einer geordneten Reihenfolge zu beschreiben. Formuliere zum Schluss, wie der Raum auf dich wirkt.

Einen Ort beschreiben

1 Betrachte das Bild genau und kreuze an, um was für einen Raum es sich handelt.

☐ Büro eines Staatsanwalts

☐ Gerichtssaal

☐ Konferenzraum

2 Verschaffe dir einen Überblick über die Möbel und einzelnen Gegenstände, die sich im Raum befinden. Beschrifte sie mit treffenden Begriffen. Die Wörter im Kasten helfen dir dabei. Ergänze weitere Begriffe selbständig. Schreibe auf oder neben die Zeichnung, verbinde ggf. die Gegenstände und Bezeichnungen durch Pfeile.

> **Begriffe:** Uhr – Sicherungskasten – Holztür – Sammlung mit Gesetzestexten – Bücher – Telefon – Deckenleuchte – Hängeleuchte – Garderobenständer – StGB (Strafgesetzbuch) – StPO (Strafprozessordnung) – …
>
> **treffende Adjektive:** weiß – klein – groß – rund – quadratisch – rechteckig

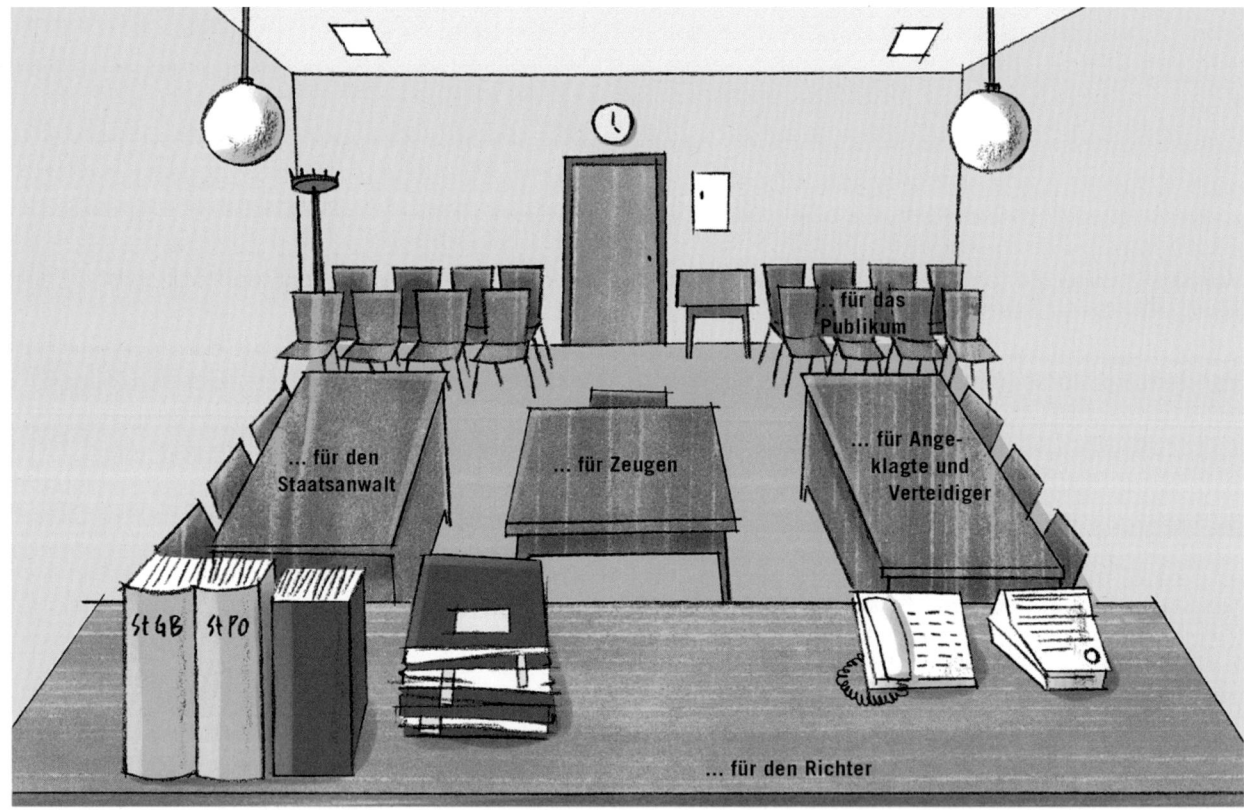

3 Überarbeite die folgenden Sätze. Formuliere dazu die unterstrichenen unsachlichen oder ungenauen Passagen um oder ergänze sie und verwende abwechslungsreiche, treffende Verben. Die Verben im Kasten helfen dir dabei.

> sich befinden – stehen – hängen – angrenzen an – liegen

Hinten links im Raum ist ein <u>voll unmoderner</u> Garderobenständer.

_____

_____

Autorin: Deborah Mohr
Illustratorin: Christiane Grauert, Milwaukee (USA)

Kapitel 3
KV 1, Blatt 3

Kopiervorlage

An der Decke sind rechts und links vorne je eine <u>komische</u> Hängeleuchte und hinten zwei <u>eckige</u> Deckenleuchten.

_____

_____

Auf dem Richtertisch sind drei <u>fette</u> Bücher: <u>das StGB, die StPO</u> und eine Sammlung mit Gesetzestexten in <u>einem Ordner</u>.

_____

_____

_____

4 Vervollständige die folgenden Sätze. Setze in die Lücken Wörter ein, die die Position der Gegenstände bezeichnen. Nutze dazu die Wörter im Kasten. Du kannst einige auch doppelt verwenden.

> rechts – links – neben – am Ende des Raums – in der Mitte – unter – mitten im Raum –
> über – zum – parallel

Vor dem Richtertisch steht _____ der kleine quadratische Holztisch für die Zeugen.

_____ und _____ davon befinden sich _____ zu den Seitenwänden mit

Blickrichtung _____ Zeugentisch zwei lange rechteckige Tische, die für den Staatsanwalt bzw.

den Angeklagten und den Verteidiger gedacht sind.

_____ sieht man _____ der Wand

eine helle Holztür, _____ der eine Uhr hängt. _____ _____

der Tür erkennt man einen kleinen weißen Sicherungskasten, _____ dem ein niedriger

quadratischer Holztisch steht.

5 Verfasse nun in deinem Heft eine vollständige Beschreibung des Raums. Deine Vorarbeiten helfen dir dabei. Achte darauf, den Raum in einer geordneten Reihenfolge zu beschreiben. Formuliere zum Schluss, wie der Raum auf dich wirkt.
Du kannst so beginnen:

Bei dem Raum handelt es sich um einen relativ kleinen ...
Ganz vorn im Raum befindet sich ein breiter, rechteckiger Holztisch, an dem der Richter sitzt.
Auf dem ...

Kopiervorlage

Autorin: Deborah Mohr

Kapitel 3
KV 1, Blatt 4

●●○ Einen Ort beschreiben

⬜1 Betrachte das Bild genau und kreuze an, um was für einen Raum es sich handelt.

☐ Konferenzraum

☐ Gerichtssaal

⬜2 Verschaffe dir einen Überblick über die Möbel und einzelnen Gegenstände, die sich im Raum befinden. Beschrifte sie mit den treffenden Begriffen aus dem Kasten. Schreibe auf oder neben die Zeichnung, verbinde ggf. die Gegenstände und Bezeichnungen durch Pfeile.

> **Begriffe:** Uhr – Sicherungskasten – Holztür – Holzstühle – kleiner Tisch – Holztisch –
> Deckenleuchten – Hängeleuchten – Garderobenständer – Telefon – Gegensprechanlage –
> Bücher – StGB (Strafgesetzbuch) – StPO (Strafprozessordnung) –
> Sammlung mit Gesetzestexten in einem Ordner – Akten in Mappen
> **treffende Adjektive:** weiß – klein – groß – rund – quadratisch – rechteckig

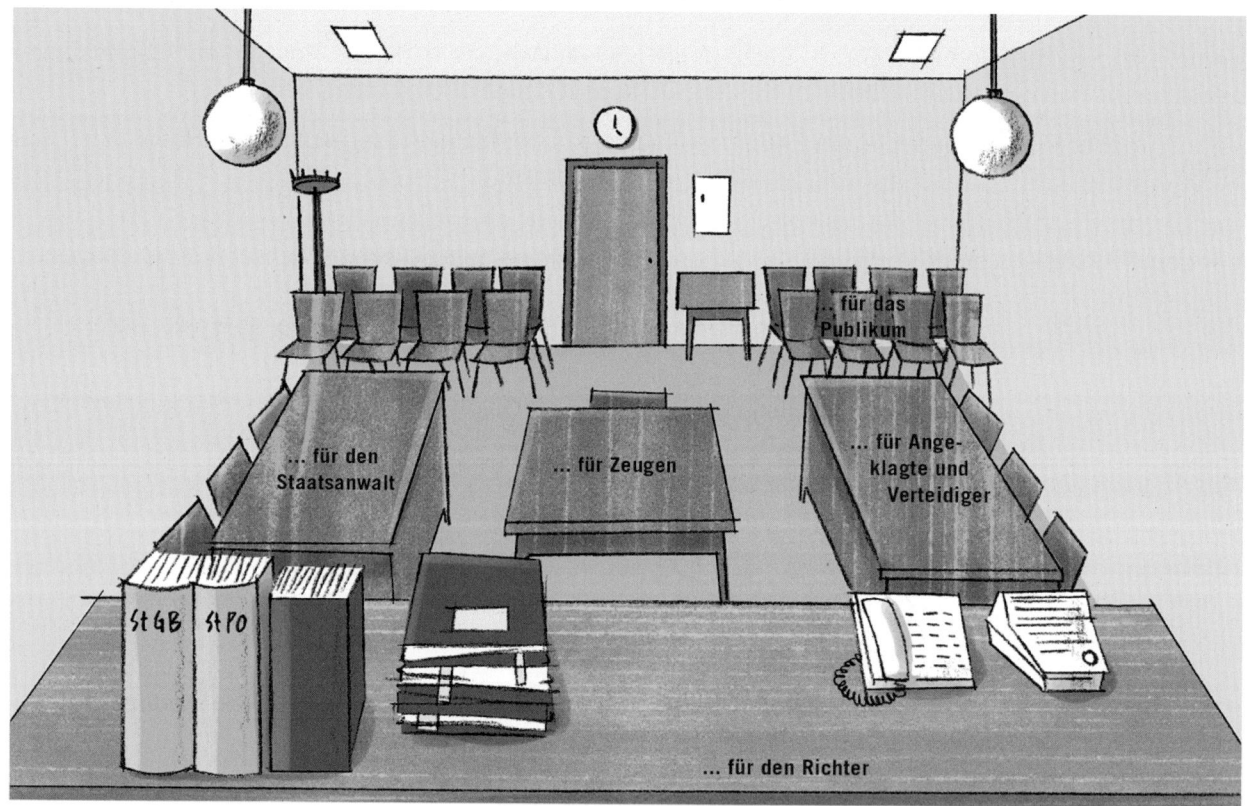

⬜3 Überarbeite die folgenden Sätze. Formuliere dazu die unterstrichenen unsachlichen oder ungenauen Passagen um. Ersetze die markierten Verben durch treffende Verben aus dem Kasten.

> stehen – befindet sich – hängen

Hinten links im Raum ist ein voll unmoderner Garderobenständer.

_____

_____

Autorin: Deborah Mohr
Illustratorin: Christiane Grauert, Milwaukee (USA)

Kapitel 3
KV 1, Blatt 5

Kopiervorlage

An der Decke sind rechts und links vorne je eine komische Hängeleuchte und hinten zwei eckige Deckenleuchten.

_____

_____

Auf dem Richtertisch sind drei fette Bücher: das StGB, die StPO und eine Sammlung mit Gesetzestexten in einem Ordner.

_____

_____

_____

4 Ergänze die folgenden Sätze. Sieh dir dazu das Bild noch einmal genau an. Setze dann in die Lücken die passenden Wörter oder Wortgruppen aus dem Kasten ein.

> rechts – rechts – links – neben – am Ende des Raums –
> unter – ~~mitten im Raum~~ – über – über – zum – parallel

Vor dem Richtertisch steht <u>mitten im Raum</u> der kleine quadratische Holztisch für die Zeugen.

_____ und _____ davon befinden sich _____ zu den Seitenwänden mit

Blickrichtung _____ Zeugentisch zwei lange rechteckige Tische, die für den Staatsanwalt bzw.

den Angeklagten und den Verteidiger gedacht sind.

_____ sieht man in der Mitte der Wand eine helle Holztür,

_____ der eine Uhr hängt. _____ _____ der Tür erkennt man einen

kleinen weißen Sicherungskasten, _____ dem ein niedriger quadratischer Holztisch steht.

5 Verfasse nun in deinem Heft eine vollständige Beschreibung des Raums. Deine Vorarbeiten helfen dir.
- Gliedere deine Beschreibung in Einleitung, Hauptteil und Schluss.
  - Nenne in der **Einleitung**, wie der Raum heißt, und mache allgemeine Angaben (z. B. zur Größe).
  - Beschreibe den Raum im **Hauptteil** in einer geordneten Reihenfolge.
  - Formuliere zum **Schluss**, wie der Raum auf dich wirkt.
- Verwende treffende **Adjektive** und **Verben**.
- Beschreibe die **Lage** der Gegenstände genau.
- Schreibe **sachlich** und im **Präsens**.

Du kannst so beginnen:

Bei dem Raum handelt es sich um einen relativ kleinen …
Ganz vorn im Raum befindet sich ein breiter, rechteckiger Holztisch, an dem der Richter sitzt.
Auf dem Richtertisch stehen an der linken Seite drei …

Kopiervorlage

Autorin: Deborah Mohr

107

Kapitel 3
KV 1, Blatt 6

Ein Bewerbungsschreiben überarbeiten

1 Isabel hat in ihrer Bewerbung leider viele Fehler gemacht. Finde heraus, welche Bausteine eines Bewerbungsschreibens fehlen. Setze an die Stelle eine Nummer und notiere den Baustein am Rand.
Tipp: Die Checkliste auf der nächsten Seite hilft dir bei dieser und den folgenden Aufgaben.

(1) Telefonnummer und E-Mail-Adresse fehlen

Isabel Key
Föhrenweg 10
74072 Heilbronn
(1)

Raumausstattung Meier GmbH
Frau Pfeiffer
Hermannstraße 13
74072 Heilbronn

Sehr geehrte Damen und Herren,

nachdem mir am 15.02.20… irgendjemand aus Ihrer Firma am Telefon mitgeteilt hat, dass sie Praktikanten nehmen, bewerbe ich mich hiermit um einen Praktikumsplatz in ihrem Raumausstattungsbetrieb.
Ich gehe in die 8. Klasse der Stadtrealschule in Heilbronn.

Ich interessiere mich schon seit vielen Jahren sehr für die Einrichtung und Gestaltung von Räumen. Ich stelle die Möbel in meinem eigenen Zimmer regelmäßig um und gestalte es immer wieder total cool neu. Dafür entwerfe ich richtige Pläne auf dem Computer. Außerdem bastle und nähe ich gerne meine eigenen Dekorationen. Ich kann gut mit der Nähmaschine nähen. Das macht mir wirklich superviel Spaß! In der Theater-AG unserer Schule bin ich für die Gestaltung des Bühnenbilds und der Dekorationen zuständig. Ich kann mir gut vorstellen, dass mir die Arbeit als Raumausstatterin gefallen würde.
Wenn Sie mich für ein Praktikum nehmen, bekommen Sie wirklich eine sehr kreative und zuverlässige Mitarbeiterin.
Meine Lieblingsfächer sind Kunst und Mathematik. Ich bin im Tennis-club, gehe paddeln und versorge eigenständig unseren Golden Retriever.
Wenn Sie mich nehmen, freue ich mich sehr!

Mit freundlichen Grüßen
Isabel Key

Anlage
Zeugniskopie

Kopiervorlage

2 Markiere nun in dem Brief Fehler und Mängel. Achte dabei auf Aufbau, Sprache und Inhalt. Streiche durch, was nicht in das Bewerbungsschreiben gehört.

3 Überarbeite Isabels Bewerbung. Schreibe am PC oder, wenn du dazu keine Möglichkeit hast, in dein Heft.

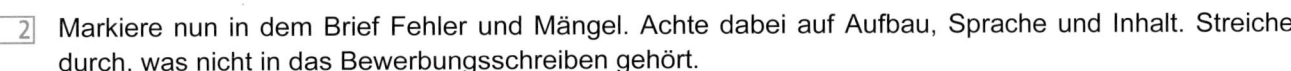

Ein Bewerbungsschreiben verfassen

Aufbau
- Sind die Angaben im Briefkopf vollständig (Angaben zu Absender, Anschrift, Ort/Datum)?
- Gibt die Betreffzeile einen genauen Hinweis auf den Inhalt des Briefs?
- Ist die Anrede korrekt?
- Ist die Bewerbung übersichtlich und durch Absätze strukturiert?
- Endet das Bewerbungsschreiben mit einem klar erkennbaren Schluss und einer Grußformel?
- Hat die Bewerberin/der Bewerber den Brief eigenhändig unterschrieben?
- Werden alle wichtigen Anlagen genannt?

Inhalt
- Führt die Einleitung genau zum Anliegen des Schreibens hin?
- Wird im Hauptteil deutlich, warum die Bewerberin/der Bewerber das Praktikum machen/ die Stelle haben möchte?
- Wird deutlich, warum die Bewerberin/der Bewerber in diesem Betrieb ein Praktikum absolvieren/arbeiten möchte?
- Werden die eigenen Erfahrungen/Fähigkeiten an Beispielen deutlich?

Sprache/Rechtschreibung/Zeichensetzung:
- Ist die Einleitung sachlich und freundlich formuliert?
- Sind die Sätze korrekt und ansprechend formuliert?
- Werden die Satzanfänge abwechslungsreich gestaltet?
- Wird Umgangssprache vermieden?
- Ist die Rechtschreibung korrekt (insbesondere Großschreibung bei Höflichkeitspronomen)?
- Ist die Zeichensetzung korrekt?

Autor: Christoph Oldeweme

Kapitel 3
KV 2, Blatt 2

Kopiervorlage

●●○ Ein Bewerbungsschreiben überarbeiten

1   Isabel hat in ihrer Bewerbung leider viele Fehler gemacht. Finde zunächst heraus, welche Bausteine eines Bewerbungsschreibens fehlen. Setze dazu an die entsprechende Stelle eine Nummer und notiere den Baustein am Rand.

Tipp: Die Checkliste auf der nächsten Seite hilft dir bei dieser und den folgenden Aufgaben.

> Absender (Name, Straße und Hausnummer, Postleitzahl und Wohnort, Telefon, E-Mail-Adresse) – Anlagen (Lebenslauf, Zeugnis) – Anrede – Betreffzeile – Empfänger (Firma, ggf. Name, Anschrift) – Grußformel – Ort und Datum – Text (Einleitung, Hauptteil, Schluss) – Unterschrift (handschriftlich)

Isabel Key
Föhrenweg 10
74072 Heilbronn

Raumausstattung Meier GmbH
Frau Pfeiffer
Hermannstraße 13
74072 Heilbronn

① Telefonnummer und E-Mail-Adresse fehlen

Sehr geehrte Damen und Herren,

nachdem mir am 15.02.20... irgendjemand aus Ihrer Firma am Telefon mitgeteilt hat, dass sie Praktikanten nehmen, bewerbe ich mich hiermit um einen Praktikumsplatz in ihrem Raumausstattungsbetrieb.
Ich gehe in die 8. Klasse der Stadtrealschule in Heilbronn.

Ich interessiere mich schon seit vielen Jahren sehr für die Einrichtung und Gestaltung von Räumen. Ich stelle die Möbel in meinem eigenen Zimmer regelmäßig um und gestalte es immer wieder total cool neu. Dafür entwerfe ich richtige Pläne auf dem Computer. Außerdem bastle und nähe ich gerne meine eigenen Dekorationen. Ich kann gut mit der Nähmaschine nähen. Das macht mir wirklich superviel Spaß! In der Theater-AG unserer Schule bin ich für die Gestaltung des Bühnenbilds und der Dekorationen zuständig. Ich kann mir gut vorstellen, dass mir die Arbeit als Raumausstatterin gefallen würde.
Wenn Sie mich für ein Praktikum nehmen, bekommen Sie wirklich eine sehr kreative und zuverlässige Mitarbeiterin.
Meine Lieblingsfächer sind Kunst und Mathematik. Ich bin im Tennisclub, gehe paddeln und versorge eigenständig unseren Golden Retriever.
Wenn Sie mich nehmen, freue ich mich sehr!

Mit freundlichen Grüßen
Isabel Key

Anlage
Zeugniskopie

Kopiervorlage

Autor: Christoph Oldeweme

2 Markiere nun in dem Brief Fehler und Mängel. Achte dabei auf Aufbau, Sprache und Inhalt. Streiche durch, was nicht in das Bewerbungsschreiben gehört.

3 Überarbeite Isabels Bewerbung. Nutze die Formulierungen im Kasten. Schreibe am PC oder, wenn du dazu keine Möglichkeit hast, in dein Heft.

> Bewerbung um ... – Sehr geehrte Frau ... – Zurzeit besuche ich ... –
> Da ich mich ... interessiere, würde ich gerne mehr ... –
> Ein Praktikum in Ihrem Betrieb würde mich besonders interessieren, weil ... –
> Über eine Einladung zu ... würde ich mich ...

Checkliste

Ein Bewerbungsschreiben verfassen

Aufbau
- Sind die Angaben im Briefkopf vollständig (Angaben zu Absender, Anschrift, Ort/Datum)?
- Gibt die Betreffzeile einen genauen Hinweis auf den Inhalt des Briefs?
- Ist die Anrede korrekt?
- Ist die Bewerbung übersichtlich und durch Absätze strukturiert?
- Endet das Bewerbungsschreiben mit einem klar erkennbaren Schluss und einer Grußformel?
- Hat die Bewerberin/der Bewerber den Brief eigenhändig unterschrieben?
- Werden alle wichtigen Anlagen genannt?

Inhalt
- Führt die Einleitung genau zum Anliegen des Schreibens hin?
- Wird im Hauptteil deutlich, warum die Bewerberin/der Bewerber das Praktikum machen/ die Stelle haben möchte?
- Wird deutlich, warum die Bewerberin/der Bewerber in diesem Betrieb ein Praktikum absolvieren/arbeiten möchte?
- Werden die eigenen Erfahrungen/Fähigkeiten an Beispielen deutlich?

Sprache/Rechtschreibung/Zeichensetzung:
- Ist die Einleitung sachlich und freundlich formuliert?
- Sind die Sätze korrekt und ansprechend formuliert?
- Werden die Satzanfänge abwechslungsreich gestaltet?
- Wird Umgangssprache vermieden?
- Ist die Rechtschreibung korrekt (insbesondere Großschreibung bei Höflichkeitspronomen)?
- Ist die Zeichensetzung korrekt?

Kopiervorlage

Cornelsen

Autor: Christoph Oldeweme

Kapitel 3
KV 2, Blatt 4

● ○ ○ Ein Bewerbungsschreiben überarbeiten

1 Isabel hat leider in ihrer Bewerbung viele Fehler gemacht. Finde zunächst heraus, welche Bausteine eines Bewerbungsschreibens fehlen. Schreibe den Baustein neben die Nummern im Rand.
Tipp: Die Checkliste auf der nächsten Seite hilft dir bei dieser und den folgenden Aufgaben.

> Absender (Name, Straße und Hausnummer, Postleitzahl und Wohnort, Telefon, E-Mail-Adresse) – Anlagen (Lebenslauf, Zeugnis) – Anrede – Betreffzeile – Empfänger (Firma, ggf. Name, Anschrift) – Grußformel – Ort und Datum – Text (Einleitung, Hauptteil, Schluss) – Unterschrift (handschriftlich)

Isabel Key
Föhrenweg 10
74072 Heilbronn
(1)

Raumausstattung Meier GmbH
Frau Pfeiffer
Hermannstraße 13
74072 Heilbronn

(2)

(3)
Sehr geehrte Damen und Herren,

nachdem mir am 15.02.20… irgendjemand aus Ihrer Firma am Telefon mitgeteilt hat, dass sie Praktikanten nehmen, bewerbe ich mich hiermit um einen Praktikumsplatz in ihrem Raumausstattungsbetrieb.
Ich gehe in die 8. Klasse der Stadtrealschule in Heilbronn.

Ich interessiere mich schon seit vielen Jahren sehr für die Einrichtung und Gestaltung von Räumen. Ich stelle die Möbel in meinem eigenen Zimmer regelmäßig um und gestalte es immer wieder ~~total cool~~ neu. Dafür entwerfe ich richtige Pläne auf dem Computer. Außerdem bastle und nähe ich gerne meine eigenen Dekorationen. Ich kann gut mit der Nähmaschine nähen. ~~Das macht mir wirklich superviel Spaß!~~ In der Theater-AG unserer Schule bin ich für die Gestaltung des Bühnenbilds und der Dekorationen zuständig. Ich kann mir gut vorstellen, dass mir die Arbeit als Raumausstatterin gefallen würde.
Wenn Sie mich für ein Praktikum nehmen, bekommen Sie wirklich eine sehr kreative und zuverlässige Mitarbeiterin.
Meine Lieblingsfächer sind Kunst und Mathematik. Ich bin im Tennisclub, gehe paddeln und versorge eigenständig unseren Golden Retriever.
Wenn Sie mich nehmen, freue ich mich sehr!

Mit freundlichen Grüßen
Isabel Key

Anlage
(4)
Zeugniskopie

VORSICHT
FEHLER!

(1) Telefonnummer und E-Mail-Adresse fehlen

(2) _____

_____

(3) _____

_____

Zeitraum des Praktikums?

(4) _____

_____

Kopiervorlage

Autor: Christoph Oldeweme

Kapitel 3
KV 2, Blatt 5

2 Finde nun in der Bewerbung die Fehler und Mängel. Achte dabei auf Aufbau, Sprache und Inhalt.
  – Markiere ungenaue oder unhöfliche Stellen.
  – Unterstreiche Rechtschreibfehler und Wiederholungen.
  – Streiche Wörter und Sätze durch, die nicht in das Bewerbungsschreiben gehören.

3 Überarbeite Isabels Bewerbung. Nutze die Formulierungen im Kasten. Schreibe am PC oder in dein Heft.

> Bewerbung um ... – Sehr geehrte Frau ... – ... eine Mitarbeiterin Ihrer Firma ... –
> Praktikanten die Möglichkeit geben ... – ... in der Zeit vom ... – Zurzeit besuche ich ... –
> Meine Lieblingsfächer sind ... – Da ich mich ... interessiere, würde ich gerne mehr über ... –
> Mein Zimmer gestalte ich ... – Darüber hinaus bin ich in der Theater-AG ... –
> Weil mir diese kreativen und handwerklichen Arbeiten sehr viel Freude machen, ...
> Ein Praktikum in Ihrem Betrieb würde mich besonders interessieren, weil ... –
> Über eine Einladung zu ... würde ich mich ...

Checkliste

Ein Bewerbungsschreiben verfassen

Aufbau
– Sind die Angaben im Briefkopf vollständig (Angaben zu Absender, Anschrift, Ort/Datum)?
– Gibt die Betreffzeile einen genauen Hinweis auf den Inhalt des Briefs?
– Ist die Anrede korrekt?
– Ist die Bewerbung übersichtlich und durch Absätze strukturiert?
– Endet das Bewerbungsschreiben mit einem klar erkennbaren Schluss und einer Grußformel?
– Hat die Bewerberin/der Bewerber den Brief eigenhändig unterschrieben?
– Werden alle wichtigen Anlagen genannt?

Inhalt
– Führt die Einleitung genau zum Anliegen des Schreibens hin?
– Wird im Hauptteil deutlich, warum die Bewerberin/der Bewerber das Praktikum machen/
  die Stelle haben möchte?
– Wird deutlich, warum die Bewerberin/der Bewerber in diesem Betrieb ein Praktikum
  absolvieren/arbeiten möchte?
– Werden die eigenen Erfahrungen/Fähigkeiten an Beispielen deutlich?

Sprache/Rechtschreibung/Zeichensetzung:
– Ist die Einleitung sachlich und freundlich formuliert?
– Sind die Sätze korrekt und ansprechend formuliert?
– Werden die Satzanfänge abwechslungsreich gestaltet?
– Wird Umgangssprache vermieden?
– Ist die Rechtschreibung korrekt (insbesondere Großschreibung bei Höflichkeitspronomen)?
– Ist die Zeichensetzung korrekt?

4 An seine Grenze gehen – Bericht und Reportage

Konzeption des Kapitels

In diesem Kapitel lernen die Schüler/-innen mit der Reportage eine Textform kennen, welche die Möglichkeit bietet, die sachlich formulierten und genauen Informationen eines Berichts mit den eigenen Wahrnehmungen und Gefühlen, Stimmungen sowie der Atmosphäre beim Erleben einer Situation zu verbinden. Schrittweise werden sie an das Verfassen eigener Erlebnisberichte mit einer variantenreichen Wortwahl und einer ausdrucksstarken, bildhaften Sprache herangeführt.

Im Mittelpunkt des ersten Teilkapitels (**„Situationen und Absichten entscheiden – Berichten"**) steht das Verfassen eines (Zeitungs-)Berichts. Um die Eigenart dieser Textsorte herauszustellen, wird das Berichten unter den Aspekten „Situation" und „Intention" gegen das Erzählen abgegrenzt. Das Teilkapitel führt hin zum sachlichen Berichten und seinen Bedingungen und es liefert darüber hinaus einen Beitrag zu einer bewussten Entscheidung für Textsorten bzw. Schreibhaltungen. In diesem Zusammenhang werden auch die Möglichkeiten der indirekten Redewiedergabe angesprochen, deren systematische Einführung in der 8. Jahrgangsstufe erfolgt. Die zweite Hälfte des Kapitels stellt im Sinne einer Erweiterung und Vertiefung des Themas die Analyse und das Verfassen von Reportagen ins Zentrum. Die Reportage ist eine journalistische Textsorte, die über ein Ereignis besonders anschaulich und lebendig informiert; ein Erlebnisbericht, in dem der Reporter über ein Geschehen schreibt, das er selbst miterlebt hat. Um den Leserinnen und Lesern das Gefühl zu geben, „live" dabei zu sein, schildert er Atmosphäre und Stimmung vor Ort sowie seine eigenen Wahrnehmungen. Die Reportage will die Leser/-innen nicht nur informieren, sondern auch emotional ansprechen. In der anschließenden **Selbstevaluation** („Testet euch! – Reportage und Bericht unterscheiden") wenden die Schüler/-innen ihr neu erworbenes Wissen beim Umformen einer Reportage in einen Bericht an. Abgerundet wird das Kapitel durch die Anleitung zum Überarbeiten eines Berichts mit Hilfe der Methode der Textlupe.

Im zweiten Teilkapitel (**„Reiseerlebnisse – Eine Reportage für einen Reiseblog schreiben"**) steht eine anwendungsorientierte, schreibdidaktische Unterrichtseinheit im Vordergrund. Die Schüler/-innen untersuchen anhand einer Reportage für einen Reiseblog zunächst Aufbau und Gestaltung einer Reisereportage. Diese enthält sowohl subjektive Eindrücke und Schilderungen als auch sachliche Berichte und Hintergrundinformationen. Im Anschluss werden die Schüler/-innen Schritt für Schritt dazu angeleitet, eine eigene Reisereportage zu verfassen. In der **Differenzierungseinheit** („Stärken stärken: Eine Reportage überarbeiten") überarbeiten die Schüler/-innen kontrastierend dazu eine Reportage.

Im dritten Teilkapitel (**„Fit in …? – Berichten"**) können die Schüler/-innen gezielt für eine mögliche Klassenarbeit trainieren, in der sie einen sachlichen Bericht schreiben. Dabei wenden sie noch einmal die erworbenen Kompetenzen an. Die sich anschließende Checkliste ermöglicht die Sicherung des Wissens vor einer Klassenarbeit und bietet ein verlässliches Instrument zur Selbstdiagnose aller weiteren selbst verfassten Berichte. Eine das Kapitel abschließende Wörterliste erweitert den Grundwortschatz und kann für eine Rechtschreibübung genutzt werden (s. Orientierungswissen „Mit den Wörterlisten üben" im SB auf S. 338).

Literaturhinweise

Becker, Susanne u.a. (Hrsg.): Schreiben. Ereignisse, Fakten, Personen. In: Deutsch 5 bis 10.
2. Quartal 2006. Friedrich Verlag, Seelze 2006
Berichten. In: Praxis Deutsch 195/2006
Fix, Martin: Texte schreiben. Schreibprozesse im Deutschunterricht. Schöningh, Paderborn 2006
Kriterien entwickeln – Schreiben fördern. In: Praxis Deutsch 223/2010
Zeitungstexte. In: Praxis Deutsch 225/2011

	Inhalte	Kompetenzen
		Die Schülerinnen und Schüler
S. 75	**4 An seine Grenze gehen – Bericht und Reportage**	– fassen Informationen zusammen und geben sie weiter – schreiben informierend
S. 76	**4.1 Situationen und Absichten entscheiden – Berichten**	– unterscheiden journalistische Darstellungsformen
S. 76	Extreme Situationen erleben – Berichten Extreme Situationen erleben – Informationen weitergeben *Mit dem Solarflugzeug einmal um die Erde* *Moritz, der begeisterte Reporter – Ein Zeitungsbericht*	– kennen die Merkmale eines Zeitungsberichts – überarbeiten einen Bericht – informieren: berichten von Ereignissen – schreiben adressaten- und situationsgerecht
S. 79	Paddeln rund um Südamerika – Informationen indirekt wiedergeben *Extrempaddlerin Freya Hoffmeister legt wieder los*	– bilden Modi und setzen sie funktional richtig ein (hier: direkte und indirekte Rede)
S. 81	Extrem sportlich – Die Reportage als Erlebnisbericht *Stephan Orth:* Kaltenbrunner und der K2: Triumph am Schicksalsberg	– kennen die Merkmale einer Reportage – untersuchen einen informierenden Text
S. 83	Testet euch! – Reportage und Bericht unterscheiden *Jordan erklimmt den Mount Everest*	– unterscheiden die Textsorten Reportage und Bericht – formulieren verständlich in sachlichem Stil
S. 84	**4.2 Reiseerlebnisse – Eine Reportage für einen Reiseblog schreiben**	– schreiben adressaten- und situationsbezogen (hier: eine Reportage für einen Reiseblog)
S. 84	Eine Reportage untersuchen *Reiner Luyken:* Brighton	– kennen die Merkmale einer Reisereportage – untersuchen einen informierenden Text
S. 86	Schritt für Schritt zur eigenen Reisereportage	– planen einen Text – verfassen eine Reisereportage und überarbeiten diese in der Schreibkonferenz
S. 90	Stärken stärken: Eine Reportage überarbeiten *Rallye quer durch Straßburg*	– überarbeiten eine Reisereportage kriterienorientiert
S. 91	**4.3 Fit in …? – Berichten**	– erstellen einen Schreibplan – formulieren verständlich in sachlichem Stil (hier: einen Bericht)

III S.75 Auftaktseite

1 a Beim Austesten der eigenen körperlichen Grenzen möchten viele Menschen schlicht etwas Außergewöhnliches erleben, wovon sie später anderen erzählen können. Es geht aber auch darum, dass man sich selbst mehr zutraut, mutiger wird und selbstsicherer. Grenzerfahrungen zeigen, wie weit man seinen Körper belasten kann; man lernt, sich selbst einzuschätzen.

b Die Schüler/-innen berichten über individuelle Erlebnisse, bei denen sie ihre eigenen Grenzen erfahren haben, und üben sich so in der mündlichen Weitergabe von Informationen. Die Aufgabe ist bewusst offen gestellt, sodass sowohl körperliche als auch emotionale Grenzerfahrungen geschildert werden können. Das können z. B. Situationen beim Sport oder in Wettkämpfen sein, aber auch schwere Krankheiten oder der Verlust eines geliebten Menschen. Aufgrund der evtl. starken emotionalen Beteiligung der Schüler/-innen ist es wichtig, dass die Lehrkraft besonders sensibel auf die berichteten Erlebnisse eingeht.

2 Die Aufgabe verbindet das inhaltliche Thema mit der Textform des Berichts. Das Interesse der Schüler/-innen für außergewöhnliche Erlebnisse (z. B. bei Extremsportarten) wird als Motivation zur Beschäftigung mit der Textart genutzt.

a Berichte über extreme Situationen sind besonders spannend, weil man sich fragt, wie man selbst in einer solchen Situation handeln würde. Sie können Mut machen und den Anstoß geben, sich selbst mehr zuzutrauen und über sich hinauszuwachsen.

b Solche Berichte finden sich im Internet, z. B. auf Reise-, Abenteuer- oder Sportblogs, sowie in Zeitungen und Zeitschriften. Sie können allerdings auch in Buchform vorliegen oder sogar mündlich vorgetragen werden, z. B. während eines Dia- oder Filmvortrags.

Ergänzend können sowohl die **Folie** „An seine Grenze gehen – Bericht und Reportage", welche die Aufgaben der Auftaktseite medial aufbereitet, als auch die **Kopiervorlage 1** („Vorwissen: Informationen weitergeben") eingesetzt werden, um das Vorwissen der Schüler/-innen über Bericht und Reportage zu aktivieren.

4.1   Situationen und Absichten entscheiden – Berichten

III S.76 Extreme Situationen erleben – Informationen weitergeben

Bei diesem Kapitel eignet sich besonders eine Verknüpfung mit Kapitel 9 („Aktuelles vom Tag – Zeitungstexte verstehen und gestalten"), das den Schülerinnen und Schülern detailliertes Textsortenwissen an die Hand gibt.

Mit dem Solarflugzeug einmal um die Erde

1 a/b Die Aufgaben zielen auf die Abgrenzung des sachlichen Berichts gegenüber der Erlebniserzählung und ihre unterschiedlichen Wirkungen ab. Die Erlebniserzählung ist fesselnd und unterhaltend, enthält viele Adjektive oder Vergleiche und erzeugt Spannung, auch durch Ausrufe oder wörtliche Rede. Der Bericht informiert kurz, knapp, nüchtern und sachlich über ein Ereignis. Dabei verzichtet der Verfasser/die Verfasserin auf unwichtige Informationen sowie Ausschmückungen und auf die eigene Meinung zu dem Ereignis.

2 Wer erzählt, will die Zuhörer unterhalten. Wer berichtet, will die Zuhörer über etwas informieren.

3 a–c Die Ergebnisse der Textanalyse können in einem **Tafelbild** festgehalten werden:

	Bericht **(Mit dem Solarflugzeug einmal um die Erde)**	**Erlebniserzählung** **(„So allein in der Luft …")**
Sprache insgesamt	sachlich, nüchtern, informativ	spannend, eigene Meinung, ausschmückend, stimmungsvoll
spannende Formulierungen	keine, nüchterne und informative Berichterstattung ohne Spannungserzeugung	Ausrufe: „Gott sei Dank nichts Ernstes!" (Z. 13 f.) ausschmückende Adjektive: „extreme Strapaze" (Z. 5 f.) Vergleiche: „Gefühle wie nachts allein im Dschungel" (Z. 1 f.)
wörtliche Rede	kommt nicht vor	durchgehend
Übertreibungen	keine	„riesige Mauer" (Z. 11)
umgangssprachliche Ausdrücke	keine	„verdammt schwer" (Z. 15) „total glücklich" (Z. 17)
Gedanken und Gefühle	kommen nicht vor, nur sachliche Informationen	z. B.: „Zuletzt habe ich jede Stunde gezählt" (Z. 6)
genaue Angaben (Beantwortung der W-Fragen)	Alle W-Fragen genau beantwortet. **Wer?** Bertrand Piccard, André Borschberg **Wo?** Abu Dhabi (Welt, 16 Stopps) **Was?** erste Weltumrundung mit Solarflugzeug **Wann?** über ein Jahr, Nacht zu Dienstag **Welche Folgen?** geht in Geschichtsbücher ein; Beweis, dass Fliegen ohne Emissionen möglich ist	Nur wenige W-Fragen beantwortet. **Wer?** Ich-Erzähler nicht genannt **Wo?** Hawaii (andere Orte nicht genannt) **Was?** ohne fossile Energien tagelang in der Luft (Erdumrundung nicht genannt) **Wann?** keine Angaben **Welche Folgen?** Welt mit sauberer Technologie ist möglich
Ausführlichkeit	nur Informationen erwähnt, die ausführlich über die Aktion berichten, z. B.: „Die Spannweite des Flugzeugs ist größer als die einer Boeing 747" (Z. 21 ff.)	unwichtige Informationen erwähnt, z. B.: „Mit Atemübungen kann ich aber gut einschlafen" (Z. 3 f.)
Zeitform	Perfekt, Präteritum, Präsens, Plusquamperfekt	Präsens, Präteritum, Perfekt, Plusquamperfekt
Absicht	soll informieren	soll unterhalten

 S. 77 Moritz, der begeisterte Reporter – Ein Zeitungsbericht

Moritz Stegmeier: Mit Inlineskates auf der Achterbahn

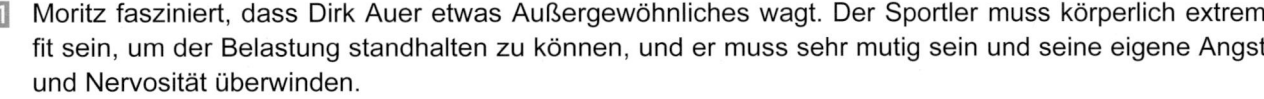

1 Moritz fasziniert, dass Dirk Auer etwas Außergewöhnliches wagt. Der Sportler muss körperlich extrem fit sein, um der Belastung standhalten zu können, und er muss sehr mutig sein und seine eigene Angst und Nervosität überwinden.

2 Der Informationskasten „Der Zeitungsbericht" im SB auf S. 78 fasst die wichtigsten Merkmale, auf die die Schüler/-innen bei der Überarbeitung des Berichts achten sollten, noch einmal zusammen.

●●● a–c Beispiellösung (Zeitungsbericht):
●●○
●○○

Extremsportler Dirk Auer durchfährt auf Inlineskates eine Achterbahn

Mit Inlineskates die Achterbahn hinunterfahren, das war der spektakuläre Stunt des Extremsportlers Dirk Auer aus Frankfurt. Er durchfuhr am 27. Juli im Freizeitpark Tripsdrill bei Stuttgart die Holzachterbahn „Ride the Mammut".

Der Pressesprecher des Parks lud dazu Journalisten ein, bat sie vor der Achterbahn Aufstellung zu nehmen und informierte sie über das riskante Vorhaben Auers. Gleich darauf durchfuhr Dirk Auer die 30 Meter hohe Bahn mit einer Spitzengeschwindigkeit von 90 km/h. Er trug dabei Spezialskates mit 16 Rollen, die 20 Kilo wiegen. Die Fahrt dauerte nur 60 Sekunden. An Steilkurven war der Extremsportler Höchstbelastungen ausgesetzt, die das Dreifache seines Körpergewichts betrugen. 110 Arbeitsstunden und zwei Monate Planung steckten hinter dem Stunt. Dirk Auer durchfuhr als erster und schnellster Mensch mit Inlineskates eine Achterbahn und kann mit einem Eintrag ins Guinness Buch der Rekorde rechnen.

●●○ b Hier ließe sich als zusätzliche Hilfe die Gruppenarbeit mit der Textlupe vorschalten. Dazu kann die **Kopiervorlage 2** („Stichwortzettel Textlupe") genutzt werden.

Beispiellösung:

Mit Inlineskates auf der Achterbahn
Als neues Mitglied der Marbacher Zeitung wurde ich zu einem spektakulären Event in den Freizeitpark Tripsdrill bei Stuttgart eingeladen. Auf so eine Gelegenheit hatte ich lange schon gewartet! Dort gibt es ja eine neue Achterbahn, komplett aus Holz konstruiert mit dem Namen „Ride the Mammut". Über sie und den Extremsportler Dirk Auer sollte ich einen Bericht schreiben.
Am 27. Juli postierten sich die Presseleute – ich natürlich ganz vorn – vor der Achterbahn. Am Eingang stand Dirk Auer aus Frankfurt auf Inlineskates. „Was ist das denn?", dachte ich. Doch da rückte der Pressesprecher von Tripsdrill schon mit der Sprache raus und ich erfuhr: Der Extremsportler Dirk Auer wollte als schnellster Mensch der Welt die Achterbahn auf Skates herunterrasen.
Ob er es wohl schaffen würde? Die Anspannung kurz vor der „Mammut-Fahrt" war Herrn Auer ins Gesicht geschrieben. Klar, dass der fit und konzentriert sein musste! Todesmutig stürzte er sich die 30 Meter hohe Achterbahn hinunter und erreichte dabei die Spitzengeschwindigkeit von 90 km/h. Junge, wie ein Pfeil zischte der an mir vorbei. An den Steilkurven der Achterbahn war er Höchstbelastungen ausgesetzt, das Dreifache seines Körpergewichts. Du glaubst es nicht! Das muss für den 37-Jährigen ein unglaublicher Adrenalinkick gewesen sein. Seine rasante Fahrt dauerte 60 Sekunden. Insgesamt 110 Arbeitsstunden und zwei Monate Planung investierte er in den Bau seiner Spezialskates, verriet er uns später im Interview. „16 Rollen habe ich an meine Schuhe montiert und 20 Kilo wiegen sie."
Im Training befestigte Dirk Auer seine Schuhe mit einer Metallkonstruktion an den Schienen der Achterbahn. Immer wenn der Park geschlossen hatte, testete er mit einem maßstabsgetreuen Modell das Fahrverhalten seiner Spezialanfertigung. Auer weiß, die Aktion hätte tödlich ausgehen können. „Das war ein sehr gefährlicher Stunt, denn ich musste so viele Faktoren berücksichtigen", sagte er uns. „Die Achterbahn besteht aus Holz. Das ist komplett anders als bei Fahrten auf Eisen- oder Stahlkonstruktionen. Es gibt immer die Möglichkeit, dass ein Nagel oder eine Schraube nicht hundertprozentig flach ist. Ich hätte mich verhaken können, wäre gestürzt und mit großer Sicherheit gestorben. Aber ich hab's geschafft!", gestand mir Dirk Auer überglücklich.

nach: http://www.welt.de/vermischtes/article4167813/Dirk-Auer-der-schnellste-Mensch-auf-Inlineskates.html (Stand: 07.03.2017)

●○○ c Die **Kopiervorlage 3** („Vorlage: Schreibplan Bericht") bietet einen vorgefertigten Schreibplan, der den Schülerinnen und Schülern an die Hand gegeben werden kann.

Beispiellösung (Schreibplan):

	W-Fragen	Informationen
1. Einleitung	Was?	mit Inlineskates die Achterbahn hinunterfahren
	Wann?	27. Juli
	Wo?	Freizeitpark Tripsdrill bei Stuttgart
	Wer?	Dirk Auer
2. Hauptteil	Wie lief es ab? (Verlauf des Geschehens)	– Pressesprecher lud Journalisten in den Freizeitpark ein – Aufstellung vor der Holzachterbahn „Ride the Mammut" – Dirk Auer durchfuhr die 30 Meter hohe Bahn mit Spitzengeschwindigkeit von 90 km/h – Fahrt dauerte nur 60 Sekunden; an Steilkurven Höchstbelastungen des Dreifachen seines Körpergewichts – 110 Arbeitsstunden und zwei Monate Planung für den Stunt – Auer trug Spezialskates mit 16 Rollen, die 20 Kilo wiegen
3. Schluss	Welche Folgen?	Dirk Auer durchfährt als erster und schnellster Mensch mit Inlineskates eine Achterbahn.

3 In der örtlichen **Zeitung** schreibt man für ein großes Publikum. Dieses kennt das Ereignis und den Autor/die Autorin nicht und möchte sachlich und kurz über das Ereignis informiert werden, um sich danach selbst eine Meinung bilden zu können.
Die **Schülerzeitung** wird nur von einer bestimmten Zielgruppe (Lehrer/-innen, Schüler/-innen und Eltern) gelesen. Diese haben meist bereits sachliche Informationen über ein Ereignis und sind daher eher an Hintergrundinformationen interessiert. Deshalb darf die Berichterstattung hier auch um eigene Einschätzungen des Autors/der Autorin ergänzt werden.
Die **Freunde** kennen den Autor/die Autorin und das Ereignis meist ziemlich gut und wollen mit der Berichterstattung unterhalten werden. Sie wollen Spannendes und Neues erfahren, an den sachlichen Informationen sind sie weniger interessiert.

4 Es ist anzunehmen, dass die Schüler/-innen sich für einen der in Aufgabe 3 genannten Adressaten entscheiden werden.

Beispiellösung (Bericht in einer Zeitung):

Kissenschlacht auf der Domplatte
Am 4. April fand um 16 Uhr auf der Kölner Domplatte eine Kissenschlacht statt, an der ungefähr 1 000 Personen, überwiegend Jugendliche, teilnahmen.
Anlass dieser Aktion war der Pillow Fight Day (Kissenschlacht-Tag), der weltweit in mehr als 80 Städten gefeiert wird. Verschiedene Gruppen hatten in sozialen Netzwerken zu dieser Aktion aufgerufen.
Nachdem ein schriller Pfiff das Startzeichen gegeben hatte, begann die Kissenschlacht. Alle gingen mit Kissen, die sie von zu Hause mitgebracht hatten, aufeinander los. Zuerst sah man nur sehr viele Menschen und Kissen, wenig später war die Domplatte mit Federn bedeckt. Passanten, die zufällig in die Kissenschlacht geraten waren, ergriffen die Flucht. Touristen blieben verwundert stehen und betrachteten das muntere Treiben erstaunt. Nach etwa 15 Minuten war die Kissenschlacht beendet. Im Anschluss daran fand eine kurze Aufräumaktion statt. Danach legten sich viele Teilnehmer auf die Wiese am Rheinufer, um sich von der Aktion zu erholen.

▌▌ S.79 Paddeln rund um Südamerika – Informationen indirekt wiedergeben

Extrempaddlerin Freya Hoffmeister legt wieder los

1 Freya Hoffmeister möchte Südamerika in einem Kajak umfahren und an ihrem 50. Geburtstag direkt in Buenos Aires ankommen.

2 a Aussagen der Extremsportlerin werden in direkter und indirekter Rede wiedergegeben. Die Anführungszeichen weisen die direkte Rede aus.

b–d Bei der Unterscheidung kann den Schülerinnen und Schülern der Informationskasten „Direkte und indirekte Rede" im SB auf S. 80 helfen.

direkte Rede (mit Anführungszeichen)	indirekte Rede (ohne Anführungszeichen)
„Ich erlebe gerne Sachen, die sonst keiner macht und schon gar keine Frau." (Z. 3 f.)	Sie erlebe gerne Sachen, die sonst keiner mache und schon gar keine Frau. (Z. 3 f.)
„Du musst es nur bis zur nächsten Landspitze schaffen." (Z. 19 f.)	Sie müsse es nur bis zur nächsten Landspitze schaffen. (Z. 19 f.)
„Das Landen mit dem Kajak ist schwierig, besonders an einem offenen Strand mit Brandung, denn eine brechende Welle kann einen zertrümmern." (Z. 22–25)	Das Landen mit dem Kajak sei schwierig, besonders an einem offenen Strand mit Brandung, denn eine brechende Welle könne einen zertrümmern. (Z. 22–25)
„Ich bin topfit, manchmal hatte ich höchstens einen Muskelkater." (Z. 33–35)	Sie sei topfit, manchmal habe sie höchstens einen Muskelkater gehabt. (Z. 33–35)

e

direkte Rede (mit Anführungszeichen)	indirekte Rede (ohne Anführungszeichen)
„Ab September geht es weiter die chilenische Küste entlang. Viel zu tun ist bis dahin, Kartenmaterial ist zu besorgen, Behördengänge sind zu erledigen", so die Sportlerin. (Z. 11–14)	Ab September gehe es weiter die chilenische Küste entlang. Viel zu tun sei bis dahin, Kartenmaterial sei zu besorgen, Behördengänge seien zu erledigen, so die Sportlerin. (Z. 11–14)
„Die Wellen sind nicht immer gleich hoch. Man muss warten und hoffen, dass die letzte Welle einem nicht im Nacken sitzt." (Z. 25–28)	Die Wellen seien nicht immer gleich hoch. Man müsse warten und hoffen, dass die letzte Welle einem nicht im Nacken sitze. (Z. 25–28)
„Der Körper sagt einem schon, wenn er eine Pause braucht." (Z. 32 f.)	Der Körper sage einem schon, wenn er eine Pause brauche. (Z. 32 f.)

3 An Silvester 2011 umfahre sie das Kap Hoorn. Das Wetter sei dort in der Regel extrem, enormer Westwind und hoher Wellengang, die Temperaturen lägen/würden unter zehn Grad Celsius liegen.
An eine Rückkehr sei am Kap Hoorn da nicht zu denken. Mit aller Kraft paddele Freya Hoffmeister auf eine felsige Bucht zu, müsse notlanden, es sei die letzte Chance überhaupt. Sonst triebe sie bis in die Antarktis.
Das Boot mit Gepäck, Proviant und GPS wiege 100 kg, das müsse alles geschleppt werden. Oft wehe der Wind so stark, dass alles durch die Gegend fliege.

4 a/b Beispiellösung:

	direkte Rede	indirekte Rede
Freyas Freundin sagte:	„Wenn sie so lange unterwegs ist, vermisst sie ihre Heimat Husum."	Wenn sie so lange unterwegs sei, vermisse sie ihre Heimat Husum.

	„Um sich die Zeit während des Paddelns zu vertreiben, spricht sie mit den Seehunden."	Um sich die Zeit während des Paddelns zu vertreiben, spreche sie mit den Seehunden.
	„Sie ernährt sich während des Paddelns von Astronautenkost, da diese wenig Platz wegnimmt und sehr energiereich ist."	Sie ernähre sich während des Paddelns von Astronautenkost, da diese wenig Platz wegnehme und sehr energiereich sei.

Die **Kopiervorlage 4** („Informationen indirekt wiedergeben") greift die Aufgaben der Seite auf und bietet dazu alternatives Textmaterial zur vertiefenden Übung an.

S.81 Extrem sportlich – Die Reportage als Erlebnisbericht

Stephan Orth: Kaltenbrunner und der K2: Triumph am Schicksalsberg

1 a Der Text handelt von Gerlinde Kaltenbrunner, die als erste Frau ohne künstlichen Sauerstoff den K2 und alle Achttausender bestieg.

b Beispiellösung:

unbekanntes Wort	aus dem Zusammenhang	im Wörterbuch
Achttausender (Z. 3 f.)	Berg, hat vermutlich mit Höhe oder Schwierigkeit zu tun	Berg/Gipfel, der mindestens 8 000 Meter hoch ist
Flaschensauerstoff (Z. 4)	Sauerstoff	künstlicher Sauerstoff in Flaschen, der in der sauerstoffarmen Höhenluft beim Überleben hilft
Triumph (Z. 5)	Erfolg	großer Erfolg, z. B. nach Wettstreit
Gigant (Z. 21)	Berg	Riese
inspirieren (Z. 22)	anregen	zu einem Tun veranlassen
Basecamp (Z. 33)	Lager, das entfernt von der Bergspitze ist	Talstützpunkt, vom dem der Aufstieg eines Berges begonnen wird und der zusätzliches Material enthält
Alpinstil (Z. 45)	einen Berg ohne Hilfe von Sauerstoff aus der Flasche besteigen	Variante des Bergsteigens, bei der die Strecke ohne zusätzliches Material und mit wenig technischer Hilfe (kein Flaschensauerstoff, Fixseile etc.) zurückgelegt wird
Todeszone (Z. 49)	besonders gefährlicher Bereich	Höhenbereich über 7 000 Meter; kein dauerhafter Aufenthalt für Menschen möglich
statistisch (Z. 54)	durchschnittlich	zahlenmäßig erfasst
immens (Z. 57)	große	über die Maßen, übermäßig
Lawine (Z. 57)	ist wetterbedingt und mit Gefahr verbunden	große Schnee- oder Eismassen, die von Berghängen ins Tal stürzen
Flanke (Z. 63)	Seite	eine Seite eines Körpers
Expedition (Z. 65)	abenteuerliche Unternehmung	Entdeckungs- oder Forschungsreise

121

Lizenzen (Z. 66)	können erworben werden, teuer	schriftliche Erlaubnis für etwas
Akklimatisierung (Z. 66)	dauert lange, hat mit Beginn der Besteigung zu tun	Anpassung eines Organismus an veränderte Verhältnisse der Umwelt
Depot (Z. 67)	kann errichtet werden	Vorratslager
spuren (Z. 68)	hat mit dem Anlegen von Pfaden zu tun	mit Skiern durch den unberührten Schnee gehen, eine Spur ziehen
unwirtlich (Z. 70)	schwierig	nicht zum Bleiben einladend
alpinistisch (Z. 72)	bezieht sich auf die Erfahrung der Bergsteigerin	bezogen auf das als Sport betriebene Bergsteigen im Hochgebirge

c Beispiellösung:

> Z. 1–17: K2 als Grund dafür, Höhenbergsteigerin zu werden
> Z. 18–31: Erfolg nach sechs erfolglosen Besteigungsversuchen
> Z. 32–49: Gemeinsam mit drei Begleitern auf dem Gipfel
> Z. 50–64: Gefahren und Schwierigkeiten am K2
> Z. 65–71: Aufwendige Vorbereitungen
> Z. 71–76: Belohnung für Kaltenbrunners Erfahrung und Vernunft

2 In dem Text gehen sachliche Informationen und persönliche Eindrücke oft fließend ineinander über, z. B.: „25 Jahre später, am Dienstag um 18.18 Uhr *(informierend)*, steht Kaltenbrunner auf dem Gipfel ihres persönlichen Schicksalsberges" *(anschaulich)* (Z. 18–20). Dieses zentrale Merkmal einer Reportage kann im Klassengespräch thematisiert werden. Siehe dazu auch die Lösungen zu Aufgabe 4 b.

3 Beispiellösung:

ausdrucksstarke Verben	anschauliche Adjektive und Partizipien	sprachliche Bilder: Vergleich, Metaphern, Personifikationen
träumte (Z. 1), lauerten (Z. 17), inspiriert (Z. 22), stürzte (Z. 29), erklettert (Z. 45 f.), abverlangen (Z. 58 f.), gespurt (Z. 68), überlebt (Z. 74)	bittersten (Z. 6), zweithöchste (Z. 11), enormen (Z. 16), gemeinsam (Z. 35), bemerkenswert (Z. 40), erträglicher (Z. 49), schwerste (Z. 52), berüchtigt, unsichere (Z. 56), immense (Z. 57), kaum berechenbar (Z. 59), unwirtlich (Z. 70), alpinistisch (Z. 72), beste (Z. 75)	Schicksalsberg (Überschrift) der […] hohe Gigant hat […] inspiriert […] Grenzen aufgezeigt […] zur Umkehr gezwungen (Z. 20 ff.), es [sei] ein Geschenk (Z. 33 f.), spielt in einer anderen Liga (Z. 44 f.), Todeszone (Z. 49), bezahlten […] mit ihrem Leben (Z. 53 f.), verlangen einige Passagen […] alles ab (Z. 58 f.)

4 a

Reportage – Ja oder Nein?	☺	☹
Gibt es einen interessanten szenischen Einstieg?	☐	☑
Gibt es sachliche Informationen, aber auch persönliche Erlebnisse?	☑	☐
Wird die Stimmung vor Ort geschildert?	☐	☑
Wechseln die Zeitformen?	☑	☐

b Die Schüler/-innen können für ihre Begründungen auch die Ergebnisse aus den Aufgaben 2 und 3 zu Hilfe nehmen. Mögliche Begründungen sind:
- Der Text führt nicht direkt in eine Szene ein, sondern beantwortet im ersten Abschnitt wichtige W-Fragen (Wer?, Was?).
- Sachliche Informationen sind z. B. alle Zahlen und Daten, die Aussagen über den sechsten Besteigungsversuch (Z. 24–29), die Nennung der Begleiter (Z. 37 ff.) und die Textstelle über die Vorbereitungen (Z. 65–68). Persönliche Erlebnisse, Eindrücke und Sichtweisen sind z. B.: „wurde [ihr] klar, dass ihr die österreichischen Alpen zu klein waren. Sie träumte nun …" (Z. 11 ff.); „enormen Gefahren […], die […] lauerten" (Z. 16 f.); „ihres persönlichen Schicksalsberges" (Z. 19 f.); „ihre Grenzen aufgezeigt" (Z. 24), „ein Geschenk sei, …" (Z. 33 f.); „Und dieses ‚gemeinsam' ist bemerkenswert, weil …" (Z. 39 f.); „Deshalb spricht es für die alpinistische Erfahrung und Vernunft der Österreicherin, …" (Z. 71 ff.).
- Die Stimmung vor Ort, also auf dem Gipfel des K2, wird nicht ausführlich geschildert, es ist nur die Rede von „großen Triumph" (Z. 5) und einem „Geschenk" (Z. 34).
- Die Zeitformen wechseln häufig. Präteritum: Z. 1–17, 24–39, 42 f., 46 ff., 52 ff., 62 ff.; Präsens: Z. 18–20, 40, 44, 50 f., 54–62, 65–71; Perfekt: Z. 20–24, 45 f., 74.

S.83 Testet euch! – Reportage und Bericht unterscheiden

1 a/b Reportagen ...
- schildern etwas sachlich und neutral/sind aus einer persönlichen Sicht heraus geschrieben.
- beginnen mit einer interessanten Szene.
- wechseln zwischen informierenden Passagen und szenischer Darstellung.
- erläutern auch die Hintergründe, aus denen sich das Ereignis erklärt.
- wollen den Leser auch für eine Sache gewinnen und ihn begeistern.

2 a/b Beispiellösung:

> **13-Jähriger erklimmt Mount Everest**
> Der 13-jährige US-Amerikaner Jordan Romero bestieg am 22. Mai 2010 den 8 848 Meter hohen Mount Everest und bezwang damit als jüngster Mensch aller Zeiten den höchsten Berg der Welt. Er folgte der tibetischen Nordroute zum Gipfel, da die nepalesischen Behörden ihm auf Grund seines Alters die Einreise mit dem Ziel des Bergsteigens verweigerten. Inspiriert zu der Tour wurde er von einem in seiner Schule hängenden Gemälde der Seven Summits, der sieben höchsten Berge der Welt. Jordan erklärte in einem Interview, er wolle mit seiner Aktion andere Kinder und Jugendliche dazu aufrufen, selbst gesteckte Ziele zu verfolgen und über sich hinauszuwachsen.

4.2 Reiseerlebnisse – Eine Reportage für einen Reiseblog schreiben

S.84 **Eine Reportage untersuchen**

Reiner Luyken: Brighton

1 Da der Reporter seine Meinung über den Badeort nicht plakativ darlegt, müssen die Schüler/-innen den Text sehr genau lesen, um die Frage beantworten zu können. Aussagen wie „Natürlich ist Brighton längst auch ökologisch voll auf der Höhe der Zeit" (Z. 33 f.) und „Inzwischen kommen Menschen aller Gesellschaftsklassen an den Strand von Brighton. Und alle sind richtig" (Z. 59 ff.) legen eine positive Einstellung zu Brighton nahe. Luyken hat „Regen, Lärm und Schund, [...] Bingohallen und billige Frühstückspensionen" (Z. 16 ff.) erwartet, aber Sonne, Strand, ein „feine[s] Antiquitätengeschäft" (Z. 29 f.), Ökoläden, Straßencafés (Z. 37 ff.) und eine bunte Mischung außergewöhnlicher Menschen (Z. 20–30, Z. 59–72) vorgefunden.

2 Beispiellösung:

> 1. Abschnitt (Z. 1–8): Mit dem Zug von London nach Brighton
> 2. Abschnitt (Z. 9-18): Fahrgäste im Zug und Erwartungen an den Badeort
> 3. Abschnitt (Z. 19-32): Originelle Typen auf Brightons Straßen
> 4. Abschnitt (Z. 33-39): Ökologisches Brighton
> 5. Abschnitt (Z. 40-49): Entspannteres Leben als in London
> 6. Abschnitt (Z. 50-58): Der Pier und Queen Victoria
> 7. Abschnitt (Z. 59-73): Der Strand von Brighton ist für alle da

3 Die Reportage beginnt mit einer hektischen Szene am Bahnhof Victoria Station in London, durch die Spannung aufgebaut wird. Die Leser/-innen werden vor allem durch die wörtliche Rede unmittelbar in das Geschehen hineingezogen, sodass sie sich fragen, warum der Mann und die anderen Passagiere unbedingt nach Brighton reisen wollen.

4 **a/b** Beispiellösung:

> In den gelben Abschnitten beschreibt der Reporter die Situation, seine Umgebung und die Menschen auf den Straßen und am Strand von Brighton. Es handelt sich aber nicht um eine objektive, sachliche Beschreibung, sondern er schildert seine persönlichen Eindrücke und die Atmosphäre. Die blauen Abschnitte haben die Aufgabe, sachlich zu informieren. Sie wirken neutral und enthalten Tatsachen und Hintergrundinformationen, z. B. über den Pier. Der grüne Abschnitt ist etwas Besonderes, weil in ihm eine Augenzeugin in direkter Rede spricht.

c

	in den Absätzen
A: persönliche, stimmungsvolle Schilderung von Eindrücken	1, 2, 3, 7
B: sachlicher, eher neutraler Bericht; Hintergrundinformation	4, 6
C: Zitate in direkter Rede; Äußerung eines Augenzeugen	5

S.86 **Schritt für Schritt zur eigenen Reisereportage**

Persönliche Reiseeindrücke festhalten

1 **a/b** Die Schüler/-innen versetzen sich in Londonreisende und erarbeiten anhand des bereitgestellten Fotomaterials und der Tagebuchnotizen Eindrücke von der Stadt. Weitere Eindrücke könnten sein:

gemächlich fließende Themse mit Ausflugsbooten, majestätische Tower Bridge, eindrucksvoller Tower mit krächzenden Raben, Duft der Blumen im Green Park, Tour in rotem Doppeldeckerbus (offenes Oberdeck, kalter Fahrtwind) …

2 Beispiellösung:

> **Textbaustein 1:** Punkt halb elf hält die U-Bahn quietschend an der Station „Green Park". Offenbar wollen außer mir auch alle anderen Fahrgäste aussteigen, sodass sich schließlich eine wahre Menschenmasse ans Tageslicht wälzt. Nach der Enge und Hektik genieße ich den Fußweg quer durch den Park Richtung Buckingham Palace. Auf den Rasenflächen tummeln sich verliebte Pärchen und spielende Kinder. Anzugträger und Frauen in schicken Kostümen sitzen auf den Bänken, genießen die Frühlingssonne und essen Sandwiches – eine späte Frühstückspause oder schon das Mittagessen? Als ich um die nächste Ecke biege, weht plötzlich der betäubende Duft von Osterglocken heran. Und dann fällt mein Blick auf den Palast, ein wirklich majestätisches Gebäude.
>
> **Textbaustein 2:** Am Nachmittag steht Westminster auf dem Programm. Ich beginne gleich mit einem Höhepunkt, nämlich Westminster Abbey. Prachtvoll weiß ragen die beiden Türme der Krönungskirche auf. Man könnte beinahe den lärmenden Verkehr, die stinkenden Autos ringsumher vergessen. Am Portal der Kirche wartet eine böse Überraschung – wegen Renovierungsarbeiten geschlossen! Also weiter zu den Houses of Parliament, dem Sitz des britischen Parlaments. Ich stehe vor dem riesigen Komplex und bin ganz froh, dass eine Innenbesichtigung nicht möglich ist. Ein Blick auf die Turmuhr verrät mir: Gleich ist es so weit. Die Zeiger nähern sich unaufhaltsam der 2. Gespannt starre ich hinauf. Da ertönt Big Ben, die größte der fünf Glocken im Elizabeth Tower. Der satte, tiefe Klang vibriert durch die Londoner Luft und erzeugt einen Gänsehautmoment. …

S. 87 Sachliche Informationen aufbereiten

3 Beispiellösung:

> **Textbaustein 1:** Das London Eye ist mit 135 Metern das höchste Riesenrad Europas. Die Touristenattraktion liegt direkt gegenüber von Big Ben an der Themse. Pro Jahr genießen 3,5 Millionen Besucher die tolle Aussicht aus den langsam rotierenden Glaskabinen.
>
> **Textbaustein 2:** Mit ihrem Bau wurde 1863 begonnen – das macht die London Underground zur ältesten U-Bahn der Welt. Im Lauf von mehr als 150 Jahren wuchs die Zahl der Stationen auf 250. Aufgrund ihrer Röhrenform wird sie „Tube" genannt.
>
> **Textbaustein 3:** Buckingham Palace ist der offizielle Wohnsitz der britischen Monarchen und bildet auch die Kulisse für den Empfang von Staatsgästen. Jedes Jahr nehmen 50 000 geladene Gäste an Veranstaltungen im und um den Palast teil. Die größte Attraktion für Touristen ist „Changing of the Guard", der Wachwechsel vor dem Palast.

4 Beispiellösung:

> Auf der Marylebone Road befindet sich das berühmte Wachsfigurenkabinett „Madame Tussauds". Die Gründerin Marie Tussaud wurde in Straßburg geboren und modellierte schon 1777 den Philosophen Voltaire. Nach der Französischen Revolution kam sie mit ihrer Ausstellung und ihren Söhnen nach Großbritannien und eröffnete 1835 ihr Kabinett in London. Seitdem ist es eine berühmte Touristenattraktion. Heute gibt es auf der ganzen Welt Zweigstellen. Die Sammlungen werden regelmäßig um aktuelle Figuren erweitert.

S.88 Aussagen von Augenzeugen einbeziehen

5 Beispiellösung:

Textbaustein 1: Ich treffe Tom, einen waschechten Londoner, in der überfüllten Tube. Ich finde es schrecklich eng, aber Tom sagt: „Das ist Alltag hier in London." Dann frage ich ihn, ob er nicht doch einen Tipp für mich hat. „Klar!", entgegnet er: „In der Hauptverkehrszeit ist es am schlimmsten, da sollte man als Tourist die Tube meiden."
Textbaustein 2: Vor der Figur von Brad Pitt komme ich mit Lea und John ins Gespräch. Sie erzählen mir, dass sie Madame Tussauds immer wieder gern besuchen. Als ich frage, warum, erwidert Lea: „Weil es echt der Wahnsinn ist! Hier kann man seinen Stars hautnah begegnen!" Und John fügt begeistert hinzu: „Die Figuren sehen einfach so lebensecht aus!" Er verrät mir, dass die Queen seine Lieblingsfigur ist. „Wann steht man schon mal neben einer Königin?" Lea wiederum gefällt, dass das Fotografieren erlaubt ist. „Um das Selfie mit Brad Pitt beneiden mich viele!", erzählt sie lachend.

Den direkten Einstieg verfassen

6 Beispiellösung:

Pfeifen, Gedränge, Hektik. Ich bin so müde, aber eine blecherne Stimme aus der Lautsprecheranlage schreit mir fast direkt ins Ohr: „King's Cross Station ..." Endlich! Hastig raffe ich mich auf und packe meine Sachen zusammen. Es ist 6.30 Uhr morgens, es regnet, aber ich bin da! London wartet auf mich.

S.89 Die Textbausteine zusammenfügen

7 a–c Beispiellösung:

London

Pfeifen, Gedränge, Hektik. Ich bin so müde, aber eine blecherne Stimme aus der Lautsprecheranlage schreit mir fast direkt ins Ohr: „King's Cross Station ..." Endlich! Hastig raffe ich mich auf und packe meine Sachen zusammen. Es ist 6.30 Uhr morgens, es regnet, aber ich bin da! London wartet auf mich.

Erst einmal quetsche ich mich allerdings in eine volle, stickige U-Bahn, die mich zu meiner Unterkunft bringt. In dem kleinen Hotel in Kentish Town lege ich mich für eine Stunde aufs Ohr, denn im Zug war an Schlafen nicht zu denken. Nach einer erfrischenden Dusche und einem ausgiebigen Frühstück ist der Energiespeicher wieder voll. Beschwingt laufe ich die Treppen zur Underground hinab. Mit ihrem Bau wurde 1863 begonnen – das macht die London Underground zur ältesten U-Bahn der Welt. Im Lauf von mehr als 150 Jahren wuchs die Zahl der Stationen auf 250. Ich treffe Tom, einen waschechten Londoner, in der wegen ihrer Röhrenform „Tube" genannten Bahn. Ich finde es schrecklich eng, aber Tom sagt: „Das ist Alltag hier in London." Dann frage ich ihn, ob er nicht doch einen Tipp für mich hat. „Klar!", entgegnet er: „In der Hauptverkehrszeit ist es am schlimmsten, da sollte man als Tourist die Tube meiden." Zum Glück ist jetzt keine Hauptverkehrszeit, und ich werde versuchen, seinen Rat zu beherzigen. Um Punkt halb elf hält die U-Bahn quietschend an der Station „Green Park". Offenbar wollen außer mir auch alle anderen Fahrgäste aussteigen, sodass sich schließlich eine wahre Menschenmasse ans Tageslicht wälzt. Nach der Enge und Hektik genieße ich den Fußweg quer durch den Park Richtung Buckingham Palace. Auf den Rasenflächen tummeln sich verliebte Pärchen und spielende Kinder. Anzugträger und Frauen in schicken Kostümen sitzen auf den Bänken, genießen die Frühlingssonne und essen Sandwiches – eine späte Frühstückspause oder schon das Mittagessen? Als ich um die nächste Ecke biege, weht plötzlich der betäubende Duft von Oster-glocken heran. Und dann fällt mein Blick auf den Palast, ein wirklich majestätisches Gebäude. Buckingham Palace ist der offizielle Wohnsitz der britischen Monarchen und bildet auch die Kulisse für den Empfang von Staatsgästen. Jedes Jahr nehmen 50 000 geladene Gäste an Ver-anstaltungen im und um den Palast teil. Die größte Attraktion für Touristen ist „Changing of the Guard", der Wachwechsel vor dem Palast. Den lasse auch ich mir natürlich nicht entgehen. Die hohen Biberfellmützen und roten Uniformen der Soldaten sind genauso beeindruckend wie ihre zackigen Schritte. Neben mir hält eine Gruppe japanischer Touristen das ganze Spektakel auf-geregt mit Handys und Kameras fest. Nachdem sich die Zuschauermenge aufgelöst hat, merke ich, dass mein Magen knurrt. In einem kleinen Café esse ich zu Mittag. Dann kann es weiterge-hen. Am Nachmittag steht Westminster auf dem Programm. Ich beginne gleich mit einem Höhe-punkt, nämlich Westminster Abbey. Prachtvoll weiß ragen die beiden Türme der Krönungskirche auf. Man könnte beinahe den lärmenden Verkehr, die stinkenden Autos ringsumher vergessen. Am Portal der Kirche wartet eine böse Überraschung – wegen Renovierungsarbeiten geschlos-sen! Also weiter zu den Houses of Parliament, dem Sitz des britischen Parlaments. Ich stehe vor dem riesigen Komplex und bin ganz froh, dass eine Innenbesichtigung nicht möglich ist. Ein Blick auf die Turmuhr verrät mir: Gleich ist es so weit. Die Zeiger nähern sich unaufhaltsam der 2. Gespannt starre ich hinauf. Da ertönt Big Ben, die größte der fünf Glocken im Elizabeth Tower. Der satte, tiefe Klang vibriert durch die Londoner Luft und erzeugt einen Gänsehaut-moment. Kurz darauf geht es weiter im Programm. Ich schlendere über die Westminster Bridge und nähere mich der nächsten Sehenswürdigkeit. Das London Eye ist mit 135 Metern das höch-ste Riesenrad Europas. Die Touristenattraktion liegt direkt gegenüber von Big Ben an der Themse. Pro Jahr genießen 3,5 Millionen Besucher die tolle Aussicht aus den langsam rotieren-den Glaskabinen. Da ich kein Ticket vorbestellt habe, muss ich mich in die Schlange vor der Kasse einreihen und eine geschlagene Stunde warten. Doch dafür werde ich mit einem fantasti-schen Blick auf die Stadt belohnt. Auf dem höchsten Punkt bekomme ich ein ganz kribbeliges Gefühl und würde am liebsten nie wieder aussteigen. Nach 35 Minuten ist die Fahrt jedoch vor-bei. Ich überlege kurz, das Sea Life Aquarium zu besuchen, das gleich um die Ecke liegt. Dann setze ich mich aber lieber auf eine Bank in den Jubilee Gardens, um ein bisschen frische Luft zu schnappen, bevor ich erneut in die U-Bahn abtauche. Die Jubilee Line bringt mich zur Station Baker Street. Von hier aus ist das Sherlock-Holmes-Museum in wenigen Minuten zu Fuß zu er-reichen, aber ich gehe in die andere Richtung. Auf der Marylebone Road befindet sich nämlich das berühmte Wachsfigurenkabinett „Madame Tussauds". Die Gründerin Marie Tussaud wurde in Straßburg geboren und modellierte schon 1777 den Philosophen Voltaire. Nach der Französi-schen Revolution kam sie mit ihrer Ausstellung und ihren Söhnen nach Großbritannien und er-öffnete 1835 ihr Kabinett in London. Seitdem ist es eine berühmte Touristenattraktion. Heute gibt es auf der ganzen Welt Zweigstellen. Die Sammlungen werden regelmäßig um aktuelle Figu-ren erweitert. Vor der Figur von Brad Pitt komme ich mit Lea und John ins Gespräch. Sie erzäh-len mir, dass sie Madame Tussauds immer wieder gern besuchen. Als ich frage, warum, erwidert Lea: „Weil es echt der Wahnsinn ist! Hier kann man seinen Stars hautnah begegnen!" Und John fügt begeistert hinzu: „Die Figuren sehen einfach so lebensecht aus!" Er verrät mir, dass die Queen seine Lieblingsfigur ist. „Wann steht man schon mal neben einer Königin?" Lea wiederum gefällt, dass das Fotografieren erlaubt ist. „Um das Selfie mit Brad Pitt beneiden mich viele!", erzählt sie lachend. Hm, ein Foto mit der Queen kann ich mir auch vorstellen ... John ist so nett und schießt mit meinem Handy das gewünschte Foto. Dann verabschiede ich mich von ihm und Lea. Nach drei Stunden im Wachsfigurenkabinett brauche ich nun dringend etwas zu essen. ...

Die Reportage überarbeiten

8 Nach der Überarbeitung der Reportagen in der Schreibkonferenz können sie ausgedruckt und in einem Ordner gesammelt oder im Klassenraum aufgehängt werden.

Mit der **Kopiervorlage 5** („Eine Reportage anhand eines Interviews verfassen") kann das material-gestützte Verfassen einer Reportage geübt und die Kompetenz des produktionsorientierten Schreibens vertieft werden

S.90 Stärken stärken: Eine Reportage überarbeiten

Rallye quer durch Straßburg

1 **a** Auch hier kann der vorgefertigte Schreibplan auf der **Kopiervorlage 3** („Vorlage: Schreibplan Bericht") genutzt werden.

Die wichtigsten Informationen können anhand der W-Fragen ermittelt und in einer Tabelle erfasst werden.

Beispiellösung:

	W-Fragen	Information
1. Einleitung	Was?	deutsch-französischer Schüleraustausch in Straßburg
	Wann?	im Juli
	Wo?	Straßburg (Hauptstadt des Elsass), Altstadt
	Wer?	16 Achtklässler der Realschule Rheinmünster und 14 Acht-klässler des Collège du Rhin aus Drusenheim
2. Hauptteil	Wie lief das Ereignis ab? (Verlauf des Ausflugs)	– deutsche Austauschschüler/-innen waren für fünf Tage bei französischen Gastfamilien untergebracht – Stadtrallye durch Straßburg – Schüler/-innen lernen Altstadt und Stadtviertel „La Petite France" kennen – „La Petite France": im Mittelalter Gerbereien, schlechter Geruch, Kriminelle, heute beliebt wegen kleiner Gassen mit Fachwerkhäusern und Geschäften
3. Schluss	Welche Folgen?	deutsche Schüler/-innen: bessere Französischkenntnisse, Kennenlernen von Straßburg; französische Schüler/-innen: neue Entdeckungen

b Inhalt: Insgesamt gibt Ben zwar viele Sachinformationen, nennt aber z. B. nicht den genauen Zeit-punkt der Rallye.
Aufbau: Der szenische Einstieg könnte ausführlicher sein. Die Abschnitte sollten anders angeordnet werden, damit die Schilderungen der Rallye zusammen stehen.
Schreibstil: Bens Sprache sollte anschaulicher und lebendiger sein, er sollte mehr persönliche Ein-drücke schildern und Aussagen in direkter Rede ergänzen.
Tempus: Ben benutzt an vielen Stellen das Perfekt, diese müssen umformuliert werden.

c Beispiellösung:

Rallye quer durch Straßburg

„Hier entlang! Auf der Karte kann man es genau sehen!" „Ici! Viens!" Mit Zetteln bewaffnet düsen deutsche und französische Achtklässler am 15. Juli durch die Straßen Straßburgs. Mittendrin ich, Ben, von der Realschule Rheinmünster. Meine Aufregung ist groß, denn ich will die Rallye unbedingt gewinnen! Ich laufe durch die engen, bunten Gassen der Altstadt und durch das Stadtviertel „Petite France", um Bekanntes und Neues zu entdecken.

Während der Rallye erfahren wir viel über „Petite France". Im Mittelalter betrieben dort die Gerber ihr Handwerk und der Stadtteil war unbeliebt. Überall hingen Häute und Felle und verbreiteten einen üblen Geruch. Doch es stank nicht nur, sondern es war angeblich auch gefährlich, weil Gauner hier Unterschlupf fanden, um ihre dunklen Geschäfte abzuwickeln. Heute ist das Viertel wegen seiner vielen kleinen Gassen, Fachwerkhäuser und Geschäfte dagegen sehr beliebt. Es macht unheimlich viel Spaß, überall herumzustöbern. Erst nach Stunden merke ich, dass meine Beine langsam müde werden.

Die Rallye, da sind sich hinterher alle einig, ist ein großer Erfolg. Wir deutschen Schüler lernten die Hauptstadt des Elsass' ein bisschen genauer kennen, und auch die französischen Schüler sind begeistert. Lizanne ist Straßburgerin und stellt fest: „Ich habe bei der Rallye Gebäude gesehen, die ich vorher noch nie richtig wahrgenommen habe."

Wir deutschen Austauschschüler sind für insgesamt fünf Tage in Gastfamilien rund um Straßburg untergebracht. Das Leben in einer französischen Familie gefällt uns gut, außerdem verbessern sich unsere Französischkenntnisse enorm. Am Anfang traue ich mich zwar kaum, etwas auf Französisch zu sagen, aber nach und nach wird es besser. Selbst Felix, der so gut wie nie den Mund aufmacht, scherzt: „Ich spreche jetzt genauso fließend Französisch wie Deutsch." Insgesamt nahmen 14 Schüler des Collège du Rhin aus Drusenheim und 16 Schüler unserer Realschule an dem Schüleraustausch teil. ….

S. 91 4.3 Fit in …? – Berichten

Die Aufgabenstellung richtig verstehen

1 Zutreffend ist folgender Satz:
Ich soll für die offizielle Schulwebsite über den 24-Stunden-Lauf knapp und sachlich berichten.

Informationen sammeln und einen Schreibplan erstellen

2 Auch hier kann der vorgefertigte Schreibplan auf der **Kopiervorlage 3** („Vorlage: Schreibplan Bericht")
genutzt werden.
Beispiellösung:

	W-Fragen	Information
1. Einleitung	Wer?	Carl-Netter-Realschule (Schüler/-innen und Lehrer), Eltern und Läufer/-innen
	Wo?	Bühl, im Jahnstadion
	Was?	24-Stunden-Lauf für einen guten Zweck (Spende an Bühler Tafelladen)
	Wann?	10.–11. Juli 2017, alle zwei Jahre

| 2. Hauptteil | Wie ging es vor sich? (Verlauf des Geschehens) | – Alle Läufer/-innen spenden pro Runde mindestens 10 Cent
– Startschuss am 10. Juli um 10 Uhr
– Motto: „Gemeinsam viel bewegen"
– im Vorfeld viele Firmenspenden nach Anschreiben
– Programm mit Spiele-Olympiade, Essen, Musik und Tanzauftritten
– Auftritt von Huberts Partyband um 20 Uhr
– Teilnahme des Ultraläufers Alfred Ziegler, der die komplette 24 Stunden durchlief, mit nur wenigen Fünf-Minuten-Pausen
– Siegerehrung am 11. Juli um 10 Uhr |
| 3. Schluss | Welche Folgen? | insgesamt 13 000 km von 4 000 Läufern; 7.000 € für den Bühler Tafelladen; alle Beteiligten sehr zufrieden |

Den Bericht schreiben und überarbeiten

3/4 Beispiellösung:

Überwältigender Erfolg des 24-Stunden-Laufs der Carl-Netter-Realschule	treffende Überschrift
Die Schüler/-innen, Lehrer/-innen und Eltern der Carl-Netter Realschule in Bühl organisierten in diesem Jahr wieder den beliebten 24-Stunden-Lauf. Die Veranstalter luden vom 10. bis 11. Juli 2017 alle Sportbegeisterten ins Jahnstadion nach Bühl ein. Dort spendete jeder Läufer und jede Läuferin pro Runde mindestens 10 Cent für den guten Zweck. Dieses Mal gingen die Einnahmen an den Bühler Tafelladen.	Wer? Wann? Wo? Was?
Der Startschuss durch den Oberbürgermeister fiel am 10. Juli um 10 Uhr. „Gemeinsam viel bewegen" war das Motto, und gemäß diesem spendeten viele ortsansässige Firmen schon im Vorfeld Geld, nachdem sie von der Schulprojekte-AG angeschrieben worden waren. Ein unterhaltsames Rahmenprogramm mit einer Spiele-Olympiade, gutem Essen, Musik und Tanzauftritten rundete die Veranstaltung ab. Vor allem der Auftritt von Huberts Partyband um 20 Uhr sorgte für tolle Stimmung. Ein weiterer Höhepunkt war die Teilnahme des Ultraläufers Alfred Ziegler, der die komplette 24 Stunden mit nur wenigen Fünf-Minuten-Pausen durchlief. Die Siegerehrung erfolgte am 11. Juli um 10 Uhr.	Wie?
Die Schule konnte einen großen Erfolg verbuchen: 13 000 km wurden insgesamt von 4 000 Läufern gelaufen und somit 7.000 € für den Bühler Tafelladen eingenommen. Alle Beteiligten waren sehr stolz und zufrieden.	Welche Folgen?

130

Vorschläge für Klassenarbeiten

Vorschlag 1: Eine Reportage schreiben
Siehe **Kopiervorlage S. 133 ff.**
Vorschlag 2: Einen Bericht schreiben
Siehe **Kopiervorlage S. 136 ff.**

Material zu diesem Kapitel auf den folgenden Seiten und auf der CD

Lernwegeliste zum Kompetenzschwerpunkt des Kapitels (vollständig auf der CD), S. 132
Diagnose: Bericht und Reportage (auf der CD, mit Lösungshinweisen und Förderempfehlungen)
Klassenarbeit: Eine Reportage schreiben (KA 1, mit Bewertungshinweisen auf der CD), S. 133 ff.
Klassenarbeit: Einen Bericht schreiben (KA 2, mit Bewertungshinweisen auf der CD), S. 136 ff.
KV 1: Vorwissen: Informationen weitergeben (auf der CD)
KV 2: Stichwortzettel Textlupe (auf der CD)
KV 3: Vorlage: Schreibplan Bericht (auf der CD)
KV 4: Informationen indirekt wiedergeben, S. 140 ff.
KV 5: Eine Reportage anhand eines Interviews verfassen, S. 146 ff.
Hinweis: Lösungen zu allen KV finden sich auf der CD.

Folie: An seine Grenze gehen – Bericht und Reportage (zu SB S. 75, auf der CD)

Weiteres Übungsmaterial

„Deutschbuch Arbeitsheft 4"
Berichte schreiben und überarbeiten, S. 21–25
– Einen Tagesbericht lesen und prüfen, S. 21
– ●○○ Stärken stärken: Einen Tagesbericht überarbeiten, S. 22
– ●●○ Stärken stärken: Einen Bericht schreiben, S. 23
– ●●● Stärken stärken: Einen Zeitungsbericht schreiben
   Jan Schmidt: Die fliegende Intensivstation, S. 24

„Deutschbuch Differenzieren und Fördern 7/8"
Sachtexte und Grafiken erschließen, S. 354 ff.
– Textsorten unterscheiden: Meldung, Bericht, Reportage, S. 358 ff.
– Sachtexte erschließen – Ein Interview lesen, S. 362 ff.
– Sprachtraining: Einen Zeitungsartikel untersuchen – Präsens und Präteritum, S. 365
– Sprachtraining: Wortschatzarbeit – Sportarten kennen, S. 369
– Klassenarbeit – Reportagen und Grafiken untersuchen, S. 370 ff.

Name: _____   Klasse: _____   Lehrer/-in: _____

Lernwegeliste – mit Materialzuordnung und Dokumentationsmöglichkeit

Kompetenzbereich: Schreiben – Texte planen und verfassen

Kompetenz:
Ich kann informierende Texte erschließen.
Ich kann eigene und fremde Texte bewerten und überarbeiten.
Ich kann informierende Schreibformen anwenden.

Was dir dabei helfen kann:
Du kannst aus verschiedenen Sachtextarten Informationen entnehmen und darstellen.
Du kannst Schreibtechniken anwenden und Texte planen.
Du kannst verständlich erzählen.

	Was du in Kapitel 4 lernen kannst:	Niveau	Lernmaterialien	Selbsteinschätzung			Hinweise/ Bewertung der Lehrkraft
				☺	😐	☹	
01	Ich kann Informationen aus Texten zusammenfassen und wiedergeben.	GME	„Extreme Situationen erleben – Informationen weitergeben" – Buch S. 76 ff.				
02	Ich kann die direkte und indirekte Rede bilden und richtig verwenden.	GME	„Paddeln rund um Südamerika – Informationen indirekt wiedergeben" – Buch S. 79 f.				
03	Ich kenne die Gestaltungsmerkmale einer Reportage.	GME	„Extrem sportlich – Die Reportage als Erlebnisbericht" – Buch S. 81 f.				
04	Ich kann journalistische Darstellungsformen unterscheiden (z. B. Reportage und Bericht).	GME	„Testet euch! – Reportage und Bericht unterscheiden" – Buch S. 83				
05	Ich kenne die Gestaltungsmerkmale einer Reisereportage.		„Eine Reportage untersuchen" – Buch S. 84 f.				

Die zweite Seite der Lernwegeliste ist auf der CD zu finden.

Cornelsen

Kopiervorlage

Klassenarbeit – Eine Reportage schreiben

1 Lies den folgenden kurzen Zeitungsbericht.

Über ein Jahr auf See: Laura Dekker ist jüngste Weltumseglerin

27 000 Seemeilen, 17 Monate allein auf See und nur 16 Jahre alt: Vielen Widrigkeiten zum Trotz erreicht Laura Dekker am 21. Januar 2012 ihr Ziel, die niederländische Karibikinsel St. Maar- ten. Das Mädchen erfüllt sich so nach über 500 Tagen einen Traum und ist nun der jüngste Mensch, der die Welt umsegelt hat. ⁵

2 Nach der Weltumsegelung interviewt ein Journalist die Eltern und Freunde von Laura, außerdem darf er Auszüge aus ihrem Tagebuch kopieren. Verfasse auf der Grundlage des Zeitungsberichts und der Materialien eine Reportage über Laura Dekkers Weltumsegelung.
Tipp: Erstelle zunächst einen Schreibplan.
→ zu Aufgabe 2: Hilfe-Karte A: Inhalt,
Hilfe-Karte B: Form: Schreibplan,
Hilfe-Karte C: Sprache: Formulierungshilfen

Lauras Tagebuch
… Habe Angst vor einem Angriff somalischer Piraten. Segle nicht auf der ursprünglich geplanten Route zurück nach Gibraltar, sondern um Südspitze Afrikas herum. Muss den Agulhas-Strom beachten! Er schiebt das Wasser des Indischen Ozeans Richtung Antarktis. Manche Segler halten die Gegend für die gefährlichste der Welt. Stürme aus Südwest werfen dort oft enorme Wellen auf …
… Fühle mich nicht allein, genieße die Ruhe, spüre das Meersalz auf meiner Haut, beobachte die Wale und Fische …
Schlafe oft tagsüber, genieße den klaren Sternenhimmel in der Nacht. Dann vermisse ich manchmal meine Familie …

(Vater) Ihre Route führte sie von Gibraltar über den Atlantik. Durch die Karibik und den Panamakanal ging es dann nach Australien, schließlich südlich an Afrika vorbei wieder zurück in die Karibik.
Ich bin so glücklich, dass sie gesund angekommen ist. Aber sie ist eben ziemlich stur: Was sie sich in den Kopf setzt, zieht sie durch. Für meine Tochter ist es ein Sieg, denn schließlich versuchten niederländische Jugendschützer, Richter, Polizisten und Lehrer, Laura die Umsegelung zu verbieten. Sie hat einfach einen unbändigen Willen.

(Freunde: Leon und Nike) Wir haben sie so vermisst. Stellenweise war die Anspannung kaum auszuhalten. Ob alles gut geht? Wird sie von Piraten verschleppt? Kentert ihr Zweimaster „Guppy"? Das Schiff ist zwar zwölf Meter lang und vier Meter breit – ein Großserienschiff der französischen Werft Jeanneau – aber man weiß ja nie. Wie hat sie sich nach anderthalb Jahren auf hoher See verändert? Wir waren so erleichtert, als wir sie gerade sahen. Und ihr Lachen war umwerfend, glücklich warf sie ihr blondes Haar in den Nacken. Als wäre sie nur kurz beim Bäcker gewesen …

(Mutter) Ich muss ehrlich sagen, dass ich nicht dafür war. Ein so junges Mädchen allein auf See. Doch dann ließ ich mich umstimmen. Schließlich hat sie Meersalz im Blut. Ich brachte sie während eines Neuseeland-Segeltörns auf unserem Schiff zur Welt. Außerdem ist sie unheimlich konzentriert und zuverlässig und versprach, regelmäßig über die Reise zu bloggen, was sie auch konsequent durchhielt. Nun feiern wir erstmal. Und danach muss sie wieder die Schulbank drücken, daran führt kein Weg vorbei.

Autorin: Tanja Seidelmann
Illustration: Bildbad, Berlin

Kapitel 4
KA 1, Blatt 1

Kopiervorlage

Hilfe-Karten zur Klassenarbeit 1 –
Eine Reportage schreiben

Checkliste

Prüfe deinen Text mit Hilfe der Checkliste.

Checkliste: Eine Reportage schreiben	
Aufbau	
Hast du eine treffende Überschrift gewählt?	☐
Hast du deine Reportage gegliedert: Einleitung, Hauptteil, Schluss?	☐
Bist du in der Einleitung mitten ins Geschehen gesprungen und hast damit die Neugier der Leser geweckt (szenischer Einstieg)?	☐
Hast du die wichtigsten Informationen vermittelt (Beantwortung der W-Fragen)?	☐
Hast du auch Eindrücke und eine persönliche Sichtweise wiedergegeben?	☐
Hast du die Stimmung vor Ort geschildert?	☐
Sprache	
Hast du in den informierenden Passagen sachlich und in den anschaulichen Passagen lebendig und mit bildhafter Sprache formuliert?	☐
Hast du direkte Rede (Zitate) und indirekte Rede verwendet?	☐
Hast du zwischen Präsens und Präteritum gewechselt?	☐
Hast du noch einmal Rechtschreibung und Zeichensetzung überprüft?	☐

✂ --

Hilfe-Karte A   Inhalt

2   Verfasse auf der Grundlage des Zeitungsberichts und der Materialien eine Reportage über Laura Dekkers Weltumsegelung.
Bearbeite dazu den Zeitungsbericht und die anderen Materialien:
– Der Zeitungsbericht enthält Daten, Zahlen und Fakten. Unterstreiche sie.
– Unterstreiche auch in dem Tagebuchauszug und in den Interviews die sachlichen Informationen, z. B. zur Segelroute und zum Schiff.
– Markiere in den Materialien die Textstellen, in denen Eindrücke, persönliche Sichtweisen, Stimmungen oder Gefühle vermittelt werden.
– Nutze die Daten, Zahlen, Fakten und anderen sachlichen Informationen für die informierenden Passagen deiner Reportage.
– Verwende die Eindrücke, Sichtweisen, Stimmungen und Gefühle für die anschaulichen Passagen deine Reportage.

Autorin: Tanja Seidelmann

Kapitel 4
KA 1, Blatt 2

Kopiervorlage

Hilfe-Karte B   Form: Schreibplan

2 Verfasse auf der Grundlage des Zeitungsberichts und der Materialien eine Reportage über Laura Dekkers Weltumsegelung. Der folgende Schreibplan hilft dir.

Schreibplan
1) Überschrift   – treffend, informativ
2) Einleitung   – interessante Szene/Situation, Beantwortung der W-Fragen: Was? Wer? Wo? Wann?
3) Hauptteil: – Beantwortung der W-Fragen: Wie? Warum?   – Ablauf der Umsegelung   – Hintergrundinformationen   – Zitate, indirekte Rede
4) Schluss   – Folgen für die Beteiligten, Ausblick in Zukunft

✂ -

Hilfe-Karte C   Sprache: Formulierungshilfen

2 Verfasse auf der Grundlage des Zeitungsberichts und der Materialien eine Reportage über Laura Dekkers Weltumsegelung. Die folgenden Formulierungen helfen dir.

Formulierungshilfen
– Laura Dekker genießt den Applaus im Yachtclub …   – Ihre Eltern sind sichtlich erleichtert, …   – … Wiedersehen nach 17 Monaten …
– Ihre Durchsetzungskraft half ihr, …   – Laura umsegelte als jüngster Mensch …   – … hat laut ihrer Mutter Meersalz im Blut, da …   – Laura startete ihren Törn in …   – Sie segelte südlich an Afrika vorbei und …   – … in einem Blog …   – Trotzdem habe sie manchmal ihre Familie vermisst, vor allem …   – Für ihr Vorhaben wählte sie ein zuverlässiges Schiff. Die „Guppy" …   – „Ich hatte große Angst vor … Deshalb segelte ich nicht …"   – Der berüchtigte Agulhas-Strom …   – Aber auch diese Gefahr …   – Wunderschöne Eindrücke … Beobachtung der einzigartigen Tierwelt …
– … zurück ins normale Leben …   – … Schule …

Autorin: Tanja Seidelmann

Klassenarbeit A – Einen Bericht schreiben

1   Lies die Notizen, die sich ein Reporter zum Hurrikan Sandy in den USA gemacht hat.

- Point Pleasant Beach im US-Bundesstaat New Jersey
- 29. Oktober 2012
- Hurrikan Sandy fegte über Ostküste der USA hinweg, zerstörte ganze Landstriche; allein in den USA starben über 80 Menschen in dem Wirbelsturm, Tausende verloren ihr Zuhause
- Karibiksturmtief trifft mit einer Windgeschwindigkeit von bis zu 130 km/h zuerst auf die Küste und überschwemmt dann Atlantic City
- am stärksten betroffen: New York und New Jersey
- Wasserstand in New York beträgt 4 Meter; U-Bahn-System schwer beschädigt
- Anwohner: „Alles ist zerstört, unsere ganzen Möbel sind weg!"
- viele Menschen noch immer vermisst
- Menschen füllen Säcke mit Sand, um Häuser abzudichten
- Ursache für schlimme Naturkatastrophen lägen in der Klimaerwärmung, so Forscher; Menschen würden sich zu wenig um den Naturschutz kümmern
- Frau in New Jersey: „In den Nachrichten reden alle von Evakuierung. Wir packen unser Auto voll bis unters Dach und fliehen in Richtung Landesinnere."
- 8,2 Millionen Menschen ohne Strom
- „Bis unser Haus repariert ist, wohnen wir in einer Notunterkunft", so ein Opfer des Sturms.
- Gesamtschaden bis zu 50 Milliarden Dollar
- Im Bundesstaat New York sieht es aus wie auf Bildern aus dem Zweiten Weltkrieg, der Hurrikan hat alles dem Erdbeben gleichgemacht.
- Mobilfunknetze brechen zusammen
- öffentliches Leben kommt zum Erliegen
- Wellen werden immer höher und der Vollmond verstärkt die Flut
- Bürgermeister ruft den Notstand aus
- Ein Menschenleben ist unbezahlbar, deshalb ist es merkwürdig, wenn Versicherungen über Geldbeträge sprechen. Über das Leid der Menschen sagt diese Zahl nichts aus.

Colourbox

Autorin: Tanja Seidelmann

Kapitel 4
KA 2, Blatt 1

Kopiervorlage

2
a Trage zusammen, welche Informationen aus den Notizen die W-Fragen beantworten.
b Überlege, welche Informationen du in deinem Bericht verwenden kannst und welche nicht.
c Halte die wichtigsten Informationen in einem Schreibplan fest.

W-Fragen	Information
Was?	
Wann?	
Wo?	
Wer?	
Wie? Warum? (Verlauf des Geschehens)	
Welche Folgen?	

3 Verfasse nun für die Schülerzeitung einen Bericht über den Hurrikan Sandy. Finde eine treffende, informative Überschrift.

Autorin: Tanja Seidelmann

137

Kapitel 4
KA 2, Blatt 2

Kopiervorlage

Klassenarbeit B – Einen Bericht schreiben

1   Lies die Notizen, die sich ein Reporter zum Hurrikan Sandy in den USA gemacht hat.

- Point Pleasant Beach im US-Bundesstaat New Jersey
- 29. Oktober 2012
- Hurrikan Sandy fegte über Ostküste der USA hinweg, zerstörte ganze Landstriche; allein in den USA starben über 80 Menschen in dem Wirbelsturm, Tausende verloren ihr Zuhause
- Karibiksturmtief trifft mit einer Windgeschwindigkeit von bis zu 130 km/h zuerst auf die Küste und überschwemmt dann Atlantic City
- am stärksten betroffen: New York und New Jersey
- Wasserstand in New York beträgt 4 Meter; U-Bahn-System schwer beschädigt
- ~~Anwohner: „Alles ist zerstört, unsere ganzen Möbel sind weg!"~~
- viele Menschen noch immer vermisst
- Menschen füllen Säcke mit Sand, um Häuser abzudichten
- Ursache für schlimme Naturkatastrophen lägen in der Klimaerwärmung, so Forscher; Menschen würden sich zu wenig um den Naturschutz kümmern
- Frau in New Jersey: „In den Nachrichten reden alle von Evakuierung. Wir packen unser Auto voll bis unters Dach und fliehen in Richtung Landesinnere."
- 8,2 Millionen Menschen ohne Strom
- „Bis unser Haus repariert ist, wohnen wir in einer Notunterkunft", so ein Opfer des Sturms.
- Gesamtschaden bis zu 50 Milliarden Dollar
- Im Bundesstaat New York sieht es aus wie auf Bildern aus dem Zweiten Weltkrieg, der Hurrikan hat alles dem Erdbeben gleichgemacht.
- Mobilfunknetze brechen zusammen
- öffentliches Leben kommt zum Erliegen
- Wellen werden immer höher und der Vollmond verstärkt die Flut
- Bürgermeister ruft den Notstand aus
- Ein Menschenleben ist unbezahlbar, deshalb ist es merkwürdig, wenn Versicherungen über Geldbeträge sprechen. Über das Leid der Menschen sagt diese Zahl nichts aus.

Colourbox

Autorin: Tanja Seidelmann

138

Kopiervorlage

2 a Unterstreiche in den Notizen die Informationen, die für den Bericht wichtig sind.

b Streiche unsachliche oder unwichtige Informationen durch.

c Trage die Informationen in den Schreibplan ein. Achte auf den richtigen zeitlichen Ablauf des Geschehens.

W-Fragen	Information
Was?	Hurrikan verwüstet Ostküste der USA
Wann?	
Wo?	
Wer?	
Wie? Warum? (Verlauf des Geschehens)	— Karibiksturmtief trifft mit Windgeschwindigkeit bis zu 130 km/h zuerst auf Küste und überschwemmt dann Atlantic City, danach New Jersey und New York —
Welche Folgen?	über 80 Menschen starben, Tausende verloren ihr Zuhause,

3 Verfasse nun für die Schülerzeitung einen Bericht über den Hurrikan Sandy.
   – Finde eine treffende, informative Überschrift.
   – Nenne das Wichtigste am Anfang. Folge dann dem Ablauf der Ereignisse.
   – Gib Antwort auf die W-Fragen.
   – Schreibe sachlich und genau.
   – Vermeide Gefühle und Wertungen.
   – Schreibe im Präteritum und bei Vorzeitigkeit im Plusquamperfekt.

Autorin: Tanja Seidelmann

Kopiervorlage

Kapitel 4
KA 2, Blatt 4

●●● Informationen indirekt wiedergeben

Ein Krisenhelfer berichtet

Wenn die Erde bebt, Landstriche überflutet oder von Waldbränden bedroht werden, leiden auch Tiere. Um sie zu retten, schickt die Welttierschutzgesellschaft WSPA (World Society for the
5 Protection of Animals) Helfer in alle Winkel der Erde. Gerardo Huertas aus Costa Rica ist einer von ihnen. Im Moment stellt er ein Team für ein Erdbeben in Guatemala zusammen. „Ich habe schon Tausende Leben gerettet. Viele Menschen
10 brauchen ihre Tiere zum Überleben, denn wenn sie ihre Nutztiere verlieren, verarmen sie und haben nichts mehr zu essen", so Huertas. Viele Menschen fragten sich, wie die Hilfe des Krisenteams überhaupt aussähe. Dazu erklärt Huertas,
15 dass ein gerettetes Tier zuerst von Tierärzten vor Ort behandelt wird. Meist seien es Brüche oder Schnittwunden, die sich gut im Klinik-LKW verarzten ließen. Im Notfall könne man darin

Fotolia/erikapalla

auch eine Operation durchführen. Gerardo Huer- 20 tas war schon in vielen Katastrophengebieten. Seine spektakulärste Rettung war die eines Elefanten nach dem Tsunami in Thailand 2004. Seine Familie in Costa Rica sieht er nur selten. Trotzdem habe er den schönsten Beruf der Welt, 25 denn wenn er mit einem geretteten Tier im Arm bei der betroffenen Familie ankomme, würden die Kinderaugen ihn unbeschreiblich anstrahlen.

1 Lies den Text und beantworte folgende Fragen.

A Welche besondere Arbeit übt Gerardo Huertas aus?

_____

_____

B Was ist dabei besonders schwierig und gefährlich?

_____

_____

2 In dem Zeitungsbericht werden Aussagen unterschiedlich wiedergegeben.

a Wodurch unterscheiden sich die Wiedergaben?

_____

_____

_____

Cornelsen   Autorin: Tanja Seidelmann

Kapitel 4   **KV 4, Blatt 1**

Kopiervorlage

b Trage passende Aussagen aus dem Text in die entsprechende Spalte der Tabelle ein. Formuliere die Aussagen der direkten Rede in indirekte Rede um und umgekehrt.

direkte Rede (mit Anführungszeichen)	indirekte Rede (ohne Anführungszeichen)

c Vergleiche die beiden Spalten miteinander. Unterstreiche jeweils, was unterschiedlich ist.

Autorin: Tanja Seidelmann

Kapitel 4
KV 4, Blatt 2

Kopiervorlage

●●○ Informationen indirekt wiedergeben

Ein Krisenhelfer berichtet

Fotolia/erikapalla

Wenn die Erde bebt, Landstriche überflutet oder von Waldbränden bedroht werden, leiden auch Tiere. Um sie zu retten, schickt die Welttierschutzgesellschaft WSPA (World Society for the
5　Protection of Animals) Helfer in alle Winkel der Erde. Gerardo Huertas aus Costa Rica ist einer von ihnen. Im Moment stellt er ein Team für ein Erdbeben in Guatemala zusammen. „Ich habe schon Tausende Leben gerettet. Viele Menschen
10　brauchen ihre Tiere zum Überleben, denn wenn sie ihre Nutztiere verlieren, verarmen sie und haben nichts mehr zu essen", so Huertas. Viele Menschen fragten sich, wie die Hilfe des Krisenteams überhaupt aussähe. Dazu erklärt Huertas,
15　dass ein gerettetes Tier zuerst von Tierärzten vor Ort behandelt wird. Meist seien es Brüche oder Schnittwunden, die sich gut im Klinik-LKW verarzten ließen. Im Notfall könne man darin auch eine Operation durchführen. Gerardo Huer- 20
tas war schon in vielen Katastrophengebieten. Seine spektakulärste Rettung war die eines Elefanten nach dem Tsunami in Thailand 2004. Seine Familie in Costa Rica sieht er nur selten. Trotzdem habe er den schönsten Beruf der Welt, 25
denn wenn er mit einem geretteten Tier im Arm bei der betroffenen Familie ankomme, würden die Kinderaugen ihn unbeschreiblich anstrahlen.

1　Lies den Text und beantworte folgende Fragen.

　A Welche besondere Arbeit übt Gerardo Huertas aus?

　Er arbeitet als Helfer bei der _____

　_____

　B Was ist dabei besonders schwierig und gefährlich?

　Die Einsätze der Helfer finden nach Erdbeben, _____

　_____

2　In dem Zeitungsbericht werden Aussagen unterschiedlich wiedergegeben.

　a Wodurch unterscheiden sich die Wiedergaben? Achte zunächst auf die Satzzeichen.

　_____

　_____

　_____

b Trage passende Aussagen aus dem Text in die entsprechende Spalte der Tabelle ein. Formuliere die Aussagen der direkten Rede in indirekte Rede um und umgekehrt.

direkte Rede (mit Anführungszeichen)	indirekte Rede (ohne Anführungszeichen)
„Ich habe schon	Er habe schon
„Viele Menschen fragen sich, wie	Viele Menschen fragten sich,

c Vergleiche die beiden Spalten miteinander. Unterstreiche jeweils, was unterschiedlich ist.

Autorin: Tanja Seidelmann

Kapitel 4
KV 4, Blatt 4

Kopiervorlage

● ◗ ◖ Informationen indirekt wiedergeben

Ein Krisenhelfer berichtet

Wenn die Erde bebt, Landstriche überflutet oder von Waldbränden bedroht werden, leiden auch Tiere. Um sie zu retten, schickt die Welttierschutzgesellschaft WSPA (World Society for the
5 Protection of Animals) Helfer in alle Winkel der Erde. Gerardo Huertas aus Costa Rica ist einer von ihnen. Im Moment stellt er ein Team für ein Erdbeben in Guatemala zusammen. „Ich habe schon Tausende Leben gerettet. Viele Menschen
10 brauchen ihre Tiere zum Überleben, denn wenn sie ihre Nutztiere verlieren, verarmen sie und haben nichts mehr zu essen", so Huertas. Viele Menschen fragten sich, wie die Hilfe des Krisenteams überhaupt aussähe. Dazu erklärt Huertas,
15 dass ein gerettetes Tier zuerst von Tierärzten vor Ort behandelt wird. Meist seien es Brüche oder Schnittwunden, die sich gut im Klinik-LKW verarzten ließen. Im Notfall könne man darin

Fotolia/erikapalla

auch eine Operation durchführen. Gerardo Huer- 20 tas war schon in vielen Katastrophengebieten. Seine spektakulärste Rettung war die eines Elefanten nach dem Tsunami in Thailand 2004. Seine Familie in Costa Rica sieht er nur selten. Trotzdem habe er den schönsten Beruf der Welt, 25 denn wenn er mit einem geretteten Tier im Arm bei der betroffenen Familie ankomme, würden die Kinderaugen ihn unbeschreiblich anstrahlen.

---

1 Lies den Text und beantworte die folgenden Fragen. Kreuze jeweils die richtige Antwort an.

A Welche besondere Arbeit übt Gerardo Huertas aus?

☐ Er arbeitet als Tierarzt in Katastrophengebieten.

☐ Er arbeitet als Helfer bei der Welttierschutzgesellschaft.

☐ Er arbeitet in einem Tierheim in Costa Rica.

B Was ist dabei besonders schwierig und gefährlich?

☐ Die Einsätze der Helfer finden nach Erdbeben, bei Überschwemmungen und Waldbränden statt.

☐ Die Tiere sind unberechenbar und könnten die Helfer angreifen.

☐ Die Helfer setzen sich der Gefahr von Brüchen und Schnittwunden aus.

2 In dem Zeitungsbericht werden Aussagen unterschiedlich wiedergegeben.

a Sieh dir die markierten und unterstrichenen Textstellen genau an. Achte auch auf die Satzzeichen. Wodurch unterscheiden sich die Wiedergaben?

Die markierten Aussagen werden in direkter _____

_____

_____

Autorin: Tanja Seidelmann

Kapitel 4
KV 4, Blatt 5

Kopiervorlage

b Trage die markierten und unterstrichenen Aussagen aus dem Text in die Tabelle ein. Formuliere die Aussagen der direkten Rede in indirekte Rede um und umgekehrt. Nutze die Verben im Kasten.

> ~~habe~~ – bräuchten – verlören – verarmten – hätten – ~~fragen~~ – aussieht – wird … behandelt – sind – lassen – kann – habe – ankomme – strahlen

direkte Rede (mit Anführungszeichen)	indirekte Rede (ohne Anführungszeichen)
„Ich habe schon	Er habe schon
„Viele Menschen <u>fragen</u> sich, wie	Viele Menschen fragten sich,
Dazu erklärt Huertas: „	Dazu erklärt Huertas, dass

c Vergleiche die beiden Spalten miteinander. Unterstreiche jeweils, was unterschiedlich ist.

Cornelsen

Autorin: Tanja Seidelmann

Kapitel 4
KV 4, Blatt 6

Kopiervorlage

Eine Reportage anhand eines Interviews verfassen

Slacklining in atemberaubender Höhe vor den Victoria-Wasserfällen

REPORTER Wie lange habt ihr euch auf diese Aktion vorbereitet?

LUKAS IRMLER (26 Jahre, aus Freising): Wir haben zwei Jahre lang intensiv trainiert und re-
5 cherchiert. Schließlich haben wir unseren Traum am 9. November 2014 wahr gemacht.

REPORTER: Seid ihr Slackliner von Beruf?

REINHARD „REINI" KLEINDL (34 Jahre, aus Graz): Eigentlich schon. Aber Lukas studiert
10 noch an der Universität in München Chemie und ich bin Wissenschaftsjournalist und Krimiautor.

REPORTER: Wie seid ihr ausgerechnet auf die Victoria-Wasserfälle gekommen?

REINI Wir sind immer auf der Suche nach tollen
15 Locations, an denen wir unsere Highlines span-nen können. Lukas und ich haben uns in diesem Zusammenhang vor rund zwei Jahren eine Men-ge Wasserfälle angeschaut. Die Bilder der gewal-tigen Victoriafälle in Simbabwe, die ja auch
20 UNESCO-Weltkulturerbe sind, haben uns auf Anhieb begeistert, doch wir waren der Meinung, dies sei eine Nummer zu groß für uns. Allerdings sind wir die Idee nicht mehr losgeworden.

LUKAS: Erste Recherchen ergaben, dass die
25 Schlucht zirka 100 Meter breit ist. Vor zwei Jah-ren lag eine Hundert-Meter-Highline (Hochseil) knapp unter Weltrekord. Das war auch für uns eine Länge, die wir damals noch nicht sicher beherrschten, und eine große Herausforderung,
30 schließlich ist die Line nur 2,5 Zentimeter breit und man ist nur durch ein schmales Band ge-sichert. Wir mussten uns also sportlich weiter-entwickeln.

REPORTER: Welche Vorbereitungen musstet ihr
35 treffen?

LUKAS: Es dauerte mehrere Monate, die Behör-den vor Ort von dem Projekt zu überzeugen und

alle notwendigen Genehmigungen zu erhalten. Das Timing musste sich vor allem am Wasser-
40 stand des Sambesi orientieren. Wenn der Was-serstand zu hoch ist, steigt die Gischt bis zu 300 Meter auf und man kann gar nichts machen. Da die Wasserstände jedes Jahr variieren, war es schwierig, den richtigen Zeitpunkt zu bestim-
45 men.

REPORTER: Wie habt ihr die Slackline befestigt?

REINI: Zum Glück haben wir einen stabilen Baum bei einer Distanz von 91 Metern gefunden, der uns ermöglichte, eine cleane Highline aufzu-
50 bauen. Die Überbrückung der rund 100 Meter tiefen und 1,7 Kilometer breiten Schlucht ist schon ein Hindernis. Wir befestigten ein Blei-gewicht an einer Angelschnur und schossen es mit einer Baumpflegeschleuder über die
55 Schlucht. Dies klappte dann beim dritten Ver-such. Wir hätten zwar die Genehmigung gehabt, temporäre Bohrhaken zu setzen, aber in unserem Sport, wie in anderen Bergsportarten, möchte man gern möglichst wenig Spuren hinterlassen,
60 vor allem wenn man – wie bei diesem Projekt – das Vertrauen der Zimbabwe Parks und Wildlife Management Authority genießt.

REPORTER: Was war bei der Überquerung euer schönstes Erlebnis?

REINI: Ganz sicher der einmalige Blick auf die
65 Wasserfälle. Wir sahen in der Dunstwolke unter der Line auf einen kreisrunden Regenbogen im Sprühnebel. Das war unglaublich beeindruckend.

LUKAS: Erleichtert waren wir auch, als der Druck, die Begehung auch wirklich zu schaffen,
70 von uns abfiel. Die Rahmenbedingungen bei solch einer Naturgewalt sind unkalkulierbar, und das macht einem natürlich auch nervlich stark zu schaffen und erzeugt viel Stress.

Auf Grundlage von: http://www.reisenews-online.de/2014/11/09/auf-einer-slackline-entlang-der-viktoriafaelle/ (Stand: 10.03.2017)

Autorin: Tanja Seidelmann

Kapitel 4
KV 5, Blatt 1

Kopiervorlage

1 Lies das Interview und erkläre, was ein Slackliner ist.

Slackliner:_____

2 **a** Du sollst für eine Sportzeitschrift eine Reportage über die Überquerung der Schlucht schreiben. Markiere dazu zunächst Textstellen, die Antworten auf die W-Fragen geben.

   b Erstelle für deine Reportage einen Schreibplan. Übertrage dazu die folgende Tabelle in dein Heft. Schreibe aus dem Interview geordnet Informationen heraus, die auf die W-Fragen antworten.

	W-Fragen	Information
Einleitung	Was geschah?	Überquerung einer Schlucht an den Victoria-Wasserfällen auf einer Slackline
	Wann geschah es?	...
Hauptteil		
Schluss		

3 **a** Welche Vorarbeiten mussten die beiden Slackliner leisten? Unterstreiche im Interview wichtige Hintergrundinformationen zu der Aktion und notiere sie dann ins Heft.

   b An welcher Stelle willst du die Hintergrundinformationen in deine Reportage einfügen? Markiere die entsprechende Stelle in deinem Schreibplan.

4 Überarbeite die folgenden Sätze, indem du unsachliche und umgangssprachliche Wendungen umformulierst oder weglässt. Schreibe in dein Heft.

   A Und wir bequatschten, wie man eine geeignete Stelle findet, um das Seil über den Sambesi zu ziehen.

   B Ja, das war nervig. Aber die Überquerung und die Aussicht auf die Wasserfälle waren voll toll.

5 Notiere im Heft eine passende Überschrift für die Reportage, die Neugier weckt.

6 Schreibe nun die Reportage in dein Heft.
   Verwende dazu deinen Schreibplan. Gib sachliche Informationen wieder (Beantwortung der W-Fragen), aber auch Eindrücke und die Stimmung vor Ort. Nutze Zitate und wechsele zwischen Präsens und Präteritum.

Autorin: Tanja Seidelmann
Illustration: Bildbad, Berlin

Kapitel 4
KV 5, Blatt 2

Kopiervorlage

Eine Reportage anhand eines Interviews verfassen

Slacklining in atemberaubender Höhe vor den Victoria-Wasserfällen

REPORTER: Wie lange habt ihr euch auf diese Aktion vorbereitet?

LUKAS IRMLER (26 Jahre, aus Freising): Wir haben zwei Jahre lang intensiv trainiert und
5 recherchiert. Schließlich haben wir unseren Traum am 9. November 2014 wahr gemacht.

REPORTER: Seid ihr Slackliner von Beruf?

REINHARD „REINI" KLEINDL (34 Jahre, aus Graz): Eigentlich schon. Aber Lukas studiert
10 noch an der Universität in München Chemie und ich bin Wissenschaftsjournalist und Krimiautor.

REPORTER: Wie seid ihr ausgerechnet auf die Victoria-Wasserfälle gekommen?

REINI: Wir sind immer auf der Suche nach
15 tollen Locations, an denen wir unsere Highlines spannen können. Lukas und ich haben uns in diesem Zusammenhang vor rund zwei Jahren eine Menge Wasserfälle angeschaut. Die Bilder der gewaltigen Victoriafälle in Simbabwe, die ja
20 auch UNESCO-Weltkulturerbe sind, haben uns auf Anhieb begeistert, doch wir waren der Meinung, dies sei eine Nummer zu groß für uns. Allerdings sind wir die Idee nicht mehr losgeworden.

25 **LUKAS:** Erste Recherchen ergaben, dass die Schlucht zirka 100 Meter breit ist. Vor zwei Jahren lag eine Hundert-Meter-Highline (Hochseil) knapp unter Weltrekord. Das war auch für uns eine Länge, die wir damals noch nicht sicher
30 beherrschten, und eine große Herausforderung, schließlich ist die Line nur 2,5 Zentimeter breit und man ist nur durch ein schmales Band gesichert. Wir mussten uns also sportlich weiterentwickeln.

35 **REPORTER:** Welche Vorbereitungen musstet ihr treffen?

LUKAS: Es dauerte mehrere Monate, die Behörden vor Ort von dem Projekt zu überzeugen und alle notwendigen Genehmigungen zu erhal-
40 ten. Das Timing musste sich vor allem am Wasserstand des Sambesi orientieren. Wenn der Wasserstand zu hoch ist, steigt die Gischt bis zu 300 Meter auf und man kann gar nichts machen. Da die Wasserstände jedes Jahr variieren, war es
45 schwierig, den richtigen Zeitpunkt zu bestimmen.

REPORTER: Wie habt ihr die Slackline befestigt?

REINI: Zum Glück haben wir einen stabilen Baum bei einer Distanz von 91 Metern gefunden,
50 der uns ermöglichte, eine cleane Highline aufzubauen. Die Überbrückung der rund 100 Meter tiefen und 1,7 Kilometer breiten Schlucht ist schon ein Hindernis. Wir befestigten ein Bleigewicht an einer Angelschnur und schossen es
55 mit einer Baumpflegeschleuder über die Schlucht. Dies klappte dann beim dritten Versuch. Wir hätten zwar die Genehmigung gehabt, temporäre Bohrhaken zu setzen, aber in unserem Sport, wie in anderen Bergsportarten, möchte
60 man gern möglichst wenig Spuren hinterlassen, vor allem wenn man – wie bei diesem Projekt – das Vertrauen der Zimbabwe Parks und Wildlife Management Authority genießt.

REPORTER: Was war bei der Überquerung
65 euer schönstes Erlebnis?

REINI: Ganz sicher der einmalige Blick auf die Wasserfälle. Wir sahen in der Dunstwolke unter der Line auf einen kreisrunden Regenbogen im Sprühnebel. Das war unglaublich beeindruckend.
70 **LUKAS:** Erleichtert waren wir auch, als der Druck, die Begehung auch wirklich zu schaffen, von uns abfiel. Die Rahmenbedingungen bei solch einer Naturgewalt sind unkalkulierbar, und das macht einem natürlich auch nervlich stark zu
75 schaffen und erzeugt viel Stress.

Auf Grundlage von: http://www.reisenews-online.de/2014/11/09/auf-einer-slackline-entlang-der-viktoriafaelle/ (Stand: 10.03.2017)

Autorin: Tanja Seidelmann

Kapitel 4
KV 5, Blatt 3

Kopiervorlage

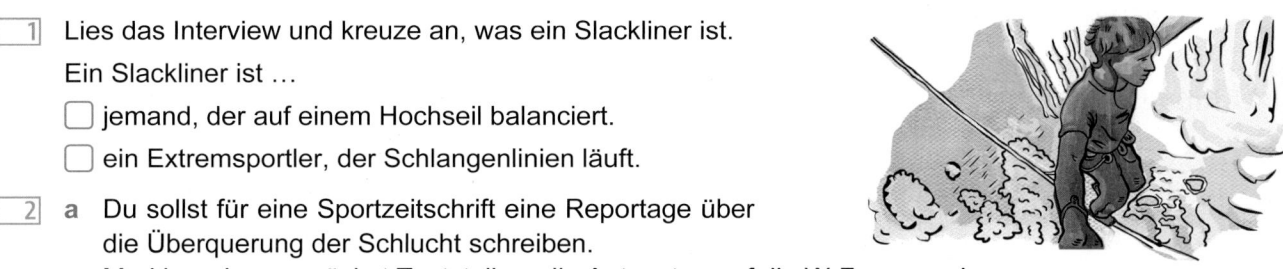

1 Lies das Interview und kreuze an, was ein Slackliner ist.

Ein Slackliner ist …

☐ jemand, der auf einem Hochseil balanciert.

☐ ein Extremsportler, der Schlangenlinien läuft.

2 a Du sollst für eine Sportzeitschrift eine Reportage über die Überquerung der Schlucht schreiben. Markiere dazu zunächst Textstellen, die Antworten auf die W-Fragen geben.

b Erstelle für deine Reportage einen Schreibplan. Übertrage dazu die folgende Tabelle in dein Heft. Schreibe aus dem Interview geordnet Informationen heraus, die auf die W-Fragen antworten.

	W-Fragen	Information
Einleitung	Was geschah?	Überquerung einer Schlucht an den Victoria-Wasserfällen auf einer Slackline
	Wann geschah es?	…
	Wo geschah es?	…
	Wer war beteiligt?	…
Hauptteil	Wie ging es vor sich? (Verlauf des Geschehens)	…
Schluss	Welche Folgen hat es?	…

3 a Welche Vorarbeiten mussten die beiden Slackliner leisten? Unterstreiche im Interview wichtige Hintergrundinformationen zu der Aktion.

b Beantworte im Heft die folgenden Fragen in Stichworten.

A Bei wem mussten Genehmigungen eingeholt werden?

B Welche Rolle spielte der Sambesi-Fluss?

C Wie wurde die Slackline befestigt?

c An welcher Stelle solltest du die Hintergrundinformationen in deine Reportage einfügen? Kreuze an.

☐ Einleitung　　　☐ Hauptteil　　　☐ Schluss

4 Überarbeite die folgenden Sätze, indem du unsachliche und umgangssprachliche Wendungen umformulierst oder weglässt. Schreibe in dein Heft.

A Und wir bequatschen, wie man eine geeignete Stelle findet, um das Seil über den Sambesi zu ziehen.

B Ja, das war nervig. Aber die Überquerung und die Aussicht auf die Wasserfälle waren voll toll.

5 Kreuze an, welche Überschrift für die Reportage am geeignetsten ist.

☐ Tolle Überquerung einer Schlucht

☐ Zwei Slackline-Profis überqueren nach langem Training auf einer Highline eine Schlucht am breitesten Wasserfall der Erde

☐ Auf einer Slackline entlang der Victoria-Wasserfälle

6 Schreibe nun die Reportage in dein Heft. Verwende dazu deinen Schreibplan.
   – Vermittele die wichtigsten Informationen (Beantwortung der W-Fragen).
   – Gib auch Eindrücke und die Stimmung vor Ort in bildhafter Sprache wider.
   – Nutze Zitate und wechsele zwischen Präsens und Präteritum.

Autorin: Tanja Seidelmann
Illustration: Bildbad, Berlin

Kapitel 4
KV 5, Blatt 4

Kopiervorlage

Eine Reportage anhand eines Interviews verfassen

Slacklining in atemberaubender Höhe vor den Victoria-Wasserfällen

REPORTER: Wie lange habt ihr euch auf diese Aktion vorbereitet?

LUKAS IRMLER (26 Jahre, aus Freising): Wir haben zwei Jahre lang intensiv trainiert und
5 recherchiert. Schließlich haben wir unseren Traum am 9. November 2014 wahr gemacht.

REPORTER: Seid ihr Slackliner von Beruf?

REINHARD „REINI" KLEINDL (34 Jahre, aus Graz): Eigentlich schon. Aber Lukas studiert
10 noch an der Universität in München Chemie und ich bin Wissenschaftsjournalist und Krimiautor.

REPORTER: Wie seid ihr ausgerechnet auf die Victoria-Wasserfälle gekommen?

REINI: Wir sind immer auf der Suche nach
15 tollen Locations, an denen wir unsere Highlines spannen können. Lukas und ich haben uns in diesem Zusammenhang vor rund zwei Jahren eine Menge Wasserfälle angeschaut. Die Bilder der gewaltigen Victoriafälle in Simbabwe, die ja
20 auch UNESCO-Weltkulturerbe sind, haben uns auf Anhieb begeistert, doch wir waren der Meinung, dies sei eine Nummer zu groß für uns. Allerdings sind wir die Idee nicht mehr losgeworden.

25 **LUKAS:** Erste Recherchen ergaben, dass die Schlucht zirka 100 Meter breit ist. Vor zwei Jahren lag eine Hundert-Meter-Highline (Hochseil) knapp unter Weltrekord. Das war auch für uns eine Länge, die wir damals noch nicht sicher
30 beherrschten, und eine große Herausforderung, schließlich ist die Line nur 2,5 Zentimeter breit und man ist nur durch ein schmales Band gesichert. Wir mussten uns also sportlich weiterentwickeln.

35 **REPORTER:** Welche Vorbereitungen musstet ihr treffen?

LUKAS: Es dauerte mehrere Monate, die Behörden vor Ort von dem Projekt zu überzeugen und alle notwendigen Genehmigungen zu erhal-
40 ten. Das Timing musste sich vor allem am Wasserstand des Sambesi orientieren. Wenn der Wasserstand zu hoch ist, steigt die Gischt bis zu 300 Meter auf und man kann gar nichts machen. Da die Wasserstände jedes Jahr variieren, war es
45 schwierig, den richtigen Zeitpunkt zu bestimmen.

REPORTER: Wie habt ihr die Slackline befestigt?

REINI: Zum Glück haben wir einen stabilen
50 Baum bei einer Distanz von 91 Metern gefunden, der uns ermöglichte, eine cleane Highline aufzubauen. Die Überbrückung der rund 100 Meter tiefen und 1,7 Kilometer breiten Schlucht ist schon ein Hindernis. Wir befestigten ein Blei-
55 gewicht an einer Angelschnur und schossen es mit einer Baumpflegeschleuder über die Schlucht. Dies klappte dann beim dritten Versuch. Wir hätten zwar die Genehmigung gehabt, temporäre Bohrhaken zu setzen, aber in unserem
60 Sport, wie in anderen Bergsportarten, möchte man gern möglichst wenig Spuren hinterlassen, vor allem wenn man – wie bei diesem Projekt – das Vertrauen der Zimbabwe Parks und Wildlife Management Authority genießt.

65 **REPORTER:** Was war bei der Überquerung euer schönstes Erlebnis?

REINI: Ganz sicher der einmalige Blick auf die Wasserfälle. Wir sahen in der Dunstwolke unter der Line auf einen kreisrunden Regenbogen im
70 Sprühnebel. Das war unglaublich beeindruckend.

LUKAS: Erleichtert waren wir auch, als der Druck, die Begehung auch wirklich zu schaffen, von uns abfiel. Die Rahmenbedingungen bei solch einer Naturgewalt sind unkalkulierbar, und
75 das macht einem natürlich auch nervlich stark zu schaffen und erzeugt viel Stress.

Auf Grundlage von: http://www.reisenews-online.de/2014/11/09/auf-einer-slackline-entlang-der-viktoriafaelle/ (Stand: 10.03.2017)

1 Lies das Interview und kreuze an, was ein Slackliner ist.

Ein Slackliner ist …

☐ jemand, der auf einem Hochseil balanciert.

☐ ein Extremsportler, der Schlangenlinien läuft.

2 Du sollst für eine Sportzeitschrift eine Reportage über die Überquerung der Schlucht schreiben.

a Erstelle für deine Reportage einen Schreibplan. Übertrage dazu die Tabelle in dein Heft. Lass in der rechten Spalte viel Platz, vor allem für den Hauptteil.

b Schreibe in die Tabelle die Informationen aus dem Interview, die auf die W-Fragen antworten. Lies dazu noch einmal die markierten Textstellen.

	W-Fragen	**Information**
Einleitung	Was geschah?	Überquerung einer Schlucht an den Victoria-Wasserfällen auf einer Slackline
	Wann geschah es?	…
	Wo geschah es?	…
	Wer war beteiligt?	…
Hauptteil	Wie ging es vor sich? (Verlauf des Geschehens)	…
Schluss	Welche Folgen hat es?	großer Traum wurde wahr: Schlucht an den Victoria-Wasserfällen auf Slackline überquert

3 Im Interview sind wichtige Hintergrundinformationen zu der Aktion unterstrichen. Beantworte mit ihrer Hilfe die folgenden Fragen zu den Vorarbeiten der beiden Slackliner. Schreibe in dein Heft.

A Bei wem mussten Genehmigungen eingeholt werden?

B Welche Rolle spielte der Sambesi-Fluss?

C Wie wurde die Slackline befestigt?

4 Überarbeite die folgenden Sätze. Formuliere dazu die markierten unsachlichen oder umgangssprachlichen Wendungen um. Schreibe in dein Heft.

A Und wir bequatschten, wie man eine geeignete Stelle findet, um das Seil über den Sambesi zu ziehen.

B Ja, das war nervig. Aber die Überquerung und die Aussicht auf die Wasserfälle waren voll toll.

5 Kreuze an, welche Überschrift für die Reportage am geeignetsten ist.

☐ Tolle Überquerung einer Schlucht   ☐ Auf einer Slackline entlang der Victoria-Wasserfälle

6 Schreibe nun die Reportage in dein Heft. Verwende dazu deinen Schreibplan.

– Führe in der Einleitung direkt in eine interessante Szene ein.

– Vermittle die wichtigsten Informationen (Beantwortung der W-Fragen).

– Gib auch Eindrücke und die Stimmung vor Ort in bildhafter Sprache wider.

– Nutze Zitate aus dem Interview.

– Wechsele zwischen Präsens (persönliche Schilderungen) und Präteritum (Hintergründe).

– Füge die Hintergrundinformationen aus Aufgabe 3 im Hauptteil deiner Reportage ein.

Du kannst so beginnen:

9. November 2014: Lukas Irmler und Reinhard Kleindl blicken in eine 100 Meter tiefe Schlucht. Sie befindet sich in unmittelbarer Nähe der Victoria-Wasserfälle in Simbabwe. Die beiden Slackliner machen sich bereit, diesen Abgrund auf einer Highline zu überqueren. …

Autorin: Tanja Seidelmann
Illustration: Bildbad, Berlin

Kapitel 4
KV 5, Blatt 6

Kopiervorlage

5 Entscheidende Momente – Kurzgeschichten lesen und verstehen

Konzeption des Kapitels

Eine erste systematische Einführung in die Kurzgeschichte wird in diesem Kapitel mit der Erarbeitung eines zentralen Aufgabenformats im Fach Deutsch verbunden: der Inhaltsangabe. Der mündliche und schriftliche Umgang mit epischen Kurztexten, der bereits in der 7. Jahrgangsstufe eingeübt wurde, findet in diesem Kapitel seine Fortsetzung. Im Mittelpunkt stehen Geschichten, die das Lektürebedürfnis der Schüler/-innen nach lebensweltnahen Geschichten (Alltagssituationen) mit spannender Handlung und verblüffenden Wendungen bedienen. Der Reiz der unterrichtlichen Behandlung liegt dabei zum einen in der Textintention des Unterhaltens und zum anderen in den altersgemäßen Identifikationsmöglichkeiten.

Im ersten Teilkapitel (**„Zwischenmenschliche Spannungen – Kurzgeschichten erschließen"**) liegt der Schwerpunkt auf der Erarbeitung der Textgattung „Kurzgeschichte". Nach einem ersten, spontanen Zugang werden die zentralen Merkmale von Kurzgeschichten kleinschrittig erschlossen: Die Schüler/-innen charakterisieren Figuren und deren Beziehungen zueinander und erarbeiten die Handlung und den Aufbau, indem sie den Text in Handlungsabschnitte gliedern und deren Inhalt zusammenfassen. Sie untersuchen Sprache und Zeitgestaltung und nehmen eine erste Deutung vor. In einer **Selbstevaluation** („Testet euch! – Eine Kurzgeschichte verstehen") festigen und prüfen die Schüler/-innen ihr Wissen über die Textgattung.

Im zweiten Teilkapitel (**„‚... einen Tag im Leben, den du nie vergisst' – Inhalte zusammenfassen und deuten"**) steht die Deutung des Inhalts und dessen Zusammenfassung in Form einer Inhaltsangabe im Mittelpunkt. Auch hier werden zunächst die Figuren und ihre Beziehungen zueinander erschlossen und Aussagen zum Inhalt überprüft, auch mit Hilfe des szenischen Spiels. Anschließend werden die Schüler/-innen Schritt für Schritt zum Verfassen von Einleitung, Hauptteil und Schluss einer Inhaltsangabe angeleitet. In der **Differenzierungseinheit** („Stärken stärken: Eine Inhaltsangabe schreiben") stehen weniger Leistungsstarken dabei binnendifferenzierende Hilfen zur Verfügung.

Das dritte Teilkapitel (**„Fit in ...? – Eine Inhaltsangabe schreiben"**) geht erneut auf das Verfassen einer Inhaltsangabe ein. Ein weiterer Text wird zur Übung angeboten. Die abschließende Checkliste ermöglicht die Sicherung des Wissens vor einer Klassenarbeit und bietet ein verlässliches Instrument zur Selbstdiagnose aller weiterer selbst verfassten Inhaltsangaben. Eine das Kapitel abschließende Wörterliste erweitert den Grundwortschatz und kann für eine Rechtschreibübung genutzt werden (s. Orientierungswissen „Mit den Wörterlisten üben" im SB auf S. 338).

Literaturhinweise

Bellmann, Werner/Hummel, Christine (Hrsg.): Deutsche Kurzprosa der Gegenwart. Reclam, Stuttgart 2005

Frank, Ursula: Analytischer und kreativer Umgang mit moderner Kurzprosa. In: Deutsch betrifft uns 3/2006

Fuchs, Herbert/Mittelberg, Ekkehart: Klassische und moderne Kurzgeschichten. Varianten – kreativer Umgang – Interpretationsmethoden. Unterrichtskommentar. Cornelsen, Berlin, 4. Auflage 2005

Inhalte wiedergeben. Praxis Deutsch 197/2006

Kurze Prosa. Deutsch. Unterrichtspraxis für die Klassen 5 bis 10. Heft 25, 2010

Kurzgeschichten kennen. Deutsch. Unterrichtspraxis für die Klassen 5 bis 10. Heft 13, 2007

Marx, Leonie: Die deutsche Kurzgeschichte. Metzler, Stuttgart/Weimar, 3. Auflage 2005

Neue kurze Prosa. In: Praxis Deutsch 206/2007

Spinner, Kaspar H.: Kurzgeschichten – Kurze Prosa. Grundlagen – Methoden – Anregungen für den Unterricht. Klett/Kallmeyer, Seelze-Velber, 2012

▍█ S.93 Auftaktseite

1/2 Das Foto der Auftaktseite könnte eine Szene der Kurzgeschichte „Schwarzfahren für Anfänger" von Marlene Röder im SB auf S. 101–103 darstellen: Ein Mädchen sitzt zwischen zwei Jungen in der Straßenbahn (oder einem Bus). Die drei Personen scheinen nichts miteinander zu tun zu haben, sie blicken alle in verschiedene Richtungen. Die Körperhaltung der Jungen drückt Langeweile aus, die des Mädchens Anspannung. Was die Zeit betrifft, lässt sich nur sagen, dass die Szene tagsüber stattfindet. Ausgehend von diesen Informationen können die Schüler/-innen sehr unterschiedliche Ideen für Geschichten entwickeln. Diese müssen nicht zwangsläufig den Inhalt der Kurzgeschichte von Marlene Röder treffen. In „Schwarzfahren für Anfänger" liegt der Grund für die Anspannung des Mädchens darin, dass es keinen Fahrschein hat und eine Kontrolleurin danach verlangt.

Die **Folie** „Entscheidende Momente" bereitet die Aufgaben der Auftaktseite medial auf und kann ergänzend eingesetzt werden.

5.1 Zwischenmenschliche Spannungen – Kurzgeschichten erschließen

▍█ S.94 Figuren und ihre Beziehungen beschreiben

Die **Folie** „Die Kurzgeschichte im Interview" sowie die gleichnamige **Kopiervorlage 1** („Die Kurzgeschichte im Interview") bieten einen spielerischen Zugang zur Textgattung und können entweder als Einstieg in das Erschließen von Kurzgeschichten verwendet werden oder als vertiefende Wiederholung.

Marlene Röder: Chuck Norris und all seine Freunde

Über die Autorin: Marlene Röder wurde 1983 in Mainz geboren. Bereits seit ihrem 14. Lebensjahr schreibt sie. Ihr 2011 erschienener Erzählband „Melvin, mein Hund und die russischen Gurken" lässt die Leser/-innen in achtzehn Geschichten völlig unterschiedliche Momente erleben, die das Leben der jungen Protagonisten für immer verändern.

1 a/b Im Anschluss an das Beschreiben ihrer spontanen Leseeindrücke berichten die Schüler/-innen von eigenen Erlebnissen. Da diese meist mit starken Emotionen verbunden sind, ist es wichtig, sensibel auf die Erzählungen einzugehen.
Als mögliche Stichworte könnten fallen: Mutproben; etwas tun, um jemandem zu gefallen; etwas darstellen wollen; sportliche/körperliche Grenzen überwinden; die/der Beste sein wollen; aus seiner Rolle ausbrechen wollen.

2 a/b Ben möchte Rainbow beindrucken und ihr zeigen, dass er ein interessanter, mutiger Typ ist. Deshalb fährt er mit seinem Rollstuhl die große Halfpipe hinunter. Durch die vermeintlich geniale Idee möchte er außerdem sein Image als „Maskottchen" und als „Krüppel" bei seinen Freunden loswerden.

3 a Beispiellösung:
●●●

> Ben ist in Rainbow verliebt, aber er glaubt, dass sie ihn wegen seiner körperlichen Behinderung nicht als Freund haben möchte und nur Mitleid mit ihm hat. Er ist wütend auf die Behinderung und seine „nutzlosen" Beine (Z. 18, Z. 28-29). Sein Konflikt besteht darin, dass er einerseits als Junge attraktiv für Mädchen und besonders für Rainbow sein möchte, andererseits dafür aber seine eigenen körperlichen Grenzen überwinden muss. Er beschließt, seine Situation zu ändern: Ben möchte mit dem Durchfahren der Halfpipe sein Image als Maskottchen loswerden und den anderen und Rainbow beweisen, dass er ein richtiger Mann ist. Dabei ist er unsicher (Z. 23) und hat Angst (Z. 155), weil er weiß, dass die Aktion sehr riskant und waghalsig ist.

●●○ **b** Beispiellösung:

> O Mann, jetzt gibt's kein Zurück mehr. Warum mach ich das? Klar, wegen Rainbow. Sie sieht total hübsch aus, wie sie da unten steht. Und ganz schön ängstlich. Aber ich hab auch Schiss. Feuchte Hände, Herz rast. Trotzdem – ich muss es tun. Es muss sich was ändern, ich will kein Krüppel mehr sein. Immer bloß Mitleid, immer bloß Maskottchen, darauf habe ich keinen Bock mehr.

●○○ **c** Beispiellösung:

> Ben ist wütend, weil er seine Beine nicht benutzen kann (Z. 28-29). Er denkt, dass Rainbow nur deshalb etwas mit ihm unternehmen will, weil sie Mitleid mit ihm hat. Das macht ihn traurig und gleichzeitig zornig. Er will ihr und seinen Freunden beweisen, dass er auch etwas Tolles leisten kann. Er gibt vor, selbstsicher zu sein („Klar ist das genial", Z. 22). Aber eigentlich ist er unsicher (Z. 23) und nervös, denn seine Finger zittern, als er sich den Helm aufsetzt (Z. 155).

4 **a–c**

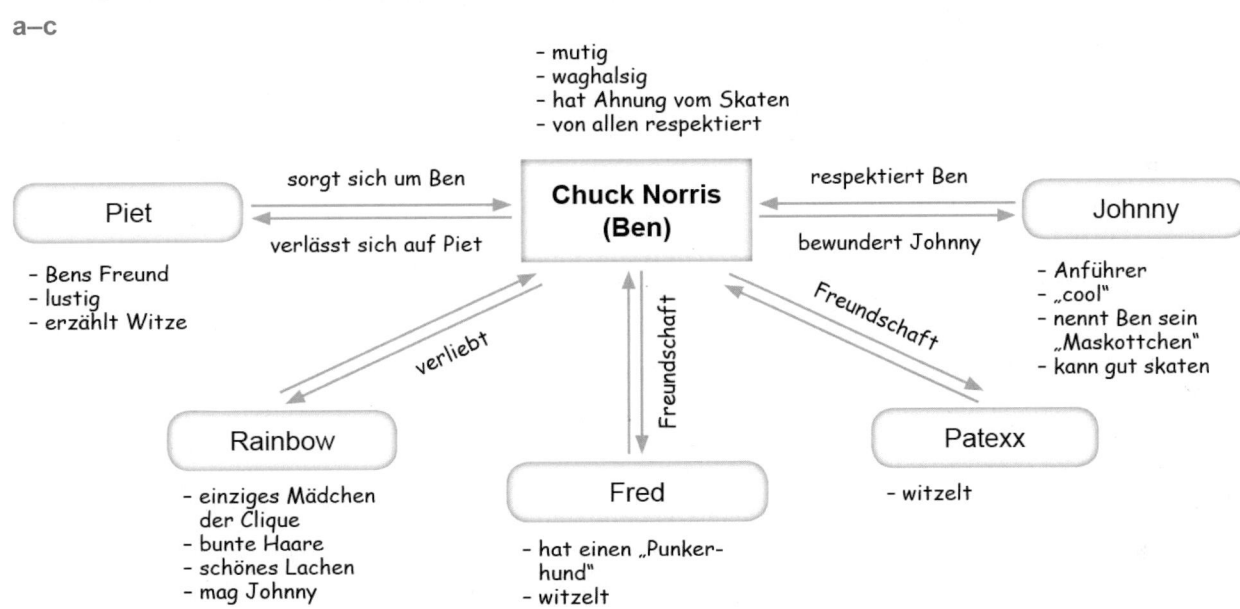

5 **a** Chuck Norris ist ein 1940 geborener amerikanischer Schauspieler und Kampfkünstler. Auch wenn viele Schüler/-innen vermutlich Chuck-Norris-Witze kennen, werden die meisten kaum etwas über die Person wissen (wie Ben in der Geschichte). Interessant könnte für viele Schüler/-innen sein, dass Chuck Norris nicht nur ein bekannter Actionschauspieler ist, sondern auch ein bedeutender Kampfsportler. So war er 1967 etwa Mittelgewichtsweltmeister im Karate, wurde als erster westlicher Mann mit dem 8. Dan im Taekwondo geehrt und betrieb mehrere Kampfsportschulen. Er diente zudem bei der US Air Force und wurde als Militärpolizist in Korea eingesetzt.

  b Chuck Norris ist in der Geschichte ständig präsent, „alle" Figuren der Kurzgeschichte sind „seine Freunde". Er ist für sie ein Idol, auch wenn sie ständig über ihn witzeln. Besonders Ben scheint von ihm angetan zu sein, da Chuck Norris scheinbar das Unmögliche möglich machen kann.

6 Die Schüler/-innen werden vermutlich die Textstellen mit Chuck-Norris-Witzen amüsant finden. Diese Witze spielen mit Klischees, führen die Fähigkeiten eines Actionhelden ad absurdum und nehmen damit die konventionelle Heldenrolle auf die Schippe. Auch über Bens selbstironische Aussage „Mit mir auszugehen ist ungefähr so erotisch, wie seinen Opa durch den Park zu schieben" (Z. 137 ff.) könnten die Schüler/-innen lachen, zugleich jedoch vielleicht unangenehm berührt sein, da eine gewisse Verbitterung über seine Behinderung mitschwingt.

7 Die Schüler/-innen werden voraussichtlich in erster Linie Vermutungen darüber anstellen, ob Ben den Stunt heil übersteht, sich dabei verletzt oder gar stirbt. Auch die Reaktion seiner Freunde könnte Gegenstand der Diskussion werden. Wird sich an ihrer Beziehung zu ihm etwas ändern, wenn er die „Mutprobe" meistert oder sich dabei verletzt? Wird die Aktion etwas an Rainbows Beziehung zu ihm verändern? Wird die Aktion etwas in Ben selbst verändern? Vermutlich würde den meisten Schülerinnen und Schülern eine Fortsetzung gefallen, in der Bens Mut belohnt wird. Konkret könnten die Vermutungen so aussehen:

– **positiv:** Ben übersteht den Stunt unversehrt oder verletzt sich nur leicht und gewinnt an Selbstbewusstsein. Seine Freunde verstehen, worum es ihm ging, und Johnny nennt ihn nicht mehr sein „Maskottchen". Rainbow versteht, dass sie ehrlich zu Ben sein sollte, anstatt ihn aus Mitleid anders zu behandeln als die übrigen Jungs.

– **negativ:** Ben verletzt sich schwer. Er glaubt, seine körperlichen Grenzen niemals überwinden zu können, und denkt, dass er anders ist als seine Freunde. Daraufhin trennt er sich von der Clique und zieht sich zurück. Oder: Ben stirbt bei der Aktion oder später im Krankenhaus. Seine Freunde sind traumatisiert und haben Schuldgefühle. Die Clique bricht auseinander.

S. 98 Die Merkmale von Kurzgeschichten kennen lernen

Wolfgang Borchert: Die Kirschen

Über den Autor: Wolfgang Borchert (1921, Hamburg – 1947, Basel) war ein bekannter deutscher Schriftsteller. Die Internetseite der Internationalen Wolfgang-Borchert-Gesellschaft e. V. gibt u. a. folgende Informationen über ihn: Wolfgang Borchert hat Gedichte, Kurzgeschichten, Dramen und Essays verfasst. Er gilt als derjenige, der, angeregt von amerikanischen Short-Story-Autoren wie Ernest Hemingway und Thomas Wolfe, das Genre der deutschen Kurzgeschichte neu begründet hat. Er bringt in den Geschichten seine existenziellen Grunderfahrungen zum Ausdruck: den Zusammenstoß mit der Macht, die Identitätskrise des jungen Menschen nach dem Zusammenbruch von Naziherrschaft und ihrer Ideologie, das Ausgesetztsein an Vernichtung und Tod im Krieg, das Schuldbewusstsein auf Grund der eigenen Anteile am Krieg sowie die Enttäuschung über die ältere Generation, die mehrheitlich Diktatur und Krieg hingenommen hatte. Aus diesen Erfahrungen ergab sich für Borchert das Grundgefühl einer „Generation ohne Abschied". Er schrieb Gefängnis-, Kriegs-, Heimkehrer- und Familiengeschichten. Zudem ist er als Autor seiner Heimatstadt Hamburg eng verbunden. Er schrieb hymnische Texte auf sie („Hamburg, das ist mehr als ein Haufen Steine") in einer Zeit, in der sie durch die Luftangriffe der Alliierten fast völlig zerstört war.

Wolfgang Borchert gilt in der Literaturgeschichte als Mitbegründer der „Kahlschlag-" und „Trümmerliteratur", die versuchte, die Wahrheit über die eigene Gegenwart realistisch zu vergegenwärtigen in betonter Abgrenzung gegenüber Formen der Verschlüsselung und Überhöhung.

1 Der kranke Junge denkt, sein Vater habe seine Kirschen aufgegessen. Dabei hatte dieser nur eine Tasse kalt abspülen wollen, um die Kirschen hineinzugeben, und war damit hingefallen. An den Scherben schnitt er sich die Hand auf. Die Kirschen dagegen stehen immer noch in einem Glas am Fenster. Der Junge glaubt, sein Vater habe Kirschsaft an den Händen, tatsächlich ist es aber das aus dem Schnitt tropfende Blut. Als der Junge seinen Irrtum erkennt, schämt er sich vor seinem Vater und versteckt sich deshalb unter der Bettdecke.

2 a Beispiellösung:

macht sich Sorgen um kranken Sohn, will ihm Kirschen
ans Bett bringen; erklärt, was passiert ist; sorgt
dafür, dass Sohn wieder ins Bett geht

Vater	⟷	Sohn

misstraut Vater, glaubt, dieser habe seine
Kirschen gegessen, macht ihm versteckte
Vorwürfe; schämt sich später dafür

Vater
- an Hand verletzt
- hilflos

Sohn
- ist krank
- hat Fieber
- denkt nur an die Kirschen

156

b Beispiellösung:

> (Z. 37–44) „Ich möchte nicht, dass mein kranker Sohn mich so sieht. Ich muss doch stark sein für ihn. Er darf mich nicht so hilflos sehen. Warum kann ich nicht aufstehen? Das muss der Schock sein von dem Sturz. Und das viele Blut … Aber mein Sohn soll sich doch keine Sorgen um mich machen."
>
> (Z. 48) „Mein Sohn hat Fieber, er darf nicht aufstehen, hier ist es viel zu kalt. Ich muss ihm helfen. Ich muss dafür sorgen, dass er ins Bett geht. Er soll mich nicht so hilflos sehen."

c Beispiellösung:

Gedanken	Geflüstert	Ausgesprochen
„Jetzt isst er die Kirschen auf, die für mich sind, dachte er." (Z. 1–2) „Dabei habe ich das Fieber. Sie hat die Kirschen extra vors Fenster gestellt, damit sie ganz kalt sind. Jetzt hat er das Glas hingeschmissen. Und ich hab das Fieber." (Z. 2–6) „Alles voll Kirschen, dachte der Kranke, alles voll Kirschen …" (Z. 11–22)	„Alles Kirschen, flüsterte der Kranke. Alles meine Kirschen." (Z. 31–32) „Waren sie schön kalt?, flüsterte er, ja?" (Z. 43) „Die Kirschen, flüsterte er, meine Kirschen?" (Z. 63–64)	„Waren sie kalt?, fragte er laut. Ja? Sie waren doch sicher schön kalt, wie? Sie hat sie doch extra vors Fenster gestellt, damit sie ganz kalt sind. Damit sie ganz kalt sind." (Z. 32–35)

3 Der Vater verhält sich fürsorglich und versucht, die Situation zu erklären. Damit dringt er jedoch nicht zu seinem kranken Sohn durch. Dieser reagiert im Fieberwahn kaum auf das, was sein Vater sagt, sondern verharrt im Glauben, sein Vater habe die Kirschen aufgegessen. Erst als der Vater ganz klar sagt, dass die Kirschen noch da sind, erkennt der Junge seinen Irrtum und schämt sich. In seinem Verhalten schwingt eventuell auch Konkurrenzdenken, vielleicht sogar Eifersucht auf den Vater mit, denn mehrmals wird betont, dass es die Mutter war, die die Kirschen vor das Fenster gestellt hat.

Der Konflikt ließe sich lösen, wenn Vater und Sohn offen miteinander sprechen würden. Der Sohn sollte sich nicht aus Scham unter der Bettdecke verstecken, sondern dem Vater erklären, welchen Verdacht er hatte, und um Entschuldigung bitten. Dann könnten die beiden die Kirschen gemeinsam aufessen.

4 **Wie beginnt die Handlung?**
Die Handlung setzt unvermittelt ein. Es gibt keine Einleitung: Eine Einführung von Ort, Zeit und Figuren fehlt.

Wie endet die Geschichte? Bleiben Fragen offen?
Die Kurzgeschichte bleibt weitestgehend offen. Es ist unklar, wie der Sohn am Ende genau reagiert und welche Gedanken er nach Klärung des Missverständnisses hat. Ebenso ist unklar, ob sich die Beziehung zwischen den beiden verändert hat. Einziger Anhaltspunkt ist die Scham des Jungen wegen seiner falschen Verdächtigung, da er sich unter der Decke versteckt.

Gibt es im Handlungsverlauf einen Punkt, an dem die Handlung eine andere Wendung nimmt?
Der Wendepunkt befindet sich in Zeile 49, als der Junge auf die Hand seines Vaters sieht und dieser ihm erklärt, das sei nur ein wenig Blut, da er sich in die Hand geschnitten habe. Hier beginnt der Junge zu erkennen, dass seine Annahme falsch war.

5 Der Text besteht in den Gedanken und Äußerungen des Sohnes vor allem aus Hauptsätzen, teils sogar Ellipsen. Diese Fragmente werden vom stark fiebernden Jungen ständig wiederholt. Auch die wörtliche Rede des Vaters besteht fast nur aus Hauptsätzen. Dadurch wirkt der Vater ebenfalls kraftlos. Es scheint, als sei er in keiner guten körperlichen und seelischen Verfassung. Die Wortwahl ist einfach, Ausdrücke wiederholen sich, was die schlechte Verfassung der beiden ausdrückt und zu einer trostlosen Grundstimmung beiträgt. Gleichzeitig wirkt die Kommunikation deshalb ungelenk: Beide sind es scheinbar nicht gewohnt, miteinander zu reden. Auch daraus erklärt sich der Konflikt. Die fehlenden Anführungszeichen bei der wörtlichen Rede erschweren das Lesen, Gedanken sind nicht sofort von Äußerungen zu unterscheiden. Dies bewirkt, dass diese Passagen wie eine Art innerer Monolog erscheinen.

6 In der Kurzgeschichte „Die Kirschen" geht es um gegenseitiges Vertrauen und Misstrauen zwischen den Menschen. Der Sohn unterstellt seinem Vater, die Kirschen gegessen zu haben. In seinem kindlichen Misstrauen erkennt er zuerst nicht, dass er sich geirrt hat.

7 **a/b** Der Titel der Geschichte ist sehr offen gewählt. Über den hauptsächlichen Inhalt, den Konflikt zwischen Vater und Sohn, sagt er nichts aus. Ein Titel, der die Beziehung der Figuren verdeutlicht, wäre z. B. „Ein Missverständnis".

8 Borchert wusste aus eigener Erfahrung, was Entbehrungen und Krankheit bedeuten. Nach dem Zweiten Weltkrieg litten viele Menschen Hunger, so auch Borchert. Diese Erfahrung verarbeitete er in der Geschichte. Die Kirschen sind für den Jungen etwas Besonderes, denn damals gab es noch nicht einmal genug Brot zu essen und nur ganz selten etwas Süßes. Deshalb ist es so schlimm für den Jungen, dass sein Vater ihm vermeintlich die Kirschen weggegessen hat. Vater und Sohn wirken beide verloren und hoffnungslos, und so muss sich auch Borchert nach all der Zerstörung gefühlt haben.

9 Es handelt sich bei dem Text „Die Kirschen" um eine Kurzgeschichte (vgl. Informationskasten „Die Kurzgeschichte" im SB auf S. 100). In dem kurzen Text geht es um einen aussagefähigen Abschnitt aus dem Alltagsleben zweier Figuren, eines kranken Sohnes und seines Vaters. Der Anfang ist unvermittelt, Figuren, Zeit und Ort werden nicht eingeführt. Die Leser/-innen befinden sich nach einem beiläufigen Anfang („Nebenan klirrte ein Glas", Z. 1) mitten im Geschehen. Der Wendepunkt ereignet sich etwa nach dem zweiten Drittel der Geschichte, als der Sohn feststellt, dass es sich bei der roten Flüssigkeit auf der Hand des Vaters um Blut, nicht um Kirschsaft handelt. Der Schluss ist offen: Die Kurzgeschichte endet damit, dass der Sohn – wahrscheinlich aus Scham – seinen Kopf unter die Decke steckt, die Gedanken des Sohns nach Auflösung des Missverständnisses erfährt man jedoch nicht. Die Geschichte ist in Alltagssprache verfasst und besteht vor allem aus Hauptsätzen mit einfacher Wortwahl.

10 **a** Beispiellösung (aus Sicht des Vaters):

Ich erinnere mich an eine Situation, die sich kurz nach Ende des Krieges abgespielt hat. Mein Sohn hatte hohes Fieber und lag im Bett. Ich war selbst ebenfalls in keiner guten Verfassung und noch sehr geschwächt. Meine Frau hatte ein Glas eingemachte Kirschen am Fenster kalt gestellt. Um dem Jungen den Kirschsaft besonders kühl zu reichen, wollte ich eine Tasse kalt ausspülen und war gestolpert. Dabei hatte ich mir die Hand aufgeschnitten. So saß ich dann auf dem Boden: unfähig, aufzustehen, und mit blutender Hand. Erbärmlich war mir zumute. Mein Sohn hatte wohl die Tasse zerbrechen hören und war aus dem Bett gekommen. So sah er mich dann hilflos auf dem Boden sitzen. Es tat mir so weh, dass er mich so sehen musste. Ich wollte nicht, dass er sich um mich sorgte, ich wollte ihm doch ein starker Vater sein und ihm Halt geben. Aber ich glaube, dass er in dem Moment daran gar nicht dachte, sondern dass er sich Sorgen um seine Kirschen machte. Er muss geglaubt haben, dass ich sie ihm wegessen wollte. So beeilte ich mich, ihm zu sagen, dass ich gestürzt war und dass auf meiner Hand Blut, kein Kirschsaft sei. Als er das begriffen hatte, legte er sich ganz verschämt wieder in sein Bett und steckte den Kopf unter die Bettdecke. Ich bin in gewisser Weise froh, dass er mich so hilflos am Boden liegend gar nicht wahrgenommen hat.

b Die Schüler/-innen könnten zum Vergleich der eigenen Texte eine Schreibkonferenz (vgl. Orientierungswissen „Schreibkonferenz durchführen" im SB auf S. 342) durchführen, wobei sie sich jedoch nur auf die Übereinstimmung zum Inhalt der Kurzgeschichte fokussieren.

S. 101 Eine Kurzgeschichte deuten

Marlene Röder: Schwarzfahren für Anfänger

1 a **Was passiert in der Geschichte?**

Josefine sitzt nachts in S-Bahn; ist vor irgendetwas davongelaufen – wird von Kontrolleurin befragt – Josefine gibt an, „nur so rumfahren" zu wollen – erinnert sich daran, wie sie Stefan in der Bahn kennen gelernt hat – erinnert sich an Geschehnisse des Abends: Stefans Liebeserklärung, vor der sie weggelaufen ist, weil ihre Mutter von ihrem Vater verlassen wurde – wird aufgefordert, Fahrschein zu zeigen – Stefan steht plötzlich neben ihr und gibt ihr seinen Fahrschein – er lässt sich den Bußgeldbescheid geben – hatte an der Haltestelle auf ihre Bahn gewartet – fragt Josefine, ob sie Angst habe, und sie bejaht – gemeinsam fahren sie weiter, er nimmt ihre Hand

Wer sind die handelnden Figuren?

Die handelnden Figuren sind Josefine und Stefan sowie die Kontrolleurin. Die Kontrolleurin ist um die vierzig, trägt normale Kleidung und polierte Schuhe. Josefine ist 16, hat kurzes, „stacheliges" Haar und ist mit Stefan befreundet Sie bekommt Panik, als Stefan gesteht, dass er in sie verliebt ist. Stefan ist in Josefines Alter, trägt Turnschuhe und Kapuzenpulli und scheint ein ehrlicher und verlässlicher Junge zu sein: Er wartet fürsorglich an der Straßenbahnhaltestelle und ist für sie da.

b Als Wendepunkt der Geschichte bestimmen die meisten Schüler/-innen vermutlich Stefans Liebeserklärung, da diese für die Beziehung der beiden von elementarer Bedeutung und der Auslöser dafür ist, dass Josefine wegläuft. Wendepunkt könnte jedoch auch der Moment sein, in dem Stefan plötzlich in der S-Bahn erscheint, für Josefine eintritt und sich um sie kümmert.

2 Nach Stefans Liebeserklärung bekommt Josefine Panik. Sie hat Angst davor, jemanden zu lieben und dann genauso verlassen zu werden wie ihre Mutter. Deshalb ergreift sie die Flucht. Stefan erkennt dies und nimmt am Schluss ihre Hand, um ihr Sicherheit zu geben.

3 Nachdem Stefan Josefine seinen Fahrschein gegeben und selbst einen Bußgeldbescheid bekommen hat, sagt sie zu ihm, das mit dem Schwarzfahren habe er noch nicht so richtig drauf (Z. 205–207). Stefan aber ist eigentlich ein Mensch, der nie schwarzfahren würde. Er macht also für Josefine etwas, das er sonst niemals machen würde. Dass er für sie gleichsam zu einem Anfänger im Schwarzfahren wird, verdeutlicht seine Liebe zu ihr. Das Thema wird ganz am Ende noch einmal aufgegriffen, als Stefan sagt, Josefine müsse mit ihm noch ganz viel üben (vgl. Z. 208–209), also Zeit mit ihm verbringen.

Auch im übertragenen Sinne könnte die Überschrift für die erste Liebe der beiden stehen: Schwarz = blind vor Liebe, nichts sehen, sich fallen lassen; Anfänger = unerfahren in der Liebe.

4 a Rückblenden sind folgende Passagen:
- Z. 6–14: Josefine erinnert sich daran, was vor und bei ihrer panikartigen Flucht geschehen ist. (Tempus wechselt vom Präsens ins Perfekt.)
- Z. 45–47: Josefine denkt an die Situation bei Stefan kurz vor der Flucht, als sie Musik hörten und Gummibärchen aßen. (Tempus wechselt vom Präsens ins Perfekt.)
- Z. 66–106: Josefine erinnert sich daran, wie sie Stefan in der S-Bahn kennen gelernt hat. (Tempus wechselt vom Präsens ins Perfekt oder Präteritum und zurück.)
- Z. 114–160 Josefine erinnert sich an die Geschehnisse vor ihrer Flucht: Stefan machte ihr eine Liebeserklärung, vor der sie weglief, weil ihre Mutter von ihrem Vater verlassen wurde. Das Tempus wechselt vom Präsens ins Perfekt, Präteritum oder Plusquamperfekt (in Z. 140–143 bei Josefines Erinnerung an eine frühere Fahrt mit der S-Bahn und in Z. 147–149 bei der Erinnerung an den Zusammenbruch der Mutter).

b Die Zeitleiste muss nicht unbedingt horizontal verlaufen, sie könnte auch vertikal angelegt werden.
Reihenfolge der Einträge:

- Z. 146–149: Rückblende innerhalb der Rückblende: Josefines Vater verlässt ihre Mutter
- Z. 66–106: Rückblende: Josefine lernt Stefan in der S-Bahn kennen
- Z. 140–143: Rückblende innerhalb der Rückblende: Josefine und Stefan fahren einmal nachts als Letzte in der S-Bahn
- Z. 45–47: Rückblende: Situation bei Stefan eine Stunde zuvor, noch alles in Ordnung
- Z. 111–160 Rückblende: Stefans Liebeserklärung, Josefines Flucht und die Gründe dafür/ Z. 6–14: Rückblende: Josefines Flucht
- Z. 1–5: Josefines Fahrt in der S-Bahn
- Z. 15–45: Befragung durch die Kontrolleurin
- Z. 47–66: Josefine antwortet, Gespräch mit Kontrolleurin geht weiter
- Z. 107–110: Josefine weint, dreht sich weg von der Kontrolleurin
- Z. 161–216: Kontrolleurin möchte Josefines Fahrausweis sehen; Stefan kommt dazu, nimmt Bußgeld auf sich, gemeinsam fahren sie weiter

5 **a**

Josefine	Stefan
– ist eine Schwarzfahrerin (vgl. Z. 26) – geschickt/aufmerksam beim Erkennen von Kontrolleuren (vgl. Z. 27–29) – wirkt eigen, etwas unnahbar und ziellos; ein Mädchen in der Pubertät (vgl. Z. 69–73, 93–99) – nachdenklich (fährt oft allein in S-Bahn umher, vgl. Z. 70–73) – hat Angst, dass ihr das Gleiche passiert wie ihrer Mutter (vgl. Z. 146–157)	– würde nie ohne Fahrschein fahren und ist auch sonst ein ehrlicher und verlässlicher Junge (vgl. Z. 30–32) – verhält sich betont lässig und cool (lässt sich auf den Sitz fallen, trägt Kapuzenpullis und hat die Kapuze aufgezogen, vgl. Z. 78–81); vielleicht nur gegenüber Josefine – ist in Josefine verliebt (vgl. Z. 124–129) – wartet fürsorglich an der Haltestelle, bis die S-Bahn einmal im Kreis gefahren ist (vgl. Z. 197–202) – ist sehr einfühlsam: fragt Josefine, ob sie Angst habe (vgl. Z. 212)

b Beispiellösung:

Die handelnden Figuren sind Josefine und Stefan. Josefine ist Stefans Freundin. Sie wirkt nachdenklich sowie etwas eigen und unnahbar – ein wenig wie ein typisches pubertierendes Mädchen. Sie bekommt Panik, als Stefan gesteht, dass er in sie verliebt ist, und läuft weg. Unter ihrer coolen, verschlossenen Oberfläche hat sie wahrscheinlich Angst, dass ihr das Gleiche geschieht wie ihrer Mutter, die von ihrem Mann verlassen wurde und sehr darunter litt.
Stefan scheint ein ehrlicher und verlässlicher, aber auch etwas schnoddriger Junge zu sein. Er fährt nie schwarz und macht „auch sonst alles richtig", trägt jedoch seine Kapuze tief ins Gesicht gezogen und lässt sich lässig auf den Straßenbahnsitz fallen. Er ist in Josefine verliebt und wartet fürsorglich an der Straßenbahnhaltestelle auf sie. Offensichtlich ist er sehr einfühlsam und sensibel, denn er fragt sie, ob sie Angst hat.

6 a **A** Die Kurzgeschichte soll zeigen, dass es manchmal schwer ist, Gefühle zuzulassen.

b Beispiellösung:

> In der Kurzgeschichte „Schwarzfahren für Anfänger" der Autorin Marlene Röder aus dem Jahr 2011 geht es um eine junge Frau, die vor einer Liebeserklärung ihres Freundes davonläuft. Beschrieben wird, wie Josefine nachts ohne Fahrausweis mit der S-Bahn fährt und darüber nachdenkt, was sich kurz zuvor ereignet hat. Sie ist vor ihrem Freund Stefan weggelaufen, weil er ihr seine Liebe gestanden hat. Josefine verfiel in Panik, weil sie daran dachte, wie grausam es für ihre Mutter war, von ihrem Vater verlassen zu werden (Z. 146–155). Gerade als eine Kontrolleurin Josefine einen Bußgeldbescheid wegen Schwarzfahrens ausstellen will, steht auf einmal Stefan neben ihr und gibt ihr sein Ticket (Z. 180–183). An ihrer Stelle bekommt nun er den Bußgeldbescheid. Er fragt Josefine, ob sie Angst habe. Sie bejaht. Gemeinsam fahren sie weiter. Die Kurzgeschichte soll zeigen, dass es manchmal schwer ist, Gefühle zuzulassen. Josefine hat Angst davor, verletzt zu werden, deshalb flieht sie vor Stefan und ihren eigenen Gefühlen für ihn. Er ist einfühlsam genug, das zu verstehen, und gibt ihr Halt.

S. 105 Testet euch! – Eine Kurzgeschichte verstehen

Helga M. Novak: Schlittenfahren

Über die Autorin: Maria Karlsdottir (1935–2013) war eine deutsch-isländische Schriftstellerin, die unter dem Pseudonym Helga M. Novak Texte und Gedichte verfasste. Sie begann vor allem mit politischer Lyrik, wegen der sie u. a. später die DDR, in der sie derzeit lebte, verlassen musste. Neben einigen autobiografischen Romanen verfasste sie außerdem eine große Anzahl Hörspiele. Zeitlebens nahm sie in der Literatur, obwohl ihr Werk sehr positiv aufgenommen wurde, eher die Stellung einer Außenseiterin ein. Für ihr Werk erhielt sie zahlreiche Auszeichnungen.

1 a Am besten beschreibt das Verhalten: gleichgültig.

b Der Wendepunkt der Geschichte liegt in Zeile 43 f., als Andreas in den Bach gefallen ist. Hier wird die Gleichgültigkeit des Vaters schlagartig in ein anderes Licht gerückt, da sie nun vielleicht sogar eine tödliche Konsequenz hat.

c Die Kurzgeschichte hat einen **offenen** Schluss, denn **man erfährt nicht, was mit Andreas passiert.**

2 Im Vergleich mit einem Lernpartner/einer Lernpartnerin können die Schüler/-innen überprüfen, ob sie die zentralen Merkmale einer Kurzgeschichte verstanden haben.

5.2 „... einen Tag im Leben, den du nie vergisst" – Inhalte zusammenfassen und deuten

Vertiefendes Übungsmaterial zum Verfassen einer Inhaltsangabe bieten die **Kopiervorlage 2** („Eine Inhaltsangabe schreiben") und die **Kopiervorlage 3** („Eine Inhaltsangabe verfassen").

S. 106 Sylvia Plath: Ein Tag im Juni

Über die Autorin: Sylvia Plath (1932–1963) war eine amerikanische Schriftstellerin, die vor allem für ihre Lyrik bekannt ist. Ebenso schrieb sie jedoch auch Kinderbücher und Kurzgeschichten. Viele ihrer Geschichten drehen sich um Figuren in einer Außenseiterrolle. Zuweilen verarbeitete sie darin autobiografisch Teile ihres Lebens, etwa war sie selbst eine Vorreiterin der Frauenbewegung. Der große Erfolg ihrer Literatur setzte allerdings erst nach ihrem Tod ein.

1 Die Schüler/-innen notieren ihre ersten Eindrücke. Da die emotionale Nähe vieler Schüler/-innen zum Thema vermutlich einigen Gesprächsbedarf entfacht, kann die Aufgabe damit ergänzt werden, sie von ähnlichen Situationen berichten zu lassen. Dabei ist es wichtig, sensibel auf das Gesagte einzugehen.

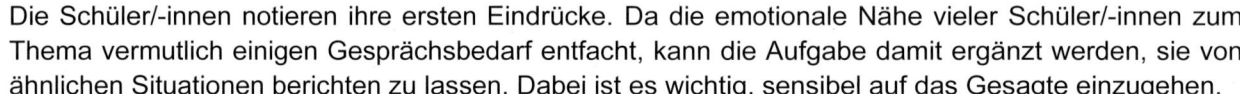

2 a Das freundschaftliche, vertraute Verhältnis der beiden Mädchen verändert sich am Schluss der Geschichte. Die Protagonistin ist verärgert, weil Linda den beiden Jungen verrät, dass sie ausgetrickst wurden, und dann noch darum bittet, nun allein gelassen zu werden. Den Jungen gegenüber benehmen sich die Mädchen zuerst freundlich, dann aber manipulierend, berechnend und arrogant – vor allem die Protagonistin. Damit verdirbt sie das Verhältnis zu Buck, der sie eigentlich anziehend findet. Sie weiß, dass Linda nie verstehen wird, dass Buck ihr wichtig war, und sie kann sich für ihr Verhalten selbst nicht leiden. Sie hat anders gehandelt, als sie es eigentlich für richtig hält. Sie war schwach und unehrlich.

b Die Überschrift bezieht sich auf diesen einen Tag im Juni, den man nie vergisst, da er für die Protagonistin alles verändert hat.

c Der Wendepunkt der Geschichte befindet sich in Zeile 124–128. Hier kippt die Stimmung, weil die Protagonistin sich entscheidet, ihre Macht bzw. die Grenzen der Jungen zu testen.

3 – Die Geschichte gibt einen Tag im Leben der Erzählerin wieder, der ihr unvergesslich bleibt. → Sie beschreibt in Zeile 1–7, dass sie diesen Tag nie wird vergessen können.
  – Die beiden Jungen Buck und Don ahnen nicht, dass die Mädchen nur vortäuschen, kein Geld dabeizuhaben. → Die Mädchen spielen so gut und täuschen Besorgnis vor, dass die Jungen nicht an der Ehrlichkeit der Mädchen zweifeln.
  – Die Großzügigkeit des Jungen beschämt die Erzählerin. → Sie möchte am liebsten sagen, dass es ihr leid tut, doch sie schafft es nicht. Sie fühlt sich „mies, sehr klein und gemein" (Z. 147).
  – Das schlechte Gewissen der Erzählerin trübt die Wahrnehmung des ganzen Nachmittags. → Der schöne Junitag wird beschrieben als „durch Tränen gesehen" (Z. 6 f.), es werden Adjektive und Adverbien wie „trostlos", „endgültig", „ekelhaft" verwendet, welche die Stimmung des Nachmittags, der „in Millionen Glassplitter" zerspringt, trüben.

4 In der szenischen Umsetzung des Dialogs können verschiedene Lösungen entstehen. Besprochen werden kann, ob die Lösungen realistisch und nachvollziehbar sind und zu den Figuren passen. Dabei sollte auch auf nonverbale Kommunikation geachtet werden.

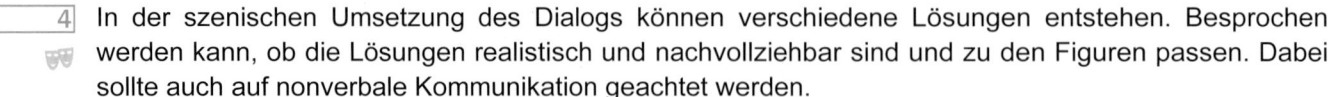

Einleitung und Hauptteil einer Inhaltsangabe schreiben

5 a/b Beispiellösung:

> <u>Z. 1–7: Erinnerung an den Tag im Juni</u>
> Sobald der Sommer kommt, erinnert sich die Erzählerin an den unvergesslichen Tag: Sonne, Paddelausflug.
>
> <u>Z. 8–44: Die Mädchen paddeln</u>
> Die beiden Freundinnen steigen in ein Paddelboot. Es ist ein perfekter Juni-Tag. Die Natur an diesem Tag wird mit allen Sinnen wahrgenommen und beschrieben. Die Mädchen paddeln zu einer Bucht, lassen sich treiben.
>
> <u>Z. 45–73: Aufregung – Jungs sind in der Nähe auf dem See</u>
> Die Mädchen hören Stimmen von Jungen. Kurz darauf sehen sie ein anderes Boot. Sie lenken die Aufmerksamkeit auf sich.
>
> <u>Z. 74–118: Gegenseitiges Kennenlernen und gemeinsames Paddeln</u>
> Die Jungs sprechen die Mädchen an. Die Mädchen sind stolz. Man findet sich sympathisch und wechselt die Boote. Die Protagonistin fühlt sich von Buck angezogen. Die beiden mögen sich scheinbar gegenseitig.
>
> <u>Z. 119–157: Grenzen testen und Macht erproben</u>
> Der Tag geht zu Ende und die Frage steht im Raum, wie die Boote bezahlt werden sollen. Die Mädchen geben vor, kein Geld zu haben. Die Protagonistin spielt Buck etwas vor, bereut es aber in der nächsten Sekunde. Es fehlt ihr der Mut, die Wahrheit zu sagen, und sie verstrickt sich weiter in die Lüge.
>
> <u>Z. 158–194: Bittere Wahrheiten</u>
> Die Protagonistin läuft weg, nachdem die Jungen gezahlt haben. Linda erzählt ihnen die Wahrheit und bittet sie, zu gehen. Buck ist enttäuscht, dass die Zuneigung vorher scheinbar nur gespielt war.
>
> <u>Z. 194–214: Der Tag ist verdorben</u>
> Die Protagonistin ist über den Betrug enttäuscht und voller Abscheu gegenüber sich selbst und Linda. Der Tag ist verdorben und zerstört. Linda wird nie verstehen, wie wichtig Buck der Protagonistin war.

6 Die Schüler/-innen erarbeiten in den folgenden Aufgaben schrittweise eine Inhaltsangabe, ggf. kann dabei als Hilfe immer auf den Methodenkasten „Eine Inhaltsangabe schreiben" im SB auf S. 112 zurückgegriffen werden.

Beispiellösung:

> In der Kurzgeschichte „Ein Tag im Juni" von Sylvia Plath geht es um zwei Mädchen, die während einer Bootsfahrt im Juni zwei Jungen kennen lernen und am Ende allein dastehen, weil sie die Jungen trotz gegenseitiger Zuneigung aus lauter Übermut manipulieren und betrügen.

7 a–c Beispiellösung:

> Die zwei Freundinnen, Linda und die namenlose Erzählerin, gehen an einem sonnigen Junitag an einen See, um zu paddeln. Der Tag erscheint der Erzählerin vollkommen und sie nimmt die Einflüsse der Natur mit allen Sinnen auf. Nachdem die Mädchen auf eine kleine Bucht zugesteuert sind, hören sie auf einmal Jungenstimmen. Als sie merken, dass die Jungen auf sie aufmerksam werden, werden beide ganz aufgeregt. Linda schlägt vor, Blumen zu pflücken, und in stillem Einvernehmen setzen sie den Vorschlag um. Daraufhin nehmen die Jungen den Kontakt auf, sodass die Mädchen ihnen vorschlagen, um die Wette zu paddeln. Als sich der Nachmittag dem Ende zuneigt, tun die beiden Mädchen aus reinem Übermut so, als hätten sie kein Geld dabei, und lassen sich das Boot von den Jungen bezahlen. Die Protagonistin bereut den Betrug sofort, da ihr

der eine Junge, Buck, wichtig ist. Sie besitzt aber nicht den Mut, die Wahrheit zu sagen. Dies übernimmt ihre Freundin Linda, welche die Jungen anschließend bittet, sie in Ruhe zu lassen. Diese sind enttäuscht von den Mädchen. Die Protagonistin mit ihrem schlechten Gewissen ist ebenso voller Enttäuschung und Ärger gegenüber sich selbst und Linda, da sie Buck gern hat. Doch die Chance ist vertan und ihre Freundin wird nie verstehen, warum nun der ganze Tag „in Millionen Glassplitter" (Z. 195 f.) zerbrochen ist.

Der Schlussteil der Inhaltsangabe – Stellung beziehen

8 a Der obere Schlussteil ist gelungener: Er ist sachlicher und die Aussagen werden am Text belegt. Die eigene Meinung steht am Ende, ist kenntlich gemacht und begründet.

b Mögliches **Tafelbild**:

oberer Schlussteil	unterer Schlussteil
Auf den Inhalt wird genauer eingegangen.	Auf den Inhalt wird kurz und oberflächlich eingegangen.
Der Text wird gedeutet, der Bezug zu Autorenabsicht und Textwirkung wird deutlich.	Der Text wird sehr oberflächlich gedeutet. Der Bezug zu Autorenabsicht und Textwirkung wird nicht deutlich.
Es wird angesprochen, wie der Autorin der Stimmungswechsel gelingt.	Es wird nicht angesprochen, wie es der Autorin gelingt, ihre Absicht umzusetzen.
Der Text enthält eine kurze persönliche Stellungnahme.	Der Text besteht weitgehend aus persönlichen Erfahrungen und Meinungen.

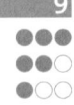

9 a–c Die Schüler/-innen schreiben einen eigenen Schluss. Dazu können sie entweder das obere Schülertextbeispiel ausbauen/verändern, die Anregungen aus Aufgabe 8 in das untere Beispiel einbauen oder einen völlig neuen Schluss verfassen.

Beispiellösung:

Die Autorin Sylvia Plath vermittelt die Einzigartigkeit des Tages durch ihre Sprache. Am Anfang nimmt die Protagonistin ihre Umwelt leicht („tänzelt und hüpft das leichte Boot unter dir", Z. 16 f.), fließend, glitzernd („wie durch Tränen gesehen", Z. 6 f.), schillernd und harmonisch wahr. Außerdem genießt sie den Tag mit allen Sinnen (vgl. Z. 20–34). Nach dem Wendepunkt wirkt sie jedoch wie betäubt und abgestumpft. Die Tränen „trüben [nun] nass und heiß deine Augen" (Z. 142 f.). Ihre Abscheu vor sich selbst verkehrt ihre Sinneswahrnehmungen ins Negative, alles Verstörende, Dunkle wird als endgültig und deprimierend wahrgenommen und scheint ihr regelrecht körperliche Schmerzen zuzufügen („Ein merkwürdig hoher Ton schrillt in deinen Ohren", Z. 193 f.). Der schöne Tag ist zerstört, er „zerspringt [...] in Millionen Glassplitter" (Z. 195 f.), alles wird trostlos.
Meiner Meinung nach gelingt es Plath sehr gut, die Folgen von übermütigem Fehlverhalten zu zeigen. Die Erzählerin will testen, wie viel Macht sie hat (Z. 127 f.) und verstrickt sich in einen Betrug, der die Erinnerung an diesen Tag und wahrscheinlich auch die Freundschaft mit Linda für immer vergiftet.

S. 113 Wladimir Kaminer: Schönhauser Allee im Regen

Über den Autor: Wladimir Kaminer, geboren 1967 in Moskau, ist ein deutscher Schriftsteller russisch-jüdischer Herkunft. Die Internetseite der Verlagsgruppe Random House gibt folgende Informationen über ihn: Wladimir Kaminer absolvierte eine Ausbildung zum Toningenieur für Theater und Rundfunk und studierte anschließend Dramaturgie am Moskauer Theaterinstitut. Seit 1990 lebt er mit seiner Frau und seinen beiden Kindern in Berlin. Er veröffentlicht regelmäßig Texte in verschiedenen Zeitungen und Zeitschriften und organisiert Veranstaltungen wie seine mittlerweile international berühmte „Russendisko". Mit der gleichnamigen Erzählsammlung sowie zahlreichen weiteren Büchern avancierte er zu einem der beliebtesten und gefragtesten Autoren Deutschlands.

1 a Der Titel verrät zunächst einmal nichts über den Inhalt. Aber er passt insofern, als das Mädchen auf der Schönhauser Allee den Scherz immer bei Regen wiederholt.

b Beispiellösung:

> Überschrift: Der Pfützentrick; Begründung: Die Überschrift ist geeignet, weil sie eine kleine Vorschau auf den Inhalt gibt und darauf neugierig macht, worin der Trick besteht.

2 Der Wendepunkt der Geschichte liegt in Z. 71–75, als das Mädchen alle vorhergehenden Überlegungen der Passanten mit einem Schlag zunichtemacht.

3 Die Tatsache, dass es sich um ein vietnamesisches Mädchen handelt, ist für die Geschichte sehr wichtig. Die Passanten unterstellen dem Mädchen, dass es vielleicht kein Deutsch spricht („Verstehst du eigentlich unsere Sprache?", Z. 47; „Sie kann unsere Sprache nicht", Z. 58 f.) und aus ärmlichen Verhältnissen stammen könnte („Armes Mädchen! [...] Hast du überhaupt andre Socken? [...] Hast du ein Zuhause?", Z. 36–43). Das Mädchen weiß um diese Vorurteile und spielt mit ihnen: Es nutzt sie, um viele Passanten anzulocken, die es nass spritzen kann.

4 Die Textstelle, an der die Tochter des Erzählers einen arabischen Mann mit Kufiya (traditionelles Kopftuch für Männer) für eine Frau mit Bart hält, könnte die Schüler/-innen zum Lachen reizen. Auch der Streich des Mädchens kann, muss aber nicht komisch wirken. Eventuell entspinnt sich eine Diskussion über die Beweggründe des Mädchens oder darüber, ob es wirklich lustig ist, andere Menschen auf diese Weise hereinzulegen.

5 Beispiellösung:

> So eine blöde Göre! So etwas Rücksichtsloses. Erst Mitleid erregen und dann frech werden. Was für ein witziges Mädchen! Die Kleine hat mich veräppelt. Meine eigenen Vorurteile sind schuld daran, dass ihr das gelungen ist.

||S.115 Stärken stärken: Eine Inhaltsangabe schreiben

1 a Beispiellösung:

> Ein vietnamesisches Mädchen steht auf einer Straße in einer Pfütze und legt eine Gruppe von Erwachsenen, die ihm helfen wollen, herein.

b Beispiellösung:

> <u>Z. 1-30: Spaziergang auf der Schönhauser Allee</u>
> – Der Ich-Erzähler geht mit seiner Tochter nach einem Regenguss auf der Schönhauser Allee spazieren.
> <u>Z. 31-70: Das Mädchen und die Passanten</u>
> – Ein kleines, vietnamesisches Mädchen steht knietief in einer Pfütze und guckt traurig.
> – Eine alte Frau, ein Ehepaar, dann eine Touristengruppe bleiben stehen und fragen das Mädchen, ob es Hilfe benötigt. Das Mädchen antwortet nicht.
> – Die Passanten kommen zu dem Schluss, dass das Mädchen Hilfe braucht, und wollen die Polizei verständigen.
> <u>Z. 71-91: Überraschung</u>
> – Das Mädchen spritzt alle nass, ruft „Reingelegt!" und läuft weg.
> – Die Passanten bleiben fassungslos stehen.
> – Der Ich-Erzähler und seine Tochter kennen das Mädchen und wissen, dass es diesen Scherz immer macht, wenn es große Pfützen auf der Schönhauser Allee gibt.

c Beispiellösung:

> Die Kurzgeschichte „Schönhauser Allee im Regen" von Wladimir Kaminer handelt von einem vietnamesischen Mädchen, das auf der Straße in einer Pfütze steht und Erwachsene hereinlegt, die ihm helfen wollen.
>
> Während eines Spaziergangs auf der Schönhauser Allee sehen der Ich-Erzähler und seine Tochter nach einem Regenguss ein kleines vietnamesisches Mädchen knietief in einer großen Pfütze stehen und traurig gucken. Eine alte Frau, ein Ehepaar und anschließend eine Touristengruppe bleiben stehen und fragen das Mädchen, ob es Hilfe benötigt. Als es keine Antwort gibt, kommen die Passanten zu dem Schluss, dass es wohl die deutsche Sprache nicht versteht und Hilfe braucht. Sie wollen die Polizei verständigen. Doch auf einmal spritzt das Mädchen alle nass, ruft „Reingelegt!" und läuft weg. Die Passanten bleiben fassungslos stehen. Der Ich-Erzähler und seine Tochter kennen das Mädchen und wissen, dass es diesen Scherz immer macht, wenn es große Pfützen auf der Schönhauser Allee gibt.

d Beispiellösung:

> Das Mädchen, das in der Pfütze steht, „bewegt sich nicht und guckt traurig vor sich hin" (Z. 34–35). Durch diesen traurigen Gesichtsausdruck erweckt es das Mitleid der Passanten. So fragt eine alte Frau, ob das Mädchen ein Zuhause habe (vgl. Z. 42–43).
>
> Meiner Meinung nach handelt das Mädchen clever. Es spielt mit den Vorurteilen, die wir Menschen anderer Nationen oft entgegenbringen. Vielleicht sieht das Mädchen außerdem niedlich aus, sodass die Passanten ihm umso lieber helfen wollen.
>
> Es gefällt mir, wie der Leser im Ungewissen gelassen und am Schluss ebenso überrascht wird wie die Passanten.

S. 116 5.3 Fit in …? – Eine Inhaltsangabe schreiben

Julia Franck: Streuselschnecke

Über die Autorin: Julia Franck, geboren 1970 in Berlin, ist eine deutsche Schriftstellerin. Die Internetseite des S. Fischer Verlags gibt folgende Informationen über sie: Julia Franck studierte Altamerikanistik, Philosophie und Neuere Deutsche Literatur an der FU Berlin. Für ihren Roman „Die Mittagsfrau" erhielt Julia Franck den Deutschen Buchpreis 2007. Der Text wurde in 35 Sprachen übersetzt. Ihr Roman „Lagerfeuer" wurde 2012/13 für das Kino unter der Regie von Christian Schwochow mit dem Titel „Westen" verfilmt.

1 Die Aufgabe ist, eine Inhaltsangabe zu schreiben. Dazu muss erkannt werden, dass es sich um eine Kurzgeschichte handelt, der Inhalt muss erfasst werden und die formalen Merkmale einer Inhaltsangabe (Tempus, Wortwahl, indirekte Rede …) müssen berücksichtigt werden. Die folgenden Schritte sind wichtig:
— Geschichte gründlich lesen
— notieren, worum es geht
— Text in Handlungsschritte gliedern, Überschriften finden und Inhalt zusammenfassen
— Einleitung, Hauptteil und Schluss schreiben

Die Kurzgeschichte verstehen und einen Schreibplan anlegen

2 Richtig sind folgende Aussagen:
— Das Geschehen, von dem erzählt wird, umfasst einen Zeitraum von etwa drei Jahren.
— Die Ich-Erzählerin lernt ihren Vater erst mit 14 Jahren kennen.
— Die Ich-Erzählerin lebt bei Freunden in Berlin und sorgt für sich selbst.

- Die Tochter bringt dem Vater Blumen und Streuselschnecken ins Krankenhaus.
- Der Vater der Ich-Erzählerin ist Regisseur und stirbt nach dem 17. Geburtstag der Tochter.

3 Beispiellösung:

> Z. 1–12: Der Anruf
> - Die Ich-Erzählerin erhält mit 14 Jahren einen Anruf von ihrem Vater, den sie nicht kennt. Er will sie gern kennen lernen.
>
> Z. 13–17: Das erste Treffen
> - Vater und Tochter treffen sich in einem Café und gehen ins Kino.
> - Der Vater wirkt auf seine Tochter schüchtern.
>
> Z. 18–35: Weitere Treffen in den folgenden zwei Jahren
> - Der Vater stellt seine Tochter Freunden vor.
> - Sie besucht ihn bei seiner Arbeit als Regisseur.
> - Sie fragt sich, ob er ihr Geld geben wird, was er aber nicht tut. Sie traut sich nicht zu fragen und arbeitet weiter in verschiedenen Jobs.
>
> Z. 36–70: Krankheit und Tod des Vaters
> - Zwei Jahre später erkrankt der Vater. Er bittet sie darum, ihm Morphium zu besorgen. Sie entspricht seiner Bitte nicht, besucht ihn aber weiterhin und bringt ihm Blumen und Streuselschnecken mit.
> - Er gesteht ihr, dass er gern mit ihr gelebt und sie kennen gelernt hätte, kurz darauf stirbt er. Die Tochter geht zu seiner Beerdigung.

Die Inhaltsangabe schreiben und überarbeiten

4 a/b Beispiellösung:

> Die Kurzgeschichte „Streuselschnecke" von Julia Franck handelt von einem Mädchen, das mit 14 Jahren das erste Mal auf seinen Vater trifft.
> Die Ich-Erzählerin erhält mit 14 Jahren einen Anruf von ihrem Vater, den sie nicht kennt. Er will sie gern kennen lernen. Vater und Tochter treffen sich zum ersten Mal in einem Café und gehen ins Kino. Der Vater wirkt auf seine Tochter schüchtern. In den nächsten zwei Jahren folgen weitere Treffen, bei denen er sie seinen Freunden vorstellt oder sie ihn bei seiner Arbeit als Regisseur besucht.
> Die Tochter fragt sich, ob er ihr Geld geben wird, was er aber nicht tut. Sie traut sich nicht zu fragen und sorgt stattdessen weiter für sich selbst, indem sie in verschiedenen Gelegenheitsjobs arbeitet. Zwei Jahre später erkrankt der Vater. Er bittet sie darum, ihm Morphium zu besorgen. Sie entspricht seiner Bitte nicht, besucht ihn aber weiterhin und bringt ihm Blumen und Streuselschnecken mit. Er gesteht ihr, dass er gern mit ihr gelebt und sie besser kennen gelernt hätte. Kurz darauf stirbt er.

c Denkbar ist, dass die Schüler/-innen Betroffenheit zeigen. Einerseits könnten sie betroffen sein über die emotionslose, sachliche Erzählweise der Tochter, andererseits über das tragische Ende der kurzen Beziehung. Durchweg bis zur Auflösung am Ende fragt sich der Leser/die Leserin, was das wohl für ein Mann ist, mit dem sich die Erzählerin trifft und der sogar mit ihr zusammenziehen wollte. Die illusionslose Stimmung, die Julia Franck in diesem Text erzeugt, wird die Schüler/-innen vermutlich irritieren. Die dadurch ausgedrückte Distanz, die zwischen Vater und Tochter herrscht, könnten sie beschreiben und als Angst der Tochter vor der Entwicklung von Gefühlen deuten.

Beispiellösung:

Das Verhältnis der Ich-Erzählerin zu ihrem Vater ist merkwürdig emotionslos. Sie lernt den Mann erst mit 14 Jahren kennen, nennt ihn auch durchgängig „der Mann" oder „er" und erst am Ende der Geschichte „meinen Vater" (Z. 68–69). Sie erzählt nicht viel über ihn, vor allem nichts über seine Gefühle und ihre eigenen in Bezug auf ihn. Das Verhalten der Ich-Erzählerin hat mich überrascht, weil ich es von einer 14- bis 17-Jährigen nicht erwartet hätte. Sie verhält sich distanziert und sachlich. Nur durch das, was sie tut, kann man ahnen, dass sie etwas für ihren Vater empfindet. (Sie bringt ihm Blumen und backt für ihn.) Da sie schon mit 13 von ihrer Mutter und Schwester weggezogen ist und bei Freunden lebt, scheint es in der Familie überhaupt Probleme zu geben. Vielleicht kann sie deshalb keine Gefühle zulassen.

Vorschlag für eine Klassenarbeit

Vorschlag 1: Eine Inhaltsangabe schreiben
Siehe **Kopiervorlage S. 171 ff.**

Material zu diesem Kapitel auf den folgenden Seiten und auf der CD

Lernwegeliste zum Kompetenzschwerpunkt des Kapitels (vollständig auf der CD), S. 170
Diagnose: Inhaltsangabe (auf der CD, mit Lösungshinweisen und Förderempfehlungen)
Klassenarbeit: Eine Inhaltsangabe schreiben (KA 1, mit Bewertungshinweisen auf der CD), S. 171 ff.
KV 1:   Die Kurzgeschichte im Interview (auf der CD)
KV 2:   Eine Inhaltsangabe schreiben, S. 174 ff.
KV 3:   Eine Inhaltsangabe verfassen, S. 183 ff.
Hinweis: Lösungen zu allen KV finden sich auf der CD.

Folie: Entscheidende Momente (zu SB S. 93, auf der CD)
Folie: Die Kurzgeschichte im Interview (zu SB S. 94–100, auf der CD)

Weiteres Übungsmaterial

„Deutschbuch Arbeitsheft 4"

Eine Kurzgeschichte zusammenfassen und deuten, S. 33–39
- Ernest Hemingway: Ein Tag Warten, S. 33
- ●○○ Stärken stärken: Die Kurzgeschichte verstehen und zusammenfassen, S. 35
- ●●○ Stärken stärken: Eine Inhaltsangabe schreiben, S. 36
- ●●● Stärken stärken: Eine Inhaltsangabe selbstständig schreiben und stilistisch überarbeiten, S. 38

„Deutschbuch Differenzieren und Fördern 7/8"

Kurzgeschichten verstehen, S. 239 ff.
- Eine Kurzgeschichte verstehen – Die Figuren untersuchen
  Leo Tolstoi: Der Sprung, S. 242
- Merkmale von Kurzgeschichten kennen, S. 248
- Eine Inhaltsangabe zu einer Kurzgeschichte schreiben
  Hans-Jürgen Heise: Der zu spät erfüllte Wunsch, S. 251
- Die indirekte Rede verwenden
  Silke Hegemann: Möglichkeiten eine Beziehung zu beenden, S. 255
- Sprachtraining: Direkte Rede in indirekte Rede umwandeln, S. 258
- Klassenarbeit – Eine Kurzgeschichte zusammenfassen und deuten
  Ilse Kleberger: Die Kunst, ein Mann zu werden, S. 259

Name: _____   Klasse: _____   Lehrer/-in: _____

Lernwegeliste – mit Materialzuordnung und Dokumentationsmöglichkeit

Kompetenzbereich: Lesen – Literarische Texte verstehen

Kompetenz: Ich kann kurze Erzählungen erschließen.

Was dir dabei helfen kann: Du kannst zentrale Inhalte und den Handlungsverlauf beschreiben.
Du kannst Methoden der Texterschließung nutzen und Texte nach ihren Sinnabschnitten gliedern.
Du kannst deine eigene Lebenswelt mit der Welt literarischer Figuren vergleichen.

	Was du in Kapitel 5 lernen kannst:	Niveau	Lernmaterialien	Selbsteinschätzung			Hinweise/ Bewertung der Lehrkraft
				☺	☺	☹	
01	Ich kann Komik erkennen und untersuchen.	GME	„Figuren und ihre Beziehungen beschreiben" – Buch S. 94 ff.				
02	Ich kann die Gattungsmerkmale von Kurzgeschichten erkennen.	GME	„Die Merkmale von Kurzgeschichten kennen lernen" – Buch S. 98 ff.				
03	Ich kann Textaussagen deuten und meine Deutungen mit Textauszügen und/oder Zitaten belegen.	GME	„Eine Kurzgeschichte deuten" – Buch S. 101 ff.				
04	Ich kann Textmerkmale für die Deutung verwenden.	GME	„Testet euch! – Eine Kurzgeschichte verstehen" – Buch S. 105				
05	Ich kann Informationen aus literarischen Texten zusammenhängend (kohärent) darstellen.	GME	„Sylvia Plath: Ein Tag im Juni" – Buch S. 106 ff.				

Die zweite Seite der Lernwegeliste ist auf der CD zu finden.

Cornelsen

Kopiervorlage

Klassenarbeit – Eine Inhaltsangabe schreiben

1 Schreibe eine Inhaltsangabe zu der Kurzgeschichte „Schlüsselerlebnis" von Ewald Arenz.

a Formuliere einen vollständigen Einleitungssatz.
→ zu Aufgabe 1 a: Hilfe-Karte A: Inhalt

b Fasse im Hauptteil die Handlungsschritte zusammen und beachte dabei die Merkmale einer Inhaltsangabe.
→ zu Aufgabe 1 b: Hilfe-Karte B: Form

c Gehe am Schluss darauf ein, wie der Text auf dich wirkt und was er zum Ausdruck bringt.
→ zu Aufgabe 1 c: Hilfe-Karte C: Sprache

Ewald Arenz

Schlüsselerlebnis (2008)

Was meine Schlüssel betrifft, bin ich – ganz anders als meine Frau – fast pedantisch sorgfältig. Als ich also nach einem sehr langen Theaterabend gegen ein Uhr nach Hause kam, hatte ich
5 meinen Schlüssel natürlich dabei. Leider hatte meine Frau den ihren diesmal auch gefunden, und der stak jetzt von innen im Schloss. Die Tür war zu, das Haus dunkel. Ich klopfte vorsichtig, um die Kinder nicht zu wecken. Das gelang
10 auch. Ich weckte niemanden. Die Tür blieb zu. Ich klingelte einmal kurz. Leider ist meine Frau das, was man bei Hunden „schussfest" nennt. Außerdem ist sie Mutter dreier Kinder. Lärm hat auf ihren Schlaf so viel Einfluss wie Mondpha-
15 sen auf den Friseur. Ich klingelte jetzt länger. Philly hört beim Einschlafen mit ihren Kopfhörern gern Techno. Türklingeln kommen in dieser Welt nicht vor, weil sie meist unter 90 Dezibel liegen. Und Theo? Theo feiert seit drei Monaten
20 seinen achtzehnten Geburtstag vor. Keine Klingel der Welt dringt durch zwei Liter Guinness im Blut eines Jugendlichen, der sich für erwachsen hält. Ich klingelte jetzt, bis innen die Batterie aufgab. Stille. Dunkelheit. Dann – plötzlich – das
25 Klatschen kleiner Füße auf dem Steinboden. Otto war aufgewacht. Ich hörte eine verschlafene dreijährige Stimme: „Papa?" – „Ja", sagte ich erfreut, „hör mal, Otto, zieh den Schlüssel raus und mach die Tür auf, ja?" Schweigen. Dann die
30 etwas wachere Stimme: „Papa, bist du ein Bö-

ser?" Das war tagsüber ein beliebtes Spiel. Jetzt war ich aber vor allem müde. „Nein, Otto. Mach die Tür auf!" Tapsende Füße. „Ich hol mein Swert, böser Mann. Dann slag ich dich!" – „Ot-
35 to!", rief ich. „Nein!" Aber Otto war oben und kramte nach seinem Schwert. Ich setzte mich etwas resigniert vor die Tür. Die Katze kam und zeigte mir eine frisch gefangene Maus. Ich lobte sie pflichtbewusst. Plötzlich war Otto wieder da:
40 „Papa, darf ich fernsehn?" – „Was?", rief ich. „Otto, es ist mitten in der Nacht. Weck Mama und sag ihr, sie soll die Tür aufmachen. Und du darfst nicht fernsehen!" Otto dachte nach. Dann hörte ich ihn am Schlüssel hantieren. Leider
45 drehte er in die falsche Richtung. Es war jetzt doppelt abgesperrt. „Andersrum!", rief ich. „Andersrum, Otto!" – „Papa", fragte Otto stattdessen, „kannst du nicht rein?" Froh sagte ich: „Genau! Kluger Junge. Jetzt dreh den Schlüssel ..." –
50 „Überhaupt nicht?", fragte Otto. „Die ganze Nacht nicht?" – „Nein!", sagte ich ermunternd. „Dreh den ..." – „Dann", sagte Otto fröhlich, „sehe ich jetzt fern."

Am Anfang winkte Otto mir noch fröhlich zu-
55 rück, wenn ich an das Fenster des Wohnzimmers klopfte, aber später sah ich, dass er vor dem Fernseher eingeschlafen war. Freundlich und bläulich flackerte das Licht, als ich endlich aufgab und mich in den kalten Liegestuhl auf der
60 Veranda legte.

Ich musste dann doch eingeschlafen sein, denn als die Sonne mich weckte, stand meine Frau vor mir, die Kaffeekanne in der Hand. „Wieso hast du nicht geklingelt? Wieso schläft Otto vor Apo-
65 calypse Now? Und wieso", fragte sie immer strenger, „hast du eine tote Maus in der Brusttasche?" Die Katze auf meinem Bauch räkelte sich schnurrend in der Sonne, und ich zuckte nur die Schultern. Schlüsselfragen kann man nie wirklich beantworten.
70

Aus: Ewald Arenz: Meine kleine Welt. Familiengeschichten.
ars vivendi verlag, Cadolzburg 2008, S. 17–20

Hilfe-Karten zur Klassenarbeit 1 – Eine Inhaltsangabe schreiben

Checkliste

Prüfe deinen Text mit Hilfe der folgenden Checkliste:

Checkliste: Eine Inhaltsangabe schreiben	
Aufbau	
Hast du in deinem Einleitungssatz alle wichtigen Informationen genannt?	☐
Hast du im Hauptteil nur die wichtigsten Handlungsschritte knapp und verständlich zusammengefasst?	☐
Hast du die Handlungsschritte in der zeitlich richtigen Reihenfolge wiedergegeben?	☐
Hast du am Schluss beschrieben, wie der Text auf dich wirkt?	☐
Hast du am Schluss formuliert, was der Text zum Ausdruck bringt?	☐
Sprache	
Hast du passende Satzverknüpfungen und Satzanfänge benutzt?	☐
Hast du sachlich geschrieben?	☐
Hast du die Inhaltsangabe in eigenen Worten formuliert?	☐
Hast du deine Inhaltsangabe im Präsens formuliert?	☐
Hast du bei Vorzeitigkeit das Perfekt verwendet?	☐
Hast du die wörtliche Rede durch indirekte Rede ersetzt oder umgeschrieben?	☐
Hast du die Rechtschreibung überprüft?	☐
Hast du Kommas, Punkte und bei Zitaten die Anführungszeichen richtig gesetzt?	☐

Kopiervorlage

Autor: Gerd Brenner

Hilfe-Karte A   Inhalt

1 **a** Formuliere einen vollständigen Einleitungssatz. Notiere dafür folgende Informationen:

1. Art des Textes	
2. Titel	
3. Autorin/Autor	
4. Thema	

✂ -

Hilfe-Karte B   Form: Aufbau

1 **b** Fasse im Hauptteil die Handlungsschritte zusammen. Notiere Stichworte zu den Handlungsschritten.

Handlungsschritt	Stichworte
1. (Z. 1–8)	
2. (Z. 8–24)	
3. (Z. 24–39)	
4. (Z. 39–53)	
5. (Z. 54–60)	
6. (Z. 61–70)	

✂ -

Hilfe-Karte C   Sprache: Formulierungshilfen

1 **c** Gehe am Schluss darauf ein, wie der Text auf dich wirkt und was er zum Ausdruck bringt.
   Die folgenden Formulierungen helfen dir.

Auf mich wirkt die Kurzgeschichte …   Ich finde, dass …   Es gefällt mir, wie …   Meiner Meinung nach …
In dieser Kurzgeschichte möchte der Autor zum Ausdruck bringen, dass …   Die Kurzgeschichte soll zeigen, dass …   Daraus könnte man lernen, dass …

Autor: Gerd Brenner

Kapitel 5

KA 1, Blatt 3

Kopiervorlage

••• Eine Inhaltsangabe schreiben

☐1 Lies die folgende Kurzgeschichte genau.

Georg Britting
Brudermord im Altwasser (1929)

Das sind grünschwarze Tümpel, von Weiden
überhangen, von Wasserjungfern übersurrt, das
heißt: wie Tümpel und kleine Weiher, und auch
große Weiher ist es anzusehen, und es ist doch
5 nur Donauwasser, durch Steindämme abgesondert vom großen, grünen Strom, Altwasser, wie
man es nennt. Fische gibt es im Altwasser, viele,
Fischkönig ist der Bürstling, ein Raubtier mit
zackiger, kratzender Rückenflosse, mit bösen
10 Augen, einem gefräßigen Maul, grünschwarz
schillernd wie das Wasser, darin er jagt. Und wie
heiß es hier im Sommer ist! Die Weiden schlucken den Wind, der draußen über dem Strom immer geht. Und aus dem Schlamm steigt ein Ge-
15 ruch wie Fäulnis und Kot und Tod. Kein besserer
Ort ist zu finden für Knabenspiele als dieses grün
dämmernde Gebiet. Und hier geschah, was ich
jetzt erzähle.
Die drei Hofberger Buben, elfjährig, zwölfjährig,
20 dreizehnjährig, waren damals im August jeden
Tag auf den heißen Steindämmen, hockten unter
den Weiden, waren Indianer im Dickicht und
Wurzelgeflecht, pflückten Brombeeren, die

schwarzfeucht, stachlig geschützt glänzten,
schlichen durch das Schilf, das in hohen Stangen 25
wuchs, schnitten sich Weidenruten, rauften,
schlugen auch wohl einmal dem Jüngsten, dem
Elfjährigen, eine tiefe Schramme, dass sein Gesicht rot beschmiert war wie eine Menschenfres-
sermaske, brachen wie Hirsche und schreiend 30
durch Buschwerk und Graben zur breit fließenden Donau vor, wuschen den blutigen Kopf, und
die Haare deckten die Wunde dann, und waren
gleich wieder versöhnt. Die Eltern durften natürlich nichts erfahren von solchen Streichen, und 35
sie lachten alle drei und vereinbarten wie immer:
„Zu Hause sagen wir aber nichts davon!“
Die Altwässer ziehen sich stundenweit der Donau entlang. Bei einem Streifzug einmal waren
die drei tief in die grüne Wildnis vorgedrungen, 40
tiefer als je zuvor, bis zu einem Weiher, größer,
als sie je einen gesehen hatten, schwarz der Wasserspiegel, und am Ufer lag ein Fischerboot angekettet. Den Pfahl, an dem die Kette hing, rissen sie aus dem schlammigen Boden, warfen 45
Kette und Pfahl ins Boot, stiegen ein, ein Ruder

Autor: Gerd Brenner
Illustratorin: Uta Bettzieche, Leipzig

Kapitel 5
KV 2, Blatt 1

Kopiervorlage

lag auch dabei, und ruderten in die Mitte des
Weihers hinaus. Nun waren sie Seeräuber und
träumten und brüteten wilde Pläne. Die Sonne
50 schien auf ihre bloßen Köpfe, das Boot lag unbeweglich, unbeweglich stand das Schilf am
jenseitigen Ufer, Staunzen[1] fuhren leise summend durch die dicke Luft, kleine Blutsauger,
aber die abgehärteten Knaben spürten die Stiche
55 nicht mehr.
Der Dreizehnjährige begann das Boot leicht zu
schaukeln. Gleich wiegten sich die beiden anderen mit, auf und nieder, Wasserringe liefen über
den Weiher, Wellen schlugen platschend ans
60 Ufer, die Binsen schwankten und wackelten. Die
Knaben schaukelten heftiger, dass der Bootsrand
bis zum Wasserspiegel sich neigte und das auf-
geregte Wasser ins Boot hineinschwappte. Der
Kleinste, der Elfjährige, hatte einen Fuß auf den
65 Bootsrand gesetzt und tat jauchzend seine
Schaukelarbeit. Da gab der Älteste dem Zwölf-
jährigen ein Zeichen, den Kleinen zu schrecken,
und plötzlich warfen sie sich beide auf die
Bootsseite, wo der Kleine stand, und das Boot
70 neigte sich tief, und dann lag der Jüngste im
Wasser und schrie, und ging unter und schlug
von unten gegen das Boot, und schrie nicht mehr
und pochte nicht mehr und kam auch nicht mehr
unter dem Boot hervor; unter dem Boot nicht
75 mehr hervor, nie mehr.

Die beiden Brüder saßen stumm und käsegelb
auf den Ruderbänken in der prallen Sonne, ein
Fisch schnappte und sprang über das Wasser
heraus. Die Wasserringe hatten sich verlaufen,
die Binsen standen wieder unbeweglich, die 80
Staunzen summten bös und stachen. Die Brüder
ruderten das Boot wieder ans Ufer, trieben den
Pfahl mit der Kette wieder in den Uferschlamm,
stiegen aus, trabten auf dem langen Steindamm
dahin, trabten stadtwärts, wagten nicht, sich an- 85
zusehen, liefen hintereinander, achteten der Weiden nicht, die ihnen ins Gesicht schlugen, nicht
der Brombeersträucherstachen, die an ihnen
rissen, stolperten über Wurzelschlangen, liefen,
liefen und liefen. 90
Die Altwässer blieben zurück, die grüne Donau
kam, breit und behäbig, rauschte der Stadt zu, die
ersten Häuser sahen sie, sie sahen den Dom, sie
sahen das Dach des Vaterhauses.
Sie hielten, schweißüberronnen, zitterten ver- 95
stört, die Knaben, die Mörder, und dann sagte
der Ältere wie immer nach einem Streich: „Zu
Hause sagen wir aber nichts davon!" Der andere
nickte, von wilder Hoffnung überwuchert, und
sie gingen, entschlossen, ewig zu schweigen, auf 100
die Haustüre zu, die sie wie ein schwarzes Loch
verschluckte.

Aus: Georg Britting: Sämtliche Werke – Prosa.
Hrsg. von Wilhelm Haefs. Band 3/2. Süddeutscher Verlag,
München 1987, S. 20

---

1 Staunzen: Stechmücken

2 Erschließe den Inhalt der Geschichte mit Hilfe der folgenden W-Fragen.

A Wer ist an dem Geschehen beteiligt?

B Wo spielt die Geschichte?

C Zu welchem Zeitpunkt (Jahreszeit, Tageszeit) findet die Handlung statt?

Kopiervorlage

D Was ist das zentrale Ereignis?

_____

_____

E Welche Folgen hat dieses Ereignis?

_____

_____

3 Mache dir klar, worum es in der Geschichte hauptsächlich geht, und formuliere dazu einen Satz.

Es geht um _____

_____

_____

4 Gliedere die Handlung der Geschichte in Handlungsschritte (beginne mit Z. 19), formuliere zu jedem Schritt eine passende Überschrift und fasse den Inhalt jeweils in wenigen kurzen Sätzen oder Stichworten zusammen.

_____

_____

_____

_____

_____

_____

_____

_____

_____

_____

5 Verfasse nun mit Hilfe deiner Vorarbeiten eine Inhaltsangabe zu der Geschichte. Schreibe in dein Heft.

Autor: Gerd Brenner

Kapitel 5
KV 2, Blatt 3

Kopiervorlage

Eine Inhaltsangabe schreiben

1 Lies die folgende Kurzgeschichte genau.

Georg Britting
Brudermord im Altwasser (1929)

Das sind grünschwarze Tümpel, von Weiden
überhangen, von Wasserjungfern[1] übersurrt, das
heißt: wie Tümpel und kleine Weiher, und auch
große Weiher ist es anzusehen, und es ist doch
5 nur Donauwasser, durch Steindämme abgesondert vom großen, grünen Strom, Altwasser, wie
man es nennt. Fische gibt es im Altwasser, viele,
Fischkönig ist der Bürstling, ein Raubtier mit
zackiger, kratzender Rückenflosse, mit bösen
10 Augen, einem gefräßigen Maul, grünschwarz
schillernd wie das Wasser, darin er jagt. Und wie
heiß es hier im Sommer ist! Die Weiden schlucken den Wind, der draußen über dem Strom
immer geht. Und aus dem Schlamm steigt ein
15 Geruch wie Fäulnis und Kot und Tod. Kein besserer Ort ist zu finden für Knabenspiele als dieses grün dämmernde Gebiet. Und hier geschah,
was ich jetzt erzähle.
Die drei Hofberger Buben, elfjährig, zwölfjährig,
20 dreizehnjährig, waren damals im August jeden
Tag auf den heißen Steindämmen, hockten unter
den Weiden, waren Indianer im Dickicht und
Wurzelgeflecht, pflückten Brombeeren, die
schwarzfeucht, stachlig geschützt glänzten,
25 schlichen durch das Schilf, das in hohen Stangen

wuchs, schnitten sich Weidenruten, rauften,
schlugen auch wohl einmal dem Jüngsten, dem
Elfjährigen, eine tiefe Schramme, dass sein Gesicht rot beschmiert war wie eine Menschenfres-
sermaske, brachen wie Hirsche und schreiend 30
durch Buschwerk[2] und Graben zur breit fließenden Donau vor, wuschen den blutigen Kopf, und
die Haare deckten die Wunde dann, und waren
gleich wieder versöhnt. Die Eltern durften natürlich nichts erfahren von solchen Streichen, und 35
sie lachten alle drei und vereinbarten wie immer:
„Zu Hause sagen wir aber nichts davon!"
Die Altwässer ziehen sich stundenweit der Donau entlang. Bei einem Streifzug einmal waren
die drei tief in die grüne Wildnis vorgedrungen, 40
tiefer als je zuvor, bis zu einem Weiher, größer,
als sie je einen gesehen hatten, schwarz der Wasserspiegel, und am Ufer lag ein Fischerboot angekettet. Den Pfahl, an dem die Kette hing, rissen sie aus dem schlammigen Boden, warfen 45
Kette und Pfahl ins Boot, stiegen ein, ein Ruder

---

1 Wasserjungfern: eine Libellenart
2 Buschwerk: dicht gewachsene Büsche

Kopiervorlage

lag auch dabei, und ruderten in die Mitte des
Weihers hinaus. Nun waren sie Seeräuber und
träumten und brüteten wilde Pläne. Die Sonne
50　schien auf ihre bloßen Köpfe, das Boot lag unbeweglich, unbeweglich stand das Schilf am
jenseitigen Ufer, Staunzen[3] fuhren leise summend durch die dicke Luft, kleine Blutsauger,
aber die abgehärteten Knaben spürten die Stiche
55　nicht mehr.

Der Dreizehnjährige begann das Boot leicht zu
schaukeln. Gleich wiegten sich die beiden anderen mit, auf und nieder, Wasserringe liefen über
den Weiher, Wellen schlugen platschend ans
60　Ufer, die Binsen[4] schwankten und wackelten.
Die Knaben schaukelten heftiger, dass der Bootsrand bis zum Wasserspiegel sich neigte und das
auf-geregte Wasser ins Boot hineinschwappte.
Der Kleinste, der Elfjährige, hatte einen Fuß auf
65　den Bootsrand gesetzt und tat jauchzend seine
Schaukelarbeit. Da gab der Älteste dem Zwölf-
jährigen ein Zeichen, den Kleinen zu schrecken,
und plötzlich warfen sie sich beide auf die
Bootsseite, wo der Kleine stand, und das Boot
70　neigte sich tief, und dann lag der Jüngste im
Wasser und schrie, und ging unter und schlug
von unten gegen das Boot, und schrie nicht mehr
und pochte nicht mehr und kam auch nicht mehr
unter dem Boot hervor; unter dem Boot nicht
75　mehr hervor, nie mehr.

Die beiden Brüder saßen stumm und käsegelb
auf den Ruderbänken in der prallen Sonne, ein
Fisch schnappte und sprang über das Wasser
heraus. Die Wasserringe hatten sich verlaufen,
die Binsen standen wieder unbeweglich, die　80
Staunzen summten bös und stachen. Die Brüder
ruderten das Boot wieder ans Ufer, trieben den
Pfahl mit der Kette wieder in den Uferschlamm,
stiegen aus, trabten auf dem langen Steindamm
dahin, trabten stadtwärts, wagten nicht, sich an-　85
zusehen, liefen hintereinander, achteten der Weiden nicht, die ihnen ins Gesicht schlugen, nicht
der Brombeersträucherstachen, die an ihnen
rissen, stolperten über Wurzelschlangen, liefen,
liefen und liefen.　90

Die Altwässer blieben zurück, die grüne Donau
kam, breit und behäbig, rauschte der Stadt zu, die
ersten Häuser sahen sie, sie sahen den Dom, sie
sahen das Dach des Vaterhauses.

Sie hielten, schweißüberronnen, zitterten ver-　95
stört, die Knaben, die Mörder, und dann sagte
der Ältere wie immer nach einem Streich: „Zu
Hause sagen wir aber nichts davon!" Der andere
nickte, von wilder Hoffnung überwuchert, und
sie gingen, entschlossen, ewig zu schweigen, auf　100
die Haustüre zu, die sie wie ein schwarzes Loch
verschluckte.

Aus: Georg Britting: Sämtliche Werke – Prosa.
Hrsg. von Wilhelm Haefs. Band 3/2. Süddeutscher Verlag,
München 1987, S. 20

---

3 Staunzen: Stechmücken
4 Binsen: eine Grasart

2　Erschließe den Inhalt der Geschichte mit Hilfe der folgenden W-Fragen.

A Wer ist an dem Geschehen beteiligt?

Insgesamt　　　　　Brüder im Alter von _____

B Wo spielt die Geschichte?

Am Ufer und auf einem Nebenarm der _____

C Zu welchem Zeitpunkt (Jahreszeit, Tageszeit) findet die Handlung statt?

_____

Autor: Gerd Brenner

Kapitel 5
KV 2, Blatt 5

Kopiervorlage

D Was ist das wichtigste Ereignis, um das es in der Geschichte geht?

_____

_____

E Welche Folgen hat dieses Ereignis?

_____

_____

3 Mache dir klar, worum es in der Geschichte hauptsächlich geht. Kreuze an.
Es geht um …

☐ die Rache von zwei älteren Brüdern an ihrem kleinen Bruder.

☐ einen Bootsausflug auf der Donau.

☐ ein durch Übermut verursachtes tragisches Ereignis.

☐ ein Ferienerlebnis von drei Brüdern.

☐ einen geplanten Mord.

4 Gliedere die Handlung der Geschichte in Handlungsschritte (beginne mit Z. 19).
Formuliere zu jedem Schritt eine passende Überschrift und fasse den Inhalt jeweils in wenigen kurzen Sätzen oder Stichworten zusammen.

Z. 19-37: Spiele und Streiche an der Donau _____

_____

Z.   -   : _____

_____

Z.   -   : _____

_____

Z. 76-102: _____

_____

5 Verfasse nun mit Hilfe deiner Vorarbeiten eine Inhaltsangabe zu der Geschichte. Schreibe in dein Heft.

a Beginne mit einer informierenden Einleitung.

b Schreibe anschließend den Hauptteil der Inhaltsangabe, indem du die Handlung der Geschichte knapp und in eigenen Worten darstellst. Verwende dazu die Handlungsschritte aus Aufgabe 4. Verdeutliche Zusammenhänge durch passende Satzverküpfungen und Satzanfänge. Denke an die richtige Zeitform. Umschreibe die wörtliche Rede oder wandle sie in indirekte Rede um.

c Nimm am Schluss Stellung dazu, wie du das Verhalten der beiden älteren Brüder beurteilst. Stütze deine Aussagen mit Belegen aus dem Text.

Autor: Gerd Brenner

Kapitel 5
KV 2, Blatt 6

Kopiervorlage

Eine Inhaltsangabe schreiben

1 Lies die folgende Kurzgeschichte genau.

Georg Britting
Brudermord im Altwasser (1929)

Das sind grünschwarze Tümpel[1], von Weiden[2] überhangen, von Wasserjungfern[3] übersurrt, das heißt: wie Tümpel und kleine Weiher, und auch große Weiher ist es anzusehen, und es ist doch
5 nur Donauwasser, durch Steindämme abgesondert vom großen, grünen Strom, Altwasser, wie man es nennt. Fische gibt es im Altwasser, viele, Fischkönig ist der Bürstling, ein Raubtier mit zackiger, kratzender Rückenflosse, mit bösen
10 Augen, einem gefräßigen Maul, grünschwarz schillernd wie das Wasser, darin er jagt. Und wie heiß es hier im Sommer ist! Die Weiden schlucken den Wind, der draußen über dem Strom immer geht. Und aus dem Schlamm steigt ein
15 Geruch wie Fäulnis und Kot und Tod. Kein besserer Ort ist zu finden für Knabenspiele als dieses grün dämmernde Gebiet. Und hier geschah, was ich jetzt erzähle.
Die drei Hofberger Buben, elfjährig, zwölfjährig,
20 dreizehnjährig, waren damals im August jeden Tag auf den heißen Steindämmen, hockten unter den Weiden, waren Indianer im Dickicht und Wurzelgeflecht, pflückten Brombeeren, die schwarzfeucht, stachlig geschützt glänzten,
25 schlichen durch das Schilf, das in hohen Stangen

wuchs, schnitten sich Weidenruten, rauften, schlugen auch wohl einmal dem Jüngsten, dem Elfjährigen, eine tiefe Schramme, dass sein Gesicht rot beschmiert war wie eine Menschenfres-
30 sermaske, brachen wie Hirsche und schreiend durch Buschwerk[4] und Graben zur breit fließenden Donau vor, wuschen den blutigen Kopf, und die Haare deckten die Wunde dann, und waren gleich wieder versöhnt. Die Eltern durften natür-
35 lich nichts erfahren von solchen Streichen, und sie lachten alle drei und vereinbarten wie immer: „Zu Hause sagen wir aber nichts davon!"
Die Altwässer ziehen sich stundenweit der Donau entlang. Bei einem Streifzug[5] einmal waren
40 die drei tief in die grüne Wildnis vorgedrungen, tiefer als je zuvor, bis zu einem Weiher, größer, als sie je einen gesehen hatten, schwarz der Wasserspiegel, und am Ufer lag ein Fischerboot angekettet. Den Pfahl, an dem die Kette hing, ris-
45 sen sie aus dem schlammigen Boden, warfen Kette und Pfahl ins Boot, stiegen ein, ein Ruder

---

1 Tümpel: kleiner Teich
2 Weide: Baumart mit hängenden Ästen
3 Wasserjungfern: eine Libellenart
4 Buschwerk: dicht gewachsene Büsche
5 Streifzug: kleine Wanderung

Autor: Gerd Brenner
Illustratorin: Uta Bettzieche, Leipzig
180
Kapitel 5
KV 2, Blatt 7

Kopiervorlage

lag auch dabei, und ruderten in die Mitte des
Weihers hinaus. Nun waren sie Seeräuber und
träumten und brüteten[6] wilde Pläne. Die Sonne
50 schien auf ihre bloßen Köpfe, das Boot lag unbeweglich, unbeweglich stand das Schilf am
jenseitigen Ufer, Staunzen[7] fuhren leise summend durch die dicke Luft, kleine Blutsauger,
aber die abgehärteten Knaben spürten die Stiche
55 nicht mehr.
Der Dreizehnjährige begann das Boot leicht zu
schaukeln. Gleich wiegten sich die beiden anderen mit, auf und nieder, Wasserringe liefen über
den Weiher, Wellen schlugen platschend ans
60 Ufer, die Binsen[8] schwankten und wackelten.
Die Knaben schaukelten heftiger, dass der Bootsrand bis zum Wasserspiegel sich neigte und das
aufgeregte Wasser ins Boot hineinschwappte.
Der Kleinste, der Elfjährige, hatte einen Fuß auf
65 den Bootsrand gesetzt und tat jauchzend seine
Schaukelarbeit. Da gab der Älteste dem Zwölf-
jährigen ein Zeichen, den Kleinen zu schrecken,
und plötzlich warfen sie sich beide auf die
Bootsseite, wo der Kleine stand, und das Boot
70 neigte sich tief, und dann lag der Jüngste im
Wasser und schrie, und ging unter und schlug
von unten gegen das Boot, und schrie nicht mehr
und pochte nicht mehr und kam auch nicht mehr
unter dem Boot hervor; unter dem Boot nicht
75 mehr hervor, nie mehr.

6 brüteten: dachten sich etwas aus
7 Staunzen: Stechmücken
8 Binsen: eine Grasart
9 stadtwärts: in Richtung Stadt

Die beiden Brüder saßen stumm und käsegelb
auf den Ruderbänken in der prallen Sonne, ein
Fisch schnappte und sprang über das Wasser
heraus. Die Wasserringe hatten sich verlaufen,
die Binsen standen wieder unbeweglich, die 80
Staunzen summten bös und stachen. Die Brüder
ruderten das Boot wieder ans Ufer, trieben den
Pfahl mit der Kette wieder in den Uferschlamm,
stiegen aus, trabten auf dem langen Steindamm
dahin, trabten stadtwärts[9], wagten nicht, sich 85
anzusehen, liefen hintereinander, achteten der
Weiden nicht, die ihnen ins Gesicht schlugen,
nicht der Brombeersträucherstacheln, die an ihnen rissen, stolperten über Wurzelschlangen,
liefen, liefen und liefen. 90
Die Altwässer blieben zurück, die grüne Donau
kam, breit und behäbig, rauschte der Stadt zu, die
ersten Häuser sahen sie, sie sahen den Dom, sie
sahen das Dach des Vaterhauses.
Sie hielten, schweißüberronnen, zitterten ver- 95
stört, die Knaben, die Mörder, und dann sagte
der Ältere wie immer nach einem Streich: „Zu
Hause sagen wir aber nichts davon!" Der andere
nickte, von wilder Hoffnung überwuchert, und
sie gingen, entschlossen, ewig zu schweigen, auf 100
die Haustüre zu, die sie wie ein schwarzes Loch
verschluckte.

Aus: Georg Britting: Sämtliche Werke – Prosa.
Hrsg. von Wilhelm Haefs. Band 3/2. Süddeutscher Verlag,
München 1987, S. 20

2 Erschließe den Inhalt der Geschichte mit Hilfe der folgenden W-Fragen.

A Wer ist an dem Geschehen beteiligt?

Insgesamt   Brüder im Alter von

B Wo spielt die Geschichte?

Am Ufer und auf einem Nebenarm der

C Zu welchem Zeitpunkt (Jahreszeit, Tageszeit) findet die Handlung statt?

Autor: Gerd Brenner

Kapitel 5
KV 2, Blatt 8

Kopiervorlage

D Was ist das wichtigste Ereignis, um das es in der Geschichte geht?

<u>Der jüngste Bruder stürzt</u>

E Welche Folgen hat dieses Ereignis?

<u>Die beiden älteren Brüder</u>

_____

3   Mache dir klar, worum es in der Geschichte hauptsächlich geht. Kreuze an.
- ☐ Es geht um einen Bootsausflug auf der Donau.
- ☐ Es geht um ein durch Übermut verursachtes tragisches Ereignis.

4   Gliedere die Handlung der Geschichte in Handlungsschritte (beginne mit Z. 19).
Formuliere zu jedem Schritt eine passende Überschrift.
Fasse den Inhalt jeweils in wenigen kurzen Sätzen oder Stichworten zusammen.

Z. 19–37: Spiele und Streiche an der Donau _____

Z.   –   : Erkundung eines unbekannten Weihers _____

Z.   –   : Ein gefährlicher Streich _____

Z. 76–102: Hilflosigkeit _____

5   Verfasse nun mit Hilfe deiner Vorarbeiten eine Inhaltsangabe zu der Geschichte. Schreibe in dein Heft.

a   Nenne in der Einleitung die Art des Textes, den Titel, den Autor und das Thema.

b   Schreibe anschließend den Hauptteil der Inhaltsangabe. Stelle dazu die Handlung der Geschichte knapp und in eigenen Worten dar. Verwende die Handlungsschritte aus Aufgabe 4.
- Verdeutliche Zusammenhänge durch passende Satzverknüpfungen und Satzanfänge.
- Schreibe im Präsens.
- Umschreibe die wörtliche Rede oder wandle sie in indirekte Rede um.
Du kannst so beginnen:

Drei Brüder im Alter von elf, zwölf und 13 Jahren halten sich in einem heißen Sommer häufig am Ufer der Donau auf. Zunächst …

c   Nimm am Schluss Stellung dazu, wie du das Verhalten der beiden älteren Brüder beurteilst. Stütze deine Aussagen mit Belegen aus dem Text.

Das Verhalten der älteren Brüder ist meiner Meinung nach …
Das zeigt sich an der Textstelle „…." (Z. …). Darüber hinaus …

 Autor: Gerd Brenner

Kapitel 5
KV 2, Blatt 9

Kopiervorlage

●●● Eine Inhaltsangabe verfassen

☐1 Lies die folgende Kurzgeschichte genau.

Cili Wethekam
Neid ist grau mit gelben Punkten (1976)

Wenn sie sehr ehrlich ist, muss Anita vor sich
selbst zugeben, dass sie neidisch auf die jüngere
Schwester ist, der alles so viel leichter fällt: das
Lernen, das Gutsein, das Liebhaben und das
5 Sichfreuen. Mareike sieht nett aus, sie hat herrlich-verrückte Einfälle, über die alle Erwachsenen sich amüsieren. Anita ist nicht so. Mühsam
muss sie sich das Wissen und die Sympathie
ihrer Umwelt erobern. Dabei wäre sie so gern
10 einmal der fröhliche Mittelpunkt.

Nun zählt sie die Tage bis zu ihrem Geburtstag.
Da wird sie Glückwünsche und Geschenke in
Empfang nehmen, es werden Freundinnen kommen, Briefe wird sie auch erhalten, sie allein.
15 Aber kurz vor dem großen Tag sagt Mutter
nachdenklich zu Anita: „Eigentlich sollte Mareike an deinem Geburtstag nicht leer ausgehen. Ich
hab' eine Idee …"

Ah – zersprungen die Vorfreude, lautlos, wie
20 eine schillernde Seifenblase! Natürlich, der alte
Zopf: Man muss teilen, sonst blutet dem anderen
das Herz … Hat Anita gedacht, sie käme einmal
um Mutters Lieblingsspruch herum?

„Vielleicht einen netten Stoff?", hört sie Mutter
25 sagen. „Du suchst ihn aus, ja?"

„Wie du willst, Mutter."

In ihrem Zimmer weint Anita ein bisschen. Wie
– unehrlich!, denkt sie wütend. Nur um Mareike
verwöhnen zu können, ist Mutter jeder Vorwand
30 recht …

Mürrisch begleitet sie am nächsten Tag die Mutter in den Laden. So viele Stoffe: farbige Karos,
lustige Streifen, kleine Blumen, große Blüten.
Da: ein Margeritenmuster auf himmelblauem
35 Grund. Der ist wirklich hübsch.

„Na?", fragt die Mutter und prüft die Qualität.
Anita schweigt. Es ist, als hielte etwas Gutes,
aber Kraftloses in ihrem Innern die Antwort noch
zurück.

„Nein", sagt sie schließlich. Ihr Blick irrt zu den 40
Regalen. Dort liegt, stiefmütterlich versteckt auf
einem letzten Stapel, ein mausgrauer Stoff mit
kargen gelben Punkten – ein Nebeltag in einer
düsteren Stadt mit sehr wenig Laternen.

„Den!", sagt Anita entschieden und bemüht sich, 45
nicht rot zu werden.

„Also schön", sagt die Mutter ohne Begeisterung. Ist sie enttäuscht? Anita will es nicht wissen. Der Stoff wird abgeschnitten, bezahlt und
heimgetragen.   50

Abends, unmittelbar vor dem Einschlafen, denkt
Anita: Neid ist grau mit gelben Punkten. Das
kommt ihr vor wie eine Zeile aus einem Gedicht.
Wenn Mareike nicht just vor einigen Tagen noch
gesagt hätte, so nebenher, wie Mareike etwas 55
herausprudeln kann, was ihr eben in den Sinn
kommt: „Findest du nicht auch, dass Grau eine
schlimme Farbe ist, Anita? Ich glaube, Kummer
ist auch grau …"

Nun bekommt Mareike also ein graues Kleid. 60
Immerfort muss Anita daran denken. Es überschattet alle Vorfreude. Schließlich ist der Geburtstag da: Küsse, Blumen, Geschenke – eine
feierliche Ansprache vom Vater vor dem Frühstück, dreizehn brennende Kerzen, das Lebens- 65
licht in der Mitte. Doch, doch, man hat Anita
lieb, das kann ein Blinder sehen …

Aber Anita sieht nur eins: ein grauer Stoff mit
kargen gelben Punkten. Auf ihrem Geburtstagstisch. „Mutter!", ruft sie entsetzt. „Das war doch 70
der Stoff für Mareike …!"

Die Mutter lacht ahnungslos. „Nicht wahr, da
habe ich dich überrascht? Man kennt sich als
Mutter heutzutage wirklich nicht mehr im Geschmack der eigenen Kinder aus! Das habe ich 75
an diesem Stoff doch wieder gesehen, auf den
wäre ich niemals gekommen … Anita, du
weinst?"

Autorin: Dorothea Fogt

183

Kapitel 5
KV 3, Blatt 1

Kopiervorlage

80 Anita schluchzt über das verhasste Geschenk, das sie einzig und allein ihrem schäbigen Neid zuzuschreiben hat. Hätte sie doch den himmelblauen gewählt, den mit den Margeriten … „Es war aber doch ein Geschenk für Mareike! Damit sie an meinem Geburtstag nicht leer ausgeht, hast
85 du gesagt!"

„Ich geh' ja gar nicht leer aus", ruft die jüngere Schwester vergnügt. „Schau doch, Anita! Mir hat Mutter auch vorgeschwindelt, der Stoff sei nicht für mich! Ich habe ihn für dich ausgesucht!"
90 Der Margeritenstoff – es ist der Margeritenstoff, den Mareike in ihren Händen hält.

„Er ist ja noch schöner als damals, Mutter! Und ich hatte ja keine Ahnung, dass er mein Katzentisch sein sollte … Anita! Hör auf zu weinen –
95 willst du – willst du vielleicht lieber diesen haben? Komm, wir tauschen."

Anita ist beschämt, als Mareike sie spielerisch in den blauen Stoff einwickelt, die Hände der kleinen Schwester liegen so lieb auf ihren Schultern.
100 „Nett siehst du darin aus, Anita!"

„Aber – der andere Stoff ist grau, Mareike", sagt sie unglücklich.

„Es sind ja gelbe Sonnenpunkte darin", antwortet Mareike.

Es klingt kläglich und tapfer zugleich. Die Mutter sieht jetzt aus, als hätte sie in einen Abgrund geschaut. 105

Da gibt sich Anita einen Ruck, wickelt sich aus dem blauen Margeritenstoff wieder heraus, faltet ihn ordentlich wieder zusammen. „Danke, Mareike", sagt sie. „Aber das kommt nicht in Frage. Mutter wird mir aus dem grauen Stoff sehr bald ein Kleid nähen. Nicht wahr, Mutter? Es soll mich manchmal an etwas erinnern." 110

Jetzt sieht die Mutter aus, als hätte Anita aus eigener Kraft eine Brücke über den Abgrund gebaut. Anita selbst hat das Gefühl, als sei sie in diesen letzten fünf Minuten gewachsen, über den Rand ihres Neides hinweg und auf Mareike zu. Dies wird ein guter Geburtstag. 115

120

Aus: Michael Ende/Irmela Brender (Hrsg.): Bei uns zu Haus und anderswo. Thienemann Verlag, Stuttgart 1976

2 Ergänze den folgenden Einleitungssatz zur Inhaltsangabe der Kurzgeschichte.

In der Kurzgeschichte „Neid ist grau mit gelben Punkten"

_____

_____

Autorin: Dorothea Fogt
Illustrator: Nils Fliegner, Hamburg

Kapitel 5
KV 3, Blatt 2

Kopiervorlage

3 Untersuche die Beziehung zwischen Anita und Mareike. Ergänze dazu das Schaubild.

Anita   **Mareike**

Kurze Beschreibung der
Figur:

_____

_____

_____

Das Verhältnis der beiden
Schwestern ist geprägt
durch:

_____

_____

_____

Kurze Beschreibung der
Figur:

_____

_____

_____

... sucht einen _____
Stoff für Mareike aus, den

sie selbst _____

_____

Der Geburtstag von Anita

... sucht einen _____
Stoff für Anita aus, den

sie selbst _____

_____

Mareike will den Stoff tauschen.

Aber Anita _____, weil _____

_____

4 Was hat dich an dieser Geschichte besonders beeindruckt? Kreuze an.

An dieser Kurzgeschichte hat mich besonders beeindruckt, …

☐ **A** dass Anita schließlich erkennt, wie unglücklich Neid macht.

☐ **B** dass Anita deutlich wird, wie glücklich sie ist, wenn sie anderen etwas gönnt.

☐ **C** dass Mareike ihrer Schwester den schönen Stoff überlassen würde.

5 Verfasse nun mit Hilfe deiner Vorarbeiten eine Inhaltsangabe zu der Geschichte. Schreibe in dein Heft.

a Beginne mit einer informierenden Einleitung. Denke an die nötigen Angaben.

b Schreibe anschließend den Hauptteil der Inhaltsangabe, indem du die Handlung knapp und in eigenen Worten zusammenfasst. Stelle dabei besonders die Beziehung zwischen Anita und Mareike in den Mittelpunkt.

c Gehe am Schluss darauf ein, was dich an der Geschichte besonders beeindruckt hat, und stütze deine Aussagen mit Belegen aus dem Text.

d Überprüfe deine Inhaltsangabe abschließend mit Hilfe der Checkliste.

> **Checkliste: Inhaltsangabe**
> – Enthält die Einleitung Angaben zu Art des Textes, Titel, Autor/-in und Thema?
> – Sind im Hauptteil die wichtigsten Handlungsschritte in der richtigen Reihenfolge aufgeführt?
> – Ist nur das Wesentliche wiedergegeben?
> – Werden die Zusammenhänge der Handlung deutlich?
> – Ist die Inhaltsangabe sachlich und in eigenen Worten formuliert?

Autorin: Dorothea Fogt
Illustrator: Nils Fliegner, Hamburg

Kapitel 5
KV 3, Blatt 3

Kopiervorlage

Eine Inhaltsangabe verfassen

1 Lies die folgende Kurzgeschichte genau.

Cili Wethekam
Neid ist grau mit gelben Punkten (1976)

Wenn sie sehr ehrlich ist, muss Anita vor sich selbst zugeben, dass sie neidisch auf die jüngere Schwester ist, der alles so viel leichter fällt: das Lernen, das Gutsein, das Liebhaben und das
5 Sichfreuen. Mareike sieht nett aus, sie hat herrlich-verrückte Einfälle, über die alle Erwachsenen sich amüsieren. Anita ist nicht so. Mühsam muss sie sich das Wissen und die Sympathie ihrer Umwelt erobern. Dabei wäre sie so gern
10 einmal der fröhliche Mittelpunkt.

Nun zählt sie die Tage bis zu ihrem Geburtstag. Da wird sie Glückwünsche und Geschenke in Empfang nehmen, es werden Freundinnen kommen, Briefe wird sie auch erhalten, sie allein.
15 Aber kurz vor dem großen Tag sagt Mutter nachdenklich zu Anita: „Eigentlich sollte Mareike an deinem Geburtstag nicht leer ausgehen. Ich hab' eine Idee …"

Ah – zersprungen die Vorfreude, lautlos, wie
20 eine schillernde Seifenblase! Natürlich, der alte Zopf: Man muss teilen, sonst blutet dem anderen das Herz … Hat Anita gedacht, sie käme einmal um Mutters Lieblingsspruch herum?

„Vielleicht einen netten Stoff?", hört sie Mutter
25 sagen. „Du suchst ihn aus, ja?"

„Wie du willst, Mutter."

In ihrem Zimmer weint Anita ein bisschen. Wie – unehrlich!, denkt sie wütend. Nur um Mareike verwöhnen zu können, ist Mutter jeder Vorwand
30 recht …

Mürrisch begleitet sie am nächsten Tag die Mutter in den Laden. So viele Stoffe: farbige Karos, lustige Streifen, kleine Blumen, große Blüten. Da: ein Margeritenmuster auf himmelblauem
35 Grund. Der ist wirklich hübsch.

„Na?", fragt die Mutter und prüft die Qualität. Anita schweigt. Es ist, als hielte etwas Gutes, aber Kraftloses in ihrem Innern die Antwort noch zurück.

„Nein", sagt sie schließlich. Ihr Blick irrt zu den 40 Regalen. Dort liegt, stiefmütterlich versteckt auf einem letzten Stapel, ein mausgrauer Stoff mit kargen gelben Punkten – ein Nebeltag in einer düsteren Stadt mit sehr wenig Laternen.

„Den!", sagt Anita entschieden und bemüht sich, 45 nicht rot zu werden.

„Also schön", sagt die Mutter ohne Begeisterung. Ist sie enttäuscht? Anita will es nicht wissen. Der Stoff wird abgeschnitten, bezahlt und heimgetragen. 50

Abends, unmittelbar vor dem Einschlafen, denkt Anita: Neid ist grau mit gelben Punkten. Das kommt ihr vor wie eine Zeile aus einem Gedicht. Wenn Mareike nicht just vor einigen Tagen noch gesagt hätte, so nebenher, wie Mareike etwas 55 heraussprudeln kann, was ihr eben in den Sinn kommt: „Findest du nicht auch, dass Grau eine schlimme Farbe ist, Anita? Ich glaube, Kummer ist auch grau …"

Nun bekommt Mareike also ein graues Kleid. 60 Immerfort muss Anita daran denken. Es überschattet alle Vorfreude. Schließlich ist der Geburtstag da: Küsse, Blumen, Geschenke – eine feierliche Ansprache vom Vater vor dem Frühstück, dreizehn brennende Kerzen, das Lebens- 65 licht in der Mitte. Doch, doch, man hat Anita lieb, das kann ein Blinder sehen …

Aber Anita sieht nur eins: ein grauer Stoff mit kargen gelben Punkten. Auf ihrem Geburtstagstisch. „Mutter!", ruft sie entsetzt. „Das war doch 70 der Stoff für Mareike …!"

Die Mutter lacht ahnungslos. „Nicht wahr, da habe ich dich überrascht? Man kennt sich als Mutter heutzutage wirklich nicht mehr im Geschmack der eigenen Kinder aus! Das habe ich 75 an diesem Stoff doch wieder gesehen, auf den wäre ich niemals gekommen … Anita, du weinst?"

Autorin: Dorothea Fogt

Kopiervorlage

80 Anita schluchzt über das verhasste Geschenk, das sie einzig und allein ihrem schäbigen Neid zuzuschreiben hat. Hätte sie doch den himmelblauen gewählt, den mit den Margeriten … „Es war aber doch ein Geschenk für Mareike! Damit sie an meinem Geburtstag nicht leer ausgeht, hast
85 du gesagt!"

„Ich geh' ja gar nicht leer aus", ruft die jüngere Schwester vergnügt. „Schau doch, Anita! Mir hat Mutter auch vorgeschwindelt, der Stoff sei nicht für mich! Ich habe ihn für dich ausgesucht!"
90 Der Margeritenstoff – es ist der Margeritenstoff, den Mareike in ihren Händen hält.

„Er ist ja noch schöner als damals, Mutter! Und ich hatte ja keine Ahnung, dass er mein Katzentisch sein sollte … Anita! Hör auf zu weinen –
95 willst du – willst du vielleicht lieber diesen haben? Komm, wir tauschen."

Anita ist beschämt, als Mareike sie spielerisch in den blauen Stoff einwickelt, die Hände der kleinen Schwester liegen so lieb auf ihren Schultern.
100 „Nett siehst du darin aus, Anita!"

„Aber – der andere Stoff ist grau, Mareike", sagt sie unglücklich.

„Es sind ja gelbe Sonnenpunkte darin", antwortet Mareike.

105 Es klingt kläglich und tapfer zugleich. Die Mutter sieht jetzt aus, als hätte sie in einen Abgrund geschaut.

Da gibt sich Anita einen Ruck, wickelt sich aus dem blauen Margeritenstoff wieder heraus, faltet
110 ihn ordentlich wieder zusammen. „Danke, Mareike", sagt sie. „Aber das kommt nicht in Frage. Mutter wird mir aus dem grauen Stoff sehr bald ein Kleid nähen. Nicht wahr, Mutter? Es soll mich manchmal an etwas erinnern."

115 Jetzt sieht die Mutter aus, als hätte Anita aus eigener Kraft eine Brücke über den Abgrund gebaut. Anita selbst hat das Gefühl, als sei sie in diesen letzten fünf Minuten gewachsen, über den Rand ihres Neides hinweg und auf Mareike zu.
120 Dies wird ein guter Geburtstag.

Aus: Michael Ende/Irmela Brender (Hrsg.): Bei uns zu Haus und anderswo. Thienemann Verlag, Stuttgart 1976

2 Welche der folgenden Aussagen fasst die Kurzgeschichte am besten zusammen? Kreuze an.

☐ **A** In der Kurzgeschichte geht es um den Geburtstag von zwei Zwillingsschwestern.

☐ **B** Die Kurzgeschichte beschreibt das Geburtstagsfest von Anita, die von ihrer Schwester Mareike ganz besonders überrascht wird.

☐ **C** Die Kurzgeschichte beschreibt die Beziehung zwischen den Schwestern Anita und Mareike, die am Geburtstag von Anita eine überraschende Wendung nimmt.

Autorin: Dorothea Fogt
Illustrator: Nils Fliegner, Hamburg

Kapitel 5
KV 3, Blatt 5

Kopiervorlage

3 Untersuche die Beziehung zwischen Anita und Mareike vor und nach Anitas Geburtstag.
Notiere Textstellen, die das Verhältnis der Schwestern beschreiben.

vor Anitas Geburtstag	nach Anitas Geburtstag

4 Verfasse nun mit Hilfe deiner Vorarbeiten eine Inhaltsangabe zu der Geschichte.

a Beginne mit einer informierenden Einleitung. Ergänze dazu den folgenden Text.

Die Kurzgeschichte „_____ "

von _____ handelt von der Beziehung zwischen den Schwestern

_____

_____

b Schreibe anschließend den Hauptteil der Inhaltsangabe in dein Heft. Fasse dazu die Handlung knapp und in eigenen Worten zusammen. Stelle dabei besonders die Beziehung zwischen Anita und Mareike in den Mittelpunkt. Verdeutliche Zusammenhänge durch passende Satzverknüpfungen und Satzanfänge. Denke an die richtige Zeitform. Umschreibe die wörtliche Rede oder wandle sie in indirekte Rede um. Du kannst so beginnen:

Anita muss zugeben, dass sie auf ihre Schwester Mareike sehr neidisch ist. Mareike ist hübsch, das Lernen fällt ihr leicht und alle mögen sie. Anita hingegen fühlt sich vernachlässigt und möchte auch einmal im Mittelpunkt der Aufmerksamkeit stehen. Dies erhofft sie sich an ihrem 13. Geburtstag. Kurz vorher hat Anitas Mutter die Idee, dass Anita für Mareike …

c Entscheide dich am Schluss für eine der folgenden Meinungen und nimm dazu Stellung, indem du die Aussage mit Belegen aus dem Text stützt. Schreibe in dein Heft.

A Die Geschichte ist besonders beeindruckend, weil Anita zum Schluss über ihren Schatten springt und über sich hinauswächst.	**B** Die Geschichte ist besonders beeindruckend, weil Anita zum Schluss nicht mehr neidisch auf ihre Schwester ist und sich dadurch glücklich fühlt.

d Überprüfe deine Inhaltsangabe abschließend mit Hilfe der Checkliste.

Checkliste: Inhaltsangabe
– Enthält die Einleitung Angaben zu Art des Textes, Titel, Autor/-in und Thema?
– Sind im Hauptteil die wichtigsten Handlungsschritte in der richtigen Reihenfolge aufgeführt?
– Ist nur das Wesentliche wiedergegeben?
– Werden die Zusammenhänge der Handlung deutlich?
– Ist die Inhaltsangabe sachlich und in eigenen Worten formuliert?

Autorin: Dorothea Fogt

Kapitel 5
KV 3, Blatt 6

Kopiervorlage

Eine Inhaltsangabe verfassen

1 Lies die folgende Kurzgeschichte genau.

Cili Wethekam
Neid ist grau mit gelben Punkten (1976)

Wenn sie sehr ehrlich ist, muss Anita vor sich selbst zugeben, dass sie neidisch auf die jüngere Schwester ist, der alles so viel leichter fällt: das Lernen, das Gutsein, das Liebhaben und das
5 Sichfreuen. Mareike sieht nett aus, sie hat herrlich-verrückte Einfälle, über die alle Erwachsenen sich amüsieren. Anita ist nicht so. Mühsam muss sie sich das Wissen und die Sympathie ihrer Umwelt erobern. Dabei wäre sie so gern
10 einmal der fröhliche Mittelpunkt.

Nun zählt sie die Tage bis zu ihrem Geburtstag. Da wird sie Glückwünsche und Geschenke in Empfang nehmen, es werden Freundinnen kommen, Briefe wird sie auch erhalten, sie allein.
15 Aber kurz vor dem großen Tag sagt Mutter nachdenklich zu Anita: „Eigentlich sollte Mareike an deinem Geburtstag nicht leer ausgehen. Ich hab' eine Idee …"

Ah – zersprungen die Vorfreude, lautlos, wie
20 eine schillernde Seifenblase! Natürlich, der alte Zopf: Man muss teilen, sonst blutet dem anderen das Herz … Hat Anita gedacht, sie käme einmal um Mutters Lieblingsspruch herum?

„Vielleicht einen netten Stoff?", hört sie Mutter
25 sagen. „Du suchst ihn aus, ja?"

„Wie du willst, Mutter."

In ihrem Zimmer weint Anita ein bisschen. Wie – unehrlich!, denkt sie wütend. Nur um Mareike verwöhnen zu können, ist Mutter jeder Vorwand
30 recht …

Mürrisch begleitet sie am nächsten Tag die Mutter in den Laden. So viele Stoffe: farbige Karos, lustige Streifen, kleine Blumen, große Blüten. Da: ein Margeritenmuster auf himmelblauem
35 Grund. Der ist wirklich hübsch.

„Na?", fragt die Mutter und prüft die Qualität. Anita schweigt. Es ist, als hielte etwas Gutes, aber Kraftloses in ihrem Innern die Antwort noch zurück.

„Nein", sagt sie schließlich. Ihr Blick irrt zu den 40 Regalen. Dort liegt, stiefmütterlich versteckt auf einem letzten Stapel, ein mausgrauer Stoff mit kargen gelben Punkten – ein Nebeltag in einer düsteren Stadt mit sehr wenig Laternen.

„Den!", sagt Anita entschieden und bemüht sich, 45 nicht rot zu werden.

„Also schön", sagt die Mutter ohne Begeisterung. Ist sie enttäuscht? Anita will es nicht wissen. Der Stoff wird abgeschnitten, bezahlt und heimgetragen. 50

Abends, unmittelbar vor dem Einschlafen, denkt Anita: Neid ist grau mit gelben Punkten. Das kommt ihr vor wie eine Zeile aus einem Gedicht. Wenn Mareike nicht just vor einigen Tagen noch gesagt hätte, so nebenher, wie Mareike etwas 55 heraussprudeln kann, was ihr eben in den Sinn kommt: „Findest du nicht auch, dass Grau eine schlimme Farbe ist, Anita? Ich glaube, Kummer ist auch grau …"

Nun bekommt Mareike also ein graues Kleid. 60 Immerfort muss Anita daran denken. Es überschattet alle Vorfreude. Schließlich ist der Geburtstag da: Küsse, Blumen, Geschenke – eine feierliche Ansprache vom Vater vor dem Frühstück, dreizehn brennende Kerzen, das Lebens- 65 licht in der Mitte. Doch, doch, man hat Anita lieb, das kann ein Blinder sehen …

Aber Anita sieht nur eins: ein grauer Stoff mit kargen gelben Punkten. Auf ihrem Geburtstagstisch. „Mutter!", ruft sie entsetzt. „Das war doch 70 der Stoff für Mareike …!"

Die Mutter lacht ahnungslos. „Nicht wahr, da habe ich dich überrascht? Man kennt sich als Mutter heutzutage wirklich nicht mehr im Geschmack der eigenen Kinder aus! Das habe ich 75 an diesem Stoff doch wieder gesehen, auf den wäre ich niemals gekommen … Anita, du weinst?"

Autorin: Dorothea Fogt

Kapitel 5
KV 3, Blatt 7

Kopiervorlage

Anita schluchzt über das verhasste Geschenk,
80 das sie einzig und allein ihrem schäbigen Neid
zuzuschreiben hat. Hätte sie doch den himmelblauen gewählt, den mit den Margeriten … „Es
war aber doch ein Geschenk für Mareike! Damit
sie an meinem Geburtstag nicht leer ausgeht, hast
85 du gesagt!"

„Ich geh' ja gar nicht leer aus", ruft die jüngere
Schwester vergnügt. „Schau doch, Anita! Mir hat
Mutter auch vorgeschwindelt, der Stoff sei nicht
für mich! Ich habe ihn für dich ausgesucht!"
90 Der Margeritenstoff – es ist der Margeritenstoff,
den Mareike in ihren Händen hält.

„Er ist ja noch schöner als damals, Mutter! Und
ich hatte ja keine Ahnung, dass er mein Katzentisch sein sollte … Anita! Hör auf zu weinen –
95 willst du – willst du vielleicht lieber diesen haben? Komm, wir tauschen."

Anita ist beschämt, als Mareike sie spielerisch in
den blauen Stoff einwickelt, die Hände der kleinen Schwester liegen so lieb auf ihren Schultern.
100 „Nett siehst du darin aus, Anita!"

„Aber – der andere Stoff ist grau, Mareike", sagt
sie unglücklich.

„Es sind ja gelbe Sonnenpunkte darin", antwortet
Mareike.

Es klingt kläglich und tapfer zugleich. Die Mut- 105
ter sieht jetzt aus, als hätte sie in einen Abgrund
geschaut.

Da gibt sich Anita einen Ruck, wickelt sich aus
dem blauen Margeritenstoff wieder heraus, faltet
ihn ordentlich wieder zusammen. „Danke, Ma- 110
reike", sagt sie. „Aber das kommt nicht in Frage.
Mutter wird mir aus dem grauen Stoff sehr bald
ein Kleid nähen. Nicht wahr, Mutter? Es soll
mich manchmal an etwas erinnern."

Jetzt sieht die Mutter aus, als hätte Anita aus 115
eigener Kraft eine Brücke über den Abgrund
gebaut. Anita selbst hat das Gefühl, als sei sie in
diesen letzten fünf Minuten gewachsen, über den
Rand ihres Neides hinweg und auf Mareike zu.
Dies wird ein guter Geburtstag. 120

Aus: Michael Ende/Irmela Brender (Hrsg.): Bei uns zu Haus und
anderswo. Thienemann Verlag, Stuttgart 1976

2 Welche der folgenden Aussagen fasst die Kurzgeschichte am besten zusammen?
Kreuze an.

☐ **A** In der Kurzgeschichte geht es um den Geburtstag von zwei Zwillingsschwestern.

☐ **B** Die Kurzgeschichte beschreibt die Beziehung zwischen den Schwestern Anita und Mareike, die am Geburtstag von Anita eine überraschende Wendung nimmt.

Autorin: Dorothea Fogt
Illustrator: Nils Fliegner, Hamburg

Kapitel 5
KV 3, Blatt 8

Kopiervorlage

3 Untersuche die Beziehung zwischen Anita und Mareike vor und nach Anitas Geburtstag.
Lies die angegebenen Textstellen und vervollständige die Angaben zum Verhältnis der Schwestern.

vor Anitas Geburtstag	nach Anitas Geburtstag
Z. 2, 51–52: Anita ist neidisch auf Mareike	Z. 97: Anita schämt sich für
Z. 3–9: die Schwestern sind	Z. 98–99: sie erkennt Mareikes
Z. 9–10: Anita möchte auch einmal	
	Z. 115–117: Anita überwindet
Z. 27–30:	
Z. 40–46:	Z. 119: Anita besiegt

4 Verfasse nun eine Inhaltsangabe zu der Geschichte.

a Beginne mit einer informierenden Einleitung. Ergänze dazu den folgenden Text.

Die Kurzgeschichte „_____“

von _____ handelt von der Beziehung zwischen den

Schwestern Anita und Mareike, die _____

_____

b Schreibe anschließend den Hauptteil der Inhaltsangabe in dein Heft.
  – Fasse die Handlung knapp und in eigenen Worten zusammen. Stelle dabei die Beziehung zwischen Anita und Mareike in den Mittelpunkt.
  – Denke an die richtige Zeitform.
  Du kannst so beginnen:

Anita muss zugeben, dass sie auf ihre Schwester Mareike sehr neidisch ist. Mareike ist hübsch, das Lernen fällt ihr leicht und alle mögen sie. Anita hingegen fühlt sich vernachlässigt und möchte auch einmal im Mittelpunkt stehen. Dies erhofft sie sich an ihrem 13. Geburtstag. Kurz vorher hat Anitas Mutter die Idee, dass Anita für Mareike einen Kleiderstoff ...

c Gehe am Schluss darauf ein, was dich an der Geschichte besonders beeindruckt hat. Stütze deine Aussagen mit Belegen aus dem Text. Du kannst so beginnen:

Die Geschichte ist besonders beeindruckend, weil Anita zum Schluss über ihren Schatten springt und über sich hinauswächst. Sie bittet ihre Mutter, ihr ein Kleid aus dem grauen Stoff zu nähen (Z. 112–113). Das Kleid ...

d Überprüfe deine Inhaltsangabe abschließend mit Hilfe der Checkliste.

> **Checkliste: Inhaltsangabe**
> – Enthält die Einleitung Angaben zu Art des Textes, Titel, Autor/-in und Thema?
> – Sind im Hauptteil die wichtigsten Handlungsschritte in der richtigen Reihenfolge aufgeführt?
> – Ist nur das Wesentliche wiedergegeben?
> – Werden die Zusammenhänge der Handlung deutlich?
> – Ist die Inhaltsangabe sachlich und in eigenen Worten formuliert?

Autorin: Dorothea Fogt

Kapitel 5
KV 3, Blatt 9

Kopiervorlage

6 „Simpel" – Einen Jugendroman erschließen

Konzeption des Kapitels

Zur Förderung der Lese- und Schreibkompetenz wird der mehrfach ausgezeichnete Jugendroman „Simpel" von Marie-Aude Murail vorgestellt. Eingeführt werden in ersten groben Zügen Grundstrukturen und Erzähltechniken des Romans. Gefördert werden auch die produktionsorientierte Schreibkompetenz und, durch Perspektivwechsel, die Empathiefähigkeit der Schüler/-innen. Der außergewöhnliche Jugendroman vermittelt Lesefreude, denn Themen wie Freundschaft, Liebe und Erwachsenwerden sind für Jugendliche der 8. Jahrgangsstufe interessant und motivierend. Verbunden sind sie hier mit Aspekten der gesellschaftlichen Teilhabe bzw. Ausgrenzung, z. B. infolge einer Behinderung. Ein offener Austausch über „Inklusion" und soziale Verantwortung wird so angeregt.

Das Buch erzählt von dem Brüderpaar Colbert und Barnabé, genannt Simpel. Dieser ist 22 Jahre alt, aber geistig auf dem Stand eines Dreijährigen. Er soll – so der Wille des Vaters nach dem Tod der Mutter – in eine Betreuungsanstalt eingewiesen werden. Das kann und will sein jüngerer Bruder Colbert nicht zulassen. Er übernimmt die Verantwortung für den Älteren. Sehr emotionale Momente mit Simpel wechseln ab mit Situationen, in denen Colbert von seiner Aufgabe erdrückt zu werden droht. Nach dem Einzug in eine Wohngemeinschaft erfahren die Brüder zwar alle Facetten der gesellschaftlichen Reaktionen auf Simpels Beeinträchtigungen und die damit verbundenen Herausforderungen des Zusammenlebens, Colbert bekommt aber ebenfalls Unterstützung und Zuspruch. Das Leben miteinander kann auch unter erschwerten Voraussetzungen gelingen, so eine Grundaussage des Romans.

Das erste Teilkapitel (**‚Ja, ich weiß, was ich tue!' – Einen Jugendroman lesen**) nimmt den zentralen Erzählstrang um die Figuren Simpel und Colbert in den Fokus. Schrittweise werden grundlegende erzähltechnische Aspekte, z. B. Figurenbeschreibung, innere/äußere Handlung und Erzählverhalten, erarbeitet. Zugleich wird das Lesetagebuch eingeführt und dessen Funktion für das systematische Lesen eines Romans vermittelt. In einer **Selbstevaluation** („Testet euch! – Die Beziehungen der Figuren untereinander") festigen und prüfen die Schüler/-innen ihr Wissen.

Im zweiten Teilkapitel (**‚Ich vermute, das ist ein Problem für euch?' – Gestaltend erzählen**) verfassen die Schüler/-innen Texte aus der Perspektive einer literarischen Figur. Im Zentrum steht das prozessorientierte Schreiben. Da der Schreibende den Text sehr genau lesen und verstehen muss, um die richtigen Informationen und mögliche Deutungen des Geschehens in seinen Text integrieren zu können, wird hier auch Lesekompetenz gefördert. Mit Blick auf die Werteerziehung lernen die Schüler/-innen, sich in die Sichtweisen anderer Menschen hineinzudenken und diese besser verstehen. Die Schreibaufgaben sind: innerer Monolog, Weiterschreiben eines Textauszugs und Tagebucheintrag. Die **Differenzierungseinheit** („Stärken stärken: Einen Tagebucheintrag verfassen") gibt unterstützende Aufgaben zur Ausarbeitung eines Tagebucheintrags.

Im dritten Teilkapitel (**„Projektideen: Rund um Jugendliteratur"**) wird ein Beitrag zum (kreativen) Umgang mit dem Text geleistet: die Ausarbeitung eines Hörspiels. Weiterhin können als Vorbereitung für ein Referat oder eine GFS verschiedene Medien (Buch und Verfilmung) verglichen oder ein Theaterbesuch vorbereitet werden.

Literaturhinweise

Gansel, Carsten: Moderne Kinder- und Jugendliteratur. Ein Praxishandbuch für den Unterricht. Cornelsen Scriptor, Berlin 4/2010

Lange, Günter (Hrsg.): Kinder- und Jugendliteratur der Gegenwart. Schneider Verlag Hohengehren, Baltmannsweiler 2/2012

Lesekultur. Praxis Deutsch 231/2010

Marquardt, Manfred: Einführung in die Kinder- und Jugendliteratur. Köln 2007

Weinkauff, Gina/Glasenapp, Gabriele von: Kinder- und Jugendliteratur. Schöningh, Paderborn 2/2014

Inhalte	Kompetenzen Die Schülerinnen und Schüler
S. 119 **„Simpel" – Einen Jugendroman erschließen**	– wenden Lesetechniken an – wenden handlungs- und produktionsorientierte Verfahren an
S. 120 **6.1 „Ja, ich weiß, was ich tue!" – Einen Jugendroman lesen**	– beschreiben und bewerten Handlungen literarischer Figuren – schreiben produktionsorientiert
S. 120 Simpel und Colbert – Die Hauptfiguren kennen lernen *Marie-Aude Murail:* Simpel (1)	– beschreiben literarische Figuren
S. 124 „Sein Bruder hatte ihn schon wieder durcheinandergebracht" – Ein Lesetagebuch führen	– schreiben einen Dialog weiter – dokumentieren Lernwege (hier: Lesetagebuch)
S. 126 „Du musst sie sehen!" – Den Erzähler im Blick *Marie-Aude Murail:* Simpel (2)	– beschreiben einen Text mit Fachbegriffen (hier: Erzählform und Erzählverhalten)
S. 128 „… der Typ ist doch witzig!" – Die Handlung verstehen *Marie-Aude Murail:* Simpel (3)	– beschreiben die Beziehungen von Figuren – schreiben nach Mustern – verfassen eine Inhaltsangabe
S. 132 Testet euch! – Die Beziehungen der Figuren untereinander	– beschreiben die Beziehungen von Figuren – stellen die Figurenkonstellation in einem Schaubild dar
S. 133 **6.2 „Ich vermute, das ist ein Problem für euch?" – Gestaltend erzählen**	– wenden Lesetechniken an – schreiben gestaltend
S. 133 Innerer Monolog *Marie-Aude Murail:* Simpel	– gestalten einen inneren Monolog aus – drücken Emotionen aus
S. 135 Ausgehend von einem Textauszug weiterschreiben *Marie-Aude Murail:* Simpel (4)	– schreiben weiter (hier: eine Fortsetzung) – schreiben eine Leseempfehlung – vergleichen Lebenswelten
S. 137 Stärken stärken: Einen Tagebucheintrag verfassen *Marie-Aude Murail:* Simpel (5)	– schreiben nach Mustern – drücken Emotionen aus – schreiben ausgestaltend (hier: einen Tagebucheintrag)
S. 139 **6.3 Projektideen: Rund um Jugendliteratur**	– formen eine literarische Vorlage medial um (hier: ein Hörspiel) – gestalten Texte, Situationen und eigene Erfahrungen szenisch – hören aktiv zu

S.119 Auftaktseite

1 Als Impulse fordern das Cover des Jugendbuchs in dieser Aufgabe sowie der Klappentext die Schüler/-innen auf, ihre Erwartungen an den Roman zu formulieren und erste Informationen zu sammeln.

Auf dem Cover ist als Fotoausschnitt frontal ein junger Mann in knielangen Cargo-Shorts und T-Shirt zu sehen, der einen Stoffhasen/ein Kuscheltier am Ohr in der linken Hand festhält. Der Ausschnitt zeigt den Körper von der Brust bis zum Knie der Person. In der verbleibenden sonnengelben Freifläche sind der Titel des Buchs und der Name der Autorin sowie das Verlagssignet angeordnet. Die Gestaltung wirkt fröhlich und ansprechend. Etwas irritiert ist der Betrachter lediglich, weil der Körper des Jungen deutlich wie der eines jungen Erwachsenen wirkt, dem man jedoch keinen Stoffhasen zuordnen würde. Der Klappentext informiert darüber, dass „Simpel" der Name eines jungen Mannes ist. Weiterhin werden Informationen zu den Hauptfiguren gegeben. Simpel ist ein ungewöhnlicher Zweiundzwanzigjähriger. Er ist „auf der Stufe eines dreijährigen Kindes" verblieben, was erklärt, warum er mit Stoffhasen spielt und betreut werden muss. Sein siebzehnjähriger Bruder kümmert sich um ihn. Beide ziehen gemeinsam in eine WG, was zu Verwicklungen führt ...

2 Im Duden finden sich folgende Worterklärungen: „simpel <franz.> (einfach, einfältig)" bzw. „Simpel, der; (landsch. für Dummkopf, Einfaltspinsel)". An dieser Definition wird sich wohl auch die Bedeutung im Sprachgebrauch der Schüler/-innen orientieren. – Daraus lässt sich ableiten, dass es sich um einen „dummen" Jungen handeln könnte. Wobei „einfach, einfältig" der Figur eine eher neutrale und weniger negative Konnotation verleiht. Schon im Namen „Simpel" sind die unterschiedlichen Deutungsmöglichkeiten angelegt, die sich später in Vorurteilen verdichten und manifestieren.

6.1 „Ja, ich weiß, was ich tue!" – Einen Jugendroman lesen

S.120 Simpel und Colbert – Die Hauptfiguren kennen lernen

Marie Aude Murail: Simpel (1)

1 Mit dieser Aufgabe können die Schüler/-innen über eigene Erfahrungen ins Thema einsteigen. Sie können überlegen, ob sie Begegnungen mit behinderten Menschen ähnlich erlebt haben wie im SB auf S. 120 ff. beschrieben oder womöglich ganz anders. Da im Zuge der Inklusion zunehmend auch Schüler/-innen mit Förderschwerpunkten zum Klassenverband gehören, kann sich ein Austausch aus verschiedenen Blickpunkten oder Perspektiven heraus ergeben.

2 a Obwohl Colbert sich verantwortlich für seinen Bruder fühlt und sich liebevoll und geduldig um ihn kümmert, fühlt er sich in der Öffentlichkeit manchmal unwohl und reagiert gestresst. So entschuldigt er sich bei dem Mann mit dem Hund oder zieht Simpel am Ärmel, wenn dieser Passanten aufhält.

b Colbert übernimmt die Verantwortung für seinen Bruder, weil er nicht möchte, dass dieser in die Anstalt Malicroix zurückgebracht werden soll. Der Romanauszug lässt bereits ahnen, dass sich Simpel dort nicht wohl gefühlt hat. So will z. B. Simpel eine Playmobilfigur, die „nicht brav" war, in die Anstalt schicken. Er empfindet die Anstalt offensichtlich als Strafe.

c Die meisten Schüler/-innen werden vermutlich Colbert als positive Figur beschreiben, die eine starke Bindung zum Bruder hat und sich um ihn kümmert, obwohl Colbert erst siebzehn ist, noch zur Schule geht und allein mit seinem Bruder lebt.

3 a–b

Colbert: Aussehen, Verhalten, Eigenschaften	
Direkt beschrieben	**Über Äußerungen und Verhaltensweisen beschrieben**
– „[…] sympathischen Gesichts mit der intellektuellen runden Brille" (Z. 31 f.) – „Ich bin verantwortlich." (Z. 118 f.) – „Ja, ich weiß, was ich tue." (Z. 139) – „Er war siebzehn Jahre alt, hatte sich gerade für die Abschlussklasse am Gymnasium Henry IV angemeldet. Danach wollte er das Vorbereitungsjahr für die Aufnahme an einer Elite-Hochschule machen." (Z. 144–149)	– „Colbert seufzte schwermütig" (Z. 29) → Er ist bedrückt. – „[…] antwortete Colbert zerstreut" (Z. 82) → Er ist sehr beschäftigt, oft abwesend. – „[…] wies Colbert ihn zurecht, um tausend mögliche Warums im Keim zu ersticken." (Z. 66 ff.) → Er kennt seinen Bruder gut und hat Tricks im Umgang mit ihm gelernt. – „Es galt, das Vergnügen in die Länge zu ziehen." (Z. 98 f.) → Er ist liebevoll, geduldig zu seinem Bruder. – „Colbert hatte sich entschieden, Klartext zu reden." (Z. 113 f.) → Er versucht, ehrlich zu sein. – „Er hob den Blick zur Decke, während sein Vater Argumente vorbrachte" (Z. 119 ff.) → Er ist ungeduldig, die Diskussion leid. – „ Er blieb einen Moment sitzen, mit verschwommenem Blick." (Z. 142 f.) → Colbert fühlt sich manchmal müde und überfordert.

4 a–c Die Charakterisierung wird durch die Vorarbeiten (Aufgaben 2–3) sowie die Formulierungshilfen und den Informationskasten „Literarische Figuren kennen lernen und beschreiben" im SB auf S. 122 unterstützt.

Beispiellösung:

> Eine der beiden Hauptfiguren des Jugendromans „Simpel", geschrieben von Marie-Aude Murail, heißt Colbert. Er ist ein siebzehnjähriger Teenager, mit sympathischen Gesichtszügen und einer runden Brille, die ihn intellektuell wirken lässt. Colbert lebt mit seinem Bruder Simpel seit einigen Tagen in Paris bei einer Tante. Nach dem Tod ihrer Mutter brachte der Vater den geistig behinderten Simpel, der eigentlich Barnabé heißt, in eine Anstalt. Colbert übernimmt Verantwortung: Er kümmert sich liebevoll und meist geduldig um den älteren Bruder.
> Manchmal fühlt er sich aber überfordert mit der Aufgabe. So wirkt er bisweilen zerstreut, niedergeschlagen oder gestresst.
> Das liegt auch daran, dass Colbert neben der Betreuung von Simpel auch ihr gemeinsames Leben organisieren muss. Er hat sich für die Abschlussklasse eines Gymnasiums angemeldet, um später studieren zu können, und sucht für sich und seinen Bruder dringend eine eigene Wohnung.

5 Beispiellösung:

Simpel: direkt beschrieben	Simpel: über Äußerungen und Verhaltensweisen beschrieben
– „ein junger Mann mit hellen, weit aufgerissenen Augen" (Z. 9 f.) – „Er ist geistig behindert." / „Ein I-di-ot." (Z. 23 f.) – „Simpels Starrköpfigkeit war äußerst bemerkenswert." (Z. 69 f.) – „Er ist zweiundzwanzig." (Z. 136) – „Seinen Bruder Simpel – mit echtem Namen Barnabé […]" (Z. 150 f.)	– „[…], quietschte Simpel und strahlte verzückt […] brüllte Simpel" (Z. 51 f.) → Er ist impulsiv. – „Die will mich durchschneiden!" (Z. 43) / „[…] um nachzugucken, ob ein Männchen drin ist, […]" (Z. 50) → Für ihn sind Dinge lebendig und haben einen Willen. Alltägliche Dinge sind nicht selbstverständlich. – „Es heißt Mänzel, Mänzel." (Z. 69) → Er spricht in kindlicher Sprache. – „Ich hab nicht mal Angst" (Z. 64) → Er hat normalerweise oft Angst. – „,Kuckuck!', ertönte es schelmisch." (Z. 90) → Er spielt Kinderspiele. – „[…] schwang einen alten Stoffhasen" (Z. 103 f.) → Er hat ein Kuscheltier, das er für lebendig hält (vgl. Z. 151 f.). – „Er will sie umbringen" (Z. 115) → Er reagiert extrem auf gefühlte Bedrohungen. – „[…] der muss jetzt in die Anschalt."(Z. 130) / „Schule ist nicht gut" (Z. 160) → Er hat schlechte Erfahrungen mit der Schule (Malicroix) gemacht. – „Und er schleppte eine Art Ungeheuer mit sich rum." (Z. 149 f.) → Er ist für seine Mitmenschen ungewöhnlich, verstörend

Beispiellösung:

Die andere der beiden Hauptfiguren des Jugendromans „Simpel", geschrieben von Marie-Aude Murail, heißt Barnabé. Aber alle nennen ihn Simpel. Er ist ein zweiundzwanzigjähriger junger Mann mit hellen Augen, der besonders ist: Simpel ist „geistig behindert". Nach dem Tod der Mutter wurde er von seinem Vater in der Anstalt Malicroix untergebracht, wo er aber nicht glücklich war. Sein jüngerer Bruder Colbert holte ihn dort wieder heraus und kümmert sich seitdem um ihn. Die beiden leben derzeit in Paris bei einer Tante.

Simpel ist auf dem Stand eines Dreijährigen. Er ist kindlich und hat Spaß an einfachen Dingen. So spielt er gern mit Stofftieren wie seinem „Monsieur Hasehase". Die alltäglichen Dinge des Lebens sind für ihn nicht selbstverständlich, zum Beispiel zerlegt er Uhren, um darin Männchen (Mänzel) zu suchen. Manchmal fürchtet er sich vor Gegenständen wie U-Bahn-Türen oder Rolltreppen. Dabei zeigt er sich ebenso starrköpfig wie wissbegierig und treibt damit seinen Bruder Colbert immer wieder zur Verzweiflung. Simpel ist aber nie bösartig, sondern eher kindlich verspielt. Zu seinem Bruder hat er eine tiefe Verbindung, Colbert ist seine Bezugsperson.

S. 124 **„Sein Bruder hatte ihn schon wieder durcheinandergebracht" –
Ein Lesetagebuch führen**

1 **Hinweise:** Die Erstellung eines Lesetagebuchs wird durch vorbereitende Aufgaben in diesem Kapitel sowie den Methodenkasten „Ein Lesetagebuch führen" im SB auf S. 125 unterstützt.
Die **Kopiervorlage 1** („Leseprotokoll") kann auf die Lektüre jeder beliebigen Ganzschrift angewendet werden. Sie unterstützt die strukturierte Erschließung der Informationen.

2 a–c Die Nebenfiguren sind von Simpel irritiert und verhalten sich teilweise ablehnend:
— **Mann mit Hund:** „Der Mann sah nacheinander die beiden Brüder an, als versuche er, die Situation einzuschätzen" (Z. 16–18); „Der Mann stand auf und zog wortlos an der Hundeleine. An der nächsten Station stieg er aus." (Z. 26–28)
— **Leute am Bahnhof:** „Vor der Rolltreppe blieb er so abrupt stehen, dass zwei Menschen hinter ihnen ineinanderrasselten. Sie protestierten: ‚Jetzt passen Sie doch auf!'" (Z. 54–57)
— **Monseur Maluri (Vater):** [hier indirekt – Telefonat mit Colbert] „Er hob den Blick zur Decke, während sein Vater Argumente vorbrachte. Simpel sei eine zu große Belastung, er würde einem das Leben unerträglich erschweren, man müsse ihn zurück nach Malicroix bringen." (Z. 119–124); „[…] Aber nein, Papa, Simpel muss nicht beaufsichtigt werden. […] Du brauchst die Miete nicht zu bezahlen … Ja, ich weiß, was ich tue." (Z. 135–139)

3 a Die Schüler/-innen sollen sich in Colberts Rolle versetzen und aus seiner Sicht argumentieren. Dabei werden zwei zentrale Aspekte abgewogen: die Verantwortung für das eigene Leben mit den nun anstehenden schulischen Aufgaben einerseits und andererseits die moralische Verantwortung für ein Familienmitglied und den würdigen Umgang untereinander.
Beispiellösung:

> „Ich bin nun einmal Simpels Bruder. Bei mir fühlt er sich wohl und er vertraut mir. Ich bringe es nicht fertig, ihn in die Anstalt zurückzuschicken. Ich kann ihm helfen, hier in Paris kann er ein halbwegs normales Leben führen. Aber schaffe ich das auch? Zusammen mit Simpel leben, zur Schule gehen, alles organisieren und den Alltag stemmen? Ich bin noch nicht mal volljährig. Wer kümmert sich denn um mich?"

b/c Den Schüler/-innen sollte auffallen, dass hier ein Konflikt verhandelt wird. Monsieur Maluri ist der Meinung, dass Simpel eine Belastung ist und in die Anstalt gehört. Colbert versucht aber, ihn vom Gegenteil zu überzeugen und seine Unterstützung zu gewinnen. Im Verlauf des Gesprächs versichert Colbert, dass er sich der Folgen seiner Entscheidung durchaus bewusst ist. Er will versuchen, den Alltag mit Simpel zu meistern.
Beispiellösung:

COLBERT:	„Hallo, Papa?"
PAPA:	„Hallo, Colbert! Geht's gut?"
COLBERT:	„Ja, es geht."
PAPA:	„Was macht ihr denn …"
COLBERT:	„Wir sitzen hier mit Monsieur Hasehase, es ist alles in Ordnung."
PAPA:	„Soso, alles in Ordnung. Und wie geht's der Tante …"
COLBERT:	„Die gute, alte Tante? Mit der geht's auch."
PAPA:	„Tatsächlich?"
COLBERT:	„Na ja, eigentlich nicht."
PAPA:	„Was heißt denn das? Muss ich mir Sorgen machen?"
COLBERT:	„Simpel mag sie nicht besonders. Er will sie umbringen."
PAPA:	„Wie bitte?!"
COLBERT:	„Nein, nicht in echt! Mit seinem Verolver …"
PAPA:	„Fängt er schon wieder damit an?"
COLBERT:	„Ja."

PAPA:	„Ich habe dir immer gesagt –"
COLBERT:	„Ja, ja …"
PAPA:	„Meine Güte, Junge. Weißt du eigentlich, welche Verantwortung du da auf dich geladen hast?"
COLBERT:	„Ich weiß, Papa. Ich habe es so gewollt. Ich war derjenige, der …"
PAPA:	„Ja! Du hast Simpel eigenmächtig aus der Anstalt geholt!"
COLBERT:	„Ja."
PAPA:	„Weißt du, Colbert: Simpel ist einfach eine zu große Belastung für dich. Er erschwert einem das Leben, macht es unerträglich. Du weißt ja, ich finde, man sollte ihn zurück nach Malicroix bringen."
COLBERT:	„Aber ich möchte ihn nicht in dieser Anstalt lassen."
PAPA:	„Du weißt, das wäre das Beste für ihn und uns alle …."
COLBERT:	„Woher willst du denn wissen, was das Beste für ihn wäre? Er ist dort unglücklich! Und bei mir fühlt er sich wohl. Ich bin sein Bruder! Das Beste wäre, wir würden eine Wohnung finden, die wir mieten könnten. Dann wären wir unabhängig."
PAPA:	„Eine Wohnung? Ihr beide allein? Aber Simpel muss doch beaufsichtigt werden, wie willst du das machen, wenn du in die Schule musst?"
COLBERT:	„Aber nein, Papa, Simpel muss nicht beaufsichtigt werden. Er ist zweiundzwanzig."
PAPA:	„Zweiundzwanzig? Aber er verhält sich wie ein Dreijähriger! – Und überhaupt, wer soll eure Miete zahlen? Als Schüler hast du doch kein Einkommen!"
COLBERT:	„Auf jeden Fall haben wir das Geld aus Mamas Erbe. Du brauchst die Miete nicht zu bezahlen."
PAPA:	„Das wäre ja noch schöner! Aber ich sehe schon, du bist wild entschlossen. Weißt du genau, worauf du dich da einlässt?"
COLBERT:	„Ja, ich weiß, was ich tue."

4 **a** Colbert hält Simpel in Situationen für ein Ungeheuer, in denen er sich von ihm überfordert fühlt. Das passiert z. B., wenn Simpel in der Öffentlichkeit aneckt. Aber auch, wenn er mit seiner Starrköpfigkeit sprichwörtlich wie ein kleines Kind auf seiner Meinung beharrt. Darüber hinaus sind seine Handlungen nicht vorhersehbar, was immer wieder zu kleineren Katastrophen führt. Colbert muss dann stets versuchen, den Schaden zu begrenzen.

b Colbert verhält sich seinem Bruder gegenüber insgesamt sehr geduldig. Natürlich reißt ihm manchmal der Geduldsfaden. Er ist aber auch für den Älteren verantwortlich. Dabei übernimmt er Erziehungsaufgaben, für die er noch zu jung/unerfahren ist. Sein Verhalten gegenüber Simpel lässt sich als liebevoll bezeichnen, er umsorgt den größeren Bruder – und verhält sich ihm gegenüber gerade nicht, als würde er ihn als „Ungeheuer" empfinden.

5 Mögliche Vermutungen:
 — Simpel bleibt unbeaufsichtigt (Folgen?)
 — zeitweise Betreuung von Simpel (durch Tante, Vater, Pflegedienst …)
 — offene Formen der Betreuung – z. B. eine Wohngruppe

6 Beispiellösung:
„Simpel" von Marie-Aude Murail, Kapitel 1
Z. 1–28:	Eine seltsame Begegnung: Colbert und Simpel treffen in der Metro auf einen Hundebesitzer und seinen Hund.
Z. 29–74:	Warum Simpel keine Uhr bekommt: Colbert und Simpel unterhalten sich über Uhren und verlassen dabei die Pariser U-Bahn.
Z. 75–105:	Warum Simpel kein Telefon hat: Colbert will seinen Vater anrufen, doch Simpel lenkt ihn ab.

Z. 106–139:   Diskussion mit dem Vater:
Colbert spricht mit seinem Vater darüber, dass er mit Simpel eine eigene Wohnung mieten will.

Z. 140–152:   Simpel als Belastung:
Colbert denkt über seine Zukunftspläne nach.

Z. 153–168:   Die Ankündigung:
Colbert spricht mit Simpel über die Wohnung, die Schule und fordert seine Mithilfe ein.

7 Die **Kopiervorlage 1** („Leseprotokoll") kann auf die Lektüre jeder beliebigen Ganzschrift angewendet werden. Sie unterstützt die strukturierte Erschließung der Informationen.

S. 126 „Du musst sie sehen!" – Den Erzähler im Blick

Marie Aude Murail: Simpel (2)

1 a–c Mit Hilfe des Informationskastens „Der Erzähler: Erzählform und Erzählverhalten" im SB auf S. 127 sollten die Schüler/-innen schnell erschließen können, dass ein personales Erzählverhalten vorliegt. Es wird aus der Sicht unterschiedlicher Personen erzählt. Zunächst ist Enzo der Erzähler, aus dessen Sicht erzählt wird. Anschließend wechselt die Perspektive: in der angegebenen Textstelle (Z. 92 ff.), aber auch schon vorher (Z. 78 ff.) wird beispielsweise aus der Sicht Corentins erzählt.

Die Schüler/-innen sollen erkennen, dass durch eine Neutralisierung der Erzählfigur Informationen verloren gehen. Der personale Erzähler vermittelt nicht nur das Geschehen aus seiner Sicht, man erfährt auch seine Bewertung der Situation durch die Schilderung von Gefühlen und seine Innensicht. Fehlen diese Informationen, wirkt der Text auf den Leser neutraler.

2 Die Autorin Marie-Aude Murail nutzt verschiedene personale Erzähler, weil sie dem Leser das Geschehen aus der Sicht der Beteiligten nahebringen möchte. So lernt der Leser die Gedanken und Gefühle verschiedener Romanfiguren kennen (Innensichten).

S. 128 „… der Typ ist doch witzig!" – Die Handlung verstehen

Marie Aude Murail: Simpel (3)

1 Die Aufgabe soll die Schüler/-innen befähigen, den Zusammenhang der Textstellen herzustellen. Ereignisse der vorangegangenen Textausschnitte sind:
– Colbert und Simpel in der Metro (Simpel 1)
– Telefonat von Colbert mit seinem Vater (Simpel 1)
– Colberts Plan von der eigenen Wohnung mit Simpel (Simpel 1)
– Enzo, Corentin, Aria und Emmanuel sprechen beim Frühstück über die WG-Bewerber (Simpel 2)
– Enzo und Corentin unterhalten sich über Aria (Simpel 2)

2 **Wo spielt die Szene?**
– in einer WG zwei Straßenecken entfernt (Z. 1)
– großbürgerlicher Hauseingang, Hausmeisterloge (Z. 11 ff.)
– am Tisch im Wohnzimmer (Z. 28 ff.)
Wann spielt die Szene?
– nachdem Colbert beschlossen hat, Simpel bei sich zu behalten und gemeinsam eine Wohnung zu suchen (vgl. Simpel 1)
– tagsüber, vielleicht an einem Nachmittag (es gibt Kaffee und Kekse, Z. 31 ff.)
Wer ist beteiligt?
– Simpel und Colbert
– die WG-Bewohner: Aria, Emmanuel, Enzo und Corentin
Was passiert?
– Simpel und Colbert stellen sich bei der WG vor
– die WG-Bewohner erfahren von Simpels Situation
– im Gespräch äußern die WG-Bewohner Vorbehalte und Vorurteile – aber auch Verständnis

– Colbert und Simpel können sich die Zimmer ansehen, vielleicht gelingt es, die WG-Bewohner zu überzeugen

3 **a–c** Die **Kopiervorlage 2** („Die äußere und die innere Handlung erschließen") gibt Gelegenheit, das strukturierte Erschließen der inneren und äußeren Handlung mittels eines Flussdiagramms vertiefend an einem anderen Textausschnitt zu üben.

Beispiellösung:

> Simpel und Colbert klingeln an der Haustür.
> *Colbert hat Gewissensbisse, weil er Simpel ermahnt hat.*

> Sie treten ein, von der Hausmeisterin beobachtet.
> *Der rote Teppich beeindruckt Simpel.*

> Aria begrüßt die Brüder an der Tür, Simpel verhält sich ungewöhnlich.
> *Aria ist irritiert und weiß nicht so richtig mit der Situation umzugehen.*

> Die WG-Bewohner begrüßen die Brüder zu einem Kaffee. Sie verwechseln die Brüder,
> halten Simpel für Studierenden, da klärt Colbert sie über die Behinderung auf.
> *Die WG-Bewohner sind interessiert, Simpel verhält sich passiv, Colbert spricht anfangs mutig.*

> Plötzliche Stille. Aria erkundigt sich nach Simpel.
> *Colbert verliert den Boden unter den Füßen, Simpel ist eingeschüchtert, Aria zeigt Mitleid.*

> Emmanuel stellt kritische Fragen, Enzo will die Brüder abweisen.
> *Die WG-Bewohner haben Vorbehalte, reagieren abweisend, kritisch.*

> Die WG-Bewohner diskutieren, fragen. Simpel fragt schüchtern nach einem Keks.
> *Colbert fühlt sich gedemütigt. Alle entspannen sich etwas nach Simpels Frage.*

> Enzo macht einen Witz über Corentins IQ.
> *Alle entspannen sich etwas.*

> Simpel nimmt am Gespräch teil und zeigt den WG-Bewohnern seinen Stoffhasen.
> *Colbert ist von der Einstellung der WG-Bewohner noch erschüttert,*
> *er durchleidet die Situation, würde gern fortlaufen.*

> Emmanuel ist von Simpel schockiert, Enzo bezieht gegen ihn Stellung und verteidigt Simpel.
> Die anderen WG-Bewohner stimmen ein und bieten den Brüdern das Zimmer an.
> *Enzo nutzt die Chance, sich gegen Emmanuel zu stellen. Colbert schöpft Hoffnung und kann dann*
> *seinen Ohren kaum trauen, dass sie vielleicht akzeptiert werden.*

4 **a–c** Handlungsschritte für den Text „Simpel 1" (im SB auf S. 120–122):

Z. 1–28: Colbert und Simpel treffen in der Metro auf einen Hundebesitzer und seinen Hund.

Z. 29–74: Colbert und Simpel unterhalten sich über Uhren und verlassen dabei die Pariser U-Bahn.

Z. 75–105: Colbert spielt mit Simpel ein Ratespiel um seinen Stoffhasen.

Z. 106–139: Colbert telefoniert mit ihrem Vater und rechtfertigt, dass er sich um Simpel kümmern möchte. Der Vater würde Simpel lieber in einer Anstalt wissen, es kommt zum Konflikt.
Z. 140–152: Nach dem Telefonat mit dem Vater überfallen Colbert Zweifel, wie er alles schaffen soll.
Z. 153–168: Colbert erläutert Simpel seinen Plan, eine Wohnung für die beiden zu suchen.

Handlungsschritte für den Text „Simpel 2" (im SB auf S. 126–127):
Z. 1–15: Enzo wird vorgestellt
Z. 16–37: Corentin informiert Enzo über die Zimmeranfrage von Simpel und Colbert
Z. 38–59: Aria kommt zum Frühstück – sie wird als sehr attraktiv beschrieben
Z. 59–66: Emmanuel taucht auf – die Rivalität mit Enzo wird deutlich
Z. 67–76: Corentin informiert Enzo über den anstehenden Besuch von Simpel und Colbert
Z. 76–100: Enzo outet sich gegenüber Corentin – es wird deutlich, dass er in Aria, Corentins Schwester, verliebt ist

Für den Text „Simpel 3" (im SB auf S. 128–129) wurden bereits in Aufgabe 3, S. 130 Handlungsschritte erarbeitet. Auf diese Ergebnisse können die Schüler/-innen zurückgreifen.

Beispiellösung:

Zu Beginn des Jugendromans „Simpel" von Marie-Aude Murail sitzen die beiden Hauptfiguren, Colbert und Simpel, in der Metro. Schon bei der ersten Begegnung mit einem Hundebesitzer wird deutlich, dass es sich um ein ungewöhnliches Brüderpaar handelt, da Simpel sich ungewöhnlich verhält und Colbert ihn als „geistig behindert" vorstellt. Auf den ersten Seiten des Kapitels werden verschiedene Situationen geschildert, welche die Besonderheit Simpels verdeutlichen. Obwohl er der ältere der beiden Brüder ist, vermutet er in Uhren kleine Männchen, er hat Angst vor Schiebetüren und Rolltreppen und spielt mit einem Stoffhasen, den er für lebendig hält. Am Ende des ersten Textabschnitts telefoniert Colbert mit ihrem Vater. Aus diesem Gespräch erfährt man, dass Simpel dem Willen des Vaters nach eigentlich in einer Anstalt leben sollte. Colbert will seinem Bruder aber ein möglichst normales Leben ermöglichen und hat ihn zu sich geholt. Obwohl er Zweifel hat, wie er die Betreuung seines Bruders neben der Schule bewältigen soll, will er für sie beide zunächst eine Wohnung organisieren.
Im zweiten Textabschnitt werden weitere wichtige Figuren vorgestellt: die WG-Bewohner, bei denen Colbert sich um ein Zimmer beworben hat. Neben Enzo und Corentin wohnen in der Wohnung noch Aria, Corentins Schwester, und ihr Freund Emmanuel, der Medizin studiert. Es wird eine Frühstücksszene beschrieben, in der die WG-Bewohner über den anstehenden Bewerbungsbesuch von Colbert und Simpel reden. Dabei wird deutlich, dass es Konflikte zwischen Enzo und Emmanuel gibt: Enzo ist wohl unglücklich in Aria verliebt.
Im dritten Textabschnitt wird das erste Zusammentreffen der beiden Brüder mit den WG-Bewohnern geschildert. Bei ihrer Ankunft sind Colbert und Simpel beeindruckt von dem Haus. Obwohl Colbert seinen Bruder ermahnt hat, sich ordentlich zu verhalten, ist Aria anfangs irritiert. Sie bittet die Brüder aber in die WG, wo die anderen schon am Kaffeetisch auf sie warten. Der Höhepunkt der Handlung ist das folgende Gespräch: Erst stellt Colbert sich und seinen Bruder vor, dabei erfahren die WG-Bewohner von Simpels Behinderung. Es folgen Fragen und Diskussionen. Colbert spürt die Vorbehalte und das Misstrauen der anderen. Er fühlt sich verunsichert. Gleichzeitig ist er erschüttert von der Dummheit der WG-Bewohner, er kann ihr Verhalten kaum fassen. Erst als Simpel seinen Hasen hervorholt, kippt die Stimmung: Während Emmanuel schockiert ist, beziehen Enzo und Corentin Stellung für die beiden Brüder. Zum Schluss bietet Aria ihnen an, sich die WG-Zimmer anzusehen.

5 a Die wesentlichen Figuren sind:
- Colbert und Simpel (Barnabé)
- Monsieur Maluri (der Vater)
- die WG-Bewohner: Aria, Emmanuel, Enzo und Corentin

b

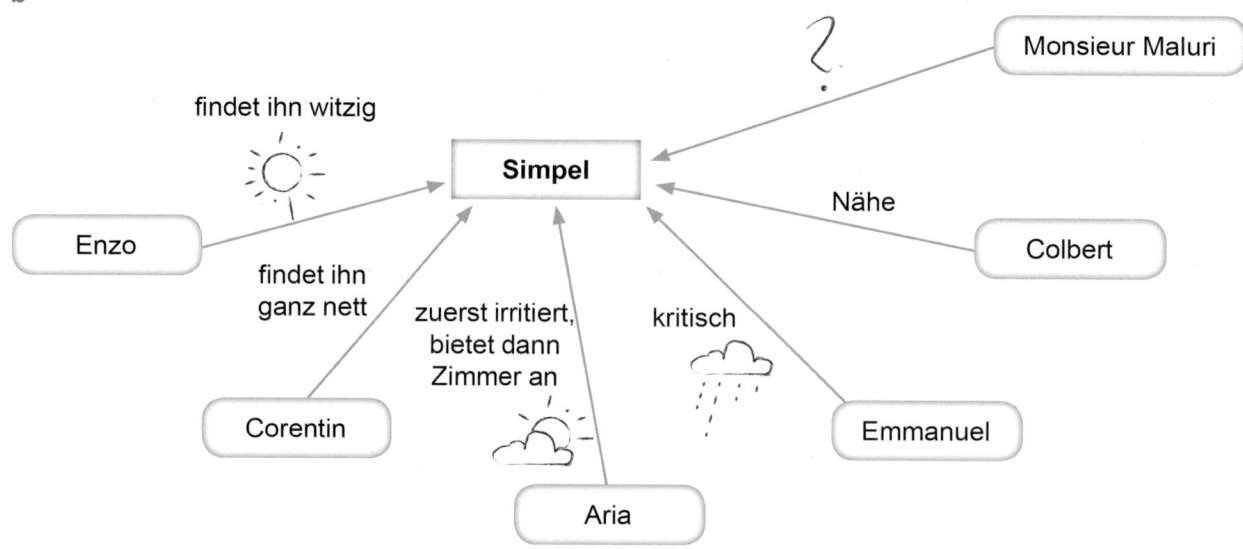

Das Erarbeiten des Schaubilds kann mit Hilfe der **Folie** („Eine Figurenkonstellation skizzieren") auch gemeinsam im Klassenverband erfolgen.

S. 132 Testet euch! – Die Beziehungen der Figuren untereinander

1 a Beispiellösung:

Single, hat keine Freundin/hätte aber
leicht eine haben können (S. 126, Z. 5-9)

Spätaufsteher, Morgenmuffel (S. 126, Z. 14)

leidet gern öffentlich

ist eifersüchtig auf Emmanuel (S. 127, Z. 80-89)

sucht Streit mit Emmanuel (S. 129, Z. 60 ff.)

verliebt in Aria

wankelmütig, unberechenbar (S. 129, Z. 63-69)

witzig, nimmt Corentin auf den Arm (S. 129, Z. 86)

wünscht sich ein Mädchen als
Mitbewohnerin (S. 126, Z. 22 f.)

hält sich für sehr erwachsen, will keinen
„Kindergarten" in der WG (S. 126, Z. 27)

will nicht mit Emmanuel frühstücken, bietet
ihm seinen Platz an (S. 127, Z. 63)

fühlt sich von Arias und Emmanuels Beziehung
gestört (S. 127, Z. 92)

weist Simpel zuerst ab (S. 129, Z. 63-66)

reagiert auf Arias Kritik an seinem Verhalten,
indem er Simpel aufnehmen will, um Emmanuel
bloßzustellen (S. 129, Z. 67, Z. 109 ff.)

jugendlich (21 Jahre alt)

blond und ziemlich
hübsch (S. 126, Z. 6 f.)

Aussehen

(Charakter-)
Eigenschaften

Enzo

Gedanken/
Verhalten

b Mögliche Zitate aus dem Text:

„Aber er wollte, dass die Mädchen ihm in die Arme fielen, ohne dass er sie selbst zum Fallen bringen musste." (S. 126, Z. 9–11)

„Ich hasse junge Leute" (S. 126, Z. 35)

„Ich will einfach nicht um sieben Uhr morgens von deiner Schwester und diesem anderen Leichenseziezerer geweckt werden!" (S. 127, 83–86)

„Okay, das wird nicht gehen, wir sind Studenten, verstehst du. Dich hätten wir problemlos akzeptiert. Aber dein Bruder, der kann ja nicht frei rumlaufen. Der muss doch in so ein ... eine spezielle Einrichtung." (S. 129, 62–66)

„Schon gut, ich hab schon auch ein gutes Herz!" (S. 129, S. 67 f.)

„Jetzt wart doch mal, der Typ ist doch witzig! Und er hat einen coolen Hasen." (S. 129, 111–113)

2 Mögliche Stichpunkte zu den Figuren:

Emmanuel: widerspricht Enzo gern, studiert Medizin, Arias Freund, älterer Medizinstudent (25), groß, männlich, arbeitsam, nicht besonders lustig ...

Aria: kurze Haare, verstrubbelt, anmutig, Schwester von Corentin, Emmanuels Freundin, Medizinstudentin, freundlich

Corentin: jüngerer Bruder von Aria, Freund von Enzo, geduldig, eher sachlicher Typ/wenig emotional, beeindruckt von Emmanuel

3 Beispiellösung:

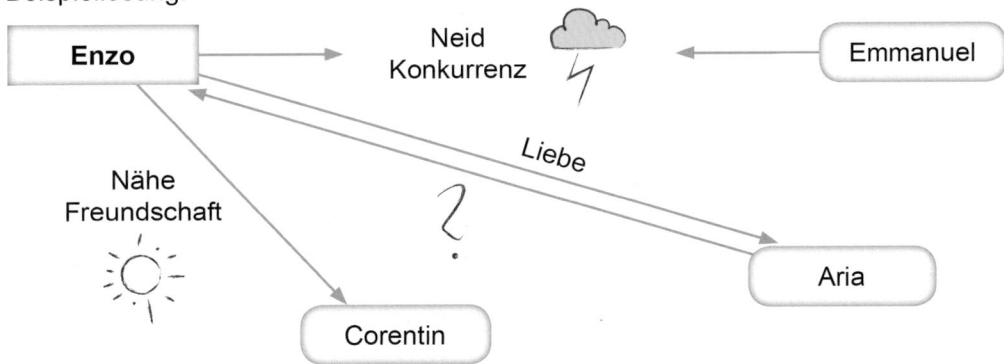

6.2 „Ich vermute, das ist ein Problem für euch?" – Gestaltend erzählen

S. 133 Innerer Monolog

Marie Aude Murail: Simpel

1 a Die **Kopiervorlage 3** („Wie gut kennst du „Simpel"?) kann genutzt werden, um die Inhalte der Romanauszüge noch einmal im Zusammenhang Revue passieren zu lassen, bevor die Schüler/-innen sich produktiven Aufgabenstellungen zuwenden, die daran anschließen.

Die Schüler/-innen sollen sich hier nun selbst Gedanken zum Umgang mit Simpel machen. Dazu kann die Lehrkraft die Situation am WG-Tisch aufgreifen und die Schüler/-innen selbst in die Lage der WG-Bewohner versetzen: Wie würden sie auf die beiden Brüder reagieren? Welche Argumente würden sie vortragen?

Hinweis: Hier ist eine Anbindung an das Kapitel 2 („Digitale Medien – Standpunkte vertreten") möglich.

b   Beispiellösung:

Er könne sich nicht richtig mitteilen.
„Ist er stumm?" (Z. 49 f.)
„Aha, immerhin! Er kann Töne hervorbringen." (Z. 78 f.)

Simpel müsse ärztlich versorgt werden.
„Braucht er auch keine Tabletten?" (Z. 108 f.)
„Ist er in Therapie?" (Z. 76)

Er brauche Betreuung.
„Der muss doch in eine spezielle Einrichtung." (Z. 65 f.)

Vorurteile gegenüber Simpel

Er sei eine Gefahr.
„[...] der kann ja nicht frei rumlaufen." (Z. 64 f.)

Er sei im Alltag eingeschränkt.
„Darf er auch [Kaffee] trinken?" (Z. 90)

2   In der eintretenden Stille verlor Colbert den Boden unter den Füßen. (Z. 46 f.)
Noch nie hatte sich Colbert so gedemütigt gefühlt. (Z. 83 f.)
Die Dummheit der WG-Bewohner erschütterte Colbert. (Z. 93 f.)
Sie waren schlimmer als die Großtante! (Z. 94 f.)
[…] je stärker Colbert litt […] (Z. 95)
[…] der es eilig hatte, sein Leiden zu verkürzen. (Z. 104 f.)

3   Hier sind verschiedene Antworten möglich, aber nicht alle sind wahrscheinlich:
– Kaum wahrscheinlich ist, dass Colbert provozieren will. Dies würde seine Situation eher
   verschlechtern. Auch widerspricht es dem Bild, das der Leser bislang von Colberts Charakter
   erhalten hat.
– Colbert könnte den Satz **resigniert** sprechen, da er aus der Vergangenheit gelernt haben könnte,
   dass die Menschen abweisend auf Simpel reagieren und dass Vorurteile den Blick verstellen.
– Aus ähnlichen Gründen könnte Colbert mit diesem Satz **enttäuscht** reagieren. Es wäre möglich,
   dass er sich nun keine Chance mehr auf die WG-Zimmer und damit auf eine gemeinsame Zukunft
   mit Simpel in der WG ausrechnet.

4   a/b Nach dem Lesen des Informationskastens „Innerer Monolog" im SB auf S. 134 sollten sich die
   Schüler/-innen für den Anfang in der rechten Denkblase entscheiden („Jetzt kommt's drauf an! ...").
   Dieser Text ist in der Ich-Form geschrieben und gibt Gedanken im Präsens wieder.

   Beispiellösung:

   Jetzt kommt's drauf an! Wenn nur Simpel nicht so aufgeregt wäre. Verdammt, Simpel! Halt dich
   bloß zurück! Was antworte ich, wenn sie fragen, warum er so ist, wie er ist? Die Zimmer kosten
   nicht viel und in einer WG ist bestimmt vieles einfacher als bei der alten Tante. Ob die WG-
   Bewohner mit Simpels Behinderung umgehen können? Es muss einfach klappen!

5   Bei der Schreibkonferenz sollte auf folgende Merkmale des inneren Monologs geachtet werden:
– **Form:** Ich-Form; Gedankensprünge – Satzfetzen
– **Sprache:** Ausrufe und/oder Fragen; an die Figur angepasste Sprache
– **Zeitform:** Präsens

S. 135 Ausgehend von einem Textauszug weiterschreiben

Marie-Aude Murail: Simpel (4)

1 Mögliche Begriffe, die erklärt werden sollten:
Eigentümerversammlung, Messe, wiegenden Schritten, „Mirlitär" und „Verolver" (Wortschöpfungen Simpels), Müllschlucker

2 Die Textstellen handeln in erster Linie davon, wie verschiedene Menschen, hier vor allem Monsieur Gottlieb, auf Simpel reagieren. Gottlieb reagiert zunächst sehr abweisend auf Simpel. Da er Colbert als „guten Jungen" schätzen lernt, akzeptiert er auch Simpel, obwohl dieser für ihn „ein Irrer" bleibt.

3 a Im Textauszug wird deutlich, dass Simpels Verhalten die Menschen in seiner Umgebung zunächst irritiert. Diese Irritation sollen die Schüler/-innen wahrnehmen und mögliche Reaktionen antizipieren. Interessant ist dabei die Frage, welche Handlungsalternativen die Protagonisten haben – und für welche sie sich entscheiden. In den im Textauszug dargestellten Situationen wandelt sich die Stimmung vorwiegend von Ablehnung zugunsten von Simpel.

b Die Aufgabe lässt den Schülerinnen und Schülern den Spielraum, das weitere Verhalten der Figuren selbst zu entwickeln. Dabei sind verschiedene Lösungen möglich, die Fortsetzung sollte aber konsistent zur bisherigen Figurenbeschreibung erfolgen.

Beispiellösung:

> … Enzo ging entschlossen auf Monsieur Gottlieb zu und wiederholte: „ Er ist geistig behindert. Er versteht nicht alles, was ihm im Alltag begegnet." „Ja, genau", fügte Aria hinzu. „Sie sollten ihm nichts Böses unterstellen, denn oft versteht er eine Situation gar nicht richtig. Barnabé braucht unsere Hilfe." Colbert war überrascht. Seine Mitbewohner stellten sich schützend vor ihn und seinen Bruder. Das war ein beglückendes Gefühl.

4 a/b Beispiellösung:

> … Als der Wachmann und die Schnellkassiererin sahen, wie freundlich Simpel nun lächelte und dass er bereitwillig auf die Anweisungen von Monsieur Gottlieb reagierte, entspannten sie sich. Sie erkannten, dass sie die Situation falsch eingeschätzt hatten. Die Information, dass die Jungen sogar die Messe besucht hatten, beruhigte sie zusätzlich. Der Wachmann ging auf Simpel zu und reichte ihm die Hand. „Ich bitte um Entschuldigung", sagte er. „Ich habe euch wohl ziemlich erschreckt. Das tut mir leid."

5 a Mögliche unbekannte Begriffe, die erklärt werden sollten:
Anzeigenkurier, realitätsnah, komplex, Dreh- und Angelpunkt, Naivität, tabulos, Isolation, integrative Gesellschaft, Gesellschaftskritik, Integration, Therapie

b Die Schüler/-innen sollten erkennen, dass die Jugendjury eine Reihe positiver Aspekte würdigt, z. B.:
– die realitätsnahe, komplexe Handlung
– tabulose Ehrlichkeit
– eindrückliche Darstellung des Grundkonflikts im Umgang mit Behinderten
– Gesellschaftskritik auf hohem Niveau
– unterhaltsame Erzählung

c Eine Leseempfehlung kann ähnlich wie eine Rezension gestaltet werden. Wichtige Elemente wären:
– zentrale Informationen über das Buch (Autorin, Titel, Verlag, Erscheinungsjahr, …);
– kurze Inhaltsangabe;
– Argumente, mit denen das Buch empfohlen oder abgelehnt wird;
– eigenes Urteil;
– persönliche Empfehlung.

6 Die Schüler/-innen stellen einen Bezug zwischen dem Romaninhalt und ihrer Lebenswelt her.

S.137 Stärken stärken: Einen Tagebucheintrag verfassen

Marie-Aude Murail: Simpel (5)

1 a Beispiellösung:

> **Das Leben mit Simpel ist nicht immer lustig (Z. 7)**
> Ist das Leben mit Simpel zu schwer für ihn?
> Opfert er sich für seinen Bruder auf?

Colberts Gedanken und Gefühle

> **hat selbst Mitleid mit sich (Z. 6 f.)**
> wünscht sich, dass sich auch einmal jemand um ihn selbst kümmert

> **[…] er war so müde und erschöpft. (Z. 49)**
> hat keine Kraft mehr zu widersprechen

> **Colbert fragte sich, ob das Jugendamt ihm wohl einen Orden verleihen würde (Z. 10–12)**
> fühlt sich vom Jugendamt auf den Arm genommen

> **spürte, wie sich erneut Müdigkeit auf seine Lider senkte (Z. 39 f.)**
> Er kann die immer gleichen Argumente gegen das Leben mit Simpel nicht mehr hören.
> Er merkt aber auch, dass seine Kräfte nachlassen.

> **fühlt sich nicht bedroht (Z. 18)**
> Er teilt die Sorge der Mitmenschen nicht.
> Er weiß, dass Simpel keine Gefahr für ihn ist.

b Beispiellösung:

Handlungsschritte/Ereignisse	Gedanken und Gefühle Colberts
– Colbert wird von Madame Bardoux zu einem Gespräch ins Jugendamt gebeten.	– Er hat momentan Druck in der Schule, Simpel sorgt immer wieder für Schwierigkeiten.
– Madame Bardoux fordert ihn auf, sich zu setzen, sieht ihn mit großem Mitleid an.	– Dieses Mitleid überträgt sich auf ihn, er tut sich selbst leid.
– Sie lobt ihn für die hingebungsvolle Betreuung von Simpel, …	– Er fühlt sich geschmeichelt, ist aber auch irritiert.
– … warnt aber davor, dass Colbert sich aufopfere.	– Colbert findet das etwas übertrieben.
– Sie eröffnet Colbert, dass Monsieur Maluri Simpel erneut nach Malicroix schicken möchte.	– Er will zunächst widersprechen, weil er die Zustände in Malicroix kennt und weiß, dass Simpel sich dort nicht wohl fühlt.
– Madame Bardoux räumt ein, dass die Anstalt in der Vergangenheit Anlass zu Kritik gegeben habe. Sie erklärt weitschweifend: Die Zustände seien nun aber deutlich verbessert.	– Die weitschweifenden Ausführungen ermüden ihn – er merkt plötzlich, dass ihm die Kraft fehlt, dass er sehr erschöpft ist.
– Sie überredet Colbert zu einer Betreuung, bei der Simpel die Woche über in Malicroix bleibt und am Wochenende zu Colbert könnte.	– Letztlich fügt er sich in die Situation. Die Argumente von Madame Bardoux scheinen vernünftig, auch weil sie sie in Komplimente verpackt.

c Der Tagebucheintrag soll die zuvor erarbeiteten Gedanken und Gefühle aufgreifen und in eine literarische Form überführen. Für die Planung des Tagebucheintrags ist der erste Schritt, sich in eine literarische Figur hineinzuversetzen, also bereits erfolgt. Sprachliche Merkmale, auf die geachtet werden sollte, sind:
   – das Einhalten der Perspektive der Figur,
   – das Verwenden der Ich-Form.

Beispiellösung:

Liebes Tagebuch,   Paris, den 07.10.20...

was für ein merkwürdiges Treffen heute Nachmittag! Ich hab momentan mit der Schule und in der WG sowieso so viel um die Ohren, und dann noch dieser Termin im Jugendamt mit Madame Bardoux ... Wie auch immer, sie war zumindest nett. Wie sie auf mich eingegangen ist. Und dass sie gleich gemerkt hat, wie geschafft ich gerade bin. Nach all den Vorwürfen von Papa und den immer gleichen Problemen mit Simpel tat es richtig gut, dass mal jemand erkennt, wie schwer es manchmal für mich ist, alles unter einen Hut zu bekommen: die Schule, die WG, die Betreuung von Simpel ... Auch wenn sie vielleicht etwas zu dick aufgetragen hat, so schrecklich ist es mit meinem Bruder nun auch wieder nicht. Aber bald hab ich verstanden, warum sie mir die Situation als so schwer ausgemalt hat: Papa hat ihr das alles gesteckt! War ja klar, dass er hinter dem Termin beim Jugendamt steckt. Ich hätte es mir denken können. Das hat mich zunächst echt enttäuscht. Madame Bardoux hat natürlich gleich Papas Position vertreten: dass Simpel wieder nach Malicroix gehen sollte! Ich wollte ja widersprechen, aber ich kam gar nicht zu Wort! Wie sie Verständnis geheuchelt hat, wie sie so erzählt hat, was sich in der Anstalt alles geändert habe, wie alles nun gut werden könnte ... Irgendwann hab ich dann gemerkt, dass ich gar nicht mehr richtig zuhören konnte. Mann, bin ich erledigt. Ich habe es einfach nicht mehr geschafft, mich auf das Gespräch zu konzentrieren. Ich war es leid, dagegen zu argumentieren. Es klang plötzlich alles so logisch, so einfach ...

Letztlich habe ich zugestimmt, dass Simpel während der Woche in Malicroix untergebracht wird. Am Wochenende kann ich ihn besuchen oder mit in die WG nehmen. Vielleicht ist das ja tatsächlich die beste Lösung für uns alle ... ich hoffe es zumindest.

Nur wie ich das Simpel erklären soll, das weiß ich noch nicht so richtig. Vielleicht weiß ich ja morgen mehr.

6.3 Projektideen: Rund um Jugendliteratur

Hörtexte erstellen und einsprechen

 Zur Erarbeitung des Teilkapitels kann auf Arbeitsmethoden zurückgegriffen werden, die den Schülerinnen und Schülern bekannt sind, wie beispielsweise:
– Lesetraining
– Ein Regiebuch erstellen
– Feedback-/Beobachtungsbogen: Die **Kopiervorlage 4** („Beobachtungsbogen: Vortrag für ein Hörspiel") unterstützt die Schüler/-innen darin, ein systematisches Feedback zu geben.

Vorbereitung eines Referats oder einer Präsentation: Buch und Verfilmung vorstellen

1-4 Zur Erarbeitung des Teilkapitels kann auf Arbeitsmethoden zurückgegriffen werden, die den Schülerinnen und Schülern bekannt sind, wie beispielsweise:
– Ein Plakat gestalten
– Einen Kurzvortrag halten
– Jugendbücher – aussuchen, lesen und vorstellen
– Jugendbuch und Film – Medien vergleichen
– Einen Jugendroman vorstellen

Vorbereitung eines Theaterbesuchs

1/2 Zur Erarbeitung des Teilkapitels kann auf Arbeitsmethoden zurückgegriffen werden, die den Schülerinnen und Schülern bekannt sind.

Vorschlag für eine Klassenarbeit

Vorschlag: Gestaltend aus der Sicht einer Figur schreiben
Siehe **Kopiervorlage S. 210 ff.**

Material zu diesem Kapitel auf den folgenden Seiten und auf der CD

Lernwegeliste zum Kompetenzschwerpunkt des Kapitels (vollständig auf der CD), S. 209
Diagnose: Einen literarischen Text untersuchen (auf der CD, mit Lösungshinweisen und Förderempfehlungen auf der CD)
Klassenarbeit: Gestaltend aus der Sicht einer Figur schreiben (KA 1, mit Bewertungshinweisen auf der CD), S. 210 ff.
KV 1:   Leseprotokoll (auf der CD)
KV 2:   Die äußere und die innere Handlung erschließen, S. 214 ff.
KV 3:   Wie gut kennst du „Simpel"? S. 220 f.
KV 4:   Beobachtungsbogen: Vortrag für ein Hörspiel (auf der CD)
Hinweis: Lösungen zu allen KV finden sich auf der CD.

Folie: Eine Figurenkonstellation skizzieren (zu SB S. 131, auf der CD)

Weiteres Übungsmaterial

„Deutschbuch Differenzieren und Fördern 7/8"
Einen Jugendroman lesen und ausgestalten, S. 165 ff.
– „Löcher" – Einen inneren Monolog schreiben, S. 175 (Wiederholung aus Lernstoff Klasse 7)
Eine Novelle untersuchen und ausgestalten, S. 182 ff.
– Sprachtraining: Eine Figur beschreiben, S. 189
– „Unterm Birnbaum" – Eine Figur charakterisieren, S. 196 ff.

Name: _____   Klasse: _____   Lehrer/-in: _____

Lernwegeliste – mit Materialzuordnung und Dokumentationsmöglichkeit

Kompetenzbereich: Lesen – Literarische Texte verstehen

Kompetenz:	Ich kann Romane untersuchen.
Was dir dabei helfen kann:	Du kannst wesentliche Elemente eines literarischen Textes erfassen.
	Du kannst die folgenden Fachbegriffe anwenden: Autor und Erzähler, Erzählperspektive, innere und äußere Handlung.
	Du kannst dein Verständnis von literarischen Texten erläutern und begründen.

	Was du in Kapitel 6 lernen kannst:	**Niveau**	**Lernmaterialien**	**Selbsteinschätzung** ☺	☺	☺	**Hinweise/ Bewertung der Lehrkraft**
01	Ich kann Handlungen literarischer Figuren beschreiben und bewerten.	GME	„Simpel und Colbert – Die Hauptfiguren kennen lernen" – Buch S. 120 ff.				
02	Ich kann meine Lernwege dokumentieren (z. B. mit einem Lesetagebuch).	GME	„,Sein Bruder hatte ihn schon wieder durcheinandergebracht' – Ein Lesetagebuch führen" – Buch S. 124 f.				
03	Ich kann Texte mit Fachbegriffen beschreiben (z. B. Erzählperspektive).	GME	„,Du musst sie sehen!' – Den Erzähler im Blick" – Buch S. 126 f.				
04	Ich kann die Beziehungen von literarischen Figuren beschreiben.	GME	„,… der Typ ist doch witzig!' – Die Handlung verstehen" – Buch S. 128 ff.				
05	Ich kann die Beziehungen von Figuren beschreiben und in einem Schaubild anschaulich darstellen.	GME	„Testet euch! – Die Beziehungen der Figuren untereinander" – Buch S. 132				

Die zweite Seite der Lernwegeliste ist auf der CD zu finden.

Kopiervorlage

Kapitel 6
Lernwegeliste, Blatt 1

Klassenarbeit – Gestaltend aus der Sicht einer Figur schreiben

1 **a** Lies den folgenden Textauszug.

b Stell dir vor, dass Colbert abends über den Tag nachdenkt und die Argumente seiner Freunde festhalten will. Er schreibt in sein Tagebuch. Verfasse Colberts Tagebucheintrag.
→ zu Aufgabe 1 b: Hilfe-Karte A: Inhalt
→ zu Aufgabe 1 b: Hilfe-Karte B: Form: Schreibplan
→ zu Aufgabe 1 b: Hilfe-Karte C: Sprache: Formulierungshilfen

Marie-Aude Murail
Simpel

Bei einem Besuch im Jugendamt hat Madame Bardoux Colbert im Gespräch überzeugt, Simpel zeitweise wieder in die Anstalt Malicroix einzuweisen. Er kehrt in die Wohngemeinschaft zurück und erklärt seinen Mitbewohnern die Situation.

An diesem Abend verkündete Colbert den WG-Bewohnern die Entscheidung des Jugendamts. Er tat es, während sein Bruder in seinem Zimmer war.

5 „Weiß Simpel das?", fragte ihn Enzo.

„Noch nicht."

„Kannst du dich denn nicht widersetzen?"

„Mein Vater hat … Er ist verantwortlich."

Scham überkam Colbert. Er hätte sich wider-
10 setzen können.

„Ich hole ihn Freitagabend ab. Ich werde mich das ganze Wochenende kümmern."

Seine Stimme zitterte.

„Es ist besser für deine Schulausbildung", tröste-
15 te ihn Emmanuel. „Du kannst nicht dein ganzes Leben um deinen Bruder herum organisieren. Und außerdem braucht auch Simpel einen eigenen Raum. In Malicroix gibt es Erzieher, die werden seinen Intellekt anregen. Hier vegetiert er
20 nur."

Colbert dankte Emmanuel mit einem Nicken.

„Jetzt hör mal, das ist doch Blödsinn!", rief Enzo.

„Habt ihr Simpel noch nie Malicroix spielen
25 hören? Der Ort ist schrecklich für ihn!"

Colbert verbarg das Gesicht in den Händen.

„Sehr intelligent", bemerkte Emmanuel und sah Enzo vernichtend an. „Glaubst du, du hilfst ihm?"

„Mir doch scheißegal, ob ich ihm helfe! Ich rede 30 von Simpel."

„Und du kümmerst dich dann um ihn? Hast du nicht vor Kurzem gesagt, du bist es leid, ihn aufgebrummt zu bekommen, wenn Colbert nicht da ist?" 35

Die beiden hatten sich aufgerichtet und standen direkt voreinander.

„Jetzt massakriert euch doch nicht", ging Corentin dazwischen.

Aria legte Enzo die Hand auf den Arm, um ihn 40 zu beruhigen. Mit wutverzerrtem Gesicht verfolgte Emmanuel diese Geste.

„Warum ist der Kampf?"

Der Auftritt von Simpel, von dem alle gedacht hatten, er würde schlafen, wirkte wie eine kalte 45 Dusche.

„Nicht schlimm", sagte Aria. „Jungs streiten sich aus dem geringsten Anlass."

„Sie wollen dich wieder nach Malicroix geben", sagte Enzo. 50

Aria schlug ihm mit der Faust auf die Schulter.

„Hör auf, solchen Blödsinn zu sagen!"

„Ist das Blödsinn oder ist es die Wahrheit?"

„Ich geh nicht nach Malicroix?", sagte Simpel und sah seinen Bruder fragend an. 55

„Nicht … Nicht jetzt", stammelte Colbert.

„Danach?"

„Ja."

„In zwölf Jahren?"

„Ein … Ein bisschen früher." 60

„Nächsten Montag", sagte Enzo brutal.

Autor: Christian Weißenburger
Illustratorin: Kristine Heldmann, Berlin

Kopiervorlage

Er fing sich einen weiteren Fausthieb ein.

„Enzo hauen ist böse", sagte Simpel.

Corentin konnte nicht schlucken. Er hatte noch nie eine so schmerzliche Szene erlebt.

„Monsieur Hasehase will nicht nach Malicroix."

„Du weißt genau, dass das ein Stofftier ist", sagte Aria.

Simpel schüttelte den Kopf. „Er wirft aus dem Fenster."

Das war eine Suiziddrohung. Corentin brach zusammen und verließ das Wohnzimmer, um ungestört in seinem Zimmer zu schluchzen. Emmanuel ging zu Colbert und sagte halblaut: „Lass dich nicht beeindrucken. An solchen Orten sind die Fenster immer vergittert."

Colbert war sprachlos. Aria nahm Simpel an der Hand und führte ihn auf den Flur. Colbert hörte, wie ihre Stimme sich entfernte:

„Weißt du, das ist nur für ein paar Tage. Manchmal bist du dann in Malicroix, manchmal bist du dann hier. Das ist, damit Colbert in seiner Schule arbeiten kann. Du magst doch deinen Bruder, oder?"

Emmanuel klopfte Colbert ermunternd auf die Schulter: „Du wirst sehen, das wird schon werden. Man muss ein Gleichgewicht zwischen seinen Interessen und deinen finden."

Enzo wandte ihnen den Rücken zu und sah durchs Fenster auf die Straße hinaus. Jeder entschied sich für ein Lager.

Aus: Marie-Aude Murail: Simpel. Aus dem Französischen von Tobias Scheffel, Fischer Verlag, Frankfurt a. M. 2008, S. 216–220

Hilfe-Karten zu Klassenarbeit 1 – Gestaltend aus der Sicht einer Figur schreiben

Checkliste

Prüfe deinen Text mit Hilfe der folgenden Checkliste.

Checkliste: Gestaltend aus der Sicht einer Figur schreiben	
Aufbau	
Hast du dargestellt, was die Figur im Nachhinein über die Situation denkt und fühlt?	☐
Sind die wichtigsten Handlungsschritte und Ereignisse erkennbar?	☐
Bist du darauf eingegangen, was in der Vergangenheit geschehen ist?	☐
Hast du an die Struktur eines Tagebucheintrags gedacht (Datum, Anrede, Ausblick, Abschlussgedanke, Unterschrift)?	☐
Sprache	
Hast du das Tagebuch direkt angesprochen?	☐
Hast du in der Ich-Form geschrieben?	☐
Hast du Ausrufe und Fragen eingebaut?	☐
Hast du Wiederholungen als Verstärkung benutzt?	☐
Hast du Umgangssprache verwendet, die zur Figur und Textvorlage passt?	☐
Hast du die Rechtschreibung und Zeichensetzung in deinem Text überprüft?	☐

Autor: Christian Weißenburger

Kapitel 6
KA 1, Blatt 2

Kopiervorlage

Hilfe-Karte A　　　　　　　　　　　　　　　　　　　　　　　　　　　　　　　　**Inhalt**

1 b Stell dir vor, dass Colbert abends über den Tag nachdenkt und die Argumente seiner Freunde festhalten will. Er schreibt in sein Tagebuch.
Notiere zu den einzelnen Ereignissen und Handlungsschritten des Romanauszugs Colberts Gedanken, Gefühle, Fragen oder Ideen.

1. Colbert verkündet den WG-Bewohnern die Entscheidung des Jugendamts.	
2. Emmanuel tröstet Colbert.	
3. Enzo verdeutlicht, dass Malicroix für Simpel ein schrecklicher Ort ist.	
4. Simpel kommt dazu.	
5. Enzo sagt Simpel die Wahrheit und kassiert dafür Fausthiebe von Aria, was Simpel böse findet.	
6. Simpel droht mit Selbstmord, worauf Corentin das Zimmer verlässt.	
7. Aria erklärt Simpel die Situation.	
8. Emmanuel will Colbert ermuntern, doch dieser wendet sich ab.	
9. Colbert verkündet den WG-Bewohnern die Entscheidung des Jugendamts.	

Cornelsen　　Autor: Christian Weißenburger

Hilfe-Karte B **Form: Schreibplan**

1 **b** Verfasse Colberts Tagebucheintrag. Der folgende Schreibplan hilft dir.

Schreibplan
1) Einleitung – Anrede an das Tagebuch – kurze Beschreibung der Situation und Gefühlslage
2) Hauptteil: – Wiedergabe, was Colbert in dem Romanausschnitt erlebt. – lebendig mit Hilfe von Fragen, Ausrufen oder Wiederholungen darstellen, was Colbert im Nachhinein über die einzelnen Handlungsschritte und Ereignisse denkt und fühlt.
3) Schluss – kurze Zusammenfassung – Blick in die Zukunft

✂ -

Hilfe-Karte C **Sprache: Formulierungshilfen**

1 **b** Verfasse Colberts Tagebucheintrag. Die folgenden Formulierungen helfen dir.

Direkte Anrede	Liebes Tagebuch, … Bis bald, dein
Wiederholungen	Ich hatte mich noch nie, nie so geschämt. Mann, Mann, Enzo konnte manchmal wirklich brutal sein. …
Ausrufe	Oh nein! Oh Mann! …
Fragen	Weshalb …? Warum …? Wie …? Wieso …? …
Umgangssprache	klar ätzend echt cool super

Kopiervorlage

Autor: Christian Weißenburger

Kapitel 6
KA 1, Blatt 4

Die äußere und die innere Handlung erschließen

Marie-Aude Murail
Simpel (1)

Colbert beobachtete seinen kleinen Bruder von der Seite. Simpel imitierte das Geräusch der Metrotüren: „Piiiiii … klapp." An der Station stieg ein Mann ein und setzte sich neben Colbert. Er
5 hielt einen Schäferhund an der Leine. Simpel rutschte auf dem Sitz hin und her. „Der hat ein' Hund", sagte er. Der Hundebesitzer musterte den Menschen, der gerade gesprochen hatte: ein junger Mann mit hellen, weit aufgerissenen Augen.
10 „Der Herr hat ein' Hund", wiederholte Simpel immer aufgeregter. „Ja, ja", antwortete Colbert und versuchte, ihn mit einem Stirnrunzeln zur Ordnung zu rufen. „Darf ich den streicheln?", fragte Simpel und streckte die Hand nach dem
15 Hund aus. „Nein!", knurrte Colbert. Der Mann sah nacheinander die beiden Brüder an, als versuche er, die Situation einzuschätzen. „Also ich hab ein' Hase", sagte der junge Mann mit den hellen Augen zu ihm. „Red doch nicht mit Leu-
20 ten, die du nicht kennst", schimpfte Colbert. Dann gab er sich einen Ruck und wandte sich an den Mann mit dem Hund: „Entschuldigen Sie, er ist geistig behindert." „Ein I-di-ot", korrigierte ihn der andere und betonte dabei jede einzelne
25 Silbe. Der Mann stand auf und zog wortlos an der Hundeleine. An der nächsten Station stieg er aus.

Colbert seufzte schwermütig und warf einen Blick zum Fenster. Darin sah er das Spiegelbild seines sympathischen Gesichts mit der intellek- 30 tuellen runden Brille. Beruhigt lehnte er sich auf der Sitzbank zurück und blickte auf die Uhr. Simpel, der jede einzelne Bewegung beobachtet hatte, zog die Ärmel seines Sweatshirts hoch und musterte mit kritischem Blick seine Handgelen- 35 ke. „Also ich hab keine Uhr." „Du weißt ganz genau, warum. Verdammt, wir müssen raus!" „Oh, oh, böses Wort." Colbert lief schnell zum Ausgang und drehte sich dann beim Verlassen der Bahn um. Simpel war ihm gefolgt, aber 40 plötzlich stehen geblieben. „Jetzt mach schon!" „Die will mich durchschneiden!" Colbert packte ihn am Ärmel und zog ihn auf den Bahnsteig. Hinter ihnen schloss sich die automatische Tür. Klapp! „Hat mich nicht gekriegt!" Colbert pack- 45 te Simpel erneut am Ärmel und zog ihn zur Treppe. „Warum hab ich keine Uhr?" „Du hast sie kaputt gemacht, um nachzugucken, ob ein Männchen drin ist, erinnerst du dich?" „Oh, jaaaaaaaaa", quietschte Simpel und strahlte ver- 50

Kopiervorlage

zückt. „Und war ein Männchen drin?"
„Neinnnnn!", brüllte Simpel mit der gleichen
Begeisterung. Vor der Rolltreppe blieb er so
abrupt stehen, dass zwei Menschen hinter ihnen
55 ineinanderrasselten. Sie protestierten: „Jetzt passen Sie doch auf!" Colbert griff seinen Bruder
erneut am Ärmel, um ihn auf die Rolltreppe zu
ziehen. Simpel sah erschreckt auf seine Füße,
während er sie anhob. Als er sich vergewissert
60 hatte, dass ihnen keine Gefahr drohte, hob er den
Kopf. „Hast du gesehen?", fragte er, als sie oben
angekommen waren. „Ich hab nicht mal Angst.
Warum ist da kein Mänzel drin?" „Es heißt nicht
Mänzel, sondern Männchen", wies Colbert ihn
65 zurecht, um tausend mögliche Warums im Keim
zu ersticken. Er hörte, wie sein Bruder brummte:
„Es heißt Mänzel, Mänzel." Simpels Starrköpfigkeit war äußerst bemerkenswert. Fünf Minuten lang trällerte er: „Mänzelenn, Mänzelenn."
70 Colbert sah sich um, er war sich mit dem Weg
nicht ganz sicher. Sie waren erst seit vierzehn
Tagen in Paris.
Nachdem sie zu zweit ein Kilo Nudeln verdrückt
hatten, saßen sie in dem winzigen Schlafzimmer,
75 das die Großtante ihnen zur Verfügung gestellt
hatte. Colbert nahm sein Handy. Simpel
beobachtete ihn noch immer. „Du hast ein
Tefelon[1]", sagte er neidisch. „Warum hab ich
kein Tefelon?" „Weil du zu klein bist", antworte-
80 te Colbert zerstreut. „Also, 01 … 48 …" „12, 3,
B, 1000, 100." Colbert fuhr sich mit der Hand
über die Stirn. Sein Bruder hatte ihn schon wieder durcheinandergebracht. Aber was hatte es
auch für einen Sinn, ihren Vater anzurufen?
85 Monsieur Maluri wusste nur eine Lösung: die
Anstalt. Er würde sagen, er solle Simpel wieder
nach Malicroix schicken.
„Kuckuck!", ertönte es schelmisch. Simpel saß
im Schneidersitz auf dem Bett und hielt etwas
90 hinter seinem Rücken versteckt. Verheißungsvoll
wiederholte er: „Kuckuck!" Hinter seiner Schulter erschienen zwei schlaffe braune Stoffohren.
Er wedelte mit ihnen. „Der hat ja gerade noch
gefehlt", murmelte Colbert. „Wer ist das?",

fragte Simpel   95
erwartungsvoll.
„Ich weiß es
nicht." Es galt, das
Vergnügen in die
Länge zu ziehen.   100
„Ist was mit ase
drin", sagte Sim-
pel. „Ist es eine
Nase?"   „Nein!"
„Ist es eine Va-   105
se?" Simpel ver-
schluckte sich fast

vor Lachen. „Ist es Monsieur Hasehase?"
„Jaaaaaa!", brüllte Simpel und schwang einen
alten Stoffhasen, dessen Ohren wie wild hin und 110
her schlackerten.
Da begann das Handy zu klingeln. „Ich bin's",
rief Simpel. „Ich bin's: Hallo?" Colbert sprang
auf, damit sein Bruder nicht versuchte, ihm das
Telefon wegzunehmen. „Hallo, Papa? … Ja, es 115
geht", sagte Colbert locker. „Wir sitzen hier mit
Monsieur Hasehase, es ist alles in Ordnung …
Die alte Tante? Mit der geht's auch. Naja, nein
eigentlich nicht." Colbert hatte sich entschieden,
Klartext zu reden. „Simpel mag sie nicht beson- 120
ders. Er will sie umbringen." Colbert war sich
nicht immer so ganz bewusst, was er sagte.
„Nein, nicht in echt! Mit seinem Verolver … Ja
… ja … Ich weiß, Papa. Ich bin verantwortlich,
ich war derjenige, der … Ja." Er hob den Blick 125
zur Decke, während sein Vater Argumente vorbrachte. Simpel sei eine zu große Belastung, er
würde einem das Leben unerträglich erschweren,
man müsse ihn zurück nach Malicroix bringen.
Währenddessen spielte Simpel, der eine ganze 130
Tüte Playmobil auf dem Bett ausgeleert hatte,
scheinbar gedankenverloren halblaut vor sich
hin. Aber er hörte mit halbem Ohr zu. „Der ist
nicht brav", sagte er über einen kleinen schwarz-
weißen Cowboy, „der muss jetzt in die An- 135
schalt."
Während Colbert mit seinem Vater diskutierte,
sah er seinem Bruder beim Spielen zu. „Das
Beste wäre, wir würden eine Wohnung finden,

---

1 Tefelon: Simpel verdreht manchmal die Buchstaben,
v. a. bei Fremdwörtern

140 die wir mieten könnten. Dann wären wir unabhängig … Aber nein, Papa, Simpel muss nicht beaufsichtigt werden. Er ist zweiundzwanzig. Auf jeden Fall haben wir das Geld aus Mamas Erbe. Du brauchst die Miete nicht zu bezahlen …

145 Ja, ich weiß, was ich tue."

Colbert schaltete das Handy aus, nachdem er eine vage väterliche Einwilligung erhalten hatte. Er blieb einen Moment sitzen, mit verschwommenem Blick, das Telefon an die Brust gedrückt.

150 Siebzehn Jahre. Er war siebzehn Jahre alt, hatte sich gerade für die Abschlussklasse am Gymnasium Henry IV angemeldet. Danach wollte er das Vorbereitungsjahr für die Aufnahme an einer Elite-Hochschule machen. Und er schleppte eine

155 Art Ungeheuer mit sich rum. Seinen Bruder Simpel – mit echtem Namen Barnabé –, der in dem Glauben lebte, Stoffhasen seien lebendig.

„Simpel?" Barnabé unterbrach sein Spiel und sagte: „Mein Bruder!", ganz als ob gerade Gott zu ihm gesprochen hätte. „Hör zu, Simpel, wir 160 werden eine Wohnung für uns zwei suchen. Aber ich werde dann nicht immer die ganze Zeit bei dir sein können, weil ich ja schon in zwei Wochen wieder zur Schule gehen muss." „Schule ist nicht gut." „Doch, Schule ist gut." „Und warum 165 geh ich dann nicht?" „Ich hab dir gesagt, du sollst mir zuhören. Wenn du bei mir bleiben willst, musst du dich schon ein bisschen anstrengen." Simpel hörte mit offenem Mund zu, ganz außer sich vor gutem Willen. „Verstehst du, du 170 musst mir helfen." Simpel sprang auf: „Ich mach ganz Ordnung auf dem Bett." Colbert seufzte: „Ja, genau das …"

Aus: Murail, Marie-Aude: Simpel. Fischer Verlag, Frankfurt a.M. 2008, S. 9–21

1　Lies den Textauszug aus dem Roman „Simpel" noch einmal genau und markiere die äußere Handlung rot und die innere blau.

2　Untersuche die Handlung und erstelle ein Flussdiagramm zu den Handlungsschritten. Berücksichtige die Markierungen aus Aufgabe 1.

　a　Erschließe die **äußere Handlung:**
　　Gehe zunächst auf den Ablauf konkreter Ereignisse ein und notiere für jeden Handlungsschritt eine kurze Überschrift. Notiere dazu die Zeilenangaben, sofern sie nicht vorhanden sind.

　b　Erschließe **die innere Handlung:**
　　Ergänze in der zweiten und dritten Zeile, was Colbert und Simpel denken oder fühlen

Kopiervorlage

••• Die äußere und die innere Handlung erschließen

äußere Handlung: (Z. <u>1–27</u>) <u>Simpel und Colbert sitzen in der Metro neben einem Mann mit Hund.</u>

innere Handlung Colbert: _____

innere Handlung Simpel: _____

↓

äußere Handlung: (Z._____) _____

innere Handlung Colbert: _____

innere Handlung Simpel: _____

↓

äußere Handlung: (Z._____) _____

innere Handlung Colbert: _____

innere Handlung Simpel: _____

↓

äußere Handlung: (Z._____) _____

innere Handlung Colbert: _____

innere Handlung Simpel: _____

↓

äußere Handlung: (Z. _____) _____

innere Handlung Colbert: _____

innere Handlung Simpel: _____

↓

äußere Handlung: (Z. _____) _____

innere Handlung Colbert: _____

innere Handlung Simpel: _____

Autor: Christian Weißenburger

Kapitel 6
KV 2, Blatt 4

Kopiervorlage

Die äußere und die innere Handlung erschließen

äußere Handlung: (Z.1–27) <u>Simpel und Colbert sitzen in der Metro neben einem Mann mit Hund.</u>

innere Handlung Colbert: <u>ärgerlich, weil Simpel nicht auf ihn hört</u>

innere Handlung Simpel: <u>interessiert an dem Hund, will ihn streicheln</u>

↓

äußere Handlung: (Z. 28–72) _____

innere Handlung Colbert: _____

innere Handlung Simpel: _____

↓

äußere Handlung: (Z. ____) _____

innere Handlung Colbert: _____

innere Handlung Simpel: _____

↓

äußere Handlung: (Z. ____) _____

innere Handlung Colbert: _____

innere Handlung Simpel: _____

↓

äußere Handlung: (Z. ____) _____

innere Handlung Colbert: _____

innere Handlung Simpel: _____

↓

äußere Handlung: (Z. ____) _____

innere Handlung Colbert: _____

innere Handlung Simpel: _____

 Autor: Christian Weißenburger

Kapitel 6
KV 2, Blatt 5

Kopiervorlage

Die äußere und die innere Handlung erschließen

äußere Handlung: (Z.1–27) <u>Simpel und Colbert sitzen in der Metro neben einem Mann mit Hund.</u>

innere Handlung Colbert: <u>ärgerlich, weil Simpel nicht auf ihn hört</u>

innere Handlung Simpel: <u>interessiert an dem Hund, will ihn streicheln</u>

↓

äußere Handlung: (Z. 28–72) <u>Simpel und Colbert sprechen über Uhren und verlassen die Metro.</u>

innere Handlung Colbert: <u>schwermütig, ungeduldig mit Simpel</u>

innere Handlung Simpel: <u>hat Angst vor der automatischen Metrotür und der Rolltreppe</u>

↓

äußere Handlung: (Z. 73–111) _____

innere Handlung Colbert: _____

innere Handlung Simpel: _____

↓

äußere Handlung: (Z. 112–145) _____

innere Handlung Colbert: _____

innere Handlung Simpel: _____

↓

äußere Handlung: (Z. 146–157) _____

innere Handlung Colbert: _____

innere Handlung Simpel: _____

↓

äußere Handlung: (Z. 158–173) _____

innere Handlung Colbert: _____

innere Handlung Simpel: _____

 Autor: Christian Weißenburger

219

Kapitel 6
KV 2, Blatt 6

Kopiervorlage

Wie gut kennst du „Simpel"?

☐ 1 Überprüft in Partnerarbeit, wie gut ihr die Textauszüge im Schülerbuch verstanden habt.

👥 Bestimmt dazu, wer von euch moderiert und wer antwortet.
Die Moderatorin/der Moderator stellt seiner Lernpartnerin/seinem Lernpartner die folgenden Fragen und notiert die Antworten. Wechselt dann die Rollen und geht die Fragen noch einmal durch.
Gleicht eure Antworten anschließend mit den Lösungen ab.

Frage	A	B	C	D	Antwort
1 Wo befinden sich Simpel und Colbert, als du sie kennen lernst?	In ihrem Elternhaus.	In einer Metro.	In der Messe.	Beim Besuch in einer WG.	
2 Das Besondere an Simpel ist, …	… dass er seinem Bruder zum Verwechseln ähnlich sieht.	… dass er doppelt so alt wie sein Bruder ist.	… dass er geistig behindert ist.	… dass er körperlich behindert ist.	
3 Warum hat Simpel keine Uhr?	Simpel hat eine Uhr, die hat er aber seinem Stofftier umgebunden.	Sein Bruder hat sie ihm weggenommen, weil er ständig darauf schaut.	Er hat eine Uhr zerstört, weil er in ihr ein Männchen gesucht hat.	Er hat seine Uhr verlegt.	
4 Was ist das Besondere an Simpels Stoffhasen?	Simpel spricht mit seinem Stoffhasen.	Simpel hat ihm seine Armbanduhr umgebunden.	Simpel will ihn allen Mitmenschen schenken.	Colbert hat genau denselben Stoffhasen.	
5 Wo leben die Brüder nach ihrer Ankunft in Paris zunächst?	In einer WG.	Bei ihrem Vater.	Bei ihrer Mutter.	Bei einer Tante.	
6 Was denkt Monsieur Maluri über Simpel?	Er würde ihn gern wieder in die Anstalt schicken.	Er findet es prima, dass die Jungen zusammenleben.	Er bietet ihnen an, zu ihm zu ziehen.	Er ruft sofort das Jugendamt und lässt Simpel abholen.	
7 Colbert plant das Zusammenleben mit Simpel. Was ist der erste Schritt?	Er sucht sich Arbeit.	Er telefoniert mit der Anstalt Malicroix.	Er sucht für sie beide eine Wohnung.	Er bittet seinen Vater um eine größere Summe Geld.	

Autor: Christian Weißenburger

Kapitel 6
KV 3, Blatt 1

Kopiervorlage

Frage	A	B	C	D	Antwort
8 Wie heißen die WG-Bewohner?	Aria, Madame Bardoux, Enzo, Colbert	Emmanuel, Enzo, Monsieur Gottlieb, Aria	Emmanuel Aria, Enzo, Corentin	Corentin, Emmanuel, Zahra, Enzo	
9 Welchen Konflikt haben Emmanuel und Enzo?	Enzo ist in Emmanuels Freundin Aria verliebt.	Emmanuel ist in Enzos Freundin Aria verliebt.	Emmanuel duscht morgens immer zu lang in der WG.	Enzo lässt in der WG stets das Geschirr dreckig stehen.	
10 Bald lernen die Brüder den alten Nachbarn kennen, …	… Monsieur Hasehase.	… Monsieur Gottlieb.	… Monsieur Maluri.	… Monsieur Barnabé.	
11 Wie reagiert der Nachbar anfangs auf Simpel?	Er lädt die Brüder zum Kaffee ein.	Er schimpft und jault: „Das ist ein ehrenwertes Haus."	Er ist ehrlich interessiert und erkundigt sich nach Simpel.	Er geht schockiert und schweigend davon.	
12 Wo treffen die beiden Brüder den Nachbarn mit seiner Frau wieder?	In der Schule.	In der Metro.	In der Kirche.	Im Gasthaus.	

Autor: Christian Weißenburger
Illustratorin: Kristine Heldmann, Berlin

Kapitel 6
KV 3, Blatt 2

Kopiervorlage

7 Ich im Hier und Jetzt – Gedichte untersuchen, gestalten, vortragen

Konzeption des Kapitels

Die Auseinandersetzung mit Gedichten und Songs zum Themenfeld „Stadt" lädt die Schüler/-innen durch die verdichtete Sprache der Lyrik sowie den Alltagscharakter der Songs dazu ein, sich mit ihrem eigenen Lebensraum auseinanderzusetzen. Um die notwendige Identifikationsnähe zu gewährleisten, sind im vorliegenden Kapitel komplexere Gedichte um weniger verdichtete lyrische Texte wie altersangemessene Songtexte und interkulturelle Textangebote ergänzt, die, bezogen auf ihren Schwierigkeitsgrad, sowohl einen analytischen Zugang gewährleisten als auch einen kreativen Umgang und Produktionsprozess ermöglichen. Neben der Festigung lyrischen Grundwissens werden Kompetenzen in den Bereichen „Bildbeschreibung" und „Analyse sprachlicher Bilder" ausgeweitet.

Nicht selten ist die erste Sprache, die ein Mensch erlernt, ein Dialekt. Da das Thema jeden Menschen berührt, wurde es in zahllosen Gedichten und Songtexten/Lyrics verarbeitet. Die Textauswahl in diesem Kapitel bietet vielfältige Anlässe zur Auseinandersetzung mit Sprachvarietäten. Neben der selbstständigen Untersuchung und Beschreibung der Gedichte (Inhalt, Form, sprachliche Gestaltung) soll auch der kreative Umgang mit ihnen gefördert und ausgebaut werden. Weitere Ziele sind, die eigene Ausdrucksweise zu verbessern, Zusammenhänge zu erkennen und einen eigenen Standpunkt in Bezug auf die Heimat- bzw. den Lebensraum zu definieren.

Im ersten Teilkapitel (**„Ich und meine Stadt – Gedichte verstehen"**) erschließen die Schüler/-innen Gedichte zunehmend selbstständig, im Vergleich und produktionsorientiert (z. B. in einem Parallelgedicht), um zu eigenen Deutungen zu gelangen. Anhand verschiedener Gedichte lernen die Schüler/-innen die Fachbegriffe zur formalen und stilistischen Beschreibung lyrischer Texte kennen und wenden sie an: lyrisches Ich, lyrischer Sprecher, sprachliche Bilder sowie die Gedichtform. Sie üben auch den sinngestaltenden Vortrag. In einer **Selbstevaluation** („Testet euch! – Georg Heym: Vorortbahnhof") überprüfen und festigen sie ihr Wissen.

Das zweite Teilkapitel (**„Ich und meine Sprache – Dialekte kennen lernen"**) integriert den Lernbereich „Sprachgebrauch und Sprachreflexion". Funktionen und sprachliche Besonderheiten des Dialekts (Schwäbisch, Sächsisch) werden anhand verschiedener Gedichte reflektiert. Auch das sinngestaltende Vortragen wird geübt. Die **Differenzierungseinheit** („Stärken stärken: Ein Dialektquiz lösen) sichert das erworbene Wissen über Dialekte.

Im dritten Teilkapitel (**„Projekt: Einen Poetry-Slam veranstalten"**) setzen sich die Schüler/-innen produktiv mit den Merkmalen von Slam-Texten auseinander und führen einen Poetry-Slam durch.

Literaturhinweise

Anders, Petra: Lyrische Texte im Deutschunterricht. Friedrich Verlag, Seelze 2013

Beste, Gisela/Bremerich-Vos, Albert/Kämper-van den Boogaart, Michael (Hrsg.): Wissensspeicher Deutsch. Cornelsen Scriptor, Berlin, 2. Auflage 2006, S. 337 ff.

Göttert, Karl-Heinz: Alles außer Hochdeutsch. Ein Streifzug durch unsere Dialekte. Ullstein, Berlin 2011

Kutsch, Axel (Hrsg.): Städte. Verse. Deutschsprachige Großstadtlyrik der Gegenwart. Landpresse, Weilerswist 2002

Lyrik verstehen. In: Praxis Deutsch 213/2009

Spinner, Kaspar H.: Umgang mit Lyrik in der Sekundarstufe I. Schneider Verlag Hohengehren, Baltmannsweiler 2003

Vorlesen und Vortragen. Praxis Deutsch 199/2006

Waldmann, Günter: Produktiver Umgang mit Lyrik. Schneider Verlag Hohengehren, Baltmannsweiler 2006

Inhalte	Kompetenzen
	Die Schülerinnen und Schüler
S. 141 **7 Ich im Hier und Jetzt – Gedichte untersuchen, gestalten, vortragen**	– wenden Methoden der Texterschließung an (hier: Gedichte) – wenden handlungs- und produktionsorientierte Verfahren an – wenden Vortragstechniken an
S. 142 **7.1 Ich und meine Stadt – Gedichte verstehen**	– erkennen Gestaltungsmittel – beschreiben Texte mit Fachbegriffen
S. 142 Großstadtträume – Gedichte untersuchen *Kante:* Wer hierher kommt, will vor die Tür *Orhan Veli:* Ich höre Istanbul	– bestimmen Gedichte nach Gattungsmerkmalen (Vers, Strophe, Reim, Refrain)
S. 144 Allein unter vielen – Das lyrische Ich *Peter Schneider:* Auf der Straße *Durs Grünbein:* Nullbock	– erkennen und erläutern die Wirkung von Gestaltungsmitteln (hier: das lyrische Ich)
S. 146 Flüchtige Begegnungen – Sprachliche Bilder untersuchen *Kurt Tucholsky:* Augen in der Großstadt	– benennen Formen bildhafter Ausdrucksweise (Vergleich, Metapher, Personifikation) – vergleichen Lebenswelten – gestalten produktionsorientiert ein Kunstwerk
S. 150 Begegnungen gestern und heute – Gedichte vergleichen *Cro:* Bye bye	– bestimmen und vergleichen Gedichte nach Gattungsmerkmalen
S. 152 „Spät nachts" – Ein Gedicht sinngestaltend vortragen *Mascha Kaléko:* Spät nachts	– tragen ein Gedicht sinngebend und gestaltend vor
S. 154 Ein eigenes Stadtgedicht verfassen *Theodor Storm:* Die Stadt	– schreiben ausgestaltend (hier: ein Parallelgedicht)
S. 155 Testet euch! *Georg Heym:* Vorortbahnhof	– erkennen Gestaltungsmittel
S. 156 **7.2 Ich und meine Sprache – Dialekte kennen lernen**	– beschreiben Dialekte
S. 156 Dialektsong und -gedicht vortragen und untersuchen *Wolle Kriwanek:* Stroßaboh *Hanno Kluge:* ä bäbbicha Gschichd *Mascha Kaléko:* Frau Wegerich	– tragen Texte sinngebend und gestaltend vor (hier: Dialektsong und -gedicht) – geben den Inhalt von Mundartgedichten wieder – übertragen Mundartgedichte ins Hochdeutsche – untersuchen die sprachlichen Besonderheiten verschiedener Dialekte
S. 159 Die deutschen Dialekte	– untersuchen die Bedeutung von Dialekten
S. 160 Stärken stärken: Ein Dialektquiz lösen	– beantworten Quizfragen zu Dialekten
S. 161 **7.3 Projekt: Einen Poetry-Slam veranstalten** *Julia Engelmann:* One Day/Reckoning Song	– erkennen und erläutern die Wirkung von Gestaltungsmitteln – schreiben gestaltend (hier: Gedicht oder Songtext)

||S.141 Auftaktseite

Der Bildimpuls zeigt links im Hintergrund einen Jungen und ein Mädchen und rechts im Vordergrund ein Mädchen, die vor einem Stadtpanorama Selfies schießen. Damit wird auf die beiden großen Themen des Kapitels vorverwiesen: Das Ich in seiner physischen und psychischen Gegenwärtigkeit und die (Groß-)Stadt.

1 Selfies sind eine Form der Selbstinszenierung und zugleich ein Kommunikationsmittel, da sie hauptsächlich im Hinblick auf die Veröffentlichung in Medienkanälen (Social-Media-Plattformen) erstellt werden. Den Jugendlichen, die sich mitten in der Phase der Identitätsfindung befinden, dienen sie als Selbstvergewisserung. Ein Selfie als Momentaufnahme des eigenen Erscheinungsbildes und der Befindlichkeit soll die Aufmerksamkeit der Peergroup erregen. Wenn die gewünschte Reaktion, also die positive Resonanz (Likes, Kommentare), ausbleibt, betrachten die Jugendlichen die Kommunikation als gescheitert, was mit Enttäuschung und Frustration einhergehen kann. In dem Maße, in dem die Selbstwertschätzung von sozialer Anerkennung abhängig gemacht wird, ist sie natürlich auch verwundbar, z. B. durch negative Kommentare bis hin zum Cybermobbing. Selfies sollten nicht als Ausdruck von Oberflächlichkeit oder Egozentrismus gewertet werden, sondern als Mittel der Auseinandersetzung mit dem Selbst(bild) und der Außenwelt: Wie nehme ich mich selbst hier und jetzt wahr? Wie kann ich das anderen vermitteln? Wie nehmen andere mich wahr? Woran liegt es, wenn die Wahrnehmungen nicht übereinstimmen?

2 Stimmungen und Gefühle lassen sich auch durch (Foto-)Collagen, Comics, Gedichte, Kurzgeschichten, Lieder, Standbilder, Tanz, Pantomime, Videos vermitteln.

Die **Folie** „Ich im Hier und Jetzt" bereitet die Aufgaben 1 und 2 der Auftaktseite medial auf und bietet sich als alternativer Einstieg in das Thema an.

3 Die Schüler/-innen setzen sich kreativ mit ihrem Selbstbild, ihren Gefühlen und Stimmungen auseinander. Die Ergebnisse können gemeinsam betrachtet und besprochen werden, wobei auf eine wertschätzende Atmosphäre zu achten ist.

7.1 Ich und meine Stadt – Gedichte verstehen

||S.142 Großstadtträume – Gedichte untersuchen

Kante: Wer hierher kommt, will vor die Tür

1 a Über Berlin wird ausgesagt:
- an heißen Tagen besonders warm
- viele Lichter im Straßenmeer
- eine Stadt der Geister und der Engel, Stadt von Gut und Böse
- lädt ein zum Träumen und Fantasieren
- temporeich (Wirbelsturm)
- eindrucksvoll (Bilderstrom)
- Straßen und Grünlandschaften (Parks, Seen)

Die Schüler/-innen vergleichen diese Aspekte mit ihrer Stadt, können auf diesem Weg ihre Lebensraumerfahrungen in den Unterricht einbringen und einen thematischen Anknüpfungspunkt finden.

b Zu klären bleiben:
- die Ortsbezeichnung „hier" (V. 7)
- der Begriff „Phantom" (V. 15)
- der Begriff „Alleen" (V. 19)

2 a Der Song umfasst in der abgedruckten Version fünf Strophen, die abwechselnd aus vier bzw. sechs Versen bestehen. Abgesehen von einzelnen Reimen (Stadt – hat, Blick – Fleck – Versteck, verlieren – führen, Phantom – Bilderstrom, berühren – spüren) ist ein durchgehendes Reimschema nicht erkennbar.

b Durch die Wiederholung der Verse 11–14 und 21–24 wird die Stimmung von Weite (raus aus der Enge) und Angebotsvielfalt (Stadt der Geister und der Engel) verstärkt; zudem erfährt der Song durch den Refrain eine Gliederung.

S. 143 **Orhan Veli: Ich höre Istanbul**

3 a/b Mögliche Eindrücke der Schüler/-innen:
<u>Sehen:</u> sich bewegende Blätter in den Bäumen, Vogelscharen, Fischernetze, Frau, Wasser, Bazar, Tauben, Strandvilla, Bootshäuser
<u>Hören:</u> Glocke der Wasserverkäufer, Vogelschreie, Geschrei der Verkäufer, Gurren der Tauben, Gehämmer von den Docks, Sausen der Südwinde
<u>Riechen:</u> Schweiß
<u>Fühlen:</u> leichter Wind, Kühle, vergangene Feste, Südwinde

4 Ein Vergleich der beiden Texte ergibt folgende Gemeinsamkeiten: Beide Texte bestehen aus Strophen und Versen, ein Reimschema ist nicht erkennbar, dafür aber wiederkehrende Verse (Refrain). Ein Unterschied liegt darin, dass es in „Ich höre Istanbul" einen wiederkehrenden Vers gibt, der die einzelnen Strophen jeweils umschließt.

S. 144 ## Allein unter vielen – Das lyrische Ich

Peter Schneider: Auf der Straße

1 Die Aufgabe dient der Hinführung zum Text. Die Schüler/-innen können die Eindrücke ihrer Lebenswelt beschreiben.

2 a Das lyrische Ich hat ein Gebäude verlassen, betrachtet die Menschen auf der Straße und beschreibt ihr Aussehen und ihr Verhalten mit Hilfe von Vergleichen.

b Mögliche neue Titel könnten sein: Anonymität, Feinde, Einsamkeit, Isolation, Leben auf Standby

3 a Folgende Verse eignen sich für eine Standbilddarstellung in besonderer Weise:
– V. 3–4: „keine Gruppen, die sich über die Zeitung unterhalten, es liegt kein Gespräch in der Luft."
(Hier muss die Situation von Vereinzelung indirekt abgeleitet werden.)
– V. 8–10: „Sie bewegen sich, als wären sie von einem System elektrischer Drähte umgeben, das ihnen Schläge austeilt ..."
– V. 13–14: „Sie gehen aneinander vorbei und beobachten sich, als wäre jeder der Feind des anderen."

b In den Standbildern wird eine negative Stimmung erkennbar, die durch Vereinzelung, Einsamkeit, Anonymität und Feindseligkeit/Gleichgültigkeit geprägt ist.

S. 145 ### Durs Grünbein: Nullbock

4 Die Aufgabe dient der inhaltlichen Sicherung des Textes. Indem sich die Schüler/-innen mit der Behauptung auseinandersetzen, der Unfall spiele in dem Gedicht eigentlich keine Rolle, müssen sie den Inhalt des Gedichts genau erfassen.
Die Null-Bock-Stimmung („Nichts los heut") bestimmt in dem Gedicht jedes Ereignis, so auch den Unfall. Die Atmosphäre lässt den Leser erahnen: Das Kind wird aufgelesen werden, der junge Mann wird das Mädchen weiterhin streicheln, sie wird weiterhin telefonieren. Gerade dieses Kontinuum allerdings wird den Leser irritieren, wodurch dem Unfall auf der Metaebene eine besondere Rolle zugewiesen wird.

5 a/b Wünschenswert ist, dass die Schüler/-innen die Diskrepanz zwischen einem gelangweilten Gesichtsausdruck, der zu dem Satz „Nichts los heut" (V. 8) und dem Gedichttitel passt, und der Erwartung des Lesers, der sich eher eine erschrockene Miene vorstellt, thematisieren.

6 a Das Fehlen eines lyrischen Ichs verstärkt die Sachlichkeit und Anonymität einer berichtenden Instanz, die dem Leser das Geschehen ohne emotionale Beteiligung, allerdings auch ohne Wertung und damit ohne Orientierung vermittelt.

b Beide Gedichte schildern eine Atmosphäre von gleichgültiger, fast feindseliger Anonymität. Der Austausch darüber, ob dies für Städte typisch ist, soll die Schüler/-innen für Gefahren wie für Chancen des sozialen Miteinanders in Ballungsgebieten sensibilisieren.

S. 146 **Flüchtige Begegnungen – Sprachliche Bilder untersuchen**

Kurt Tucholsky: **Augen in der Großstadt**

1 a Die Aufgabe dient der Hinführung zum Gedichttext.

b In Tucholskys Gedicht werden die Eindrücke eines Großstädters beschrieben, der auf dem morgendlichen Weg zur Arbeit ist und dabei mit der Anonymität der Menschenmasse konfrontiert wird, die keinen Raum für eine individuelle Begegnung lässt.

c Der Vergleich von Lebens- und Textwelt kann für ein besseres Textverstehen genutzt werden.

d Beispiellösung:

> Das Gedicht „Augen in der Großstadt" von Kurt Tucholsky wirkt auf mich deprimierend, weil es um verpasste Gelegenheiten geht. Der lyrische Sprecher beschreibt, dass die Menschen in der Großstadt sich nur kurz begegnen und einander nie richtig kennen lernen.

2 a Die Schüler/-innen könnten hier die Verse 7, 11 oder 12 nennen, da in diesen die Themen des Gedichts besonders deutlich werden: die Enge und Anonymität der Großstadt (Menschen werden wie eine Fleischmasse durch einen Trichter gepresst), die nur flüchtige Begegnungen zulässt und den Einzelnen damit der Möglichkeit beraubt, eine tiefgehende Beziehung zu anderen aufzubauen.

b Beispiellösung:

> Die erste Strophe von Kurt Tucholskys Gedicht „Augen in der Großstadt" handelt von den Menschenmengen, die morgens in einer Großstadt unterwegs sind. Die Menschen laufen auf dem Weg zur Arbeit aneinander vorbei, haben keine Zeit für eine richtige Begegnung und verpassen deshalb vielleicht die Chance auf echtes Glück.

3 Beispiellösung:

> In der zweiten Strophe geht es nicht mehr nur um den Arbeitsweg, sondern um den Lebensweg. Im Leben begegnet man vielen Menschen, die einen aber wieder vergessen. Auch das Glück mit einem Partner hält nicht lange an. Und was vergangen ist, kann man nicht zurückholen.
> Die dritte Strophe befasst sich damit, dass alle Beziehungen zwischen Menschen vergänglich und kurz sind. Man lernt den anderen nie wirklich kennen, egal, ob man mit ihm befreundet oder verfeindet ist.

Die **Kopiervorlage 1** („Ein Gedicht untersuchen") gibt den Schülerinnen und Schülern Gelegenheit, Form und Inhalt eines weiteren Gedichts (Erich Kästner: Besuch vom Lande) zu untersuchen.

Die folgenden Aufgaben können auch mit Hilfe der **Folie** „Sprachliche Bilder verstehen" besprochen und vertieft werden.

4 a **Bildzentrum**: Trichter, in dem sich eine Menschenmasse befindet
Bildhintergrund: Kennzeichen einer Großstadt um 1915–1930: Eisenbahn, Automobile, hohe Häuser, angedeutete Fabrik, auch: Fußstapfen
Bildvordergrund: Darstellung einer einzelnen Frau, die dem Bildbetrachter freundlich lächelnd das Gesicht zuwendet, ohne allerdings Blickkontakt aufzunehmen.

b Diesem Bild kann folgende Textstelle zugeordnet werden: „da zeigt die Stadt / dir asphaltglatt / im Menschentrichter / Millionen Gesichter".

c Das sprachliche Bild „im Menschentrichter Millionen Gesichter" veranschaulicht die Vorstellung von Menschenmassen, die sich in einer Großstadt zur Arbeitszeit in den Verkehrsmitteln und durch die überfüllten, engen Straßen drängen.

5 a Folgende Zuordnungen von gezeichnetem Bild und sprachlichem Bild sind richtig: A5, B4, C1, D3, E2, F6.

b Bei der Begründung der Zuordnungen muss darauf geachtet werden, dass die Schüler/-innen die jeweilige Entsprechung in Wort- und Bildbedeutung erkennen.

6 a Beispiellösung:

Mit der Metapher „Häusermeer" wird die Zahl der Häuser mit einem Meer verglichen. So wie ein Meer scheinbar endlos ist, so ziehen sich in einer Stadt endlose Häuserreihen bis zum Horizont.

Mit der Personifikation „Gleise schreien" wird das Geräusch eines auf Gleisen sich nähernden Zuges mit einem Schrei verglichen. Die eindringlich schrille, fast brutale Lautstärke wird dadurch veranschaulicht.

Mit der Metapher „Elfenschleier" wird ein Spinnennetz mit einem zarten Schleier verglichen. Die Spinne webt ihr Netz so fein, als wäre es der Schleier einer Elfe.

Mit der Personifikation „ein Auge grüßt" wird eine Kontaktaufnahme mit dem kurzen Blick eines Auges verglichen. So wie ein Auge Einblick in das Innere eines Menschen gewähren kann, wird auch die Kontaktaufnahme als kurz, aber intensiv beschrieben.

Mit der Personifikation „Schlothals" wird ein Fabrikschornstein mit einem Hals verglichen. Ein Hals ist von schlanker und länglicher Form und ein Ein- und Ausgang des menschlichen Körpers. Auch der Kamin einer Fabrik ist in seiner Form schlank und länglich, und durch ihn gelangen Stoffe – hier allerdings nur aus dem Inneren einer Fabrik nach außen.

Mit der Personifikation „Rauchhaar" werden die Qualmschwaden aus Fabrikschornsteinen mit Haaren verglichen. So wie Haare leicht sind und vom Wind durchweht werden können, so wird auch der Fabrikqualm am Ende eines Schornsteins vom Wind verweht.

b Beispiellösung:

- Die Personifikation „Gleise schreien" verdeutlicht, wie die Räder des Zugs schrill auf den Gleisen quietschen.
- Die Personifikation „ein Auge grüßt" beschreibt, wie jemand kurz Kontakt aufnimmt, nur für einen Augenblick.
- Die Schleier aus den Schloten wirken wie Rauchhaare, weil sie wie Haare aus Rauch im Wind wehen.
- Die Spinnweben wirken wie ein Elfenschleier, weil sie ähnlich zart und fein sind, wie man sich den Schleier einer Elfe vorstellt.

c Rauchhaare = lang gezogene, grauschwarze Rauchfahnen
Häusermeer = unzählige Gebäude
Gleise schreien = sehr schrilles Quietschen
Elfenschleier = feinste Spinnweben
ein Auge grüßt = ein freundlicher Blick
Schlothals = langer, schlanker Schornstein

7 Aussage B ist eher zuzustimmen. Das lyrische Ich muss seine Eindrücke in Gedichten in besonders kurzer und verdichteter Form schildern. Ein sprachliches Bild weckt beim Leser somit in aller Kürze eine Vielzahl von Vorstellungsmöglichkeiten.

8 Für jedes der beiden Kunstwerke lassen sich Argumente finden, warum es die Stimmung von Tucholskys Gedicht am besten ausdrückt. Kirchner deutet lediglich am oberen Bildrand ein Gebäude und am rechten Rand ein Automobil an, er konzentriert sich auf die Anonymität und Gleichförmigkeit der Großstadtmenschen. Die dargestellten Personen schreiten ordentlich aufgereiht in einer Diagonalen auf den Betrachter zu, sowohl die Männer mit Hut im Hintergrund als auch die Frauen im Vordergrund sind jeweils identisch gekleidet und entweder gesichtslos oder nur schwer voneinander zu unterscheiden. Da die erste Frau den Betrachter ansieht, kann hier auch eine Entsprechung mit den flüchtigen Begegnungen im Gedicht („Zwei fremde Augen, ein kurzer Blick", V. 9, 21, 35) konstatiert werden. Hart und düster anmutende Farben dominieren das Bild: Schwarzblau, Schwarz, Gelbgrün und Dunkelrot.
Bei Dix wirkt die Farbigkeit etwas fröhlicher, doch auch er verdeutlicht die Enge in den Häuserschluchten, in denen die Menschen ohne richtigen Kontakt aneinander vorbeihasten, es nur flüchtige Begegnungen gibt. Der Betrachter nimmt die ihm entgegenkommenden Passanten von einem erhöhten Standpunkt aus wahr, auch wenn die beiden Personen am unteren Bildrand ihm direkt in die Augen zu blicken scheinen. Dies lässt sich mit dem Standpunkt des lyrischen Sprechers im Gedicht vergleichen, der die Situation der Menschheit, die ja auch seine eigene ist, mit einer gewissen Distanz betrachtet.

9 Die Schüler/-innen setzen sich künstlerisch mit dem Thema „Flüchtige Begegnungen in der Stadt" auseinander. Die individuellen Arbeitsergebnisse werden anschließend zusammengeführt und gemeinsam präsentiert.

||S. 150 ## Begegnungen gestern und heute – Gedichte vergleichen
Cro: Bye bye

1 **a** Es ist davon auszugehen, dass die Schüler/-innen die im Song besungene Situation (aus Angst oder Schüchternheit versäumte Kontaktaufnahme) schon einmal selbst erlebt haben oder zumindest nachvollziehen können. Entsprechend wird der Song in ihnen Verständnis, Zustimmung, ein Gefühl von Enttäuschung oder Vergeblichkeit, aber vielleicht auch Verärgerung (über den „Versager") auslösen. Die Beschreibungen der Stimmungen sollten sensibel und wertschätzend aufgenommen werden.

b Die Verse 17 und 19–20 regen zum Nachdenken darüber an, ob man wirklich ein „Versager" ist, wenn man Hemmungen hat, jemanden anzusprechen. Der Protagonist wertet sich mit dieser Bezeichnung selbst ab und verstärkt seine Hemmungen dadurch nur. Vermutlich werden die Verse 24–26 bei den Schülerinnen und Schülern Fragen auslösen – ist es bei der zweiten Begegnung wirklich schon „zu spät"?

2 **a/b** Mögliches **Tafelbild**:

Kurt Tucholsky: Augen in der Großstadt	Cro: Bye bye
verpasste Chance	verpasste Chance
Entfremdung	verpasstes Glück
verpasstes Glück	Liebe auf den ersten Blick
Schnelllebigkeit	Großstadt
Anonymität	Bedauern
Liebe auf den ersten Blick	flüchtige Begegnung
Großstadt	einmalig
Bedauern	mutlos
Kälte	
flüchtige Begegnung	
alltäglich	

3 **a**

Kurt Tucholsky: Augen in der Großstadt	Cro: Bye bye
Was war das? vielleicht dein Lebensglück ... / vorbei, verweht, nie wieder.	Bye bye, bye bye meine Liebe des Lebens / Und ja, wir beide werden uns nie wieder sehen

b In beiden Texten wird die Erfahrung einer verpassten Chance beschrieben. Der lyrische Sprecher in Tucholskys Gedicht und der „Er" in Cros Songtext erleben bei einer flüchtigen Begegnung in der Großstadt eine Liebe auf den ersten Blick. Sie verpassen dieses Glück jedoch aus unterschiedlichen Gründen: bei Tucholsky wegen der Schnelllebigkeit und Anonymität des Großstadtalltags, bei Cro wegen persönlicher Mutlosigkeit. Beide reagieren mit Bedauern.

4 **a–c** Mögliches **Tafelbild**:

Untersuchungsaspekt	Augen in der Großstadt	Bye bye
Wie ist das Gedicht aufgebaut?	drei Strophen, 39 Verse, 2 x 12 Verse, 1 x 15 Verse, enden jeweils mit Refrain „Zwei fremde … nie wieder"	drei Strophen und Refrain („Bye bye, … zu spät ist"), unterschiedliche Versanzahl
Gibt es Reime oder ein Reimschema?	Reimschema erkennbar, Kreuzreim: Verse 1–4, 9–12, 13–16, 21–24, 25–28, 35–39; Paarreim: Verse 5–8, 17–20, 29–34	kein festes Reimschema
Gibt es ein lyrisches Ich?	lyrischer Sprecher, kein lyrisches Ich	kein lyrisches Ich, ein „Er" erlebt die Situation, seine Gedanken werden in Ich-Form beschrieben
Gibt es sprachliche Bilder? Wie wirkt die Sprache?	sprachliches Bild: „Menschentrichter" (Metapher), „ein Auge winkt" (Metapher), „die Seele klingt" (Metapher) gewählte Sprache	keine sprachlichen Bilder eher umgangssprachliche Ausdrucksweise

S. 152 „Spät nachts" – Ein Gedicht sinngestaltend vortragen

Mascha Kaléko: Spät nachts

1 Die Aufgabe soll textnahes Lesen trainieren.
Strophe 1: In eine Großstadt kehrt allmählich die nächtliche Ruhe ein. Tanzpaläste und Kneipen schließen. Ein Jugendlicher summt ein Lied.
Strophe 2: Die Arbeit in den Fabriken ruht, der Straßenverkehr ist verstummt. Großstadtkinder schlafen und träumen, Erwachsene kehren von Festen heim. Das Leben findet nun hinter den Gardinen in den Häusern statt.
Strophe 3: In der mittlerweile wie ausgestorben wirkenden Stadt ertönen einzelne Geräusche von einem Bus, einem schnarchenden Obdachlosen, einem jaulenden Hund.
Strophe 4: Die schwarze Nacht ist fortgeschritten. Längst schlafen alle, selbst der Mond. Jetzt ist nur noch wach, wer krank ist.
Strophe 5: Die nächtliche Stille ist auf ihrem Höhepunkt angekommen. Die Mühsal der täglichen Arbeit ist vorbei. In dieser Stille kann nur noch der Tod unterwegs sein, irgendwo stirbt ein Mensch. Davon wird am nächsten Tag in der Zeitung berichtet werden.

2 **a/b** Die Aufgabe reaktiviert den Wissensstand der Schüler/-innen zum Vortragen. Neben der fokussierten Sprechlautstärke und dem Sprechtempo können die Schüler/-innen selbstverständlich andere Vortragskompetenzen einbringen, z. B. Artikulation, Pausen, Tonfall. Entscheidend wird sein, dass durch den Vortrag ein tiefer gehendes Textverständnis befördert wird, das sich wesentlich von dem üblichen „Schönlesen" unterscheidet.

3 **a/b** Die Schüler/-innen haben wahrscheinlich bereits bei der Besprechung der Wirkung ihrer Vorlesearten in Aufgabe 2 erkannt, dass unterschiedliche Vorträge auf differierenden Auffassungen von Inhalt und Aussage des Gedichts basieren. Welche Wörter lauter oder leiser, schneller oder langsamer gesprochen werden oder besondere Betonung erhalten, ist eine individuelle Entscheidung, die von Schüler/-in zu Schüler/-in variieren kann. An dieser Stelle machen sich die Schüler/-innen ihre Interpretation des Gedichts bewusst und verknüpfen sie mit einer der angebotenen Vortragsweisen oder überlegen sich eine eigene Vortragsweise.

4 a/b Das Metrum des Gedichts ist der fünfhebige Jambus.

c Konzentriert man sich beim Lesen nur auf die Abfolge der betonten und unbetonten Silben, dann klingt das Gedicht eintönig, langweilig und „geleiert", beim Zuhörer entsteht kein Interesse für den Inhalt und die Aussage. Die Gedichtform sollte beim Vorlesen zwar deutlich werden, aber nicht im Vordergrund stehen.

5 Die Schüler/-innen bereiten das Gedicht individuell zum Vortrag vor. Längere Pausen bieten sich nach jeder Strophe an, kürzere nach jedem Satzende, wobei darauf zu achten ist, bei dem Enjambement in Vers 11 keine Pause zu machen. Da es in dem Gedicht um das nächtliche Verstummen von Großstadtgeräuschen geht, sollte es an keiner Stelle übermäßig laut vorgetragen werden. Etwas lauter können jedoch die Verse 9, 10 und 12 gelesen werden („durchrattert", „schnarcht", „weint"). Besonders leise könnten die folgenden Wörter gesprochen werden: „wird es leiser" (V. 4), „träumen still" (V. 6), „dem Mond die Augen zu" (V. 15), „Es ist so still" (V. 17). Es verstärkt die Wirkung, wenn das Sprechtempo in Versen mit Wörtern wie „ruhn" (V. 1), „schläft" (V. 5), „ging [...] zur Ruh" (V. 14) verlangsamt wird. Enthalten Verse Hinweise auf Geräusche oder Bewegungen (V. 9, 10, 11, 12), kann das Tempo beschleunigt werden.

6 Im Rahmen der Feedback-Runde sollte darauf geachtet werden, dass die Schüler/-innen wertschätzende Rückmeldungen geben. Darüber hinaus kann noch einmal auf die individuellen Interpretationen des Gedichts aus Aufgabe 3 eingegangen werden.

||S.154 Ein eigenes Stadtgedicht verfassen

Theodor Storm: Die Stadt

1 a Stadt und Natur werden durch die gemeinsame Farbgebung „grau" in einen unmittelbaren Zusammenhang gesetzt. Strand, Meer, Nebel, allesamt als grau beschrieben, umrahmen bzw. lasten auf der ebenfalls grauen Stadt. Räumlich scheint die Stadt von der Natur umgeben und von ihr durchzogen zu sein, denn das Meer „braust [...] um die Stadt", Wandergänse überfliegen die Stadt. Atmosphärisch erscheint die Natur „eintönig", farblos („kein Wald") und still („kein Vogel") – Attribute, die vom Leser gleichsam auf die Stadt übertragen werden. „Die Stadt" bedeutet sehr viel für den Sprecher des Gedichts, denn er hängt mit seinem ganzen Herzen an ihr (V. 11), d. h., er liebt sie.

b Die Konjunktion „doch" leitet einen inhaltlichen Wechsel ein. Auf die triste Beschreibung von Natur und Stadt der ersten beiden Strophen folgt in der dritten Strophe die zärtliche Liebeserklärung des lyrischen Ichs an seine Heimatstadt (Husum). Es liebt die Stadt, obwohl sie „grau" ist, denn er hat seine (offenbar schöne) Jugend in ihr verbracht. Sie ist seine Heimat und er fühlt sich emotional mit ihr verbunden.

2 Beispiellösung:

> Meine Stadt
> Der graue Himmel, das graue Licht,
> Es hustet meine Stadt;
> Der Nebel nimmt uns die Sicht,
> Und in den Straßen ohne Licht
> Das Stoßstangenchaos dieser Stadt.
>
> Es singt kein Kind, es hüpft kein Ball
> Durch dieses Straßengewirr;
> Das Ampelmännchen blinkt vergnügt,

Jedoch der Farbenfrohsinn trügt,
Ein Fremder wird schnell irr.

Doch hängt mein ganzes Herz an dir,
Du kranke, graue Stadt;
Ein klarer Menschenschlag wohnt hier
Und an den Buden spricht man: Wir.
Du kranke, graue Stadt.

Mit der **Kopiervorlage 2** („Ein Parallelgedicht vorbereiten und schreiben") können die Schüler/-innen Schritt für Schritt ein weiteres Parallelgedicht (zu Orhan Veli: Ich höre Istanbul) verfassen.

S. 155 **Testet euch! – Gedichte untersuchen**

Georg Heym: Vorortbahnhof

1 Das Lösungswort lautet: Stadtgedichte.

7.2 Ich und meine Sprache – Dialekte kennen lernen

Das Wort „Dialekt" (von griechisch *dialegein:* sich unterhalten) bezeichnet eine regionaltypische Ausprägung einer Sprache. Der Begriff „Mundart" (im Sinne einer gesprochenen Variante der Sprache) wurde von Philipp von Zesen (1619–1689) bereits im 17. Jahrhundert geprägt, konnte sich allerdings nicht durchsetzen. Sechs Merkmale liegen den meisten Definitionen zu Grunde:
- die sprachgeschichtliche Einordnung (Entstehung vor der Standardsprache),
- die grammatischen und lexikalischen Ausdrucksmöglichkeiten (abweichend von der Standardsprache, teilweise weniger umfangreich),
- die räumliche Verortung (regionale Gebundenheit),
- die Soziologie der Sprecher (nördlich der Mainlinie verwenden eher bildungsferne Schichten Dialekt, südlich dessen alle Gesellschaftsschichten),
- der Verwendungsbereich der Varietät (mündlich, familiär-intim) und
- die kommunikative Reichweite (Dialekt wird meist nur regional verstanden).

Mit der Gegenüberstellung „Dialekt vs. Standard-/Hochsprache" wird die Sprachwirklichkeit nur unzureichend erfasst. Realitätsnäher ist das Drei-Schichten-Modell „Dialekt – Umgangssprache – Hochsprache", wenngleich auch diese Vereinfachung über die fließenden Übergänge hinwegtäuscht. So können alle Dialekte letztlich als Abstraktionen gelten, die in Reinform in der Wirklichkeit nicht auftreten.

S. 156 **Dialektsong und -gedicht vortragen und untersuchen**

Wolle Kriwanek: Stroßaboh

1 In Wolle Kriwaneks Lied „Stroßaboh" geht es um eine Person, die eine Straßenbahn erreichen möchte. Sie trägt viele Beutel mit sich, hat kein Geld für ein Taxi und möchte die Beutel nicht nach Hause tragen müssen. Aus diesem Grund rennt die Person, so schnell sie kann, zur Haltestelle. Sie überquert sogar bei roter Ampel die Straße. Doch leider kommt sie nicht mehr rechtzeitig. Die Straßenbahn schließt ihre Türen und fährt weg. Die Person muss wohl oder übel zu Fuß nach Hause laufen.

2 a–c Wegen der abweichenden Varianz im Ausdruck ist eine freiere Übertragung sinnvoller als eine wörtliche Übersetzung, jedoch durchaus auch anspruchsvoller. Gegebenenfalls kann im Plenum überlegt werden, an welchen Stellen eine freiere Übersetzung der Aussage des Dialekttextes besser entspräche. Die Aufgabe und der anschließende Versionenvergleich sensibilisieren die Schüler/-innen für die Unterschiede zwischen Hochsprache, Jugendsprache und Dialekt und fördern damit die Sprachbewusstheit.

Übersetzung ins Hochdeutsche:

Ich muss die Straßenbahn noch kriegen, bloß die Fünf bringt mich heim
Ich muss die Straßenbahn noch kriegen, … heim will ich
Kriegen muss ich sie, denn laufen will ich nicht
Ich muss die Straßenbahn noch kriegen …
Ich stehe an der Ampel und die Zunge hängt mir raus
Hilflos guck ich zu, meine Fünf geht raus.

Ich renne los bei Rot, als allerletzte Chance
Da macht der mir die Tür zu, der Blödmann, vor der Nase

Ich habe keinen Pfennig für ein Taxi in der Tasche
Dann lauf ich halt heim

Beispiellösung für die Übersetzung in die Jugendsprache:

Ich muss die Bim noch kriegen, nur mit der Fünf komm ich nach Hause
Ich muss die Bim noch kriegen, … ich will nach Hause
Ich muss sie kriegen, hab keinen Bock auf jiggern
Ich muss die Bim noch kriegen …
Ich gammel an der Ampel und der Lecklappen hängt mir aus'm Gesicht
Ich fühl mich Opfer, meine Fünf schiebt ab.

Ich striez bei Rot, sonst hab ich keine Schnitte mehr
Da macht der Zonk mir die Tür vorm Rüssel zu

Ich hab keine Asche für die Taxalette in der Tasche
Dann stratz ich halt nach Hause

3 Mögliches **Tafelbild:**

Schwäbisch	Hochdeutsch	Veränderung
I no	Ich noch	Digraph *ch* fällt weg
Stroßaboh laufa schnaufa wega	Straßenbahn laufen schnaufen wegen	Das *n* entfällt, aus dem Vokal *a* wird ein *o* und aus dem Vokal *e* wird ein *a*. *a* → *o* *e* → *a*
hoim got koin	heim geht keinen	Aus dem Vokal *e* wird ein *o*. *e* → *o*
renn scho kaa mei	renne schon kann mein	Der letzte Laut entfällt.
dr mr	der mir	Das *e* und das *i* entfallen.

Daxxi Dasch	Taxi Tasche	Der Anlaut wird abgeschwächt. $T \rightarrow D$
hald	halt	Der Auslaut wird abgeschwächt. $T \rightarrow D$
kommr musse indr	komm mir muss ich in der	Die Wörter werden zusammengezogen.

Hanno Kluge: ä bäbbicha Gschichd

1 a Im mündlichen Vortrag erschließen sich viele Verständnisbrücken, die man beim Lesen nicht wahrnimmt. Dennoch werden manche Wendungen vermutlich nicht verstanden werden.

b Das Gedicht handelt davon, dass jemand zwei Kartons zusammenklebt und irgendwann bemerkt, dass dies gar nicht funktioniert.

c In der Umgangssprache sind viele Wörter geläufig, die in die standarddeutsche Übersetzung nicht eingeflossen sind, z. B. „Babbadeggl" (V. 2) = Pappendeckel = Karton, „märgsch" (V. 12) = merkst = feststellst. Insofern wird den Schülerinnen und Schülern das Verständnis nicht durchgehend schwergefallen sein.

2 a/b Um die Auftritte bewerten zu können, sollten zuvor im Plenum Kriterien für einen guten Vortrag gesammelt werden. Dies erleichtert auch die Arbeit der Jury und macht die Bewertung transparent. Die **Kopiervorlage 4 aus Kapitel 6** („Beobachtungsbogen: Vortrag für ein Hörspiel") kann für diesen Vortrag angepasst und eingesetzt werden.

3 Die Übersetzung hängt von den in der Klasse bekannten/gesprochenen Mundarten ab.

Mascha Kaléko: Frau Wegerich

1 a In der vierten Strophe von Mascha Kalékos Gedicht werden die Dialekte Schwäbisch und Wienerisch genannt. Dialekte werden hier eher positiv bewertet, so nimmt es die Wienerin in den Versen 18–20 ihrem Freund nicht übel, dass er sie als „süßes Madel" bezeichnet, sondern küsst ihn sogar dafür. Der lyrische Sprecher gibt als Begründung für die positive Bewertung an, dass jeder Mensch seine Persönlichkeit frei entfalten können sollte, und ein Dialekt kann durchaus zur Identität eines Menschen gehören und/oder seine Gruppenzugehörigkeit ausdrücken. Deshalb wird zur Toleranz aufgerufen, jeder Mensch sollte so reden und so sein dürfen, wie er „nun mal ist und sein muß" (V. 23).

b/c Mögliches **Tafelbild:**

Dialekt	Beispiel für Dialektwort	Sprachliche Besonderheit
Sächsisch	Beder	weiche Aussprache: $p \rightarrow b$, $t \rightarrow d$
Berlinerisch	ike	härtere Aussprache: $ch \rightarrow ck$
Wienerisch	süaßes Madel	gedehnte Aussprache: $ü \rightarrow üa$, verschliffene Endung: -dchen $\rightarrow$ -del

Die **Kopiervorlage 3** („Dialekt untersuchen – Ein mundartlicher Song") bietet einen Song aus dem Kölner Raum an. Er ist im kölschen Dialekt verfasst und es können an diesem Text Besonderheiten einer weiteren Mundart herausgearbeitet werden.

|S. 159| Die deutschen Dialekte

1 a Die Karte zeigt die Dialekte in der Bundesrepublik Deutschland und teilt sie – wie üblich – in das niederdeutsche (rosa und lila gekennzeichnet), mitteldeutsche (grün gekennzeichnet) und oberdeutsche (blau gekennzeichnet) Sprachgebiet ein.
Die drei großen Sprachregionen sind ihrerseits auf der Karte gemäß der geografischen Lage in Ost- und Westniederdeutsch und Ost- und Westmitteldeutsch unterteilt, während der oberdeutsche Sprachraum in Ostfränkisch (im Norden), Alemannisch (im Südwesten) und Bairisch (im Südosten) aufgeteilt ist. Die so differenzierten großen Sprachräume sind noch einmal in unterschiedliche regionale Dialekte aufgeteilt, die nur durch Bezeichnungen, nicht aber durch farbige Markierungen oder Grenzen gekennzeichnet sind.

b Sachsen (V. 1) → Dialektgruppe Ostmitteldeutsch
Berlin (V. 12) → Dialektgruppe Ostniederdeutsch, Dialekt Brandenburgisch (Berlinerisch ist sprachwissenschaftlich betrachtet kein Dialekt, sondern eine aus vielen verschiedenen Mundarten entstandene Stadtsprache.)
Schwaben (V. 17) → Dialektgruppe Alemannisch, Dialekt Schwäbisch

2 Die naheliegende Erklärung ist, dass Sprachen sich in sozialen Kontexten und im Kontakt entwickeln. Insofern folgt die Sprachentwicklung den historisch-soziologischen Gegebenheiten. Bestimmte „Stämme" oder „Clans" haben in bestimmten Regionen bestimmte Sprachverwendungen entwickelt, die sich im Kontakt zu anderen Sprechern im Laufe der Zeit verändert haben.

3 a/b Es können die in der Tabelle zusammengefassten Ergebnisse einer Umfrage zum Gebrauch des Dialekts als **Tafelbild** angeboten werden:

Zusammenhänge zwischen	
Dialekt und Alter	– häufige Verwendung bei älteren Menschen (über 60 Jahre) – Dialektunkenntnis bei über einem Drittel der jungen Menschen unter 30 Jahren
Dialekt und Berufsfeld	– häufige Verwendung bei Menschen in landwirtschaftlichen Berufen – geringer Dialektgebrauch bei Beamten, Angestellten und Selbstständigen
Dialekt und Größe des Wohnorts	– häufiger Gebrauch in kleinen Gemeinden – geringe Verwendung in Großstädten

Die Schüler/-innen werden vielfältige Anlässe und Situationen nennen können, bei denen sie selbst Dialekt sprechen oder in ihrer Mundart singen, z. B. auch bei Brauchtumsfesten (Fasching o. Ä.).

|S. 160| Stärken stärken: Ein Dialektquiz lösen

1 Richtig sind: 1-**B**, 2-**A**, 3-**A**, 4-**A**, 5-**C**, 6-**A**, 7-**A**, 8-**B**, 9-**A**.
Lösungswort: Mundarten

|S. 161| 7.3 Projekt: Einen Poetry-Slam veranstalten

Im Gegensatz zur konventionellen Dichterlesung ist ein Poetry-Slam ein offenes Format, bei dem sich die Vortragenden in Interaktion mit dem Publikum befinden. Der geschriebene Text an sich ist noch kein „Slam-Text", die literarisch-performative Kunstform entsteht erst in Verbindung des Textes mit der Darbietung auf der Bühne. Das Format zeichnet sich durch Aktualität, Zugänglichkeit, lebensweltlichen Bezug und Freiheit der Form aus. Als Projekt zielt der Poetry-Slam direkt in die Lebenswelt der Schüler/-innen, da sie ihre eigenen Erfahrungen in ihrer (Jugend-)Sprache in Texten verarbeiten können, ohne dass ihre Kreativität in ein enges formales Korsett geschnürt wird. Zudem bietet ein Slam hohes

Identifikationspotenzial, denn inzwischen gibt es deutschlandweit viele U-20-Slams, bei denen auch Slammer im Alter der Schüler/-innen auftreten können. All dies fördert die Motivation, sich auf den Umgang mit lyrischen Texten, auf sinngestaltendes Vortragen und auf die Vortragssituation überhaupt einzulassen.

Julia Engelmann: One Day/Reckoning Song

1 a Julia Engelmann trägt ihren Slam-Text frei und mit eher zurückhaltender Gestik und Mimik vor, sie macht keine „Show" aus der Präsentation. Durch den songartigen Rhythmus, die teilweise fein nuancierte Intonation und Engelmanns mal zerbrechlich, mal stark wirkende Stimme ist der Vortrag dennoch abwechslungsreich.

b Der Text bietet den Schülerinnen und Schülern durch seinen lebensweltlichen Bezug viele Identifikationspunkte. Eventuell werden sie beim Vorlesen ihrer ausgewählten Textstelle bereits auf einen sinngestaltenden Vortrag achten. Die Lehrkraft sollte darauf achten, dass die jeweilige Begründung für ihre Wahl vom Plenum wertschätzend aufgenommen wird.

c Da es vermutlich für alle drei Aussagen Befürworter/-innen geben wird, kann sich eine Diskussion über Inhalt und Aussage des Slam-Textes entspinnen. Die Botschaft wird am ehesten durch *You only live once* ausgedrückt, da in dem Text immer wieder darauf hingewiesen wird, dass „wir" eines Tages alt sein werden und bis dahin die Erlebnisse sammeln und Erfahrungen machen sollten, die es wert sind, als Geschichten erzählt zu werden.

2 Ein Text wird erst durch die Darbietung vor einem Publikum zu Slam Poetry und dabei nicht einfach heruntergelesen, sondern „performt". Der oder die Vortragende tritt in Interaktion mit den Zuschauenden und reagiert im Idealfall auf deren Impulse. Die betont lässige Haltung im linken Bild fördert die Interaktion genauso wenig wie die ängstlich-schüchterne im rechten Bild.

3 Bei der Vorbereitung der Texte für die Präsentation können die Schüler/-innen auf die zuvor eingeübten Schritte für das sinngestaltende Vortragen (SB S. 152, 153, 157) zurückgreifen. Eventuell sollte die Lehrkraft noch einmal auf die Betonungszeichen hinweisen.

4 a/b Die angebotenen Vorschläge unterstützen die Schüler/-innen bei der Themenwahl für ihren selbst verfassen Slam-Text. Ist das Thema gefunden, können erste Ideen z. B. in einem Cluster gesammelt werden.

c In der Auseinandersetzung mit dem Slam-Text/Vortrag von Julia Engelmann haben die Schüler/-innen Einsichten in die Funktionsweise von Slam Poetry gewonnen. Der Rezeption folgt nun die Produktion eines eigenen Textes, wobei das „Gerüst" der Vorbilder von Engelmann oder Cro Orientierung bieten kann.

5 a/b Da die Präsentation zunächst in Vierergruppen stattfindet, können sich die Schüler/-innen in kleinem Rahmen an die Vortragssituation gewöhnen, statt gleich vor der ganzen Klasse auftreten zu müssen. Die Rückmeldungen liefern den Schülerinnen und Schülern Anhaltspunkte für eine eventuelle Überarbeitung ihrer Slam-Texte und für eine Einschätzung der Wirkung ihres Vortrags. Die Lehrkraft kann die Kleingruppen dazu anregen, die Merkmale einer guten „Performance" zu sammeln, um den Feedbackbogen zu erweitern.

An dieser Stelle kann wiederum die **Kopiervorlage 4 aus Kapitel 6** („Beobachtungsbogen: Vortrag für ein Hörspiel") in angepasster Form als Feedbackbogen dienen.

6 Einführend bietet sich an dieser Stelle die **Kopiervorlage 4** („Einen Poetry-Slam-Text verstehen")an.
Wenn die technischen Möglichkeiten es zulassen, kann der Poetry-Slam auf Video aufgenommen werden, damit die Schüler/-innen die Gelegenheit erhalten, sich aus der gewonnenen Distanz mit der Außenwirkung ihrer Präsentation und ihres Vortragsstils auseinanderzusetzen.
Generell bietet sich der Poetry-Slam auch als fächerübergreifendes Projekt an, so könnten die Schüler/-innen im Musikunterricht ihre Texte mit Geräuschen oder Musik unterlegen und im Kunstunterricht Plakate für den Slam entwerfen und erstellen. Bei Interesse ist als Fortführung des Projektes die Veranstaltung eines Schul-Slams denkbar. In diesem größeren Rahmen ergeben sich für die Schüler/-innen weitere Möglichkeiten der Mitgestaltung, z. B. im Organisationsteam, im Technikteam (Mikro-

phone, Beamer, filmische Dokumentation) oder als Moderatorinnen und Moderatoren. Alternativ bietet sich der gemeinsame Besuch eines Poetry-Slams an.

Vorschläge für Klassenarbeiten

Vorschlag 1: Ein Stadtgedicht untersuchen
Siehe **Kopiervorlage S. 238 f.**

Vorschlag 2: Ein Gedicht untersuchen
Siehe **Kopiervorlage S. 240 ff.**

Material zu diesem Kapitel auf den folgenden Seiten und auf der CD

Lernwegeliste zum Kompetenzschwerpunkt des Kapitels (vollständig auf der CD), S. 237
Diagnose: Ein Gedicht untersuchen (auf der CD, mit Lösungshinweisen und Förderempfehlungen)
Klassenarbeit: Ein Stadtgedicht untersuchen (KA 1, mit Bewertungshinweisen auf der CD), S. 238 f.
Klassenarbeit: Ein Gedicht untersuchen (KA 2, mit Bewertungshinweisen auf der CD), S. 240 ff.

KV 1:   Ein Gedicht untersuchen, S. 243 ff.
KV 2:   Ein Parallelgedicht vorbereiten und schreiben (auf der CD)
KV 3:   Dialekt untersuchen – Ein mundartlicher Song, S. 249 ff.
KV 4:   Einen Poetry-Slam-Text verstehen, S. 253 ff.
Hinweis: Lösungen zu allen KV finden sich auf der CD.

Folie: Ich im Hier und Jetzt (zu SB S. 141, auf der CD)
Folie: Sprachliche Bilder verstehen (zu SB S. 147 f., auf der CD)

Weiteres Übungsmaterial

„Deutschbuch Arbeitsheft 4"
Gedichte lesen und untersuchen, S. 40–44
– ●○○ Stärken stärken: Ein Gedicht erschließen, S. 40
  Unheilig: Lichter der Stadt
– ●●○ Stärken stärken: Den Aufbau eines Gedichts untersuchen, S. 41
  Christian Morgenstern: Berlin
– ●●● Stärken stärken: Ein Gedicht untersuchen und deuten, S. 43

„Deutschbuch Differenzieren und Fördern 7/8"
Gedichte verstehen, S. 283 ff.
– Ein Gedicht lesen und untersuchen
  Erich Kästner: Die Wälder schweigen, S. 286 ff.
– Sprachliche Bilder entschlüsseln
  Hugo von Hoffmannsthal: Siehst du die Stadt?, S. 290 ff.
– Einen Songtext verstehen – Das lyrische Ich untersuchen
  Revolverheld: Lass uns gehen, S. 293 ff.
– Klassenarbeit – Ein Gedicht untersuchen
  Hugo Salus: Verträumter Großstadtabend

Name: _____   Klasse: _____   Lehrer/-in: _____

Lernwegeliste – mit Materialzuordnung und Dokumentationsmöglichkeit

Kompetenzbereich: Lesen – Literarische Texte verstehen

Kompetenz: Ich kann Gedichte untersuchen.

Was dir dabei helfen kann:
Du kannst Merkmale von Gedichten erläutern.
Du kannst unter Verwendung von Fachbegriffen Gedichte beschreiben.
Du kannst handlungs- und produktionsorientierte Methoden anwenden, um zu einer Textdeutung zu gelangen.
Du kannst Gedichte vortragen.

Was du in Kapitel 7 lernen kannst:	Niveau	Lernmaterialien	Selbsteinschätzung			Hinweise/ Bewertung der Lehrkraft
			😊	😐	☹	
01 Ich kann Gedichte nach Gattungsmerkmalen erkennen.	GME	„Großstadtträume – Gedichte untersuchen" – Buch S. 142 f.				
02 Ich kann die Wirkung von Gestaltungsmerkmalen (z. B. das lyrische Ich) erkennen und erläutern.	GME	„Allein unter vielen – Das lyrische Ich" – Buch S. 144 f.				
03 Ich kann die Wirkung von Gestaltungsmitteln (z. B. Metaphern, Personifikationen, Vergleiche) erkennen und erläutern.	GME	„Flüchtige Begegnungen – Sprachliche Bilder untersuchen" – Buch S. 146 ff.				
04 Ich kann sprachliche Bilder in Gedichten erkennen und deuten.	GME	„Begegnungen gestern und heute – Gedichte vergleichen" – Buch S. 150 f.				
05 Ich kann Texte sinngebend und gestaltend vorlesen.	GME	„‚Spät nachts' – Ein Gedicht sinngestaltend vortragen" – Buch S. 152 f.				

Die zweite Seite der Lernwegeliste ist auf der CD zu finden.

Kopiervorlage

Klassenarbeit A – Ein Stadtgedicht untersuchen

1 Untersuche Heinz Zuckers Gedicht „Abend". Gehe so vor:

— Fasse zusammen, worum es in dem Gedicht geht.
— Beschreibe die äußere Form des Gedichts.
— Beschreibe, wie die Stadt in dem Gedicht dargestellt wird.
— Untersuche die sprachlichen Bilder: Wie wird die Stadt veranschaulicht?
  Nenne die sprachlichen Bilder und beschreibe ihre Wirkung.

Heinz Zucker: **Abend**

Du schönes Schreiten, abendwindumhüllt!
Die Straßen flammen bunt, der Tag ist aus.
Die Stadt beginnt ihr Lied: Autos rufen.
Omnibusse rasseln. Straßenbahnen läuten.

⁵ Von überall ertönt Musik, Rhythmus des Seins,
Zieht alles in den wilden Takt, Mond und die Sterne tanzen,

Die Häuser wiegen sich mit heller Stirn danach.
Ich habe keine Sehnsucht mehr nach schönen Dingen.

*Heinz Zucker: Abend. In: Deutsche Großstadtlyrik vom Naturalismus bis
zur Gegenwart. Hg. v. Wolfgang Rothe. Reclam, Stuttgart 1973, S. 287*

Klassenarbeit B – Ein Stadtgedicht untersuchen

1 Untersuche Heinz Zuckers Gedicht „Abend". Gehe dabei so vor:
– Fasse zusammen, worum es in dem Gedicht geht. Kläre zuvor:
    – Wer spricht über was?
    – Was tut das lyrische Ich?
    – Finde für jede Strophe einen zusammenfassenden Satz oder eine Überschrift.
– Beschreibe die äußere Form des Gedichts. Verwende dabei die Begriffe
  Strophe, *Vers* und *Reim*.
– Beschreibe, wie die Stadt in dem Gedicht dargestellt wird.
– Untersuche die sprachlichen Bilder: Wie wird die Stadt veranschaulicht?
  Nenne die sprachlichen Bilder und beschreibe ihre Wirkung.
Tipp: Bei einer Metapher werden Wörter in einer übertragenen Bedeutung verwendet. Im
Unterschied zu einem Vergleich fehlt bei einer Metapher das Vergleichswort „wie".
Bei einer Personifikation werden leblose Gegenstände, Begriffe oder die Natur
vermenschlicht. Sie zeigen menschliche Verhaltensweisen oder Eigenschaften.

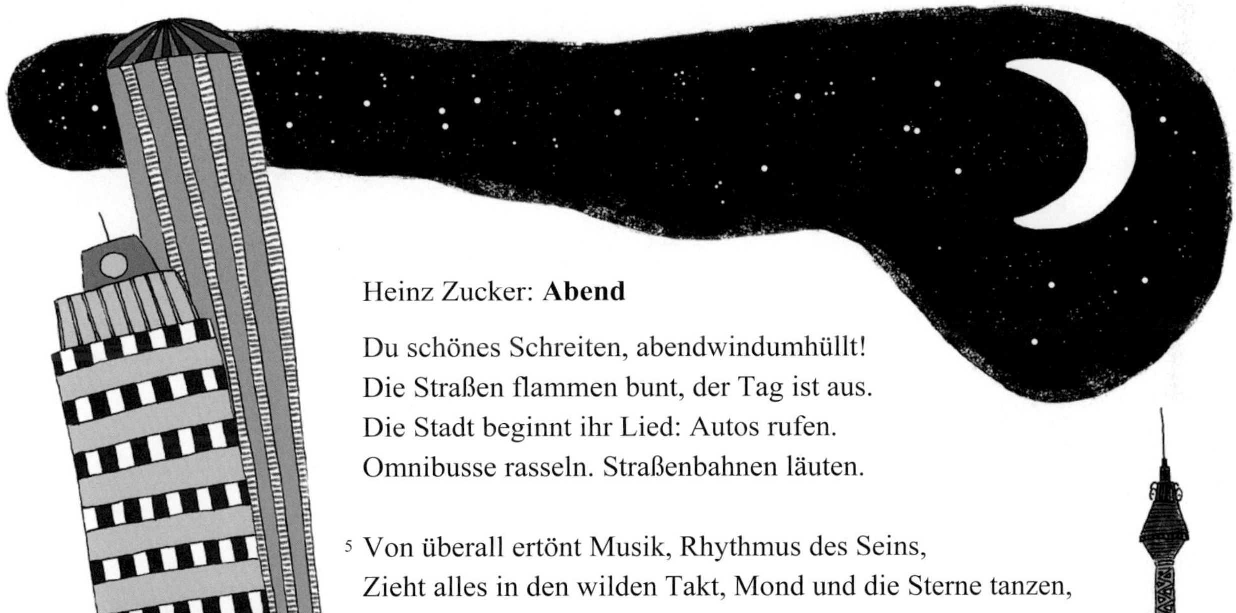

Heinz Zucker: **Abend**

Du schönes Schreiten, abendwindumhüllt!
Die Straßen flammen bunt, der Tag ist aus.
Die Stadt beginnt ihr Lied: Autos rufen.
Omnibusse rasseln. Straßenbahnen läuten.

5 Von überall ertönt Musik, Rhythmus des Seins,
Zieht alles in den wilden Takt, Mond und die Sterne tanzen,

Die Häuser wiegen sich mit heller Stirn danach.
Ich habe keine Sehnsucht mehr nach schönen Dingen.

*Heinz Zucker: Abend. In: Deutsche Großstadtlyrik vom Naturalismus bis
zur Gegenwart. Hg. v. Wolfgang Rothe. Reclam, Stuttgart 1973, S. 287*

Autorin: Frauke Hoffmann
Illustratorin: Friederike Ablang, Berlin

Kapitel 7
KA 1, Blatt 1

Kopiervorlage

Klassenarbeit – Ein Gedicht untersuchen

1. Fasse zusammen, worum es in dem Gedicht geht. Formuliere dazu für jede Strophe eine kurze Inhaltsangabe.
→ zu Aufgabe 1: Hilfe-Karte A: Inhalt

2. Beschreibe die Form des Gedichts.
→ zu Aufgabe 2: Hilfe-Karte B: Form: Merkmale

3. Untersuche das Verhältnis zwischen dem lyrischen Ich und seiner Heimatstadt.

   a Welcher Gegensatz wird in dem Gedicht aufgebaut?

   b Wie beschreibt das lyrische Ich seine Heimatstadt? Achte besonders auf die letzten beiden Strophen. Nenne auch die sprachlichen Bilder und erkläre ihre Bedeutung.

   → zu Aufgabe 3: Hilfe-Karte C: Sprache: Formulierungshilfen

Agnes Miegel

Heimweh (1901)

Ich hörte heute Morgen
Am Klippenhang die Stare schon.
Sie sangen wie daheim,
Und doch war es ein andrer Ton.

5 Und blaue Veilchen blühten
Auf allen Hügeln bis zur See.
In meiner Heimat Feldern
Liegt in den Furchen[1] noch der Schnee.

In meiner Stadt im Norden
10 Stehn sieben Brücken, grau und greis[2],
An ihre morschen Pfähle
Treibt dumpf und schütternd jetzt das Eis.

Und über grauen Wolken
Es fein und engelslieblich klingt, –
15 Und meiner Heimat Kinder
Verstehen, was die erste Lerche singt.

Aus: Miegel, Agnes: Gedichte und Prosa.
Düsseldorf: Diederichs. 1977

1 die Furche: eine Rille im Boden, meist auf Äckern
2 greis: sehr alt (der Greis/die Greisin: sehr alter Mensch)

Kopiervorlage

Autorin: Cordula Grunow
Illustrator: Michael Fleischmann, Waldegg

Kapitel 7
KA 2, Blatt 1

Hilfe-Karten zur Klassenarbeit 2 – Ein Gedicht untersuchen

Checkliste

Prüfe deine Antworten mit Hilfe der folgenden Checkliste.

Checkliste: Ein Gedicht untersuchen	
Inhalt	
Hast du das Gedicht gründlich gelesen?	☐
Hast du den Titel des Gedichts und die Autorin genannt?	☐
Hast du die Ausgangssituation erfasst?	☐
Hast du den Inhalt jeder Strophe kurz in einem Satz zusammengefasst?	☐
Hast du die Form des Gedichts beschrieben?	☐
Hast du die Beziehung des lyrischen Ichs zu seiner Stadt beschrieben?	☐
Hast du die sprachlichen Bilder in den letzten beiden Strophen benannt und erklärt?	☐
Sprache	
Hast du den Gedichtinhalt in eigenen Worten wiedergegeben?	☐
Hast du im Präsens geschrieben?	☐
Hast du die Fachbegriffe für die Form eines Gedichts verwendet?	☐
Hast du abwechslungsreiche Satzanfänge gewählt?	☐
Hast du geeignete Satzverknüpfungen gewählt?	☐
Hast du die Rechtschreibung überprüft?	☐
Hast du Kommas und weitere Satzzeichen überprüft?	☐

- -

Hilfe-Karte A   Inhalt

1   Fasse zusammen, worum es in dem Gedicht geht. Formuliere dazu für jede Strophe eine kurze Inhaltsangabe. Beantworte die folgenden Fragen:

1. Strophe: Wo befindet sich das lyrische Ich?
                  Was hört es?

2. Strophe: Was sieht das lyrische Ich?
                  Woran denkt es im Gegensatz dazu?

3. Strophe: Wo befindet sich das lyrische Ich in Gedanken?
                  Was beschreibt es?

4. Strophe: Was sieht und hört das lyrische Ich?

Autorin: Cordula Grunow

Kopiervorlage

Hilfe-Karte B **Form: Merkmale**

2 Beschreibe die Form des Gedichts. Notiere Stichworte zu den folgenden Merkmalen.

Merkmal	Stichworte
Anzahl der Strophen	
Anzahl der Verse in jeder Strophe	
Reimform (z. B. Paarreim, Kreuzreim, umarmender Reim)	

✂ --

Hilfe-Karte C **Sprache: Formulierungshilfen**

3 Untersuche das Verhältnis zwischen dem lyrischen Ich und seiner Heimatstadt.

a Welcher Gegensatz wird in dem Gedicht aufgebaut?

b Wie beschreibt das lyrische Ich seine Heimatstadt? Achte besonders auf die letzten beiden Strophen. Nenne auch die sprachlichen Bilder und erkläre ihre Bedeutung.

	Formulierungshilfen
a	– In dem Gedicht wird ein Gegensatz zwischen dem Aufenthaltsort und … – Am Aufenthaltsort ist …., in der Heimat herrscht … – Der Aufenthaltsort wirkt … – Die Heimatstadt wirkt …
b	– Das lyrische Ich beschreibt seine Heimatstadt in der dritten Strophe als … – In der vierten Strophe spricht es zu Beginn von … – Dann aber verändert sich … – Die … verdeutlicht, dass die Brücken … – Mit der … werden die Geräusche der Heimatstadt … verglichen. So schön, wie … – Mit der … wird die Heimat wie … – Die Menschen sind wie … – Die Heimat gibt ihnen …

Autorin: Cordula Grunow

Kapitel 7
KA 2, Blatt 3

Kopiervorlage

••• Ein Gedicht untersuchen

Erich Kästner
Besuch vom Lande (1930)

Sie stehen verstört am Potsdamer Platz.
Und finden Berlin zu laut.
Die Nacht glüht auf in Kilowatts.
Ein Fräulein sagt heiser: „Komm mit, mein Schatz!"
5 Und zeigt entsetzlich viel Haut.

Sie wissen vor Staunen nicht aus und nicht ein.
Sie stehen und wundern sich bloß.
Die Bahnen rasseln. Die Autos schrein.
Sie möchten am liebsten zu Hause sein.
10 Und finden Berlin zu groß.

Es klingt, als ob die Großstadt stöhnt,
weil irgendwer sie schilt.
Die Häuser funkeln. Die U-Bahn dröhnt.
Sie sind das alles so gar nicht gewöhnt.
15 Und finden Berlin zu wild.

Sie machen vor Angst die Beine krumm.
Und machen alles verkehrt.
Sie lächeln bestürzt. Und sie warten dumm.
Und stehn auf dem Potsdamer Platz herum,
20 bis man sie überfährt.

Aus: Erich Kästner für Erwachsene. Ausgewählte Schriften.
Atrium Verlag, Zürich 1983, S. 196

Sprachliche Bilder: Name und Bedeutung

⎕1 Untersuche, wer in diesem Gedicht spricht. Kreuze an.

☐ ein lyrisches Ich, das selbst zum ersten Mal in der Großstadt ist

☐ ein lyrischer Sprecher, der Besucher der Großstadt beobachtet

☐ ein Fremdenführer

⎕2 Wer ist in den Versen 1, 6, 7, 9, 14, 16, 18 mit „Sie" gemeint? Woran erkennst du das? Notiere.

_____

⎕3 Worum geht es in diesem Gedicht? Nenne das Thema in einem vollständigen Satz.

_____

_____

_____

Autorinnen: Cordula Grunow/Isabelle Kunst/
Yvonne Streb

Kopiervorlage

4 Notiere in der Tabelle, welche Erfahrungen die Besucher in der Großstadt genau machen und welche Gefühle sie dabei empfinden. Gehe strophenweise vor.

Strophe	Die Besucher ...	Gefühle
1		
2		
3		
4		

5 a Untersuche die Gedichtform. Gib an:

   A Anzahl der Strophen: _____

   B Anzahl der Verse: _____

   b Schreibe das Reimschema für alle Strophen auf.

   _____

6 Markiere die sprachlichen Bilder in dem Gedicht. Schreibe in den Kasten neben dem Gedicht jeweils die Bezeichnung des sprachlichen Bildes und seine Bedeutung.

Autorinnen: Cordula Grunow/Isabelle Kunst/
Yvonne Streb

Kapitel 7
KV 1, Blatt 2

Kopiervorlage

●● Ein Gedicht untersuchen

Erich Kästner
Besuch vom Lande (1930)

Sie stehen verstört am Potsdamer Platz.
Und finden Berlin zu laut.
Die Nacht glüht auf in Kilowatts.
Ein Fräulein sagt heiser: „Komm mit, mein Schatz!"
5   Und zeigt entsetzlich viel Haut.

Sie wissen vor Staunen nicht aus und nicht ein.
Sie stehen und wundern sich bloß.
Die Bahnen rasseln. Die Autos schrein.
Sie möchten am liebsten zu Hause sein.
10   Und finden Berlin zu groß.

Es klingt, als ob die Großstadt stöhnt,
weil irgendwer sie schilt.
Die Häuser funkeln. Die U-Bahn dröhnt.
Sie sind das alles so gar nicht gewöhnt.
15   Und finden Berlin zu wild.

Sie machen vor Angst die Beine krumm.
Und machen alles verkehrt.
Sie lächeln bestürzt. Und sie warten dumm.
Und stehn auf dem Potsdamer Platz herum,
20   bis man sie überfährt.

Aus: Erich Kästner für Erwachsene. Ausgewählte Schriften.
Atrium Verlag, Zürich 1983, S. 196

Sprachliche Bilder: Name und Bedeutung

> Metapher; die Straßenlaternen, Auto-
> scheinwerfer und Lampen von Geschäften
> oder Gaststätten in der Stadt glühen wie
> die Flammen eines Feuers

1   Untersuche, wer in diesem Gedicht spricht. Kreuze an.

☐ ein lyrisches Ich, das selbst zum ersten Mal in der Großstadt ist

☐ ein lyrischer Sprecher, der Besucher der Großstadt beobachtet

2   Wer ist in den Versen 1, 6, 7, 9, 14, 16, 18 mit „Sie" gemeint? Lies noch einmal den Titel des Gedichts.

_____

3   Worum geht es in diesem Gedicht? Nenne das Thema in einem vollständigen Satz.

In dem Gedicht geht es um _____

_____

_____

 Autorinnen: Cordula Grunow/Isabelle Kunst/ Yvonne Streb

Kopiervorlage

4 Notiere in der Tabelle, welche Erfahrungen die Besucher in der Großstadt genau machen und welche Gefühle sie dabei empfinden. Gehe strophenweise vor.

Strophe	Die Besucher ...	Gefühle
1	sind verstört (V. 1), finden die Stadt zu laut	Verwirrung
2		
3		
4		

5 a Untersuche die Gedichtform. Gib an:

   A Anzahl der Strophen: _____

   B Anzahl der Verse je Strophe: _____

   b Schreibe das Reimschema für alle Strophen auf.

   abaab, c _____

6 Markiere die sprachlichen Bilder in dem Gedicht. Schreibe in den Kasten neben dem Gedicht jeweils die Bezeichnung des sprachlichen Bildes und seine Bedeutung.

Cornelsen
Autorinnen: Cordula Grunow/Isabelle Kunst/
Yvonne Streb

Kapitel 7
KV 1, Blatt 4

Kopiervorlage

Ein Gedicht untersuchen

Erich Kästner
Besuch vom Lande (1930)

Sie stehen <u>verstört</u> am Potsdamer Platz.
Und finden Berlin <u>zu laut</u>.
Die Nacht glüht auf in Kilowatts[1].
Ein Fräulein sagt heiser: „Komm mit, mein Schatz!"
5 Und zeigt entsetzlich viel Haut.

Sie wissen vor <u>Staunen</u> nicht aus und nicht ein.
Sie stehen und <u>wundern sich</u> bloß.
Die Bahnen rasseln. Die Autos schrein.
Sie <u>möchten am liebsten zu Hause sein</u>.
10 Und finden Berlin <u>zu groß</u>.

Es klingt, als ob die Großstadt stöhnt,
weil irgendwer sie schilt[2].
Die Häuser funkeln. Die U-Bahn dröhnt.
Sie sind das alles so <u>gar nicht gewöhnt</u>.
15 Und finden Berlin <u>zu wild</u>.

Sie machen vor <u>Angst</u> die Beine krumm.
Und machen alles verkehrt.
Sie lächeln <u>bestürzt</u>. Und sie warten <u>dumm</u>.
Und stehn auf dem Potsdamer Platz herum,
20 bis man sie überfährt.

Aus: Erich Kästner für Erwachsene. Ausgewählte Schriften.
Atrium Verlag, Zürich 1983, S. 196

---

1 Kilowatt: Maßeinheit für Energie, die verbraucht wird (häufig Strom)
2 schilt: von: schelten: ausschimpfen

1 Untersuche, wer in diesem Gedicht spricht. Kreuze an.

◯ ein Fremdenführer

◯ ein lyrischer Sprecher, der Besucher der Großstadt beobachtet

2 Wer ist in den Versen 1, 6, 7, 9, 14, 16, 18 mit „Sie" gemeint? Lies noch einmal den Titel des Gedichts.

_____

3 Worum geht es in diesem Gedicht? Ergänze den Satz.

In dem Gedicht geht es um _____ vom Land, die in _____

von den überwältigenden Eindrücken und Erlebnissen der Großstadt verunsichert und überfordert sind.

Autorinnen: Cordula Grunow/Isabelle Kunst/
Yvonne Streb

Kapitel 7
KV 1, Blatt 5

Kopiervorlage

4 Welche Erfahrungen machen die Besucher in der Großstadt? Welche Gefühle empfinden sie dabei?
Schreibe zu jeder Strophe Stichworte in die Tabelle.
Tipp: Achte auf die Unterstreichungen im Gedicht.

Strophe	Die Besucher ...	Gefühle
1	sind verstört (V. 1), finden die Stadt zu laut	Verwirrung
2	staunen (V. 6),	Staunen, Verwunderung,
3	sind so etwas nicht gewöhnt	
4		Angst,

5 **a** Untersuche die Gedichtform. Ergänze den folgenden Satz.

Das Gedicht hat _____ Strophen mit je _____ Versen.

b Welches Reimschema hat das Gedicht? Kreuze an.

☐ ababa   ☐ abaab   ☐ aabba

6 Ordne den sprachlichen Bildern jeweils richtige Bezeichnung und Bedeutung zu. Ziehe Linien.

sprachliches Bild	Bezeichnung	Bedeutung
Die Nacht glüht auf (V. 3):	Vergleich	Die Reifen oder Bremsen quietschen laut und schrill.
Die Autos schrein. (V. 8)	Metapher	Die Geräusche der Stadt werden mit denen eines Menschen verglichen.
Es klingt, als ob die Großstadt stöhnt (V. 11)	Personifikation	Die Fenster sind erleuchtet oder in den Scheiben spiegeln sich Lichter.
Die Häuser funkeln (V. 13)	Metapher	Die Straßenlaternen, Autoscheinwerfer und Lampen von Geschäften oder Gaststätten in der Stadt glühen wie die Flammen eines Feuers.

Autorinnen: Cordula Grunow/Isabelle Kunst/
Yvonne Streb

Kopiervorlage

Dialekt untersuchen – Ein mundartlicher Song

Höhner
Echte Fründe

Refrain:
Echte Fründe ston zesamme,
ston zesamme su wie eine Jott un Pott[1].
Echte Fründe ston zesamme,
5 es och dih Jlück op Jöck[2] un läuf dir fott.
Fründe, Fründe, Fründe en dr Nut
jon 'er hundert, hundert op e Lut[3].
Echte Fründe ston zesamme,
su wie eine Jott un Pott.

10 Do häs Jlück, Erfolg un küss[4] zo Jeld.
Dich kennt he op einmol Jott un alle Welt.
Minsche, die dich vürher nit jekannt,
kumme us de Löcher anjerannt,
sin janz plötzlich all met dir verwandt.

15 Refrain:
Echte Fründe ...

Scholderkloppe, Bravo nimm kei Engk[5].
Mer fingk dich wirklich toll un
drät[6] dich op de Häng.
20 Jlücklich, wä sich do nit blende liet[7]
un nit zo vell op schöne Auge jitt[8],
en jedem Fründe 'ne richtige Fründe och süht.

Refrain:
Echte Fründe ...

25 Do häs Pech; et jeiht dr Birsch erav[9].
Verjesse es all dat, wat do bisher jeschaff.
Minsche, die dich vürher jot jekannt,
jevven dir noch nit ens mih de Hand.
Jetz sühs do, wä met Rääch[10] sich Fründ jenannt.

30 Refrain:
Echte Fründe...

Aus dem Album „Op Jöck".
© für den Text: Peter Horn-Peters, Jan-Peter Fröhlich,
Peter Werner-Jates, Franz-Martin Willizil, Günter Steinig

1 Jott und Pott: Gott und Topf; gemeint ist, dass alle
  zusammenstehen, weil sie an einen Gott glauben
  und aus einem Topf essen.
2 op Jöck: unterwegs
3 op e Lut: auf ein Lot (alte kleine Maßeinheit: ein
  Lot ist ein Dreißigstel Pfund); gemeint ist: In der
  Not „wiegen" Freunde nur wenig, die meisten
  taugen nichts.
4 küss: kommst
5 Engk: Ende
6 drät: trägt
7 liet: lässt
8 jitt: gibt
9 Birsch erav: Berg herab
10 met Rääch: mit Recht

   Autoren: Isabelle Kunst/Markus Langner/
Norbert Pabelick/Yvonne Streb
Illustratorin: Uta Bettzieche, Leipzig   249   Kapitel 7
KV 3, Blatt 1

Kopiervorlage

●●●● # Dialekt untersuchen – Ein mundartlicher Song

1 Lies den Songtext und schreibe in wenigen Sätzen auf, worum es geht.

_____

_____

_____

_____

_____

_____

_____

2 Untersuche den Kölner Dialekt. Nenne vier Dialektmerkmale und notiere Beispiele aus dem Songtext.

A Verschiebung von *eu* zu *ü*   Beispiel: _____

B _____   Beispiel: _____

C _____   Beispiel: _____

D Auslassen des Konsonanten am Wortende   Beispiel: _____

3 Prüfe mit Hilfe der Karte auf Seite 159 im Deutschbuch: Welcher Dialekt wird in Köln gesprochen?

  a Kreuze an: ☐ Südfränkisch

                   ☐ Mittelmärkisch

                   ☐ Ripuarisch

  b Schreibe auf, zu welcher Sprachgruppe dieser Dialekt gehört. _____

4 Übersetze den Song ins Hochdeutsche. Schreibe in dein Heft.

Autoren: Isabelle Kunst/Markus Langner/
Norbert Pabelick/Yvonne Streb

Kapitel 7
KV 3, Blatt 2

Kopiervorlage

Dialekt untersuchen – Ein mundartlicher Song

1 Lies den Songtext. Worum geht es in dem Song? Vervollständige die folgenden Sätze.

In dem Song geht es um das Thema _____. Echte _____

zeigt sich erst dann, wenn man selbst in _____. In Zeiten, in denen es einem

gut geht, _____,

aber diese Freunde _____

_____

2 Lies die Dialektmerkmale der kölschen Mundart. Schreibe dazu Beispiele aus dem Songtext auf.

A Verschiebung von *eu* zu *ü*   Beispiel: _____

B anlautendes *g* immer als *j*   Beispiel: _____

C Verschiebung von *f* zu *p*   Beispiel: _____

D Auslassen des Konsonanten am Wortende   Beispiel: _____

3 Kreuze an: Zu welcher mundartlichen Region gehört der kölsche Dialekt?

☐ **A** Ostniederdeutsch

☐ **B** Bairisch

☐ **C** Westmitteldeutsch

☐ **D** Ostmitteldeutsch

4 Übersetze den Song ins Hochdeutsche. Schreibe in dein Heft.
Du kannst so beginnen:

Echte Freunde

Refrain:
Echte Freunde stehen zusammen,
stehen zusammen so wie ein Gott und ein Pott.
Echte Freunde stehen zusammen,
ist auch dein Glück unterwegs und läuft dir fort.
Freunde, Freunde, Freunde in der Not
gehen hundert, hundert auf ein Lot.

Kopiervorlage

Autoren: Isabelle Kunst/Markus Langner/
Norbert Pabelick/Yvonne Streb

Kapitel 7
KV 3, Blatt 3

●●○ Dialekt untersuchen – Ein mundartlicher Song

1 Lies den Songtext. Worum geht es in dem Song? Kreuze an.

☐ In dem Song geht es um das Thema „Kochen mit Freunden". Dabei kann es zu Streit kommen, denn viele Köche verderben den Brei.

☐ In dem Song geht es um das Thema „Freundschaft". Echte Freundschaft zeigt sich erst dann, wenn man selbst in Not ist.

2 Lies die Dialektmerkmale der kölschen Mundart und die Beispiele. Schreibe zu B, C und D je ein weiteres Beispiel aus dem Songtext auf.

A Verschiebung von *eu* zu *ü*   Beispiel: <u>Freunde → Fründe</u>

B anlautendes *g* immer als *j*   Beispiele: <u>Gott → Jott, Glück → Jlück,</u>

_____

C Verschiebung von *f* zu *p*   Beispiele: <u>auf → op,</u>

_____

D Auslassen des Konsonanten am Wortende   Beispiele: <u>zusammen → zesamme, läuft → läuf,</u>

_____

3 Kreuze an: Zu welcher mundartlichen Region gehört der kölsche Dialekt?

☐ **A** Bairisch

☐ **B** Westmitteldeutsch

4 Lies die Übersetzung des Refrains ins Hochdeutsche. Vervollständige sie.

Echte Freunde stehen _____,

stehen _____ so wie ein _____ und ein _____.

Echte Freunde stehen _____,

ist auch dein _____ unterwegs und läuft dir fort.

Freunde, Freunde, Freunde in der _____

gehen hundert, hundert auf ein Lot.

Echte Freunde stehen _____,

so wie ein _____ und ein _____.

Cornelsen

Autoren: Isabelle Kunst/Markus Langner/
Norbert Pabelick/Yvonne Streb

Kopiervorlage

Einen Poetry-Slam-Text verstehen

Jana Heinicke

Ich nehme Heimat mit (2011)

Jana Heinicke zog 2010 nach Biel in der Schweiz. Doch sie vermisste ihre Heimat Berlin sehr. Der Text entstand nach einem Landeanflug im Sonnenuntergang auf den Flughafen Berlin-Schönefeld. Der Pilot wünschte allen Touristen einen schönen Aufenthalt und hieß alle Menschen, die in Berlin wohnten, willkommen zu Hause. Seit 2013 lebt Jana Heinicke wieder in Berlin und arbeitet als Autorin.

Manchmal vermiss' ich das Gefühl
als die Welt noch so lang und breit war
wie's Spreeufer.
Von Köpenick bis nach Mitte Berlin.
5 Im Treppenhaus schon der Geruch nach Mamas
Kartoffelpuffern
und im Badezimmer nach Omas Honigcreme.

Die von Quarkkeulchen fettigen Hände
beim Warten am Bahnhof auf die nächste Bahn.
10 Die von BQS BMK zugetaggten Wände –
und dann und wann – ne Curry mit Schrippe.
Mitten auf'm Mehringdamm.

Ich vermiss das Sitzen am Boxi an Sonntagen
mit den Ohrbooten im Ohr.
15 Das schweißgeperlte Keuchen beim Tragen
von alten Schränken, Stühlen, Kommoden –
sind ja allet Flohmarktschnäppchen, wa? –
Zu Fuß, bis zum Frankfurter Tor.

Und ich vermiss den Geruch am Maybachufer
20 nach der braunen Plörre der Spree.
Wenn ich in Bern an der Aare entlang spaziere
Und in das kristallklare Wasser hinunter seh,
frag ich mich, wie die das machen, die Schweizer.
25 Mit den sauberen Gewässern.
Vielleicht mit Bleichmittel, oder so.

Aber Flüsse, die müssen doch braun sein,
damit die weißen Schwäne darauf noch majestä-
tischer wirken.
30 Wenn sie bei der Fütterung im Dezember
beherzt in behandschuhte Hände zwicken.

Und es ist dieses Herz mit Schnauze –
das vermiss ich, in allen and'ren Städten.
So richtig direkt gesagte Unhöflichkeiten.
Dafür wundere ich mich über die netten Etiketten 35
Der Kellnerinnen in Berner Cafés,
Die mir Latte Macchiato mit Liebe, nem Lächeln
und extra viel Milchschaum zubereiten.

Und über den Türen hängen Schilder.
Auf denen steht kitschig-kursiv geschrieben: 40
*Wer einmal verreist war, wird für immer an
Fernweh leiden
Und wer nirgendwo ankommt, ist auch nirgend-
wo daheim.*
Doch ich glaub, man muss erst ne Zeit in der 45
Ferne bleiben
Um zu verstehen, was das Wort Heimat tatsäch-
lich meint:

Es ist vielleicht der Greifreflex eines Kindes
nach der Wurst in deiner Hand, an der Super- 50
marktkasse.
Es ist der vom letzten Sommer längst vergessne
Ostseesand in deinen abgetragenen Hosen-
taschen.

Heimat kann das T-Shirt eines alten Freundes 55
sein –
am Fußende des Daunenschlafsacks.
Heimat ist ein Geruch.
Heimat ist der auf einen neonpinken Zettel
in Eile gekrakelte Spruch: 60
Keule, Klopapier is alle, jeh ma neuet holn.
Und du hättest nie gedacht, dass diese Botschaft
für dich jemals von emotionaler Bedeutung sein
würde.

Autorin: Yvonne Streb

253

Kapitel 7
KV 4, Blatt 1

65 [...]
Heimat ist manchmal nur ein bestimmter Blick
auf die Welt, heraus aus der alten Kinderstube.
Ein Zufluchtsort, ein Versteck im Wald, ein In-
dianerzelt
70 Und zwischen Oberarm und Brust ne eingeleg'ne
Kuhle.

Heimat ist der allerletzte Kuss,
kurz bevor eine Zugtür zwei Münder trennt.
Und der Augenblick hinter Scheiben, der so ehr-
75 lich *Für immer* sagt, und dabei meint: *Wenig-
stens für diesen Moment.*

Und es ist der Moment, der bleibt.
Dieses Glücksgefühl im Zugabteil,
wenn du verreist, mit Ferne im Visier und
Wärme im Bauch,
weil du weißt: 80
Heimat ist nicht übertragbar.
Aber tragbar dafür.
So grenzenlosgroß und passt doch durch jede
halbwegs offene Tür, es ist die Gewissheit, dass
es auf der Welt nichts Besseres gibt.   85

Und egal wohin, und wie weit ich auch gehe, ich
nehm' ein Stück Heimat dahin mit.

© Jana Heinicke, Berlin

✂ -

••• Einen Poetry-Slam-Text verstehen

[1] Lies den Text „Ich nehme Heimat mit" von Jana Heinicke.

a Wovon handelt der Text? Notiere in einem Satz.

_____

b Wie wirkt der Text auf dich? Beschreibe deine ersten Leseeindrücke. Schreibe in dein Heft.

[2] Die Poetry-Slammerin Jana Heinicke kommt aus Berlin.

a Belege ihre Herkunft mit Hilfe des Textes. Schreibe in dein Heft.

b Schlage die Dialektkarte auf S. 159 in deinem Schülerband auf und finde heraus, welchen Dialekt
   man in Berlin spricht. Notiere ihn.

_____

[3] Der letzte Vers des Textes lautet „Ich nehm' ein Stück Heimat dahin mit."

a Was meint die Autorin mit diesem Vers? Notiere in einem Satz.

_____

b Erkläre, was das Wort „Heimat" für Jana Heinicke bedeutet. Schreibe in dein Heft.

Cornelsen   Autorin: Yvonne Streb

Kapitel 7
KV 4, Blatt 1

Kopiervorlage

●●○ Einen Poetry-Slam-Text verstehen

1 Lies den Text „Ich nehme Heimat mit" von Jana Heinicke.

a Wovon handelt der Text? Ergänze den folgenden Satz:

Der Text „Ich nehme Heimat mit" von Jana Heinicke handelt von _____

_____ .

b Beschreibe deinen ersten Leseeindruck. Was vermisst Jana Heinicke in ihrer neuen Heimat? Schreibe in dein Heft.

2 Die Poetry-Slammerin Jana Heinicke kommt aus Berlin.

a Belege ihre Herkunft mit Hilfe des Textes. Achte dabei auf Ortsangaben und Stellen, die im Dialekt geschrieben sind. Schreibe in dein Heft.

b Schlage die Dialektkarte auf S. 159 in deinem Schülerband auf und suche darauf Berlin. Notiere, welchen Dialekt man dort spricht.

_____

_____ .

3 Der letzte Vers des Textes lautet „Ich nehm' ein Stück Heimat dahin mit."

a Was meint die Autorin mit diesem Vers? Ergänze den folgenden Satz:

Die Autorin drückt mit dem letzten Vers aus, dass sie _____

_____ .

b Erkläre in deinem Heft, was das Wort „Heimat" für Jana Heinicke bedeutet. Beachte dabei, dass sie ihr Zuhause, die Stadt Berlin und ein Gefühl beschreibt.

✂ -

●○○ Einen Poetry-Slam-Text verstehen

1 Lies den Text „Ich nehme Heimat mit" von Jana Heinicke.

a Wovon handelt der Text? Kreuze an.

Der Text handelt von

☐ Jana Heinickes Heimat und was sie für sie bedeutet.   ☐ Jana Heinickes Familie und Freunden.

b Was vermisst Jana Heinicke in ihrer neuen Heimat? Schreibe in dein Heft. Beachte dabei, dass sie ihr Zuhause, die Stadt Berlin und ein Gefühl beschreibt.

2 a Die Poetry-Slammerin Jana Heinicke kommt aus Berlin. Belege ihre Herkunft mit Hilfe des Textes. Achte dabei auf Ortsangaben (vgl. Z. 3) und Stellen, die im Dialekt geschrieben sind (vgl. Z. 17). Schreibe in dein Heft.

b Schlage die Dialektkarte auf S. 159 in deinem Schülerband auf und suche darauf Berlin. Welchen Dialekt spricht man dort? Kreuze an:

☐ Brandenburgisch   ☐ Südmärkisch

3 Der letzte Vers des Textes lautet „Ich nehm' ein Stück Heimat dahin mit."

a Was meint die Autorin mit diesem Vers? Kreuze an:

☐ Sie nimmt Gegenstände von zu Hause mit.   ☐ Sie nimmt Erinnerungen und Gefühle mit.

b Erkläre in deinem Heft, was das Wort „Heimat" für Jana Heinicke bedeutet. Nutze deine Ergebnisse aus Aufgabe 1 b. Du kannst so beginnen:

Für Jana Heinicke ist die Heimat nicht nur ein Ort, sondern auch ein Gefühl. Es kann …

Autorin: Yvonne Streb

Kapitel 7
KV 4, Blatt 3

Kopiervorlage

8 „Wilhelm Tell" – Ein Drama untersuchen

Konzeption des Kapitels

Friedrich Schillers „Wilhelm Tell" hat im Deutschunterricht eine wechselhafte Rezeptionsgeschichte erfahren. In der Nachkriegszeit noch fester Bestandteil des Literaturkanons, verschwand der „Tell" in den 1970er-Jahren fast vollständig aus dem Deutschunterricht. Seit einiger Zeit wird das Stück wieder vermehrt gelesen und aufgeführt, eignet es sich doch hervorragend, die Schüler/-innen an Großwerke des klassischen Theaters heranzuführen. Es bietet eine spannende, aktionsreiche Handlung und eine zum Mythos gewordene Sagenfigur als Protagonisten, der eine unvergleichliche Wirkungsgeschichte hat und immer wieder Auseinandersetzungen provoziert. Die komplexe Handlung lässt sich gut reduzieren, um das Drama auch für Mittelstufenschüler/-innen zur Rezeption aufzubereiten. Der zweisträngige Handlungsaufbau erlaubt die Konzentration auf die Tell-Handlung, die in sich verständlich ist. Der Inhalt der Rütli-Handlung (Rütlischwur) kann ggf. in Kurzvorträgen ergänzt werden. Die im Schülerband angebotenen Textauszüge erlauben einen umfangreichen Zugang zum Stück. Auf Wunsch kann auch die Ganzschrift gelesen werden, die Textauszüge basieren auf der für die Schule bearbeiteten Version von Diethard Lübke aus der Cornelsen-Reihe: „… einfach klassisch". Der Originaltext wurde inhaltlich und sprachlich so vereinfacht, dass er auch ungeübten Leserinnen und Lesern einen Zugang ermöglicht.

Im ersten Teilkapitel (**„,Es geht ums Leben!' – Handlung und Figuren kennen lernen"**) werden die erste und die dritte Szene des Stücks in Auszügen vorgestellt und sowohl analytisch als auch produktiv untersucht. Die Schüler/-innen lernen die Bedeutung von Schauplatz und Atmosphäre kennen, machen sich ein möglichst genaues Bild des Helden, gewinnen einen Überblick über die grundlegende Figurenkonstellation, erschließen den Aufbau des dramatischen Konflikts und erhalten Einblick in den historischen Kontext. Zudem wird der Gebrauch wichtiger dramentechnischer Begriffe eingeübt. Abschließend können die Schüler/-innen ihr Wissen in einer **Selbstevaluation** („Testet euch! – Begriffe rund ums Drama") überprüfen und festigen.

Das zweite Teilkapitel (**„,Ich will dein Leben nicht, ich will den Schuss!' – Szenen gestaltend interpretieren"**) setzt im Umgang mit weiteren Szenenauszügen den Schwerpunkt auf Handlungsorientierung und produktive Verfahren. Zwei Kernstellen des Dramas, die Apfelschuss-Szene und Tells Monolog vor dem Tyrannenmord in der Hohlen Gasse, werden so auf miterlebende und anschauliche Weise erschlossen. Die Gewalttat Tells wird eingeordnet und bewertet. In der **Differenzierungseinheit** („Stärken stärken: Eine Rollenbiografie schreiben") vertiefen die Schüler/-innen ihre Schreibkompetenz durch das Verfassen einer Rollenbiografie zur Figur Geßler.

Das dritte Teilkapitel (**„Projekt: Schiller auf der Spur …"**) setzt sich zunächst mit der Zeitlosigkeit des Dramas „Wilhelm Tell" auseinander, wobei der Aspekt „Freiheit oder Tyrannei" im Vordergrund steht. Die Schüler/-innen ziehen Parallelen zu historischen bzw. aktuellen Ereignissen und stellen Bezüge zu Friedrich Schillers Biografie her. Ihre Ergebnisse vertiefen sie als szenisches Spiel in einem Interview.

Literaturhinweise

Aigner-Haberstroh, Elke u.a.: Rund um szenisches Spiel. Kopiervorlagen für den Deutschunterricht. Cornelsen, Berlin 2007

Einfach klassisch: Friedrich Schiller: Wilhelm Tell. Für die Schule bearbeitet von Diethard Lübke. Cornelsen, Berlin 2013

Jerofke, Bernd Klaus: Bausteine: Ausdruck schulen – Theater spielen. AOL, Buxtehude 2008

Scheller, Ingo: Szenische Interpretation. Theorie und Praxis eines handlungs- und erfahrungsbezogenen Literaturunterrichts in Sekundarstufe I und II. Kallmeyer, Seelze 2004

Vlcek, Radim: Workshop Improvisationstheater. Übungs- und Spielesammlung für Theaterarbeit, Ausdrucksfindung und Gruppendynamik. Auer, Donauwörth 2000

Inhalte	Kompetenzen
	Die Schülerinnen und Schüler
S. 165 **8 „Wilhelm Tell" – Ein Drama untersuchen**	– bestimmen wesentliche Elemente eines Textes (hier: eines Dramas) – setzen Texte szenisch um – schreiben beschreibend
S. 166 **8.1 „Es geht ums Leben!" – Handlung und Figuren kennen lernen**	– beschreiben und bewerten Handlungen und Verhaltensweisen literarischer Figuren – beschreiben Texte mit Fachbegriffen
S. 166 „Es donnern die Höhen ..." – Ort und Atmosphäre *Friedrich Schiller:* Wilhelm Tell, Erster Aufzug/Erste Szene (1)	– erschließen die Bedeutung von Ort und Atmosphäre für die Gesamtwirkung des Stücks
S. 168 „Es ist der Tell" – Ein Held tritt auf *Friedrich Schiller:* Wilhelm Tell, Erster Aufzug/Erste Szene (2)	– bestimmen ein Drama nach Gattungsmerkmalen – erschließen einen Text szenisch (hier: Standbild) – tragen einen Text sinngebend und gestaltend vor
S. 171 „Zwing Uri soll sie heißen" – Der Konflikt spitzt sich zu *Friedrich Schiller:* Wilhelm Tell, Erster Aufzug/Dritte Szene (3)	– bestimmen ein Drama nach Gattungsmerkmalen – beschreiben Beziehungen von Figuren – verbinden den Text mit Autor und Entstehungszeit
S. 174 Testet euch! – Begriffe rund ums Drama	– kennen Fachbegriffe
S. 175 **8.2 „Ich will dein Leben nicht, ich will den Schuss!" – Szenen gestaltend interpretieren**	– tragen Texte sinngebend und gestaltend vor – schreiben gestaltend unter Einbeziehung kreativer Schreibformen
S. 175 „Nimm die Armbrust!" – Der Konflikt auf dem Höhepunkt *Friedrich Schiller:* Wilhelm Tell, Dritter Aufzug/Dritte Szene	– setzen einen Text szenisch um – leisten freie Redebeiträge – formulieren kriterienorientiert Feedback (hier: ein Video-Feedback)
S. 180 „Frei sind die Hütten" – Die Lösung des Konflikts *Friedrich Schiller:* Wilhelm Tell, Vierter Aufzug/Dritte Szene	– tragen einen Monolog sinngebend und gestaltend vor – beschreiben und bewerten Handlungen und Verhaltensweisen des Helden (hier: eine Rollenbiografie)
S. 183 Stärken stärken: Eine Rollenbiografie schreiben	– verfassen eine Rollenbiografie zur Figur Geßler
S. 184 **8.3 Projekt: Schiller auf der Spur ...**	– verbinden einen Text mit Autor und Entstehungszeit – setzen biografische Aspekte Schillers in Beziehung zum Drama – schreiben gestaltend (hier: ein Interview mit Friedrich Schiller)

||S. 165| Auftaktseite

Begleitend kann die **Folie** „Wilhelm Tell' – Ein Drama untersuchen" eingesetzt werden, die die Aufgaben der Auftaktseite medial aufbereitet.

1 a–c Die Abbildung illustriert das Geschehen in der dritten Szene im dritten Aufzug: Wilhelm Tell und sein Sohn Walther befinden sich auf dem Weg nach Altdorf. Tell ignoriert den dort ausgestellten Hut des Vogts, dem er, wie alle Vorbeigehenden, durch einen Gruß Respekt zollen soll. Die Wachen wollen ihn daraufhin verhaften.

Hier geht es zunächst darum, die Figuren in ihrer Haltung, in ihrer Gestik und Mimik sowie in ihrer Kostümierung und mit ihren Requisiten genau zu beschreiben. Im Vordergrund des Bilds sind Wilhelm Tell und an dessen Hand sein Sohn Walther zu sehen. Beide stehen eng beieinander. Der Junge wirkt durch den hinter ihm stehenden Vater geschützt. Tell trägt auf der Schulter eine Armbrust, die ihn als Jäger kenntlich macht. Beide Figuren wirken angespannt und haben den Blick von den Wachen abgewandt. Gestik und Mimik der Soldaten wirken entschlossen. Die Szene wird von Männern und Frauen im Hintergrund beobachtet, die mit ernstem oder erwartungsvollem Gesichtsausdruck vor einer Burg stehen. Der Hut auf einer bemalten Stange fügt sich in diese Hintergrundszene ein.

2 Die Frage nach Leben und Werk Schillers (1759 – 1805) kann auch als Hausaufgabe gestellt werden.

8.1 „Es geht ums Leben!" – Handlung und Figuren kennen lernen

||S. 166| „Es donnern die Höhen ..." – Ort und Atmosphäre

Erster Aufzug/Erste Szene (1)

1 In keinem seiner Dramen hat sich Schiller derart intensiv und genau mit dem Schauplatz des Geschehens beschäftigt wie in seinem „Tell". Die Wände seines Arbeitszimmers waren mit Skizzen und Karten behängt und er ließ sich von Ortskundigen, darunter Goethe, welcher die Schweiz dreimal bereist hatte, immer wieder Auskunft geben. Ort und Atmosphäre hatten in seinen Augen grundlegende Bedeutung für das Stück und seine Aussage, denn der Held und seine Geschichte waren aufs Engste mit der Landschaft um den Vierwaldstätter See verknüpft. Zum einen ist die Figur Tell von der Landschaft geprägt, zum anderen gibt es dort bis heute eine intensive Rezeption der Natur durch Einheimische und Touristen. Während der Aufklärung und im Sturm und Drang waren die Urkantone der Schweiz ein bevorzugtes Reiseziel gebildeter Kreise. Die einfache, meist ländlich geprägte Bevölkerung lebte selbstbestimmt und ohne absolutistische Fürstenherrschaft, darum erschien das Land Zeitgenossen als idealer, unverdorbener Lebensraum (so auch von Rousseau und Goethe gepriesen). Im Mythos Schweiz verband sich die Erhabenheit der Landschaft mit der erhabenen Idee der Freiheit, die Figur Tell repräsentiert diesen Mythos. Für den Zeitgenossen Schiller war es also auch eine Frage des guten Geschmacks, den Sehnsuchtsort Schweiz angemessen in seinem Drama darzustellen. Beispielhaft dafür ist die erste Szene zu nennen, in der eine detaillierte Bühnenanweisung den folkloristisch-musikalischen Auftritt der Repräsentanten der ländlichen Bevölkerung einbettet. Die Eingangssequenz des Kapitels geht auf die Bedeutung von Ort und Atmosphäre ein.

2 a Eingangs wird eine Idylle beschrieben, Mensch und Natur befinden sich in friedlichem Einklang.
●●● Folgerichtig ist in Zeile 14 vom „Paradies" die Rede. Schlagartig verändert sich die Atmosphäre: Donnergrollen, dunkle Wolken, Nebel („Der Myrtenstein zieht seine Haube an", Z. 36) ziehen auf. Die Veränderungen wirken auf den Leser oder Zuschauer bedrohlich. Es wird suggeriert, dass etwas Schlimmes passieren könnte.

b/c Beispiellösung:

positive Stimmung	negative Stimmung
„hohes Felsenufer" (Z. 1)	„dumpfes Krachen" (Z. 31)
„die grünen Matten"(Z. 3)	„Der graue Talvogt" (Z. 35)
„das harmonische Geläut" (Z. 5)	„dumpf brüllt" (Z. 35)
„am grünen Gestade" (Z. 10)	„Und kalt her bläst" (Z. 37)
„wie Flöten so süß" (Z. 12)	
„Ihr sonnigen Weiden" (Z. 19)	

3 **a/b** Der Schauplatz der ersten Szene lässt sich, wie alle Szenen, genau lokalisieren. Er liegt dem Ort Schwyz gegenüber am Seeufer. „Zur Linken" liegt der Berg mit Namen Haken und Ruodi weist auf den Felsen Mythenstein (heute auch „Schillerstein") hin, der vom Ort des Geschehens aus offenbar gut zu sehen ist. Demnach spielt die Szene am nordwestlichen Ufer des Urner Sees, irgendwo bei Rütli.

c Es wird nicht erwartet, dass die Schüler/-innen eine Bergkulisse malen. Zu entwickeln wäre vielmehr eine Projektion oder ein Teil des Bühnenbilds. Moderne Inszenierungen versuchen, die gewünschten Effekte weniger mit Bildprojektionen als vielmehr mit Licht- und Tontechnik zu erzeugen.

S. 168 **„Es ist der Tell" – Ein Held tritt auf**

Erster Aufzug/Erste Szene (2)

1 **a** Die Spannung der Szene wird unter anderem durch Aneinanderreihung von Ausrufen (z. B. Z. 6) und kurzen Parataxen (z. B. Z. 11, 20) aufgebaut. Alles geschieht in Eile und unter hohem Druck, was die teils durch Ellipsen (z. B. Z. 4, 6, 24) verknappte Sprache deutlich macht.

b Das Wetter kommt in Gestalt des Donnergrollens vor, das den Spannungsaufbau der Handlung wie Paukenschläge vorantreibt.

Beispiellösung:

Textstellen	Wirkung
Z. 22: „Es fängt an zu donnern."	Baumgartens Vorsprung vor den Verfolgern wird knapp
Z. 29: „Wiederholte Donnerschläge."	Bedrohung und Spannung steigen
Z. 42: „Heftige Donnerschläge, die See rauscht auf."	Tell und der Fährmann streiten, ob Baumgarten übergesetzt werden kann

Außerdem beschreibt der Fährmann Ruodi das Wettergeschehen auf dem aufgewühlten See in lautmalerischen Alliterationen „Wie's brandet, wie es wogt und Wirbel zieht / Und alle Wasser aufrührt in der Tiefe." (Z. 32–33)

●○○ **c** Beispiellösung:

Gliederung der Szene in Abschnitte	
Z. 1–12:	Der verfolgte Baumgarten bittet den Fährmann, ihn über den See zu setzen.
Z. 14–23:	Baumgarten berichtet, dass er den Burgvogt Wolfenschießen erschlagen hat, weil dieser seine Frau verführen wollte.
Z. 24–35:	Trotz Bitten der Anwesenden weigert sich der Fährmann, Baumgarten zu helfen, da der Gewittersturm den See aufwühlt.
Z. 37–56:	Tell erscheint und wagt den Rettungsversuch.
Z. 57–74:	Die Reiter des Landvogts treffen ein und bestrafen die Zurückgebliebenen, weil sie Baumgarten geholfen haben.

 2 **a** **Hinweis:** Der Standbildbau, das Statuentheater bzw. der Skulpturenbau werden den Schülerinnen und Schülern vermutlich aus den vorangegangenen Schuljahren vertraut sein. In der Literatur werden diese Begriffe in der Regel synonym verwendet. Standbildbau ist ein schülerorientiertes Verfahren aus dem handlungs- und produktionsorientierten Unterricht. Es werden Personenskulpturen – also Standbilder – gebaut, die einen Moment oder eine Bedeutung eines Texts zum Ausdruck bringen. Beobachter vergleichen dieses Bild mit der Textvorlage und optimieren es. Hier wird diese Methode genutzt, um

– Ruodi und Tell zu charakterisieren,
– auf die Bitte Baumgartens ihre Befindlichkeit darzustellen und zu interpretieren,
– ihre inneren Konflikte sichtbar werden zu lassen.

Sie schult durch ihre exakte und reduzierte Durchführung die Körperbeherrschung und den genauen Blick und zwingt die Gruppe zur präzisen Darstellung.

Methodische Anweisungen für die (Klein-)Gruppe:
– Teilt euch in Gruppen ein. Jede Gruppe besteht aus einem Baumeister, den Akteuren und Beobachtern.
– Wählt einen Baumeister.
– Der Baumeister positioniert die Akteure so, wie es die Situation erfordert. Er „formt" die Haltung ohne Worte; Mimik wird entsprechend vorgeführt.
– Wenn das Standbild fertig ist, erstarren alle Akteure für kurze Zeit. Sie „frieren ein".
– Die Beobachter geben jetzt Rückmeldung und interpretieren, was sie sehen.

b Durch die Methode der inneren Stimme werden die Statuen oder Standbilder quasi zum Leben erweckt. Ihr Fühlen, Denken und Motive für ihr Handeln kommen zum Ausdruck. Hier geht es um die Formulierung verschiedener Interpretationsansätze; es sollten also möglichst viele Schüler/-innen der Statue eine Stimme geben.
Auf produktive Weise wird eine Charakterisierung der Figuren Ruodi und Tell sowie ihre Konstellation erarbeitet. Folgende Aspekte sollten herausgearbeitet werden:
– die herausragende Bedeutung Tells, seine Überlegenheit und Stärke und die Verehrung, die er unter seinen Landsleuten genießt;
– wesentliche Charakterzüge Tells (unbedingte Hilfsbereitschaft, Gottvertrauen, Mut, Bescheidenheit, außerordentliche Geschicklichkeit und Kraft);
– Ruodis zögerliche Vorsicht, fehlender Wagemut, Furcht, aber auch Verantwortungsbewusstsein gegenüber seiner Familie.

c Das Standbild Baumgartens fügt der Figurenkonstellation weitere Aspekte hinzu:
– Baumgartens panische Angst auf der Flucht;
– die Billigung von Baumgartens Gewalttat als gerechte Strafe am Burgvogt ist die Voraussetzung dafür, dass die Landsleute ihm helfen wollen.

3 **a–c Hinweis:** Das szenische Lesen sollte abschnittweise durch Markierungen im Text und mehrmaliges Üben gründlich vorbereitet werden. Es wird den Schülerinnen und Schülern nicht leichtfallen, trotz Versbrechung und ungewohnter Sprache situationsangemessen zu sprechen. Vor dem Vortrag sollten grundlegende Überlegungen gemeinsam angestellt werden: Wie können Baumgartens gehetzte Sprachweise, die eindringlichen Bitten der Landsleute, Tells ruhige und bestimmte Diktion, die emotionalen Einwände Wernis und das Wut- und Angstgeschrei am Ende der Szene gestaltet werden?

Die **Kopiervorlage 1** („Es ist der Tell" – Ein Held tritt auf) und **Kopiervorlage 2** („Zeichen zur Vorbereitung eines Vortrags") geben Gelegenheit zur Vorbereitung der szenischen Lesung. Die Schüler/-innen sollten sich daran gewöhnen, den Text vor dem szenischen Lesen produktiv zu bearbeiten (markieren) und z. B. auch Betonungs- und Pausenzeichen zu verwenden. Markieren und Üben sollten dabei als wechselseitiger Prozess angeleitet werden. Dazu kann die **Kopiervorlage 1** mit Hilfe der vorgegebenen Zeichen entsprechend bearbeitet werden.

Begleitend kann die **Folie** „Zeichen zur Vorbereitung eines Vortrags" eingesetzt werden, die die Aufgaben der **Kopiervorlage 2** medial aufbereitet.

Um eine konstruktive und offene Arbeitsatmosphäre zu gestalten, sind Feedbackregeln hilfreich, stellt doch das szenische Spiel bzw. Lesen für die Heranwachsenden eine besondere Herausforderung dar. Feedbackregeln geben den Schülerinnen und Schülern Hilfestellungen, wie Kritik auf der Sachebene (Beobachtung – Wirkung) angemessen formuliert und dann auch angenommen werden kann. Die **Kopiervorlage 3** („Feedbackregeln") und die **Kopiervorlage 4** („Beobachtungsbogen: Szenischer Vortrag") können unterstützend eingesetzt werden.

d Die Flucht über einen sturmgepeitschten See kann auf der Bühne nicht realitätsnah gezeigt werden. Sie kann nur berichtet werden (Botenbericht), wenn sie schon geschehen ist, oder von den Figuren kommentiert werden. Das Geschehen erfolgt für die Zuschauer unsichtbar außerhalb des Bühnenraums. Vorstellbar ist z. B., dass die Figuren erhöht zum Bühnenraum, mit dem Rücken oder schräg zum Publikum über den Bühnenraum hinausschauen.

Die Lösungen der Schüler/-innen können im Standbild oder in der szenischen Improvisation ausprobiert werden.

4 Der Ort der Handlung konkretisiert sich für die Schüler/-innen im ersten Aufzug der ersten Szene. Die atmosphärisch gestaltete Landschaft führt bereits auf den herannahenden Konflikt hin.

Wird zunächst eine idyllische Landschaft beschrieben, in der Fischer, Hirten und Jäger friedlich ihrem Tagwerk nachgehen, so verändert sich die Landschaft bedrohlich: Ein schweres Unwetter zieht heran. Baumgarten, der den Burgvogt erschlagen hat, wird verfolgt und will über den See flüchten. Das herannahende Unwetter hält die Einheimischen jedoch davon ab, dem Verfolgten zu helfen. Jetzt taucht Tell auf und wagt die Bootsfahrt. Die Verfolger haben das Nachsehen, aber sie lassen ihre Wut an den Zurückgebliebenen aus. Es zeichnen sich folgende Konflikte ab:

− Der Konflikt zwischen der Willkürherrschaft durch die Vögte und der Bevölkerung, die sich in ihren Rechten und ihrer Freiheit eingeschränkt fühlt.

− Der Konflikt des Einzelnen, Mut zu zeigen und sich einzusetzen.

− Der Konflikt zwischen den Risikofreudigeren und den vorsichtigeren Zeitgenossen, die für die Taten der Mutigeren bestraft werden.

5 Das Land muss vor der Willkür der Vögte gerettet werden, die sich brutal über alle menschlichen Grundrechte hinwegsetzen (Unversehrtheit, Selbstbestimmungsrecht, Hausrecht, Eigentumsrecht) und Gewalt ausüben.

Der Konflikt besteht darin, dass Einzelne (z. B. Baumgarten) sich gegen die Übergriffe der Vögte wehren. Als Verfolgte genießen sie die Unterstützung der Landsleute, die ihrerseits dafür bestraft werden. Tells Verhalten lässt erwarten, dass er im sich entfaltenden Konflikt die Rolle des Protagonisten übernehmen wird. Man ahnt, dass Tell der herbeigesehnte Retter des Landes sein wird. Bestärkt wird diese Ahnung durch die vorausdeutende Frage: „Wann wird der Retter kommen diesem Lande?" (Z. 73)

S.171 „Zwing Uri soll sie heißen"" – Der Konflikt spitzt sich zu

Erster Aufzug/Dritte Szene

Die Tell-Handlung setzt sich in der dritten Szene des ersten Aufzugs fort. Tell und Stauffacher, ein wohlhabender Bauer, der den Kampf gegen die Tyrannei der Vögte aufnehmen will, kommen nach Altdorf und müssen mit ansehen, wie Schweizer Bürger Frondienste leisten müssen. Neben dem Bau der Zwingburg sollen sie als weitere Schikane den Hut des Vogtes grüßen, um ihm in Abwesenheit seine Ehrerbietung und Unterwerfung zu bezeugen. Aber dennoch ist Tell nicht bereit, sich Stauffacher anzuschließen.

1 Fortsetzung und Steigerung des Konflikts:
– harter Frondienst der Bewohner Uris beim Bau einer Festung zu ihrer Unterdrückung
– ihre demütigende Verhöhnung durch den Namen „Zwing Uri"
– entwürdigende Forderung, als Zeichen des Gehorsams einen Hut ehrfürchtig grüßen zu müssen: das sogenannte „erregende Moment" im Aufbau eines Dramas

2 a Beispiellösung:

Position Stauffacher	Position Tell
Man muss beraten, wie man sich gemeinsam gegen die unerträglichen Übergriffe der Vögte wehren kann.	Man muss geduldig abwarten, bis sich die Lage beruhigt, ohne die Vögte zu reizen.
Gespräche schaffen Erleichterung und führen zu Taten (Z. 61, 63)	Worte bewirken nichts, geduldiges Schweigen ist angebracht. (Z. 62, 64)
Zusammenhalt kann viel erreichen und macht auch die Schwachen stark. (Z. 66, 70)	In der Not kann man nur auf sich selbst und die eigene Stärke zählen. (Z. 67, 69, 71)
Vorwurf an Tell, die Landsleute in ihrem gerecht-fertigten Kampf nicht zu unterstützen. (Z. 72 f.)	Bereitschaft, im Notfall mit einzuspringen und zu handeln, ohne sich an Beratungen beteiligen zu wollen. (Z. 74 ff.)

b Für diese Aufgabe kann erneut auf den Hinweis zum szenischen Lesen zu Aufgabe 3 im SB auf S. 170 zurückgegriffen werden.

c Diese Aufgabe bietet den Schülerinnen und Schülern Raum zum offenen Austausch von Meinungen und Argumenten. Sie können dabei sehr unterschiedliche Blickweisen auf die Figuren haben. Die Diskussion kann zu der grundsätzlichen Frage führen, inwieweit es in Notsituationen sinnvoll ist, sich zusammenzufinden und gemeinsam nach einer Lösung zu suchen.

3 Erkennbar wird, dass der Konflikt, der sich in den beiden Szenen im SB entfaltet, in die geschichtliche Wende vom 13. zum 14. Jahrhundert gehört. Der aus österreichischem Haus stammende König und Kaiser hat offenbar Vögte in die vorab freien Schweizer Kantone geschickt. Diese sollen die Freiheits-rechte der Schweizer brechen und sie der Landeshoheit Österreichs unterwerfen.

S.174 Testet euch! – Begriffe rund ums Drama

1 Die **Exposition** umfasst meist den ersten **Akt**. Der Zuschauer bzw. Leser lernt den **Ort** und die **Atmo-sphäre** kennen, in denen das **Drama** sich abspielt. Er wird mit dem **Helden** und anderen wichtigen Figuren bekannt gemacht. Auch werden Hinweise auf die **Handlung** sowie auf den gesellschaftlichen und geschichtlichen Hintergrund gegeben. Außerdem bahnt sich der **Konflikt** an, der in dem so ge-nannten **erregenden Moment** seinen deutlichsten Anstoß erhält und das Geschehen vorantreibt.

2 a–c Beispiellösung:

Regieanweisungen geben Hinweis darauf, wie die Figuren reden und sich verhalten sollen (z. B. SB S. 171: Z. 20, 28, 31 und 36 ff.) .

Monolog: Selbstgespräch einer Figur

Dialog: Redefolge mehrerer Figuren (z. B. SB S. 171: Z. 23–26)

Exposition: umfasst im klassischen Drama meist den ersten Akt und ist eine Art Einleitung, die in die Handlung einführt (SB S. 168–169)

Konflikt: Konflikte entstehen, wenn unterschiedliche Vorstellungen aufeinandertreffen. In Theaterstücken treiben sie die Handlung voran. (z.B. SB S. 169: Z. 45 f., 65 ff., 72 f.)

Handlung: Verlauf von Ereignissen und Vorgängen

erregendes Moment: lässt den Konflikt deutlich hervortreten und beschleunigt die Handlung in Gang (z. B. SB S. 172: Z. 48 ff.)

Rolle/Figur: Gestalt oder Figur, die eine Schauspielerin oder ein Schauspieler verkörpert

Aufzug/Akt: in sich geschlossener Abschnitt eines Dramas

Szene: wird durch das Auf- oder Abtreten einer Figur und/oder einen Schauplatzwechsel abgegrenzt

Methodischer Hinweis: Die Aufgabe bietet vielfältige methodische Möglichkeiten zum Üben:

— Individuelles bzw. gegenseitiges Einprägen der Begriffe durch Ab- und Aufdecken der Kärtchen.

— Legen von Strukturen, wobei Zusammenhänge zwischen den Begriffen deutlich werden, z. B.: Exposition (Oberbegriff) – Konflikt/Handlung – Held.

— Gegenseitiges Erläutern der von den Schülerinnen und Schülern dargestellten begrifflichen Zusammenhänge.

— Anlegen einer Begriffskartei.

8.2 „Ich will dein Leben nicht, ich will den Schuss!"– Szenen gestaltend interpretieren

S. 175 „Nimm die Armbrust!" – Der Konflikt auf dem Höhepunkt

Dritter Aufzug/Dritte Szene

1 Beispiellösung:

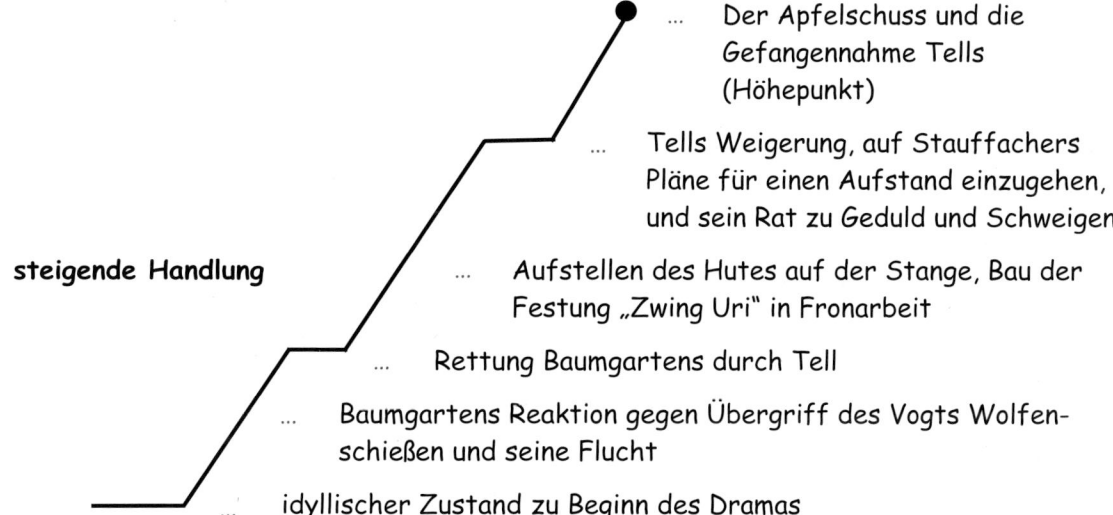

2 Funktion der szenischen Aufgaben ist eine produktive Interpretation des Dramentextes, die eine sorgfältige Auswertung der präsentierten Ergebnisse zu den einzelnen Aufgaben mit einer genauen Überprüfung am Text erfordert.

●●● A Beispiellösung:

Eine improvisierte Szene im Hause Tell

Hier sollten das Verhalten und die Motive der Figuren in der Apfelschussszene als Bestandteile der Figurencharakteristik erarbeitet und im Auswertungsgespräch reflektiert werden.

Tells Konfliktvermeidungsstrategie könnte erkennbar werden, die ganz seiner Position im Gespräch mit Stauffacher (S. 171 im SB) entspricht. Er berichtet, dass er sich Geßler gegenüber als korrekter Untertan verhalten habe, und er habe sein Fehlverhalten mit Unbedacht und Unbesonnenheit begründet, was ja zu seinem Charakter gehöre (SB S. 176, Z. 69.). Allerdings muss das als Ausrede angesehen werden, da Walther seinen Vater zu Beginn der Szene in Altdorf auf den Hut aufmerksam gemacht hat und Tell überdies die Zeremonie miterlebt hat, in der der Hut aufgestellt wurde. Ob Tell in dem improvisierten Gespräch mit Hedwig bei dieser Ausrede bleibt oder sie als Ausweichmanöver erklärt, das er benutzt, um seine Menschenwürde zu wahren, bleibt Interpretation im Hinblick auf Tells Charakterbild. Seine unbedingte Liebe und Fürsorglichkeit als Vater beweist er dadurch, dass er berichtet, er sei sofort bereit gewesen, sein Leben zu opfern, um seinen Sohn nicht zu gefährden (SB S. 177, Z. 97). Erst Geßlers Drohung, Walther mit ihm zu töten, und dessen bedeutungsschwere Aufforderung: „Jetzt Retter, hilf dir selbst – du rettest alle!" (Z. 112), hätten ihn zu dem fürchterlichen Schuss getrieben. Tell macht seine grimmige Entschlossenheit zur Rache im Falle eines Fehlschusses (das Verbergen des zweiten Pfeils) deutlich. Er steht aber auch zu seiner unverblümten Ehrlichkeit, die sich darin zeigte, dass er Geßler die Funktion des zweiten Pfeils offenbarte (Z. 147 ff.).

Walther würde begeistert von der Tat seines Vaters berichten. Vielleicht ist ihm bewusst geworden, dass seine vom Stolz auf den berühmten Schützen geprägte Äußerung: ‚'nen Apfel schießt / Der Vater dir vom Baum auf hundert Schritte" (SB S. 176, Z. 74 f.) Geßlers perfiden Befehl provoziert hat. Seine Furchtlosigkeit während der Apfelschussszene, die aus einem unbedingten Vertrauen in den Vater resultiert (SB S.177, Z. 116), sollte ebenso erkennbar werden wie das gute Gefühl, in seinem Vertrauen voll und ganz bestätigt worden zu sein (SB S.178, Z. 128 f.).

Walther Fürst könnte sich in seiner Darstellung des Geschehens dafür rechtfertigen, warum er und seine Mitverschworenen nicht eingegriffen haben, um Tell zu befreien (SB S. 176, Z. 41 ff.). Nach dem Auftauchen Geßlers und seines Gefolges sind sie passiv geblieben. Als Begründung könnte Fürst anführen, Widerstand gegen die bewaffnete Übermacht Geßlers sei sinnlos gewesen und hätte nur ein größeres Blutvergießen verursacht, außerdem müssten die Verschwörer sich an ihren Zeitplan zum Losschlagen halten, um den Erfolg des allgemeinen Aufstands nicht zu gefährden. Fürst würde damit als ein politisch kalkulierender, von Bedenken geleiteter Charakter verstanden werden, als eine Gegenfigur zu dem unreflektiert handelnden Helden Tell, der nur den in seinem inneren Wertesystem angelegten Impulsen konsequent folgt.

Hedwig könnte ihr Entsetzen über Tells „Meisterschuss" mehr oder minder heftig ausdrücken. Sie würde auch nachdrücklich auf die Berechtigung ihrer Warnung, nach Altdorf zu gehen, und ihre Einschätzung von Geßlers Hass auf Tell hinweisen (vgl. Vorspanntext, S. 175 im SB). Auch könnte sie ihrem Ärger über Tells Unbesonnenheit, seine fehlende Menschenkenntnis und seine naive Arglosigkeit Luft machen.

●●○ B Beispiellösung:

Geßler auf dem heißen Stuhl

Hier sollte eine möglichst umfassende und genaue Charakterisierung Geßlers herausgearbeitet werden, bei der einige Leerstellen des Textes gefüllt werden müssen. Hierbei bleiben natürlich Interpretationsspielräume. Geßler könnte als seinem kaiserlichen Herrn treu ergebener, übereifrig dessen Befehle ausführender Gefolgsmann gesehen werden. Er hat sich die politischen Ziele seines Herrn zur Unterwerfung der Schweiz unter die österreichische Landeshoheit ganz und gar zu eigen gemacht, nicht zuletzt, um dadurch selbst Karriere zu machen. Er hasst die Schweizer, die sich nicht umstandslos in Untertanen verwandeln lassen wollen und auf ihren Freiheitsrechten bestehen. Vielleicht weil er selbst diese Freiheit nicht kennt und sie allen Freien neidet. Wie alle im tiefsten Inneren schwachen und unsicheren Personen ist er darauf bedacht, Macht auszuüben und besonders denen seine Macht zu beweisen, die ihn, wie Tell bei der Begegnung im Gebirge, in einem Augenblick der Schwäche erlebt haben. Durch die menschenverhöhnende Grußpflicht gegenüber dem Hut provoziert er den Ungehorsam der Schweizer, um mit brutalen Strafen gegen sie vorgehen zu können. In dem Interview könnte er seine Maßnahmen als rechtmäßig und politisch notwendig darstellen. Auch würde er die unmenschliche Bestrafung Tells in zynischer Weise als besonders gnädiges Vorgehen bezeichnen, da er ihn doch zum Meister seines Schicksals gemacht habe: „Jetzt, Retter, hilf dir selbst" (Z. 112). Doch es bleibt eine sadistische Quälerei. Dass er es auf die Vernichtung Tells (und seines Sohnes) angelegt hat, zeigt, dass er selbst nicht an einen Schussversuch Tells glaubt. Wie in der Szene selbst würde er die Falle, die er Tell am Ende stellt, um ihn gefangen zu nehmen und auf Lebenszeit einzukerkern, spitzfindig rechtfertigen. Dass er an Gott und eine höhere Gerechtigkeit nicht glaubt, offenbart seine zynisch-provokante Bemerkung in Zeile 161 ff.

C Beispiellösung:

Die Apfelschuss-Szene

Die Darstellung der Apfelschuss-Szene stellt eine Herausforderung an die Schüler/-innen dar, weil auf der Bühne natürlich nicht richtig geschossen werden kann. So müssen die Schüler/-innen Möglichkeiten finden, wie sie den Apfelschuss dramaturgisch überzeugend darstellen können. Der mögliche Einsatz von Masken, Kostümen und Requisiten kann im Vorfeld besprochen und sollte nur mit angemessenem Aufwand vorbereitet werden.

Der Methodenkasten „Szenisches Spiel" im SB auf S. 179 enthält Hilfestellungen für die Erarbeitung und Durchführung des kleinen Projekts.

S.180 „Frei sind die Hütten" – Die Lösung des Konflikts

Vierter Aufzug/Dritte Szene

1 a/b Hier lernen die Schüler/-innen einen klassischen Monolog und seine Funktionen kennen. Vom Erscheinen des Stückes an ist an diesem Monolog Kritik geübt worden, da ein so ausführliches, das eigene Handeln reflektierendes Selbstgespräch nicht zum Charakter des Helden passe. Schiller indessen hielt diesen Monolog Tells für äußerst wichtig und für unverzichtbar: Eine ausführliche, vom Zuschauer nachvollziehbare und seinen Helden moralisch entlastende Motivation für die aus dem Hinterhalt verübte Mordtat erschien ihm vordringlicher als die streng durchgehaltene bruchlose Einheit des Charakters der Figur. Aus mehreren Blickwinkeln betrachtet Tell sein Vorhaben und macht sich selbst und damit auch den Lesern/Zuschauern die Gründe bewusst, die ihn dazu führen. Es handelt sich also um den Typus des Rechtfertigungsmonologs, der in diesem Fall einen spontan gefassten Entschluss bestätigt und festigt.

Für die Vorbereitung des Monologs sollte die Sprechvorlage intensiv durch entsprechende Zeichensetzungen bearbeitet werden. Der Text ist in der Kopiervorlage der Klassenarbeit vorgegeben und kann für die Arbeit an diesem Kapitel dort herauskopiert und für die Klasse ausgedruckt werden. Ergänzend kann die **Kopiervorlage 2** („Zeichen zur Vorbereitung eines Vortrags") eingesetzt werden. Markieren und Üben sollten dabei erneut als wechselseitiger Prozess angeleitet werden, wiederholendes Training vertieft die Texterschließungskompetenz.

2 a Durch den Armgard-Auftritt wird der Todesschuss auf Geßler hinausgezögert, die Spannung gesteigert. Außerdem werden dem Leser/Zuschauer noch einmal Geßlers brutale Grausamkeit und sein unmenschliches Unterdrückungsprogramm deutlich vor Augen geführt; die Berechtigung von Tells Vorhaben wird damit eindrucksvoll unterstrichen. Auch wird die politische Relevanz der Tat akzentuiert, die im Monolog auf Grund von Tells Charakter ausgespart bleibt und erst am Ende der Szene auch von ihm selbst betont wird (Z. 80 f.).

b Die Schüler/-innen beziehen in dieser Aufgabe Stellung zu Tells Handeln. Neben dem Verständnis für die Beweggründe seiner Tat werden möglicherweise auch kritische Stimmen zu hören sein, die sein Handeln in Frage stellen. Je nach Gesprächskompetenz der Klasse bietet es sich an, die Fragestellung aus der Aufgabe 4 in die Diskussion mit einzubeziehen.

265

●○○ c Beispiellösung:

Beweggründe (Zitate)	Erläuterung/Übersetzung in eigene Gedanken
„Ich lebte still und harmlos" (Z. 18) „Meine Gedanken waren rein von Mord" (Z. 20) *Du* hast aus meinem Frieden mich heraus-/Geschreckt" (Z. 21 f.) „Zum Ungeheuren hast du mich gewöhnt" (Z. 24)	Ich war ein friedlicher, unschuldiger Mensch. Geßler, deine furchtbaren Taten haben mich verändert; grausame Gedanken sind mir durch dich nicht mehr fremd.
„Die armen Kindlein [...],/Das treue Weib muss ich vor deiner Wut/Beschützen" (Z. 27 f.) „Als du [...]/Mich zwangst, aufs Haupt des Kindes anzulegen" (Z. 31 f.) „Als ich ohnmächtig flehend rang vor dir" (Z. 33) „Fort musst du, deine Uhr ist abgelaufen" (Z. 17)	Du bringst meine Familie in Gefahr. Mich auf mein Kind schießen zu lassen war grausam. Du kennst kein Mitleid. Deshalb musst du sterben.

Vertiefend kann die **Kopiervorlage 5** („Eine Szene gestaltend interpretieren – Hedwig Tells Monolog") eingesetzt werden, mit der die Schüler/-innen gefordert sind, selbst einen Monolog zu schreiben.

3 a–c Beispiellösung:

Ich bin Wilhelm Tell, ein Jäger. Auch mein Vater war ein Alpenjäger. Meine Familie gehörte damit zu den einfachen, aber freien Leuten. Wir hatten unser Auskommen, aber das Leben war doch recht schwer. Zur Schule konnte ich nur selten gehen, weil ich zu Hause viel helfen musste. Das Leben war nicht immer einfach für unsere Familie. Von meinem Vater habe ich alle Fertigkeiten und Tricks für die Jagd im Hochgebirge gelernt. Ich kann sagen, dass ich mich in meiner Umgebung genauestens auskenne, dass ich rudern, klettern und mit der Armbrust schießen kann wie kein Zweiter. Jagdbeute bringe ich genug nach Hause, sodass ich meine Familie gut versorgen kann, unsere gesamten Lebensumstände bleiben aber bescheiden. Ich habe die Tochter eines angesehenen Bauern geheiratet und uns mit eigenen Händen ein Haus gebaut, da ich auch ein recht geschickter Handwerker bin. Wir haben zwei Söhne, die auch Jäger werden wollen und schon fleißig mit der Armbrust schießen lernen.

Ich bin es gewohnt, einsam im Gebirge umherzustreifen, wo ich ganz auf mich und meine Fähigkeiten angewiesen bin. So habe ich es mir angewöhnt, mich nur auf mich selbst zu verlassen und nicht auf die Hilfe anderer zu hoffen. Ich bin ein Einzelgänger, der am liebsten für sich allein oder mit meiner kleinen Familie ist. Versammlungen scheue ich und ich bin es auch nicht gewohnt, in der Öffentlichkeit zu reden. Wenn ich meine Meinung sagen muss, spreche ich in kurzen, einfachen Sätzen, beschränke mich auf das Notwendige. Dabei bin ich aber hilfsbereit meinen Mitmenschen gegenüber, das halte ich für ein Gebot Gottes und damit für eine Selbstverständlichkeit. Angst habe ich eigentlich vor nichts und niemandem. Zwar machen auch mir die sich neuerdings häufenden Ungerechtigkeiten der Vögte Sorgen, doch vertraue ich darauf, dass sie uns mit der Zeit in Frieden lassen, wenn wir sie nicht durch unbedachten Widerstand reizen. Von allen verschwörerischen Plänen, die zur Änderung der Situation führen sollen, halte ich mich fern, bin aber bereit einzugreifen, wenn man meine tatkräftige Unterstützung braucht. Ich sehne mich eigentlich nur danach, mein Leben als Alpenjäger mit meiner Familie so fortsetzen zu können wie bisher.

d Das Gestalten einer Rollenbiografie umfasst neben dem Schreiben auch die szenische Ausgestaltung der Rolle. Das setzt voraus, sich in die Situation der Figur einzufühlen und eine Haltung zu ihrem Handeln einzunehmen.

Der Lesevortrag sollte also auch entsprechend szenisch vorbereitet werden:
— Ausprobieren verschiedener Sprechhaltungen, in denen der Monolog gesprochen wird.
— Probieren von Mimik und Gestik.

Für diese Vorbereitung eignet sich die Partnerarbeit oder Kleingruppe, um sich unmittelbar ein Feedback einzuholen, siehe auch **Kopiervorlage 3** („Feedbackregeln").

4 Die Frage, ob der Jubel für Tell berechtigt erscheint, bedarf einer differenzierten Beantwortung. Zwar taucht im Zusammenhang mit seinem Namen im Verlauf des Stücks immer wieder der Begriff „Retter" auf, doch ist seine Tat zumindest nicht primär als Rettung seiner Landsleute vor der Unterdrückung durch die Vögte intendiert, auch wenn Tell auf diese Wirkung in Zeile 81 f. hinweist. Seine Tat ist in erster Linie die Gegenwehr eines Einzelgängers, der seine Familie und sich selbst verteidigt und der sich aus der Planung des Aufstands bewusst herausgehalten hat. Insofern wirkt die Huldigung nicht ganz angebracht. Andererseits bedeutet Tells Tötung des Tyrannen die Beseitigung der zentralen Unterdrückungsinstanz und löst den vorgezogenen Sturm auf die Zwingburgen aus, gibt also das entscheidende Fanal zum Aufstand. Blickt man auf diese Wirkung, so wird Tell zu Recht als „Erretter" gefeiert. An der Lösung des Konflikts, um den es im Drama geht, hat er maßgeblichen Anteil.

Im Zuge der Diskussion können Begriffe wie „Notwehr", „Tyrannenmord", „Attentat" und „Terroranschlag" in ihrer Bedeutung und ihrem Verwendungszusammenhang untersucht werden. Zur vertiefenden Klärung von Tells (und Schillers) Verständnis der Tötung Geßlers könnte ein Auszug aus der „Parricida-Szene" herangezogen werden und Tells Tat als „gerechte Notwehr eines Vaters" und als Schutz einer natürlichen, gottgewollten Ordnung ganz deutlich gegen die aus politischem Ehrgeiz motivierte Bluttat Parricidas abgegrenzt werden. Tells Gewalttat erscheint damit einerseits als gerechtfertigt, andererseits hat er mit diesem Anschlag aus dem Hinterhalt seine moralische Unschuld verloren und ein Schatten fällt auf die Lichtgestalt, die er über weite Strecken des Stücks ist. Dass dies geschieht und der Held schuldig wird, ist eine der schlimmsten Folgen der Tyrannei, die nicht nur äußere, sondern auch innere Zerstörungen anrichtet. Tell erkennt, dass durch den unmenschlichen Zwang, auf seinen Sohn schießen zu müssen, er nicht mehr der friedlich-unschuldige Mensch sein kann, der er vorher war: „[...] in gärend Drachengift hast du / Die Milch der frommen Denkart mir verwandelt" (Z. 22 f.).

S. 183 Stärken stärken: Eine Rollenbiografie schreiben

1 a–c Beispiellösung:

> Ich bin der Vogt in diesem Land. Ich, Landvogt Geßler, bestimme, was Recht und Ordnung ist. Auf meiner Burg, oberhalb von Altdorf, bin ich angesehen und von meinen Gefolgsleuten geachtet. Aber dieses Volk, die Schweizer, will sich mir nicht beugen. Der Tell vor allem, der macht mir das Leben schwer, doch das kann ich nicht dulden. Viel zu milde bin ich noch. Ich bin nicht taub. Ich höre, was beim Bau meiner Burg gemurrt wird. Der Befehl, den Hut zu grüßen, sollte diesem Volk zeigen, wer der Herr im Lande ist. Auch zeigt sich sehr schnell, wer mein Gefolgsmann ist und wer bereit, sich mir zu widersetzen.
>
> Tell! Er wagte es tatsächlich! Er ist gefährlich. Auch den Verbrecher Baumgarten hat er über den stürmischen See gebracht. Immer wieder dieser Tell! Wäre er ein Freund, würde ich ihn für seinen Mut bewundern. Aber als Feind ist er gefährlich. Er scheint unangreifbar. Doch ich werde seinen Stolz brechen und ihm zeigen, wer die größere Macht hat. Wenn ich über ihn triumphiere, werde ich auch die aufmüpfigen Schweizer bezwingen.

S. 184 8.3 Projekt: Schiller auf der Spur ...

1 a/b Die Schüler/-innen haben im Verlauf der Unterrichtseinheit erkannt, dass die Konflikte der Tell-Handlung daraus resultieren, dass durch Willkür und Tyrannei angestammte Rechte und Freiheiten des Einzelnen bis zur Unzumutbarkeit beschnitten werden. Der Konflikt kommt in diesem Handlungsstrang zum einen zwischen Geßler und Tell zum Tragen und Tell löst ihn durch die Tötung Geßlers. Zum anderen – hier aber nur andeutungsweise – zeigt sich der Konflikt zwischen den in ihren Rechten beschnittenen Schweizern und ihrer aufgezwungenen Herrschaft.

Hinweis: Parallelen sind sicher im aktuellen Weltgeschehen auffindbar.

2 a

1759	ab 1773	1780	1782	**1789**	1804	1805

——→

Geburt Schillers	Karlsschule	Regiments-arzt in Stutt-gart	Flucht	**Menschen-Rechtserklärung/ Beginn der Franz. Revolution**	„Tell"	Tod Schillers

b Die Beschäftigung mit Friedrich Schillers Leben und den gesellschaftlichen und politischen Hintergründen seiner Zeit ist komplex. Hier bietet es sich an, Rechercheaufträge an Partner- oder Kleingruppen zu vergeben, die folgende Aspekte bearbeiten: Schillers Jugend, die Menschenrechtserklärung vom 26. August 1789 und wie im „Tell" gegen die Menschenrechte verstoßen wird, die Französische Revolution.

Zusätzlich können Filme, die Schillers Leben zeigen, Museumsbesuche oder Literatur eingesetzt werden, z. B.: Schiller. Deutscher Spielfilm. Regie: Martin Weinhart. 2005

3 a Um Aussagen der Figuren zu Recht und Freiheit zu finden, ist eine intensive Textlektüre notwendig. Dabei kann folgendermaßen vorgegangen werden:

  – Den Schülerinnen und Schülern stehen die Textauszüge aus dem SB als Kopien zur Verfügung und sie untersuchen diese z. B. in Kleingruppen bezüglich der Fragestellung.
  – Die untenstehenden Textauszüge aus der linken Spalte werden kopiert und von den Schülerinnen und Schülern in Partner- oder Gruppenarbeit gedeutet.
  – Die untenstehenden Textauszüge und Deutungen aus beiden Spalten werden kopiert, auseinandergeschnitten und gemischt. Die Schüler/-innen ordnen Text und Deutung einander zu.

Textauszüge	Deutungen
„Ihr habt ihm fortgeholfen. Ihr sollt uns büßen – Fallt in ihre Herde! Die Hütte reißet ein, brennt und schlagt nieder!" (Reiter)	Die Reiter des Vogts reagieren auf die Flucht Baumgartens mit Mord und Plünderung an Unbeteiligten. Das Volk kann sich gegen diese Brandschatzung nicht wehren und ist rechtlos.
„Gerechtigkeit des Himmels, Wann wird der Retter kommen diesem Land?" (Ruodi)	Ruodi erlebt diese Übergriffe hilflos und fleht zu Gott, dass jemand dem Land und damit dem Volk helfen wird.
„Zwing Uri soll sie heißen. Denn mit ihr wird man euch beugen." (Fronvogt)	Die Altdorfer müssen mit ihren Händen eine Festung bauen, die dazu dient, dass das Volk noch besser unterdrückt werden kann.
„Dem Hut soll gleiche Ehre wie ihm selbst geschehen, / Man soll ihm mit gebognem Knie und mit / Entblößtem Haupt verehren […] / Verfallen ist mit seinem Leib und Gut / Dem Könige, wer das Gebot verachtet"	Das Gebot des Landvogts demütigt die Bevölkerung. Die Strafe bei Nichteinhaltung ist unverhältnismäßig streng: Es drohen Kerker und der Verlust des Eigentums.

„Wir könnten viel, wenn wir zusammenstünden." „Verbunden werden auch die Schwachen mächtig." (Stauffacher zu Tell)	Stauffacher meint, dass die Schweizer nur gemeinsam gegen den Landvogt vorgehen können, um ihre alten Rechte wieder zu erlangen.
„Du wirst den Apfel schießen von dem Kopf / Des Knaben – Ich begehr's und will's." (Geßler)	Der Landvogt will seine Macht über Tell demonstrieren. Er setzt ihn unter Druck und zwingt ihn, Unmenschliches zu tun.
„Wer klug ist, lerne schweigen und gehorchen." „den kecken Geist der Freiheit will ich beugen" (Geßler)	Geßler will den Freiheitswillen der Schweizer brechen.
„Ein allzu milder Herrscher bin ich noch / Gegen dies Volk – die Zungen sind noch frei" (Geßler)	Der Landvogt wird in Zukunft noch härter gegen das Volk vorgehen, um es gefügig zu machen.
„Frei sind die Hütten, sicher ist die Unschuld / Vor dir, du wirst dem Lande nicht mehr schaden. (Tell)	Durch den Tod des Landvogts ist das Volk vor ihm sicher. Er kann keinem Unschuldigen mehr etwas antun.

b Beispiellösung:

INTERVIEWER: Guten Tag, Herr Schiller. Ich freue mich, Sie heute zu dem Thema „Freiheit und Recht" interviewen zu dürfen! In vielen Ihrer Werke, z. B. auch in dem Drama „Wilhelm Tell", widmen Sie sich dieser Frage. Warum ist sie Ihnen so wichtig?

SCHILLER: Ja, das stimmt, das Thema hat mich mein ganzes Leben begleitet. Schon als Kind und auch später habe ich erfahren müssen, wie es ist, wenn man sich den Forderungen anderer widerspruchslos unterordnen muss.

INTERVIEWER: Können Sie das näher erläutern?

SCHILLER: Gerne, auch wenn es eine schmerzvolle Erfahrung war. Als Kind musste ich bereits auf die berüchtigte Karlsschule. Dort wurde man zu einem gehorsamen Staatsdiener erzogen, der ja nicht seine eigene Meinung vertreten sollte. Notfalls mit Prügeln und Strafen.

INTERVIEWER: Warum haben Ihre Eltern Sie dorthin geschickt?

Wir waren nicht arm, aber auch nicht reich genug, um mir eine vernünftige Ausbildung zukommen zu lassen. Ich habe schon als Kind und Jugendlicher gerne geschrieben. Aber das war mir verboten dort. Ich sollte mich auf mein Studium der Medizin vorbereiten und mich nicht mit Schreiben ablenken.

INTERVIEWER: Haben Sie sich nie widersetzt?

SCHILLER: Doch, irgendwann hielt ich es nicht mehr aus, floh und versteckte mich bei Freunden. Aber das Unrecht, dass mir widerfahren ist, ist klein im Vergleich zu dem, was sich in meiner Zeit täglich vollzieht. Nicht umsonst haben sich die Menschen während der Französischen Revolution Freiheit, Gleichheit und Brüderlichkeit gefordert.

INTERVIEWER: Und Tell? Wurde der auch in seinen Rechten beschnitten?

SCHILLER: Aber ja. Eigentlich war er ein harmloser oder besser unpolitischer Mensch, der seine Familie liebte, jagen ging und sich eher aus allem heraushielt. Aber das konnte er irgendwann nicht mehr, denn die Willkürherrschaft schränkte sein Leben ein und bedrohte nicht nur ihn, sondern auch die, die er liebte.

INTERVIEWER: Sie meinen die Szene, als er auf seinen Sohn schießen musste?

SCHILLER: Wie unmenschlich muss ein Despot sein, der so etwas fordert, nur um seine Macht zu zeigen! Das Volk sollte sehen, dass Geßler auch diesem stolzen Mann seinen Willen aufzwingen konnte. Er wollte ihn erniedrigen. Das, was die Schweizer erdulden mussten, erfuhr Tell nun am eigenen Leibe. Daher musste er handeln.

> **INTERVIEWER**: Aber jemanden deshalb hinterrücks ermorden?
> **SCHILLER**: Was hatte er denn für eine andere Möglichkeit? Er hätte nie mehr sein ruhiges Leben führen können, das er eigentlich wollte. Es durfte ja nicht mehr unabhängig Recht gesprochen werden. Tell wäre weiter als Aufsässiger verfolgt worden und auch seine Familie war nicht mehr sicher. Er erlitt damit die Beschneidung wichtiger Rechte, die auch das Schweizer Volk erdulden musste.

Vorschlag für eine Klassenarbeit

Vorschlag 1: Eine Szene gestaltend interpretieren
Siehe **Kopiervorlage S. 272 ff.**

Material zu diesem Kapitel auf den folgenden Seiten und auf der CD

Lernwegeliste zum Kompetenzschwerpunkt des Kapitels (vollständig auf der CD), S. 271
Diagnose: Eine Szene verstehen (auf der CD, mit Lösungshinweisen und Förderempfehlungen)
Klassenarbeit: Eine Szene gestaltend interpretieren (KA 1, mit Bewertungshinweisen auf der CD), S. 272 ff.
KV 1: „Es ist der Tell" – Ein Held tritt auf, S. 275 f.
KV 2: Zeichen zur Vorbereitung eines Vortrags (auf der CD)
KV 3: Feedbackregeln (auf der CD)
KV 4: Beobachtungsbogen: Szenischer Vortrag (auf der CD)
KV 5: Eine Szene gestaltend interpretieren – Hedwig Tells Monolog, S. 277 ff.
Hinweis: Lösungen zu allen KV finden sich auf der CD.

Folie: „Wilhelm Tell" – Ein Drama untersuchen (zu SB S. 165, auf der CD)
Folie: Zeichen zur Vorbereitung eines Vortrags (zu SB S. 170, 179, auf der CD)

Weiteres Übungsmaterial

„Deutschbuch Arbeitsheft 4"
Eine Dramenszene erschließen, S. 45–49
Friedrich Schiller: Wilhelm Tell, S. 45
– ●○○ Stärken stärken: Die Figuren kennen lernen, S. 47
– ●●○/●●● Stärken stärken: Die Szene untersuchen, S. 48

„Deutschbuch Differenzieren und Fördern 7/8"
Dramatische Texte erschließen, S. 311 ff.
– „Voll den Blues" – Den Handlungsverlauf in einem Theaterstück kennen, S. 314 ff.
– „Voll den Blues" – Handlungseinheiten in die Dramenpyramide einordnen, S. 317 ff.
– „Romeo und Julia" – Den Handlungsverlauf in einem Theaterstück kennen, S. 320 ff.
– „Romeo und Julia" – Handlungseinheiten in die Dramenpyramide einordnen, S. 323 ff.

Name: _____ Klasse: _____ Lehrer/-in: _____

Lernwegeliste – mit Materialzuordnung und Dokumentationsmöglichkeit

Kompetenzbereich: Lesen – Literarische Texte verstehen

Kompetenz: Ich kann mich mit dramatischen Texten auseinandersetzen.

Was dir dabei helfen kann:
Du kannst Standbilder bauen und besprechen.
Du kannst einen literarischen Text mit Hilfe des szenischen Spiels erschließen und deuten.
Du kannst handlungs- und produktionsorientierte Methoden anwenden, um zu einer Textdeutung zu gelangen.
Du kannst Dramenfiguren charakterisieren.

	Was du in Kapitel 8 lernen kannst:	Niveau	Lernmaterialien	Selbsteinschätzung			Hinweise/ Bewertung der Lehrkraft
				☺	☺	☹	
01	Ich kann Dramen nach Gestaltungsmerkmalen bestimmen.	GME	„Es donnern die Höhen …' – Ort und Atmosphäre" – Buch S. 166 f.				
02	Ich kann unterschiedliche Sprechsituationen gestalten.	GME	„Es ist der Tell' – Ein Held tritt auf" – Buch S. 168 ff.				
03	Ich kann Beziehungen von literarischen Figuren beschreiben.	GME	„Zwing Uri soll sie heißen' – Der Konflikt spitzt sich zu" – Buch S. 171 ff.				
04	Ich kann mit Fachbegriffen literarische Texte beschreiben.	GME	„Testet euch! – Begriffe rund ums Drama" – Buch S. 174.				
05	Ich kann Texte sinngebend und gestaltend vortragen.	GME	„Nimm die Armbrust!' – Der Konflikt auf dem Höhepunkt" – Buch S. 175 ff.				

Die zweite Seite der Lernwegeliste ist auf der CD zu finden.

Kopiervorlage

Cornelsen

Kapitel 8
Lernwegeliste, Blatt 1

Klassenarbeit – Eine Szene gestaltend interpretieren

Dialog zwischen Tell und Walther

 1 Stell dir vor, Walther Tell fragt seinen Vater, warum dieser den Vogt Geßler getötet hat. Tell versucht, seinem Sohn die Tat zu erklären. Schreibe das Gespräch auf, das Wilhelm Tell mit seinem Sohn Walther führt. Der unten abgedruckte Monolog Tells kann dir helfen. Gehe so vor:
– Notiere in der Randspalte Hinweise aus dem Text auf Tells Gründe für den Mord an Geßler.
– Erstelle einen Schreibplan und verfasse danach einen Dialog mit Regie- und Szenenanweisungen.
→ zu Aufgabe 1: Hilfe-Karte A: Inhalt
→ zu Aufgabe 1: Hilfe-Karte B: Form: Schreibplan
→ zu Aufgabe 1: Hilfe-Karte C: Sprache: Formulierungshilfen

TELL *(tritt auf mit der Armbrust):*

Durch diese hohle Gasse muss er kommen,

Es führt kein andrer Weg nach Küßnacht – Hier

Vollend ich's. – Die Gelegenheit ist günstig.

5 Dort der Holunderstrauch verbirgt mich ihm,

Von dort herab kann ihn mein Pfeil erlangen,

Des Weges Enge wehret den Verfolgern.

Mach deine Rechnung mit dem Himmel, Vogt,

Fort musst du, deine Uhr ist abgelaufen.

10 Ich lebte still und harmlos. – Das Geschoss

War auf des Waldes Tiere nur gerichtet,

Meine Gedanken waren rein von Mord –

Du hast aus meinem Frieden mich heraus-

Geschreckt; in gärend Drachengift hast du

15 Die Milch der frommen Denkart mir verwandelt,

Zum Ungeheuren hast du mich gewöhnt –

Wer sich des Kindes Haupt zum Ziele setzte,

Der kann auch treffen in das Herz des Feinds.

Die armen Kindlein, die unschuldigen,

20 Das treue Weib muss ich vor deiner Wut

Beschützen, Landvogt. – Da, als ich den Bogenstrang

Anzog – als mir die Hand erzitterte –

Als du mit grausam teuflischer Lust

Mich zwangst, aufs Haupt des Kindes anzulegen –

25 Als ich ohnmächtig flehend rang vor dir,

Damals gelobt' ich mir in meinem Innern

Mit furchtbarem Eidschwur, den nur Gott gehört,

Dass meines nächsten Schusses erstes Ziel

Dein Herz sein sollte – Was ich mir gelobt

30 In jenes Augenblickes Höllenqualen,

Ist eine heil'ge Schuld –, ich will sie zahlen. [...]

Notizen

Friedrich Schiller. Sämtliche Werke, Hrsg. von Gerhard Fricke/Herbert Göpfert/Herbert Stubenrauch, Carl Hanser Verlag, München 1958

Autorin: Ina Trog

Kapitel 8
KA 1, Blatt 1

Kopiervorlage

Hilfe-Karten zur Klassenarbeit 1 –
Eine Szene gestaltend interpretieren

Checkliste

Prüfe deinen Text mit Hilfe der folgenden Checkliste.

Checkliste: Eine Szene gestaltend interpretieren	
Aufbau	
Hast du die Gedanken und Gefühle der Figuren in der Situation verdeutlicht?	☐
Bist du darauf eingegangen, was in der Vergangenheit geschehen ist?	☐
Hast du an die Regieanweisungen in Klammern gedacht?	☐
Sprache	
Hast du weitgehend das Präsens verwendet?	☐
Hast du treffende Adjektive genutzt?	
Hast du Ausrufe und Fragen eingebaut?	☐
Hast du eine Sprache verwendet, die zu den Figuren und zur Textvorlage passt?	☐
Hast du die Rechtschreibung in deinem Text geprüft?	☐
Hast du Kommas und weitere Satzzeichen (Punkt, Fragezeichen, Ausrufezeichen …) richtig gesetzt?	☐

✂ -

Hilfe-Karte A   Inhalt

☐1 Stell dir vor, Walther Tell fragt seinen Vater, warum dieser den Vogt Geßler getötet hat. Tell versucht, seinem Sohn die Tat zu erklären.
Sammle zunächst im Text Hinweise auf die Gründe Tells für den Mord an Geßler. Sieh dir dazu die folgenden Textstellen noch einmal genau an.

- Z. 10: „Ich lebte still und harmlos"
- Z. 12: „Meine Gedanken waren rein von Mord"
- Z. 13 f.: „Du hast aus meinem Frieden mich heraus/Geschreckt"
- Z. 16: „Zum Ungeheuren hast du mich gewöhnt"
- Z. 19 f.: „Die armen Kindlein […], das treue Weib muss ich vor deiner Wut beschützen"
- Z. 23 f.; „Als du […]/Mich zwangst, aufs Haupt des Kindes anzulegen"
- Z. 25: „Als ich ohnmächtig flehend rang vor dir"
- Z. 30: „In jenes Augenblickes Höllenqualen"

Kopiervorlage

Autorin: Ina Trog

Kapitel 8
KA 1, Blatt 2

Hilfe-Karte B   **Form: Merkmale**

1   Stell dir vor, Walther Tell fragt seinen Vater, warum dieser den Vogt Geßler getötet hat. Tell versucht, seinem Sohn die Tat zu erklären.
Verfasse einen Schreibplan. Die folgenden Merkmale einer Dramenszene helfen dir.

Merkmale einer Dramenszene
Auftritt der Figuren entsprechende Regieanweisung in Klammern
Dialog der beiden Figuren: Walther stellt seine Fragen, Tell erklärt seine Gründe
Ende der Szene

✂ -

Hilfe-Karte C   **Sprache: Formulierungshilfen**

1   Stell dir vor, Walther Tell fragt seinen Vater, warum dieser den Vogt Geßler getötet hat. Tell versucht, seinem Sohn die Tat zu erklären.
Die Formulierungen helfen dir.

Formulierungshilfen
Walther: „Lieber Vater, ich möchte dich etwas fragen …" „Warum hast du …" „Warum hat er …?" „Bist du nun ein …?" „Wird alles wieder …?" „Kommst du in den …?" „Ich habe Angst …"/„Ich habe keine Angst …"
Tell: „Ich war ein friedlicher, unschuldiger …" „Seine furchtbaren Taten haben mich …" „ Grausame Gedanken sind mir nicht mehr …" „Er kannte kein …" „… hat er uns in Gefahr gebracht." „Jetzt ist das Land …" „… kann er unserem Land nicht mehr schaden." „Ich hatte es mir …" „Deshalb musste er …"
Regieanweisungen
sorgenvoll – neugierig – ängstlich – geht vor ihm in die Hocke – flehend – zurückhaltend – heftig – trotzig – bestimmt – lächelnd – streicht ihm über den Kopf – umarmen sich

Autorin: Ina Trog

Kapitel 8
KA 1, Blatt 3

Kopiervorlage

„Es ist der Tell" – Ein Held tritt auf

Während Fischer, Hirte und Jäger noch über das Verhalten der Tiere sprechen, sehen sie plötzlich einen Mann herbeieilen.
KONRAD BAUMGARTEN *atemlos hereinstürzend.*

    BAUMGARTEN: Um Gottes Willen, Fährmann, Euren Kahn!
5 **RUODI:** Nun, nun, was gibt's so eilig?
    BAUMGARTEN: Bindet los! Ihr rettet mich vom Tode! Setzt mich über!
    […]
    WERNI: Ihr seid mit Blut befleckt, was hat's gegeben?
    BAUMGARTEN: Des Kaisers Burgvogt[1], der auf Roßberg[2] saß –
10 **KUONI:** Der Wolfenschießen! Lässt Euch der verfolgen?
    BAUMGARTEN: Der schadet nicht mehr, ich hab ihn erschlagen.
    ALLE *(fahren zurück):* Gott sei Euch gnädig! Was habt Ihr getan?
    […]

Alle wollen wissen, warum Baumgarten verfolgt wird. Er erzählt, dass der Landvogt Wolfenschießen in
15 *sein Haus kam, als seine Frau gerade allein war. Der böse Vogt wollte sie verführen. Baumgarten*
wurde gerufen und hat den Verführer seiner Frau mit der Axt erschlagen. Jetzt sind die Reiter des
Landvogts hinter ihm her.

    BAUMGARTEN: Die Tat ward ruchbar[3], mir wird nachgesetzt –
        Indem wir sprechen – Gott – vergeht die Zeit –
20   *(Es fängt an zu donnern.)*
    KUONI: Frisch, Fährmann – Schaff den Biedermann[4] hinüber!
    RUODI: Geht nicht. Ein schweres Ungewitter ist
        Im Anzug. Ihr müsst warten.
        […]
25 **WERNI:** Es geht ums Leben, sei barmherzig, Fährmann.
    KUONI: 's ist ein Hausvater, und hat Weib und Kinder!
        (Wiederholte Donnerschläge.)
    RUODI: Was? Ich hab auch ein Leben zu verlieren,
        Hab Weib und Kind daheim, wie er – Seht hin,
30   Wie's brandet, wie es wogt und Wirbel zieht
        Und alle Wasser aufrührt in der Tiefe.
        – Ich wollt gern den guten Mann erretten,
        Doch es ist rein unmöglich, ihr seht selbst.
        […]
35 **TELL** *mit der Armbrust.*

---

1 der Burgvogt: Stellvertreter des Kaisers
2 Roßberg: Burg im Kanton Unterwaiden
3 ward ruchbar: wurde bekannt
4 der Biedermann: Ehrenmann

Cornelsen   Autorin: Ina Trog
    Illustrator: Peter Menne, Potsdam   **275**   Kapitel 8
    KV 1, Blatt 1

Kopiervorlage

[…]

RUODI: Da ist der Tell, der führt das Ruder auch,
Der soll mir's zeugen, ob die Fahrt zu wagen.

TELL: Wo's nottut, Fährmann, lässt sich alles wagen.
40 *(Heftige Donnerschläge, die See rauscht auf.)*
RUODI: Ich soll mich in den Höllenrachen stürzen?
Das täte keiner, der bei Sinnen ist.
TELL: Der brave Mann denkt an sich selbst zuletzt,
Vertrau auf Gott und rette den Bedrängten.
45 **RUODI:** Vom sichern Port[5] lässt sich's gemächlich raten,
Da ist der Kahn und dort der See! Versucht's!
[…]
TELL: In Gottes Namen denn! Gib her den Kahn,
Ich will's mit meiner schwachen Kraft versuchen.
50 **KUONI:** Ha, wackrer Tell!
WERNI: Das gleicht dem Waidgesellen![6]
BAUMGARTEN: Mein Retter seid Ihr und mein Engel, Tell!

Tell und Baumgarten springen in den Kahn und stoßen ab. Alle sehen vom Ufer aus zu, wie der Kahn auf den Wellen tanzt. Plötzlich sehen sie die Reiter des Landvogts in vollem Galopp kommen

55 **ERSTER REITER:** Den Mörder gebt heraus, den ihr verborgen.
ZWEITER: Des Wegs kam er, umsonst verhehlt ihr ihn.
[…]
ERSTER REITER *(entdeckt den Nachen[7]):* Ha, was seh ich! Teufel!
[…]
60 **ZWEITER:** Verwünscht! Er ist entwischt.
ERSTER *(zum Hirten und Fischer):*
Ihr habt ihm fortgeholfen.
ihr sollt uns büßen – Fallt in ihre Herde!
Die Hütte reißet ein, brennt und schlagt nieder!
65 *(Eilen fort.)*
SEPPI *(stürzt nach):* O meine Lämmer!
KUONI *(folgt):* Weh mir! Meine Herde!
WERNI: Die Wüt'riche!
RUODI *(ringt die Hände):* Gerechtigkeit des Himmels,
70 Wann wird der Retter kommen diesem Lande?
(Folgt ihnen.)

Friedrich Schiller. Sämtliche Werke, Hrsg. von Gerhard Fricke/Herbert Göpfert/Herbert Stubenrauch, Carl Hanser Verlag, München 1958

_____
5 der Port: der Hafen
6 der Waidgeselle: der Jäger
7 der Nachen: der Kahn

  Autorin: Ina Trog
Illustrator: Peter Menne, Potsdam

Kapitel 8
KV 1, Blatt 2

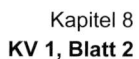

Eine Szene gestaltend interpretieren – Hedwig Tells Monolog

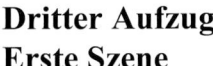 **1** Lies die folgende Szene. Nutze die Randspalte für Notizen.

Dritter Aufzug
Erste Szene

Tell ist zu Hause, man sieht ihn ihm Hof vor dem Haus mit einer Zimmermannsaxt. Er repariert das Hoftor. Seine Frau Hedwig ist bei ihm und mit häuslicher Arbeit beschäftigt. Walther und Wilhelm, die Söhne, spielen. Als Tell fertig ist, legt er die Axt weg und nimmt seinen Hut.

5   **HEDWIG:** Wo gehst du hin?

   TELL: Nach Altdorf, zum Schwiegervater.

   HEDWIG: Hast du etwas Gefährliches im Sinn? Gesteh es mir.

   TELL: Wie kommst du darauf, Frau?

   HEDWIG: Es tut sich etwas

10   Gegen die Vögte. – Auf dem Rütli wurde getagt,

     Ich weiß, und du bist auch im Bunde.

   TELL: Ich war nicht mit dabei – doch werde ich mich

     Dem Lande nicht entziehen, wenn es ruft.

   HEDWIG: Sie werden dich hinstellen, wo Gefahr ist,

15   Das Schwerste wird dein Anteil sein, wie immer.

     Den Unterwaldner hast du auch im Sturm

     Über den See geschafft. – Ein Wunder war's,

     Dass ihr entkommen seid. – Dachtest du denn gar nicht

     An Frau und Kind?

20   **TELL:** Liebe Frau, ich dacht' an euch,

     Drum rettete ich den Vater seinen Kindern.

   HEDWIG: Zu schiffen in dem wüt'gen See! Das heißt

   Nicht: Gott vertrauen! Das heißt: Gott versuchen!

   TELL: Wer gar zu viel bedenkt, wird wenig leisten.

25   *(Er nimmt die Armbrust und Pfeile.)*

   HEDWIG: Was willst du mit der Armbrust? Lass sie hier!

   TELL: Mir fehlt der Arm, wenn mir die Waffe fehlt.

     (Die Knaben kommen zurück.)

   WALTHER: Vater, wo gehst du hin?

30   **TELL:** Nach Altdorf, Knabe,

     Zum Ehni[1]. – Willst du mit?

   WALTHER: Ja, freilich will ich.

   HEDWIG: Der Landvogt ist jetzt dort. Bleib weg von Altdorf.

   TELL: Er geht, noch heute.

35   **HEDWIG:** Drum lass ihn erst fort sein.

Notizen

_____

1 zum Ehni: Zum Opa

   Autorin: Ina Trog
    Illustrator: Peter Menne, Potsdam

   Kapitel 8
   KV 5, Blatt 1

Kopiervorlage

Erinnere ihn nicht an dich, du weißt, er grollt uns
TELL: Mir soll sein böser Wille nicht viel schaden.
HEDWIG: Woher weißt du das?
TELL: Es ist nicht lange her,
40   Da ging ich jagen in den wilden Schluchten
Des Schächentals auf menschenleerer Spur,
Und als ich einsam einen Felsensteig
Entlangging, wo nicht auszuweichen war,
Denn über mir stieg steil die Felswand auf
45   Und unten rauschte fürchterlich der Schächen –
(Die Knaben drängen sich rechts und links an ihn und sehen
mit gespannter Neugier zu ihm auf.)
Da kam der Landvogt mir entgegen,
Er ganz allein zu mir, der ich auch allein war,
50   Bloß Mensch zu Mensch, und neben uns der Abgrund.
Und als der Herr mich erkannte
Und mich sah mit der stattlichen Armbrust
Dahergeschritten kommen, da wurde er blass,
Die Knie versagten ihm, ich sah es kommen,
55   Dass er jetzt an die Felswand würde sinken. –
Da tat er mir leid, ich trat zu ihm
Bescheiden und sprach: „Ich bin's, Herr Landvogt."
Er aber konnte keinen einzigen Laut
Aus seinem Mund hervorbringen. – Mit der Hand nur
60   Winkte er mir schweigend, meines Wegs zu gehen:
Da ging ich fort und sandte zu ihm sein Gefolge.
HEDWIG: Er hat vor dir gezittert. – Wehe dir!
Dass du ihn schwach gesehen, vergibt er dir nie.
TELL: Drum meide ich ihn und er wird mich nicht suchen.
65   HEDWIG: Bleib heute nur dort weg! Geh lieber jagen!
TELL: Ich hab's versprochen, liebe Frau, zu kommen.
HEDWIG: Musst du, so geh – nur lasse mir den Knaben!
WALTHER: Nein, Mütterchen. Ich gehe mit dem Vater.
[…]
70   WILHELM: Mutter, ich bleibe bei dir!
HEDWIG *(umarmt ihn):* Ja, du bist
Mein liebes Kind: Du bleibst mir noch als Einziger!
(Sie geht an das Hoftor und schaut den Weggehenden lange nach.)

Friedrich Schiller. Sämtliche Werke, Hrsg. von Gerhard Fricke/Herbert Göpfert/
Herbert Stubenrauch, Carl Hanser Verlag, München 1958

Notizen

Autorin: Ina Trog

Kapitel 8
KV 5, Blatt 2

Kopiervorlage

Eine Szene gestaltend interpretieren – Hedwig Tells Monolog

2 Fasse den Inhalt des Szenenauszugs mit eigenen Worten knapp zusammen.

_____

_____

_____

_____

_____

3 Verfasse einen Monolog Hedwigs.
Es soll zum Ausdruck kommen,
– wie sich die Szene in den Handlungsverlauf des Dramas einfügt,
– wie Hedwig ihren Mann Wilhelm einschätzt,
– was sie in der Situation fühlt und denkt.

_____

_____

_____

_____

_____

_____

_____

_____

_____

Kopiervorlage

Autorin: Ina Trog

Kapitel 8
KV 5, Blatt 3

Eine Szene gestaltend interpretieren – Hedwig Tells Monolog

2   Fasse den Inhalt des Szenenauszugs mit eigenen Worten knapp zusammen.
    Deine Zusammenfassung kann so beginnen:

Tell teilt Hedwig mit, dass er seinen Schwiegervater in Altdorf besuchen möchte. Als Hedwig dies hört, äußert sie den Verdacht, ...

_____

_____

_____

_____

_____

3   Schreibe einen Monolog Hedwigs, den sie spricht, nachdem Tell gegangen ist.
    Dabei sollen folgende Fragen berücksichtigt werden:
    – Was ist bis jetzt passiert?
    – Was macht Tell nun?
    – Was befürchtet Hedwig?
    – Wie schätzt Hedwig ihren Mann ein?
    – Warum hat sie jetzt noch mehr Angst um ihn, nachdem sie weiß, dass Tell den Landvogt schwach gesehen hat?

Dein Monolog kann so beginnen:

Fort ist er. Und Walther hat er auch noch mitgenommen. Ach, hätte ich ihn nur halten können, ihn überreden können, zu bleiben. Er ist in Gefahr. Ich ...

_____

_____

_____

_____

_____

Autorin: Ina Trog

Kapitel 8
KV 5, Blatt 4

Kopiervorlage

Eine Szene gestaltend interpretieren – Hedwig Tells Monolog

2 Bringe die folgenden Sätze zum Inhalt der Szene in die richtige Reihenfolge, indem du sie nummerierst.

☐ Hedwig warnt Tell, dass der Landvogt auf Rache sinnen werde, nachdem Tell ihn schwach sah.

☐ Tell nimmt gegen den Willen Hedwigs die Armbrust mit.

☐ Tell erzählt Hedwig, dass der Vogt Angst vor ihm hat und ihm nichts tun wird.

☐ Hedwig wirft Tell vor, dass er sich immer aufs Neue in Gefahr bringe.

☐ Tell bricht auf, um zu Hedwigs Vater zu gehen.

☐ Wilhelm bleibt bei Hedwig.

☐ Tell teilt Hedwig mit, dass er seinen Schwiegervater in Altdorf besuchen möchte.

☐ Tell nimmt Walther mit.

☐ Hedwig hat Angst, dass Tell bei der Verschwörung gegen die Vögte mitmacht.

3 Schreibe einen Monolog Hedwigs, den sie spricht, nachdem Tell gegangen ist.
Dabei sollen folgende Fragen berücksichtigt werden:
- Was ist bis jetzt passiert?
- Was macht Tell nun?
- Was befürchtet Hedwig?
- Wie schätzt Hedwig ihren Mann ein?
- Warum hat sie jetzt noch mehr Angst um ihn, nachdem sie weiß, dass Tell den Landvogt schwach gesehen hat?

Dein Monolog kann so beginnen:

Fort ist er. Und Walther hat er auch noch mitgenommen. Ach, hätte ich ihn nur halten können, ihn überreden können, zu bleiben. Er ist in Gefahr. Ich …

_____

_____

_____

_____

_____

_____

_____

Autorin: Ina Trog

Kapitel 8
KV 5, Blatt 5

Kopiervorlage

9 Aktuelles vom Tag – Zeitungstexte verstehen und gestalten

Konzeption des Kapitels

In diesem Kapitel werden zentrale Kompetenzen im Umgang mit der Publikationsform „Zeitung" geschult. Einen besonderen Schwerpunkt bildet die Auseinandersetzung mit journalistischen Textsorten, und zwar sowohl analytisch als auch produktiv.

Im ersten Teilkapitel (**„Nachrichtenflut – Journalistische Textsorten untersuchen"**) erarbeiten die Schüler/-innen verschiedene Typen von Zeitungen durch die Analyse dreier Titelseiten und durch weiterführende Untersuchungsaufgaben. Dabei ist vor allem die Unterscheidung zwischen seriösen Zeitungen und der Boulevardpresse wichtig. Der nächste Schritt macht sie mit den verschiedenen Ressorts vertraut. Anschließend werden sie an die wichtigsten journalistischen Textsorten – Nachricht, Bericht, Reportage, Interview und Kommentar – herangeführt und lernen, diese gezielt zu untersuchen und zu bestimmen. In die Analyse der Reportage integriert ist die Auswertung von Diagrammen, sodass auch diskontinuierliche Texte berücksichtigt werden. Abgerundet wird das Teilkapitel durch die Beschäftigung mit Onlinezeitungen sowie Nachrichten in Fernsehen und Radio. In der abschließenden **Selbstevaluation** („Testet euch! – Rund um die Zeitung") können die Schüler/-innen selbst einschätzen, wie sicher sie die erworbenen Kompetenzen beherrschen.

Das zweite Teilkapitel (**„Journalisten bei der Arbeit – Journalistische Texte erfassen und verfassen"**) rückt zunächst anhand weiterer Zeitungsartikel das Ermitteln von Informationen und das Vergleichen verschiedener Textsorten in den Fokus. Darauf aufbauend werden die Schüler/-innen zum Verfassen eigener Zeitungsberichte angeleitet. Abschließend vertiefen sie ihr Wissen in der **Differenzierungseinheit** („Stärken stärken: Einen Zeitungsartikel überarbeiten") durch das Überarbeiten eines Schülertextbeispiels.

Im dritten Teilkapitel (**„Projekt: Ein Jugendmagazin erstellen"**) werden die Schüler/-innen Schritt für Schritt angeleitet, selbst ein Jugendmagazin zu erstellen. Dabei wenden sie die erworbenen Kompetenzen an und üben sie vertiefend ein. Außerdem erarbeiten sie praktische Fähigkeiten und Fertigkeiten, von der Planung über die gezielte Recherche bis hin zur Gestaltung einer Zeitung. Die das Kapitel abschließende Wörterliste erweitert den Grundwortschatz und kann für eine Rechtschreibübung genutzt werden (s. Orientierungswissen „Mit den Wörterlisten üben" im SB auf S. 338).

Literaturhinweise

Berichten. Praxis Deutsch 195/2006

Leubner, Martin: Gebrauchstexte und ihre Didaktik. In: Günter Lange/Swantje Weinhold (Hrsg.): Grundlagen der Deutschdidaktik: Sprachdidaktik – Mediendidaktik – Literaturdidaktik. Schneider, Baltmannsweiler, 4. Auflage 2010, S. 297–318

Medien: Alltag und Visionen. Deutschunterricht, Juni 2003

Medienkommunikation. Der Deutschunterricht 2/2002

Medien, Macht, Meinung – Schreiben für die Öffentlichkeit. Deutschunterricht, Oktober 2011

Neue Medien – recherchieren, produzieren, präsentieren. Deutschunterricht, Dezember 2008

Rau, Tilmann: Journalistisches Schreiben im Unterricht. Themenfindung, Recherchen, Textformen. Klett Kallmeyer, Seelze 2014

Rund um Zeitungen. Arbeitsheft. Cornelsen, Berlin 2009

Sprache und Kommunikation im Web 2.0. Der Deutschunterricht 6/2012

Stadter, Andrea: Wie schreiben Journalisten? In: Praxis Deutsch 218/2009, S. 49–59

Zeitungstexte. Praxis Deutsch 225/2011

Inhalte	Kompetenzen
	Die Schülerinnen und Schüler
S. 185 **9 Aktuelles vom Tag – Zeitungstexte verstehen und gestalten**	– unterscheiden und vergleichen Funktionen von Medien – schreiben informierend und appellierend
S. 186 **9.1 Nachrichtenflut – Journalistische Textsorten untersuchen**	– kennen und beschreiben die Wirkung von Gestaltungsmitteln – unterscheiden die Funktionen von Sachtexten
S. 186 Zeitungstypen unterscheiden	– untersuchen die Gestaltungsmerkmale von Zeitungen (hier: Titelseiten) – unterscheiden Zeitungstypen – gestalten und strukturieren Titelseiten dem Zweck entsprechend und adressatengerecht
S. 188 Ordnung im Blätterwald – Ressorts untersuchen	– untersuchen die Gestaltungsmerkmale von Zeitungen (hier: Ressorts)
S. 189 Wie Journalisten schreiben – Nachricht, Bericht, Reportage, Interview, Kommentar	– wenden Methoden der Texterschließung an – arbeiten die Inhalte von Sachtexten heraus, wählen aussagekräftige Textbelege aus und zitieren aussagekräftige Textbelege – werten einen nichtlinearen Text aus (hier: ein Diagramm) – führen ein Interview
S. 199 Informationsvermittlung in Online-zeitungen, Fernsehen und Radio	– unterscheiden und vergleichen Funktionen von Medien (Online- und Printausgaben von Zeitungen/Nachrichtensendungen im Fernsehen und Radio)
S. 201 Testet euch! – Rund um die Zeitung	– beschreiben journalistische Textsorten mit Fachbegriffen
S. 202 **9.2 Journalisten bei der Arbeit – Journalistische Texte erfassen und verfassen**	– schreiben informierend (z. B. einen Zeitungs-bericht) und appellierend (z. B. einen Vortrag)
S. 202 Affenstark – Informationen ermitteln	– entnehmen linearen und nichtlinearen Texten Informationen – schreiben einen Bericht zu einer Nachricht um
S. 204 Von gefährlichen Tigern und harmlosen Juchtenkäfern – Textsorten vergleichen	– erschließen und vergleichen einen Zeitungsbe-richt und einen Kommentar
S. 206 Artgerechte Tierhaltung? – Zeitungstexte schreiben	– fassen Informationen aus linearen und nicht-linearen Texten zusammen und stellen sie kohärent dar – formulieren strukturiert, verständlich und stilistisch stimmig
S. 208 Stärken stärken: Einen Zeitungsartikel überarbeiten	– kennen die Wirkung von Gestaltungsmitteln – überarbeiten einen Zeitungsbericht
S. 209 **9.3 Projekt: Ein Jugendmagazin erstellen**	– gestalten und strukturieren Texte dem Zweck entsprechend und adressatengerecht (hier: ein Jugendmagazin)

S. 185 Auftaktseite

Die Aufgaben der Auftaktseite motivieren die Schüler/-innen, ihr Wissen zu den Themen „Zeitung" und – allgemeiner – „Informationsmedien" zu aktivieren. Zugleich reflektieren sie im Austausch ihre eigenen Gewohnheiten bei der Informationsbeschaffung und Zeitungs- bzw. Zeitschriftenlektüre.

1 Die Schüler/-innen tauschen sich über die Zeitungen und Zeitschriften aus, die sie kennen. Im Laufe des Gesprächs können die verschiedenen Arten von Printmedien thematisiert werden, z. B. Tageszeitungen, Zeitschriften, Magazine, Jugendzeitschriften.

2 a Den Schülerinnen und Schülern dienen vermutlich Smartphone oder Tablet-PC als hauptsächliches Mittel zur Informationsgewinnung. Sie nutzen diese elektronischen Medien täglich. Aufgabe der Lehrkraft ist es in diesem Fall, die Aufmerksamkeit auch auf Printmedien zu lenken, mit denen man sich über aktuelle Ereignisse auf dem Laufenden halten kann.

b Die Auflistung von Informationsmedien kann um Unterscheidungsmerkmale erweitert werden. So lassen sich Zeitungen, Zeitschriften und deren Onlineausgaben in dreifacher Hinsicht unterscheiden: inhaltlich, nach ihrer Erscheinungsweise und nach ihrem Äußeren/ihren Besonderheiten.

Mögliches **Tafelbild:**

	Zeitungen	Zeitschriften	Onlineausgaben
Inhalt	– breit gestreut, keine inhaltliche Beschränkung – tagesaktuell (v. a. Tageszeitungen) – bieten Hintergrundinformationen (Schwerpunkt bei Wochenzeitungen)	– Publikumszeitschriften: inhaltlich breit gestreut, z. B. Nachrichtenmagazine („Der Spiegel", „Focus") oder Illustrierte („Stern") – in der Regel jedoch thematisch gebunden: Fachzeitschriften, Hobbyzeitschriften usw.	– inhaltliches Spektrum entspricht im Wesentlichen der jeweiligen Printausgabe – Besonderheit: Einbeziehung von Videos („Crossmedia")
Erscheinungsweise	– täglich oder wöchentlich	– wöchentlich oder monatlich = Periodika: erscheinen periodisch	– ständige Aktualisierung bis hin zum „Liveticker"
Äußeres/ Besonderheiten	– Papierbögen lose ineinandergelegt – Zeitungsdruckpapier	– geheftet oder (seltener) gebunden – meist Hochglanzpapier – oft stärker bebildert als Zeitungen	– Verlinkung – Artikel können bezahlpflichtig sein – unmittelbare Einbeziehung der Nutzer möglich (z. B. Kommentare, Blogs, „Gefällt mir"-Button)

3 Man kann an dieser Stelle bereits versuchen, die Ergebnisse der Umfrage zur (regelmäßigen) Zeitungs- und Zeitschriftenlektüre der Schüler/-innen grafisch – in Form eines Diagramms – aufzubereiten. In den meisten Klassen gibt es Schüler/-innen, die das gern machen und deren besondere Kompetenzen dabei gut genutzt und gefördert werden können.

9.1 Nachrichtenflut – Journalistische Textsorten untersuchen

S. 186 Zeitungstypen unterscheiden

In diesem Abschnitt untersuchen die Schüler/-innen die Titelseiten dreier unterschiedlicher Zeitungen zum selben Thema und erarbeiten dadurch die verschiedenen Zeitungstypen, wobei vor allem die Unterscheidung zwischen seriösen Tageszeitungen und der Boulevardpresse wichtig ist.

1/2 Das Thema der Titelseiten ist das 25-jährige Jubiläum des Mauerfalls. Übereinstimmungen und Unterschiede der Titelseiten können vergleichend in einer Tabelle dargestellt werden. Der Informationskasten „Zeitungstypen" im SB auf S. 187 hilft bei der Kategorisierung der Zeitungen.

Mögliches **Tafelbild:**

Darstellung des 25-jährigen Mauerfall-Jubiläums			
	Bild	**Süddeutsche Zeitung**	**Der Tagesspiegel**
Zeitungstyp	Boulevardzeitung	überregionale Tageszeitung	regionale Tageszeitung
Fotos/ Bildelemente	Foto der Festlichkeiten am Brandenburger Tor mit Fokus auf der Menschenmasse	Foto von Kanzlerin Angela Merkel an der Berliner Mauer	Foto der Festlichkeiten am Brandenburger Tor mit Fokus auf beleuchtetem Brandenburger Tor
Text	große und lange Schlagzeile mit ebenfalls langem, farblich abgehobenem Untertitel sowie der Bildunterschrift	sehr kleine Schlagzeile, die sich im Format nur wenig von der nebenstehenden Bildunterschrift abhebt	kurze Schlagzeile und Bildunterschrift; nebenstehender Kommentar
Raum für das Thema auf der Seite	ca. ein Drittel der Seite	ca. ein Viertel der Seite	mit Kommentar fast zwei Drittel der Seite

2 b Die Erwartungen an die Informationen der jeweiligen Zeitung werden vor allem durch folgende Aspekte gesteuert sein (zur Begründung vgl. die Details in der Tabelle):
— den Zeitungstyp
— die beschriebenen Gestaltungselemente

3 a–c Damit die Schüler/-innen unterschiedliche Zeitungen genau und sinnvoll miteinander vergleichen können, sollte die Lehrkraft darauf achten, dass sie Zeitungen vom selben Tag mitbringen.
Bei der Erstellung des Layout-Rasters und der Untersuchung der Titelseiten ist es wichtig, dass die Schüler/-innen die Fachbegriffe für die Elemente einer Titelseite aus dem Informationskasten „Der Aufbau der Titelseite von Zeitungen" im SB auf S. 186 sachgemäß verwenden. Die genaue Untersuchung von Layout und Inhalten kann insbesondere auf die Unterscheidung zwischen seriösen Tageszeitungen und Boulevardpresse abzielen.

d Die Titelseite ist die Visitenkarte einer Zeitung und macht sie wiedererkennbar. Potenzielle Leserinnen und Leser entscheiden oft mit einem Blick, ob sie eine bestimmte Zeitung kaufen oder nicht. Schlagzeile und Titelbild sollen das Kaufinteresse wecken.

4 a Mit der Gestaltung eigener Titelseiten aus dem mitgebrachten Text- und Bildmaterial wenden die Schüler/-innen das erworbene Wissen kreativ an.

b Variante zur Vorstellung der selbst gestalteten Titelseiten: Die Entwürfe werden ohne Kommentar der „Hersteller/-innen" ausgestellt; es ist dann Aufgabe der Klasse, diese Entwürfe einzuordnen (eher seriöse oder eher Boulevardpresse?) und zu bewerten.

||S. 188 Ordnung im Blätterwald – Ressorts untersuchen

1 **a/b** Die Zuordnung der Textanfänge zu den Ressorts gelingt mit Hilfe des Informationskastens „Die Ressorts (Themenbereiche) einer Zeitung" im SB auf S. 188.
   - Ohne Karte und Kompass: Kultur (Feuilleton)
   - Ronaldo und Real unterzeichnen Vertragsverlängerung: Sport
   - Rückschlag für Canon: Wirtschaft

   c Wenn die Schüler/-innen die Ergebnisse ihrer selbstständigen Suche vorstellen, kann im Vergleich thematisiert werden, dass unterschiedliche Zeitungen oft bestimmte Ressorts stärker abbilden (z. B. Süddeutsche Zeitung: Kultur).

2 Viele Tageszeitungen haben eine Seite mit vermischten Berichten, die bisweilen eher Unterhaltungs- als einen wirklichen Nachrichtenwert besitzen und in Richtung Klatsch gehen können. Sie stehen unter Überschriften wie „Panorama", „Blick in die Welt" oder „Vermischtes". Darüber hinaus gibt es in großen Tageszeitungen Ressorts wie „Wissenschaft", „Technik/Automobil/Verkehr" oder „Reise", die oft nur im Umfang einzelner Seiten (etwa „Wissenschaft") oder nur einmal wöchentlich (etwa „Reise") erscheinen.

Die Ressorts können als Cluster in einem **Tafelbild** festgehalten werden:

||S. 189 Wie Journalisten schreiben – Nachricht, Bericht, Reportage, Interview, Kommentar

Mit der Untersuchung von Nachricht, Bericht, Reportage, Interview und Kommentar lernen die Schüler/ -innen die wichtigsten journalistischen Textsorten kennen. Die Verbindung mit dem auf die Schreibkompetenz ausgerichteten Kapitel 4 „An seine Grenze gehen – Bericht und Reportage" bietet sich an.

||S. 189 Der Bericht

Elbe-Hochwasser

1 Der Text berichtet über eine außergewöhnliche Aktion: Um ein Loch in einem Elbdeich zu stopfen, sind zwei Schiffe versenkt worden.

2 **a** – **Was** ist passiert? Zwei Schiffe sind versenkt worden, um ein Deichloch zu stopfen.
   - **Wo** ist das passiert? in Sachsen-Anhalt, bei Fischbeck
   - **Wie** versuchte man die Flut aufzuhalten? Panzersperren wurden abgeworfen und Sandsäcke sollten die Stelle zusätzlich verschließen. Durch die Sprengung wurden die Schiffe auf den Grund des Flusses gesetzt und sollten die Deichlücke schließen.
   - **Welche Folgen** hatte diese Aktion? Das Hochwasser kann sich jetzt nicht mehr so stark ausbreiten. Eine verbliebene Lücke soll durch die Sprengung eines weiteren Schiffes geschlossen werden.
   - **Wer** hatte die Aktion beschlossen? der Krisenstab der Landesregierung

b Nicht beantwortet wird die Frage, wann das Ganze passiert ist. Es werden nur Wochentage genannt, aber kein genaues Datum. Da der Zeitungsbericht aber zu einem bestimmten Tag erscheint, ist den Leserinnen und Lesern der zeitliche Rahmen klar.

3 a–c – **Schlagzeile:** Elbe-Hochwasser. Die Schlagzeile nennt das Thema.
– **Untertitel:** Schiffeversenken gegen die Flut/Noch nie hat es eine solche Aktion in Deutschland gegeben. Der Untertitel nennt das Thema und erweitert es.
– **Vorspann (Lead):** In Sachsen-Anhalt sind ... Der Vorspann enthält eine kurze Zusammenfassung der wichtigsten Informationen.
– **Haupttext:** Z. 1–42 Im Haupttext werden die Einzelheiten und Hintergründe wiedergegeben. Außerdem werden ein Oberst und ein Politiker zitiert.

Die **Folie** „Den Aufbau eines Zeitungsberichts kennen" bereitet die Aufgabe medial auf und ergänzt sie. Sie kann alternativ zur Einführung des Lead-Stils verwendet werden.

4 **a** Folgende Informationen finden sich sowohl im Vorspann als auch im Haupttext:
Sachsen-Anhalt, zwei Lastkähne, Deichloch, Sonntag, weiterer Kahn, gesprengt werden.

b Grund für die Wiederholungen einzelner Informationen aus dem Vorspann im Haupttext: Der Vorspann enthält eine Zusammenfassung der wichtigsten Informationen. Da diese Zusammenfassung ganz knapp ist, möchten manche Leser/-innen gern Genaueres erfahren. Die Wiederholungen sind dabei notwendig, damit klar wird, worauf sich die genaueren Informationen beziehen.

5 **a** Selbstständig erarbeiten die Schüler/-innen nun mit Hilfe des Informationskastens „Der Zeitungsbericht" im SB auf S. 190 eine Nachricht, die wie der Bericht eine sachlich informierende, aber im Gegensatz dazu sehr knappe journalistische Textsorte ist, welche die wichtigsten W-Fragen in Kürze beantwortet. Gegebenenfalls können zunächst die Unterschiede benannt und in einem Tafelbild festgehalten werden.

Beispiellösung:

> **Elbe-Hochwasser** (Schlagzeile)
> *Zwei Lastkähne versenkt* (Untertitel)
> In Sachsen-Anhalt wurden am Wochenende zwei Lastkähne in der Elbe versenkt. Sie sollen ein Loch im Deich blockieren und so die Ausbreitung des Hochwassers verhindern. (Vorspann)
> Die Aktion wurde am Freitag vom Krisenstab der Landesregierung beschlossen. Zunächst wurden an dem 90 Meter langen Deichbruch bei Fischbeck Panzersperren abgeworfen, dann die Lastkähne durch Sprengung auf den Grund der Elbe gesetzt und schließlich noch Sandsäcke verbaut. Der Bruch ist nun bis auf 20 Meter geschlossen, die noch vorhandene Lücke soll am Sonntag durch die Sprengung eines dritten Lastkahns beseitigt werden. (Haupttext)

b Als Maßstab bzw. Muster für den Inhalt einer Nachricht zum „Elbe-Hochwasser" können Untertitel und Vorspann des Berichts im SB auf S. 189 dienen.

S. 191 **Die Reportage**

Mit Sandsäcken und Hilfsbereitschaft gegen die Fluten

1 a/b Die Schüler/-innen werden vermuten, dass es in dem Artikel um die Überflutung der Passauer Innenstadt geht und darum, wie die Einwohner mit der Situation umgehen.

2 Der Text dürfte den Schülerinnen und Schülern inhaltlich keine Probleme bereiten. Unklar könnten eventuell sein: schippern (Z. 18) = mit einem Schiff fahren, Confiserie (Z. 34) = Konditorei

3 **a** Das Diagramm bestätigt die Aussage in Z. 21–24: „Die bisherige Höchstmarke von 12,20 Metern, die bisher nur einmal im Jahr 1954 erreicht wurde, ist in Passau seit Montagmorgen überschritten."

b Das Diagramm informiert über den Wasserstand der Donau bei Passau, und zwar im Zeitraum vom 19.05. bis 16.06.2013. Es werden für jeden Tag in diesem Zeitraum die Wasserstände in cm angegeben. Außerdem kann man dem Diagramm den Höchststand (Maximum) und den Tiefststand (Minimum) im angegebenen Zeitraum entnehmen.

4 Der Informationskasten „Die Reportage" im SB auf S. 193 hilft beim Vergleich der beiden Textsorten: Der erste Abschnitt der Reportage enthält nicht die sachliche Zusammenfassung der wichtigsten Informationen, wie es beim Lead-Stil des Berichts der Fall wäre. Der Satz „Eindrücke aus einer Stadt unter Wasser" und die namentliche Nennung der Journalistin machen deutlich, dass es sich hier um eine persönliche Schilderung der Autorin handelt.

5 a Mögliche Beispiele:
- Z. 1–5: Die Keller sind nicht mehr sicher. … – Wirkung: Die Leser/-innen springen mitten ins Geschehen, werden zu „Augenzeugen". Dazu trägt auch das Präsens bei.
- Z. 14–20: Ein Ruf: „Da sind noch sieben Studenten in einem Haus!" – Wirkung: Die Anspannung, Hektik, Gefahr werden verdeutlicht, die Leser/-innen hören die Angst und Panik.
- Z. 28–31: Viele Straßen sind zumindest teilweise überflutet. An den meisten Geschäften und Lokalen in der Altstadt hängen Schilder: „Heute wegen Hochwasser geschlossen!" – Wirkung: Die Leser/-innen scheinen gemeinsam mit der Reporterin per Boot durch die Altstadt zu fahren und die Auswirkungen des Hochwassers zu begutachten.

b Beispiele für die Merkmale einer Reportage:
direkter Einstieg: die Flucht der Ratten in Z. 1–5
anschauliche Beschreibung der Atmosphäre/Stimmung vor Ort: Die angespannte Stimmung wird z. B. durch den Ruf „Da sind noch …!" (Z. 15–16) vermittelt. Außerdem sorgen anschauliche Verben („flüchtet", „irren", „fluten", „springen", „pumpen", „schöpft") und wörtliche Rede (Z. 15–16, Z. 18–20, Z. 37–38, Z. 54–55, Z. 64–79) dafür, dass die Atmosphäre greifbar wird.
Verwendung des Präsens: Die Reportage ist überwiegend im Präsens geschrieben (Z. 1–20, Z. 24–41, Z. 45–60, Z. 64–69, Z. 71–79) und vermittelt den Leserinnen und Lesern dadurch den Eindruck, sie seien mitten im Geschehen.

c Der Reporter schreibt über ein Geschehen, das er selbst erlebt. Dies wird z. B. deutlich in Zeile 1–3: „In der Grabengasse in Passaus Innenstadt flüchtet ein Dutzend Ratten aus einem Haus". Atmosphäre und Stimmung vor Ort werden besonders anschaulich durch die Verwendung der direkten Rede (z. B. in Z. 18–20, Z. 37–38, Z. 64–69) und ausdrucksstarker Verben (z. B. „flüchtet", „irren") sowie sprachlicher Bilder (z. B. „kein Dach mehr über dem Kopf haben").

Die journalistische Textsorte der Reportage kann vertiefend mit der **Kopiervorlage 1** („Eine Reportage untersuchen") erarbeitet werden.

S. 194 Das Interview

„Die Leute sollten aus Flutgebieten wegziehen"

1 Rektifikation (Z. 18) = Berichtigung
Renaturierung (Z. 33) = Rückführung in einen naturnahen Zustand
Metropole (Z. 76) = Hauptstadt, Weltstadt

2 – **Mit wem wird das Interview geführt?** David Blackbourn (britischer Landschaftshistoriker)
- **Wer interviewt?** Moritz Kohl von „Zeit online"
- **Worüber wird gesprochen?** Es wird über die Veränderung der deutschen Flusslandschaft gesprochen und die daraus resultierende Hochwasserproblematik.

3 Die folgenden Aussagen sind richtig:
- Heute sind alle größeren Flüsse begradigt. Somit fließt das Wasser schneller und ohne Hindernisse.
- Um Hochwasser in Großstädten zu vermeiden, sollten Ebenen in ländlichen Gegenden geflutet werden.

4 Bis auf eine Feststellung in Zeile 29–31 werden W-Fragen gestellt:
- Z. 1–3: **Wie** sah Deutschlands Flusslandschaft vor 300 Jahren aus?
- Z. 15 f.: **Wie** haben die Deutschen über die Jahrhunderte ihre Flüsse verändert?
- Z. 51 f.: **Wie** gut hat das funktioniert?

– Z. 65 f.: **Was** soll aus großen Städten im gefährdeten Gebiet werden?

– Z. 77–79: **Was** müssten wir tun, um Hochwasser zu vermeiden oder besser mit ihm umzugehen?

Die Einstiegsfrage ist inhaltlich weit gefasst und geht zunächst auf die Historie ein. Erst im weiteren Verlauf wird der Bogen von der Vergangenheit zur Gegenwart gespannt.

5 Die Schüler/-innen werden bei dieser Aufgabe dazu neigen, einen Freund oder eine Freundin zu interviewen. Spannender ist die Zusammenstellung von heterogenen Teams, sei es durch Zufallsbildung oder durch spielerische/kreative Methoden. Der Methodenkasten „Ein Interview führen" im SB auf S. 195 unterstützt die Schüler/-innen.

S. 196 Der Kommentar

Patrick Illinger: Die Illusion von der Zähmung des Wassers

1 a Die vorgegebenen Adjektive treffen mehr oder weniger alle auf den Kommentar zu:

- spannend: Der Autor beschreibt am Anfang ein Katastrophenszenario, das die Schüler/-innen durchaus spannend finden können. (Z. 11–19)
- informativ: Informativ ist z. B. die Aussage in Z. 31–52.
- urteilend/wertend: Beides lässt sich nicht trennscharf voneinander abgrenzen, z. B. im Vorspann.
- abwägend: Der Autor führt auch positive Aspekte an, die ein Hochwasser mit sich bringen kann (Z. 76–91).
- lehrreich: Lehrreich ist z. B. der historische Rückblick in Z. 53–62.

b Beispiellösung:

> Der Autor äußert sich zum Verhältnis zwischen Mensch und Wasser. Seiner Meinung nach besteht eine Illusion der Beherrschbarkeit.

2 a Illusion (Vorspann) = Wunschvorstellung, Sinnestäuschung

Metaphorik (Z. 20 f.) = Verbildlichung, Übertragung in eine Metapher

Klimatologe (Z. 24) = Wissenschaftler, der sich mit dem Klima beschäftigt

prognostizieren (Z. 31) = vorhersagen

Sintflut (Z. 17) = allumfassende Flut

archaisch (Z. 43) = aus sehr früher Zeit stammend, altertümlich

Akribie (Z. 56) = höchste Genauigkeit

b Mögliche schwierige Wörter sind:

- kanalisieren (Vorspann): hier: Fluss in gezielte Bahnen lenken und schiffbar machen
- Staustufe (Vorspann): Anlage zum Aufstauen eines Flusses
- gegängelt (Vorspann): bevormundet
- Ottomotor (Z. 55): gemeint ist der 1876 von Nikolaus A. Otto entwickelte Benzin-Motor, der zum wirtschaftlichen Aufstieg Deutschlands in großem Maße beitrug
- Asbest (Z. 66): feuerfester, aber gesundheitsschädlicher Faserstoff
- Tragödie (Z. 73 f.): schrecklicher Vorfall
- meteorologisch (Z. 81): auf die Wissenschaft von den physikalischen Vorgängen und Gesetzmäßigkeiten in der Lufthülle der Erde bezogen

3 Der Autor macht folgende wichtige Aussagen:

- „So ist eine Illusion der Beherrschbarkeit entstanden." (Vorspann)
- „Doch wo Flüsse allzu sehr in die Pflicht genommen werden, schlagen sie auch mal aus wie bockige, gegängelte Arbeitstiere." (Vorspann)
- „Doch ein paar Tage Starkregen über Mitteleuropa können nicht als entscheidender Beweis für den globalen Klimawandel herhalten, […]" (Z. 36–41)
- „Der Mensch verdankt dem Wasser nicht nur seine biologische Existenz, sondern auch den Aufstieg der modernen Zivilisation, […]" (Z. 46–52)
- „Deutschlands Aufstieg zur Industrienation ist […] der zuvor mit preußischer Akribie betriebenen Zähmung der Flüsse zu verdanken." (Z. 53–57)

– „Wir Menschen brauchen Wasser, auch wenn das richtige Maß zwischen Nähe und Abstand in der modernen Zivilisation immer wieder neu zu definieren ist." (Z. 69–73)
– „In Zeiten wie diesen zeigt eine Bürgerschaft [...] plötzlich ein erfreuliches Maß an Gemeinsinn." (Z. 82–86)

Der Autor bezieht keine klar abgegrenzte, deutliche Position zur Kanalisierung und Umleitung von Wasserstraßen. So kommentiert er im ersten Abschnitt beispielsweise vage die Angst vor einer Klimakatastrophe (vgl. Z. 20 f.) und stellt anschließend rhetorische Fragen (vgl. Z. 21–27), um die Leserinnen und Leser dazu anzuregen, sich eine eigene Meinung zu bilden. Im folgenden Abschnitt relativiert er die Auswirkungen des Klimawandels durch die Polarität zweier Positionen (Zwar/Doch, vgl. Z. 31/36) und stellt anschließend die Thesen auf, dass das Verhältnis zwischen Mensch und Wasser vom archaischen Zwiespalt zwischen Verdursten und Ertrinken geprägt ist und die Menschheit den Aufstieg der modernen Zivilisation erst durch die vermeintliche Beherrschung des Wassers entwickeln konnte (vgl. Z. 42–65). Im letzten Abschnitt stellt der Autor fest, dass der Mensch seinen Umgang mit Wasser ständig neu definieren muss, um den Folgen des Klimawandels entgegensteuern zu können, ohne jedoch konkrete Vorschläge zu nennen. Sein Kommentar schließt mit einem optimistischen Ausblick.

4 Die richtige Zuordnung ist: **A**-4, **B**-5, **C**-2, **D**-3, **E**-6, **F**-7 (im Sinne von bekannter Ausspruch, geflügeltes Wort), **G**-1.

5 Im Vergleich mit einem Bericht und mit Hilfe des Informationskastens „Der Kommentar" im SB auf S. 198 erarbeiten die Schüler/-innen die Besonderheiten des Kommentars.

Mögliches **Tafelbild**:

	Bericht	Kommentar
Aufbau **– Vorspann**	– nennt das Wesentliche – beantwortet die wichtigsten W-Fragen	– deutet das Wichtigste nur an – nennt die zentrale These ohne Begründung
– Haupttext	– bietet Detailinformationen und Hintergründe	– informiert über das Thema – formuliert eine Meinung – begründet sie mit Argumenten und Beispielen → entwickelt einen Gedanken
– Schlusssatz	– unwichtig – ein Bericht kann von hinten nach vorn gekürzt werden	– gedankliche Zuspitzung – unverzichtbar für die Argumentation
Sprache	– nüchtern – sachlich – kann Zitate von Experten oder Betroffenen enthalten	– sachlich erklärend – wertend – appellativ
Darstellungsweise	– sachlich – informierend	– argumentierend – wertend – meinungsbildend

Die journalistische Textsorte des Kommentars kann vertiefend mit der **Kopiervorlage 2** („Einen Kommentar untersuchen") erarbeitet werden.

S. 199 Informationsvermittlung in Onlinezeitungen, Fernsehen und Radio

In diesem Abschnitt erarbeiten die Schüler/-innen die Informationsvermittlung in elektronischen Medien: in Onlinezeitungen, Fernsehen und Radio. Dabei vergleichen sie die Printausgabe mit der Onlineausgabe einer Zeitung und untersuchen selbstständig – durch Fragen geleitet – das Nachrichten-angebot in Radio und Fernsehen.

1 a Der vorliegende Screenshot zeigt den Ausschnitt einer Onlineausgabe der Süddeutschen Zeitung. Die Reiter zu den unterschiedlichen Ressorts der Zeitung finden sich in der Menüleiste neben dem Titel („SZ"). Ebenfalls in der Menüleiste kann die Suchfunktion angeklickt werden. Der Blick des Betrachters wird zunächst auf das Foto unter der Menüleiste, den Aufmacher, gelenkt, der dazugehörige Text wird angerissen. Der Link zur Fortsetzung des Zeitungsartikels (*mehr*) sitzt neben dem Kurztext. Unter dem Aufmacher-Foto steht der thematisch angeschlossene Leitartikel mit einer entsprechenden Schlagzeile. Links zu weiteren Artikeln befinden sich am rechten Seitenrand.

b Zusätzliche Funktionen der Onlinezeitung sind neben der ständigen Aktualisierung die interne und externe Vernetzung (z. B. Hyperlinks zu weiteren Begriffen). Die Artikel können durch multimediale Inhalte (z. B. Videos, Tonbeiträge) ergänzt werden. Die Suchfunktion ermöglicht das Auffinden von Zeitungsartikeln zu einem bestimmten Stichwort; dabei können in der Regel auch ältere Artikel aus dem Archiv der Zeitung genutzt werden. Des Weiteren ist die Onlinezeitung interaktiv, das heißt, die Leser können beispielsweise Inhalte und Themen unmittelbar kommentieren (z. B. in Foren) oder an Abstimmungen teilnehmen.

2 Beispiellösung:

- Redakteure und Leser müssen stets „auf dem Laufenden" sein.
- Für die Redakteure der Onlineausgabe einer Zeitung bedeutet dies, permanent nach neuen Informationen zu suchen und darauf zu achten, dass die Texte auf der Website nicht veralten.
- Die Leser können immer auf die Onlineausgabe zugreifen.

3 Als Grundlage des Vergleichs sollte der Informationskasten „Die Onlinezeitung (Internetzeitung)" im SB auf S. 200 erarbeitet werden.

Der Aufbau einer Titelseite der Onlineausgabe einer Zeitung ist deutlich von der Technik der Links geprägt: Die einzelnen Beiträge sind oft nur angerissen (so genannte Teaser = Anreize); Links führen dann zum Artikel. Das ist einerseits ein Vorteil (langwieriges Blättern und Suchen wird dem Nutzer erspart), kann andererseits aber auch ein Nachteil sein: Man kann sich leicht verzetteln, indem man von Stichwort zu Stichwort (d. h. von Link zu Link) springt und den Überblick verliert, z. B. über die Ressorts. Die Orientierung an den Ressorts ermöglicht bei der Nutzung einer Printausgabe der Zeitung eine konzentrierte Suche nach Informationen zu einem bestimmten Bereich.

Insgesamt sollte die Lehrkraft vermeiden, die beiden Ausgaben einer Zeitung einseitig wertend gegeneinander auszuspielen.

4 Um sich einen Überblick über Nachrichtensendungen, die im Fernsehen oder im Radio laufen, zu verschaffen, sind leicht recherchierbare Übersichten im Internet oder Programmzeitschriften hilfreich. Nützlich ist darüber hinaus der Hinweis auf Programmstrukturen: Die meisten Sender haben festgelegte Zeiten für bestimmte Formate, nicht nur für Nachrichten.

5 a Man sollte darauf achten, dass die Schüler/-innen bei der Untersuchung unterschiedlicher Nachrichtensendungen öffentlich-rechtliche und private Anbieter in ausgewogener Weise berücksichtigen. Zusätzlich zu der Einigung auf einen Tag, an dem die Nachrichtensendungen untersucht werden, kann auch die Festlegung einer bestimmten Tageszeit (grob: Morgen/Mittag/Nachmittag/Abend) interessant sein, da dies den Vergleich bei der Darstellung aktueller Nachrichten erleichtert.

b Mögliche Aspekte, auf die man bei der Untersuchung der Nachrichtensendungen achten kann:
- Themen: Auswahl, Reihenfolge, Umfang
- Einspielungen: Originalton (Radio), Filmsequenzen (Fernsehen)
- Verteilung auf die einzelnen Ressorts: z. B. Politik (Außenpolitik/Innenpolitik), Wirtschaft, Kultur, Sport, …
- Journalistische Textsorten: Nachricht, Bericht, Reportage, Kommentar ...
- Gibt es Interviews?

Innerhalb der Kleingruppen kann man anhand der Liste auch gut eine Arbeitsteilung vornehmen.

Bei der Vorstellung der Untersuchungsergebnisse sind vor allem Auswahl, Ausführlichkeit und Aufbereitung der Nachrichten von Interesse. Für die Aufbereitung sind wichtig (allerdings themenabhängig und nicht bei jedem Thema in gleicher Weise zu erwarten):
- Einbeziehung von Hintergrundinformationen über das Ereignis hinaus
- Interviews mit Betroffenen und/oder Fachleuten
- Auswahl von Bildern und Filmen
- Verwendung von Grafiken
- Musikuntermalung

S. 201 Testet euch! – Rund um die Zeitung

1 – Schulstreich landet vor Gericht: Bericht
- „Der/Die/Das Nutella": Interview
- In wenigen Schritten nach Mexiko: Reportage

2 Die richtige Zuordnung ist: **A**-3, **B**-4, **C**-5, **D**-1, **E**-2.

 3 Vergleichend können auch die Informationskästen im SB auf den Seiten 190, 193 und 198 Hilfestellung bieten.

9.2 Journalisten bei der Arbeit – Journalistische Texte erfassen und verfassen

S. 202 Affenstark – Informationen ermitteln

Schöner Wohnen für Kibo & Co.

 1 a In dem Text geht es um das neue Affenhaus in der Wilhelma.

b Es handelt sich um einen Bericht, da der Text sachlich und informativ geschrieben ist.

2 a Mögliche schwierige Wörter sind:
- Bonobos (Z. 9) = Menschenaffenart (Zwergschimpansen)
- Primatologin (Z. 23) = Wissenschaftlerin, die sich mit der Erforschung von Affen beschäftigt
- Löwenanteil (Z. 60) = Hauptanteil

b Mögliche Schlüsselwörter sind:
neue Affenhaus (Untertitel), Wilhelma (Untertitel), Stuttgart (Z. 1), 22 Millionen teure Menschenaffenanlage (Z. 3 f.), eine der modernsten und teuersten Anlagen (Z. 6 f.), Gorillas und Bonobos (Z. 8 f.), 14-mal so viel Platz (Z. 10), 3 400 Quadratmeter großen Außenanlage (Z. 15 f.), großen Freigehege mit Bachlauf (Z. 20 f.), 2 000-Quadratmeter-Haus (Z. 34 f.), Kino (Z. 36), europaweit einzige Gorilla-Aufzuchtstation (Z. 41 f.), Eröffnungstermin mehrfach verschoben (Z. 48 f.), ursprünglich veranschlagten Kosten von 15 Millionen Euro (Z. 52 f.), Löwenanteil trägt das Land (Z. 60 f.), 9,5 Millionen Euro vom Förderverein (Z. 61 f.)

  3 a–c Beispiellösung:

<u>Neue Affenanlage in der Wilhelma</u>
- Lebensraum für 12 Gorillas und 13 Bonobos
- eine der modernsten und teuersten Menschenaffenanlagen in Europa
- 14-mal so viel Platz wie vorher
- 3 400 qm große Außenanlage mit Bachlauf, Planschbecken und Wassergraben
- 2 000-Quadratmeter-Haus mit Kino für die Affen
  vier Spielstationen
  zwei Tierarzträume

– europaweit einzige Gorilla-Aufzuchtstation
– Eröffnungstermin wurde mehrfach verschoben
– Kostenexplosion: von 15 Millionen auf 22 Millionen; davon trägt der Förderverein
  9,5 Millionen Euro, den Rest das Land

4 Auf der Homepage der Wilhelma (www.wilhelma.de) können unter der Rubrik „Menschen.Affen.Haus!" bzw. „Aktuelles und Presse", „Angebote/Veranstaltungen" oder „Wilde Wochenenden" die neuesten Ereignisse abgerufen werden (Stand 17.05.17).

5 Zur Vorbereitung der Schreibaufgabe sollten die Schüler/-innen zunächst W-Fragen notieren und beantworten, z. B.:
– **Was?** Eröffnung der neuen Menschenaffenanlage
– **Wo?** Wilhelma in Stuttgart
– **Wann?** (als Rechercheergebnis) Mai 2013

Beispiellösung:

Eröffnung der neuen Menschenaffenanlage

In der Stuttgarter Wilhelma wurde die neue Menschenaffenanlage eröffnet. Das neue Affenhaus bietet 14-mal so viel Platz wie vorher und gilt als eine der modernsten und teuersten Anlagen Europas. Den 12 Gorillas und 13 Bonobos steht ein riesiges Freigehege mit eigenem Bachlauf zur Verfügung und ein 2 000-Quadratmeter-Haus mit einem Kino, verschiedenen Spielstationen und zwei Tierarzträumen. Auch die europaweit einzige Gorilla-Aufzuchtstation hat dort ihren Platz. Aufgrund diverser Schwierigkeiten musste der Eröffnungstermin immer wieder verschoben werden. Für Unmut sorgten auch die Baukosten: Statt 15 Millionen kostete das neue Affenhaus nun 22 Millionen Euro.

S.204 Von gefährlichen Tigern und harmlosen Juchtenkäfern – Textsorten vergleichen

Tödliche Attacke im Kölner Zoo /

Henryk M. Broder: Juchtenkäfer rühren, Mastschweine auch, Löwen und Tiger sind uns egal

1 a Mögliche schwierige Wörter sind:
Text A:
– Großkalibergewehr (Z. 13): Das Kaliber ist ein Maß für den Durchmesser von Geschossen. Von einem großkalibrigen Gewehr spricht man ab einem Durchmesser von 9 mm.
– Kölner Express (Z. 18): regionale Boulevardzeitung, täglich erscheinend
Text B:
– Mastschweine (Schlagzeile): Schweine, die für die Fleischproduktion gezüchtet werden
– Maskottchen (Z. 38): Glücksbringer
– degradieren (Z. 38): herabsetzen
b **Inhalt Text A:** Der Kölner Zoodirektor erschoss einen Tiger, nachdem dieser eine Pflegerin angefallen und getötet hatte.
Inhalt Text B: Es geht darum, ob eine artgerechte Tierhaltung in Zoos möglich ist. Der Vorfall im Kölner Zoo wird als Bestätigung dafür angeführt, dass Wildtiere nicht in einen Zoo gehören.

2

Vergleichsaspekte	Text A	Text B
Inhalt: W-Fragen – Wer? – Was? – Wo? – Wie?	– Tiger, Pflegerin, Zoodirektor, Kollegin, Notarzt, Polizei – Pflegerin ist von einem Tiger angefallen und getötet worden, Zoodirektor erschießt den Tiger – Kölner Zoo – Tiger war aus Gehege ausgebrochen; Pagel benutzte zur Tötung Großkalibergewehr, – Attacke durch Unvorsichtigkeit der Pflegerin, Bedienfehler an der Sicherheits-Schleuse	– Sibirischer Tiger, Tierpflegerin, Zoodirektor – Tierpflegerin wird angefallen und tödlich verletzt, Zoodirektor erschießt Tiger – Kölner Zoo – großkalibriges Gewehr
– Welche Folgen?	– Tiger hätte ins Freie gelangen können	– Groß-, Raub- und Wildtiere gehören nicht in Zoos
Textaufbau	Schlagzeile + Vorspann + Haupttext	Schlagzeile + Name des Verfassers + Haupttext
Sprache	sachlich	sachlich, wertend
Wirkung des Textes	informativ	provokativ

3 **a** **Text A:** Zeitungsbericht → sachlich, informativ, z. B.:
  – „Kurz nach 12 Uhr rückte die Polizei an im Kölner Zoo." (Z. 1 f.)
  – „Die 43-Jährige erlag im Krankenhaus ihren schweren Verletzungen." (Z. 9 f.)

  Text B: Kommentar → wertend, persönliche Meinung, z. B.:
  – „Man kann einen Hamster in einem Gehege halten, […] aber keine Löwen, Tiger … Das ist Tierquälerei." (Z. 8–12)
  – „Der Satz gilt nicht nur für Wiesenhof-Hähnchen, die sich vor Schmerzen gegenseitig umbringen und für Mastschweine, […] er gilt auch für Zoo-Tiere." (Z. 29–34)
  – „stört sich kaum jemand daran, dass wilde Tiere zu Maskottchen degradiert werden." (Z. 36–38)

  b **Funktion von Text A:** über den Unfall im Kölner Zoo informieren
  Funktion von Text B: Leser/-innen dazu anregen, sich über den Tierschutz in Zoos Gedanken zu machen

||S. 206 Artgerechte Tierhaltung? – Zeitungstexte schreiben

1–5 Hier sind individuelle Lösungen möglich. Die folgende Mind-Map kann den Schülerinnen und Schülern als Anregung dienen.

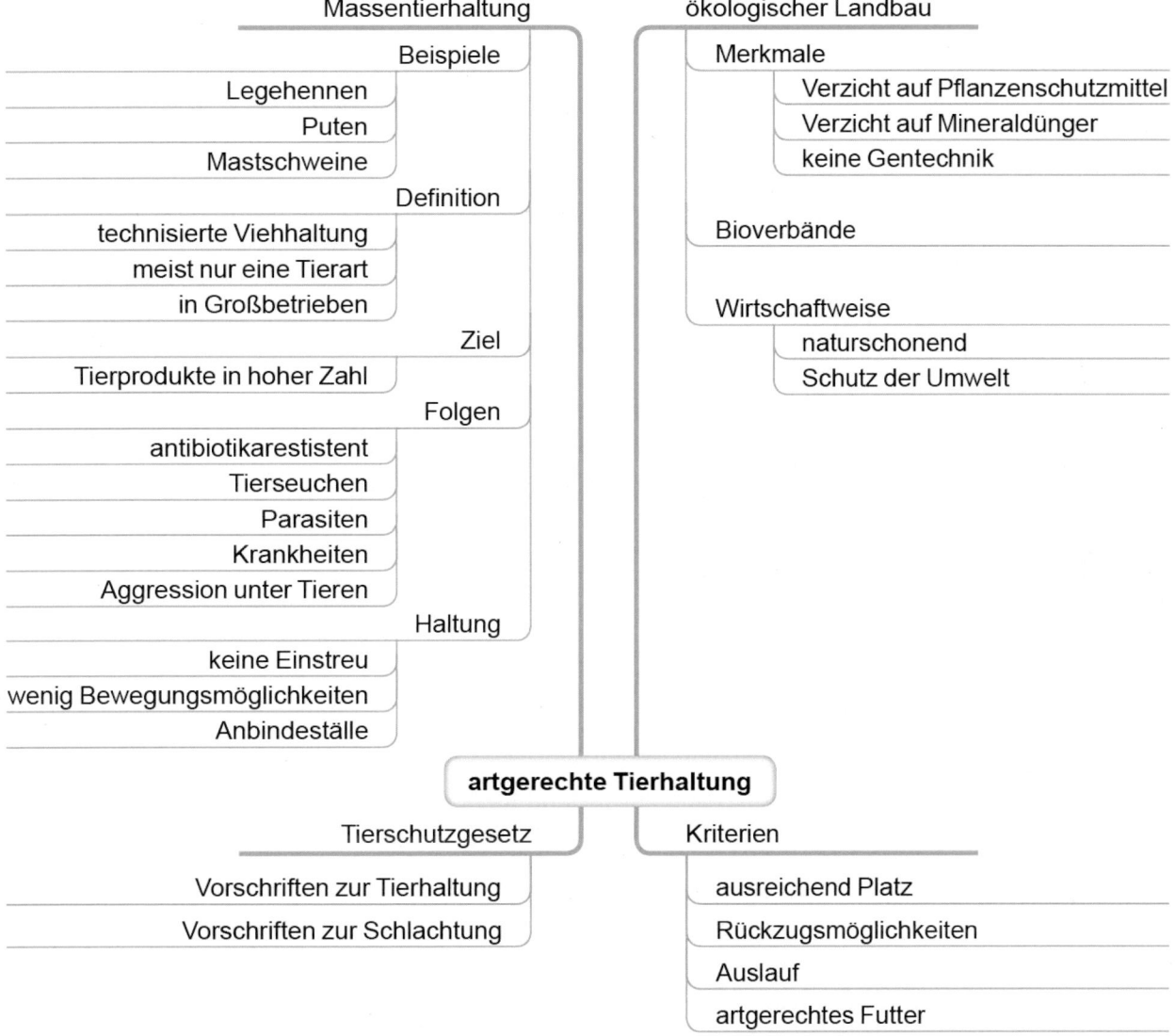

6 Die Aufgabe dient vor allem dazu, die Schüler/-innen mit der Kommentarfunktion von Textverarbeitungsprogrammen vertraut zu machen. Sie können dazu angeregt werden, ihre am Computer selbst verfassten Texte mit einem Partner zu tauschen und gegenseitig zu kommentieren.

Positive Aspekte des Schülertextbeispiels sind die Namensnennung der Autorin und die anschaulichen Beispiele („Es leben dann Wüstentiere …").

||S. 208 Stärken stärken: Einen Zeitungsartikel überarbeiten

1 Die entscheidenden Merkmale für einen Bericht sind:
- W-Fragen werden beantwortet:
  Was? Besuch auf Geflügelhof
  Wer? Anna
  Wo? Brunnenhof in Künzelsau-Mäusdorf
  Wie? Im Rahmen eines Zeitungsprojekts
  Welche Folgen? Die Autorin hat einen informativen und interessanten Einblick in die Nutztierhaltung gewonnen

- Lead-Stil: Schlagzeile (Bioputen), Untertitel und Vorspann (fehlen), Haupttext
- sachlich, knapp: z. B. „Ringsherum befanden sich die Streuobstwiesen." (Z. 5), „Die Tiere erhalten spezielles Futter von Demeter, das sehr strengen Richtlinien unterliegt." (Z. 8 f.)
- Präteritum: besuchte, zeigte, besichtigte, beeindruckte, war …

2 **a** Ergänzende Beispiellösung:

> Streuobstwiesen für Bioputen, Bioputen auf dem Brunnenhof

b Beispiellösung:

> - „Ich hatte mir vorgenommen, …" (Z. 2 f.) → Satz weglassen
> - „…, was mich begeisterte." (Z. 6) → „…, was den Bedingungen für artgerechte Tierhaltung entsprach."
> - „Für mich war das …" (Z. 13 f.) → „Herr Stegmeier bot einen …"
> - „Das hätte ich gar nicht gedacht!" (Z. 14 f.) → Satz weglassen

S. 209 9.3 Projekt: Ein Jugendmagazin erstellen

In diesem Teilkapitel wenden die Schüler/-innen ihr erworbenes Wissen über die Zeitung in einem Projekt „Jugendmagazin" an, dessen Arbeitsprozess Schritt für Schritt angeleitet wird.

Schritt 1: Was interessiert euch? Themen sammeln und Ressorts bilden

1/2 Als zusätzliche Hilfestellung können die Schüler/-innen aktuelle Jugendmagazine mitbringen und diese in Kleingruppen analysieren. Worüber wird berichtet? Welche Ressorts lassen sich erkennen? Was findet ihr gelungen, was weniger?
Wichtig ist in dieser Phase, dass möglichst verschiedene Ressorts entstehen, z. B. nicht nur Sport und Mode. Je mehr Themenbereiche abgedeckt werden, umso interessanter wird das Jugendmagazin.
Weitere Themen könnten z. B. sein: „Abitur und dann? Jugendliche berichten vom Jahr danach", „Insider-Storys" (Was passiert bei uns vor Ort?), „Starporträt", „Angesagte Apps".

Schritt 2: Sich über ein Thema informieren – Die Recherche

3 Für eine gezielte Recherche ist es wichtig, dass ein Rechercheplan erstellt wird, der auch überprüft werden sollte. Je nach zur Verfügung stehender Zeit kann man die Recherchepläne auch in der Klasse austauschen und in Form einer Schreibkonferenz sichten lassen.

Schritt 3: Auswerten, ergänzen, formulieren – Texte verfassen

4/5 Man sollte die Entscheidung der Schüler/-innen und die entsprechende Auswertung des Materials nutzen, um noch einmal das vermittelte Grundwissen über journalistische Textsorten, aber auch über Fragen der Gestaltung zu wiederholen und zu überprüfen – implizit (durch Beobachtung der „Redaktionskonferenzen" und kritische Sichtung der Ergebnisse) oder auch explizit, etwa durch vorangehende oder abschließende Wiederholung/Auflistung des Wesentlichen.
Bei der Auswahl und Zuordnung von Fotos, Illustrationen und Grafiken ist es wichtig, dass die Schüler/-innen auf Funktionalität achten – nach dem Motto: „Weniger ist oft mehr." Dabei sollten sie sich noch einmal die unterschiedlichen Funktionen von Bildmaterial bewusst machen:
- bloße Illustration, die eher der Auflockerung dient (z. B. witzige Zeichnungen, schöne Fotos),
- Veranschaulichung eines komplexen Sachverhalts oder Ablaufs (Schaubild, Fotofolge),
- zusätzliche Information, z. B. durch Fotos (etwa eines Bauwerks) oder Diagramme (statistische Angaben).

Schritt 4: Überarbeiten und gestalten – Das Layout festlegen

6/7 Bei der Schreibkonferenz, in der die Schüler/-innen ihre Texte zur Diskussion stellen und wechselseitig Korrekturvorschläge anmerken, ist besondere Sensibilität im Umgang der Schüler/-innen miteinander gefordert. Unter Umständen kann oder muss die Lehrkraft die Gelegenheit nutzen, Defizite in dieser Hinsicht zu thematisieren und aufzuarbeiten.

Schritt 5: Endredaktion

8 Die Entscheidung über die Reihenfolge der Ressorts kann mit dem Aspekt Niveau/Profil des Jugendmagazins verbunden werden.

Weiterführende Hinweise:
– Die meisten Lokalredaktionen der verschiedenen Zeitungen bieten Unterrichtsbesuche von Redakteuren an oder laden Schulklassen zum Besuch der Redaktion ein.
– Das Projekt „Zeitung in der Schule", das von vielen Verlagen durchgeführt wird, bietet gute Möglichkeiten, Schüler/-innen mit dem Medium Zeitung vertraut zu machen. Sie können dabei auch selbst Artikel verfassen. Ein umfangreicher Ordner, der den Lehrkräften zur Verfügung gestellt wird, enthält reichlich Material zum Thema. Man kann sich hierzu an die örtliche Presse wenden.
– Die Jugendpresse Deutschland e. V. veranstaltet alljährlich die Jugendmedientage in wechselnden Städten. Hier kommen junge Medienschaffende mit erfahrenen Journalistinnen und Journalisten zusammen. Weitere Informationen unter www.jugendpresse.de.
– Die Jugendpresse Deutschland e. V. ist auch Mitherausgeber eines Schülerzeitungs-Handbuchs, das seit 2009 im Buchhandel erhältlich ist.

Vorschläge für Klassenarbeiten und einen Test

Vorschlag 1: Eine Reportage untersuchen
Siehe **Kopiervorlage S. 300 ff.**
Vorschlag 2: Einen Kommentar untersuchen
Siehe **Kopiervorlage S. 304 f.**
Vorschlag 3: Begriffe rund um Zeitungen
Siehe **Kopiervorlage S. 306**

Material zu diesem Kapitel auf den folgenden Seiten und auf der CD

Lernwegeliste zum Kompetenzschwerpunkt des Kapitels (vollständig auf der CD), S. 299
Diagnose: Zeitungstexte untersuchen (mit Lösungshinweisen und Förderempfehlungen)
Klassenarbeit: Eine Reportage untersuchen (KA 1, mit Bewertungshinweisen auf der CD), S. 300 ff.
Klassenarbeit: Einen Kommentar untersuchen (KA 2, mit Bewertungshinweisen auf der CD), S. 304 f.
Test: Begriffe rund um Zeitungen (KA 3, mit Lösungen auf der CD), S. 306
KV 1: Eine Reportage untersuchen, S. 307 ff.
KV 2: Einen Kommentar untersuchen, S. 313 ff.
Hinweis: Lösungen zu allen KV finden sich auf der CD.

Folie: Den Aufbau eines Zeitungsberichts kennen (zu SB S. 189 f., auf der CD)

Weiteres Übungsmaterial

„Deutschbuch Arbeitsheft 4"
Berichte schreiben und überarbeiten, S. 21–25
- Einen Tagesbericht lesen und prüfen, S. 21
- ●○○ Stärken stärken: Einen Tagesbericht überarbeiten, S. 22
- ●●○ Stärken stärken: Einen Bericht schreiben, S. 23
- ●●● Stärken stärken: Einen Zeitungsbericht schreiben, S. 24
   Jan Schmidt: Die fliegende Intensivstation

„Deutschbuch Differenzieren und Fördern 7/8"
Sachtexte und Grafiken erschließen, S. 354–373
- Diagnose/Förderempfehlung, S. 354
- Lernlandkarte, S. 357
- Textsorten unterscheiden: Meldung, Bericht, Reportage, S. 358
- Sachtexte erschließen – Ein Interview lesen, S. 362
- Sprachtraining: Einen Zeitungsartikel untersuchen – Präsens und Präteritum, S. 365
- Klassenarbeit – Reportagen und Grafiken untersuchen, S. 370

Name: _____   Klasse: _____   Lehrer/-in: _____

Lernwegeliste – mit Materialzuordnung und Dokumentationsmöglichkeit

Kompetenzbereich: Lesen – Sach- und Gebrauchstexte verstehen

Kompetenz:
Ich kann informierende Texte erschließen.
Ich kann nichtlineare Texte auswerten.
Ich kann informierende Schreibformen anwenden.

Was dir dabei helfen kann:
Du kannst aus verschiedenen Sachtextarten Informationen entnehmen und darstellen.
Du kannst Grafiken, Tabellen und Schaubilder unterscheiden.
Du kannst verständlich erzählen.

	Was du in Kapitel 9 lernen kannst:	Niveau	Lernmaterialien	Selbsteinschätzung			Hinweise/Bewertung der Lehrkraft
				☺	☺	☹	
01	Ich kann journalistische Printmedien unterscheiden und beschreiben.	GME	„Zeitungstypen unterscheiden" – Buch S. 186 f.				
02	Ich kann journalistische Texte den verschiedenen Ressorts zuordnen und ihre Funktion unterscheiden.	GME	„Ordnung im Blätterwald – Ressorts untersuchen" – Buch S. 188				
03	Ich kann journalistische Schreibformen unterscheiden und anhand ihrer Merkmale auswerten.	GME	„Wie Journalisten schreiben – Nachricht, Bericht, Reportage, Interview, Kommentar" – Buch S. 189 ff.				
04	Ich kann Funktionen von Online-Medien unterscheiden und vergleichen.	GME	„Informationsvermittlung in Onlinezeitungen, Fernsehen und Radio" – Buch S. 199 f.				

Die zweite Seite der Lernwegeliste ist auf der CD zu finden.

Kapitel 9
Lernwegeliste, Blatt 1

Kopiervorlage

Klassenarbeit – Eine Reportage untersuchen

1. Fasse die wichtigsten Informationen der Reportage „Hinab in die Tiefen des Vulkans" zusammen. Gehe dazu auf folgende Fragen ein und markiere beim Lesen die Stellen im Text.
   – In welchem Land befindet sich der Vulkan und wie heißt er?
   – Um welche Attraktion geht es in der Reportage hauptsächlich?
   – Was sind Start- und Zielpunkt der Liftfahrt und wie lange dauert sie?
   – Welchen Zugang plant Einar Stefánsson für die Zukunft?
   → zu Aufgabe 1: Hilfe-Karte A: Inhalt

2. Weise anhand von zwei Merkmalen nach, dass der Text eine Reportage ist. Suche dazu für jedes Textsortenmerkmal eine passende Textstelle.
   → zu Aufgabe 2: Hilfe-Karte B: Form

3. Bildhafte Sprache sorgt bei einer Reportage für Anschaulichkeit. Notiere jeweils zwei Beispiele für anschauliche Adjektive, ausdrucksstarke Verben und Vergleiche mit Zeilenangaben.
   → zu Aufgabe 3: Hilfe-Karte C: Sprache

Hinab in die Tiefen des Vulkans

Auf Island gibt es eine neue Attraktion: Ab sofort können Touristen in einem schmalen Stahlkorb in den Bauch des Vulkans Thrihnukagigur hinabfahren. Eine äußerst abenteuerliche Reise in Richtung Mittelpunkt der Erde.

Der Karabiner des Sicherungsseils klackt zu. „Und los", sagt der Guide. Sanft, aber bestimmt schiebt seine Hand die Besucher in Richtung Steg. Und die Füße gehorchen: Ein erster Schritt
5 auf dem Steg. Auf diesem Stahlkonstrukt, das so schmal und so lang ist wie die Sprungbretter im Schwimmbad. Dann ein zweiter. Der sichere Boden ist weg. Stattdessen links und rechts des Geländers nur Schwarz. Der Wind pfeift. Noch
10 zwei Schritte, noch einer. Am Ende des Stegs wartet eine Leiter. Vorsichtig umdrehen, drei Sprossen nach unten klettern. Der Stahlkorb ist erreicht. Er schwebt im Krater des Vulkans. Erstmals ist es in diesem Sommer auf Island

möglich, einen Vulkan von innen zu sehen. Sein 15 Name ist fast unaussprechlich: Thrihnukagigur. Er liegt rund 40 Autominuten und eine knappe Stunde Gehzeit von Islands Hauptstadt Reykjavík entfernt in einer Region mit lauter aktiven Vulkanen. Doch während die anderen Vulkane in 20 ihrem Inneren geschmolzenes Gestein kochen und gelegentlich ausbrechen, ist Thrihnukagigur inaktiv und seit seinem letzten Ausbruch vor 4 000 Jahren von innen hohl. Er scheint dafür gemacht, in ihn hineinzuklettern. 25
Doch natürlich kann man das nicht so einfach: Über den Krater im Gipfel geht es mit einer Art Lift 120 Meter in die Tiefe, bis zum Boden der Magmakammer. Dabei ist das Wort Lift ein Euphemismus[1]: Quer über den Krater ist eine Art 30 Leiter gelegt, an der ein Stahlseil mit dem Stahlkorb hängt. Nachempfunden ist die Konstruktion den Liften, die Fensterputzer benutzen, um die Außenfassade von Wolkenkratzern zu reinigen.

Picture Press

Autor: Heinz Gierlich

Cornelsen

Kopiervorlage

35 Unten ist nichts als Schwarz. Es scheint, als habe das Loch keinen Boden. Rechts im Korb stehen zwei Teenager aus New York mit ihrem Vater. Links der Guide Einar Stefánsson, wettergegerbt das Gesicht. Auf seinem Kopf sitzt, wie beim
40 Rest der Gruppe, ein orangener Sicherheitshelm mit einer Grubenlampe. An den Hüften hängt ein Klettergeschirr, das über ein Sicherheitsseil am Geländer des Lifts befestigt ist.

Der Motor springt an, ein lautes Surren erklingt,
45 und der Korb setzt sich ruckelnd in Bewegung. Langsam gleitet die Gruppe in die Tiefe. Keiner sagt ein Wort. Auf den ersten Metern kommt der Lift gut voran. Das Loch ist relativ breit. Der Stahlkorb passt gut hindurch. Doch bald verengt
50 sich der Krater. Nun ist der Korb auf allen vier Seiten unmittelbar vom Fels umgeben. Um den Stein zu berühren, muss man noch nicht einmal den Arm ganz ausstrecken. Der Fels ist kalt und feucht. Zweimal muss der Guide den Lift stop-
55 pen, um ihn durch die schmale Stelle zu navigie-ren. Beim Anfahren ruckelt er jedes Mal bedroh-lich. Als die schmale Stelle vorbei ist, geht es zügig weiter in die Tiefe. Nach ein paar Metern verbreitert sich der Krater plötzlich wieder. Und
60 nun tut sich ein Raum von ungeheurer Größe auf. Es ist, als würde man sich in einem Dom von der Spitze der Kuppel abseilen. […]

Sieben Minuten hat die Fahrt mit dem Lift zum Boden der Magmakammer gedauert, sagt die
65 Uhr. Gefühlt war es eine Minute. Und nun steht die Gruppe in diesem Raum, der in allen Farben leuchtet. Wie glühende Kohle in einem Grill wirken die Farben an den Wänden. Der Boden ist ein Teppich aus Felsbrocken. Die Kammer hat
70 einen Durchmesser von gut 80 Metern. 120 Me-ter hoch ist sie. […] Von den Wänden tropft Wasser. Es ist kalt. Für einen Moment sind alle ganz ruhig. Flutlichter lassen die Höhle in fast allen Farben des Regenbogens schimmern. Von
75 hier unten scheint der Ausgang der Höhle un-erreichbar weit weg. Irgendwo hier ist das geschmolzene Gestein aus dem Erdinneren gekommen. […]

Flomline

Stefánsson ist einer von den drei Ingenieuren, die die Tour in den Vulkan veranstalten. Seit Anfang 80 Juni hat er schon 300 Touristen hier herunter-gebracht. Bis Ende August […] werden es ver-mutlich über 1 000 sein. […]

Und geht es nach ihm, werden es in den kom-menden Sommern noch mehr. Denn Stefánsson 85 hat einen Antrag bei der Stadt Reykjavík gestellt. Sein Plan ist es, einen Tunnel vom Fuß des Vul-kans in die Magmakammer hineinzugraben. Dann könnten die Touristen bald schon in Scha-ren die Höhle bestaunen. Doch noch ist die Ge- 90 nehmigung ungewiss. Sicher ist nur: Die Lift-konstruktion wird es im kommenden Sommer nicht geben.

Dann steht Einar Stefánsson auf und ruft. Die 40 Minuten sind um. Es geht zurück an die Erd- 95 oberfläche. Schon hebt der Lift wieder ab. Die Flutlichter unter uns lassen langsam nach. Dann richtet sich der Blick erwartungsvoll nach oben. Gar nicht schnell genug kann es jetzt auf dem Weg nach oben gehen. Weg vom Mittelpunkt der 100 Erde und wieder dem Sonnenlicht entgegen.

http://www.ksta.de/reportagen/-hinab-in-die-tiefen-des-vulkans,16126872,16606752.html (gekürzt und leicht verändert, Stand: 17.05.2017, © dpa)

---

1 Euphemismus: Beschönigung

Autor: Heinz Gierlich

Kapitel 9
KA 1, Blatt 2

Kopiervorlage

Hilfe-Karten zur Klassenarbeit 1 – Eine Reportage untersuchen

Checkliste

Prüfe deinen Text mit Hilfe der Checkliste.

Checkliste: Einem Text Informationen entnehmen	
Aufbau	
Hast du die wichtigsten Informationen zusammengefasst?	
Hast du knapp, sachlich und in eigenen Worten geschrieben?	☐
Hast du durchgängig das Präsens verwendet?	
Bist du auf alle gestellten Fragen eingegangen?	☐
Sprache	
Hast du den Text schlüssig und klar gegliedert?	☐
Hast du genaue und treffende Begriffe verwendet?	☐
Hast du noch einmal die Rechtschreibung in deinem Text geprüft?	☐
Hast du Kommas und andere Satzzeichen (Punkt, Fragezeichen, Ausrufezeichen …) richtig gesetzt?	☐

- -

Hilfe-Karte A   Inhalt

Fasse die wichtigsten Informationen der Reportage „Hinab in die Tiefen des Vulkans" zusammen.
Bist du auf alle gestellten Fragen eingegangen? Sieh dir dazu die folgenden Textstellen noch einmal genau an:
- 1. In welchem Land befindet sich der Vulkan und wie heißt er? (vgl. Vorspann)
- 2. Um welche Attraktion geht es in der Reportage hauptsächlich? (vgl. Vorspann)
- 3. Was sind Start- und Zielpunkt der Liftfahrt und wie lange dauert sie? (vgl. Z. 27–29, 63 f.)
- 4. Welchen Zugang plant Einar Stefánsson für die Zukunft? (vgl. Z. 87–90)

Autor: Heinz Gierlich

Kopiervorlage

Kapitel 9
KA 1, Blatt 3

Hilfe-Karte B   **Form**

2 Weise anhand von zwei Merkmalen nach, dass der Text eine Reportage ist. Suche dazu für jedes Textsortenmerkmal eine passende Textstelle. Nutze die folgende Tabelle.

Merkmale einer Reportage	passende Textstellen
szenischer Einstieg	
sachliche Informationen (Beantwortung der W-Fragen)	
Eindrücke und persönliche Sichtweise des Verfassers	
Atmosphäre und Stimmung vor Ort	
Anschaulichkeit – Zitate von Personen – ausdrucksstarke Verben – anschauliche Adjektive – sprachliche Bilder – Vergleiche	

Hilfe-Karte C   **Sprache**

3 Bildhafte Sprache sorgt bei einer Reportage für Anschaulichkeit. Notiere jeweils zwei Beispiele für anschauliche Adjektive, ausdrucksstarke Verben und Vergleiche mit Zeilenangaben. Sieh dir dazu die
folgenden Textstellen noch einmal genau an:
– anschauliche Adjektive: Z. 44–60, Z. 67–78
– ausdrucksstarke Verben: Z. 1–13, Z. 44–53, Z. 71–74
– Vergleiche: Z. 5–7, Z. 61–62, Z. 67–68

Autor: Heinz Gierlich

Kapitel 9
KA 1, Blatt 4

Kopiervorlage

Klassenarbeit A – Einen Kommentar untersuchen

1 a Stelle mit eigenen Worten dar, welche Meinung Nina Müller zur Eigenart von „Innovationen" vertritt.

b Nina Müller räumt ein, dass man Innovationen auch anders beurteilen kann. Benenne dieses Gegenargument und zeige, auf welche Weise die Autorin es entkräftet. Markiere beim Lesen die entsprechenden Textstellen.

2 Weise anhand von zwei Merkmalen nach, dass der Text ein Kommentar ist. Suche dazu für jedes Textsortenmerkmal eine passende Textstelle.

Das Gute an der Einfachheit
Von Nina Müller

Wir leben in einer Welt, in der Innovationen[1] eine unermessliche Zahl an Möglichkeiten schaffen. Doch genau diese Errungenschaften machen unser Leben oftmals viel zu kompliziert. Das muss gar nicht sein.

Die wichtigsten Dinge und Geräte wurden längst erfunden und entwickelt. Jetzt geht es darum, sie vermeintlich besser zu machen – das heißt: multifunktionaler, einzigartiger. Mittlerweile klin-
5 geln unsere Wecker nicht nur, nein, sie simulieren[2] Sonnenaufgänge, sind gleichzeitig Radio und Lampe und besitzen eine Snooze-Taste, dank der man wunderbar verschlafen kann. In Eisdielen gibt es Karotten- und Pumpernickel-
10 Lakritz-Eis und im Supermarkt um die Ecke findet man Chilischokolade oder Wasabiwasser[3]. Unsere Fernseher nehmen auf, verbinden sich mit dem Internet, greifen zurück auf die Festplatte unseres Computers und dienen als Fotoalbum,
15 Videothek und Musiksammlung in einem.
Die Kosmetik ist auch ein schönes Beispiel, da viele Cremes heute mindestens fünf angebliche Eigenschaften haben, mit denen sie uns aussehen lassen wie neugeboren. Von Handys, Smartpho-
20 nes und ihrer ständigen Weiterentwicklung will ich gar nicht erst reden. Und all diese Innovationskraft ist ja auch wirklich großartig. Aber: Ich liebe die Einfachheit.

Ich liebe meinen Old-School-Wecker, der nicht mehr kann, als mich zu wecken. Ich liebe klassi- 25 sches Vanilleeis und mein Handy, mit dem man ausschließlich telefonieren und SMS schreiben kann. Es mag sein, dass viele mit Spezialeffekten ausgestatteten Geräte und Dinge praktisch sind. Aber genauso oft sind sie so kompliziert, dass 30 telefonbuchdicke Gebrauchsanweisungen erforderlich sind, um sie überhaupt benutzen zu können.
Daneben gibt es aber auch genug unglaublich unnötiges Zeug. Mein Lieblingsbeispiel hierfür 35 ist eine App, mit der man Kerzen auspusten kann. Wer braucht so was? Genauso blöd: Geräte, die ganz viel können, aber ihren eigentlichen Zweck mehr schlecht als recht erfüllen. So geschehen bei früheren Mobiltelefonen, die viele 40 Funktionen hatten, deren Antennen aber so schlecht waren, dass man den Gesprächspartner oft kaum verstanden hat.
Ich finde unseren Alltag schon verwirrend genug, da halte ich mein Umfeld gerne einfach und 45 überschaubar. An meinem Geburtstag möchte ich von Weckerklingeln und nicht dem neuen Lady-Gaga-Song geweckt werden. Ich will ganz normalen Schokoladenkuchen ohne exotische Zusätze essen. Und ich will meine Kerzen selbst 50 auspusten. Denn das schaffe ich auch sehr gut alleine.

http://www.ksta.de/noch-fragen-/kommentar-das-gute-an-der-einfachheit,15188068,25121494.html (Stand: 19.05.2017)

---

1 Innovation: Neuerung, Erfindung
2 simulieren: nachahmen
3 Wasabi: sehr scharf schmeckende Gewürzpflanze

Autor: Heinz Gierlich

Kapitel 9
KA 2, Blatt 1

Kopiervorlage

Klassenarbeit B – Einen Kommentar untersuchen

1 **a** Stelle mit eigenen Worten dar, welche Meinung Nina Müller zur Eigenart von „Innovationen" vertritt.
Tipp: Nina Müller führt zwei Gründe an, die gegen „Innovationen" sprechen. Markiere sie im Text.

    b Nina Müller räumt ein, dass Innovationen auch praktisch sein können. Zeige, auf welche Weise sie das Gegenargument entkräftet. Markiere beim Lesen die entsprechenden Textstellen.

2 In einem Kommentar äußert der Autor seine persönliche Meinung und stützt diese mit Argumenten. Weise anhand der beiden Merkmale nach, dass der folgende Text ein Kommentar ist. Suche dazu für jedes Textsortenmerkmal eine passende Textstelle.

Das Gute an der Einfachheit
Von Nina Müller

Wir leben in einer Welt, in der Innovationen[1] eine unermessliche Zahl an Möglichkeiten schaffen. Doch genau diese Errungenschaften machen unser Leben oftmals viel zu kompliziert. Das muss gar nicht sein.

Die wichtigsten Dinge und Geräte wurden längst erfunden und entwickelt. Jetzt geht es darum, sie vermeintlich besser zu machen – das heißt: multifunktionaler, einzigartiger. Mittlerweile klin-
5 geln unsere Wecker nicht nur, nein, sie simulie-
ren[2] Sonnenaufgänge, sind gleichzeitig Radio und Lampe und besitzen eine Snooze-Taste, dank der man wunderbar verschlafen kann. In Eisdielen gibt es Karotten- und Pumpernickel-
10 Lakritz-Eis und im Supermarkt um die Ecke findet man Chilischokolade oder Wasabiwasser[3]. Unsere Fernseher nehmen auf, verbinden sich mit dem Internet, greifen zurück auf die Festplatte unseres Computers und dienen als Fotoalbum,
15 Videothek und Musiksammlung in einem.
Die Kosmetik ist auch ein schönes Beispiel, da viele Cremes heute mindestens fünf angebliche Eigenschaften haben, mit denen sie uns aussehen lassen wie neugeboren. Von Handys, Smartpho-
20 nes und ihrer ständigen Weiterentwicklung will ich gar nicht erst reden. Und all diese Innova-
tionskraft ist ja auch wirklich großartig. Aber: Ich liebe die Einfachheit.

Ich liebe meinen Old-School-Wecker, der nicht mehr kann, als mich zu wecken. Ich liebe klassi- 25
sches Vanilleeis und mein Handy, mit dem man ausschließlich telefonieren und SMS schreiben kann. Es mag sein, dass viele mit Spezialeffekten ausgestatteten Geräte und Dinge praktisch sind. Aber genauso oft sind sie so kompliziert, dass 30
telefonbuchdicke Gebrauchsanweisungen erfor-
derlich sind, um sie überhaupt benutzen zu können.
Daneben gibt es aber auch genug unglaublich unnötiges Zeug. Mein Lieblingsbeispiel hierfür 35
ist eine App, mit der man Kerzen auspusten kann. Wer braucht so was? Genauso blöd: Geräte, die ganz viel können, aber ihren eigentlichen Zweck mehr schlecht als recht erfüllen. So geschehen bei früheren Mobiltelefonen, die viele 40
Funktionen hatten, deren Antennen aber so schlecht waren, dass man den Gesprächspartner oft kaum verstanden hat.
Ich finde unseren Alltag schon verwirrend ge-
nug, da halte ich mein Umfeld gerne einfach und 45
überschaubar. An meinem Geburtstag möchte ich von Weckerklingeln und nicht dem neuen Lady-
Gaga-Song geweckt werden. Ich will ganz nor-
malen Schokoladenkuchen ohne exotische Zusätze essen. Und ich will meine Kerzen selbst 50
auspusten. Denn das schaffe ich auch sehr gut alleine.

http://www.ksta.de/noch-fragen-/kommentar-das-gute-an-der-einfachheit,15188068,25121494.html (Stand: 19.05.2017)

---

1 Innovation: Neuerung, Erfindung
2 simulieren: nachahmen
3 Wasabi: sehr scharf schmeckende Gewürzpflanze

Autor: Heinz Gierlich

Kapitel 9
KA 2, Blatt 2

Kopiervorlage

Teste dich! – Begriffe rund um Zeitungen

☐1 Löse das folgende Rätsel.

In den dunklen Kästchen ergibt sich von oben nach unten gelesen ein Begriff, der das Studium bezeichnet, das die meisten Redakteure wählen.

1 Eine Textsorte in Zeitungen, für die der Redakteur „vor Ort" gewesen sein muss

2 Kulturteil einer Zeitung (ein französisches Wort)

3 Sachlicher Text in einer Zeitung

4 Regelmäßige Bestellung einer Zeitung oder Zeitschrift (ein französisches Wort)

5 Große Überschrift (ein englisches Wort)

6 Sehr kurzer Zeitungstext

7 Längerer sachlicher Zeitungstext

8 Ausgabe einer Zeitung im Internet

9 Zeitungstext, der meinungsbildend wirkt

10 Breite Straße, die den Namen für sensationsorientierte Zeitungen prägt (französisches Wort)

11 Meist durch Fett- oder Kursivdruck hervorgehobene Einleitung für Zeitungsartikel

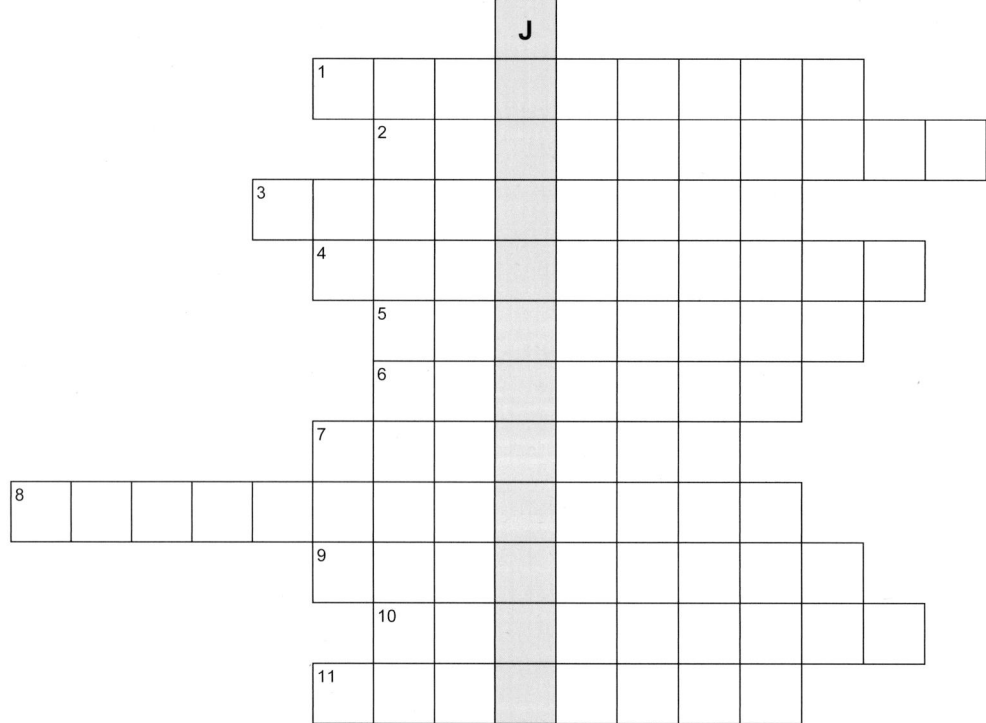

Autorin: Franziska Klingelhöfer
Illustration: Bildbad, Berlin

Kapitel 9
KA 3, Blatt 1

Kopiervorlage

••• Eine Reportage untersuchen

Hochwasserübung

Hochwasser ist eine der gefährlichsten Naturkatastrophen. Schnelle Hilfe für die Betroffenen kommt häufig vom Technischen Hilfswerk (THW). SWR-odysso-Reporterin Lena Ganschow hat sich angeschaut, wie sich das THW auf Einsätze in Überschwemmungsgebieten vorbereitet. Von Harald Brenner

Höchstleistung: 15 000 Liter pro Minute

Schauplatz der Hochwasserübung: Rottenburg am Neckar. Zusammen mit Johannes Hahn vom THW Rottenburg fährt Lena Ganschow zum
5 Einsatzort am Neckar. Erst jetzt erklärt der Einsatzleiter das Übungsszenario. Schließlich geht es heute auch darum, sich spontan und schnell auf die Verhältnisse vor Ort einzustellen. Der Job für die rund 100, meist freiwilligen THW-Helfer:
10 sechs Hochleistungswasserpumpen aufbauen und in Betrieb nehmen. Im Team trainieren sie, wie man Wassermassen bei Überschwemmungen möglichst schnell in den Griff bekommt. Schon das Verlegen und Anschließen der Wasser-
15 schläuche ist eine Plackerei, das spürt unsere Reporterin schnell. Man muss körperlich ziemlich fit sein. […] In Baden-Württemberg kann das THW jeden Ort in wenigen Stunden erreichen. Alle Pumpen laufen inzwischen auf Hoch-
20 touren. Die stärksten schaffen 15 000 Liter pro Minute. Das ist auch nötig, um vollgelaufene Keller und überflutete Straßen schnell trocken zu legen.

Sensible Kraftpakete

25 Doch so viel Power muss beherrscht werden. Hauptzweck der Übung ist daher der routinierte Umgang mit den Wasserpumpen – gerade, wenn die mal nicht rundlaufen. Die Maschinisten horchen in die sensiblen Kraftpakete hinein wie ein
30 Arzt in den menschlichen Organismus. Die kleinste Unregelmäßigkeit in dem wummernden Aggregat und er wisse genau, an welcher Schraube er drehen muss, damit wieder alles

rundläuft, fachsimpelt Maschinist J.-H. Sommerling. Er zeigt Lena Ganschow eine undichte Stel- 35 le, die er gerade entdeckt hat: Dort läuft Öl aus. Das sei aber unproblematisch, denn das Öl ist biologisch abbaubar. Trotzdem muss der Techniker bei der nächsten Wartung natürlich die Dichtungen prüfen. 40

Löschwasser für die Feuerwehr

Plötzlich knallt es. Rauchgranaten und Feuerwerkskörper explodieren, als Symbol für einen Fabrikbrand. Feuerwehrautos rücken an, und die THW-Crew pumpt extra Löschwasser in Stahl- 45 container. Die soll die Feuerwehr für die Brandbekämpfung anzapfen. Klingt erst einmal paradox, denn bei Überschwemmungen gibt es ja eigentlich Wasser genug. Wieso denn das THW Löschwasser für die Feuerwehr bereitstellen 50 muss, fragt Lena Ganschow bei Teamleiter Olaf Joerdel nach. Es kann sein, dass der Brandherd zu weit von der nächsten Wasserquelle entfernt ist und wir es über eine längere Pumpstrecke bereitstellen müssen, erklärt der Fachmann. Au- 55 ßerdem sind die Pumpen von THW und Feuerwehr technisch sehr unterschiedlich. Die Pumpen der Feuerwehr sind auf Druck ausgelegt, um Brände zu bekämpfen, und sie reagieren empfindlich auf grobe Verunreinigungen. Die Pum- 60 pen vom THW dagegen sind Hochwasserpumpen, die auf Schmutzwasser ausgelegt sind. Sie können Körner und Partikel in der Größe eines Tennisballs fördern, filtern und so der Feuerwehr relativ schmutzfreies Wasser zur Verfügung 65 stellen. [...]

Autorin: Carmen Collini
Illustration: Bildbad, Berlin

Kapitel 9
KV 1, Blatt 1

Kopiervorlage

Die Flut kommt

Unvermittelt wird es hektisch. Es kommt die Meldung, dass Dämme gebrochen sind und eine
70 Flutwelle auf die Helfer zurollt. „Wir evakuieren sofort …", schreit der Teamleiter. Jetzt muss es schnell gehen, alles abbauen und nichts wie weg hier – dafür bleiben höchstens 30 Minuten. Auch dieser Teil der Übung wurde vorher nicht ange-
75 sagt. Und das Szenario ist absolut realistisch, versichert Johannes Hahn. Es ist durchaus möglich, dass man die Einsatzstelle schnell verlassen muss, um sich in Sicherheit zu bringen. Darauf muss man in Katastrophengebieten immer ge-
80 fasst sein und darauf, den Kampf gegen die Natur manchmal zu verlieren. Nach nur 25 Minuten ist die Kolonne abfahrbereit.

Freiwillige Helfer

Verhindern kann man Hochwasser- und andere Katastrophen nicht. Schon kurz nach unseren 85 Dreharbeiten rückte eine THW-Einheit aus Baden-Württemberg zum Hochwassereinsatz nach Bosnien aus. Dafür üben sie regelmäßig, bei solchen Einsätzen schnell und richtig zu reagieren. Darunter sind mehrheitlich freiwillige Hel- 90 fer, die sich dieser Herausforderung immer wieder stellen. Ohne sie wären die Menschen in Katastrophengebieten noch wesentlich schlimmer dran. Das gilt natürlich nicht nur für die Mitarbeiter des THW, sondern auch für alle Feu- 95 erwehrleute, Soldaten und viele andere. Gut zu wissen, dass es sie gibt.

*http://www.swr.de/odysso/lena-ganschow-hochwasseruebung/-
/id=1046894/nid=1046894/did=13409088/1if24hf/index.html
(gekürzt, Stand: 08.06.2015)*

1 Lies die Reportage aufmerksam und fasse in einem Satz zusammen, wovon sie handelt.

_____

2 Den Sinn mancher unbekannter Wörter kannst du aus dem Textzusammenhang erschließen.
Erkläre im Heft, was die folgenden Wörter im Text bedeuten.

> sensibel (Z. 24) – routiniert (Z. 26) – fachsimpeln (Z. 34) – paradox (Z. 47 f.) – Partikel (Z. 63)
> evakuieren (Z. 70) – Kolonne (Z. 82)

3 a Betrachte zunächst den Anfang der Reportage. Dann vervollständige den folgenden Satz.

   Eine Reportage beginnt mit _____

   _____

 b In der Reportage schreibt der Autor über ein Geschehen, das er selbst miterlebt hat.
   Unterstreiche zwei Stellen im Text, an denen dies besonders deutlich wird, und erkläre ihre Wirkung.

   _____

   _____

 c Eine bildhafte Sprache sorgt in einer Reportage für eine besonders anschauliche und lebendige
   Darstellung. Notiere Beispiele aus dem Text mit Zeilenangabe.

   ausdrucksstarke Verben (3): _____

   anschauliche Adjektive (3): _____

   Vergleich (1): _____

Kopiervorlage

Cornelsen   Autorin: Carmen Collini

Kapitel 9
KV 1, Blatt 2

Eine Reportage untersuchen

Hochwasserübung

Hochwasser ist eine der gefährlichsten Natur-katastrophen. Schnelle Hilfe für die Betroffenen kommt häufig vom Technischen Hilfswerk (THW). SWR-odysso-Reporterin Lena Ganschow hat sich angeschaut, wie sich das THW auf Einsätze in Überschwemmungsgebieten vorbereitet. Von Harald Brenner

Höchstleistung: 15 000 Liter pro Minute

Schauplatz der Hochwasserübung: Rottenburg am Neckar. Zusammen mit Johannes Hahn vom THW Rottenburg fährt Lena Ganschow zum
5 Einsatzort am Neckar. Erst jetzt erklärt der Einsatzleiter das Übungsszenario. Schließlich geht es heute auch darum, sich spontan und schnell auf die Verhältnisse vor Ort einzustellen. Der Job für die rund 100, meist freiwilligen THW-Helfer:
10 sechs Hochleistungswasserpumpen aufbauen und in Betrieb nehmen. Im Team trainieren sie, wie man Wassermassen bei Überschwemmungen möglichst schnell in den Griff bekommt. Schon das Verlegen und Anschließen der Wasser-
15 schläuche ist eine Plackerei, das spürt unsere Reporterin schnell. Man muss körperlich ziemlich fit sein. […] In Baden-Württemberg kann das THW jeden Ort in wenigen Stunden erreichen. Alle Pumpen laufen inzwischen auf Hoch-
20 touren. Die stärksten schaffen 15 000 Liter pro Minute. Das ist auch nötig, um vollgelaufene Keller und überflutete Straßen schnell trocken zu legen.

Sensible Kraftpakete

25 Doch so viel Power muss beherrscht werden. Hauptzweck der Übung ist daher der routinierte Umgang mit den Wasserpumpen – gerade, wenn die mal nicht rundlaufen. Die Maschinisten horchen in die sensiblen Kraftpakete hinein wie ein
30 Arzt in den menschlichen Organismus. Die kleinste Unregelmäßigkeit in dem wummernden Aggregat und er wisse genau, an welcher Schraube er drehen muss, damit wieder alles

rundläuft, fachsimpelt Maschinist J.-H. Sommer-ling. Er zeigt Lena Ganschow eine undichte Stel- 35 le, die er gerade entdeckt hat: Dort läuft Öl aus. Das sei aber unproblematisch, denn das Öl ist biologisch abbaubar. Trotzdem muss der Techniker bei der nächsten Wartung natürlich die Dichtungen prüfen. 40

Löschwasser für die Feuerwehr

Plötzlich knallt es. Rauchgranaten und Feuerwerkskörper explodieren, als Symbol für einen Fabrikbrand. Feuerwehrautos rücken an, und die THW-Crew pumpt extra Löschwasser in Stahl- 45 container. Die soll die Feuerwehr für die Brandbekämpfung anzapfen. Klingt erst einmal paradox, denn bei Überschwemmungen gibt es ja eigentlich Wasser genug. Wieso denn das THW Löschwasser für die Feuerwehr bereitstellen 50 muss, fragt Lena Ganschow bei Teamleiter Olaf Joerdel nach. Es kann sein, dass der Brandherd zu weit von der nächsten Wasserquelle entfernt ist und wir es über eine längere Pumpstrecke bereitstellen müssen, erklärt der Fachmann. Au- 55 ßerdem sind die Pumpen von THW und Feuerwehr technisch sehr unterschiedlich. Die Pumpen der Feuerwehr sind auf Druck ausgelegt, um Brände zu bekämpfen, und sie reagieren empfindlich auf grobe Verunreinigungen. Die Pum- 60 pen vom THW dagegen sind Hochwasserpumpen, die auf Schmutzwasser ausgelegt sind. Sie können Körner und Partikel in der Größe eines Tennisballs fördern, filtern und so der Feuerwehr relativ schmutzfreies Wasser zur Verfügung 65 stellen. [...]

Die Flut kommt

Unvermittelt wird es hektisch. Es kommt die Meldung, dass Dämme gebrochen sind und eine Flutwelle auf die Helfer zurollt. „Wir evakuieren 70 sofort …", schreit der Teamleiter. Jetzt muss es schnell gehen, alles abbauen und nichts wie weg hier – dafür bleiben höchstens 30 Minuten. Auch

75 dieser Teil der Übung wurde vorher nicht angesagt. Und das Szenario ist absolut realistisch, versichert Johannes Hahn. Es ist durchaus möglich, dass man die Einsatzstelle schnell verlassen muss, um sich in Sicherheit zu bringen. Darauf 80 muss man in Katastrophengebieten immer gefasst sein und darauf, den Kampf gegen die Natur manchmal zu verlieren. Nach nur 25 Minuten ist die Kolonne abfahrbereit.

Freiwillige Helfer

Verhindern kann man Hochwasser- und andere 85 Katastrophen nicht. Schon kurz nach unseren Dreharbeiten rückte eine THW-Einheit aus Baden-Württemberg zum Hochwassereinsatz nach Bosnien aus. Dafür üben sie regelmäßig, bei solchen Einsätzen schnell und richtig zu reagie-90 ren. Darunter sind mehrheitlich freiwillige Helfer, die sich dieser Herausforderung immer wieder stellen. Ohne sie wären die Menschen in Katastrophengebieten noch wesentlich schlimmer dran. Das gilt natürlich nicht nur für die Mitarbeiter des THW, sondern auch für alle Feu-95 erwehrleute, Soldaten und viele andere. Gut zu wissen, dass es sie gibt.

http://www.swr.de/odysso/lena-ganschow-hochwasseruebung/-
/id=1046894/nid=1046894/did=13409088/1if24hf/index.html
(gekürzt, Stand: 08.06.2015)

1. Lies die Reportage aufmerksam. Fasse in deinem Heft in einem Satz zusammen, wovon sie handelt. Du kannst so beginnen: **Die Reportage beschreibt den …**

2. Den Sinn mancher unbekannter Wörter kannst du aus dem Textzusammenhang erschließen. Kreuze die richtige Bedeutung an.

sensibel (Z. 24)	☐ empfindlich	☐ leise	☐ sparsam
routiniert (Z. 26)	☐ erprobt	☐ gelangweilt	☐ schnell
paradox (Z. 47 f.)	☐ lustig	☐ schwierig	☐ widersprüchlich
Partikel (Z. 63)	☐ Kieselsteine	☐ sehr kleine Teilchen	☐ Pflanzenreste
evakuieren (Z. 70)	☐ räumen	☐ abpumpen	☐ löschen
Kolonne (Z. 82)	☐ Arbeitsgruppe	☐ Hochwasserpumpe	☐ Fahrzeuggruppe

3. a Betrachte zunächst den Anfang der Reportage. Kreuze die richtige Aussage an.

Eine Reportage beginnt mit …

☐ einer detaillierten Angabe der wichtigsten Informationen.

☐ einem szenischen Einstieg, der unmittelbar in eine interessante Situation einführt.

☐ einer genauen Darstellung der eigenen Meinung.

b In der Reportage schreibt der Autor über ein Geschehen, das er selbst miterlebt hat. Notiere zwei Stellen, an denen dies besonders deutlich wird.

_____

_____

c Eine bildhafte Sprache sorgt in einer Reportage für eine besonders anschauliche und lebendige Darstellung. Markiere im Text die Beispiele und schreibe sie mit Zeilenangabe ins Heft.
Tipp: Den Vergleich erkennst du am Vergleichswort „wie".

ausdrucksstarke Verben (3): knallt (Z. 42), …

anschauliche Adjektive (3): hektisch (Z. 68), …

Vergleich (1): …

Eine Reportage untersuchen

Hochwasserübung

Hochwasser ist eine der gefährlichsten Natur-
katastrophen. Schnelle Hilfe für die Betroffenen
kommt häufig vom Technischen Hilfswerk
(THW). SWR-odysso-Reporterin Lena Ganschow
hat sich angeschaut, wie sich das THW auf Ein-
sätze in Überschwemmungsgebieten vorbereitet.
Von Harald Brenner

Höchstleistung: 15 000 Liter pro Minute

Schauplatz der Hochwasserübung: Rottenburg
am Neckar. Zusammen mit Johannes Hahn vom
THW Rottenburg fährt Lena Ganschow zum
5 Einsatzort am Neckar. Erst jetzt erklärt der Einsatzleiter das Übungsszenario. Schließlich geht
es heute auch darum, sich spontan und schnell
auf die Verhältnisse vor Ort einzustellen. Der Job
für die rund 100, meist freiwilligen THW-Helfer:
10 sechs Hochleistungswasserpumpen aufbauen und
in Betrieb nehmen. Im Team trainieren sie, wie
man Wassermassen bei Überschwemmungen
möglichst schnell in den Griff bekommt. Schon
das Verlegen und Anschließen der Wasser-
15 schläuche ist eine Plackerei, das spürt unsere
Reporterin schnell. Man muss körperlich ziemlich fit sein. […] In Baden-Württemberg kann
das THW jeden Ort in wenigen Stunden erreichen. Alle Pumpen laufen inzwischen auf Hoch-
20 touren. Die stärksten schaffen 15 000 Liter pro
Minute. Das ist auch nötig, um vollgelaufene
Keller und überflutete Straßen schnell trocken zu
legen.

Sensible Kraftpakete

25 Doch so viel Power muss beherrscht werden.
Hauptzweck der Übung ist daher der routinierte
Umgang mit den Wasserpumpen – gerade, wenn
die mal nicht rundlaufen. Die Maschinisten horchen in die sensiblen Kraftpakete hinein wie ein
30 Arzt in den menschlichen Organismus. Die
kleinste Unregelmäßigkeit in dem wummernden
Aggregat und er wisse genau, an welcher
Schraube er drehen muss, damit wieder alles

rundläuft, fachsimpelt Maschinist J.-H. Sommer-
ling. Er zeigt Lena Ganschow eine undichte Stel- 35
le, die er gerade entdeckt hat: Dort läuft Öl aus.
Das sei aber unproblematisch, denn das Öl ist
biologisch abbaubar. Trotzdem muss der Techniker bei der nächsten Wartung natürlich die Dichtungen prüfen. 40

Löschwasser für die Feuerwehr

Plötzlich knallt es. Rauchgranaten und Feuerwerkskörper explodieren, als Symbol für einen
Fabrikbrand. Feuerwehrautos rücken an, und die
THW-Crew pumpt extra Löschwasser in Stahl- 45
container. Die soll die Feuerwehr für die Brandbekämpfung anzapfen. Klingt erst einmal paradox, denn bei Überschwemmungen gibt es ja
eigentlich Wasser genug. Wieso denn das THW
Löschwasser für die Feuerwehr bereitstellen 50
muss, fragt Lena Ganschow bei Teamleiter Olaf
Joerdel nach. Es kann sein, dass der Brandherd
zu weit von der nächsten Wasserquelle entfernt
ist und wir es über eine längere Pumpstrecke
bereitstellen müssen, erklärt der Fachmann. Au- 55
ßerdem sind die Pumpen von THW und Feuerwehr technisch sehr unterschiedlich. Die Pumpen
der Feuerwehr sind auf Druck ausgelegt, um
Brände zu bekämpfen, und sie reagieren empfindlich auf grobe Verunreinigungen. Die Pum- 60
pen vom THW dagegen sind Hochwasserpumpen, die auf Schmutzwasser ausgelegt sind. Sie
können Körner und Partikel in der Größe eines
Tennisballs fördern, filtern und so der Feuerwehr
relativ schmutzfreies Wasser zur Verfügung 65
stellen. […]

Die Flut kommt

Unvermittelt wird es hektisch. Es kommt die
Meldung, dass Dämme gebrochen sind und eine
Flutwelle auf die Helfer zurollt. „Wir evakuieren 70
sofort …", schreit der Teamleiter. Jetzt muss es
schnell gehen, alles abbauen und nichts wie weg
hier – dafür bleiben höchstens 30 Minuten. Auch

Autorin: Carmen Collini

Kapitel 9
KV 1, Blatt 5

Kopiervorlage

75 dieser Teil der Übung wurde vorher nicht angesagt. Und das Szenario ist absolut realistisch, versichert Johannes Hahn. Es ist durchaus möglich, dass man die Einsatzstelle schnell verlassen muss, um sich in Sicherheit zu bringen. Darauf 80 muss man in Katastrophengebieten immer gefasst sein und darauf, den Kampf gegen die Natur manchmal zu verlieren. Nach nur 25 Minuten ist die Kolonne abfahrbereit.

Freiwillige Helfer

Verhindern kann man Hochwasser- und andere 85 Katastrophen nicht. Schon kurz nach unseren Dreharbeiten rückte eine THW-Einheit aus Baden-Württemberg zum Hochwassereinsatz nach Bosnien aus. Dafür üben sie regelmäßig, bei solchen Einsätzen schnell und richtig zu reagieren. Darunter sind mehrheitlich freiwillige Helfer, 90 die sich dieser Herausforderung immer wieder stellen. Ohne sie wären die Menschen in Katastrophengebieten noch wesentlich schlimmer dran. Das gilt natürlich nicht nur für die Mitarbeiter des THW, sondern auch für alle Feuerwehrleute, Soldaten und viele andere. Gut zu 95 wissen, dass es sie gibt.

*http://www.swr.de/odysso/lena-ganschow-hochwasseruebung/-
/id=1046894/nid=1046894/did=13409088/1if24hf/index.html
(gekürzt, Stand: 08.06.2015)*

1 Lies die Reportage aufmerksam und vervollständige den folgenden Satz.

Die Reportage beschreibt den Einsatz des _____ bei einer

_____

2 Den Sinn mancher unbekannter Wörter kannst du aus dem Textzusammenhang erschließen. Kreuze die richtige Bedeutung an.

sensibel (Z. 24)	☐ empfindlich	☐ leise
routiniert (Z. 26)	☐ erprobt	☐ gelangweilt
paradox (Z. 47 f.)	☐ schwierig	☐ widersprüchlich
Partikel (Z. 63)	☐ Kieselsteine	☐ sehr kleine Teilchen
evakuieren (Z. 70)	☐ räumen	☐ abpumpen
Kolonne (Z. 82)	☐ Hochwasserpumpe	☐ Fahrzeuggruppe

3 **a** Betrachte zunächst den Anfang der Reportage. Kreuze die richtige Aussage an.

Eine Reportage beginnt mit …

☐ einer Vorstellung des Reporters.

☐ einem szenischen Einstieg, der unmittelbar in eine interessante Situation einführt.

☐ einer genauen Darstellung der eigenen Meinung.

b In der Reportage schreibt der Autor über ein Geschehen, das er selbst miterlebt hat. Unterstreiche eine Stelle im Text, an der dies besonders deutlich wird, z. B.:

„Er zeigt Lena Ganschow eine undichte Stelle, die er gerade entdeckt hat: Dort läuft Öl aus." (Z. 35–36).

c Ergänze den folgenden Text mit passenden Zeilenangaben.

In einer Reportage werden Atmosphäre und Stimmung vor Ort besonders anschaulich durch die

Verwendung der direkten Rede (Z. _____), ausdrucksstarker Verben (z. B. Z. _____ und Z. _____)

sowie anschaulicher Adjektive (z. B. Z. _____ und Z. _____) und Vergleiche (Z. _____).

Autorin: Carmen Collini

Kapitel 9
KV 1, Blatt 6

Kopiervorlage

Einen Kommentar untersuchen

Die Quadratur des Kreises

Der Hochwasserschutz ist wichtig, doch darf man nicht vorschnell neue Baugebiete ausweisen und noch mehr Flächen versiegeln.
Von Thomas Faltin

STUTTGART – Man könnte beinahe philosophisch werden: Hochwasserschutz oder Flächenschutz – kann und darf man das gegeneinander abwägen, sogar gegeneinander ausspielen? Für
5 viele ist die Lösung des Problems einfach – wenn man in gefährdeten Gebieten nicht mehr bauen darf, weist man eben weiter oben am Hang ein neues Baugebiet aus. Ist es so einfach?
Bei einer Überschwemmung geht es um Men-
10 schenleben und um riesige Schäden. Das ist keine Theorie; beim Hochwasser an der Elbe im Jahr 2002 sind in Sachsen 21 Menschen ums Leben gekommen. Insofern haben Bund und Länder Recht, dem Hochwasserschutz – endlich,
15 muss man sagen – eine gewisse Priorität einzuräumen.
Doch auch der Schutz von Äckern und Wiesen ist ein hohes Gut. Hier haben wir eine hohe Verantwortung gegenüber den nachfolgenden Gene-
20 rationen; wir sind es ihnen schuldig, ihnen eine

grüne und damit lebenswerte Umwelt zu hinterlassen. Wie stark auch in der Region Stuttgart Flächen versiegelt werden, zeigt eine neue Statistik des Regionalverbandes: Danach wurden von 2009 bis 2014 insgesamt 520 Hektar an Wohn- 25 und Gewerbeflächen in der Region genehmigt. Das sind 5 200 000 Quadratmeter; ein Gebiet also, das eine Kantenlänge von 2,3 Kilometer auf 2,3 Kilometer hat – in wenigen Jahren ist das alles Beton. Insofern ist es falsch vom Regional- 30 verband, den betroffenen Kommunen schon jetzt einen Ausgleich zu versprechen.
Angesichts dieser Wahl zwischen Pest und Cholera gibt es nur eine Lösung: Man muss neue Wege gehen. Es ist wichtig, noch mehr Rückhal- 35 tebecken zu bauen, um damit dem Hochwasser die Gefahr zu nehmen; dann kann man vielleicht manche innerörtliche Lage risikolos wieder bebauen. Man muss neue Techniken ausprobieren, um Häuser schon beim Bau hochwassersicher zu 40 machen. Und man sollte wieder verstärkt über interkommunale Baugebiete nachdenken. So absurd es klingt, aber man muss zwischen Hochwasser- und Flächenschutz die Quadratur des Kreises versuchen. Es gibt Ansätze dazu. 45

http://www.stuttgarter-zeitung.de/inhalt.kommentar-zum-hochwasserschutz-die-quadratur-des-kreises.2cd20013-be79-4e59-8b59-fd18659b4ac6.html (Stand: 17.05.2017)

1 Lies den Kommentar und fasse in einem Satz zusammen, wovon der Text handelt.

_____

2 Der Ausdruck „Quadratur des Kreises" ist im Text besonders wichtig. Was bedeutet er?
Erschließe aus dem Zusammenhang und schreibe in dein Heft.

3 Weise anhand von zwei Merkmalen nach, dass der Text ein Kommentar ist.
Finde dazu für jedes Textsortenmerkmal eine passende Textstelle.

_____

_____

4 Notiere im Heft Aussagen, die die Meinung von Thomas Faltin verdeutlichen.

Autorin: Carmen Collini

Kapitel 9
KV 2, Blatt 1

Kopiervorlage

Einen Kommentar untersuchen

Die Quadratur des Kreises

Der Hochwasserschutz ist wichtig, doch darf man nicht vorschnell neue Baugebiete ausweisen und noch mehr Flächen versiegeln.
Von Thomas Faltin

STUTTGART – Man könnte beinahe philosophisch werden: Hochwasserschutz oder Flächenschutz – kann und darf man das gegeneinander abwägen, sogar gegeneinander ausspielen? Für
5 viele ist die Lösung des Problems einfach – wenn man in gefährdeten Gebieten nicht mehr bauen darf, weist man eben weiter oben am Hang ein neues Baugebiet aus. Ist es so einfach?
Bei einer Überschwemmung geht es um Men-
10 schenleben und um riesige Schäden. Das ist keine Theorie; beim Hochwasser an der Elbe im Jahr 2002 sind in Sachsen 21 Menschen ums Leben gekommen. Insofern haben Bund und Länder Recht, dem Hochwasserschutz – endlich,
15 muss man sagen – eine gewisse Priorität einzuräumen.
Doch auch der Schutz von Äckern und Wiesen ist ein hohes Gut. Hier haben wir eine hohe Verantwortung gegenüber den nachfolgenden Gene-
20 rationen; wir sind es ihnen schuldig, ihnen eine grüne und damit lebenswerte Umwelt zu hinterlassen. Wie stark auch in der Region Stuttgart Flächen versiegelt werden, zeigt eine neue Statistik des Regionalverbandes: Danach wurden von 2009 bis 2014 insgesamt 520 Hektar an Wohn- 25 und Gewerbeflächen in der Region genehmigt. Das sind 5 200 000 Quadratmeter; ein Gebiet also, das eine Kantenlänge von 2,3 Kilometer auf 2,3 Kilometer hat – in wenigen Jahren ist das alles Beton. Insofern ist es falsch vom Regional- 30 verband, den betroffenen Kommunen schon jetzt einen Ausgleich zu versprechen.
Angesichts dieser Wahl zwischen Pest und Cholera gibt es nur eine Lösung: Man muss neue Wege gehen. Es ist wichtig, noch mehr Rückhal- 35 tebecken zu bauen, um damit dem Hochwasser die Gefahr zu nehmen; dann kann man vielleicht manche innerörtliche Lage risikolos wieder bebauen. Man muss neue Techniken ausprobieren, um Häuser schon beim Bau hochwassersicher zu 40 machen. Und man sollte wieder verstärkt über interkommunale Baugebiete nachdenken. So absurd es klingt, aber man muss zwischen Hochwasser- und Flächenschutz die Quadratur des Kreises versuchen. Es gibt Ansätze dazu. 45

http://www.stuttgarter-zeitung.de/inhalt.kommentar-zum-hochwasserschutz-die-quadratur-des-kreises.2cd20013-be79-4e59-8b59-fd18659b4ac6.html (Stand: 17.05.2017)

1 Lies den Kommentar und notiere in deinem Heft, wovon der Text handelt.

Du kannst so beginnen: Der Kommentar weist auf die Problematik zwischen …

2 Der Ausdruck „Quadratur des Kreises" ist im Text besonders wichtig. Was bedeutet er? Kreuze an.
◯ eine unmögliche Aufgabe ◯ eine mathematische Lösung
◯ die Kombination von zwei Bereichen ◯ eine Flächenaufteilung in Quadrate und Kreise

3 Weise anhand von zwei Merkmalen nach, dass der Text ein Kommentar ist.
Finde dazu für jedes Textsortenmerkmal eine passende Textstelle.

Verwendung von Stilmitteln (rhetorische Fragen, …): Z. _____

4 Notiere im Heft Aussagen, die die Meinung von Thomas Faltin verdeutlichen, z. B.: „Insofern haben Bund und Länder Recht, dem Hochwasserschutz – endlich, muss man sagen – eine gewisse Priorität einzuräumen" (Z. 13–16).

 Autorin: Carmen Collini

Kapitel 9
KV 2, Blatt 2

Kopiervorlage

Einen Kommentar untersuchen

Die Quadratur des Kreises

Der Hochwasserschutz ist wichtig, doch darf man nicht vorschnell neue Baugebiete ausweisen und noch mehr Flächen versiegeln.
Von Thomas Faltin

STUTTGART – Man könnte beinahe philosophisch werden: Hochwasserschutz oder Flächenschutz – kann und darf man das gegeneinander abwägen, sogar gegeneinander ausspielen? Für
5 viele ist die Lösung des Problems einfach – wenn man in gefährdeten Gebieten nicht mehr bauen darf, weist man eben weiter oben am Hang ein neues Baugebiet aus. Ist es so einfach?
Bei einer Überschwemmung geht es um Men-
10 schenleben und um riesige Schäden. Das ist keine Theorie; beim Hochwasser an der Elbe im Jahr 2002 sind in Sachsen 21 Menschen ums Leben gekommen. Insofern haben Bund und Länder Recht, dem Hochwasserschutz – endlich,
15 muss man sagen – eine gewisse Priorität einzuräumen.
Doch auch der Schutz von Äckern und Wiesen ist ein hohes Gut. Hier haben wir eine hohe Verantwortung gegenüber den nachfolgenden Gene-
20 rationen; wir sind es ihnen schuldig, ihnen eine

grüne und damit lebenswerte Umwelt zu hinterlassen. Wie stark auch in der Region Stuttgart Flächen versiegelt werden, zeigt eine neue Statistik des Regionalverbandes: Danach wurden von 2009 bis 2014 insgesamt 520 Hektar an Wohn- 25 und Gewerbeflächen in der Region genehmigt. Das sind 5 200 000 Quadratmeter; ein Gebiet also, das eine Kantenlänge von 2,3 Kilometer auf 2,3 Kilometer hat – in wenigen Jahren ist das alles Beton. Insofern ist es falsch vom Regional- 30 verband, den betroffenen Kommunen schon jetzt einen Ausgleich zu versprechen.
Angesichts dieser Wahl zwischen Pest und Cholera gibt es nur eine Lösung: Man muss neue Wege gehen. Es ist wichtig, noch mehr Rückhal- 35 tebecken zu bauen, um damit dem Hochwasser die Gefahr zu nehmen; dann kann man vielleicht manche innerörtliche Lage risikolos wieder bebauen. Man muss neue Techniken ausprobieren, um Häuser schon beim Bau hochwassersicher zu 40 machen. Und man sollte wieder verstärkt über interkommunale Baugebiete nachdenken. So absurd es klingt, aber man muss zwischen Hochwasser- und Flächenschutz die Quadratur des Kreises versuchen. Es gibt Ansätze dazu. 45

http://www.stuttgarter-zeitung.de/inhalt.kommentar-zum-hochwasserschutz-die-quadratur-des-kreises.2cd20013-be79-4e59-8b59-fd18659b4ac6.html (Stand: 17.05.2017)

1   Lies den Kommentar. Ist die folgende Aussage richtig oder falsch?
Der Kommentar weist auf die Problematik zwischen Hochwasserschutz und Flächenschutz hin und zeigt mögliche Lösungen auf.   ☐ richtig   ☐ falsch

2   Der Ausdruck „Quadratur des Kreises" ist im Text besonders wichtig. Was bedeutet er? Kreuze an.

☐ eine unmögliche Aufgabe   ☐ eine Flächenaufteilung in Quadrate und Kreise

3   Die beiden folgenden Textsortenmerkmale weisen darauf hin, dass der Text ein Kommentar ist.
Finde für jedes Merkmal eine passende Textstelle.

Verwendung von Stilmitteln (rhetorische Fragen): Z. _____   Persönliche Meinung des Autors: Z. _____

4   Schreibe die folgenden Sätze in dein Heft.
Dann unterstreiche die Wortgruppen, die die persönliche Meinung des Autors verdeutlichen.
Z. 13–16: „Insofern haben Bund und Länder Recht, dem Hochwasserschutz – endlich, muss man sagen – eine gewisse Priorität einzuräumen."
Z. 42–45: „So absurd es klingt, aber man muss zwischen Hochwasser- und Flächenschutz die Quadratur des Kreises versuchen."

Autorin: Carmen Collini

Kapitel 9
KV 2, Blatt 3

Kopiervorlage

10 Grammatiktraining – Wortarten, Konjunktiv und Modalverben

Konzeption des Kapitels

Schwerpunkt des Kapitels sind die Wortarten sowie die Modi (Aussageformen), die durch die Verbformen Indikativ und Konjunktiv sowie durch Modalverben zum Ausdruck kommen.

Im ersten Teilkapitel (**„Aufbruch ins All – Wörter untersuchen"**) werden zunächst wichtige Wortarten wiederholt: Nomen, Adjektive, Pronomen, Präpositionen und Verben (Tempora, Aktiv/Passiv). Im Anschluss folgen die Bildung und Verwendung des Konjunktivs II, der anzeigt, dass eine Aussage etwas Unwirkliches beinhaltet. Didaktisch bietet es sich an, mit dem Konjunktiv II und nicht mit dem Konjunktiv I zu beginnen, weil der Konjunktiv I manchmal durch den Konjunktiv II ersetzt werden muss und somit bei der Besprechung des Konjunktivs I bereits bekannt sein sollte. Inhaltlich wurde das grammatische Phänomen des Konjunktivs II an das Thema „Science-Fiction" angebunden. Daran kann man besonders gut deutlich machen, dass es sich bei den besprochenen Inhalten um Fantasien oder zumindest sehr unwahrscheinliche Phänomene handelt. Eine **Differenzierungseinheit** („Stärken stärken: Wortarten") und eine **Selbstevaluation** („Testet euch! – Wortarten und Konjunktiv II") zur Überprüfung des erworbenen Wissens runden das Teilkapitel ab.

Im zweiten Teilkapitel (**„Beeindruckende Naturereignisse – Konjunktiv I und Modalverben"**) steht zunächst der Konjunktiv I im Fokus, der vor allem als Redewiedergabe in der indirekten Rede verwendet wird. Außerdem lernen die Schüler/-innen die Möglichkeit kennen, den Konjunktiv II und die *würde-*Ersatzform einzusetzen, wenn der Konjunktiv I nicht vom Indikativ Präsens zu unterscheiden ist. Zum inhaltlichen Thema „Beeindruckende Naturereignisse" (Sturm, Erdbeben, Lawinen, Sonnenfinsternis) werden Sachtexte angeboten, die wörtliche wie auch indirekte Rede enthalten und sich zum Umschreiben eignen. In einem weiteren Schritt nehmen die Schüler/-innen die Modalverben in den Blick und erarbeiten deren unterschiedliche Aussagewerte. Zu beiden grammatikalischen Phänomenen (Konjunktiv I und Modalverben) gibt es jeweils eine **Differenzierungseinheit** („Stärken stärken: Konjunktiv I in der indirekten Rede" sowie „Stärken stärken: Modalverben"). Am Schluss des Teilkapitels können die Schüler/-innen ihre Kompetenzen in einer **Selbstevaluation** („Testet euch! – Konjunktiv I und Modalverben") überprüfen.

Das letzte Teilkapitel (**„Fit in ...? – Einen Text überarbeiten"**) kann zur Vorbereitung auf eine Klassenarbeit eingesetzt werden. Hier üben die Schüler/-innen, einen Text zu überarbeiten, indem sie an den richtigen Stellen den Konjunktiv I und II bzw. die *würde-*Ersatzform verwenden und ihre Entscheidungen begründen. Dazu werden sie Schritt für Schritt angeleitet: Zunächst klären sie die Aufgabenstellung, dann aktivieren sie ihr Wissen zum Gebrauch des Konjunktivs I und II, ehe sie schließlich die Aufgabe bearbeiten.

Literaturhinweise

Bredel, Ursula: Sprachbetrachtung und Grammatikunterricht. Schöningh, Paderborn 2008
Dürscheid, Christa: Syntax. VS, Wiesbaden 2005
Karrasch, Günter: „Die können sollen, müssen wollen dürfen". Modalverben in Sätzen. In: Praxis Deutsch 226/2011, S. 46–52
Konjunktiv – verstehen und verwenden. Deutschunterricht 1/2014
Rösch, Heidi: Es gäbe überhaupt erst eine Kultur im Meer. Den Konjunktiv betrachten anhand von Bertolt Brechts „Wenn die Haifische Menschen wären" (9./10. Schuljahr). In: Praxis Deutsch 202/2007, S. 44–49

317

||S.211 Auftaktseite

1 a/b Mit der Auftaktseite werden auf spielerische Art die zentralen Wortarten und Satzglieder wiederholt. Alle Grammatikbegriffe sind waagerecht zu finden: Z. 2: Präsens, Z. 4: Pronomen, Z. 5: Objekt, Z. 6: Artikel, Z. 9: Adjektiv, Z. 11: Passiv, Z. 12: Präposition, Z. 14: Plusquamperfekt, Z. 16: Partizip

   c Beispiellösung:

   Das **Präsens** ist die Gegenwartsform, in der ein Verb stehen kann, z. B. Ich <u>gehe</u>.

   Das **Pronomen** ist ein Stellvertreter oder Begleiter von Nomen. Es gibt **Personalpronomen** (z. B. ich), **Possessivpronomen** (z. B. mein/meine), **Indefinitpronomen** (z. B. man) und **Demonstrativpronomen** (z. B. diese/dieser).

   Objekte können aus einem oder mehreren Wörtern bestehen. Es gibt das **Akkusativobjekt** (Wen oder was?), das **Dativobjekt** (Wem?), das **Genitivobjekt** (Wessen?) und das **Präpositionalobjekt** (z. B. Wofür? Wonach?).

   Artikel begleiten Nomen, z. B. *der* Planet. Man unterscheidet zwischen **bestimmten** und **unbestimmten Artikeln** (z. B. ein/eine).

   Adjektive drücken aus, wie etwas ist. Es gibt eine Grundform und zwei Steigerungsformen (z. B. schön, schöner, am schönsten).

   Mit dem **Passiv** wird die Handlung/der Vorgang betont. Es wird meist mit einer Form von *werden* und dem Partizip II des Verbs gebildet (z. B. Der Astronaut wird hart trainiert).

   Präpositionen wie *in*, *auf*, *unter* drücken Verhältnisse und Beziehungen z. B. von Gegenständen oder Personen aus.

   Wenn etwas vor dem passiert, wovon im Präteritum oder Perfekt erzählt wird, verwendet man das **Plusquamperfekt**. Es wird mit einer Form von *haben* oder *sein* und dem Partizip II des Verbs gebildet (z. B. Nachdem das Team die Mission genehmigt hatte, begannen die Vorbereitungen.).

   Das **Partizip I** setzt sich aus Verbstamm und *-(e)nd* zusammen. Es kann gleichzeitig ablaufende Handlungen beschreiben (z. B. Der Astronaut bewegt sich schwebend) oder adjektivisch verwendet werden (der schwebende Astronaut). Das Partizip II wird für die Bildung von zusammengesetzten Zeitformen verwendet, (z. B. Ich bin geflogen.)

10.1 Aufbruch ins All – Wörter untersuchen

||S.212 Wichtige Wortarten wiederholen

Unbemannte und bemannte Weltraumforschung

1 Vermutlich werden die meisten Schüler/-innen bereits wissen, dass der Weltraum durch bemannte und unbemannte Missionen erforscht wird. Neu ist wahrscheinlich, dass manche bekannten Alltagsgegenstände ursprünglich für die Weltraumforschung entwickelt wurden.

   Als mediale Begleitung zu den folgenden Aufgaben eignet sich die **Folie „Wortarten wiederholen"**.

2 a Beispiellösung: die Menschen, das Weltall, andere Fragen, die Weltraumforschung, zur Weltraumforschung, die Erkundung, das Durchführen, solche Experimente, die Erde, das Universum.

   b Beispiellösung:

> Nomen bezeichnen Lebewesen, Gegenstände und Begriffe. Sie werden immer **großgeschrieben** und werden häufig von **Wörtern begleitet**, an denen wir sie erkennen können (z. B. Artikel). Jedes Nomen hat ein **Genus** (grammatisches Geschlecht), das man an seinem Artikel erkennen kann. Nomen stehen in Sätzen immer in einem bestimmten **Kasus** (Nominativ, Genitiv, Dativ, Akkusativ). Nach dem Kasus richten sich die Form des Artikels und die Endung des Nomens.

c Beispiellösung:

Zeile 7: Wer oder was befasst sich mit diesen und anderen Fragen? – die Weltraumforschung (Nominativ)

Zeile 13: Wessen Hauptanteil wird durch unbemannte Sonden ausgeführt? – der Weltraumforschung (Genitiv)

Zeile 18: Dank wessen wissen wir, dass es Wasser auf dem Mars gibt und Leben dort möglich wäre? – solcher Missionen (Genitiv)

Zeile 21: Wen oder was können Sonden genauso gut wie oder sogar besser ausführen als Menschen? – viele Aufgaben (Akkusativ)

Zeile 36 f.: Wer oder was kann in dieser Raumstation für längere Zeit wohnen und arbeiten? – mehrere Astronauten (Nominativ)

Zeile 45: Wessen Ergebnisse werden auf der Erde ausgewertet? – dieser Forschung (Genitiv)

Zeile 58: Wen oder was können Astronauten in der Schwerelosigkeit an der Wand befestigen? – Gegenstände (Akkusativ)

3 a Adjektive können …

A Nomen begleiten, z. B. unendliche Weiten (Z. 2)

B Verben ergänzen, z. B. besser ausführen (Z. 22)

C das Verb *sein* ergänzen, z. B. groß ist (Z. 3 f.)

b Z. 21: gut – besser – am besten; Z. 17 f.: genau – genauer – am genauesten; Z. 33: wichtig – wichtiger – am wichtigsten

nicht steigerbar: unbemannt (Z. 14), möglich (Z. 41), zusätzlich (Z. 52 f.)

4 a die (Z. 2), es (Z. 4), wir (Z. 5), diesen (Z. 6), niemand (Z. 30)

b **Relativpronomen** nehmen Bezug auf Vorangegangenes: „unendliche Weiten, die die Menschen …" (Z. 2); **Demonstrativpronomen** verweisen auf einen Gesprächsgegenstand: „Mit diesen und anderen Fragen …" (Z. 6 f.); **Personalpronomen** können ein Nomen ersetzen: „… wissen wir, dass …" (Z. 19, ersetzt „Menschen" aus Z. 5)

c **Der Mond**

Wir halten oft nach **ihm** Ausschau, bewundern **seinen** silbrigen Glanz und wollen sogar ein Gesicht erkennen. Weit ist **sie** weg, die gelbe Kugel, und ist doch ein ständiger Begleiter **unserer** Erde. In 400 000 Kilometern Entfernung umkreist **sie** die Weltkugel. Für **diese** Strecke benötigt **sie** ziemlich genau einen Monat. Anders als die Erde hat **dieser** Himmelskörper keine Atmosphäre – also nicht **jene** Hülle aus Luft, die **unseren** Planeten umgibt.

5 a von einem Kontrollzentrum auf der Erde (Z. 29–30), Bei der bemannten Weltraumforschung (Z. 31–32); In dieser Raumstation (Z. 36); Hilfsmittel für Kranke (Z. 47); Aus der Weltraumforschung (Z. 49)

b Von wem? – Dativ; Bei wem? – Dativ; In wem? – Dativ; Für wen oder was? – Akkusativ; Aus wem? – Dativ

c **Wegen** der fehlenden Atmosphäre wird es tagsüber **auf** dem Mond sehr heiß (+ 120 Grad) und **in** der Nacht sehr kalt (– 110 Grad). Ein Lebewesen kann dort nur **mit** Schutzanzug und Sauerstoffflasche überleben.

S. 214 ## Mit Verben verschiedene Zeiten ausdrücken

Besiedlung des Roten Planeten

1 Vermutlich werden die meisten Schüler/-innen der Mission skeptisch gegenüberstehen, weil es kein Rückflugticket gibt. Somit lässt man seine Familie und seine Freunde für immer zurück. Ob ein Leben auf dem Mars unter den gegebenen Bedingungen möglich ist, ist nicht sicher. Trotzdem werden einige Schüler/-innen diese Mission als spannend empfinden und damit argumentieren, dass auch die ersten Weltumsegler nicht wussten, ob sie von der damals vermuteten „Scheibe" fallen werden.

2 a Beispiellösung:

Präsens	Präteritum	Perfekt	Plusquamperfekt	Futur
hat, fährt, erzählt	zeigten	habe gedacht, habe gezögert	geschaltet hatte	wird gehen

b Das **Perfekt** wird verwendet, wenn Michael in der wörtlichen Rede von etwas erzählt, das in der Vergangenheit liegt. Das **Präteritum** wird verwendet, wenn im restlichen Text von der Vergangenheit berichtet wird.

c Das Erscheinen der Anzeige liegt zeitlich vor der interessierten Reaktion der 200 000 Menschen. Es handelt sich daher um die sogenannte **Vorvergangenheit** (= Plusquamperfekt).

3 a/b Beispiellösung:

Präsens	Präteritum	Perfekt	Plusquamperfekt	Futur
ich fahre	ich fuhr	ich bin gefahren	ich war gefahren	ich werde fahren
ich gehe	ich ging	ich bin gegangen	ich war gegangen	ich werde gehen
ich gebe	ich gab	ich habe gegeben	ich hatte gegeben	ich werde geben
ich will	ich wollte	ich habe gewollt	ich hatte gewollt	ich werde wollen

Unterstützend bietet sich an dieser Stelle die **Folie** „Vergangenes durch Verben ausdrücken" an.

S.215 Verben im Aktiv oder Passiv verwenden

Mann auf dem Mars

1 Beim Lesen des Textes wird den Schülerinnen und Schülern schnell deutlich, dass ein Text, der überwiegend im Passiv geschrieben ist, umständlich und sperrig wirkt.

2 a Das Subjekt im **Aktivsatz** ist „Umherfliegende Trümmer". Im Aktivsatz wird der Handlungsträger, in dem Fall „Umherfliegende Trümmer", betont. Es ist wichtig, **wer** etwas tut. Sätze, in denen der Handlungsträger Subjekt des Satzes ist, stehen in der Verbform Aktiv.
Das Subjekt im **Passivsatz** ist „Der Astronaut". In diesem Satz wird die Handlung betont. Es ist nicht so wichtig, wer etwas tut, sondern **was** geschieht. Das Passiv wird meist mit einer Form von *werden* und dem Partizip II des Verbs gebildet. Im Passivsatz wird das Subjekt des Aktivsatzes (hier „Umherfliegende Trümmer") zum Objekt des Passivsatzes, das Objekt des Aktivsatzes (hier „den Astronauten") wird zum Subjekt des Passivsatzes.

b Durch ihn wird Gemüse angepflanzt und Wasser produziert. Auch die Systeme, die vom Sturm stark beschädigt worden sind, werden durch ihn wieder aufgebaut.

3 a Die Passiversatzform wird durch die Nutzung des unpersönlichen Pronomens *man* plus die **Aktivform des Verbs** gebildet.

b Ihm wird keine Überlebenschance gegeben. → Man gibt ihm keine Überlebenschance.
Von den Verantwortlichen wird beschlossen, ohne ihn auf die Erde zurückzukehren. → Man beschließt, ohne ihn auf die Erde zurückzukehren.
Nach einiger Zeit werden von der Erde aus Veränderungen auf dem Mars registriert. → Nach einiger Zeit registriert man von der Erde aus Veränderungen auf dem Mars.
Es wird vermutet, dass Mark doch überlebt hat. → Man vermutet, dass Mark doch überlebt hat.
Kann er gerettet werden, ehe seine Vorräte verbraucht sind? → Kann man ihn retten, ehe seine Vorräte verbraucht sind?

Unterstützend bietet sich an dieser Stelle die **Folie** „Verben im Aktiv oder Passiv" an.

S. 216 Den Konjunktiv II verstehen und bilden

Ausflug zum Mars

1 Bei dieser ersten Aufgabe sollen die Schüler/-innen erkennen, wie sie anhand der Sprache feststellen können, ob es sich um Tatsachen oder um Vermutungen und Fantasien handelt.

a Im ersten Abschnitt wird von Tatsachen berichtet (Z. 1: Der Mars <u>unterscheidet</u> sich in vielen Punkten von der Erde), im zweiten Abschnitt von Vermutungen erzählt (Z. 7: Wie <u>sähe</u> ein Leben auf diesem Planeten aus?).

b Im Gegensatz zu den Sätzen, die von Tatsachen berichten, stehen die Sätze, die von Vermutungen oder Fantasien handeln, im Konjunktiv (II).

2 a/b Beispiellösung:

Verbformen im Konjunktiv II	Infinitiv	Indikativ Präteritum
es sähe	sehen	es sah
er ginge	gehen	er ging
er trüge	tragen	er trug
er verließe	verlassen	er verließ
er befände	befinden	er befand
sie hätten	haben	sie hatten
sie müssten	müssen	sie mussten
es gäbe	geben	es gab
es wären	sein	es waren
man könnte	können	man konnte
man müsste	müssen	man musste

c/d Wenn man den **Konjunktiv II** bildet, hängt man an die **Präteritumform** ein -e an.
  – Wenn es sich um ein starkes Verb mit einem *a, o* oder *u* im Wortstamm handelt, werden diese Vokale im **Konjunktiv II** zu *ä, ö* oder *ü*.
  Mit Hilfe des Informationskastens „Der Modus der Verben und Bildung des Konjunktivs II" im SB auf S. 216 überprüfen die Schüler/-innen ihr Ergebnis.

Unterstützend kann die **Folie** „Den Konjunktiv II verstehen und bilden" eingesetzt werden.

Die **Kopiervorlage 1** („Konjunktiv II verwenden") kann genutzt werden, um die Verwendung des Konjunktiv II vertiefend zu üben.

S. 217 Stärken stärken: Wortarten

1 Grundsätzlich werden Inhaltsangaben im Präsens geschrieben, aber für die folgende Aufgabe sollte zu Übungszwecken die Umformung ins Präteritum erfolgen.
Die Zeitformen sind entsprechend: erzählt, gestorben war, besaß, gefunden hatte, war, übermittelte, versuchte, besorgte, erwischt wurde, drohte, beginnt, löst

2/3 <u>Plusquamperfekt</u>, <u>Präteritum</u>, <u>Präsens</u>, <u>Futur I</u>:
●○○
●●○
Der Spielfilm „Hugo Cabret" <u>erzählt</u> die fantastische Geschichte des armen Waisenjungen Hugo im Paris des Jahres 1925. Nachdem sein Vater <u>gestorben war</u>, <u>besaß</u> dieser nur einen mysteriösen mechanischen Menschen, den er vor vielen Jahren auf dem Dachboden eines Museums <u>gefunden hatte</u>. Da Hugo der Meinung <u>war</u>, dass dieser ihm eine Botschaft seines Vaters <u>übermittelte</u>, <u>versuchte</u> er, ihn zu reparieren. Die Materialien <u>besorgte</u> er sich durch kleine Diebstähle im Bahnhof Montparnasse. Weil Hugo aber dabei vom Besitzer eines Spielwarenladens <u>erwischt wurde</u>, <u>drohte</u> sein Plan zu scheitern. Dann aber <u>beginnt</u> eine abenteuerliche Geschichte um die Anfänge des Kinos und einen seiner größten Helden: Georges Méliès, des Schöpfers der „Reise zum Mond". Und am Ende <u>löst</u> dieser Film alle Rätsel/<u>wird</u> dieser Film alle Rätsel <u>lösen</u>.

Nomen	Artikel	Adjektiv	Pronomen	Präposition
Spielfilm	Der/der	fantastische	sein	im
Hugo Cabret	Die/die	armen	dieser	vor
Geschichte	des	mysteriösen	er	auf
Waisenjungen	einen	mechanischen	den	durch
Paris	dem	vielen	ihm	vom (von)
Jahres/Jahren	eines	kleine	seines	um
Vater/s	eine	abenteuerliche	ihn	zum (zu)
Menschen		größten	sich	am (an)
Dachboden			sein	
Museums			seiner	
Meinung			alle	
Botschaft				
Materialien				
Diebstähle				
Bahnhof Montparnasse				
Besitzer				
Spielwarenladens				
Plan				
Anfänge				
Kinos				
Helden				
Georges Méliès				
Schöpfers				
Reise				
Mond				
Ende				
Film				
Rätsel				

4 a Für den folgenden Satz passen beide Zeitformen:
Und am Ende löst dieser Film alle Rätsel (Präsens).
Und am Ende wird dieser Film alle Rätsel lösen (Futur I).

b Der Passivsatz lautet: Weil Hugo aber dabei vom Besitzer eines Spielwarenladens erwischt wurde, drohte sein Plan zu scheitern.
Umformulierung in einen Aktivsatz: Weil der Besitzer eines Spielwarenladens Hugo aber dabei erwischte, drohte sein (Hugos) Plan zu scheitern.

S. 218 **Testet euch! – Wortarten und Konjunktiv II**

Zeitreisen

1 Richtig ist:

Verben kann ich konjugieren.

Artikel geben das Geschlecht des Nomens an.

Nomen kann ich in Singular und Plural setzen und durch Pronomen ersetzen.

Adjektive passen sich dem Geschlecht des Nomens an und können gesteigert werden.

Pronomen können ein Nomen ersetzen.

Präpositionen bestimmen den Fall des Nomens.

2 Richtig ist:

A – L; N – E; G – A; I – X

3 In die Lücken gehören: **P** wäre – **I** bräuchte – **L** könnte – **O** müsste – **T** bestände → Lösungswort: Pilot

10.2 Beeindruckende Naturereignisse – Konjunktiv I und Modalverben

S. 219 ## Konjunktiv I in der indirekten Rede

Per Hinrichs: Stürmische Liebe

1 **a** Die einleitende Aufgabe fordert die Schüler/-innen zur Beschäftigung mit dem Inhalt des Sachtexts auf. Der Reiz des „Sturmjagens" besteht für Johannes Dahl und die anderen Studenten darin, spektakuläre Stürme zu beobachten und zu filmen, um die Theorie der Wetterwissenschaften mit der genauen Beobachtung in der Natur zu verbinden. Zudem wollen sie aufklären und vor den Gefahren, die von Tornados ausgehen, warnen.

b Der Titel ist doppeldeutig. Normalerweise bezeichnet „Stürmische Liebe" eine große, leidenschaftliche Liebe, in diesem Fall meint der Titel jedoch (auch) die Liebe zu Stürmen.

2 **a** Verbformen im Konjunktiv I, Verbform im Konjunktiv II, *würde*-Ersatzform

- „Dahl sagt, sie <u>wüssten</u> meist einen Tag vorher, wann es wirklich losgeht." (Z. 22–23)
- „Unger freut sich begeistert, dass der Sturm die Windstärke zwölf <u>habe</u>." (Z. 47–48)
- „Die Wetterforscher hierzulande <u>würden sich</u> zu sehr um Regenwahrscheinlichkeit und Vorhersagegenauigkeit <u>kümmern</u>, mit den Warnungen vor wirklichen Gefahren wie bei der großen Elbe-Flut <u>hapere</u> es aber, erklären die Studenten." (Z. 53–59)

b Der Konjunktiv II bzw. die *würde*-Ersatzform wird verwendet, wenn der Konjunktiv I nicht vom Indikativ Präsens zu unterscheiden ist, wie z. B. wissen, kümmern (vgl. Informationskasten „Konjunktiv I in der indirekten Rede" im SB auf S. 220).

3 **a/b** Beispiellösung:

- Johannes Dahl erklärt, er <u>liebe</u> Stürme und <u>könne</u> nicht genug davon bekommen. (Z. 5 f.)
- Christoph Gatzen erläutert, sie <u>würden</u> die Theorie der Wetterwissenschaften mit der Praxis der Beobachtung <u>verbinden</u>. (Z. 9-11)
- Dahl berichtet, nur das Feintuning <u>müssten</u> sie kurz vorher noch besprechen. (Z. 23–25)
- Christoph Gatzen stellt fest, das Gewitter <u>tobe</u> sich in Berlin <u>aus</u>. (Z. 30 f.)
- Gatzen behauptet, ein guter Storm Chaser <u>werde</u> nicht nass. (Z. 41 f.)
- Sebastian Unger meint, ein bisschen verrückt <u>seien</u> sie alle. Doch sie <u>würden</u> mit ihrer Arbeit auch <u>aufklären</u> und vor einer bisher unterschätzten Gefahr <u>warnen wollen</u>: den Tornados. (Z. 49-53)

Methodischer Hinweis: Anhand dieser Aufgabe sollte man die Schüler/-innen darauf hinweisen, dass das Umschreiben der direkten in die indirekte Rede eine Änderung von Personal- und Possessivpronomen erfordern kann.

c Die direkte Rede bietet die Möglichkeit, wörtlich wiederzugeben, was gesagt wurde. Dadurch wirkt ein Text anschaulicher und lebendiger. Das wird in Erzählungen und anderen literarischen Texten, aber z. B. auch in Reportagen genutzt. Die indirekte Rede gibt Aussagen nur wieder, paraphrasiert sie. Das erweckt den Eindruck eines größeren Abstands zu dem Gesagten. Man verwendet die indirekte Rede beispielsweise in Inhaltszusammenfassungen.

4 In den Sprechblasen wird von einem starken Unwetter mit Hagel und vielen Blitzen in Paris in der Nacht des 09.06.2014 berichtet.

5 Mögliche Reihenfolge (Satz 2 und 3 könnten auch getauscht werden) / Konjunktivformen der Verben:

Das Spektakel <u>habe</u> Punkt Mitternacht des 9. Juni 2014 <u>begonnen</u>. Die erste Stunde des Unwetters <u>habe</u> sich fast lautlos und ohne Regen und Donner <u>vollzogen</u>. Der Nachrichtensprecher sagte, eine gute Stunde lang <u>seien</u> Hunderte spektakuläre Blitze im Nachthimmel über Paris zu bestaunen <u>gewesen</u>. Hobbyfilmer aus ganz Paris <u>hätten</u> diese natürliche „Lightshow" <u>gefilmt</u> und hundertfach ins Netz <u>gestellt</u>, berichtete er. Gegen 2 Uhr <u>seien</u> dann Hagelkörner so groß wie Tischtennisbälle vom Himmel <u>gefallen</u>. Über die verursachten Schäden im Pariser Becken <u>könne</u> man noch nichts <u>sagen</u>. Man <u>müsse</u> jedoch mit mehr als einer Milliarde Euro <u>rechnen</u>.

Mögliches **Tafelbild:**

Indikativ	Konjunktiv I	Konjunktiv II
hat begonnen	habe begonnen	hätte begonnen
hat vollzogen	habe vollzogen	hätte vollzogen
sind gewesen	seien gewesen	wären gewesen
haben gefilmt	haben gefilmt	hätten gefilmt
haben gestellt	haben gestellt	hätten gestellt
sind gefallen	seien gefallen	wären gefallen
kann sagen	könne sagen	könnte sagen
muss rechnen	müsse rechnen	müsste rechnen

Beispiellösung (direkte Rede):

Der Nachrichtensprecher berichtet: „Punkt Mitternacht des 9. Juni 2014 <u>hat</u> das Spektakel <u>begonnen</u>. Die erste Stunde des Unwetters <u>hat</u> sich fast lautlos und ohne Regen und Donner <u>vollzogen</u>. Eine gute Stunde lang <u>sind</u> Hunderte spektakuläre Blitze im Nachthimmel über Paris zu bestaunen <u>gewesen</u>. Hobbyfilmer aus ganz Paris <u>haben</u> diese natürliche „Lightshow" <u>gefilmt</u> und hundertfach ins Netz <u>gestellt</u>. Gegen 2 Uhr <u>sind</u> dann Hagelkörner so groß wie Tischtennisbälle vom Himmel <u>gefallen</u>. Über die verursachten Schäden im Pariser Becken <u>kann</u> man noch nichts <u>sagen</u>. Man <u>muss</u> jedoch mit mehr als einer Milliarde Euro <u>rechnen</u>."

6 a/b Diese Aufgabe bietet den Schüler/-innen die Möglichkeit, das Gelernte beim Verfassen eines eigenen Textes anzuwenden. Dazu kann die **Kopiervorlage 3 aus Kapitel 4** („Vorlage: Schreibplan Bericht") verwendet werden. Themenübergreifend bietet sich die Überarbeitung der Berichte in einer Schreibkonferenz an.

Zur medialen Begleitung kann die **Folie** „Konjunktiv I in der indirekten Rede" eingesetzt werden.

324

Die **Kopiervorlage 2** („Konjunktiv I in der indirekten Rede") kann genutzt werden, um die Verwendung des Konjunktivs I vertiefend zu üben.

S. 222 Stärken stärken: Konjunktiv I in der indirekten Rede

Hagelkorn in den USA bricht gleich zwei Rekorde

1 Der Nachrichtensender CNN berichtete, mit 875 Gramm Gewicht und einem Durchmesser von 20,32 Zentimetern <u>habe</u> es gleich zwei Rekorde gebrochen. Damit <u>sei</u> es vielleicht sogar das größte bisher bekannte Hagelkorn weltweit.

2 a Auch hier müssen die Schüler/-innen die Änderung sowohl der Personal- als auch der Possessivpronomen beachten.

Leslie Scott [...] erklärt, das Eisstück <u>sei</u> etwas kleiner als ein Fußball. Ihn <u>habe</u> anfangs die besondere Form des Hagelkorns mit seinen Eisfingern fasziniert. Leider <u>seien</u> die Finger nach einem Stromausfall seines Gefrierschranks geschmolzen. Experte Charles Knight erzählt, die Wissenschaftler in Colorado <u>würden</u> nun Nachbildungen aus Gips <u>anfertigen</u>. Diese <u>gäben</u> sie dann an Forscher, ein Museum in South Dakota und den Finder des Hagelkorns weiter.

b Der Konjunktiv II bzw. die *würde*-Ersatzform wurden verwendet, da der Konjunktiv I vom Indikativ Präsens nicht zu unterscheiden ist.

3 a Auch hier müssen die Schüler/-innen die Änderung sowohl der Personal- als auch der Possessivpronomen beachten.

Knight berichtet weiter, anschließend <u>würden</u> sie das Original <u>halbieren</u> und (<u>würden</u>) dessen innere Ringanordnung <u>fotografieren</u>. Mit einem Grinsen ergänzt er, das Hagelkorn <u>werde</u> in der Zwischenzeit in einer Gefriertruhe aufbewahrt. Sie <u>hätten</u> ihre Kollegen <u>ermahnt</u>, das eisige Gebilde nicht versehentlich für die Cocktail-Zubereitung zu benutzen.

b Die *würde*-Ersatzform („würden halbieren" und „würden fotografieren") wird verwendet, weil der Konjunktiv I vom Indikativ Präsens („halbieren" und „fotografieren") nicht zu unterscheiden ist und der Konjunktiv II („halbierten" und „fotografierten") nicht vom Indikativ Präteritum. Der Konjunktiv II („hätten ermahnt") wird verwendet, weil der Konjunktiv I genauso lautet wie der Indikativ Präsens („haben").

S. 223 Modalverben

Wenn die Erde bebt

1 Die Schüler/-innen überprüfen zunächst ihr Textverständnis:

Der Text informiert darüber, wie Erdbeben entstehen und wie man sie vorhersagen kann. Außerdem wird erklärt, welche Folgen schwere Erdbeben haben können und dass man heute versucht, in besonders gefährdeten Zonen erdbebensicher zu bauen.

2 a Mit der Übung werden die Schüler/-innen induktiv an die Bedeutung der Modalverben herangeführt. Es gibt mehrere Möglichkeiten, den zweiten Satz (Z. 3–6) ohne Benutzung des Modalverbs „können" zu formulieren, z. B.:

– Man <u>verhindert</u> Erdbeben nicht, aber man <u>sagt</u> sie auf Grund von Aufzeichnungen und Druckmessungen <u>vorher</u>.

– Es <u>gibt keine Möglichkeit</u>, Erdbeben zu verhindern, aber <u>man ist in der Lage</u> / <u>es gibt die Möglichkeit</u>, sie auf Grund von Aufzeichnungen und Druckmessungen vorherzusagen.

b Durch das Modalverb „können" wird ausgedrückt, dass es keine Möglichkeit gibt, Erdbeben zu verhindern, aber dass Möglichkeiten bestehen, sie vorherzusagen.

3 Anhand ihrer Verwendung im Text unternehmen die Schüler/-innen, ggf. mit Hilfe des Informationskastens „Modalverben" im SB auf S. 224, einen ersten Versuch zur Systematisierung der Modalverben. Das Ergebnis kann in einem Tafelbild festgehalten werden.

Mögliches **Tafelbild:**

Modalverben im Text	Aussagewert
kann (Z. 3, 4, 11), können (Z. 23)	Möglichkeit
müssen (Z. 9), muss (Z. 12)	Gebot
dürfen (Z. 15)	Erlaubnis
soll (Z. 18)	Absicht
wollen (Z. 20)	Absicht

Proben für den Ernstfall

1 a In die Lücken gehören: **1** wollen (Absicht) – **2** können (Möglichkeit) oder sollen (Empfehlung, Vorschrift) – **3** können (Möglichkeit, Fähigkeit) – **4** müssen (Gebot, Zwang) oder sollen (Vorschrift) – **5** dürfen (Erlaubnis) – **6** müssen (Gebot) – **7** müssen (Gebot, Zwang) oder sollen (Vorschrift)

b Mit dieser Reflexionsübung festigen die Schüler/-innen ihre Erkenntnis, dass unterschiedliche Modalverben den Aussagewert des Verbs, das sie begleiten, modifizieren, und sie erarbeiten zugleich, dass etwa die Aussagewerte von „müssen" und „sollen" sich teilweise überschneiden, dabei jedoch einen unterschiedlichen Grad an Verbindlichkeit ausdrücken.

2 Zunächst überlegen die Schüler/-innen, in welchen Textsorten welche Modalverben besonders häufig vorkommen. Anschließend sind sie gefordert, selbstständig Sätze mit Modalverben zu formulieren.

Mögliches **Tafelbild:**

Textsorte	Modalverb	Beispielsatz
Anweisung/Vorschrift	sollen	Man soll seinen Müll sortiert in die unterschiedlichen Mülleimer werfen.
Regel/Gesetz	müssen	Bei Feueralarm muss das Gebäude sofort geräumt werden.
Erlaubnis	dürfen	In der Mittagspause darf man das Schulgelände verlassen.
Appell	sollen	Alle sollen sich in der Schule rücksichtsvoll verhalten.

3 Diese Aufgabe bietet den Schülerinnen und Schülern die Möglichkeit, selbst den Gebrauch von Modalverben zu erproben.

Beispiellösung:

Bei Feueralarm muss das Gebäude sofort geräumt werden. Alle Schülerinnen und Schüler sollen sich an festgelegte Orte auf dem Schulhof begeben. Dort müssen die Lehrerinnen und Lehrer mit Hilfe von Klassenlisten überprüfen, ob alle das Gebäude verlassen konnten. Keiner darf sich entfernen.

S. 225 Stärken stärken: Modalverben

Lawinen

1 kann (Z. 3, Möglichkeit) – muss (Z. 4, Gebot, Zwang) – kann (Z. 7, Möglichkeit) – sollen (Z. 9, Wunsch) – wollen (Z. 12, Wunsch)

2 **1** können (Möglichkeit, Fähigkeit) – **2** sollen (Vorschrift, Empfehlung) – **3** können (Möglichkeit, Fähigkeit)/dürfen (Möglichkeit, Fähigkeit) – **4** dürfen (Erlaubnis, Möglichkeit) – **5** möchte (Wunsch, Möglichkeit)/will (Absicht, Bereitschaft) – **6** muss (Gebot, Zwang)/sollte (Vorschrift, Empfehlung) – **7** sollte (Vorschrift, Empfehlung)

3 Beispiellösung:

- Vor der Abfahrt <u>muss</u> (Gebot) man unbedingt Informationen über die Schnee- und Wetterlage sowie das Lawinenrisiko einholen.
- Man <u>soll/sollte</u> (Empfehlung) immer nur auf freigegebenen Pisten fahren.
- Man <u>darf</u> (Erlaubnis) auf keinen Fall abgesperrtes Gelände befahren.
- Man <u>soll/sollte</u> (Empfehlung) möglichst nicht quer zum Hang fahren und abrupte Sprünge vermeiden.

Methodischer Hinweis: Man kann die Schüler/-innen an dieser Stelle darauf aufmerksam machen, dass das Modalverb „sollen" in Empfehlungen aus Gründen der Höflichkeit oft im Konjunktiv II verwendet wird, z. B.: Man <u>sollte</u> sich auf der Piste stets rücksichtsvoll verhalten.

S. 226 Testet euch! – Konjunktiv I und Modalverben

Die längste Sonnenfinsternis des Jahrhunderts

1 a/b Beispiellösung:

A Wissenschaftler teilen mit, dass es sich bei der Sonnenfinsternis in Asien am 22. Juli um die längste totale Sonnenfinsternis dieses Jahrhunderts und somit um ein spektakuläres Naturereignis <u>handele</u>.

B In Indien sagen allerdings viele Menschen, sie <u>hätten</u> Angst vor der Sonnenfinsternis, da die verdunkelte Sonne Unglück <u>bringe</u>.

C Natürlich will man auch Geld mit dem Naturereignis verdienen. Der Chef einer Fluggesellschaft erklärt, die Sitzplätze für einen Sonderflug von Neu-Delhi Richtung Osten mit direktem Blick auf die Sonnenfinsternis <u>würden</u> rund 1 200 Euro <u>kosten</u>.

D In China teilen die Behörden mit, etwa 300 Millionen Menschen <u>könnten</u> im Tal des Jangtse das seltene Naturschauspiel miterleben, wenn nicht schlechtes Wetter den Blick auf das Ereignis <u>behindere</u>.

E In Shanghai schwärmt ein Geschäftsmann aus den USA, er <u>hoffe</u>, das beeindruckende Schauspiel am klaren Himmel sehen zu können.

F In Japan erklärt der deutsche Filmregisseur Roland Emmerich, dass er sehr froh <u>sei</u>, wenn er die Sonnenfinsternis zur Werbung für seinen Katastrophenfilm nutzen <u>könne</u>.

Tipps für die Beobachtung einer Sonnenfinsternis

2 a/b **1** sollte (Empfehlung)/muss (Gebot) – **2** muss (Gebot) – **3** soll(te) (Empfehlung) – **4** möchte (Wunsch)/will (Absicht) – **5** kann (Möglichkeit)

S.227 10.3 Fit in …? – Einen Text überarbeiten

Gibt es Aliens im sagenumwobenen Sperrgebiet Area 51?

In diesem Teilkapitel üben die Schüler/-innen das Überarbeiten eines Textes anhand einer möglichen Klassenarbeit.

Die Aufgabe richtig verstehen

1 **A** = Abschnitt 2 **B** = Abschnitt 1

Den Text Absatz für Absatz überarbeiten

2 erklären, erläutern, meinen, zugeben, sicher sein, sich äußern, hinzufügen, ergänzen

3 a gibt – gebe; existiert – existiere; handelt – handele; habe gesehen – habe gesehen; wird begegnen – werde begegnen; passiert – passiere

b Beispiellösung:

> Charles Bolden, der Chef der amerikanischen Raumfahrtbehörde NASA, meint, in der Area 51 gebe es keine Aliens. Zwar gibt er zu, die Area 51 existiere tatsächlich, es handele sich aber um eine normale Forschungs- und Entwicklungseinrichtung. Er habe dort weder Aliens noch deren Raumfahrzeuge gesehen. Dennoch glaubt er, es gebe außerirdisches Leben. Irgendwann einmal werde ein Raumschiff der Erde anderen Lebensformen begegnen. Wenn nicht in unserem Sonnensystem, dann passiere es in einem der anderen Milliarden Sonnensysteme in unserer Galaxie.

4 a Bei der Wiedergabe von direkter Rede in indirekter Rede verwendet man den Konjunktiv I. Wenn sich dieser nicht vom Indikativ Präsens unterscheidet, nutzt man den Konjunktiv II oder die *würde*-Ersatzform.
Bei irrealen Gegebenheiten (z. B. Wunsch oder Fantasie) wird immer der Konjunktiv II eingesetzt.

b/c Beispiellösung: (für die Überarbeitung <u>verwendete Form</u>)

Direkte Rede	Konjunktiv I	Konjunktiv II	*würde*-Ersatzform
„Die Pläne sehen vor" (Z. 21)	sie sehen vor	<u>sie sähen vor</u>	sie würden vorsehen
„Die Forscher planen" (Z. 23–24)	sie planen	sie planten	<u>sie würden planen</u>
„nicht […] geklappt hat" (Z. 27 f.)	<u>es nicht geklappt habe</u>	es nicht geklappt hätte	es nicht geklappt haben würde
„ist das Fehlen" (Z. 28)	<u>sei das Fehlen</u>	wäre das Fehlen	würde das Fehlen sein
„benötigen" (Z. 30)	benötigen	benötigten	<u>sie würden benötigen</u>
„Sie brauchen" (Z. 32)	sie brauchen	sie brauchten	<u>sie würden brauchen</u>
„kaputt geht" (Z. 33)	<u>kaputt gehe</u>	kaputt ginge	kaputt gehen würde
„auf dem Mars sind" (Z. 34)	<u>auf dem Mars seien</u>	auf dem Mars wären	auf dem Mars sein würden
„ist eine Toilette" (Z. 34)	<u>sei eine Toilette</u>	wäre eine Toilette	würde eine Toilette sein
„funktioniert" (Z. 35 f.)	<u>die funktioniere</u>	die funktionierte	die funktionieren würde
„sind" (Z. 36)	<u>seien</u>	wären	würden sein

d Beispiellösung:

> Zu den Marsmissionen erklärte Bolden, die Pläne sähen vor, in den frühen 30er Jahren des 21. Jahrhunderts auf dem Mars landen zu können. Die Forscher würden planen, Roboter für den Bau von Lebensräumen und Häusern zu benutzen. Schmunzelnd fügt er hinzu, einer der Hauptgründe, weswegen es bisher noch nicht mit einer Marslandung geklappt habe, sei das Fehlen von funktionierenden Toiletten. Bolden erläuterte, die Astronauten würden bessere Lebenserhaltungssysteme benötigen. Sie würden eine Toilette brauchen, die nicht auf dem Weg dorthin kaputt gehe. Und wenn sie auf dem Mars seien, sei eine Toilette notwendig, die über lange Zeit funktioniere. Toiletten seien eine wichtige Sache, betonte Bolden.

Die Überarbeitung prüfen

 5 **a/b** Die Überprüfung in Partnerarbeit vertieft die eigenständige Überarbeitung eigener und fremder Texte und fördert die Fehlersensibilisierung. Probleme können erkannt und gelöst werden.

Vorschläge für eine Klassenarbeit und einen Test

Vorschlag 1: Einen Text überarbeiten
Siehe **Kopiervorlage S. 332 f.**

Vorschlag 2: Konjunktiv I in der indirekten Rede
Siehe **Kopiervorlage S. 334**

Material zu diesem Kapitel auf den folgenden Seiten und auf der CD

Lernwegeliste zum Kompetenzschwerpunkt des Kapitels (vollständig auf der CD), S. 331
Diagnose: Konjunktiv I und II (auf der CD, mit Lösungshinweisen und Förderempfehlungen)
Klassenarbeit: Einen Text überarbeiten (KA 1, mit Bewertungshinweisen auf der CD), S. 332 f.
Test: Konjunktiv I in der indirekten Rede (KA 2, mit Lösungen auf der CD), S. 334
KV 1: Konjunktiv II verwenden, S. 335 ff.
KV 2: Konjunktiv I in der indirekten Rede, S. 338 ff.
Hinweis: Lösungen zu allen KV finden sich auf der CD.

Folie: Wortarten wiederholen (zu SB S. 212, auf der CD)
Folie: Vergangenes durch Verben ausdrücken (zu SB S. 214, auf der CD)
Folie: Verben im Aktiv oder Passiv (zu SB S. 215, auf der CD)
Folie: Den Konjunktiv II verstehen und bilden (zu SB S. 216, auf der CD)
Folie: Konjunktiv I in der indirekten Rede (zu SB S. 221, auf der CD)

Weiteres Übungsmaterial

„Deutschbuch Arbeitsheft 4"
Was kannst du schon? – Grammatik, S. 50–59
Wiederholung: Die Wortarten erkennen, S. 52–56
– ○○○ Stärken stärken: Nomen, Adjektive, Präpositionen, S. 52
Verbformen erkennen und verwenden, S. 53–56
– ○○○ Stärken stärken: Zeitformen der Verben wiederholen, S. 53
– Die Modalverben, S. 54
– Der Konjunktiv II und die *würde*-Ersatzform, S. 55
– Der Konjunktiv I in der indirekten Rede, S. 56
Texte überarbeiten, S. 57–59
– ○○○ Stärken stärken: Den Konjunktiv I richtig verwenden, S. 57
– Teste dich! Das Verb – Modalverben, Konjunktiv I und II, S. 58 f.

„Deutschbuch Differenzieren und Fördern 7/8"
Wortarten und Satzglieder bestimmen und verwenden, S. 417 ff.
– Wortarten erkennen – Rund um das Nomen, S. 422 ff.
– Sprachtraining: Präpositionen verwenden; S. 425
– Sprachtraining: Pronomen verwenden, S. 426
– Verben in der richtigen Zeitform verwenden, S. 427 ff.
– Sprachtraining: Starke Verben, S. 430
– Den Konjunktiv II bilden und verwenden, S. 435 ff.
– Den Konjunktiv in der indirekten Rede anwenden, S. 438 ff.
– Modalverben verwenden; S. 441 ff.
– Sprachtraining: Modalverben im Konjunktiv II verwenden, S. 444
– Klassenarbeit 1 – Mit Wortarten umgehen, S. 451 ff.

Name: _____   Klasse: _____   Lehrer/-in: _____

Lernwegeliste – mit Materialzuordnung und Dokumentationsmöglichkeit

Kompetenzbereich: Schreiben – Sprache untersuchen

Kompetenz: Ich kann Wortarten unterscheiden und im Satz richtig verwenden.

Was dir dabei helfen kann:
Du kennst das Prädikat als wichtigste Einheit im Satz.
Du beherrschst die Stammformen der Verben.
Du kannst Wortarten unterscheiden.
Du kannst einfache Zeitformen erkennen und verwenden.

	Was du in Kapitel 10 lernen kannst:	Niveau	Lernmaterialien	Selbsteinschätzung			Hinweise/ Bewertung der Lehrkraft
				☺	😐	☹	
01	Ich kann Wortarten entsprechend ihrer Funktion verwenden.	GME	„Wichtige Wortarten wiederholen" – Buch S. 212 f.				
02	Ich kann Tempusformen gezielt verwenden.	GME	„Mit Verben verschiedene Zeiten ausdrücken" – Buch S. 214				
03	Ich kann Aktiv und Passiv in ihrer Funktion verwenden.	GME	„Verben im Aktiv oder Passiv verwenden" – Buch S. 215				
04	Ich kann den Konjunktiv II bestimmen und anwenden.	GME	„Den Konjunktiv II verstehen und bilden" – Buch S. 216				
05	Ich kann Wortarten bestimmen und Tempusformen gezielt verwenden.	GME	„Stärken stärken: Wortarten" – Buch S. 217				

Die zweite Seite der Lernwegeliste ist auf der CD zu finden.

331   Kapitel 10
Lernwegeliste, Blatt 1

Klassenarbeit A – Einen Text überarbeiten

1 Der folgende Artikel beschreibt eine mögliche Zukunft mit Datenbrillen.
Mache sprachlich deutlich, dass es sich dabei tatsächlich nur um Fantasien handelt.

a Überarbeite den Text, indem du an den richtigen Stellen den Konjunktiv II verwendest.
Gehe dabei so vor:
– Unterstreiche zunächst die Verben.
Schreibe den Text ab und setze dabei die unterstrichenen Verben in den Konjunktiv II.
Beachte: Die markierten Verben bleiben im Indikativ stehen!

b Markiere in deinem Text die starken Verben und erkläre jeweils, wie du den Konjunktiv II gebildet hast.

Der Beginn einer neuen Realität

Datenbrillen [...] sind der erste Schritt zu einer totalen Vernetzung des Lebens. Das verspricht uns viele neue Möglichkeiten – und Konzernen das ganz große Geschäft.

Wissenschaftler vermuten: Im Jahr 2020 kann die Datenbrille das Smartphone als Statussymbol abgelöst haben. Man sieht kaum noch ein linkisches Däumeln auf Touch-Displays. Der moder-
5 ne Stadtmensch geht nicht mehr mit nach unten geneigtem Kopf, sondern erhobenen Hauptes durchs Leben und empfängt dabei mehr Daten als je zuvor.
Ob die Toilette im Büro besetzt, das vegetarische
10 Menü in der Kantine nicht mehr zu haben, der Bus pünktlich oder der Herd zu Hause auch wirklich aus ist: Ein permanenter Strom an Informationen leuchtet in den Gläsern [...] auf. Die Freundin schickt ein Live-Video von sich, wie
15 sie vor dem Spiegel einer Umkleidekabine ein Kleid anprobiert, ein Warnhinweis zeigt den Restalkohol der Zecherei am Vorabend an, damit
20 man nicht ins Auto steigt. Außerdem überträgt die Datenbrille den Hinweis auch an die Krankenversicherung.
Eingenässte Windeln funken an Eltern, abgelaufene Parkuhren ans Polizeirevier. Die teuren
25 Überwachungskameras früherer Tage baut man ab, und inkognito läuft schon lange niemand mehr herum – jeder ist längst in der Menge der Stadt identifizierbar. Analoge Überfälle und Diebstähle sind auf einem historisch niedrigen
30 Stand – dafür hat die Cyberkriminalität heftig zugelegt. Fernseher landen zunehmend auf dem Müll – auch „Tagesschau" und „Tatort" kann man in die Brillen streamen.

Aus: Die Zeit – Zeit Wissen, Nr. 4, Juni/Juli 2013, gekürzt und leicht verändert

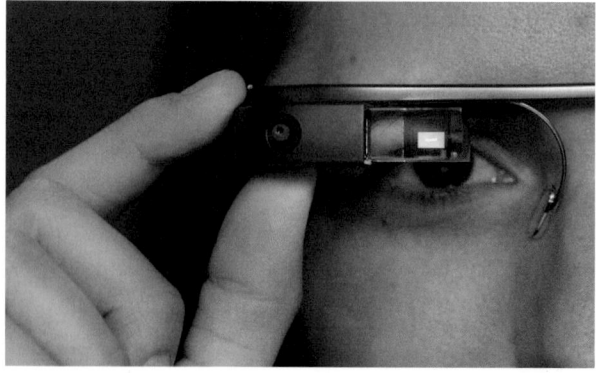

dpa Picture Alliance/AP Photo

Kopiervorlage

Klassenarbeit B – Einen Text überarbeiten

1 Der folgende Artikel beschreibt eine mögliche Zukunft mit Datenbrillen. Mache sprachlich deutlich, dass es sich dabei tatsächlich nur um Fantasien handelt.

a Überarbeite den Text, indem du an den richtigen Stellen den Konjunktiv II verwendest.
Gehe dabei so vor:
Schreibe den Text ab und setze dabei die unterstrichenen Verben in den Konjunktiv II.
Beachte: Die markierten Verben bleiben im Indikativ stehen!

b Markiere in deinem Text die starken Verben und erkläre jeweils, wie du den Konjunktiv II gebildet hast.

Beispiel: könnte (Präteritum: konnte) – das *o* wird zu **ö**.

Der Beginn einer neuen Realität

Datenbrillen [...] sind der erste Schritt zu einer totalen Vernetzung des Lebens. Das verspricht uns viele neue Möglichkeiten – und Konzernen das ganz große Geschäft.

Wissenschaftler vermuten: Im Jahr 2020 <u>kann</u> die Datenbrille das Smartphone als Statussymbol abgelöst haben. Man <u>sieht</u> kaum noch ein linkisches Däumeln auf Touch-Displays. Der moder-
5 ne Stadtmensch <u>geht</u> nicht mehr mit nach unten geneigtem Kopf, sondern erhobenen Hauptes durchs Leben und <u>empfängt</u> dabei mehr Daten als je zuvor.
Ob die Toilette im Büro besetzt, das vegetarische
10 Menü in der Kantine nicht mehr zu haben, der Bus pünktlich oder der Herd zu Hause auch wirklich aus ist: Ein permanenter Strom an Informationen <u>leuchtet</u> in den Gläsern [...] auf. Die Freundin <u>schickt</u> ein Live-Video von sich, wie
15 sie vor dem Spiegel einer Umkleidekabine ein

Kleid anprobiert, ein Warnhinweis <u>zeigt</u> den Restalkohol der Zecherei am Vorabend an, damit 20 man nicht ins Auto steigt. Außerdem <u>überträgt</u> die Datenbrille den Hinweis auch an die Krankenversicherung.
Eingenässte Windeln <u>funken</u> an Eltern, abgelaufene Parkuhren ans Polizeirevier. Die teuren 25 Überwachungskameras früherer Tage <u>baut</u> man ab, und inkognito <u>läuft</u> schon lange niemand mehr herum – jeder <u>ist</u> längst in der Menge der Stadt identifizierbar. Analoge Überfälle und Diebstähle <u>sind</u> auf einem historisch niedrigen 30 Stand – dafür <u>hat</u> die Cyberkriminalität heftig zugelegt. Fernseher <u>landen</u> zunehmend auf dem Müll – auch „Tagesschau" und „Tatort" <u>kann</u> man in die Brillen streamen.

*Aus: Die Zeit – Zeit Wissen, Nr. 4, Juni/Juli 2013,
gekürzt und leicht verändert*

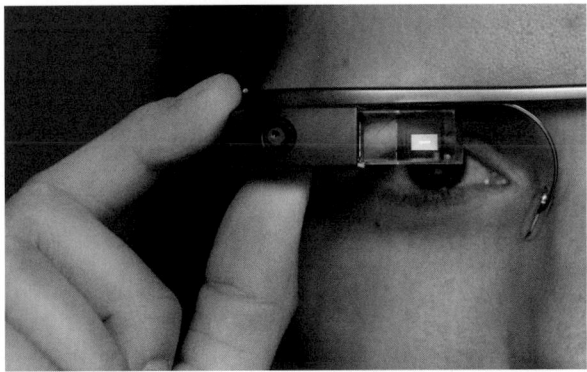

dpa Picture Alliance/AP Photo

Autorin: Deborah Mohr

Kapitel 10
KA 1, Blatt 2

Kopiervorlage

Teste dich! – Konjunktiv I in der indirekten Rede

Unglaubliches Wetterphänomen – Riesige Eiswelle begräbt Häuser unter sich

1 Setze in dem folgenden Text die Verbformen im Konjunktiv I ein

Die Nachrichten berichten, dass sich in der kanadischen Provinz Manitoba ein kurioses Wetter-

phänomen ereignet _____ (haben). Mehrere Häuser _____ (sein) durch

meterhohe Eiswellen aus dem Manitoba-See niedergewalzt worden. Experten erklären, eine Eiswelle

_____ (entstehen), wenn ein sehr starker Wind die Eismassen vom See in Richtung der

Häuser _____ (treiben). Man _____ (können) feststellen, dass dieses

Phänomen in letzter Zeit besonders häufig _____ (auftreten).

2 a Entscheide bei dem folgenden Text jeweils, ob das Verb im Konjunktiv I, im Konjunktiv II oder in der
     würde-Ersatzform eingesetzt werden muss.
     Beachte: Es gibt immer zwei Lücken, dennoch ist die Verbform in vielen Fällen einteilig.

Bewohner der betroffenen Häuser berichten, dass die Eiswellen sie sehr überrascht _____

_____ (haben). Sie _____ jedoch sehr froh _____ (sein), die

Naturkatastrophe unbeschadet überlebt zu haben. Schließlich _____ man sein Haus sehr

schnell verlassen _____ (haben) müssen, um sich vor den Eismassen in Sicherheit zu

bringen. Zwei Männer erzählen, dass nun mehrere Fragen ihnen große Sorgen _____

_____ (bereiten). So _____ sie nicht _____ (wissen), wie sie ihre

Häuser schnell wieder aufbauen sollen. Außerdem _____ sie vorher klären

_____ (müssen), ob es überhaupt sinnvoll ist, die Häuser wieder an der gleichen Stelle zu

errichten. Schließlich _____ sich eine solche Katastrophe wiederholen _____

(können).

b Begründe, warum du den Konjunktiv II oder die *würde*-Ersatzform verwendet hast.

_____

_____

_____

Autorin: Deborah Mohr

334

Kapitel 10
KA 2, Blatt 1

Kopiervorlage

Konjunktiv II verwenden

Spektakuläre Begegnungen mit Außerirdischen

1 **a** Setze im folgenden Text die Verbformen im Konjunktiv II ein.

Im Jahr 1947 entdeckte ein Pilot in der Nähe der Kleinstadt Roswell angeblich neun unbekannte

Flugobjekte. Viele Menschen glaubten, dass tatsächlich ein außerirdisches Raumschiff mit Aliens

abgestürzt _____ *(sein)*. Angeblich _____ *(wissen)* die US-Regierung

davon, _____ *(halten)* ihr Wissen jedoch geheim. Einige Ufologen unterstellten sogar,

dass die US-Regierung mehrere Alien-Leichen _____ *(besitzen)*. Im November 1989

behauptete ein Physiker, er _____ *(haben)* auf dem militärischen Sperrgebiet „Area 51"

an außerirdischen Fluggeräten gearbeitet. Beispielsweise _____ *(befinden)* sich dort

das Material des 1947 abgestürzten Ufos. Außerdem _____ *(können)* man dort tote

oder gar lebendige Besatzungen außerirdischer Flugobjekte treffen. Ufologen entdecken immer

wieder Wesen, die sie für Außerirdische halten: 2003 fand ein Schatzsucher in Chile ein 13 Zentimeter

großes Wesen. Ufologen glauben, dass es sich dabei um die Mumie eines Außerirdischen

_____ *(handeln)*. Im Mai 2007 fand ein mexikanischer Bauer in einer Tierfalle ein We-

sen, von dem er annahm, es _____ *(sein)* ein Alien-Baby. Er tötete es sofort, weil er

meinte, dass von ihm eine große Gefahr _____ *(ausgehen)*. In diesen Fällen stellten

Forscher fest, dass es sich um Mutationen[1] von Tieren oder Menschen gehandelt haben musste.

---

1 Mutation: dauerhafte Veränderung des Erbguts

b Markiere bei den eingesetzten Verben die starken Verben und erkläre in deinem Heft, wie du den
Konjunktiv II gebildet hast.

Autorin: Deborah Mohr
Illustrator: Nils Fliegner, Hamburg

Kapitel 10
KV 1, Blatt 1

Kopiervorlage

Konjunktiv II verwenden

Spektakuläre Begegnungen mit Außerirdischen

1 **a** Setze im folgenden Text die Verbformen im Konjunktiv II ein.

Im Jahr 1947 entdeckte ein Pilot in der Nähe der Kleinstadt Roswell angeblich neun unbekannte

Flugobjekte. Viele Menschen glaubten, dass tatsächlich ein außerirdisches Raumschiff mit Aliens

abgestürzt ___**wäre**___ *(sein)*. Angeblich ___**wüsste**___ *(wissen)* die US-Regierung

davon, _____ *(halten)* ihr Wissen jedoch geheim. Einige Ufologen unterstellten sogar,

dass die US-Regierung mehrere Alien-Leichen _____ *(besitzen)*. Im November 1989

behauptete ein Physiker, er _____ *(haben)* auf dem militärischen Sperrgebiet „Area 51"

an außerirdischen Fluggeräten gearbeitet. Beispielsweise _____ *(befinden)* sich dort

das Material des 1947 abgestürzten Ufos. Außerdem _____ *(können)* man dort tote

oder gar lebendige Besatzungen außerirdischer Flugobjekte treffen. Ufologen entdecken immer wieder

Wesen, die sie für Außerirdische halten: 2003 fand ein Schatzsucher in Chile ein 13 Zentimeter

großes Wesen. Ufologen glauben, dass es sich dabei um die Mumie eines Außerirdischen

_____ *(handeln)*. Im Mai 2007 fand ein mexikanischer Bauer in einer Tierfalle ein Wesen,

von dem er annahm, es _____ *(sein)* ein Alien-Baby. Er tötete es sofort, weil er meinte,

dass von ihm eine große Gefahr _____ *(ausgehen)*. In diesen Fällen stellten Forscher

fest, dass es sich um Mutationen[1] von Tieren oder Menschen gehandelt haben musste.

---
1 Mutation: dauerhafte Veränderung des Erbguts

b Markiere bei den eingesetzten Verben die neun starken Verben im Text.
Erkläre in deinem Heft, wie du den Konjunktiv II gebildet hast.

Autorin: Deborah Mohr
Illustrator: Nils Fliegner, Hamburg

Kapitel 10
KV 1, Blatt 2

Kopiervorlage

Konjunktiv II verwenden

Spektakuläre Begegnungen mit Außerirdischen

1 **a** Setze im folgenden Text die Verbformen im Konjunktiv II ein.
Tipp: Bei den starken Verben wird *a, o, u* zu *ä, ö, ü*. Die ersten beiden starken Verben sind markiert.

Im Jahr 1947 entdeckte ein Pilot in der Nähe der Kleinstadt Roswell angeblich neun unbekannte

Flugobjekte. Viele Menschen glaubten, dass tatsächlich ein außerirdisches Raumschiff mit Aliens

abgestürzt ____wäre____ *(sein)*. Angeblich ____wüsste____ *(wissen)* die US-Regierung

davon, ____hielte____ *(halten)* ihr Wissen jedoch geheim. Einige Ufologen unterstellten sogar,

dass die US-Regierung mehrere Alien-Leichen _____ *(besitzen)*. Im November 1989

behauptete ein Physiker, er _____ *(haben)* auf dem militärischen Sperrgebiet „Area 51"

an außerirdischen Fluggeräten gearbeitet. Beispielsweise _____ *(befinden)* sich dort

das Material des 1947 abgestürzten Ufos. Außerdem _____ *(können)* man dort tote

oder gar lebendige Besatzungen außerirdischer Flugobjekte treffen. Ufologen entdecken immer wieder

Wesen, die sie für Außerirdische halten: 2003 fand ein Schatzsucher in Chile ein 13 Zentimeter

großes Wesen. Ufologen glauben, dass es sich dabei um die Mumie eines Außerirdischen

_____ *(handeln)*. Im Mai 2007 fand ein mexikanischer Bauer in einer Tierfalle ein Wesen,

von dem er annahm, es _____ *(sein)* ein Alien-Baby. Er tötete es sofort, weil er meinte,

dass von ihm eine große Gefahr _____ *(ausgehen)*. In diesen Fällen stellten Forscher

fest, dass es sich um Mutationen[1] von Tieren oder Menschen gehandelt haben musste.

───────────────────

1 Mutation: dauerhafte Veränderung des Erbguts

b Markiere die restlichen sechs starken Verben im Text und erkläre in deinem Heft, wie du den Konjunktiv II gebildet hast.
Beispiel: wäre (Präteritum: war) – war + *-e*, das *a* wird zu *ä*.

Autorin: Deborah Mohr
Illustrator: Nils Fliegner, Hamburg

Kapitel 10
KV 1, Blatt 3

Kopiervorlage

Konjunktiv I in der indirekten Rede

Aschewolke legt Flugverkehr lahm

1 Die gewaltige Aschewolke aus dem isländischen Vulkan Eyjafjallajökull hat nun auch Deutschland erreicht. Im Laufe der Nacht soll der Verkehr in großen Teilen des deutschen Luft-
5 raums schrittweise eingeschränkt werden. „Beschränkungen des Luftverkehrs gibt es zunächst im Nordwesten und schließlich im Südosten", erklärte die Sprecherin der Deutschen Flugsicherung am Donnerstag. „In Hamburg sind alle
10 Starts und Landungen bis 24 Uhr gestrichen worden", teilte eine Flughafensprecherin mit. „Ob der Betrieb am Freitag wieder aufgenommen werden kann, ist noch unklar. Das hängt von der weiteren Bewegung der Aschewolken ab."

15 **2** „Die Vulkanasche stellt eine bedeutende Bedrohung für die Sicherheit von Flugzeugen dar", hieß es bei der britischen Flugsicherung. *„Piloten meiden Wolken aus Vulkanasche deshalb lieber."* „Wenn ein Pilot versehentlich in eine
20 solche Wolke gerät, heißt es um 180 Grad wenden und nichts wie raus", erklärte der Sprecher der Pilotenvereinigung Cockpit, Jörg Handwerg. „Aschewolken können zu Triebwerksausfällen,

Ausfällen der Messgeräte und zerkratzten Fenstern führen."　　　25

3 „Menschen und Tiere haben bei direktem Kontakt mit der Asche nichts zu befürchten", erläutert Bernd Zimanowski von der Universität Würzburg. „Die Asche ist nur in einer sehr hohen Konzentration für unsere Gesundheit gefähr-　30 lich. Das erwarten wir hier aber nicht."
Insgesamt fielen am Donnerstag rund ein Viertel der täglich etwa 28.000 europäischen Flüge aus, wie die Flugsicherheitsbehörde Eurocontrol in Brüssel mitteilte. „Es ist das erste Mal in der　35 europäischen Luftfahrtgeschichte, dass wir mit einem solchen Phänomen umgehen müssen", erklärte einer der Leiter von Eurocontrol.
Der „Nachschub" für die Wolke dürfte vorerst nicht abreißen: Der isländische Geophysiker　40 Einar Kjartansson prophezeite: „Der Vulkan wird voraussichtlich noch tagelang Asche spukken."

http://www.stern.de/reise/service/vulkanausbruch-auf-island-aschewolke-legt-deutsche-flughaefen-lahm-1558665.html (vom 15.04.2010, Stand: 25.00.2017)

picture alliance/abaca

Autorin: Deborah Mohr

Kapitel 10
KV 2, Blatt 1

Kopiervorlage

••• Konjunktiv I in der indirekten Rede

1 **a** Formuliere die wörtliche Rede in Abschnitt 1 (Z. 1–14) in indirekte Rede um.
Verwende dabei immer den Konjunktiv I.

_____

_____

_____

_____

_____

_____

b Markiere in deinem Text die Verben im Konjunktiv I.

2 Formuliere die wörtliche Rede in Abschnitt 2 (Z. 15–25) in indirekte Rede um.
Entscheide bei dem kursiv gedruckten und dem unterstrichenen Satz, ob du die *würde*-Ersatzform oder
den Konjunktiv II verwenden willst.
Verwende bei den übrigen Sätzen den Konjunktiv I.

_____

_____

_____

_____

_____

3 Formuliere die wörtliche Rede in Abschnitt 3 (Z. 26–43) in indirekte Rede um. Entscheide dabei jeweils,
ob der Konjunktiv I oder der Konjunktiv II/die *würde*-Ersatzform gewählt werden muss.

_____

_____

_____

_____

_____

_____

Autorin: Deborah Mohr

Kapitel 10
KV 2, Blatt 2

Kopiervorlage

●●○ Konjunktiv I in der indirekten Rede

1   a   Formuliere die wörtliche Rede in Abschnitt 1 (Z. 1–14) in indirekte Rede um.
        Verwende dabei immer den Konjunktiv I.

<u>Die Sprecherin der Deutschen Flugsicherung erklärte, Beschränkungen des Luftverkehrs gebe</u>

_____

_____

_____

_____

_____

_____

   b   Markiere in deinem Text die Verben im Konjunktiv I.

2   Formuliere die wörtliche Rede in Abschnitt 2 (Z. 15–25) in indirekte Rede um. Verwende bei dem kursiv
    gedruckten Satz die *würde*-Ersatzform, bei dem unterstrichenen Satz den Konjunktiv II und bei den
    übrigen Sätzen den Konjunktiv I.

_____

_____

_____

_____

_____

3   Formuliere die wörtliche Rede in Abschnitt 3 (Z. 26–43) in indirekte Rede um. Entscheide dabei jeweils,
    ob der Konjunktiv I oder der Konjunktiv II/die *würde*-Ersatzform gewählt werden muss.
    Tipp: Du musst dreimal die Ersatzformen des Konjunktiv I verwenden.

_____

_____

_____

_____

_____

Autorin: Deborah Mohr

Kapitel 10
KV 2, Blatt 3

Kopiervorlage

Konjunktiv I in der indirekten Rede

1 **a** Formuliere die wörtliche Rede in Abschnitt 1 (Z. 1–14) in indirekte Rede um. Verwende dabei fünfmal den Konjunktiv I.

Die Sprecherin der Deutschen Flugsicherung erklärte, Beschränkungen des Luftverkehrs gebe

_____

_____

_____

_____

b Markiere in deinem Text die Verben im Konjunktiv I.

2 Formuliere die wörtliche Rede in Abschnitt 2 (Z. 15–25) in indirekte Rede um. Verwende bei dem kursiv gedruckten Satz die *würde*-Ersatzform, bei dem unterstrichenen Satz den Konjunktiv II und bei den übrigen Sätzen den Konjunktiv I.

Bei der britischen Flugsicherung hieß es, die Vulkanasche stelle _____

_____

_____

_____

3 Formuliere die wörtliche Rede in Abschnitt 3 (Z. 26–43) in indirekte Rede um. Entscheide dabei jeweils, ob der Konjunktiv I oder der Konjunktiv II/die *würde*-Ersatzform gewählt werden muss.
Tipp: Du musst dreimal die Ersatzformen des Konjunktiv I verwenden.

Bernd Zimanowski von der Universität Würzburg erläutert, Menschen und Tiere hätten bei

direktem Kontakt mit der Asche _____

_____

_____

Autorin: Deborah Mohr

Kapitel 10
KV 1, Blatt 4

Kopiervorlage

11 Grammatiktraining – Satzgefüge

Konzeption des Kapitels

In diesem Kapitel werden die Nebensatzarten wiederholt und mit dem Infinitivsatz und dem Partizipialsatz satzwertige Wortgruppen eingeführt, die ähnliche Funktionen wie die bereits bekannten Nebensätze erfüllen. Eingebettet ist das Kapitel in den thematischen Rahmen von kurzen, teils anekdotischen Reiseberichten und kuriosen Beschwerden über Reisebedingungen und -erlebnisse. Neben der Reflexion sprachlicher Phänomene liegt ein Schwerpunkt auf Formulierungsübungen. Dabei erproben die Schüler/-innen vor allem verschiedene Formulierungsvarianten und untersuchen sie hinsichtlich ihrer Verständlichkeit, Klarheit und Kürze. Insofern hat das Kapitel eine schreibdidaktische Ausrichtung, die sich auch im abschließenden Training für eine Klassenarbeit spiegelt.

Im ersten Teilkapitel (**„Kuriose Reisen – Nebensätze unterscheiden"**) stehen Funktionen von Nebensätzen im Mittelpunkt, die die Stelle eines Satzglieds einnehmen: Subjekt, Objekt, Attribut oder Adverbial. Ausgehend von Texten, die Reiseerlebnisse humorvoll thematisieren, untersuchen die Schüler/-innen zunächst die Funktion der Gliedsätze und prüfen ihre Satzpositionen anhand des Feldermodells, schreiben dann einzelne Sätze um und reflektieren deren unterschiedliche Wirkung. Die **Differenzierungseinheiten** („Stärken stärken: Adverbialsätze" und „Stärken stärken: Nebensätze") und die **Selbstevaluation** („Testet euch! – Nebensätze") bieten die Möglichkeit, das erlernte Wissen binnendifferenziert anzuwenden sowie anschließend zu überprüfen und festigen.

Das zweite Teilkapitel (**„Verrückte Beschwerden – Partizipial- und Infinitivsätze"**) thematisiert Partizipial- und Infinitivgruppen. Sie sollen ebenfalls als Formulierungsvarianten erkannt werden, die hilfreich, aber auch sprachlich umständlich sein können. Ausgangspunkt sind deshalb Briefe, in denen Partizipial- und Infinitivsätze zu wenig bzw. zu häufig genutzt werden. Anhand von Umformulierungen reflektieren die Schüler/-innen deren stilistische Funktion. Zugleich erlernen sie Regeln für die Kommasetzung. Ergänzt wird das zweite Teilkapitel durch eine Seite, die Infinitivsätze in verschiedenen Sprachen thematisiert und im Sprachvergleich auf Besonderheiten der deutschen Sprache aufmerksam macht. Auch hier dienen die **Differenzierungseinheit** („Stärken stärken: Partizipial- und Infinitivsätze") und die **Selbstevaluation** („Testet euch! – Partizipial- und Infinitivsätze") der Anwendung und Überprüfung des Gelernten.

Als Übung für eine Klassenarbeit werden im dritten Teilkapitel (**„Fit in …? – Einen Text überarbeiten"**) in einem Trainingsprogramm unterschiedliche Textüberarbeitungstechniken angewandt. Die Schüler/-innen können dabei selbstständig arbeiten und durchlaufen anhand detailliert angeleiteter Aufgaben alle Phasen des Arbeitsprozesses.

Literaturhinweise

Bredel, Ursula u.a. (Hrsg.): Didaktik der deutschen Sprache. Ein Handbuch. 2 Bände. Schöningh, Paderborn u. a. 2. Aufl. 2006

Eisenberg, Peter: Grundriss der deutschen Sprache. Bd. 1: Das Wort. Bd. 2: Der Satz. Metzler, Stuttgart/Weimar 3. Aufl. 2006

Köpcke, Klaus Michael u. a. (Hrsg): Grammatik in der Universität und für die Schule. Theorie, Empirie und Modellbildung. Niemeyer, Tübingen 2007

Orth, Stephan/Blinda, Antje: Sorry, Ihr Hotel ist abgebrannt. Ullstein, Berlin 2011

Orthographische und grammatische Spielräume. Der Deutschunterricht 1/2012

Sprachliche Heterogenität. In: Praxis Deutsch 202/2007

Steinig, Wolfgang/Huneke, Hans-Werner: Sprachdidaktik Deutsch. Erich Schmidt, Berlin 2. Aufl. 2004

Verben in Sätzen. In: Praxis Deutsch 226/März 2011

Wortarten und Satzglieder. Deutschunterricht 1/2010

S. 229 Auftaktseite

Die Auftaktseite sensibilisiert die Schüler/-innen für den stilistischen Nutzen von Satzgefügen. Die Mitteilung über Verzögerungen auf der Homepage einer Fluggesellschaft zeigt, wie umständlich Texte werden können, wenn man versucht, Nebensätze zu vermeiden.

1 Die Aufgabe weckt Aufmerksamkeit für den Text auf der Homepage und fordert die Schüler/-innen dazu auf, die Besonderheiten der Formulierungen und die Gründe dafür zu reflektieren.

a Die Verständlichkeit des Textes leidet durch den Nominalstil, der zudem die Nomen mit zahlreichen attributiven Ergänzungen versieht, um Nebensätze zu vermeiden.
Inhaltlich könnten die Schüler/-innen anmerken, dass gerade in einer Situation, in der die Reisenden auf Informationen angewiesen sind,
– die Homepage selbst keine Angaben zu den Verzögerungen macht
– und die Hotline offenbar überlastet und nicht erreichbar ist.
Beide Wege bieten den Fluggästen also keine Informationen.

b Denkbare Vermutungen zu den umständlichen Formulierungen auf der Website:
– Die Umständlichkeit rührt aus dem Bemühen, möglichst knapp zu formulieren, damit der Text auf die Seite passt.
– Der Inhalt ist bewusst möglichst unklar formuliert, da er letztlich den Reisenden mitteilt, dass es keinerlei Mitteilungen gibt. Dies sollen sie vielleicht nicht direkt verstehen.

2 Die Aufgabe fordert nun zu einer Umformulierung und der Reflexion darüber auf.

a Beispiellösung:

> Da die Flugzeiten sich gegenwärtig auf Grund des Wetters rasch verändern, können wir hier keine Aktualisierung des Flugplans veröffentlichen, wie sie sonst zeitnah erfolgt. Leider können Sie zurzeit auch keinen Kontakt mit der Hotline aufnehmen, weil diese momentan durch die vielen Anfragen überlastet ist.

b Der neue Text ist verständlicher, aber auch ein wenig verändert, um diese klare Verständlichkeit zu erreichen. Er hat Vorteile für die Flugreisenden: Sie wissen nun Bescheid, dass sie keinerlei Informationen bekommen können. Nachteile hat der klar formulierte Text für die Fluggesellschaft, die zugeben muss, dass sie derzeit überfordert ist.

Die **Folie** „Grammatiktraining – Satzgefüge" bereitet die Aufgaben der Auftaktseite medial auf und kann begleitend eingesetzt werden.

11.1 Kuriose Reisen – Nebensätze unterscheiden

Im ersten Teilkapitel stehen Gliedsatzarten im Mittelpunkt. Es werden die verschiedenen Nebensatztypen wiederholt, die Satzglieder ersetzen können. Dabei folgen die einzelnen Abschnitte dem Grundmuster, dass die Schüler/-innen sich zunächst inhaltlich mit der Textvorlage (einem kuriosen Reisebericht) auseinandersetzen, dann die sprachliche Besonderheit des Textes untersuchen und diese schließlich als Grundlage für eine Textüberarbeitung nutzen.

S. 230 Subjekt- und Objektsätze: Nebensätze als Satzglieder

Die Seite stellt Subjekt- und Objektsätze als Mittel vor, die Satzaussagen verdeutlichen können, aber zum Teil auch Satzgefüge zu kompliziert werden lassen.

1 Die Aufgabe fordert zu einer Auseinandersetzung mit dem Text auf.

Die Passagiere werden diese Reise wohl nicht vergessen, weil sie während des Flugs damit rechnen mussten, dass sich eine Bombe an Bord befindet.

2 a Diese Übung entwickelt die Begriffe Subjekt- und Objektsatz (vgl. Informationskasten „Nebensätze unterscheiden: Subjektsätze und Objektsätze" im SB auf S. 230):

– In Satz 1 liefert der Nebensatz die Antwort auf die Frage: Was sagte der Pilot? Der Nebensatz übernimmt die Funktion des (Akkusativ-)Objekts und heißt daher Objektsatz.

– In Satz 2 fragt man nach dem Nebensatz: Wer oder was blieb unklar? Der Nebensatz nimmt also die Stelle des Subjekts ein und heißt daher Subjektsatz.

Mögliches **Tafelbild:**

Textbeispiel	Frage	vertritt welches Satzglied?	Bezeichnung des Gliedsatzes
1 Der Pilot sagte sofort, <u>dass wir nicht in Panik verfallen sollten</u>.	<u>Was</u> sagte der Pilot?	(Akkusativ-)Objekt	Objektsatz
2 <u>Warum er dies mitteilte</u>, blieb uns unklar.	<u>Wer oder was</u> blieb unklar?	Subjekt	Subjektsatz

b Lediglich in Satz 7 gibt es noch einen Objektsatz („Ob das nun gut ist oder nicht").

3 Diese Aufgabe fordert die Schüler/-innen nun zur Umformulierung der zentralen Sätze des Textes auf.

a 3 In der Luft erwähnte er, <u>dass es eine Bombendrohung und ein überschüssiges Gepäckstück gegeben habe</u>.

5 Ich kann Ihnen berichten, <u>dass die Maschine gründlich gecheckt wurde</u>.

b 4 <u>Wer nun auf eine Entwarnung gehofft hatte</u>, wurde jedoch enttäuscht.

c Die neuen Satzgefüge sind in der Regel besser verständlich. Manchmal sind sie durch die Umformulierung länger. Bei Satz 3 werden die Schüler/-innen vermutlich den Originalsatz und die Umformulierung für ähnlich passend halten.

S. 231 Relativsätze: Attribute in Form eines Nebensatzes

Mit diesen Übungen wiederholen und vertiefen die Schüler/-innen ihr Wissen über den Relativsatz als Möglichkeit, Attribute in einem Nebensatz darzustellen und dadurch Satzstrukturen zu verdeutlichen. Die Möglichkeit wird dabei angesprochen, dass Relativsätze Satzgefüge auch undurchsichtiger machen können.

1 Ungewöhnlich ist die Dame zum einen, weil sie als Erwachsene viele Stofftiere besitzt und diese mit auf Reisen nimmt. Zum anderen ist sie ungewöhnlich, weil sie ihre Stofftiere fast wie Menschen behandelt. Sie lebt so sehr in ihrer eigenen Welt, dass sie nicht einmal mehr merkt, wie absurd und lächerlich das eigene Verhalten auf andere wirkt.

2 a Auf der „Queen Elizabeth 2" fuhr jahrzehntelang eine etwas ungewöhnliche amerikanische Dame *(Hauptsatz)*, die immer zwei Kabinen buchte *(Nebensatz)*.

b Diese Übung fordert eine sprachliche Untersuchung ein: Der Fachbegriff „Relativpronomen" leitet sich ab von lat. „relativus" = sich beziehend. Der Relativsatz in Satz A lautet: „die immer zwei Kabinen buchte", und erklärt das Nomen „Dame", auf das er sich bezieht, näher.

Mögliches **Tafelbild:**

> **Der Relativsatz (Attributsatz) und sein Bezugswort**
>
> Auf der „Queen Elizabeth 2" fuhr [...] eine [...] etwas ungewöhnliche amerikanische Dame, <u>die immer zwei Kabinen buchte</u>.

c Der Relativsatz (vgl. Informationskasten „Nebensätze unterscheiden: Relativsätze" im SB auf S. 231) steht in eindeutiger Beziehung zu einem Wort des übergeordneten Satzes, in der Regel zu einem Nomen. Seine Funktion ist die eines Attributs zum Bezugswort.

3 a Mit dieser Aufgabe werden die Schüler/-innen nun zu einer Umformulierung und einer Reflexion der Formulierungsvarianten angeregt.

Beispiellösung:

> B Eine Kabine war für sie und die andere für ihre Kuscheltiere, <u>die immer mitreisten</u>, vorgesehen.
>
> C Die Kreuzfahrerin, <u>die immer in der Kabine speiste</u>, buchte eines Tages im Restaurant einen Tisch für acht Personen.
>
> D Dem Kellner, <u>der die Buchung aufnahm</u>, erzählte sie: ...
>
> E Wir reservieren Ihnen gern den schönsten Tisch <u>im Speisesaal</u>.

b Das Ergebnis der Untersuchung könnte sein:
   - Relativsätze sind hilfreich, um umständliche Attributkonstruktionen zu vermeiden.
   - Sie wirken umständlich, wenn sie Dinge im Nebensatz formulieren, die sehr kurz und knapp auch im Hauptsatz ausgedrückt werden könnten. So braucht die Satzkonstruktion unter F keinen Relativsatz und könnte folgendermaßen umformuliert werden: „[...] Eine Frage möchte ich jedoch noch stellen: [...]"

||**S. 232** Adverbialsätze: Adverbiale Bestimmungen als Nebensätze

Die folgenden Seiten wiederholen die Typen von Adverbialsätzen, indem sie die Schüler/-innen dazu auffordern, sie zur Um- oder Neuformulierung von Texten zu nutzen. Das flexible Wechseln zwischen adverbialer Bestimmung und Adverbialsatz soll dabei geschult werden.

1 a Die Übung lenkt nun über Umformulierungen die Aufmerksamkeit auf die Phänomene der adverbialen Bestimmungen und der Adverbialsätze. Während der ursprüngliche Satz einen Adverbialsatz (Temporalsatz) nutzt, wird die entsprechende Information in der folgenden Umformulierung in einer adverbialen Bestimmung der Zeit ausgedrückt.

Beispiellösung:

> <u>Auf einer Reise in Australien</u> vertrauten Touristen blindlings dem Navi ihres Mietwagens.

b Den neu formulierten Satz könnten die Schüler/-innen für einfacher und weniger umständlich halten. Der ursprüngliche Satz könnte mündlich vorgetragen verständlicher sein, weil er wichtige Informationen aus dem Hauptsatz auslagert.

2 Die Aufgabe dient der Erprobung von Umformulierungen.

Beispiellösung:

<u>Weil sie den Anweisungen des Navis folgten</u>, entfernten sie sich immer weiter von der Ostküste.

S. 233 Stärken stärken: Adverbialsätze

1 a Beispiellösung

> **3** <u>Obwohl sie Warnschilder passierten</u>, fuhren sie unbeirrt weiter.
>
> **4** Sie räumten selbst einen Felsbrocken aus dem Weg, <u>damit sie den Anweisungen ihres Chefs in der schwarzen Box folgen konnten</u>.
>
> **5** <u>Erst als sie im weichen Untergrund nahe Childers versanken</u>, endete ihre Fahrt.
>
> **6** Der Polizeichef von Childers riet: „Schalten Sie, <u>auch wenn Sie das Navi benutzen</u>, weiterhin Ihren Verstand ein, <u>damit Sie nicht im Sumpf landen</u>."

b Mit adverbialen Bestimmungen lassen sich nähere Umstände oft in sehr kurzen Sätzen darstellen. Adverbialsätze sind zwar meistens länger, aber oft auch besser verständlich, weil die Informationen auf mehrere Teilsätze verteilt sind und Bezüge oft deutlicher werden.

2 Nun üben die Schüler/-innen, Adverbialsätze für eigene Texte zu nutzen. Die Wegbeschreibung veranschaulicht den Nutzen von Adverbialsätzen in einem funktionalen Zusammenhang.

Beispiellösung:

> Nachdem du den Bahnhof verlassen hast (Temporalsatz), gehst du nach rechts in die Bahnhofstraße und am Museum vorbei, bis du auf die Kirchgasse triffst (Temporalsatz). Wenn du dort links abbiegst (Konditionalsatz), kommst du an der Post vorbei. Gehe noch ein Stück weiter, damit du rechts in den Tulpenweg einbiegen kannst (Finalsatz). Sobald du die Bushaltestelle siehst (Temporalsatz), ist es nicht mehr weit. Nachdem du der Rechtskurve des Tulpenwegs gefolgt bist (Temporalsatz), geht es an der nächsten Kreuzung nach links, sodass du nach wenigen Metern vor unserem Haus stehst (Konsekutivsatz).

3 a/b Der Informationskasten „Nebensätze unterscheiden: Adverbialsätze" im SB auf S. 232 regt dazu an, unterschiedliche Adverbialsätze zu nutzen.

Beispiellösung:

> <u>Als ein Fernfahrer aus der Türkei nach Gibraltar an der Südspitze der Iberischen Halbinsel fahren wollte</u> (Temporalsatz), tippte er den Ortsnamen in sein Navi ein. <u>Obwohl das Display zeigte</u> (Konzessivsatz), dass der vorgeschlagene Ort in Großbritannien lag, akzeptierte der Fahrer den Vorschlag. <u>Weil er dem Navi vertraute</u> (Kausalsatz), schaute er niemals in eine Karte, <u>während er eine lange Strecke durch Europa hinter sich brachte</u> (Temporalsatz). <u>Obwohl das Navi ihn immer weiter in den Norden Europas führte</u> (Konzessivsatz), wurde der Fahrer nicht misstrauisch. <u>Auch als er an der Nordsee ankam</u> (Temporalsatz), plagten ihn keine Zweifel. <u>Nachdem er jedoch in Großbritannien auf das Ortseingangsschild „Gibraltar" stieß</u> (Temporalsatz), konnte er sich nichts mehr vormachen: Er war 2 580 Kilometer falsch gefahren, <u>weil er dem Navi blind vertraut hatte und nicht ahnte</u> (Kausalsatz), dass es auch in Nordengland einen Ort namens Gibraltar gibt.

S. 234 Positionen von Nebensätzen im Satz – Das Feldermodell

1 Der Witz der Anekdote beruht darauf, dass Einstein die indirekte Beleidigung des Journalisten aufgreift und ihm zurückspielt, indem er vorschlägt, gemeinsam mit dem Journalisten nach Tahiti zu fahren, um den Mangel an „Rindviechern" und „Professoren" zu beheben. Da Einstein selbst Professor ist, kann der Journalist nur das Rindviech sein.

2 a Albert Einstein (Subjekt) lud (Prädikat, 1. Teil) häufig (Temporaladverbiale) Gäste (Akkusativobjekt) ein (Prädikat, 2. Teil).

b Häufig lud Albert Einstein Gäste ein.
Albert Einstein lud Gäste häufig ein.
Gäste lud Albert Einstein häufig ein.

3 a Beispiellösung:

> Weil Albert Einstein ein geselliger und geistreicher Mann war, lud er häufig Gäste ein.

b Beispiellösung:

> Ein recht eingebildeter Journalist **gab** dort einmal mit seiner letzten Reise **an**.
> Einmal **gab** dort mit seiner letzten Reise ein recht eingebildeter Journalist **an**.
> Mit seiner letzten Reise **gab** dort einmal ein recht eingebildeter Journalist **an**.

Die erste Variante fügt sich am besten in den Kontext ein, weil sie das Hauptaugenmerk auf den eingebildeten Journalisten lenkt.

c Das finite Verb, in diesem Fall ein zweiteiliges Prädikat, lässt sich als einziges Satzglied nicht verschieben.

4 a/b Mögliches **Tafelbild**:

Vorfeld	linke Satzklammer	Mittelfeld	rechte Satzklammer	Nachfeld
3 „Ich	bin	just von Tahiti	zurückgekehrt.	
4 Diese Insel	kommt	mir glücklicher	vor	als andere.“
5 Daraufhin	wollte	der Professor den Grund	wissen.	
6 „Sie	ist	es,		weil es dort weder Rindviecher noch Professoren gibt.“
7 Einstein, der genau verstanden hatte,	wollte	schon	aufbrausen.	
8 Dann	ließ	er sich jedoch nicht aus der Ruhe	bringen	durch diese Äußerung.
9 Lächelnd	entgegnete	er seinem Gast:		

Der Verberstsatz **10** hat die Funktion einer Aufforderung und geht daher mit dem Imperativ einher.

c Der Verberstsatz wird z. B. noch bei Entscheidungsfragen oder Konditionalsätzen verwendet.

5 Mögliches **Tafelbild**:

Vorfeld	linke Satzklammer	Mittelfeld	rechte Satzklammer	Nachfeld
6	weil	es dort weder Rindviecher noch Professoren	gibt.	
10	damit	wir diesem Mangel rasch	abhelfen.	

6 a Beide Möglichkeiten sind richtig. Je nach Verschiebung der Satzglieder verändern sich lediglich die jeweiligen Prioritäten.

b In deutschen Aussagesätzen steht das finite Verb an zweiter Position im Satz (Verbzweitstellung).

c Nur der zweite Satz ist korrekt. „Fast an jedem Tag" ist eine adverbiale Bestimmung der Art und Weise und kann insofern nicht getrennt werden.

S.236 Stärken stärken: Nebensätze

Diese Seite kann für eine Differenzierung genutzt werden. Die Aufgaben lassen sich parallel einsetzen: Jede Schülerin und jeder Schüler wählt ein Anforderungsniveau, das sie/er sich zutraut. Es ist aber auch eine Stufung möglich: Wenn man Aufgabe 1 bewältigt hat, kann man sich Aufgabe 2 und später Aufgabe 3 zuwenden, da die Aufgaben unabhängig voneinander und nacheinander bearbeitet werden können.

1 Mit dieser Übung liegt das einfachste Aufgabenformat vor, da für die Sätze die jeweilige Konjunktion angegeben ist. Die Nebensatzart kann aus diesen Konjunktionen geschlossen werden.

a Die Frage nach einer anderen Überschrift zielt auf einen inhaltlichen Zugang. Als Überschrift kommt etwa in Frage:
— Mit der Straßenbahn nach Afrika
— Mit der Luftmatratze nach Afrika
— Zwei Kinder zieht es in die Ferne

b/c Beispiellösung (in Klammern die Art des Nebensatzes):

> **2** Nachdem im Januar 2009 ein Junge und ein Mädchen (5 und 6 Jahre) ihre Sonnenbrillen, Badesachen und Luftmatratzen eingepackt hatten, spazierten sie zur Karlsruher Straßenbahn. (Temporalsatz)
>
> **4** Obwohl die Eltern zu Hause waren, hatten die Kinder die Tür aufgeschlossen und sich auf den Weg gemacht. (Konzessivsatz)
>
> **6** Als die Kleinen abends nach der Rückkehr im Bett lagen, träumten sie vermutlich von Giraffen und Löwen. (Temporalsatz)

2 a–c Diese Übung stellt höhere Anforderungen als Aufgabe 1, da die Sätze ohne Vorgabe von Konjunktionen verbunden werden müssen und vermutlich auch nicht nur Adverbialsätze auftauchen werden.

Beispiellösung (in Klammern die Art des Nebensatzes):

> **1** Dass schon Kinder dem Trend zu Fernreisen folgen, zeigt die folgende Geschichte. (Objektsatz)
>
> **3** Da sie zu ihrem Traumziel Afrika reisen wollten, nahmen sie die Straßenbahn nach Süden. (Kausalsatz)
>
> **5** Als sie gerade in die Straßenbahn mit der Aufschrift „Afrika-Express" stiegen, fand sie ihr Vater. (Temporalsatz)

3 a–d Diese Aufgabenstellung erhöht die Anforderungen nochmals, da nun nicht mehr nur die Sätze zu verbinden sind, sondern auch Zusatzinformationen eingebaut werden müssen.

Beispiellösung (in Klammern die Art des Nebensatzes):

> **1** Dass schon Kinder dem Trend zu Fernreisen folgen, zeigt die folgende Geschichte, die sich in Karlsruhe ereignete. (Objektsatz + Relativsatz)
>
> **2** Nachdem im Januar 2009 ein Junge und ein Mädchen (5 und 6 Jahre) ihre Sonnenbrillen, Badesachen und Luftmatratzen eingepackt hatten, spazierten sie zur Karlsruher Straßenbahn, obwohl sie kein Geld für die Fahrkarte hatten. (Temporalsatz, Konzessivsatz)

3 Da sie zu ihrem Traumziel Afrika reisen wollten, nahmen sie die Straßenbahn nach Süden, nachdem der Straßenbahnfahrer sie ohne Fahrscheinkontrolle hatte einsteigen lassen. *(Kausalsatz, Temporalsatz)*

4 Obwohl die Eltern zu Hause waren, hatten die Kinder die Tür aufgeschlossen und sich auf den Weg gemacht. *(Konzessivsatz)*

5 Als sie gerade in die Straßenbahn mit der Aufschrift „Afrika-Express" stiegen, fand sie ihr Vater. *(Temporalsatz)*

6 Als die Kleinen abends nach der Rückkehr im Bett lagen, träumten sie vermutlich von Giraffen und Löwen. *(Temporalsatz)*

Zur Vertiefung des Wissens kann mit der **Kopiervorlage 1** („Nebensätze kennen und anwenden") geübt werden. Sie bietet sich auch im Anschluss an die Selbstevaluation an, wenn bestimmte Fehlerschwerpunkte ausgemacht wurden.

S. 237 Testet euch! – Nebensätze

1 a/b **1** Wer das bucht, flucht: → Subjektsatz

2 Schon mancher weit gereiste Tourist musste am Ziel feststellen, dass er sich verflogen hatte. → Objektsatz

3 So bekommt die Stadt Sidney im US-Staat Montana schon einmal Besuch von Reisenden, die eigentlich ins australische Sydney wollten. → Relativsatz

4 Der deutsche Segelprofi Alexander Schlonski legte hier einen unfreiwilligen Zwischenstopp ein, nachdem ein Mitarbeiter des Reisebüros sich vertippt hatte. → Temporalsatz

5 Falls er den Irrtum am Flughafen in Montana nicht sofort bemerkt haben sollte, wird es ihm an der Temperatur aufgefallen sein. → Konditionalsatz

6 Obwohl es in Australien Sommer war, fand er an seinem Zielort klirrende Kälte vor. → Konzessivsatz

7 Auch Reisende nach New York City sollten aufpassen, damit sie nicht im Süden der USA landen → Finalsatz

8 Aber die Gefahr ist nicht groß, weil die Kleinstadt im Bundesstaat Texas keinen Flughafen hat. → Kausalsatz

2 a/c Beispiellösung (in Klammern die Art des Nebensatzes):

– Falls/Wenn du nach Paris in Frankreich willst, achte darauf, dass du nicht in Paris in Texas (USA) landest. *(Konditionalsatz)*

– Indem du den Ausdruck deiner Buchung genau prüfst, kannst du ein Verfliegen vermeiden. *(Modalsatz)*

– Falls/Wenn du in einer falschen Stadt landest, genieße die neue Erfahrung. *(Konditionalsatz)*

b Vorteile, die die neuen Sätze gegenüber den ursprünglichen haben, z. B.:
– Die neu formulierten Tipps machen den Zusammenhang zwischen den beiden (Teil-)Sätzen deutlicher.
– Die neu formulierten Tipps klingen flüssiger und nicht so stockend wie die einzelnen Sätze.

11.2 Verrückte Beschwerden – Partizipial- und Infinitivsätze

Im zweiten Teilkapitel werden die satzwertigen Partizipial- und Infinitivgruppen eingeführt und in ihrer Funktion untersucht.

Dabei sollte deutlich werden, wie sie zu eleganten und präzisen Formulierungen verhelfen können, aber auch, wo sie gestelzt und umständlich klingen.

S. 238 Partizipialsätze

Die Seiten 238 und 239 im SB führen die Partizipialsätze ein, indem sie die Schüler/-innen nach einer Begriffsbestimmung zunächst die übertriebene Nutzung in einem Brief untersuchen und verbessern lassen. In weiteren Übungen (Aufgaben 5 und 6) werden die Partizipialsätze dann auch als sinnvolle Formulierungsvariante genutzt.

1 Die Aufgabe fordert zu einer nicht ganz ernst gemeinten inhaltlichen Auseinandersetzung mit dem absurden Brief auf.

Beispiellösung:

> - Ich musste mich einer aufwendigen Schönheitsoperation unterziehen und bitte um Erstattung der hohen Kosten.
> - Ich habe mir den Finger amputiert und benötige nun einen Kunstfinger, der von Ihnen zu bezahlen ist.
> - Ich konnte meinen Urlaub nicht mehr genießen und bitte um Rückerstattung der Kosten.

2 Die Aufgabe rückt nun die sprachliche Gestaltung in dem Schreiben in den Mittelpunkt. Vermutlich werden die Schüler/-innen äußern, dass ihnen nicht nur der Inhalt seltsam vorkommt, sondern auch die gestelzte Art der Formulierung. Die Satzkonstruktionen sind bei einmaligem Lesen kaum verständlich, weil oft nur mühsam erschlossen werden kann, worauf sich bestimmte Satzteile beziehen (z. B. „Ansonsten vollkommen gelungen").

3 a Nun folgt die Einführung des Begriffs „Partizipialsatz". Das Partizip des markierten Partizipialsatzes ist „zurückgekommen".

b Mögliches **Tafelbild:**

Satzbeispiele (Partizipialsätze unterstrichen)	Komma oder kein Komma?
<u>Aus dem Urlaub zurückgekommen</u>**(,)** muss [...]	kein Verweiswort im übergeordneten Satz → Komma möglich, aber nicht verpflichtend
<u>Ansonsten vollkommen gelungen</u>**(,)** war [...]	kein Verweiswort im übergeordneten Satz → Komma möglich, aber nicht verpflichtend
<u>Stets scharf geschliffen</u>**,** so führten die Messer ...	Verweiswort im übergeordneten Satz („so") → das Komma ist notwendig
Sogar die Gabeln, <u>ähnlich scharf gemacht</u>, verletzten [...]	Partizipialsatz als nachgestellte Erläuterung zu einem Nomen → muss durch Komma abgetrennt werden
<u>Derart verwundet</u>**(,)** musste ich mir [...]	kein Verweiswort im übergeordneten Satz → Komma möglich, aber nicht verpflichtend
<u>Noch immer verärgert</u>**(,)** bitte ich [...]	kein Verweiswort im übergeordneten Satz → Komma möglich, aber nicht verpflichtend

4 **a** Jetzt sind die Schüler/-innen gefordert, den Text sprachlich zu glätten, indem sie die Partizipialsätze eliminieren und durch Relativ- oder Adverbialsätze ersetzen.

Beispiellösung:

> Nachdem ich aus dem Urlaub zurückgekommen bin, muss ich leider eine Beschwerde an Sie richten. Obwohl das Essen im Hotel ansonsten vollkommen gelungen war, brachte es doch in einer Hinsicht ein Ärgernis mit sich. Die Messer, die stets scharf geschliffen waren, führten (nämlich) zu vielen Verletzungen. Sogar die Gabeln, die ähnlich scharf gemacht waren, verletzten mich. Da ich derart verwundet war, musste ich mir eigenes Besteck kaufen. Weil ich noch immer verärgert bin, bitte ich um Erstattung der Kosten.

b Der überarbeitete Text ist besser verständlich, aber nicht mehr so kurz wie das Original. An manchen Stellen (z. B. beim Schlusssatz) entsteht eine Kausalität, die der Originaltext nicht herstellt.

Die Partizipialsätze sollten etwa bei den Schlusssätzen stehen bleiben:
- Derart verwundet musste ich mir eigenes Besteck kaufen.
- Noch immer verärgert bitte ich um Erstattung der Kosten.

Diese Sätze unterstellen – anders als die Umformulierungen – keine Kausalität, welche die Schreiberin vermutlich auch gar nicht ausdrücken wollte.

Die **Folie** „Partizipialsätze" bereitet die Aufgaben 1–4 im SB auf S. 238 medial auf und kann begleitend eingesetzt werden.

5 **a/b** Nun sind die Schüler/-innen zu eigenen Formulierungen aufgefordert, bei denen sie noch einmal den Informationskasten „Partizipialsätze" im SB auf S. 239 zu Hilfe nehmen können.

Partizipialsätze können gut für Einschübe (Erläuterungen zu einem Nomen oder Pronomen) genutzt werden (1, 3 und 4). In Satz 5 und 6 bietet ein Partizipialsatz die Möglichkeit für eine sinnvolle Satzverkürzung.

Beispiellösung:

> 1 Die Gabel, <u>auf Grund ihrer Zacken stets eine besondere Gefahr darstellend</u>, muss immer mit großer Vorsicht zum Gesicht geführt werden.
> 2 Wenn Sie die Gabel zum Gesicht führen, sollten Sie ohne Umwege auf den Mund zielen.
> 3 Auf hektische Bewegungen sollten Sie, <u>das Messer in der Hand haltend</u>, ganz verzichten.
> 4 Messer und Gabel, <u>sofern beide genutzt</u>, sollten niemals zusammen Richtung Mund geführt werden.
> 5 <u>Diesen Ratschlägen folgend</u>(,) könnten Sie zumindest tiefe Fleischwunden vermeiden.
> 6 Wir hoffen, Ihnen mit diesen Hinweisen weitere Verletzungen erspart zu haben. <u>Stets an einer gütlichen Lösung interessiert</u>(,) überweisen wir Ihnen zeitgleich 14,50 Euro.

6 Die Aufgabe lenkt die Aufmerksamkeit der Schüler/-innen auf die Leistung von Partizipialsätzen, Sätze kürzer zu formulieren.

Beispiellösung:

> - Stets an einer gütlichen Lösung interessiert(,) sucht unsere Firma Kompromisse.
> - Auf Ausgleich bedacht(,) überweisen wir oft sogar unberechtigte Entschädigungen.

S. 240 Infinitivsätze

Ausgehend von weiteren grotesken Beschwerden über Reisebedingungen und Vorkommnisse während des Urlaubs werden Infinitivsätze zunächst begrifflich erfasst, dann als Umformulierungsmöglichkeit genutzt und schließlich in ihrer Funktion reflektiert. Dabei soll auch die komplizierte Kommasetzung geklärt werden.

1 Auch diese Übungssequenz beginnt mit der inhaltlichen Auseinandersetzung: Herr Klugermann beschwert sich in seinem Brief darüber, dass der Gezeitenwechsel (Ebbe und Flut) dazu führte, dass er am Strand nicht immer ausreichend Wasser zum Baden vorgefunden hat. Die Schüler/-innen werden erkennen, dass es absurd ist, auf Grund einer Naturgegebenheit die Erstattung der Reisekosten einzufordern.

2 a Die Aufgabe fordert die Schüler/-innen auf, den Brief nun sprachlich zu untersuchen. Das Schreiben wirkt an vielen Stellen vor allem auf Grund von Nominalisierungen umständlich. Einige Beispiele: „Urlaubsgenussmöglichkeiten", „Unmöglichkeit des Schwimmens", „Nachteil einer Abwesenheit".

b Das einzige Satzgefüge mit Infinitivsatz in dem Brief lautet: „Ich bitte darum, mir den Reisepreis vollständig zu erstatten." Das Komma muss stehen, weil der Infinitivsatz von einem hinweisenden Wort im Hauptsatz – „darum" – abhängt.

Hinweis zum Informationskasten „Infinitivsätze" im SB auf S. 241:
Selbstverständlich muss der einer Infinitivgruppe übergeordnete Satz nicht unbedingt ein Hauptsatz sein. Um die ohnehin komplizierte Darstellung nicht noch schwieriger zu machen, wird jedoch hier stets vereinfachend vom „Hauptsatz" gesprochen.

3 a/b Jetzt sind die Schüler/-innen gefordert, den Text mit Hilfe von Infinitivsätzen zu verbessern.

Beispiellösung:

> Sehr geehrte Damen und Herren,
> während meiner Reise vom 24. August bis zum 7. September in Zeeland gab es leider nicht die Möglichkeit, <u>den Urlaub durchgängig zu genießen</u>. Wir gingen an jedem Nachmittag zum Strand, <u>um zu baden</u>. Es war aber unmöglich, <u>im Meer zu schwimmen</u>. Das Meer hatte den Nachteil, <u>während mehrerer Tagesstunden abwesend zu sein</u>. Es wäre Ihre Pflicht gewesen, <u>in Ihrem Katalog auf diesen Umstand hinzuweisen</u>. Ich bitte darum, <u>mir den Reisepreis vollständig zu erstatten</u>.

c Wegen der durchgängigen Verwendung von Infinitivsätzen wirkt der überarbeitete Text flüssiger, weniger gestelzt und weniger komplex oder kompliziert als der ursprüngliche, allerdings auch etwas eintönig.

Die **Folie** „Infinitivsätze" bereitet die Aufgaben 1–3 im SB auf S. 240 medial auf und kann begleitend eingesetzt werden.

4 a Ironisch zu verstehen ist der Satz, der von der „unerfreulichen Angewohnheit des Meeres, sich von Zeit zu Zeit [...] zurückzuziehen", spricht, da dem Meer wohl kaum eine „Angewohnheit" zugesprochen werden kann.

b–d Nun setzen die Schüler/-innen die fehlenden Kommas im ersten Teil des Antwortschreibens und formulieren eine Fortsetzung, in der sie selbst Infinitivsätze verwenden.

Beispiellösung:

> Sehr geehrter Herr Klugermann,
> wir bedauern, dass Sie mit Ihrer Reise nach Zeeland unzufrieden waren. Leider sehen wir jedoch keine Möglichkeit, <u>Ihnen die Reisekosten zurückzuerstatten</u>.
> Aus unserer Sicht müssen Sie die unerfreuliche Angewohnheit des Meeres, <u>sich von Zeit zu Zeit aus der Badebucht zurückzuziehen</u>, hinnehmen. Ein Anspruch, <u>die Reisekosten zurückzubekommen</u>, besteht daher leider nicht. Auch Ihr Hinweis, <u>im Katalog sei der Umstand der Gezeiten zu erwähnen</u>, entbehrt jeder Grundlage, da dies eine Naturgegebenheit ist, die nicht eigens genannt werden muss. Wir hoffen, <u>Sie trotz des entstandenen Ärgers erneut als Kunden begrüßen zu können</u>.

S.242 Infinitivsätze international – Sprachen vergleichen

Durch den Vergleich mit anderen Sprachen kann die Besonderheit des Satzbaus mit Infinitivsätzen im Deutschen herausgestellt werden.

1 a Diese Übung dient der inhaltlichen Annäherung. In Touristenhotels kommt es nicht selten vor, dass Strand- oder Poolliegen frühmorgens durch das Ablegen eines Handtuchs für den Tag reserviert werden, auch wenn die Handtuchbesitzer sich nicht den ganzen Tag dort aufhalten.

   b Die Sprachen auf dem Schild: Türkisch – Deutsch – Englisch – Französisch – Spanisch.

   Aus der Reihenfolge der Sprachen könnte man folgern, dass das Schild an einem Pool in der Türkei steht, da der Satz zunächst auf Türkisch geschrieben ist. Vermutlich spiegelt die weitere Reihenfolge die Anzahl der Touristen aus den verschiedenen Nationen: Es gibt neben den türkischen wahrscheinlich am meisten deutsche Gäste in diesem Hotel.

2 a Die Aufgabe lenkt nun den Blick auf die Syntax.
   Im türkischen Satz wird das Verbot („yasaktır") am Ende des Satzes zum Ausdruck gebracht, die Infinitivgruppe steht davor, wobei der Infinitiv „rezerve etmek" am Ende steht.
   Im Englischen, Französischen und Spanischen steht der Infinitiv unmittelbar nach dem Verb des Verbots: „forbidden to reserve", „interdit de réserver", „prohibido reservar".

   b Anders als etwa im Englischen oder Französischen erfährt man im deutschen Satz erst ganz am Ende, was genau verboten ist, da der Infinitiv „zu reservieren" am Schluss steht.

3 a Mögliche Lösungen für eine Umformulierung ohne Infinitivsatz:
   – Şezlonglara havlu koyarak rezervasyon yapılamaz.
   – Liegen dürfen nicht durch das Ablegen von Handtüchern reserviert werden.
   – You may not reserve deckchairs by placing towels on them.
   – La réservation des transats avec des serviettes est interdite.
   – No se reservan las tumbonas con toallas.

   b Der Verzicht auf die Infinitivsätze verschärft in der Regel die Sätze, lässt sie strenger und weniger höflich klingen. Außerdem sind Satzgefüge mit Infinitivsätzen häufig klarer.

4 a Die Vermutung, dass den fehlerhaften englischen Satz ein deutscher Urlauber auf das Schild geschrieben hat, resultiert aus der Satzstellung: Der Infinitiv steht am Ende des Satzes – wie im Deutschen, aber nicht wie im Englischen.

   b Im Englischen müsste der Satz lauten: It is allowed to reserve deckchairs by placing your own body on them.

Die **Folie** „Infinitivsätze international – Sprachen vergleichen" bereitet die Aufgaben der S. 242 im SB medial auf und kann begleitend eingesetzt werden.

S.243 Stärken stärken: Partizipial- und Infinitivsätze

Die Seite kann für eine Differenzierung genutzt werden. Die Aufgaben lassen sich parallel einsetzen: Jede Schülerin und jeder Schüler wählt ein Anforderungsniveau, das sie/er sich zutraut. Es ist aber auch eine Stufung möglich: Wenn man Aufgabe 1 bewältigt hat, kann man sich Aufgabe 2 und später Aufgabe 3 zuwenden, da die Aufgaben unabhängig voneinander und nacheinander bearbeitet werden können.

1 Mit dieser Übung liegt das einfachste Aufgabenformat vor, da zunächst Partizipial- und Infinitivsätze ●○○ lediglich erkannt werden müssen und nur an einem Beispiel eine Umformulierung vorgenommen werden soll.

   a Hier erhalten die Schüler/-innen Gelegenheit, sich mit der absurden Forderung des Klägers auseinanderzusetzen. Die Lösungen werden individuell sein, z. B.: Versuche, mit den Einheimischen ins Gespräch zu kommen, nur dann lernst du Land und Leute kennen. Oder: Wenn du ungestört sein willst, musst du zu Hause bleiben oder in eine menschenleere Gegend reisen.

b Er, <u>Ruhe suchend</u> *(Partizipialsatz)*, sei in den Urlaub gefahren, <u>um sich zu erholen</u> *(Infinitivsatz)*.

c/d Vor dem Amtsgericht Konstanz klagte ein Tourist auf Reisekostenerstattung und begründete seine Klage damit, dass er im Urlaub nicht akzeptieren könne**(,)** <u>von Einheimischen gestört zu werden</u>.

2 Die Anforderung ist höher als bei Aufgabe 1, da nun schwierigere Umformungen vorzunehmen sind und die vorhandene Kommasetzung begründet werden soll. In Teilaufgabe a wird zudem eine sprachliche Reflexion gefordert.

a Der Eindruck der Eintönigkeit bei Satz 1 rührt daher, dass die Nebensätze mit der gleichen Konjunktion („dass") beginnen und gleich gebaut sind.

b Er selbst, <u>durchaus an Land und Leuten interessiert</u>, habe den Urlaub durch die Einheimischen aber überhaupt nicht genießen können.

c/d Der nachgestellte Partizipialsatz ist eine Erläuterung zu „Er" und muss deshalb durch Kommas abgetrennt werden. Der Infinitivsatz beginnt mit „um", daher muss ein Komma stehen.

3 In dieser Aufgabe steigen die Anforderungen nochmals, hier wird ein hoher Grad an sprachlicher Reflexion verlangt.

a Vor dem Amtsgericht Konstanz klagte ein Tourist auf Reisekostenerstattung und begründete seine Klage damit, <u>im Urlaub nicht akzeptieren zu können</u>**(,)** <u>von Einheimischen gestört zu werden</u>.

b Das Gericht entschied**(,)** <u>die Existenz Einheimischer am Urlaubsort sei von dem Touristen zu akzeptieren</u>**(,)** und wies die Klage ab.

c Die Kommas müssen hier nicht unbedingt stehen, da es im Hauptsatz kein Hinweiswort gibt und der Infinitivsatz auch nicht mit „um" o. Ä. beginnt.

d/e Beispiellösung:

– Das Gericht**,** <u>die Argumente des Klägers durchaus bedenkend</u>**,** hatte der Argumentation nicht folgen können.

Zur Vertiefung des Wissens kann mit der **Kopiervorlage 2** („Partizipial- und Infinitivsätze kennen und anwenden") geübt werden. Sie bietet sich auch im Anschluss an die Selbstevaluation an, wenn bestimmte Fehlerschwerpunkte ausgemacht wurden.

S. 244 Testet euch! – Partizipial- und Infinitivsätze

1 <u>Infinitivsätze</u>, <u>Partizipialsätze</u>
Wir hatten ursprünglich die Absicht**,** <u>zwei Wochen zu bleiben</u>**,** sind dann aber nach fünf Tagen wieder abgereist**,** <u>um unseren Resturlaub auf dem Balkon zu verbringen</u>.
Schon der Mitarbeiter an der Rezeption**,** <u>an allem außer seiner Kundschaft interessiert</u>**,** übersah uns bei der Ankunft. <u>Endlich wahrgenommen</u>**(,)** konnten wir uns nicht verständlich machen**,** da er kein Englisch sprach.

2 Beispiellösung:

A Im Hotel „Palace" ist es eher hinderlich**,** sich für Land und Leute zu interessieren.

B Um in den nächsten Ort zu gelangen**,** müssen Sie einen Fußmarsch von zehn Kilometern auf sich nehmen.

C Sie sollten fettige, unappetitliche Fleischgerichte mögen**,** um am Büfett ordentlich schlemmen zu können.

D Es ist zwar verständlich**,** in einem Hotel auch einen Zimmerservice zu erwarten, jedoch sollten Sie Ihre Betten besser gleich selbst machen.

3 Beispiellösung:

> **E** Der Pool, in einem schattigen Hinterhof gelegen, war keine 10 m² groß.
> **F** Dort angekommen(,) bemerkten wir sogleich den Fluglärm über unseren Köpfen.
> **G** Aus dem Urlaub zurückgekehrt(,) waren wir wirklich urlaubsreif.

4 Satz 1: Ein Infinitivsatz mit „um" wird durch ein Komma abgetrennt.
Satz 2: Bezieht sich der Infinitivsatz auf ein Nomen im übergeordneten Satz (hier: „Vorschlag"), muss er durch ein Komma abgetrennt werden.

5 Die Aufgaben können auch mit einer Lernpartnerin oder einem Lernpartner überprüft werden.

S. 245 # 11.3 Fit in …? – Einen Text überarbeiten

Mit diesem Teilkapitel können die Schüler/-innen für eine Klassenarbeit üben, welche die erworbenen grammatischen Kompetenzen in einer Textüberarbeitung prüft.

1 **a/b** Die Schüler/-innen vergewissern sich zunächst in Partnerarbeit, dass sie die Aufgabenstellung richtig verstanden haben. Verlangt werden:
– eine Textüberarbeitung,
– ein kurzer Antwortbrief des Reiseunternehmens.
Bei der Textüberarbeitung soll der Inhalt unverändert bleiben, unsinnige Sätze sollen also nicht inhaltlich korrigiert werden. Lediglich die Formulierungen sollen verändert werden, damit die Sätze flüssiger und verständlicher klingen. Dabei ist auf die Kommasetzung zu achten.

2 **a/b** Beispiellösung:

Ruben Meyer
Am Walde 15
12345 Waldheim

Reisen für Klassen GmbH
Sonnengasse 12
54321 Südhausen

12.10.2017

Buchungsnr. 1234711

Sehr geehrte Damen und Herren!

Heute wende ich mich an Sie mit der Bitte, uns einen Teil der Reisekosten zurückzuerstatten *(Infinitivsatz)*. Als Klassensprecher muss ich Ihnen mitteilen, dass wir sehr verärgert waren(,) auf unserer Reise nicht den uns bekannten Standard vorzufinden *(Infinitivsatz)*.
Schon das Frühstück wurde uns nicht auf einer Terrasse serviert, die zum Grundstandard einer jeden Suite gehört *(Relativsatz)*.
Obwohl wir sonst in den allerbesten Hotels wohnen *(Adverbialsatz: Konzessivsatz)*, waren wir dieses Mal in Acht-Bett-Zimmern untergebracht. Zudem mussten wir feststellen, dass kein Zimmerservice vorhanden war *(Objektsatz)*.
Es wird Sie nicht wundern, dass wir uns auch ärgerten(,) zum Abendessen nicht das gewohnte Fünf-Gänge-Menü zu erhalten *(Infinitivsatz)*. Das Büfett, auf einem einfachen Tisch ohne Hummer, Kaviar, Austern und Trüffel angerichtet *(Partizipialsatz)*, entsprach überhaupt nicht unseren Essgewohnheiten.

Zudem vermissten wir im Speisesaal der Jugendherberge Butler, <u>die ihre Gäste in weißen Anzügen mit ausgesuchter Höflichkeit bedienen</u> *(Relativsatz)*.
Auf Grund dieser Reisemängel, <u>die in Ihre Verantwortung fallen</u> *(Relativsatz)*, fordern wir Sie auf(,) <u>uns die Reisekosten zurückzuerstatten</u> *(Infinitivsatz)*.

Mit freundlichen Grüßen
Ruben Meyer

3 **a/b** Beispiellösung:

Reisen für Klassen GmbH
Sonnengasse 12
54321 Südhausen

Herrn
Ruben Meyer
Am Walde 15
12345 Waldheim

15.10.2017

Ihr Schreiben vom 12.10.2017

Sehr geehrter Herr Meyer,

vielen Dank für Ihr Schreiben, <u>in dem Sie um Rückerstattung der Reisekosten bitten</u> *(Relativsatz)*. Wir freuen uns, <u>wenn Kunden, die einen hohen Standard gewohnt sind *(Relativsatz)*, Reisen bei unserem Unternehmen buchen</u> *(Konditionalsatz)*. Zugleich müssen wir Ihnen aber mitteilen, <u>dass wir in Jugendherbergen nicht die Annehmlichkeiten eines Spitzenhotels bieten können</u> *(Objektsatz)*. Sicher werden Sie es schätzen, <u>nicht den in Spitzenhotels üblichen Preis bezahlt zu haben</u> *(Infinitivsatz)*. Aus unserer Sicht sind die von Ihnen beschriebenen Leistungen für eine Reise, <u>für die Sie 89,80 Euro gezahlt haben</u> *(Relativsatz)*, durchaus angemessen.
Wir würden uns freuen(,) <u>Sie bald wieder auf einer Reise begrüßen zu dürfen</u> *(Infinitivsatz)* (,) und verbleiben mit freundlichen Grüßen

Ludger Lässig
Geschäftsführer Reisen für Klassen GmbH

4 **a/b** Ergänzend können die Texte auch mit einer Lernpartnerin oder einem Lernpartner getauscht und dann gegenseitig nach den Kriterien im SB überprüft werden.

Vorschläge für eine Klassenarbeit und Tests

Vorschlag 1: Einen Text überarbeiten
Siehe **Kopiervorlage S. 360 ff.**

Vorschlag 2: Nebensätze
Siehe **Kopiervorlage S. 363 ff.**

Vorschlag 3: Partizipial- und Infinitivsätze
Siehe **Kopiervorlage S. 366 f.**

Material zu diesem Kapitel auf den folgenden Seiten und auf der CD

Lernwegeliste zum Kompetenzschwerpunkt des Kapitels (vollständig auf der CD), S. 359

Diagnose: Nebensätze, Partizipial- und Infinitivsätze (auf der CD, mit Lösungshinweisen und Förder-empfehlungen)

Klassenarbeit: Einen Text überarbeiten (KA 1, mit Bewertungshinweisen auf der CD), S. 360 ff.

Test: Nebensätze (KA 2, mit Lösungen auf der CD), S. 363 ff.

Test: Partizipial- und Infinitivsätze (KA 3, mit Lösungen auf der CD), S. 366 f.

KV 1: Nebensätze kennen und anwenden, S. 368 ff.

KV 2: Partizipial- und Infinitivsätze kennen und anwenden, S. 374 ff.

Hinweis: Lösungen zu allen KV finden sich auf der CD.

Folie: Grammatiktraining – Satzgefüge (zu SB S. 229, auf der CD)

Folie: Partizipialsätze (zu SB S. 238, auf der CD)

Folie: Infinitivsätze (zu SB S. 240, auf der CD)

Folie: Infinitivsätze international – Sprachen vergleichen (zu SB S. 242, auf der CD)

Weiteres Übungsmaterial

„Deutschbuch Arbeitsheft 4"

Wiederholung: Satzglieder unterscheiden, S. 60–63
– ○○○ Stärken stärken: Texte überarbeiten mit Hilfe von Proben, S. 62

Wiederholung: Satzreihe und Satzgefüge, S. 64
– Satzgefüge im Feldermodell, S. 65

Nebensätze unterscheiden, S. 66–72
– Subjekt- und Objektsätze: Nebensätze als Satzglieder, S. 66
– ○○○ Stärken stärken: Subjekt- und Objektsätze verwenden, S. 67
– Relativsätze: Attribute in Form von Nebensätzen, S. 68
– Adverbialsätze: Adverbiale Bestimmungen als Nebensätze, S. 69
– ○○○ Stärken stärken: Adverbialsätze verwenden, S. 71

„Deutschbuch Differenzieren und Fördern 7/8"

– Wortarten und Satzglieder bestimmen und verwenden, S. 417 ff.
– Sprachtraining: Die Prädikatsklammer, S. 434
– Satzglieder erkennen und bestimmen, S. 445 ff.
– Adverbialsätze bestimmen und verwenden, S. 449 ff.

Name: _____   Klasse: _____   Lehrer/-in: _____

Lernwegeliste – mit Materialzuordnung und Dokumentationsmöglichkeit

Kompetenzbereich: Schreiben – Sprache untersuchen

Kompetenz:	Ich kann Satzarten und Satzgefüge beschreiben und verwenden.
Was dir dabei helfen kann:	Du kannst die Felderstruktur des Satzes beschreiben.
	Du kannst Satzarten an der Stellung des finiten Verbs unterscheiden.
	Du kannst Sprechabsichten durch die Verwendung unterschiedlicher Sätze ausdrücken.

	Was du in Kapitel 11 lernen kannst:	**Niveau**	**Lernmaterialien**	**Selbsteinschätzung**			**Hinweise/ Bewertung der Lehrkraft**
				☺	☺	☹	
01	Ich kann Nebensätze als Satzglieder bestimmen und verwenden.	GME	„Subjekt- und Objektsätze: Nebensätze als Satzglieder" – Buch S. 230				
02	Ich kann Nebensätze (z. B. Attributsätze) als Satzgliedteile bestimmen und verwenden.	GME	„Relativsätze: Attribute in Form eines Nebensatzes" – Buch S. 231				
03	Ich kann Nebensätze (z. B. Adverbialsätze) als Satzgliedteile bestimmen und verwenden.	GME	„Adverbialsätze: Adverbiale Bestimmungen als Nebensätze" – Buch S. 232				
04	Ich kann einen Text mit Hilfe von Adverbialsätzen sprachlich überarbeiten.	GME	„Stärken stärken: Adverbialsätze" – Buch S. 233				
05	Ich kann die Struktur von Sätzen und Satzgefügen im Feldermodell analysieren.	GME	„Positionen von Nebensätzen im Satz – Das Feldermodell" – Buch S. 234 f.				

Die zweite Seite der Lernwegeliste ist auf der CD zu finden.

Kapitel 11
Lernwegeliste, Blatt 1

Kopiervorlage

Klassenarbeit – Einen Text überarbeiten

1 **a** Überarbeite den folgenden Entwurf eines Beschwerdebriefs sprachlich, indem du die Sätze flüssiger und verständlicher formulierst, ohne den Inhalt zu verändern. In den ersten Sätzen sind umständliche Formulierungen bereits unterstrichen und du findest am Rand einige Tipps für die Überarbeitung.
→ zu Aufgabe 1 a: Hilfe-Karte A, Inhalt

b Formuliere einen kurzen Antwortbrief des Reiseunternehmens (drei bis fünf Sätze). Verwende darin unterschiedliche Nebensatzarten. Beginne mit „Sehr geehrter Herr Reiser ...".
→ zu Aufgabe 1 b: Hilfe-Karte B, Form: Schreibplan
→ zu Aufgabe 1 b: Hilfe-Karte C, Sprache: Formulierungshilfen

---

Thorben Reiser
Blaustr. 23
45678 Rothausen

Air Süd
Startgasse 13
87654 Flugstedt

23.08.2017

Flug: AS 7863, Buchungsnr. 7863.711

Sehr geehrte Damen und Herren!

1 <u>Gerade von einer Reise mit Ihrer Fluggesellschaft nach Griechenland zurückkommend</u> muss ich mich heute leider an Sie wenden <u>mit der Bitte einer Kostenerstattung für entstandene Unannehmlichkeiten</u>. **2** Auf der Hinreise stellte ich bei der Ankunft am Flughafen <u>das Nichtvorhandensein meines Koffers</u> fest. **3** Der <u>von mir sofort angesprochene</u> Mitarbeiter Ihrer Fluggesellschaft erwies sich als äußerst unfreundlich und teilte mir <u>eine Nachsendung des Koffers in mein Zeltlager</u> mit. **4** <u>Im Zustand großer Verärgerung</u> fuhr ich also ohne Koffer in das Camp.
5 Auf Grund des Vorhandenseins all meiner Kleidung im Koffer hatte ich zunächst nur die von mir augenblicklich getragenen Kleidungsstücke zur Verfügung. **6** Ich musste also in die Stadt fahren, damit ich mir dort das Nötigste kaufen konnte, damit ich zumindest Wäsche zum Wechseln hatte.
7 Ich erlaube mir eine Einreichung der entsprechenden Rechnung mit der Bitte um Erstattung (siehe Anlage).
8 Bei dem nach fünf Tagen stattfindenden Eintreffen des Koffers musste ich dann zusätzlich eine Beschädigung des Gepäckstücks feststellen.
9 Die Seite, die am Koffer unten liegt, war durch einen langen Riss zerstört.
10 Der 229 Euro kostende Koffer ist nicht mehr benutzbar.
11 Auf Grund der durch Ihre Fluggesellschaft zu verantwortenden, die Annehmlichkeit der Reise erheblich beeinträchtigenden Umstände bitte ich Sie um eine Erstattung der entstandenen Kosten in Höhe von insgesamt 382,30 Euro auf mein Konto 2224711 bei der Kreissparkasse Rothausen.

Mit freundlichen Grüßen
Thorben Reiser

1 Partizipialsatz
vermeiden
1 Infinitivsatz nutzen
2 Objektsatz nutzen
3 Relativsatz nutzen

Cornelsen   Autor: Frank Schneider

Kapitel 11
KA 1, Blatt 1

Kopiervorlage

Checkliste

Prüfe deine Texte mit Hilfe der folgenden Checkliste.

Checkliste: Einen Text überarbeiten – Beschwerdebrief	
Hast du den Beschwerdebrief sprachlich überarbeitet, ohne den Inhalt zu verändern?	☐
Hast du die überarbeiteten Sätze verständlich und abwechslungsreich formuliert?	☐
Hast du die Nebensätze – falls erforderlich – durch Komma vom Hauptsatz abgetrennt?	☐
Hast du in deinem Brief die Zeichensetzung und die Rechtschreibung überprüft?	☐
Checkliste: Einen – Antwortbrief verfassen	
Hast du in deinem Brief das Beschwerdeschreiben beantwortet, indem du Stellung zu den Forderungen nimmst?	☐
Hast du Briefkopf, Anrede und Briefschluss formal korrekt geschrieben?	☐
Hast du in deinem Brief die Zeichensetzung und die Rechtschreibung überprüft?	☐

✂ -

Hilfe-Karte A   Inhalt

 a Überarbeite den folgenden Entwurf eines Beschwerdebriefs sprachlich, indem du die Sätze flüssiger und verständlicher formulierst, ohne den Inhalt zu verändern.
Genauere Umstände eines Geschehens kannst du z. B. durch Adverbialsätze ausdrücken.
Die folgende Übersicht hilft dir.

Adverbialsätze	Frageprobe	Konjunktionen	Beispiel
Lokalsatz (Ort, Richtung)	Wo? Wohin? Woher?	wo, wohin	Ich wusste nicht, <u>wohin der Koffer verschwunden war.</u>
Temporalsatz (Zeitpunkt/-dauer)	Wann …? Seit/Bis wann …? Wie lange …?	nachdem, als, während, bis, bevor, solange, sobald …	<u>Nachdem der Koffer verschwunden war,</u> wandte ich mich an einen Mitarbeiter.
Kausalsatz (Grund, Ursache)	Warum …? Aus welchem Grund …?	da, weil	Ich musste Kleidung kaufen, <u>weil ich keine Wechselwäsche hatte.</u>
Konditionalsatz (Bedingung)	Unter welcher Bedingung …?	wenn, falls, sofern	Wir erstatten den Schaden, <u>sofern Sie einen Beleg einreichen.</u>
Finalsatz (Ziel, Absicht)	Wozu …? Mit welcher Absicht …?	damit, dass	Ich lege eine Quittung bei, <u>damit Sie den Schaden erstatten können.</u>
Konsekutivsatz (Folge, Wirkung)	Mit welcher Folge …?	sodass (auch: so …, dass)	Der Koffer war verschwunden, <u>sodass ich einen Nachsendeantrag stellen musste.</u>
Konzessivsatz (Einräumung)	Trotz welcher Umstände …?	obwohl, obgleich, obschon, auch wenn	<u>Obwohl ich den Koffer aufgegeben hatte,</u> fehlte er bei der Ankunft.
Modalsatz (Art und Weise)	Wie …?	indem, dadurch dass, als (ob) …	Ich kam zum Ziel, <u>indem ich einen Beschwerdebrief schrieb.</u>

Autor: Frank Schneider

Kapitel 11
KA 1, Blatt 2

Kopiervorlage

Hilfe-Karte B   Form: Schreibplan

1️⃣ **b** Formuliere einen kurzen Antwortbrief des Reiseunternehmens (drei bis fünf Sätze).
Der folgende Schreibplan hilft dir.

Schreibplan
1) Briefkopf – Absender und Adressat – Ort und Datum
1) Einleitung – direkte Ansprache an den Empfänger – auf das Schreiben des Empfängers eingehen (z. B. bedauern, danken)
2) Hauptteil: – auf das Anliegen des Empfängers eingehen – Lösung anbieten
3) Schluss – Blick in die Zukunft (Empfänger soll weiter Kunde bleiben) – Grußformel, Unterschrift

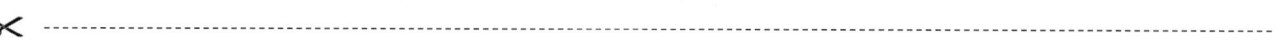

Hilfe-Karte C   Sprache: Formulierungshilfen

1️⃣ **b** Formuliere einen kurzen Antwortbrief des Reiseunternehmens (drei bis fünf Sätze).
Die folgenden Formulierungen helfen dir.

Briefkopf, Anrede, Briefschluss	Ihr Brief vom …/ Ihr Schreiben vom … Sehr geehrter… Mit freundlichen Grüßen …
Antwortbrief	Anspruch Reisekosten/Entschädigung Erstattung der Kosten … besteht daher./… besteht daher nicht. Auch Ihr Hinweis … Wir bedauern … die entstandenen Unannehmlichkeiten Wir hoffen, … trotz des entstandenen Ärgers … als Kunden … zu können/dürfen. …

Autor: Frank Schneider

Kapitel 11
KA 1, Blatt 3

Kopiervorlage

Teste dich! – Nebensätze

1 Unterstreiche alle Nebensätze (bzw. Gliedsätze) und setze alle fehlenden Kommas.

A Viele Menschen machen auf Juist Urlaub obwohl es dort nicht immer sonnig ist.

B Wer früh bucht erhält oft einen Preisnachlass der bis zu 20 Prozent ausmachen kann.

C In den Hotels die in der Nähe des Strandes liegen muss man aber schon sehr früh buchen.

D Auch wenn es im Sommer sehr voll wird ist dies natürlich die schönste Zeit auf Juist.

2 Unterstreiche die Nebensätze und gib jeweils die Art des Nebensatzes genau an (bei Adverbialsätzen die genaue Bezeichnung).

A Die Franzosen, die oft im Juli oder August Urlaub machen, bleiben gern in ihrem Land.

Art des Nebensatzes: _____

B Dort finden viele, was sie suchen.

Art des Nebensatzes: _____

C Wer das Meer liebt, fährt an die Küste.

Art des Nebensatzes: _____

D Aber auch Bergliebhaber kommen zum Zug, weil ein Teil der Alpen in Frankreich liegt.

Art des Nebensatzes: _____

E Die Pariser fahren gern in die Normandie, wo sie Ruhe und Erholung von der hektischen Großstadt finden.

Art des Nebensatzes: _____

F Der Urlaub beginnt meist Mitte Juli, weil dann das Wetter am besten ist.

Art des Nebensatzes: _____

Autor: Frank Schneider
Illustrator: Peter Menne, Potsdam

363

Kapitel 11
KA 2, Blatt 1

Kopiervorlage

3 **a** Bezeichne die Funktion der Nebensatzarten aus Aufgabe 2.
Trage dazu den Buchstaben des jeweiligen Satzes in die folgende Tabelle ein.

Die Stelle ...	des Subjekts	des Objekts	der adverbialen Bestimmung	des Attributs
kann folgender Nebensatz übernehmen:				

b Ergänze passende Nebensatzarten:

Wenn ich ein Nomen näher erklären will, nutze ich _____ .

Wenn ich nähere Angaben über das Geschehen machen will, nutze ich _____

_____ .

4 Forme die unterstrichenen Wortgruppen zu einem Nebensatz um und gib genau an, welche Art von Nebensatz du verwendet hast.
Tipp: Denke an die Kommas.

A <u>In Italien Urlaub machende</u> Menschen lieben oft die italienischen Landschaften.

_____

_____ lieben oft die italienischen Landschaften.

Nebensatzart: _____

B <u>Auf Grund des häufig guten Wetters</u> sind für die Touristen viele Aktivitäten im Freien möglich.

_____

_____ sind für die Touristen viele Aktivitäten im Freien möglich.

Nebensatzart: _____

C Wanderer und Bergsteiger haben <u>durch die in Norditalien liegenden Alpen</u> viele Möglichkeiten.

Durch die Alpen _____

_____

Nebensatzart: _____

Autor: Frank Schneider

Kapitel 11
KA 2, Blatt 2

Kopiervorlage

D Die Italienreisenden wissen auch <u>von der Gastfreundschaft der Italiener</u>.

Die Italienreisenden wissen auch _____

_____

Nebensatzart: _____

E Viele schwärmen <u>von den leckeren italienischen Gerichten</u>.

Viele schwärmen davon _____

Nebensatzart: _____

F <u>Bei einer Einladung</u> isst man oft mit der ganzen Familie.

_____

isst man oft mit der ganzen Familie. _____

Nebensatzart: _____

G <u>Trotz der vielen Touristen zur Ferienzeit</u> ist Italien ein lohnendes Urlaubsziel.

_____

ist Italien ein lohnendes Urlaubsziel. _____

Nebensatzart: _____

Autor: Frank Schneider

Kapitel 11
KA 2, Blatt 3

Kopiervorlage

Teste dich! – Partizipial- und Infinitivsätze

1 Unterstreiche alle Partizipialsätze und ergänze die nötigen Kommas. Kommas, die man setzen kann, aber nicht setzen muss, kannst du in Klammern schreiben.

A Ich ging mein bisschen Spanisch zusammensammelnd zur Rezeption.

B Der Hotelangestellte gerade in ein Telefonat vertieft nahm mich nicht wahr.

C Schon ein wenig genervt begann ich, auf den Tresen zu klopfen.

D Die Augen rollend gab mir der Hotelangestellte zu verstehen, dass ich Geduld haben müsse.

2 Unterstreiche alle Infinitivsätze und setze die nötigen Kommas.

A Statt mich zu bedienen räumte ein anderer Mitarbeiter einen Schrank auf.

B Ich hustete etwas um auf mich aufmerksam zu machen.

C Die Hoffnung noch zum Strand gehen zu können gab ich bald auf.

D Dann aber beendete der Hotelangestellte abrupt das Gespräch um mich zu bedienen.

3 Setze in den folgenden Sätzen die Kommas und begründe deine Entscheidung in einem Satz.

A Unsere Bitte ein Zimmer mit Meerblick zu erhalten hatten wir brieflich mitgeteilt.

_____

B Um uns den Urlaub leisten zu können mussten wir lange sparen.

_____

C Im Flugzeug half Sven Klein-Pia zu essen.

_____

D Ohne sich zu bekleckern hätte sie das in dem engen Flugzeug sonst nicht geschafft.

_____

4 Formuliere die Sätze um, indem du das Unterstrichene jeweils in einen Infinitivsatz umwandelst.

A Ich wende mich mit der Bitte an Sie, <u>dass Sie mir meine Kosten zurückerstatten</u>.

_____

_____

B <u>Sie sollten mir nicht immer wieder Briefe schreiben, sondern</u> mir endlich das Geld überweisen.

_____

_____

C In der Hoffnung <u>auf eine baldige Nachricht von Ihnen</u> verbleibe ich ...

_____

_____

 Autor: Frank Schneider

Kapitel 11
KA 3, Blatt 1

Kopiervorlage

5 Verbinde jeweils die beiden Hauptsätze, indem du Infinitivsätze verwendest.

A Ich fuhr zum Flughafen. Ich wollte meinen Flug umbuchen.

_____

_____

B Ich hatte keine große Hoffnung. Ich ging an den Schalter der Airline.

_____

_____

C Die Angestellte bediente mich nicht. Sie schaute nur auf ihren PC.

_____

_____

6 Füge den Inhalt des zweiten Satzes jeweils als Partizipialsatz in den ersten Satz ein.
Notiere den vollständigen Satz.

A Ich rief die Reiseleiterin an. Ich war sehr verärgert.

_____

_____

B Während des Telefongesprächs suchte ich in meinen Unterlagen. Ich hielt den Hörer ans Ohr.

_____

_____

7 Denke über die Vor- und Nachteile von Partizipial- und Infinitivsätzen nach.
Kreuze für die folgenden Aussagen an, ob sie richtig oder falsch sind.

	richtig	falsch
A Partizipialsätze kann man oft nutzen, um Sätze zu verkürzen.	☐	☐
B Infinitivsätze machen Sätze meist sehr viel kürzer.	☐	☐
C Partizipialsätze machen Sätze immer sehr viel leichter verständlich.	☐	☐
D Mit Infinitivsätzen lässt sich oft ein komplizierter Satzbau verhindern.	☐	☐

Cornelsen   Autor: Frank Schneider

Kapitel 11
KA 3, Blatt 2

Kopiervorlage

Nebensätze kennen und anwenden

1 **a** Unterstreiche im folgenden Text die Nebensätze und setze die Kommas.

b Gib jeweils die Art des Nebensatzes an.

	Art des Nebensatzes
Kalifornien ist ein Traumziel für viele Menschen die in die USA reisen.	
Wer große Städte mag wird sich in San Francisco und Los Angeles wohlfühlen.	
Wenn man von San Francisco nach Los Angeles will fährt man über eine Traumstraße an der Küste entlang.	
Obwohl die Küste nah ist kann es an manchen Orten schnell bis zu 40 Grad warm werden.	
Der Joshua-Tree-Nationalpark der in der Nähe von Los Angeles liegt ist sogar eine richtige Wüste.	
Viele Kalifornienreisende fahren von San Francisco noch einige Hundert Meilen nach Norden damit sie im „Redwood National and State Park" den höchsten Baum der Welt sehen.	
Dieser Mammutbaum ist 115 Meter hoch sodass man vom Boden seine Spitze gar nicht sehen kann.	
Zu den Redwoods finden nicht viele Touristen weil es sie eher zum Grand Canyon nach Arizona zieht.	
Wer es sich leisten kann fliegt mit dem Hubschrauber über den Grand Canyon.	
Von oben erkennt man wie abrupt die Ebene von tiefen Gräben zerfurcht wird.	
Bevor die Sonne untergeht sieht man den Grand Canyon abends rot schimmern.	
Falls man gern spielt führt der Weg vom Grand Canyon nach Las Vegas im Bundesstaat Nevada.	
In Las Vegas findet sich der „Strip" an dem zahllose Casinos liegen.	
Innerhalb weniger Stunden kann man in Kalifornien und seinen Nachbarstaaten somit ganz unterschiedliche Orte erleben sodass man aus dem Staunen nie herauskommt.	

Autor: Frank Schneider

Kapitel 11
KV 1, Blatt 1

Kopiervorlage

2   Verbinde jeweils die beiden Hauptsätze zu einem Satzgefüge. Verwende eine passende Nebensatzart.

A   Die südliche Atlantikküste in Frankreich ist ein bevorzugtes Urlaubsziel. Dort gibt es lange Strände.

_____

_____

B   Die Franzosen lieben die Gegend. Sie ist sonnig, aber nicht zu heiß.

_____

C   Man kann auch einen Ausflug in eine Großstadt machen. Man kann nach Bordeaux fahren.

_____

D   Die Kathedrale von Bordeaux wurde während der Französischen Revolution teilweise zerstört. Heute steht sie auf der UNESCO-Liste des Weltkulturerbes.

_____

_____

E   Die nahe spanische Grenze lädt zu einem Besuch des Nachbarlands ein. Die spanische Grenze erreicht man in einer Stunde.

_____

_____

3   Formuliere das Unterstrichene zu einem Nebensatz um.

A   <u>Auf Grund des stets hohen Seegangs</u> schätzen auch Wellenreiter diese Küste.

_____

B   Viele Fischer beliefern täglich die <u>stets frischen Fisch anbietenden</u> Restaurants.

_____

C   <u>Meeresliebende</u> werden sich also am Südatlantik sehr wohlfühlen.

_____

D   <u>Durch die Befragung der Einheimischen</u> kann man die schönsten Strände entdecken.

_____

_____

_____

Nebensätze kennen und anwenden

1 **a** Unterstreiche im folgenden Text die Nebensätze und setze die Kommas.
Tipp: In Nebensätzen steht die Personalform des Verbs am Ende. Die ersten beiden Nebensätze sind unterstrichen, die Kommas aber nicht gesetzt.

b Gib jeweils die Art des Nebensatzes an.

	Art des Nebensatzes
Kalifornien ist ein Traumziel für viele Menschen <u>die in die USA reisen</u>.	
<u>Wer große Städte mag</u> wird sich in San Francisco und Los Angeles wohlfühlen.	
Wenn man von San Francisco nach Los Angeles will fährt man über eine Traumstraße an der Küste entlang.	
Obwohl die Küste nah ist kann es an manchen Orten schnell bis zu 40 Grad warm werden.	
Der Joshua-Tree-Nationalpark der in der Nähe von Los Angeles liegt ist sogar eine richtige Wüste.	
Viele Kalifornienreisende fahren von San Francisco noch einige Hundert Meilen nach Norden damit sie im „Redwood National and State Park" den höchsten Baum der Welt sehen.	
Dieser Mammutbaum ist 115 Meter hoch sodass man vom Boden seine Spitze gar nicht sehen kann.	
Zu den Redwoods finden nicht viele Touristen weil es sie eher zum Grand Canyon nach Arizona zieht.	
Wer es sich leisten kann fliegt mit dem Hubschrauber über den Grand Canyon.	
Von oben erkennt man wie abrupt die Ebene von tiefen Gräben zerfurcht wird.	
Bevor die Sonne untergeht sieht man den Grand Canyon abends rot schimmern.	
Falls man gern spielt führt der Weg vom Grand Canyon nach Las Vegas im Bundesstaat Nevada.	
In Las Vegas findet sich der „Strip" an dem zahllose Casinos liegen.	
Innerhalb weniger Stunden kann man in Kalifornien und seinen Nachbarstaaten somit ganz unterschiedliche Orte erleben sodass man aus dem Staunen nie herauskommt.	

Autor: Frank Schneider

Kapitel 11
KV 1, Blatt 3

Kopiervorlage

2 Verbinde jeweils die beiden Hauptsätze zu einem Satzgefüge. Verwende die angegebene Nebensatzart.

A Die südliche Atlantikküste in Frankreich ist ein bevorzugtes Urlaubsziel. Dort gibt es lange Strände. *(Kausalsatz)*

_____

_____

B Die Franzosen lieben die Gegend. Sie ist sonnig, aber nicht zu heiß. *(Relativsatz)*

_____

C Man kann auch einen Ausflug in eine Großstadt machen. Man kann nach Bordeaux fahren. *(Subjektsatz)*

_____

D Die Kathedrale von Bordeaux wurde während der Französischen Revolution teilweise zerstört. Heute steht sie auf der UNESCO-Liste des Weltkulturerbes. *(Konzessivsatz)*

_____

_____

E Die nahe spanische Grenze lädt zu einem Besuch des Nachbarlands ein. Die spanische Grenze erreicht man in einer Stunde. *(Relativsatz)*

_____

_____

3 Formuliere das Unterstrichene zu einem Nebensatz um.

A <u>Auf Grund des stets hohen Seegangs</u> schätzen auch Wellenreiter diese Küste. *(Kausalsatz)*

_____

B Viele Fischer beliefern täglich die <u>stets frischen Fisch anbietenden</u> Restaurants. *(Konsekutivsatz)*

_____

C <u>Meeresliebende</u> werden sich also am Südatlantik sehr wohlfühlen. *(Subjektsatz)*

_____

D <u>Durch die Befragung der Einheimischen</u> kann man die schönsten Strände entdecken. *(Modalsatz)*

_____

_____

Autor: Frank Schneider
Illustrator: Peter Menne, Potsdam

Kapitel 11
KV 1, Blatt 4

Nebensätze kennen und anwenden

1   **a**   Unterstreiche im folgenden Text die Nebensätze und setze die Kommas.
     Tipp: In Nebensätzen steht die Personalform des Verbs am Ende.

    b   Gib jeweils die Art des Nebensatzes an. In dem Text kommen vor: 3 Relativsätze, 2 Subjektsätze, 1 Objektsatz, 2 Konditionalsätze (Bedingung), 1 Kausalsatz, 1 Temporalsatz, 1 Konzessivsatz (Einräumung), 1 Finalsatz (Ziel, Absicht) und 2 Konsekutivsätze (Folge, Wirkung).

	Art des Nebensatzes
Kalifornien ist ein Traumziel für viele Menschen, <u>die in die USA reisen</u>.	Relativsatz
<u>Wer große Städte mag,</u> wird sich in San Francisco und Los Angeles wohlfühlen.	Subjektsatz
Wenn man von San Francisco nach Los Angeles will fährt man über eine Traumstraße an der Küste entlang.	
Obwohl die Küste nah ist kann es an manchen Orten schnell bis zu 40 Grad warm werden.	
Der Joshua-Tree-Nationalpark der in der Nähe von Los Angeles liegt ist sogar eine richtige Wüste.	
Viele Kalifornienreisende fahren von San Francisco noch einige Hundert Meilen nach Norden damit sie im „Redwood National and State Park" den höchsten Baum der Welt sehen.	
Dieser Mammutbaum ist 115 Meter hoch sodass man vom Boden seine Spitze gar nicht sehen kann.	
Zu den Redwoods finden nicht viele Touristen weil es sie eher zum Grand Canyon nach Arizona zieht.	
Wer es sich leisten kann fliegt mit dem Hubschrauber über den Grand Canyon.	
Von oben erkennt man wie abrupt die Ebene von tiefen Gräben zerfurcht wird.	
Bevor die Sonne untergeht sieht man den Grand Canyon abends rot schimmern.	
Falls man gern spielt führt der Weg vom Grand Canyon nach Las Vegas im Bundesstaat Nevada.	
In Las Vegas findet sich der „Strip" an dem zahllose Casinos liegen.	
Innerhalb weniger Stunden kann man in Kalifornien und seinen Nachbarstaaten somit ganz unterschiedliche Orte erleben sodass man aus dem Staunen nie herauskommt.	

Autor: Frank Schneider

Kapitel 11
KV 1, Blatt 5

Kopiervorlage

2 Verbinde jeweils die beiden Hauptsätze zu einem Satzgefüge mit Nebensatz.

A Die südliche Atlantikküste in Frankreich ist ein bevorzugtes Urlaubsziel. Dort gibt es lange Strände.

Die südliche Atlantikküste in Frankreich ist ein bevorzugtes Urlaubsziel, weil _____

_____

B Die Franzosen lieben die Gegend. Sie ist sonnig, aber nicht zu heiß.

Die Franzosen lieben die Gegend, die _____

C Man kann auch einen Ausflug in eine Großstadt machen. Man kann nach Bordeaux fahren.

Wer _____

D Die Kathedrale von Bordeaux wurde während der Französischen Revolution teilweise zerstört. Heute steht sie auf der UNESCO-Liste des Weltkulturerbes.

Obwohl _____

_____

E Die nahe spanische Grenze lädt zu einem Besuch des Nachbarlands ein. Die spanische Grenze erreicht man in einer Stunde.

Die nahe spanische Grenze, die _____

_____

3 Formuliere das Unterstrichene zu einem Nebensatz um. Nutze „sodass", „wer", „weil", „indem".

A <u>Auf Grund des stets hohen Seegangs</u> schätzen auch Wellenreiter diese Küste.

_____

B Viele Fischer beliefern täglich die <u>stets frischen Fisch anbietenden</u> Restaurants.

_____

_____

C <u>Meeresliebende</u> werden sich also am Südatlantik sehr wohlfühlen.

_____

D <u>Durch die Befragung der Einheimischen</u> kann man die schönsten Strände entdecken.

_____
_____
_____

Cornelsen
Autor: Frank Schneider
Illustrator: Peter Menne, Potsdam

Kapitel 11
KV 1, Blatt 6

Kopiervorlage

●●● Partizipial- und Infinitivsätze kennen und anwenden

1 **a** Unterstreiche alle Partizipial- und Infinitivsätze.
Setze die Kommas.

b Kreuze jeweils an, um welche Satzart es sich handelt.

	Partizipialsatz	Infinitivsatz
A Während meine Mutter noch auf die Koffer wartete, stürmte mein Vater schon nach draußen um ein Taxi zu organisieren.	☐	☐
B Den Taxistand suchend irrte er vor dem Flughafen umher.	☐	☐
C In der Absicht mit den Leuten in ihrer Sprache zu sprechen stammelte mein Vater auf Spanisch.	☐	☐
D Die Spanier sehr aufmerksam zuhörend verstanden aber offenbar kein Wort.	☐	☐
E Statt ihn zum Taxistand zu führen zeigten sie ihm die Toiletten.	☐	☐
F Mein Vater völlig verzweifelt wandte sich schließlich an die Flughafeninformation.	☐	☐

2 Setze die Kommas. Begründe anschließend, warum das Komma jeweils stehen muss.

A Ohne auf meinen Vater zu warten ging meine Mutter sofort zur Bushaltestelle.

_____

B Sie das billigere Verkehrsmittel vorziehend wollte in jedem Fall mit dem Bus fahren.

_____

C Ihre Absicht Geld zu sparen scheiterte aber an dem völlig überfüllten Bus.

_____

3 **a** Erläutere den Unterschied der folgenden Sätze.

A Sie bat, meinen Vater zu suchen. → _____

B Sie bat meinen Vater, zu suchen. → _____

b Erkläre, warum das Komma in den beiden Sätzen stehen muss.

_____

4 Verbinde jeweils die beiden Hauptsätze zu einem Satzgefüge.

A Meine Mutter fährt in Urlaub. Sie möchte sich entspannen.

_____

Autor: Frank Schneider
Illustrator: Peter Menne, Potsdam

Kapitel 11
KV 2, Blatt 1

Kopiervorlage

B Mein Vater entspannt sich nicht. Er möchte sich lieber mit den Reiseleitern streiten.

_____

C Er muss mindestens einmal Krach mit dem Hoteldirektor haben. Sonst genießt er seinen Urlaub nicht.

_____

_____

5 Formuliere das Unterstrichene jeweils zu einem Infinitivsatz um.

A Mein Vater sucht sofort das ganze Zimmer nach Staub ab, <u>damit er sich beschweren kann</u>.

_____

B <u>Weil sie sich nicht aufregen will</u>, zieht sich meine Mutter dann an den Pool zurück.

_____

C Ich plane <u>Urlaube ohne Eltern</u>, sobald ich 18 bin.

_____

_____

6 Füge den Inhalt des zweiten Satzes jeweils als Partizipialsatz in den ersten Satz ein.
Notiere den vollständigen Satz.

A Mein Vater hat ständig Streit mit anderen Touristen. Mein Vater braust leicht auf.

_____

_____

B Meine Mutter sucht dann immer schnell das Weite. Meine Mutter leidet unter diesen Situationen.

_____

_____

7 Vergleiche die Partizipial- und Infinitivsätze. Schreibe ihre Vor- und Nachteile auf.

A Ich habe meinen Vater um eine Veränderung seines Verhaltens gebeten.
Ich habe meinen Vater gebeten, sein Verhalten zu ändern.

_____

B Da mein Vater ständig Streit sucht, läuft er den ganzen Tag durch die Hotelanlage.
Ständig Streit suchend(,) läuft mein Vater den ganzen Tag durch die Hotelanlage.

_____

C Mein Vater, auf Erholung verzichtend, genießt stattdessen den Streit.
Mein Vater, der auf Erholung verzichtet, genießt stattdessen den Streit.

_____

Autor: Frank Schneider

Partizipial- und Infinitivsätze kennen und anwenden

1 a Unterstreiche alle Partizipial- und Infinitivsätze.
Setze die Kommas.

b Kreuze jeweils an, um welche Satzart es sich handelt.

	Partizipialsatz	Infinitivsatz
A Während meine Mutter noch auf die Koffer wartete, stürmte mein Vater schon nach draußen, <u>um ein Taxi zu organisieren</u>.	☐	☐
B Den Taxistand suchend irrte er vor dem Flughafen umher.	☐	☐
C In der Absicht mit den Leuten in ihrer Sprache zu sprechen stammelte mein Vater auf Spanisch.	☐	☐
D Die Spanier sehr aufmerksam zuhörend verstanden aber offenbar kein Wort.	☐	☐
E Statt ihn zum Taxistand zu führen zeigten sie ihm die Toiletten.	☐	☐
F Mein Vater völlig verzweifelt wandte sich schließlich an die Flughafeninformation.	☐	☐

2 Setze die Kommas. Suche im Kasten unten die jeweils passende Begründung
für die Kommasetzung und trage hinter jedem Satz die entsprechende Ziffer ein.

Ziffer

A Ohne auf meinen Vater zu warten ging meine Mutter sofort zur Bushaltestelle.   ☐

B Sie das billigere Verkehrsmittel vorziehend wollte in jedem Fall mit dem Bus fahren.   ☐

C Ihre Absicht Geld zu sparen scheiterte aber an dem völlig überfüllten Bus.   ☐

> **1** Ein Infinitivsatz, der sich auf ein Nomen im übergeordneten Satz bezieht, wird durch Komma abgetrennt.
> **2** Ein Partizipialsatz als nachgestellte Erläuterung zu einem Nomen oder Pronomen wird durch Komma abgetrennt.
> **3** Ein Infinitivsatz, der durch „ohne" eingeleitet wird, wird durch Komma abgetrennt.
> **4** Ein Partizipialsatz, der auf ein hinweisendes Wort Bezug nimmt, wird durch Komma abgetrennt.
> **5** Ein Infinitivsatz, der durch „um", „statt" oder „stattdessen" eingeleitet wird, wird durch Komma abgetrennt

3 a Erläutere den Unterschied der Sätze.
Markiere dazu die richtige Antwort und streiche die falsche durch.

A Sie bat, meinen Vater zu suchen. → Der Vater wird gesucht/um etwas gebeten.

B Sie bat meinen Vater, zu suchen. → Der Vater wird gesucht/um etwas gebeten.

b Erkläre, warum das Komma in beiden Sätzen stehen muss.

_____.

Autor: Frank Schneider
Illustrator: Peter Menne, Potsdam

Kopiervorlage

Kapitel 11
KV 2, Blatt 3

4 Verbinde jeweils die beiden Hauptsätze, indem du Infinitivsätze verwendest.

A Meine Mutter fährt in Urlaub. Sie möchte sich entspannen.

Meine Mutter fährt in Urlaub _____

B Mein Vater entspannt sich nicht. Er möchte sich lieber mit den Reiseleitern streiten.

_____

C Er muss mindestens einmal Krach mit dem Hoteldirektor haben. Sonst genießt er seinen Urlaub nicht.

_____

_____

5 Formuliere das Unterstrichene jeweils zu einem Infinitivsatz um.

A Mein Vater sucht sofort das ganze Zimmer nach Staub ab, <u>damit er sich beschweren kann</u>.

Mein Vater sucht sofort das ganze Zimmer nach Staub ab _____

B <u>Weil sie sich nicht aufregen will</u>, zieht sich meine Mutter dann an den Pool zurück.

_____

C Ich plane <u>Urlaube ohne Eltern</u>, sobald ich 18 bin.

_____

6 Füge den Inhalt des zweiten Satzes jeweils als Partizipialsatz in den ersten Satz ein.
Notiere den vollständigen Satz. Denke an die Kommas.

A Mein Vater hat ständig Streit mit anderen Touristen. Mein Vater braust leicht auf.

Mein Vater, leicht aufbrausend, _____

B Meine Mutter sucht dann immer schnell das Weite. Meine Mutter leidet unter diesen Situationen.

_____

7 Denke über die Vor- und Nachteile von Partizipial- und Infinitivsätzen nach. Vervollständige die Sätze.

A Ich habe meinen Vater um eine Veränderung seines Verhaltens gebeten.
Ich habe meinen Vater gebeten, sein Verhalten zu ändern.

Hier hat der Infinitivsatz den Vorteil, _____

B Da mein Vater ständig Streit sucht, läuft er den ganzen Tag durch die Hotelanlage.
Ständig Streit suchend(,) läuft mein Vater den ganzen Tag durch die Hotelanlage.

Hier hat der Partizipialsatz den Vorteil, _____

C Mein Vater, auf Erholung verzichtend, genießt stattdessen den Streit.
Mein Vater, der auf Erholung verzichtet, genießt stattdessen den Streit.

Hier hat der Partizipialsatz den Nachteil, _____

Autor: Frank Schneider

Kapitel 11
KV 2, Blatt 4

Kopiervorlage

Partizipial- und Infinitivsätze kennen und anwenden

1 **a** Unterstreiche alle Partizipial- und Infinitivsätze.
Setze die Kommas.

b Kreuze jeweils an, um welche Satzart es sich handelt.
Tipp: Es gibt drei Partizipial- und drei Infinitivsätze.

	Partizipialsatz	Infinitivsatz
A Während meine Mutter noch auf die Koffer wartete, stürmte mein Vater schon nach draußen, <u>um ein Taxi zu organisieren</u>.	☐	☒
B <u>Den Taxistand suchend (,)</u> irrte er vor dem Flughafen umher.	☐	☐
C In der Absicht mit den Leuten in ihrer Sprache zu sprechen stammelte mein Vater auf Spanisch.	☐	☐
D Die Spanier sehr aufmerksam zuhörend verstanden aber offenbar kein Wort.	☐	☐
E Statt ihn zum Taxistand zu führen zeigten sie ihm die Toiletten.	☐	☐
F Mein Vater völlig verzweifelt wandte sich schließlich an die Flughafeninformation.	☐	☐

2 Setze die Kommas. Suche im Kasten unten die jeweils passende Begründung
für die Kommasetzung und trage hinter jedem Satz die entsprechende Ziffer ein.

Ziffer

A Ohne auf meinen Vater zu warten ging meine Mutter sofort zur Bushaltestelle. ☐

B Sie das billigere Verkehrsmittel vorziehend wollte in jedem Fall mit dem Bus fahren. ☐

C Ihre Absicht Geld zu sparen scheiterte aber an dem völlig überfüllten Bus. ☐

> **1** Ein Infinitivsatz, der sich auf ein Nomen im übergeordneten Satz bezieht, wird durch Komma abgetrennt.
> **2** Ein Partizipialsatz, der als nachgestellte Erläuterung zu einem Nomen oder Pronomen eingefügt ist, wird durch Komma abgetrennt.
> **3** Ein Infinitivsatz, der durch „ohne" eingeleitet wird, wird durch Komma abgetrennt.

3 **a** Erläutere den Unterschied der Sätze.
Markiere dazu die richtige Antwort und streiche die falsche durch.

A Sie bat, meinen Vater zu suchen. → Der Vater wird gesucht/um etwas gebeten.

B Sie bat meinen Vater, zu suchen. → Der Vater wird gesucht/um etwas gebeten.

b Erkläre, warum das Komma in beiden Sätzen stehen muss. Ergänze dazu den Satz.

Ohne das Komma könnte es _____ beim Verstehen der Sätze geben.

Autor: Frank Schneider
Illustrator: Peter Menne, Potsdam

Kapitel 11
KV 2, Blatt 5

Kopiervorlage

4 Verbinde jeweils die beiden Hauptsätze, indem du Infinitivsätze verwendest.

A Meine Mutter fährt in Urlaub. Sie möchte sich entspannen.

Meine Mutter fährt in Urlaub _____

B Mein Vater entspannt sich nicht. Er möchte sich lieber mit den Reiseleitern streiten.

Statt sich _____

C Er muss mindestens einmal Krach mit dem Hoteldirektor haben. Sonst genießt er seinen Urlaub nicht.

Ohne _____

5 Formuliere das Unterstrichene jeweils zu einem Infinitivsatz um.

A Mein Vater sucht sofort das ganze Zimmer nach Staub ab, <u>damit er sich beschweren kann</u>.

Mein Vater sucht sofort das ganze Zimmer nach Staub ab _____

B <u>Weil sie sich nicht aufregen will</u>, zieht sich meine Mutter dann an den Pool zurück.

Um sich nicht _____

C Ich plane <u>Urlaube ohne Eltern</u>, sobald ich 18 bin.

Ich plane, ohne _____ zu _____ sobald _____

6 Füge den Inhalt des zweiten Satzes als Partizipialsatz in den ersten Satz ein.
Notiere den vollständigen Satz. Denke an die Kommas.

Beispiel: Mein Vater hat ständig Streit mit anderen Touristen. Mein Vater braust leicht auf.

Mein Vater, leicht aufbrausend, hat ständig Streit mit anderen Touristen

A Meine Mutter sucht dann immer schnell das Weite. Meine Mutter leidet unter diesen Situationen.

_____

7 Denke über die Vor- und Nachteile von Partizipial- und Infinitivsätzen nach.
Kreuze die zutreffenden Aussagen an. Beachte: Manchmal treffen beide zu!

A Ich habe meinen Vater um eine Änderung seines Verhaltens gebeten. Ich habe meinen Vater gebeten, sein Verhalten zu ändern.	Hier hat der Infinitivsatz den Vorteil, … ☐ dass er weniger umständlich klingt. ☐ dass er kürzer ist.
B Da mein Vater ständig Streit sucht, läuft er den ganzen Tag durch die Hotelanlage. Ständig Streit suchend(,) läuft mein Vater den ganzen Tag durch die Hotelanlage.	Hier hat der Partizipialsatz den Vorteil, … ☐ dass er besser verständlich ist. ☐ dass er etwas kürzer ist.
C Mein Vater, auf Erholung verzichtend, genießt stattdessen den Streit. Mein Vater, der auf Erholung verzichtet, genießt stattdessen den Streit.	Hier hat der Partizipialsatz den Nachteil, … ☐ dass er sehr umständlich klingt. ☐ dass er viel länger ist.

Autor: Frank Schneider

Kapitel 11
KV 2, Blatt 6

Kopiervorlage

12 Rechtschreibtraining – Fehler vermeiden, Regeln sicher anwenden

Konzeption des Kapitels

Auch in der 8. Jahrgangsstufe gilt es, im Rechtschreibunterricht bekannte Regeln und Strategien zu festigen. In Progression der 7. Jahrgangsstufe werden die Schüler/-innen nun auch mit komplexeren Phänomenen der Orthografie und der Zeichensetzung konfrontiert, bei denen Syntax und Semantik, Etymologie und Sprachgeschichte eine Rolle spielen. Wie auch in den Vorgängerbänden des Schülerbands wird in den ersten beiden Teilkapiteln auf ein induktives Vorgehen gesetzt: Eigene Beobachtungen an Sprachmaterial führen zur Formulierung von Regeln, die von den Schülerinnen und Schülern selbstständig überprüft und mit Hilfe von Übungen erprobt und gefestigt werden können.

Die Welt der Technik, wie sie einerseits in Museen in vielfältiger Weise präsentiert und andererseits im Alltag durch Gebrauchsanweisungen, Bedienungsanleitungen und Ähnliches vermittelt wird, gibt den Sprachgegenständen in kurzen Texten nicht nur einen unterhaltsamen thematischen Rahmen, sondern bietet – vor allem im Bereich der Fremdwortschreibung – authentisches Material für die zu behandelnden Phänomene.

Das Gesamtkapitel wie auch das erste Teilkapitel müssen nicht als geschlossenes großes Unterrichtsvorhaben realisiert werden, sondern können in kleineren Sequenzen über das Schuljahr verteilt und ggf. in andere Themen integriert werden. Beim zweiten Teilkapitel erscheint eine vollständige Behandlung sinnvoll, aber auch hier ist ein Aufteilen in mehrere kleine Sequenzen prinzipiell möglich. Das dritte Teilkapitel bildet eine Einheit, die ebenfalls sinnvoll als Ganzes erarbeitet werden sollte.

Das erste Teilkapitel (**„Technische Höhenflüge – Richtig schreiben"**) setzt einen ersten Schwerpunkt bei der Groß- und Kleinschreibung. Zunächst wird knapp die Großschreibung bei Nominalisierungen von Verben und Adjektiven sowie bei Zeitangaben wiederholt und gesichert. Neu hinzu kommt die Schreibung von Eigennamen und geografischen Herkunftsbezeichnungen. Drei weitere Schwerpunkte liegen bei der Fremdwortschreibung, der strategieorientieren Schreibung von Wörtern mit *i/ie*, *s/ß/ss* und *h* sowie bei der Getrennt- und Zusammenschreibung. Jede Einheit schließt mit differenzierenden Aufgaben. Die **Differenzierungseinheit** („Stärken stärken: Rechtschreibung") bietet die Möglichkeit der individuellen Vertiefung aller Phänomene. Die **Selbstevaluation** („Testet euch! – Rechtschreibung") ermöglicht eine selbstständige Lernstandskontrolle.

Das zweite Teilkapitel (**„Von Versuchsprotokollen und Gebrauchsanweisungen – Zeichensetzung"**) greift die Kommasetzung in Aufzählungen, Satzreihen und Satzgefügen auf und führt als neue Phänomene die Kommasetzung bei Relativsätzen, Appositionen und Infinitivsätzen ein. Das Thema „Gebrauchsanweisungen" bietet mit kurzen, unterhaltsamen Texten vielfältige Möglichkeiten zum entdeckenden Lernen, zur Förderung der Sprachaufmerksamkeit und zum Üben sowie Anregungen für das Schreiben eigener Texte, die auch hinsichtlich der Zeichensetzung überprüft werden können. Die **Differenzierungseinheiten** („Stärken stärken: Kommasetzung bei Infinitiven mit *zu*"; „Stärken stärken: Kommasetzung") ermöglichen die individuelle Vertiefung zu den entsprechenden Phänomenen. Die **Selbstevaluation** („Testet euch! – Kommasetzung") bietet sich zur Lernstandskontrolle an.

Das dritte Teilkapitel (**„Fit in …? – Richtig schreiben"**) stellt ein besonderes Angebot für die individuelle Diagnose und differenzierte Förderung bereit. Anhand eines in zwei Abschnitten zu bearbeitenden Diagnosetextes ermitteln die Schüler/-innen für die in den beiden vorangegangenen Kapiteln thematisierten Phänomene ihre individuellen Stärken und Schwächen. Der leicht verständlich organisierte Auswertungsbogen ermöglicht ein weitgehend selbstständiges Vorgehen der Schüler/-innen beim Zusammenstellen ihres persönlichen Übungsprogramms. Die Übungen an sechs Stationen orientieren sich an dem zuvor Gelernten und dienen damit der Sicherung und Vertiefung. Für fortgeschrittene Schüler/-innen findet sich aber auch jeweils eine „Spezialisten"-Aufgabe zur **weiterführenden Sprachreflexion.**

Literaturhinweise

Bredel, Ursula/Reißig, Tilo (Hrsg.): Weiterführender Orthographieerwerb. Schneider Verlag Hohengehren, Baltmannsweiler 2011

Bredel, Ursula: Didaktik der Fremdwortschreibung. In: Ursula Bredel/Tilo Reißig (Hrsg.): Weiterführender Orthographieerwerb, a. a. O., S. 355–373

Bredel, Ursula: Merksätze – Die Relation zwischen orthographischem Können und orthographischem Wissen. In: Ursula Bredel/Tilo Reißig (Hrsg.): Weiterführender Orthographieerwerb, a. a. O., S. 409–421

Eisenberg, Peter: Das Fremdwort im Deutschen. De Gruyter, Berlin/New York 2011

Esslinger, Gesine: Konzepte des Interpunktionserwerbs. In: Ursula Bredel/Tilo Reißig (Hrsg.): Weiterführender Orthographieerwerb, a. a. O., S. 318–339

Fremdwörter. Praxis Deutsch 235/2012

Hinney, Gabriele: Was ist Rechtschreibkompetenz? In: Ursula Bredel/Tilo Reißig (Hrsg.): Weiterführender Orthographieerwerb, a. a. O., S. 191–225

Hlebec, Hrvoje: Aufgaben im weiterführenden Rechtschreibunterricht. In: Ursula Bredel/Tilo Reißig (Hrsg.): Weiterführender Orthographieerwerb, a. a. O., S. 422–440

Klicpera, Christian u. a.: Rechtschreibschwierigkeiten. In: Ursula Bredel u. a. (Hrsg.): Didaktik der deutschen Sprache. Bd. 1. Schöningh/UTB, Paderborn 2003, S. 405–419

Komma & Co. – Zeichen setzen. Deutschunterricht 3/2009

Mesch, Birgit: Konzepte des Erwerbs der Groß- und Kleinschreibung. In: Ursula Bredel/Tilo Reißig (Hrsg.): Weiterführender Orthographieerwerb, a. a. O., S. 296–317

Noack, Christina: Orthografische Strukturen beim Lesen nutzen. In: Ursula Bredel/Tilo Reißig (Hrsg.): Weiterführender Orthographieerwerb, a. a. O., S. 374–391

Orthografische und grammatische Spielräume. Der Deutschunterricht 1/2012

Orthographische Zweifelsfälle. Praxis Deutsch 198/2006

Rechtschreiben. Deutschunterricht 3/2005

Rechtschreiben erforschen. Praxis Deutsch 170/2001

Schriftstrukturen entdecken. Praxis Deutsch 221/2010

Siebert-Ott, Gesa/Anselm, Kristina/Jansa, Kristina: Orthographieerwerb unter mehrsprachigen Bedingungen. In: Ursula Bredel/Tilo Reißig (Hrsg.): Weiterführender Orthographieerwerb, a. a. O., S. 392–406

Zeichen setzen. Praxis Deutsch 191/2005

Inhalte	Kompetenzen
	Die Schülerinnen und Schüler
S. 247 **12 Rechtschreibtraining – Fehler vermeiden, Regeln sicher anwenden**	– wenden die Rechtschreibprüfung strategisch an – überarbeiten Texte sprachlich – erfüllen Schreibanforderungen
S. 248 **12.1 Technische Höhenflüge – Richtig schreiben**	– wenden Rechtschreibstrategien und -regeln an
S. 248 Deutsche Technikmuseen – Groß- und Kleinschreibung	– wenden die Groß- und Kleinschreibung an
S. 250 Stärken stärken: Eigennamen und Herkunftsbezeichnungen	– wenden die Groß- und Kleinschreibung von Eigennamen, Herkunftsbezeichnungen, Tageszeiten und Wochentagen an
S. 252 Bionik – Fremdwörter	– nutzen Rechtschreibstrategien, um die Schreibung von Fremdwörtern zu klären – nutzen Wörterbücher für die richtige Schreibung von Fremdwörtern, die nicht strategieorientiert zu klären sind – formulieren Textverständnis
S. 256 Stärken stärken: Fremdwörter	– geben Textinhalte wieder – wenden Rechtschreibstrategien für die Schreibung von Fremdwörtern an
S. 257 Mit Strategien Regeln finden	– wenden Rechtschreibstrategien an für die Schreibung der Wörter mit *i/ie*, *s/ß/ss* und *h*
S. 260 Hoch hinausfahren – Getrennt- und Zusammenschreibung *Katharina Beckmann:* Achterbahnen: Rein ins Vergnügen!	– wenden die Getrennt- und Zusammenschreibung an
S. 262 Stärken stärken: Rechtschreibung	– festigen ihr Wissen zur Fremdwortschreibung, zur Getrennt- und Zusammenschreibung sowie zur Groß- und Kleinschreibung in differenzierten Partnerdiktaten
S. 263 Testet euch! – Rechtschreibung	– wiederholen und festigen die zuvor behandelten Rechtschreibphänomene
S. 264 **12.2 Von Versuchsprotokollen und Gebrauchsanweisungen – Zeichensetzung**	– erarbeiten Regeln der Zeichensetzung bei Aufzählungen, Satzreihen, Nebensätzen, Appositionen und Infinitivgruppen und wenden sie an
S. 264 Kommasetzung bei Aufzählungen und in Satzreihen	– wenden die Regeln der Kommasetzung bei Aufzählungen und in Satzreihen an
S. 265 Kommasetzung in Satzgefügen	– wenden die Regeln der Kommasetzung in Satzgefügen an
S. 266 Kommasetzung bei Relativsätzen und Appositionen	– wenden die Regeln der Kommasetzung bei Relativsätzen und Appositionen an

S. 267 Kommasetzung bei Infinitiven mit *zu*	– erkennen Signalwörter für Infinitivsätze – überarbeiten einen Text sprachlich mit Hilfe der Kommasetzung
S. 268 Stärken stärken: Kommasetzung bei Infinitiven mit *zu*	– sichern ihr Wissen zur Kommasetzung bei Infinitiven mit *zu* in differenzierten Übungen
S. 269 Stärken stärken: Kommasetzung	– sichern ihr Wissen zur Kommasetzung in differenzierten Übungen
S. 270 Testet euch! – Kommasetzung	– überprüfen ihr Wissen zur Kommasetzung
S. 271 **12.3 Fit in …? – Richtig schreiben**	– verschaffen sich einen Überblick über die Trainingsmöglichkeiten des Kapitels – lösen eine Diagnoseaufgabe und verstehen ihre Funktion – entwickeln Fehlersensibilität – ermitteln ihren individuellen Übungsplan beim Stationenlernen
S. 274 Training an Stationen	– üben selbstständig zu ihren Fehlerschwerpunkten – wiederholen erworbene Rechtschreib- und Zeichensetzungsregeln – untersuchen schwierigere Fälle der behandelten Rechtschreibphänomene an ausgewählten Beispielen

▌S. 247 Auftaktseite

1 **a** Das Foto der Auftaktseite soll Neugier für das inhaltliche Thema – Technik – wecken. Es zeigt das Deutsche Technikmuseum in Berlin.

Die vorgegebenen Namen verschiedener Museen ermöglichen z. B. folgende argumentative Überlegungen zu dem abgebildeten Museum:

- Um ein Freilichtmuseum scheint es sich angesichts des großen Gebäudes nicht zu handeln.
- Das Flugzeug auf dem Dach weist nicht auf Optik als Thema hin, also handelt es sich wahrscheinlich auch nicht um das Jenaer Optische Museum.
- Dagegen würde es gut passen zu Otto Lilienthal, einem deutschen Luftfahrtpionier, von dem die Schüler/-innen vielleicht schon einmal etwas gehört haben. Aber ob es in einem relativ kleinen Ort wie Anklam ein so großes Museum gibt?
- So kann man auch gegen das Johannes-Kepler-Museum in Weil der Stadt argumentieren, zumal der Mathematiker Johannes Kepler auch nicht zu dem Erscheinungsbild des Museums (Flugzeug, Schriftzüge/ Slogans, u. a. „Unterwegs mit Auto & Co.") zu passen scheint.
- Die beiden Technikmuseen in Mannheim und Berlin erscheinen als mögliche Lösungen, da Flugzeug, Auto, Windstärken sich unter Technik subsumieren lassen.

Nicht auszuschließen ist natürlich, dass einzelne Schüler/-innen das Berliner Technikmuseum von einem eigenen Besuch kennen und wiedererkennen.

b Zentral geht es um die Frage: Was gehört alles zur Technik? Das breite Spektrum, das sich hier schnell ergibt, kann in einem Cluster an der Tafel gesammelt werden. Zu den einzelnen Technikbereichen kann dann überlegt werden, was mögliche und auch interessante Ausstellungsobjekte in diesem Bereich wären. Die Mutmaßungen über die Angebote von Technikmuseen können, wenn die Schüler/-innen Erfahrungen mit technischen Museen haben, durch diese gestützt bzw. verifiziert werden.

Die Aufgabe kann ergänzt werden (ggf. als Zusatzaufgabe zur Differenzierung für einzelne Schüler/-innen) durch eine Recherche auf der Internetseite des Museums und eine anschließende Information über die Themen des Museums.

2 Nun wird die Aufmerksamkeit der Schüler/-innen auf die Aspekte Sprache und Rechtschreibung gelenkt. Folgende Auffälligkeiten bei der Namensbildung der Museen können in einem Tafelbild thematisiert werden

Mögliches **Tafelbild**:

Bildung der Museumsnamen	
ungewöhnliche Bildung der Namen/Neologismen	„Ferropolis" (gebildet aus *ferrum* [lat., Eisen] + *polis* [griech., Stadt]) „Technoseum" (gebildet/komprimiert aus Technik + Museum)
Bindestrichschreibung der Museumsnamen, die Eigennamen als Bestandteil enthalten	Otto-Lilienthal-Museum, Johannes-Kepler-Museum
Schreibung von Namen, die aus einem Adjektiv und einem Nomen gebildet sind	Wie verhält es sich hier mit der Großschreibung?
Zusammenschreibung der Komposita „Freilichtmuseum", „Technikmuseum"	Hier wären auch Bindestrichschreibungen erlaubt.

Die Schreibung von Eigennamen und Herkunftsbezeichnungen wird im SB auf S. 249 f. behandelt.

12.1 Technische Höhenflüge – Richtig schreiben

S. 248 Deutsche Technikmuseen – Groß- und Kleinschreibung

Nominalisierungen erkennen

1 Zu den in der Aufgabenstellung genannten Technikbereichen kann – je nach individuellem Interesse – auch auf der Internetseite des Deutschen Technikmuseums recherchiert werden.

2 **a** Bei den im Text markierten Wörtern handelt es sich um fünf nominalisierte Adjektive und ein nominalisiertes Verb („Anschauen"). Die Artikel („das") bzw. die Präposition + Artikel („Beim") weisen auf die Nominalisierung hin. Diese führt zur Großschreibung der Adjektive und Verben.

b So sehen die ergänzten Regeln aus (vgl. Orientierungswissen im SB auf S. 332 f.):
– Verben und Adjektive schreibt man groß, wenn sie im Satz als Nomen gebraucht werden
(= Nominalisierung).
– Man erkennt solche Nominalisierungen häufig an ihren Begleitwörtern. Solche Begleitwörter
können z. B. sein: Artikel, Adjektive, Präpositionen, Pronomen oder Zahlwörter.

Mögliche Zusatzaufgabe: Die Begleitwörter der anderen Nominalisierungen im Text können später, wenn die Schüler/-innen den gesamten Text gelesen haben, als Beispiele zugeordnet werden.
– Artikel: Z. 2, 4, 5, 11, 13, 16
– Adjektive: Z. 20
– Präpositionen: Z. 2, 17, 23
– (Indefinit-)Pronomen: Z. 19 f., 24

c Probe, mit der man erkennen kann, ob ein Wort groß- oder kleingeschrieben wird:
Wenn man einen Nomenbegleiter (z. B. einen Artikel) ergänzen kann, schreibt man das Wort groß.
Im vorgegebenen Text kann z. B. der Artikel an den Stellen ergänzt werden, an denen er innerhalb
von Aufzählungen als unnötige Wiederholung weggelassen wurde:
– Z. 4 f.: das Modische und <u>das</u> Technische
– Z. 5: das Handwerkliche und <u>das</u> Industrielle
– Z. 13: das Zusammennageln und <u>das</u> Nieten
– Z. 24 f.: etwas Interessantes oder <u>etwas</u> Überraschendes

3 **a/b** Der Text in der richtigen Groß- und Kleinschreibung (nominalisierte Verben und Adjektive sind mit ihren Begleitwörtern markiert):
ROBERT: <u>Am interessantesten</u> fand ich die Kofferproduktion mit Hilfe einer alten Maschinenanlage. Alle Produktionsschritte, z. B. das Schneiden der Hartpappen, das Stanzen der Eisenbeschläge und das Zusammennageln und Nieten der Einzelteile, wurden vor unseren Augen live durchgeführt.
FELICIA: Das Genialste ist für mich einfach, wie der Mensch zum Fliegen gekommen ist. Besonders die alten Flugzeuge haben für mich etwas ungeheuer Faszinierendes.
HANNES: Ich kann gar nicht genau sagen, was mir <u>am besten</u> gefallen hat. Ich habe beim Streunen durchs Museum in jeder Abteilung etwas Interessantes oder Überraschendes entdeckt.

4 Die beiden Beispiele für den Superlativ mit „am" sind im Text oben zu Aufgabe 3 unterstrichen.
Regel: Adjektive im Superlativ mit „am" werden kleingeschrieben.

Mögliche Zusatzaufgabe: Wandle die beiden Aussagen von Felicia so um, dass sie jeweils einen Superlativ mit „am" enthalten: **?** ist für mich einfach, wie der Mensch zum Fliegen gekommen ist.
Die alten Flugzeuge finde ich **?**

385

Schreibung von Eigennamen und Herkunftsbezeichnungen

1 Beispiele für die richtige Zuordnung von Ausstellungsstück und Museum jeweils in einem Satz und in der richtigen Groß- und Kleinschreibung:

– Das <u>Goldene Kaffeezeug</u> ist im <u>Dresdner Grünen Gewölbe</u> zu bewundern.
– Das <u>Historische Museum am Hohen Ufer</u> in Hannover zeigt das <u>niedersächsische</u> Bauernhof-Modell Dreiseithaus.
– Werke der Malergruppe <u>der Blaue Reiter</u> werden in der <u>Städtischen Galerie im Lenbachhaus München</u> ausgestellt.
– Im <u>Neuen Museum Berlin</u> befindet sich die <u>Mumienmaske einer Ägypterin</u>.
– Das <u>Klappgestühl des Deutschen Bundestages</u> ist im <u>Bonner Haus der Geschichte</u> aufgestellt.

Die sachliche Richtigkeit der Zuordnungen kann nötigenfalls durch eine kleine Rechercheaufgabe im Internet (Zusatzaufgabe als Differenzierungsmöglichkeit) sichergestellt bzw. überprüft werden.

2 Bei der Erfindung mehrteiliger Eigennamen und Herkunftsbezeichnungen mit dem Material aus den beiden Wortspeichern sind vielfältige Kombinationen möglich. Hier einige Beispiele:
die Graf-von-Zeppelin-Straße – die Carl-Zeiss-Allee – der Georg-Büchner-Platz – der Hamburger Hafen – das Münchener Olympiastadion – der Berliner/Frankfurter Flughafen – ein New Yorker Museum

Hinweis: Da sich Eigennamen nicht immer an die Regeln halten, können die Schüler/-innen z. B. überprüfen, wie die Namen ihrer Straße oder der Schule geschrieben werden. Auch eine Recherche zu Namen weiterer Technikmuseen in Deutschland ergibt, dass die Schreibungen nicht immer regelkonform sind.

S. 250 Stärken stärken: Eigennamen und Herkunftsbezeichnungen

1–4 Beispiellösung:

Eigennamen	Herkunftsbezeichnungen	
	Ableitungen auf *-er*	Ableitungen auf *-isch*
– Deutsche[s] Museum (Überschrift, Z. 8 f., 14) – Deutsches Bergbau-Museum (Z. 18 f.) – Deutsche[s] Schifffahrtsmuseum (Z. 21 f.) – Otto-Lilienthal-Museum (Z. 27) – Deutsches Uhrenmuseum (Z. 29.)	– Rostocker Schifffahrtsmuseum (Überschrift) – Berliner Technikmuseum (Z. 1) – Mannheimer Technoseum (Z. 6) – Münchener Stammhaus (Z. 9 f.) – Bonner Außenstelle (Z. 13) – Bochumer Deutsche[s] Bergbau-Museum (Z. 18 f.) – Essener Zeche Zollverein (Z. 19 f.) – das Rostocker, das Kieler und das Flensburger Schifffahrtsmuseum (Z. 23 f.)	– das baden-württembergische Landesmuseum für Technik und Arbeit (Z. 4 f.) – das mecklenburg-vorpommerische Otto-Lilienthal-Museum (Z. 26 f.)

4 Bei der selbstständigen Formulierung der Regeln für die Schreibung von Eigennamen und Herkunftsbezeichnungen sollte – z. B. durch das Schließen der Bücher – verhindert werden, dass die Schüler/-innen sogleich im Informationskasten im SB auf S. 249 nachschauen, wie die Regeln lauten. Der spätere Vergleich der selbstverfassten Regeln mit denen im Merkkasten sensibilisiert die Schüler/-innen für sprachliche Genauigkeit.

Schreibung von Tageszeiten und Wochentagen

1 a So sind die Museen richtig den Aussagen zugeordnet:
1 das Optische Museum; **2** das Otto-Lilienthal-Museum; **3** das Technoseum

b Die richtige Groß- und Kleinschreibung der Zeitangaben:
1 samstagmorgens – am Samstagnachmittag – wochentags; **2** samstags – sonntagnachmittags;
3 vormittags
So lauten die vollständigen Sätze in korrekter Schreibweise:
1 Das Optische Museum öffnet samstagmorgens und schließt am Samstagnachmittag später als wochentags.
2 In den Weihnachtsferien können wir das Otto-Lilienthal-Museum nicht samstags besuchen, aber sonntagnachmittags gäbe es eine Gelegenheit dazu.
3 Das Technoseum öffnet vormittags früher als die anderen beiden Museen.

c **Hinweis:** Die Ratesätze mit Tageszeiten und Wochentagen können sich z. B. auf die Öffnungszeiten von Einrichtungen vor Ort beziehen, die allen Schülerinnen und Schülern bekannt sind.

2 Der Text in der richtigen Groß- und Kleinschreibung (Begründungen in Klammern):
Am Heiligen Abend *(Eigenname)* hat das Museum nur vormittags *(Adverb)* geöffnet. Am ersten Weihnachtstag *(kein Eigenname!)* findet am Nachmittag *(Nomen)* eine Lesung statt, bei der ein spannender Weihnachtskrimi *(Adjektiv + Nomen)* vorgestellt wird. Im Januar zeigen wir jeden Mittwochabend *(Nomen)* sowie montagnachmittags *(Adverb)* einen Kinofilm. […] Am Ersten Mai *(Eigenname)* ist das Museum nur nachmittags *(Adverb)* geöffnet. Am Tag der Deutschen Einheit *(Eigenname)* bieten wir ein besonderes Programm.

S. 252 Bionik – Fremdwörter

Die **Folie** „Rechtschreibstrategien anwenden" bietet sich vor der Erarbeitung des Kapitels zur Sicherung des Vorwissens und grundlegenden Wiederholung der Rechtschreibstrategien an. Gleichzeitig kann sie genutzt werden, um in Grundzügen das Wissen zur Großschreibung zu wiederholen und auf die Probleme bei der Schreibung von Fremdwörtern aufmerksam zu machen.

Lange Wörter und Fremdwörter deutlich in Silben lesen und richtig schreiben

1 a Hier wiederholen die Schüler/-innen ihr Wissen über das deutliche Mitsprechen in Silben, das ihnen die Angst vor langen Wörtern nimmt und ihnen hilft, sie sicher zu schreiben. Sie reflektieren die Konstruktionsprinzipien der Komposita und erschließen ihre Bedeutung von hinten nach vorn. Damit erhalten sie eine Strategie, die auch für lange Wörter in Texten nutzbar ist. In einem weiteren Schritt erproben sie, ob die Strategie des Mitsprechens auch für Fremdwörter hilfreich ist.
Voraussetzung für das erfolgreiche Arbeiten mit dieser Strategie ist allerdings, dass das Wortmaterial zunächst aus lauttreuen Wörtern besteht. Dann ist die Basis erarbeitet, auffällige oder von der Laut-Buchstaben-Zuordnung abweichende Stellen in anderen Wörtern zu finden. Wenn die Laut-Buchstaben-Zuordnung unklar und verwechselbar ist, stellt sich die Frage nach weiteren Strategien.

Mögliches **Tafelbild:**

> Wörter werden aus Silben gebildet. → neuer Vokal oder Doppelvokal = neue Silbe
> Beispiel: Kör per pan zer
>
> Wenn man die Silben deutlich spricht, hört man die zu schreibenden Buchstaben.
> Das hilft auch bei Fremdwörtern, Beispiel: Bi o lo ge
>
> Erschließung der Bedeutung: von hinten nach vorn.
> Beispiel: der Panzer für einen Körper

b/c der Körperpanzer = der Panzer für einen Körper
der Biologe = der Wissenschaftler, der alles Lebendige/die Natur erforscht
der Technikerkollege = der Kollege eines Technikers; jemand, der auch Techniker ist
der Spinnenseidenfaden = der Faden aus Seide, der von einer Spinne produziert wird

die Leichtbauweise = Bauweise, die leichte Materialien verwendet
die Dauerbelastung = die Belastung, die dauerhaft ist
die Unterwasserlebensbedingungen = die Bedingungen des Lebens unter Wasser
die Forschungszweige = die Zweige/Richtungen, in denen geforscht wird

2 a/b der: Bi o ni ker – Lauf ro bo ter
die: Mu ta ti on – Na tur prin zi pi en – Ul tra leicht bau wei se – Rep ti li en haut – Me di zin tech nik –
Ma te ri al be schaf fen heit – Sen sa ti ons ent dec kung (= Sprechweise)/…ent de ckung
(= Trennung) – E lek tro sen so ren – Il lus tra ti on

3 a Alle markierten Wörter sind lauttreu und damit schwingbar.

b Mögliche weitere Beispiele: die Seidenraupen, die Produktionskosten, die Kombination, die Realität,
der Interessenkonflikt

Typische Stellen von Fremdwörtern merken

1 a/b Auf dieser Seite wird das Prinzip des deutlichen Mitsprechens genutzt, um typische Laut-
Buchstaben-Zuordnungen in Fremdwörtern zu identifizieren, die von der in der deutschen Sprache
geläufigen Laut-Buchstaben-Zuordnung abweichen, aber regelhaft und übertragbar sind. In Fachbegriffen wird der Laut *t* häufig als *th*, der Laut *f* als *ph* und das *ü* als *y* verschriftlicht.

Mögliches **Tafelbild:**

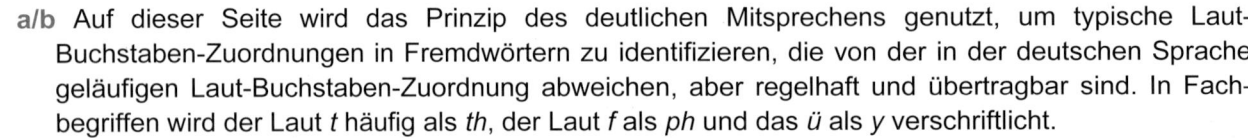

Fremdwörter haben typische Schreibweisen:

Typisch = *ü*   Theater = *t*   Phosphor = *f*

c/d Die Merkstellen sind fett gedruckt:

th statt *t*	*ph* statt *f*	*y* statt *ü*
der: Or**th**opäde, **Th**ron, **Th**eologe, **Th**erapeut, **Th**eoretiker die: Apo**th**eke, Hyazin**th**e, Me**th**ode, **Th**ese das: **Th**ermometer, **Th**eater	der: **Ph**arao, **Ph**osphor die: **Ph**ysik, Am**ph**ibie, Stro**ph**e, Katastro**ph**e das: **Ph**änomen	die: H**y**azinthe, S**y**stematik, Ph**y**sik, Ps**y**che das: S**y**mbol

2 a/b Beispiellösung:

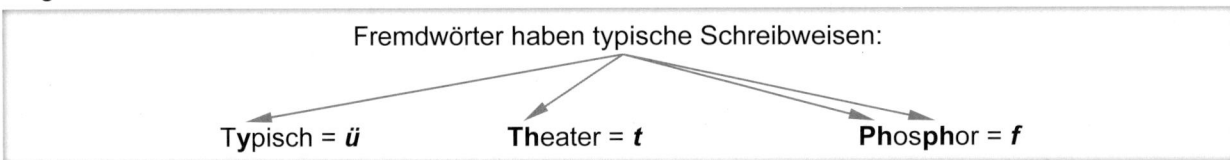

Mit einer Hyazinthe messe ich, wie kalt oder warm es gerade ist.
– Mit einem Thermometer messe ich, wie kalt oder warm es gerade ist.
– Auf meiner Fensterbank blüht eine blaue Hyazinthe.

3 Materialbionik = Entwicklung von neuartigen Materialien
Gerätebionik = Entwicklung von technischen Geräten
Prothetik = Entwicklung von künstlichen Körpergliedern
Robotik = Entwicklung von Robotern
Sensorbionik = Entwicklung von Systemen, mit denen man z. B. besser sehen, fühlen oder riechen
kann

4 a/b Markierte Fremdwörter: Materialbionik, Gerätebionik, Pro**th**etik, Robotik, Sensorbionik
Nicht markierte Fremdwörter: Bionik, **s**ystematisch

c Während sich fast alle Fremdwörter durch das deutliche Sprechen der Silben lautgetreu schreiben
lassen, greift bei den Wörtern *Prothetik* und *systematisch* die besondere Schreibweise von Fremdwörtern.

5 Beispiellösung:

> – Beim Schreiben vieler Fremdwörter hilft es, wenn man sie Silbe für Silbe deutlich ausspricht.
> – Dabei ist zu berücksichtigen, dass jeder Vokal eine neue Silbe markiert.
> – Besondere Schreibweisen bei Fremdwörtern sind ungewöhnliche Laut-Buchstaben-Zuordnungen: *ph* statt *f*, *th* statt *t* und *y* statt *ü*.

S. 254 **Strategie – Verlängern und Zerlegen**

In der ersten Aufgabe wird das Wissen um die Strategie des Verlängerns aktiviert. Sie ist neben dem Schwingen die zentrale Rechtschreibstrategie für die wortbezogene Rechtschreibung. Hier wird reflektiert, dass die direkte Umsetzung der Laut-Buchstaben-Zuordnung vor allem bei einsilbigen Wörtern zu Fehlern in der Schreibung führen würde. Auf die Phänomene bezogen gibt es eine Fülle von Fehlerquellen, die sich Schüler/-innen nicht immer merken können. Deshalb sollte das Verlängern zur Strategie werden, die die Schüler/-innen selbstständig anwenden.

Um das Verlängern als Strategie zu festigen, muss in einem ersten Schritt reflektiert werden, wo sich im Wort Gefahrenstellen (also Stellen mit unklarer Laut-Buchstaben-Zuordnung) verbergen. Dabei liegt das Augenmerk auf der Silbenzahl, weniger auf den Phänomenen, was zu übertragbarem und anwendbarem Wissen verhilft.

In einem zweiten Schritt erfahren die Schüler/-innen, dass es zwar viele lauttreue Komposita gibt, dass sich in ihnen aber auch Einsilber befinden können, die keine eindeutige Laut-Buchstaben-Zuordnung aufweisen. Zerlegt man die Wörter in ihre Einzelteile, entdeckt man die zu verlängernden Einsilber.

1 a – Bei Einsilbern kann man die Doppelkonsonanten nicht sicher identifizieren.
   – *b* und *g* kann man mit *p* und *k* verwechseln, weil sie bei Einsilbern und am Wortende verhärtet und anders ausgesprochen werden.

   b kann – wir können, muss – wir müssen, soll – wir sollen, will – wir wollen, mag – wir mögen, darf – wir dürfen, kommt – wir kommen, tobt – wir toben, meint – wir meinen, weint – wir weinen, schwimmt – wir schwimmen, kennt – wir kennen, forscht – wir forschen

2 a/b Mögliches **Tafelbild**:

Wörter, **die man schreibt, wie man sie spricht**	Wörter, **die man zerlegen und verlängern muss**
der Heuschreckenpanzer die Wasserspinnen die Kletterpflanzen der Libellenflügel die Schlangenhautbeschichtung	die Flug|dauer – die Flü**g**e der Mauer|seg**ler** = se**g**eln die Spinnen|net**z**|technik = die Net**z**e die Schwi**mm**|flossen = schwi**mm**en die Vogel|han**d**|schwingen = die Hän**d**e

3 Bioniker interessieren sich dafür, dass Libellen besonders leicht gebaut sind und herausragende Flugeigenschaften haben.

4 a Beispiellösung:

   Flug\|künstler – die Flüge, Vorbild – die Vorbilder, Flug\|roboter – die Flüge, Flug\|technik – die Flüge, herausragend – herausragende, ermöglichen – mögen, Flug\|künste – die Flüge, Flug\|eigenschaften – die Flüge, Königs\|libelle – die Könige, Miniatur\|hub\|schrauber – heben

389

b Auch beim gemeinsamen Überarbeiten sollten die Schüler/-innen angehalten werden, die Strategien anzuwenden und auch durch lautes Sprechen von Wörtern zu prüfen, ob die Schreibweise stimmt.

5 Das Lernplakat muss enthalten, dass sich in Einsilbern und Auslauten Fehlerquellen auftun, die man durch Verlängern vermeiden kann. In Komposita gibt es oft solche Verlängerungswörter, die man durch Zerlegen findet. Bei „Libellenflügel" kann man z. B. alle Buchstaben hören oder hörbar machen, bei „Flug|künstler" nicht, hier muss man „Flug" zu „Flüge" verlängern.

Mögliches **Tafelbild/Lernplakat**:

> Verlängern heißt: eine Silbe anfügen.
>
> Wichtige Strategie bei Einsilbern und unklaren Auslauten: z. B. der Flu**g** – denn: die Flü **ge**
> Der unklare Auslaut rückt an die Silbengrenze, wird wieder hörbar.
>
> **Achtung:** Einsilber können sich auch in Zusammensetzungen verstecken, z. B.: Flug|künstler.

S. 255 Strategie – Ableiten und Merken

Ableiten ist die Strategie, die genutzt wird, um die Vokale *e* und *ä* bzw. *eu* und *äu* zu unterscheiden. Die Normalschreibung für diese Laute ist *e* und *eu*. Man schreibt *ä* und *äu*, wenn es verwandte Wörter mit *a* und *au* gibt. Es gilt das Stammprinzip; dementsprechend bietet sich die Arbeit mit Wortfamilien an. Es sollte darauf geachtet werden, dass das Strategiezeichen direkt über den abzuleitenden Vokal gesetzt wird. Damit wird die Aufmerksamkeit vom ganzen Wort auf die fehlerträchtige Stelle gelenkt.
Allerdings sind nicht alle Wörter ableitbar. Zu diesen Merkwörtern gehören neben Einzelwörtern auch Fremdwörter mit den Suffixen *-tär* und *-tät*. Hat man das verstanden, kann man viele Fremdwörter richtig schreiben.
Eine zweite Gruppe von Merkwörtern sind Wörter, die man nicht verlängern kann, die aber im Auslaut unklar sind. Hier kann man den Blick dafür schärfen, dass diese kleinen Wörter besonders beachtet werden müssen.
Die dritte Merkwortgruppe sind Wörter mit *V/v*.

Mögliches **Tafelbild**:

Merkwörter sind Wörter, deren Schreibweise man mit keiner Strategie hörbar machen kann.		
Gruppe 1: Wörter mit ä, die man nicht ableiten kann	**Gruppe 2: Wörter, die man nicht verlängern kann**	**Gruppe 3: Wörter mit v**
der Sekre**tär** die Quali**tät**	und herab heran	Vater Vaseline

1 Oberfläche – denn: flach; Spinnenfäden – denn: der Faden; Verständigung – denn: verstanden; Kläranlagen – denn: klar; Luftbläschen – denn: die Blase; Schläuche – denn: der Schlauch; Verhältnismäßigkeit – denn: das Verhalten/das Maß; Saugnäpfe – denn: der Napf; Gänsegeier – denn: die Gans; Gegenstände – denn: der Gegenstand; Verhältnisse – denn: halten

2 a/b Sekretär = Beruf, Militär = Streitkräfte, humanitär = menschenfreundlich, autoritär = gebieterisch, rudimentär = unvollständig, totalitär = Gegenteil von freiheitlich, elitär = auserlesen
Modalität = Art und Weise, Naivität = Arglosigkeit, Subjektivität = persönlich, Kreativität = Einfallsreichtum, Primitivität = sehr schlicht, Rationalität = Vernunft

3 a Die Schreibung von *h* und *v* sowie von einsilbigen Wörtern, die nicht zu verlängern sind, kann man mit keiner Strategie erklären.

b/c Mögliches **Tafelbild:**

Kurze Wörter, die man nicht verlängern kann	Wörter mit *h*	Wörter mit *v*
an, dann, denn, wenn, herab	sehen, dehnen, fahren	Vater, Vogel, von, vom
wie, während, und, ob, bald, weshalb, deshalb	Ohren, lohnen, Uhren, bohren, sehnen	vier, viel, Vampir, verflixt, vorher

4   **a**   Vagabund, Vandale, Vanille, Vegetarier, Venen, Ventilator, Violine, Vokabel, Vulkane

b/c Beispiellösung:

> Jemand, der ständig umherzieht und seinen Wohnort wechselt, nennt man <u>Vagabund</u>.
> Ein <u>Vegetarier</u> isst kein Fleisch.
> <u>Vandalen</u> richten Zerstörungen an.
> In den <u>Venen</u> fließt Blut zum Herzen hin.
> Es macht nicht immer Spaß, <u>Vokabeln</u> zu lernen.
> Einen <u>Ventilator</u> kann man bei großer Hitze gut gebrauchen.
> Die <u>Violine</u> ist ein Musikinstrument.
> <u>Vulkane</u> können ausbrechen und Magma an die Erdoberfläche führen.
> <u>Vanille</u> ist ein wohlschmeckendes Gewürz.

5   Mögliches **Tafelbild/Lernplakat mit** *-tär, -tät*:

> Ableiten heißt: verwandte Wörter mit *ä* und *äu* finden.
>
> Wichtige Strategie bei Wörtern mit *e/eu* oder *ä/äu*: z. B. die W**e**lt, denn: die W**e**lten – aber: er tr**ä**gt, denn: tr**a**gen.
>
> **Achtung:** Das Ableiten ist bei den Fremdwortsuffixen *-tär* und *-tät* nicht möglich. Diese Wörter sind Merkwörter.

Mögliches **Tafelbild/Lernplakat mit** *V, v*:

> Wörter, die man sich mit den Strategien nicht erklären kann, muss man sich merken.
>
> Zu den Merkwörtern gehören die Wörter mit *V, v*., z. B. Vegetarier, Vanille, von, vier, naiv.

S. 256   **Stärken stärken: Fremdwörter**

Geckos sind Kletterkünstler

1   Bioniker interessieren sich für Geckos wegen ihrer besonderen Fähigkeit, auch kopfüber am Untergrund zu haften.

2   **a**   Ge ckos, Rep ti li en, Bi o ni ker, Klet ter ro bo ter, Fas sa den
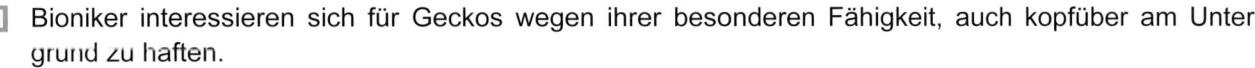
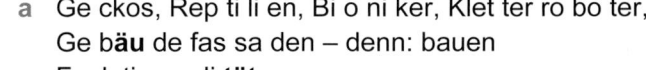
> Ge b**äu** de fas sa den – denn: bauen
> Funk ti o na li **tät**
> **V**i tri nen

    b   Fast alle Fremdwörter erschließen sich durch die Strategie des Silbenschwingens. Bei der Rechtschreibung des Worts *Gebäudefassaden* hilft zusätzlich die Strategie Ableiten.

    c   die Gebäude|fassaden – denn: bauen; die Schäden – denn: der Schaden; die Rück|stände – denn: der Stand

3 a/b

th statt *t*	*ph* statt *f*	*y* statt *ü*
die Methode, die Athleten, die Theorie	die Phänomene, der Asphalt	das Mysterium

c Beispiellösung:

> Die Athleten betraten das Olympiastadion.
> Im Sommer kann der Asphalt auf den Straßen sehr heiß werden.
> Ein Mysterium ist ein Rätsel.

4 a Beispiellösung:

> Wenn lauttreue Fremdwörter deutlich in Silben gesprochen werden, kann man jeden Buchstaben deutlich hören. Diese Strategie hilft bei vielen Fremdwörtern, z. B. *Rep ti li en* oder *Bi o ni ker*.
> Besondere Schreibweisen bei Fremdwörtern sind ungewöhnliche Laut-Buchstaben-Zuordnungen:
> *ph* statt *f*, z. B. Phänomene,
> *th* statt *t*, z. B. Methode,
> und *y* statt *ü*, z. B. Mysterium.
> Diese Wörter muss man sich merken.

b Das Wort *Funktionalität* ist eins der Merkwörter mit dem Fremdwortsuffix *-tät*. *Vitrinen* gehört zu den Merkwörtern mit *V*

 S. 257 Mit Strategien Regeln finden

Auf den folgenden Seiten sollen die Schüler/-innen Sicherheit darüber gewinnen, welche Regeln es zur richtigen Schreibung von Wörtern gibt. Zwar können sie mit Hilfe der Strategien durchaus sicherer werden und die meisten Probleme lösen, aber erklären können sie damit die regelhaften Schreibweisen wie bei der *ie-*, *ß-* bzw. *h-*Schreibung noch nicht.

Auf der Basis der Silbenstruktur unserer Sprache können die Strategien „Schwingen", „Verlängern" und „Zerlegen" genutzt werden, um die Schreibweisen erklärbar und verstehbar zu machen. Die erste Silbe des zweisilbigen Wortes gibt die notwendige Information über die Schreibweise. Es gilt das Stammprinzip: Wird ein Wort mit *ie* oder *ß* geschrieben, behalten auch alle verwandten Wörter diese Schreibweise bei.

Der Trick der Ölbienen – *i* oder *ie*?

Die Regel, dass das lange *i* mit *ie* verschriftlicht wird, produziert erfahrungsgemäß Fehlschreibungen, denn es gibt überaus viele lange *i-*Laute, die lediglich mit *i* geschrieben werden. Um Licht ins Dickicht zu bringen, bietet es sich an, mit den Schülerinnen und Schülern zweisilbige Wörter zu untersuchen. Nur bei ihnen kommt es zu relativen Sicherheiten: Ist die erste Silbe offen (endet mit Vokal), schreibt man *ie*, ist sie geschlossen (endet mit Konsonant), schreibt man *i*. Für die Anwendung dieser Regel muss man Einsilber verlängern, Zusammensetzungen zerlegen.

Problematisiert werden muss die Schreibung in Fremdwörtern: Mehrsilbige Wörter und solche, die ein langes *i* nicht in der ersten Silbe haben, werden regelhaft mit *i* geschrieben. So gesehen ist die Nachsilbe *-ieren* eine Ausnahmeschreibung, die man sich merken muss.

Es gibt auch Zweisilber, die mit *i* geschrieben werden, wie z. B. Primel, Kino. Hier können die Schüler/-innen lernen, dass es sich fast immer um Herkunftswörter handelt, in denen die Schreibweise ohne *i* erhalten geblieben ist. Diese Wörter muss man sich ebenfalls merken.

1 a/b Das *ie* steht im zweisilbigen deutschen Wort, wenn die erste Silbe mit dem *i* offen ist.

2 Die Regel aus Aufgabe 1b kann hier noch erweitert werden: Zusammengesetzte Wörter muss man zerlegen, um die Schreibweise mit *ie* begründen zu können.

das Ziel – denn: die Zie le; die Ziel|richtung – denn: die Zie le; er flieht – denn: flie hen; die Flieh|kraft – denn: flie hen; der Auf|trieb – denn: die Trie be, trie ben; das Gebiet – denn: die Gebie te

3 a Die Regel zur *ie*-Schreibung trifft nicht zu, weil es sich nicht um zweisilbige deutsche Wörter handelt und/oder weil das *i* nicht in der ersten Silbe steht.

b/c organisieren, materialisieren, spezialisieren, funktionieren

4 a Die Entwickler wollen Material entwickeln, das ähnlich viel Öl aufnehmen kann wie die Haare der Ölbiene. Bei Ölkatastrophen wäre das von Vorteil, weil ein solches Material kein Öl durch Abtropfen verlieren würde und es nach Gebrauch das Öl auch wieder abgeben könnte, sodass es nicht verbrannt werden müsste.

b Ergänzter Text:

Der Trick der Ölbienen

Ölbienen trinken wie alle Bienen Nektar, aber sie sammeln darüber hinaus auch Öle aus bestimmten Pflanzen. Sie mixen sie mit den Pollen und verfüttern diese Nahrung an die Brut. Das Öl wird auch gebraucht, um die Bienenwaben wasserdicht zu machen. Das Öl halten sie mit ihren Hinterbeinen fest, ohne dass es heraustropft, einfach durch die Struktur ihrer Haare. Das Gewicht des Öls kann dabei um ein Vielfaches höher sein als das Gewicht der Haare, ein Beispiel für eine leichte biologische Struktur mit hoher Effizienz. Diese Struktur könnte für die Beseitigung von Ölteppichen in Meeren sinnvoll sein. Bisher müssen die Tücher, die das Öl aufnehmen, verbrannt werden. Techniker arbeiten an der Entwicklung von Tüchern nach dem Vorbild der Ölbiene. Ihr Ziel ist, dass sie mehr Öl aufnehmen und auch wieder abgeben können.

c

Schwingen	Zerlegen	Verlängern
Bienen, trinken, wie, hinaus, bestimmten, mit, diese, biologische, Effizienz, Beseitigung, bisher, Techniker, Entwicklung, wieder	Ölbienen, Bienenwaben, wasserdicht, Hinterbeinen, Vielfaches, Beispiel, sinnvoll, Vorbild	Trick, Gewicht, Ziel

Rasendes Wasser – *s*, *ß* oder *ss*?

Wenn der Bauplan zweisilbiger Wörter verstanden ist, ist auch die Schreibung der *s*-Laute logisch und verständlich, denn die Konstruktionsprinzipien, die für alle anderen deutschen Zweisilber gelten, haben auch bei der Schreibung der *s*-Laute ihre Gültigkeit:
– Ist die erste Silbe offen, schreibt man in der Regel *s*.
– Ist die erste Silbe geschlossen, schreibt man an der Silbengrenze entweder zwei verschiedene oder zwei gleiche Konsonanten.

Es bleibt, die Schreibung des typisch deutschen Buchstabens *ß* zu klären. Vergleiche mit der *s*- und *ss*-Schreibung zeigen, dass das Wissen um die erste Silbe und die Aussprache erforderlich ist: Mit dem *ss* hat es die zischende Aussprache gemeinsam, aber die offene erste Silbe macht den Unterschied aus. Mit der *s*-Schreibung hat es die erste offene Silbe gemeinsam, aber hier differenziert die Aussprache: Dem summenden *s* steht das zischende *ß* gegenüber. Wörter einer Wortfamilie können die Schreibweise ändern. Um dabei Sicherheiten zu erwerben, müssen die Strategien Schwingen, Verlängern, Zerlegen angewendet werden. Das Verlängern ist insofern eine wichtige Strategie, als einsilbige Wörter, die man nicht verlängern kann, in der Regel mit *s* geschrieben werden.
1. Um für das Problem zu sensibilisieren, werden Einsilber an der Tafel gesammelt. Die Schüler/-innen werden verschiedene *s*-Schreibungen bei gleich klingenden *s*-Lauten erkennen.
2. Im zweiten Schritt kann das Problem durch Verlängern gelöst werden.

3. In einem dritten Schritt bietet es sich an, die Regeln zur *s*-Schreibung durch Untersuchungen am Wort und durch Einordnung in eine Tabelle herausfinden zu lassen.

Eine andere Möglichkeit, sich der Schreibung der *s*-Laute zu nähern, besteht darin, die Tabelle an der Tafel zu skizzieren (siehe S. 394). Dann werden Wörter mit unterschiedlicher Schreibung des *s*-Lautes angeboten. Die Schüler/-innen sollen erarbeiten, welche Wörter mit dieser Tabelle erklärbar sind.

Mögliches **Tafelbild:**

Er heißt, er hisst, er rast, er bremst →	**Problem:** Alle *s*-Laute hören sich gleich an. **Lösung:** Verlängern

erste Silbe offen		erste Silbe geschlossen	
s = summend	*ß* = zischend	zwei verschiedene Konsonanten	zwei gleiche Konsonanten
rasen	heißen	bremsen	hissen
	schließen		schlossen

1 a/b Man schreibt *ß*, wenn die erste Silbe offen ist und man den *s*-Laut zischend spricht,
z. B. gießen, saßen.
Man schreibt *s*, wenn die erste Silbe offen ist und man den *s*-Laut summend spricht,
z. B. rasen.
Man schreibt *s*, wenn die erste Silbe geschlossen ist und zwei verschiedene Konsonanten an der Silbengrenze stehen, z. B. bremsen.
Man schreibt *ss*, wenn die erste Silbe geschlossen ist und zwei gleiche Konsonanten an der Silbengrenze stehen, z. B. Wasser.

Zusätzlich kann folgender Hinweis ins Heft aufgenommen werden: Einsilber muss man verlängern, Zusammensetzungen zerlegen.

2 heiß – denn: heißer; der Heiß|luftballon – denn: heißer; der Guss – denn: die Güsse; das Guss|eisen – denn: die Güsse; die Nuss – denn: die Nüsse; der Nuss|knacker – denn: die Nüsse;
das Floß – denn: die Flöße; die Floß|balken – denn: die Flöße; das Maß – denn: die Maße; das Maß|band – denn: die Maße; der Fleiß – denn: fleißig; die Fleiß|arbeit – denn: fleißig

3 er schließt – denn: wir schließen; aber: er schloss – denn: wir schlossen; er reißt – denn: wir reißen; aber: er riss – denn: wir rissen; er beißt – denn: wir beißen; aber: er biss – denn: wir bissen; er schießt – denn: wir schießen; aber: er schoss – denn: wir schossen; er misst – denn: wir messen; aber: er maß – denn: wir maßen; er vergisst – denn: wir vergessen; aber: er vergaß – denn: wir vergaßen; er isst – denn: wir essen; aber: er aß – denn: wir aßen; er schmeißt – denn: wir schmeißen; aber: er schmiss – denn: wir schmissen

4 a Der richtige Satz lautet: Aber den Versuch, die Dinge nachher wieder zu lösen, kann man oft vergessen.

b/c Richtig ergänzter Text:

Kleber – Dauerhaft oder mit kurzer Haftung
Man <u>muss</u> häufig verschiedene Materialien miteinander verbinden: Metall <u>schweißt</u> man, Stoffe näht oder <u>verschließt</u> man mit <u>Klettverschluss</u>. Aber den Versuch, die Dinge nachher wieder zu lösen, kann man oft <u>vergessen</u>: <u>Fass</u> sie an, <u>reiß</u> daran, selten geht das sauber. Was tun, wenn Dinge nur kurze Zeit aneinanderhaften sollen? Auch hier lohnt es sich, der Natur zuzuschauen:
Einige Tiere haften auf glatten Oberflächen und können senkrecht auf ihnen laufen. Dabei bleiben sie nicht auf Dauer kleben, sondern sie <u>lassen</u> nach einem kurzen Moment los. Sie sondern an ihren <u>Füßchen</u> <u>Flüssigkeiten</u> ab, sodass sie nicht abrutschen. Sie tun das, was man macht, wenn man seine Finger anfeuchtet, um z. B. Zeitungsseiten <u>besser</u> umzuschlagen.

5 Der Vortrag muss klären, dass *s* und *ß* geschrieben werden, wenn die erste Silbe offen ist. Durch zischende Aussprache wie bei „schweißen" und summende Aussprache wie bei „lösen" kann man die beiden unterscheiden. Ist die erste Silbe geschlossen und stehen an der Silbengrenze nicht zwei verschiedene Konsonanten, schreibt man *ss*, z. B. „besser".
Einsilber muss man verlängern, z. B. „muss" zu „müssen". Zusammensetzungen muss man zerlegen und dann verlängern, z. B. |ver|schließt – denn: schließen.

Der hohle Zahn – Wörter mit *h*

Wörter mit Dehnungs-*h* sind von Wörtern mit silbeninitiierendem *h* zu unterscheiden; das ist allerdings nur in der zweisilbigen Form möglich.
– Steht das *h* in der ersten Silbe, ist es nicht hörbar. Der „Wal" und die „Wahl" werden z. B. gleich gesprochen. Wörter mit Dehnungs-*h* in der ersten Silbe sind daher Merkwörter, die mit keiner Strategie zu knacken sind. Hier bietet sich die Arbeit mit Wortfamilien sowie das Anlegen einer Merkwortliste an.
– Das silbeninitiierende *h* dagegen gehört zur zweiten Silbe und öffnet sie. Dieses *h* dient dem besseren Sprechen, weil es ein Aufeinandertreffen von zwei Vokalen verhindert: nicht „ge en", sondern „ge hen".

Mögliches **Tafelbild:**

er geht – wir ge hen	der Lohn – die Löh ne, die Lohn|zah lung
Das *h* gehört zur zweiten Silbe.	Das *h* gehört zur ersten Silbe, es ist nicht hörbar.

1 **a/b** Hörbar zu machen ist das *h* in: geht – ge **h**en, der Zeh – die Ze **h**en, es zieht – zie **h**en, er dreht – dre **h**en, es weht – we **h**en, er näht – nä **h**en, es blüht – blü **h**en.

2 **a–c**

Verlängern: ge hen	Merken: hoh ler
er geht, der Zeh, es zieht, er dreht es weht, er näht, es blüht	hohl, der Hahn, das Huhn, er fühlt, die Bahn, der Zahn, wohl, der Wahn, die Zahl, die Uhr, er dehnt, das Rohr, der Stuhl
Das *h* gehört zur zweiten Silbe. Das *h* gehört zur zweiten Silbe und öffnet sie. Man kann die beiden Vokale besser sprechen. Das *h* hört man im Zweisilber.	Das *h* gehört zur ersten Silbe. Das *h* gehört zum Vokal der ersten Silbe und zeigt, dass er lang gesprochen wird. Das *h* hört man im Zweisilber nicht.

3

der Gehsteig, der Gehrock, der Gehstock – denn: ge **h**en	der Wohl|stand, das Wohl|gefühl, wohl|behalten – denn: wo**h** lig, wo**h** ler der Zahn|arzt, die Zahn|spange – denn: die Zä**h** ne, die Hohl|kugel, der Hohl|raum, der Hohl|kopf – denn: ho**h** ler

4 **a/b** ahnen – die Vorahnung, bohren – die Bohrmaschine, fahren – das Fahrrad, fühlen – der Wohlfühlfaktor, gähnen – die Gähnquote, Kühle – die Kühlhalle, Lehrer – der Deutschlehrer, Mehl – das Weizenmehl, rühren – die Rührschüssel, Sahne – der Sahnebecher, Söhne – das Söhnlein, strahlen – die Sonnenstrahlen, wehren – die Abwehr, Zahlen – der Zahlendreher
Keine Merkwörter sind **sehen** und **wehen**.

c Beispiellösung:

> Das Mehl ist durch die ganze Küche geweht.
>
> Das Kind ahnt, dass es besser den Gehsteig benutzen sollte.
>
> Wenn der Zahnarzt bohrt, hört man oft lautes Wehklagen.

Als vertiefende Übung zu den Rechtschreibstrategien und -regeln bietet sich die **Kopiervorlage 1** („Fehlerschwerpunkte finden") an.

5 Der Vortrag muss den Unterschied zwischen dem Dehnungs-*h* und dem silbeninitiierenden *h* herausarbeiten:

Das Dehnungs-*h* gilt als Zeichen für Vokallänge, ist aber eigentlich ohne Funktion, denn ohne *h* würde das Wort genauso gesprochen wie mit *h*, z. B. „Wale" oder „Wahlen". Deswegen muss man sich die Wörter mit Dehnungs-*h* merken, die Schreibweise bleibt in der Wortfamilie erhalten.

Das silbeninitiierende *h* dagegen öffnet im Zweisilber die zweite Silbe und wird eingesetzt, wenn sonst zwei Vokale aufeinanderträfen, z. B. nicht „ge en", sondern „ge hen". Im Zweisilber kann man dieses *h* hören.

S. 260 Hoch hinausfahren – Getrennt- und Zusammenschreibung

Katharina Beckmann: Rein ins Vergnügen!

1 Die Überleitung von den Erzählungen der Schüler/-innen über eigene Achterbahnfahrten zur Getrennt- und Zusammenschreibung kann erfolgen, indem man Sätze aus den Gesprächen aufgreift, in denen „Achterbahnfahren" in unterschiedlicher Form vorkommt, und daran die Getrennt- und Zusammenschreibung thematisiert, z. B.:

- Ich bin noch nie Achterbahn gefahren.
- Mir wird beim Achterbahnfahren immer schlecht.
- Wenn ich Achterbahn fahre, vergesse ich alles andere.
- Ich finde Achterbahnfahren ganz toll.

2 a Zuordnung der markierten Wortgruppen aus dem ersten Absatz des Textes:
- Wortgruppe aus **Nomen + Verb**, z. B.: Probe fahren, Luft holen
- Wortgruppe aus **Verb + Verb**, z. B.: stehen bleiben
- Wortgruppe aus **Adjektiv + Verb**, z. B.: laut lachen, gut sichern, festhalten
- Wortgruppe aus **Adverb + Verb**, z. B.: zusammen johlen, losgehen, emporrasen
- Wortgruppe aus **Präposition + Verb**, z. B.: durchstarten

b/c Bei der Formulierung von Regeln zu jeder Wortgruppe sollte (z. B. durch das Schließen der Bücher) verhindert werden, dass die Schüler/-innen sofort im Informationskasten im SB auf S. 261 nachschauen, wie die Regeln lauten. Der anschließende Vergleich der selbst verfassten Regeln mit denen im Merkkasten sensibilisiert für sprachliche Genauigkeit.

3 Die Lösungen für den zweiten Textabsatz können übersichtlich in einer Tabelle dargestellt werden:

Wortgruppen mit Verb: Getrennt oder zusammen?	
Getrenntschreibung	**Zusammenschreibung**
sicher steht (Adj. + V)	durchatmen (Präp. + V)
schlecht werden (Adj. + V)	hinabstürzen (Präp. + V)
Angst haben (Nomen + V)	hochfliegt (Adj. + V, neue Bedeutung)
kaputt geht (Adj. + V)	aussetzt (Präp. + V)
Schaden nimmt (Nomen + V)	einfährt (Präp. + V)
stehen geblieben (V + V)	wahrhaben (Adj. + V, neue Bedeutung)
	sichergestellt (Adj. + V, neue Bedeutung)
	herausholen (Präp. + V)

4 Diese Aufgabe eignet sich zur Differenzierung für Schüler/-innen, die bereits über eine sichere Rechtschreibkompetenz verfügen. Sie können anhand der beiden Beispiele zur Schreibung von „hoch" und „wahr" in Verbindung mit Verben einen weitergehenden Einblick in die differenzierteren Prinzipien der Groß- und Kleinschreibung bekommen.

Im „Wahrig" (Die deutsche Rechtschreibung, 2006) findet man zu beiden Beispielen recht ausführliche Erläuterungen in einem Kastentext. Danach können folgende Fälle unterschieden werden:

„hoch" + Verb				
	Getrenntschreibung		**Zusammenschreibung**	
Bedeutung von „hoch"	oben, in der Höhe (= Ort)	sehr viel, große Anzahl	nach oben, empor (= Richtung)	übertragene Bedeutung
Beispiele	hoch fliegen (= in großer Höhe fliegen)	hoch verschulden hoch bezahlen	hochbinden hocharbeiten hochkurbeln	hochladen hochrechnen hochstapeln

„wahr" + Verb		
Zusammenschreibung	**Zusammen- oder Getrennt-schreibung**	**Getrenntschreibung**
„wahr" ist in der Verbindung mit einem Verb keiner bestimmten Wortart mehr zuzuordnen	*wahr* beschreibt das Ergebnis der Tätigkeit, die das Verb ausdrückt	in allen anderen Fällen
wahrhaben wahrnehmen wahrsagen	wahr machen/wahrmachen	wahr bleiben wahr sein für wahr halten

5 Mein Onkel fährt mit mir in einen Freizeitpark und ich darf den ganzen Tag **Spaß haben**. Da kann es einem schon ganz schön **schwerfallen**, sich für die eine oder andere Attraktion zu entscheiden. Das Achterbahnfahren kann zum Beispiel echt **spaßig sein**. Aber man sollte sich besser erst danach richtig **satt essen**. Wenn wir die Fahrerei auf den Wasser-, Achter- und Gruselbahnen irgendwann **satthaben**, gehen wir in eine der Shows, bei denen man sich **kaputtlachen** kann.

6 a – Nach der Dunkelfahrt dauert es eine Weile, bis man **wieder sehen** kann.
– Ich würde dich gerne **wiedersehen**.
– Wir sollten uns **zusammen anstellen**, um in die gleiche Bahn zu kommen.
– Freunde sollten immer **zusammenhalten**.
– Manchmal denkt man, die Passagiere müssten **aufeinanderprallen**.
– Ihr sollt in eurer Gruppe **aufeinander achten**.

b Beispiellösung:

– Diese Schuhe würde ich nicht **wieder kaufen**.
– Könnt ihr uns bitte die geliehenen Sachen **wiedergeben?**
– Für die Reise muss ich noch ein paar Sachen **zusammensuchen**.
– Gerne würde ich mit meiner Clique **zusammen reisen**.
– Die beiden sind **aufeinander angewiesen**.
– Die beiden Papplaschen müssen mit Druck **aufeinandergepresst** werden.

S. 262 Stärken stärken: Rechtschreibung

1 a Die Charakterisierung der „Level" und die Angabe der Wörterzahl der drei Diktattexte machen eine quantitative wie qualitative Differenzierung möglich. Dabei sind die Level so beschrieben, dass der

Ehrgeiz im besten Fall geweckt, auf jeden Fall aber eine leistungsbezogene Diskriminierung verhindert wird. Für das Partnerdiktat ist es im Prinzip gleichgültig, ob Partner zusammenkommen, die den gleichen oder zwei unterschiedliche Texte gewählt haben, ein höherer Lerneffekt wird aber eher bei unterschiedlichen Texten erreicht.

Inhaltlich orientieren sich die drei Diktattexte am Thema „Technik im Museum": Auf Level 1 geht es um Papiertechnik, Level 2 greift Interessantes aus dem Berliner Zuckermuseum auf, Level 3 behandelt das Thema „Textiltechnik".

b Markiert sind in den Diktattexten Wörter, die die Rechtschreibphänomene dieses Teilabschnitts des Kapitels aufweisen: Getrennt- und Zusammenschreibung, Groß- und Kleinschreibung (vor allem bei Nominalisierungen, Eigennamen und Herkunftsbezeichnungen sowie Zeitangaben) und Fremdwörter.

S. 263 Testet euch! – Rechtschreibung

1 a/b Motten kann man im Alltag sicher nicht zu den Tieren zählen, die beliebt sind. Sie gelten als Textilienfresser, keiner will sie haben. Für Bioniker sind sie jedoch interessant. Sie gehören zu den nachtaktiven Insekten, die das wenige Licht, das sie zur Verfügung haben, optimal nutzen. Sie selbst werden aber so gut wie nie gesehen, denn ihre Augen reflektieren kein Licht.

2 a/b kleine Lebewesen, eine Chance, den Motten, die Anpassung, ihrer Körperfarbe, ans Dunkle, eine (wichtige) Rolle, das (viel) Interessantere, für Bioniker, Licht, die Oberfläche, der Mottenaugen, von Linien, (ungefähr 300) Nanometer, ihre Anordnung, zum Entstehen, (kleiner zusammengesetzter) Sechsecke, die Gitterrillen, Noppen, die Wellenlänge, des Lichts, die Gitterstruktur, die Lichtbrechung, das Licht, vom Mottenauge

3 a/b

～	～	⅃⅃	⚡	Ⓜ
Forscher, Stoffen, Mottenaugen	Metall, Vorbild, kann	Kunststoff, Gasblasen	Oberflächen	Verfahren

4 Sprießen, spross, die Sprosse, fließen, der Fluss, die Flüsse, das Flussgebiet, die Fließrichtung, der Fuß, die Füße, das Fußgelenk

12.2 Von Versuchsprotokollen und Gebrauchsanweisungen – Zeichensetzung

Zeichen setzen zu können heißt, Sätze gedanklich zu strukturieren. Im Gegensatz dazu setzen die Schüler/-innen die Zeichen aber häufig intuitiv. Im folgenden Teilkapitel werden die Regelhaftigkeiten bei der Zeichensetzung in den Blick genommen.

Auf Seite 264 im Schülerband wird die nebenordnende Funktion der Kommas bei Aufzählungen und Satzreihen erarbeitet, die Seite 265 stellt die unterordnende Funktion der Kommas in Satzgefügen in den Mittelpunkt. Besondere Nebensatzkonstruktionen wie Relativsätze und Infinitivsätze werden nachfolgend bearbeitet.

S. 264 Kommasetzung bei Aufzählungen und in Satzreihen

1 Satz **A**: Kommas stehen zwischen aufgezählten Wörtern, Wortgruppen und Satzreihen.
Das letzte Komma kann durch ein *und* ersetzt werden.

Satz **B**: Kommas stehen in Satzreihen zwischen den aufgezählten Hauptsätzen.
Vor Konjunktionen wie „aber", die einen Gegensatz aufbauen, muss ein Komma stehen.

Satz **C**: Das Komma steht bei Aufzählungen von Wörtern und Wortgruppen.
Wenn sie z. B. durch „sowohl … als auch" verbunden sind, entfällt das Komma.

2 Man kann Experimente anhand einer genauen Beschreibung wiederholen und weiterentwickeln. Man kann die Ergebnisse für andere nachvollziehbar machen.

3 a Versuchsprotokolle für Forschungszwecke

In der Wissenschaft ist die Beschreibung von Versuchen äußerst wichtig, *[1]* denn die Ergebnisse sollte man für weitere Experimente kennen. Außerdem kann man dadurch sein Wissen für andere zur Verfügung stellen, *[2]* deshalb muss man sowohl die Fragestellung, *[3]* den Versuchsaufbau als auch die Ergebnisse beschreiben, *[4]* skizzieren, *[5]* zeichnen oder fotografieren. Ein Beispiel: Du backst einen leckeren Kuchen, *[6]* du kannst mit ihm auch angeben, *[7]* aber beweisen kannst du sein Gelingen nicht. Du musst die Zutaten genau aufschreiben, *[8]* auf diese Weise kannst du den Kuchen auch ein zweites oder drittes Mal backen. Die Angabe der Menge der Eier, *[9]* der Butter, *[10]* des Mehls oder der Mandeln ist dabei besonders wichtig.

Und so ist es auch in der Wissenschaft. Man hält die Fragestellung, *[11]* den Versuchsaufbau und die Ergebnisse in Versuchsprotokollen nach einem vorgegebenen Muster fest. Nur so kann man die Forschungsergebnisse für andere nachvollziehbar machen, *[12]* dann können die Experimente von Wissenschaftlern oder Ingenieuren verstanden, *[13]* bestätigt, *[14]* weiterentwickelt oder als Grundlage für neue Experimente genutzt werden. Nur die Neugier auf immer neue Forschungsfragen und ihre Lösung führt zu Fortschritten.

b/c Beispiellösung:

Kommas stehen zwischen aufgezählten Wörtern sowie Wortgruppen und Satzreihen, z. B.:
– Die Angabe der Menge der Eier, der Butter, des Mehls oder der Mandeln ist dabei besonders wichtig. (Z. 14–16)

Das Komma entfällt vor „und", „oder", „sowohl … als auch", „entweder … oder", z. B.:
– … muss man **sowohl** die Fragestellung, den Versuchsaufbau **als auch** die Ergebnisse beschreiben … (Z. 5 ff.)
– … können die Experimente von Wissenschaftlern oder Ingenieuren verstanden, bestätigt, weiterentwickelt **oder** als Grundlage für neue Experimente genutzt werden. (Z. 22–25)

Das Komma steht vor Konjunktionen, die Gegensätze anzeigen, z. B.:
– Du backst einen leckeren Kuchen, du kannst mit ihm auch angeben, **aber** beweisen kannst du sein Gelingen nicht. (Z. 9–11)

S. 265 Kommasetzung in Satzgefügen

1 a Beispiele: Seerosen, Frauenmantel, Rosenblüten

b Ruß und Staub aus der Luft beschmutzen Oberflächen, sodass man sie ständig säubern muss.
– Der nachgestellte Nebensatz wird durch ein Komma vom Hauptsatz getrennt.
Weil einige Pflanzenoberflächen sauber bleiben, erregten sie die Aufmerksamkeit von Bionikern.
– Der vorangestellte Nebensatz wird durch ein Komma vom Hauptsatz getrennt.
Pflanzen reinigen sich besonders gut, wenn sie eine rau-wächserne Oberfläche haben.
Darauf perlen die Wassertropfen schnell ab, wobei sie beim Ablaufen den Schmutz mitnehmen.
– Der nachgestellte Nebensatz wird durch ein Komma vom Hauptsatz getrennt.

2 a–c Kann der Lotoseffekt das Putzen des Badezimmers überflüssig machen?

Fändet ihr es auch gut, *[1]* <u>**wenn** ihr das Badezimmer nach dem Duschen nicht mehr putzen müsstet</u>? *(nachgestellter Nebensatz)*
<u>**Indem** ihr einige Experimente durchführt und eure Ergebnisse in einem Protokoll festhaltet *(vorangestellter Nebensatz)*</u>, *[2]* könnt ihr eine begründete Vermutung anstellen, *[3]* <u>**ob** das möglich ist</u> *(nachgestellter Nebensatz)*.

Durchführung:
- Verwendet eine Pipette, *[4]* **damit** ihr gezielt einige Wassertropfen auf verschiedene Pflanzenblätter geben könnt *(nachgestellter Nebensatz).* Eine Pipette könnt ihr aus einem Strohhalm herstellen, *[5]* **wenn** ihr das obere Ende mit dem Daumen zuhaltet *(nachgestellter Nebensatz).*
- Haltet fest, *[6]* **wie** schnell die Wassertropfen jeweils abperlen *(nachgestellter Nebensatz).*
- Gebt einen Tropfen Spülmittel ins Wasser, *[7]* **damit** ihr das Experiment verändert wiederholen könnt *(nachgestellter Nebensatz).*

Ergebnis: Protokolliert, *[8]* **wie** sich das Wasser auf den Blattoberflächen verhält *(nachgestellter Nebensatz).*

Schlussfolgerung: Begründet, *[9]* **ob** es den Lotoseffekt im Badezimmer geben kann *(nachgestellter Nebensatz).*

S. 266 Kommasetzung bei Relativsätzen und Appositionen (Z)

1 a **A** Bioniker gewinnen Erkenntnisse aus der Erforschung der Natur, **die sie in Technik umsetzen.**
   B Sie müssen ihre Ergebnisse, **die später allen zur Verfügung stehen sollen,** gut beschreiben.

b **C** Leonardo da Vinci, **der ein italienischer Künstler war,** ging dabei als einer der Ersten systematisch vor.

c In den Relativsätzen A und B steht das Komma vor dem Relativpronomen, in Satz B auch hinter dem Verb des eingeschobenen Relativsatzes.
   In Satz C stehen die Kommas vor und nach der Apposition bzw. dem eingeschobenen Relativsatz.

2 a **Was sind Gebrauchsanleitungen?**
   A „Gebrauchsanleitung" ist ein Sammelbegriff für Texte, *[1]* die ganz unterschiedlich sein können. Ganz kurz sind zum Beispiel Anleitungen, *[2]* die sehr einfache Vorgänge erläutern. Beschreibungen von Arbeitsabläufen, *[3]* die Mitarbeiter kennen müssen, *[4]* sind meist komplizierter. Bedienungsanleitungen für moderne Geräte haben oft einen großen Umfang, *[5]* der die Leselust vieler überfordert. Für viele elektronische Geräte gibt es oft nur im Internet Benutzerhandbücher, *[6]* die man sich herunterladen muss. Diese Bücher werden von Ingenieuren geschrieben, *[7]* die ein Expertenwissen haben, *[8]* das sie nicht immer verständlich umsetzen können.

b/c Beispiellösung:

B Gebrauchsanweisungen, <u>die in Expertensprache verfasst sind</u>, sind oft schwer zu lesen.
Für Ingenieure sind viele Dinge selbstverständlich, <u>die den Nutzern der Geräte aber nicht klar sind</u>. Viele, <u>die die Anweisungen in den Bedienungsanleitungen nicht verstehen</u>, probieren die Geräte einfach aus. Auch falsche Übersetzungen, <u>die großen Schaden anrichten können</u>, sind ärgerlich. Unklare Beschreibungen führen nicht zum Ziel, <u>das in der reibungslosen Nutzung des Gerätes liegt</u>. Zeichnungen, <u>die über alle Sprachen hinweg verstanden werden</u>, helfen oft weiter. Viele Unternehmen lassen Gebrauchsanleitungen von Profis schreiben, <u>die gute Sachtexte verfassen können</u>.
Mögliche Apposition: Gebrauchsanweisungen, in Expertensprache verfasst, sind oft schwer zu lesen.

S. 267 Kommasetzung bei Infinitiven mit *zu*

1 a **A** Als Laie braucht man die Funktionsweise von Rauchmeldern nicht **zu verstehen.**
   B **Anstatt sie einfach anzubringen,** sollte man die Bedienungsanleitung unbedingt vorher lesen.
   C Man sollte auch daran denken, **einen Fachmann nach der richtigen Anbringung zu fragen.**

b In Satz B wird der Infinitiv durch „anstatt" eingeleitet, in Satz C wird er durch das hinweisende Wort „daran" angekündigt.

2 a **Von Rauchmeldern und Schlangen**

A Die Sinnesleistungen von Tieren sind empfindlichen Messsystemen häufig überlegen. Mittels ihres sensiblen Erkennungssystems gelingt **es** einigen Schlangenarten, Temperaturschwankungen von 1/1000 °C wahrzunehmen. Damit ist **es** ihnen möglich, Beutetiere blitzschnell aufzuspüren. Das gelingt, weil alle Körper mit einer Temperatur von über 27,3 °C Infrarotstrahlung abgeben. Mit Hilfe von Thermorezeptoren sind Klapperschlangen zum Beispiel in der **Lage**, ihre Beute auch in der Dunkelheit aufzufinden. Die technischen **Möglichkeiten**, solche Infrarotsensoren in der Technik zu nutzen, sind vielfältig. Man unterscheidet aktive und passive Systeme. Aktive senden Strahlung aus. Man braucht sie, **um** z.B. Lichtschranken herzustellen. Passive sind **darauf** ausgerichtet, auf Strahlung von außen zu reagieren.

b/c **B** Rauchmelder geben Alarm, wenn Licht durch Rauch gestreut wird und auf den Empfänger im Gerät trifft. **Es** empfiehlt sich, *[1]* mehrere Rauchmelder in der Wohnung zu installieren. Man sollte **daran** denken, *[2]* bei mehrstöckigen Gebäuden einen Rauchmelder je Etage anzubringen. Nur so ist **es** möglich, *[3]* eine rechtzeitige Warnung bei einem Brand zu erzeugen. Man bringt den Rauchmelder insbesondere an, *[4]* **um** den Weg zum Schlafzimmer zu sichern. Ein solcher Melder ist allerdings an sich sehr laut, *[5]* **damit** er auch durch geschlossene Türen zu hören ist. Dabei ist jedes Gerät in der Deckenmitte anzubringen.

An dieser Stelle kann noch einmal auf den Informationskasten „Infinitivsätze" im SB auf S. 241 verwiesen werden.

S. 268 Stärken stärken: Kommasetzung bei Infinitiven mit *zu*

1 a/b **Anstatt** sich auf sein Glück zu verlassen, sollte man sich um ein Warnsystem kümmern.
Ohne Vorsorge zu treffen, lebt man gefährlicher.
Eigentlich ist **es** ganz einfach, sein Haus besser zu sichern.

2 Ich finde **es** wichtig, einen Rauchmelder im Zimmer zu haben.
Ich bin erstaunt **darüber**, ihn so leicht anbringen zu können.
Denke **daran**, beim Anbringen sorgfältig zu arbeiten.
Hoffe nicht **darauf**, die Montage alleine zu schaffen.
Beginne **damit**, die Rauchmelder sorgfältig in der Wohnung zu verteilen.

3 **Es** ist wichtig, einen Raum durch einen Rauchmelder überwachen zu lassen.
Denke **daran**, Plätze für die Verteilung der Rauchmelder zu suchen.
Sorge **dafür**, die Rauchmelder richtig zu montieren.
Es ist wichtig, die Funktion des Rauchmelders zu prüfen.
Denke **daran**, einen Plan für weitere Rauchmelder zu erstellen.

4 a/b Er freute sich(,) seine Freunde zu sehen. **Es** machte ihm Spaß, beim Experimentieren zuzusehen.
Es machte ihm Spaß, zu schreiben. Er fand **es** nicht fair, dem Kind die Schuld zuzuschreiben.
Sie half ihm(,) seine Krawatte zu binden. Er musste sich bücken, **um** seine Schuhe zuzubinden.
Der Nachbar bat **darum**, den Krach zu lassen. Er bemühte sich(,) keine Torchancen zuzulassen.

Zur Wiederholung der geübten Kommasetzung und zur Vorbereitung auf den Test eignet sich die **Folie** „Kommas richtig setzen" sowie die **Kopiervorlage 2** („Zeichensetzung und Großschreibung").

S. 269 Stärken stärken: Kommasetzung

1 a **1** Wenn die Spülmaschine startet, pumpt sie Wasser, das auf ca. 60 Grad erhitzt wird, in die Maschine. **2** Um Kalkablagerungen zu verhindern, muss das Wasser zuvor enthärtet werden. **3** Das Spülmittel befindet sich in einem Behälter, der automatisch zum richtigen Zeitpunkt geöffnet wird. **4** Um das Geschirr von Spülmittelresten zu befreien, wird es klargespült und danach durch heiße Luft getrocknet. **5** Bei den neueren Modellen, den Öko-Geschirrspülmaschinen, wird der sorgsame Umgang mit Energie großgeschrieben.

b

Satzgefüge mit Infinitivsatz	Satz mit Relativsatz	Satzgefüge ohne Infinitivsatz	Satz mit Apposition
2, 4	1, 3	1	5

a **1** Als es noch keinen Kühlschrank gab, bediente man sich anderer Kühlungsmethoden, um Nahrungsmittel über längere Zeit haltbar zu machen: **2** Beliebt war es, Fleisch und Fisch einzusalzen oder über schwelenden Hölzern zu räuchern. **3** Um das Verfahren des Konservierens nutzen zu können, wurden Obst und Gemüse erhitzt und unter Luftabschluss in Gläser oder Flaschen gefüllt, eine Methode, die später durch den französischen Chemiker Louis Pasteur perfektioniert wurde. **4** Die Kältemaschinen, die Carl Linde, ein deutscher Ingenieur, entwickelte, waren nur für die Industrie geeignet. **5** Heute sind moderne Kühl-Gefrier-Kombinationen, sparsam im Stromverbrauch, am beliebtesten.

b

Satzgefüge mit Infinitivsatz	Satz mit Relativsatz	Satzgefüge ohne Infinitivsatz	Satz mit Apposition
1, 2, 3	3, 4	4, 5	3, 4, 5

Mögliches **Tafelbild:**

Kommasetzung	
Satzbeispiele mit den notwendigen Satzzeichen	**Regeln, die die Satzzeichen begründen**
1 Mikrowellenherde erhitzen Speisen, **ohne** einen Kontakt …	Ein Infinitivsatz, der mit **ohne** eingeleitet wird, wird durch Komma abgetrennt.
… zu einer Wärmequelle, z. B. einer heißen Fläche oder heißer Luft, zu haben.	Eine nachgestellte Erläuterung wird durch Komma(s) abgetrennt.
2 Durch die Mikrowellenstrahlung elektromagnetischer Wellen, wie z. B. das Licht, werden die Wassermoleküle des Kochguts in Bewegung versetzt und erzeugen so durch Reibung Wärme.	Eine Apposition wird durch Komma(s) abgetrennt.
3 Durch eine Vakuumröhre werden die Mikrowellen in den Garraum geleitet, **wo** die metallischen Wände des Mikrowellenherdes …	Satzgefüge: Nebensatz (Lokalsatz) und Hauptsatz werden durch Komma getrennt.
… die Wellen zusätzlich reflektieren, **sodass** eine gleichmäßige Verteilung der Wellen gewährleistet wird.	Satzgefüge: Ein Nebensatz (Konsekutivsatz) wird durch Komma abgetrennt.
4 Auch der Drehteller, meist aus Glas, hat …	Eine Apposition wird durch Komma(s) abgetrennt.
… den Zweck, die Wellen gleichmäßig zu verteilen.	Ein Infinitivsatz, der von einem Nomen im Hauptsatz („…Zweck") abhängig ist, wird durch Komma abgetrennt.

S. 270 **Testet euch! – Kommasetzung**

1 **a/b Wespenforschung und Papierherstellung**

Wespen, *[1]* die viele als Bedrohung ansehen, *[2]* bauen kunstvolle Nester. Sie waren die Vorbilder für eine **Erfindung,** *[3]* die enorm wichtig ist: das Papier. Wespen raspeln feine **Holzspäne** von Oberflächen ab, *[4]* die sie mit einem Sekret zersetzen. Aus dem **Brei,** *[5]* der dabei entsteht, *[6]* schichten sie papierdünne **Wände** auf, *[7]* die nach dem Trocknen erstaunlich stabil sind. Diese stockwerkhohen **Nester,** *[8]* die leicht sein müssen, *[9]* erhalten ihre Festigkeit dadurch, dass alle Holzfasern des Wespenpapiers parallel ausgerichtet sind.

2 **a/b Nebensätze sind unterstrichen**

Wie sich die Papierherstellung entwickelt hat

Papier wurde früher nicht aus Holz hergestellt, sondern es wurden dafür Lumpen verwendet. So entstand ein Brei. Der französische Naturforscher de Réaumur veränderte Anfang des 18. Jahrhunderts die Papierherstellung, indem er Wespen beobachtete. Er fand heraus, wie sie die Späne bearbeiteten. Weil viel Holz vorhanden war, galt seine Verwendung für Papier als großer Fortschritt.

c Diese mussten aus Pflanzenfasern wie Leinen, Flachs, Baumwolle oder Hanf hergestellt sein. Sie wurden sortiert, gereinigt, zerkleinert und in Wasser gelegt.

Regel: Aufzählungen werden durch ein Komma getrennt oder durch „und" bzw. „oder" verbunden.

3 **a/b Papier mit Sandwichstruktur**

1 Am Papier kann man leicht erforschen, wie es fester wird *(Satzgefüge)*. Dabei geben besonders Rillen und Falten Stabilität. **2** Lege ein Blatt Papier über eine Lücke zwischen zwei aufrecht stehenden Büchern, lege dann Münzen in die Mitte des Papiers *(Satzreihe)*. Du erkennst, wie viel Gewicht das Papier trägt *(Satzgefüge)*. Falte nun das Papier wie eine Ziehharmonika und wiederhole den Versuch. **3** Teste erneut die Tragfähigkeit des Papiers, ändere die Faltrichtung und prüfe, ob auch sie eine Rolle spielt *(Aufzählung und Satzgefüge)*. **4** Das gefaltete Papier, das nicht mehr Material hat als das flache Papier, trägt wesentlich mehr Gewicht *(Relativsatz)*. Wenn du auf dein Faltenpapier oben und unten ein glattes Blatt Papier klebst, wird die Konstruktion noch tragfähiger *(Satzgefüge)*. Diese Sandwichstruktur verwendet man beim Pappkarton, den man sogar zum Bauen von Möbeln einsetzt *(Relativsatz)*.

S. 271 **12.3 Fit in …? – Richtig schreiben**

Die Übungen in diesem Teilkapitel können einfach nur als solche bearbeitet und ggf. zur Ergänzung der entsprechenden Abschnitte des ersten und zweiten Teilkapitels genutzt werden.

Sinnvoller ist es jedoch, dieses letzte Teilkapitel der Rechtschreibeinheit als eigene Unterrichtssequenz zur Diagnose und individuellen Förderung so umzusetzen, wie der Schülerband es nahelegt. Dazu sollten vorher die hier aufgegriffenen Rechtschreibphänomene in eigenen Einheiten bereits ausführlicher behandelt worden sein (wie es das erste und zweite Teilkapitel ermöglichen). Das Diagnoseverfahren und das anschließende Stationenlernen sind also eher für einen fortgeschrittenen Zeitpunkt im Schuljahr gedacht. Mit der **Kopiervorlage 3** („Zusatzstationen") wird das Stationenlernen sinnvoll ergänzt.

Für die Unterrichtssequenz ist ein Umfang von etwa vier bis sechs Unterrichtsstunden realistisch:

— Überarbeitung des Diagnosetextes: eine Unterrichtsstunde
— Auswertung der Textüberarbeitung und Erläuterung/Organisation des Stationenlernens: eine Unterrichtsstunde
— Durchführung des Stationenlernens: zwei bis drei Unterrichtsstunden
— ggf. Lernerfolgskontrolle: eine Unterrichtsstunde

Die **Folie** „Rechtschreibwissen anwenden" eignet sich zur wiederholenden Vorbereitung auf die eigenständige Erarbeitung der Fehlerschwerpunkte.

1 a/b **1** Gleich morgens nach dem Aufstehen fing es an:
2 Statt der elektrischen die analoge Zahnbürste zu nehmen, ist mir nicht so schwergefallen.

403

3 Beim Frühstücken den Toaster nicht zu benutzen, war kein Problem, ich habe einfach Haferflocken mit Milch gegessen.

4 Aber am Vormittag in der Schule war ich im Physikunterricht schnell lahmgelegt und vom Matheunterricht wurde ich sogar freigestellt.

5 An einem normalen Tag hätte ich mir mittags das Essen im Mikrowellenherd erwärmt, aber so habe ich mich an Brot, Obst und Salat satt gegessen – doch, echt delikat!

6 Die Spülmaschine war auch tabu, sodass ich das Abwaschen mit der Hand machen musste.

7 Das Planschen im Spülbecken hat mir als Kind auch mehr Spaß gemacht!

8 Für den Klavierunterricht war es dann höchst kompliziert, die Strecke von der Düsseldorfer Allee bis zum Bettina-von-Arnim-Platz ohne Bus zu bewältigen.

9 Ich habe überlegt, blauzumachen, bin dann aber doch Fahrrad gefahren, sogar die weitere Strecke über die Bergische Landstraße, um noch ein bisschen Fitnesstraining zu bekommen.

10 Ich war mir nicht ganz sicher, ob Duschen verboten ist, weil bestimmt auch die Wasserpumpe elektrisch funktioniert.

11 Ich hab's dann doch gemacht, aber ohne hinterher die Haare zu föhnen.

12 Eine echte Krise hatte ich abends, als meine ganze Familie, meine Eltern sowie meine beiden Brüder, viel Spaß dabei hatten, einen Film im Fernsehen zu schauen.

13 Ich hab dann nach so einem Buch gesucht, das heißt doch so, oder?

14 Denkt daran, im Bett zu schmökern, kann auch Freude machen.

15 Das Handy, mein ständiger Begleiter, habe ich an diesem Tag besonders vermisst!

16 Aber viele technische Geräte haben mir, obwohl ich sie sonst häufig benutze, kaum gefehlt.

Die eigenen Fehlerschwerpunkte finden

1 Die Korrektur sollte so erfolgen, dass falsch geschriebene Wörter komplett unterstrichen werden und die jeweils falsch geschriebene Stelle zusätzlich markiert wird, sodass eine Zuordnung der Fehler mit Hilfe des Fehlerbogens leicht möglich ist.

2 a–c Der Fehlerbogen findet sich auch als **Kopiervorlage 4** („Fehlerbogen") und kann für alle Schüler/-innen ausgedruckt werden. Er ist so übersichtlich organisiert, dass die selbstständige Auswertung kein Problem bereiten sollte. Dennoch bedarf es der Begleitung durch die Lehrkraft. Sie sollte insbesondere bei ganz schwachen und sehr starken Schülerinnen und Schülern beraten, welche Stationen tatsächlich zu bearbeiten sind: Wenn in allen Bereichen viele Fehler gemacht wurden, sollte eine sinnvolle Auswahl an Stationen und/oder Übungen getroffen werden, damit diese Schüler/-innen nicht überdurchschnittlich viele Aufgaben erledigen müssen. Eine Beratung ist auch notwendig, wenn etwas in der Kategorie „Andere Fehler" eingetragen wurde. Für die Schüler/-innen, die insgesamt nur sehr wenige Fehler gemacht haben, kommen jeweils die Aufgaben „Für Spezialisten" in Frage.

3 An allen Stationen sollten entweder **Arbeitsblätter** mit den jeweiligen Übungen liegen oder eine ausreichende Zahl an Schülerbänden.
Die Schüler/-innen markieren auf dem **Laufzettel** die Stationen, die sie zu bearbeiten haben. Die Reihenfolge und die Einteilung der Arbeitszeit können sie dabei selbst bestimmen.
Nach jeder Station kontrollieren die Schüler/-innen ihre Lösungen am Lehrerpult mit Hilfe der dort bereitgestellten Lösungsblätter. Abgearbeitete Stationen werden auf dem Laufzettel abgehakt.

S. 274 Training an Stationen

Station 1: Groß- und Kleinschreibung

1 a–c Der Text in der richtigen Groß- und Kleinschreibung (nominalisierte Adjektive und Verben sind unterstrichen, Tageszeiten und Wochentage grau markiert):

Break-down der Haushaltstechnik

Am Montagmorgen fing es an. Beim Betätigen des Rollladenschalters gab es ein kleines Feuerwerk, ansonsten blieb es bis zum Eintreffen des Handwerkers, der Hausbesuche leider nur mittwochs nachmittags tätigt, zappenduster. Im Dunkeln stolperte ich über das Fernsehkabel, wodurch nicht einfach der Stecker aus der Dose, sondern das Kabel aus der Fernseherrückwand gerissen wurde. Da <u>Bügeln</u> ohne Fernsehgucken sowieso langweilig ist, schadete es nicht, dass dienstagabends das Bügelbrett unter dem gewaltigen Gewicht eines Rüschenblüschens zusammenbrach, was das Dampfbügeleisen ebenfalls zum <u>Aushauchen</u> seines Geistes veranlasste. Bis Freitagnacht passierte seltsamerweise nichts <u>Bemerkenswertes</u>, abgesehen davon, dass der Gefrierschrank still und heimlich seinen Dienst einstellte, was mir erst Freitag früh auffiel, als meine Füße mir ein kühles <u>Nass</u> meldeten. In der Nacht von Freitag auf Samstag schlugen dann die Brandmelder Alarm, zum Glück aber nur auf Grund eines Defekts. Zu loben bleibt das unverdrossene <u>Funktionieren</u> meines Radioweckers, der mich diensteifrig auch Sonntag früh aus süßen Träumen holte, da ich vergessen hatte, ihn auszustellen.

Mögliche Zusatzaufgaben

Zu 1 b: Wandle die Nominalisierungen in Nebensätze oder Infinitivsätze um, sodass die Verben und Adjektive wieder kleingeschrieben werden. Beispiel: <u>Beim Betätigen</u> des Rollladenschalters …
→ <u>Als ich</u> den Rollladenschalter <u>betätigte</u>, …

Zu 1 c: Verwandle die nominalen Zeitangaben in adverbiale und die adverbialen Zeitangaben in nominale, z. B.: am Montagmorgen → montagmorgens.

2 Eigennamen und Herkunftsbezeichnungen – vgl. S. 251 im SB – sind unterstrichen:
- <u>Metzger Schmitz</u> in der <u>Stockholmer Allee</u> bietet <u>rheinischen Sauerbraten</u>.
- Günstiges <u>Meißner Porzellan</u> im Ausverkauf auf dem <u>Bertha-von-Suttner-Platz</u>.
- Holen Sie sich ein <u>gelbes Trikot</u> im Fahrradladen auf dem <u>Wiesenweg</u>.
- Besuchen Sie die <u>hessischen</u> Spezialitätenstände bei der <u>Grünen Woche</u> in Berlin.
- Eine <u>bayrische</u> und <u>Münchner</u> Dirndlkollektion finden Sie im Geschäft auf der Straße <u>An den Drei Eichen</u>.

3 a Die Adjektive stehen nicht für sich, sondern sind Attribute von Nomen in ihrer Nähe, die aus stilistischen Gründen nicht wiederholt werden, aber mitzudenken sind:
- Die T-Shirts gefallen mir alle sehr gut. Ganz besonders mag ich die <u>gestreiften</u> [T-Shirts].
- Das <u>schwarze</u> [Fahrrad] ist mein Fahrrad.

b
- Die von geografischen Namen abgeleiteten Wörter auf -er schreibt man groß: die Frankfurter Buchmesse, der Pfälzer Wein.
- Adjektive, die Attribute eines Nomens sind, schreibt man klein: ein spannender Roman.
- Die von geografischen Namen abgeleiteten Wörter auf -isch werden kleingeschrieben: eine pfälzische Stadt, ein schwäbischer Dichter.
- In mehrteiligen Eigennamen schreibt man alle Wörter (außer Artikeln, Konjunktionen und Präpositionen) groß: die Schwäbische Alb (in einem solchen Fall „sticht" diese Regel also die vorangegangene).

Station 2: Getrennt- und Zusammenschreibung

1 Die Lösungen können übersichtlich in einem **Tafelbild** dargestellt werden.

Getrenntschreibung	Zusammenschreibung
frei hat	bevorstehen
verführen lassen	naheliegend
Ruhe haben	vorzubereiten
nahe kommen	durchqueren
reiten üben	zurücklehnen
Safari gehen	durchstarten
fahren lassen	bereitstellen
aktiv sein	abwärtsgehen
klettern gehen	hinabgeworfen
stürzen lassen	aneinandergereiht

2 Für die Begründungen kann der Informationskasten „Getrennt- und Zusammenschreibung" im SB auf S. 261 herangezogen werden. Die hier genannten Proben können für die jeweilige Entscheidung durchgeführt werden:

– die **Bedeutungsprobe:** Ändert sich die Gesamtbedeutung durch die Verbindung der zwei Wörter?

– die **Betonungsprobe:** Liegt die Hauptbetonung auf dem ersten Wort?

– die Erweiterungsprobe: Kann ein Wort oder eine Wortgruppe zwischen den beiden Wörtern der Verbindung eingesetzt werden?

Beispiellösung (mit Begründungen für die Getrennt- bzw. Zusammenschreibung):

dahinter/stecken:

– Siehst du den Spiegel? Könntest du bitte den Merkzettel <u>dahinterstecken</u>?
Begründung: Zusammenschreibung, da Betonung auf dem Adverb.

– Der Kiosk wurde aufgebrochen und die Polizei hat keine Ahnung, wer <u>dahintersteckt</u>.
Begründung: Zusammenschreibung, da Betonung auf dem Adverb + neue Bedeutung.

davon/kommen:

– Das könnte <u>davon</u> <u>kommen</u>, dass es in diesem Winter nicht richtig kalt war.
Begründung: Getrenntschreibung, denn Adverb und Verb werden gleich betont.

– Der Täter sollte nicht mit einer so geringen Strafe <u>davonkommen</u>.
Begründung: Zusammenschreibung, da Betonung auf dem Adverb + neue Bedeutung.

fest/nageln

– Dieses Schild soll <u>fest</u> an die Tür <u>genagelt</u> werden.
Begründung: Adjektiv und Verb werden meistens getrennt geschrieben. + Hier kann eine Wortgruppe eingeschoben werden.

– Kannst du diese Pappe bitte an der Wand <u>festnageln</u>?
Begründung: Zusammenschreibung, da Betonung auf „fest" + kein Einschub möglich.

wieder/sehen

– Mit der neuen Brille kann ich endlich <u>wieder</u> <u>sehen</u>.
Begründung: Getrenntschreibung, denn Adverb und Verb werden gleich betont. „Wieder" kann hier ersetzt werden durch „erneut" oder „besser". + Einschub möglich.

– Wir werden uns erst im nächsten Jahr <u>wiedersehen</u>.
Begründung: Zusammenschreibung, da Betonung auf dem Adverb + kein Einschub möglich.

zusammen/schreiben

– Lass uns den Brief an Oma doch <u>zusammen</u> <u>schreiben</u>.
Begründung: Getrenntschreibung, denn Adverb und Verb werden gleich betont. „Zusammen" kann hier ersetzt werden durch „gemeinsam". + Einschub möglich.

– Ich habe schnell das Wichtigste <u>zusammengeschrieben</u>.
Begründung: Zusammenschreibung, da Betonung auf dem Adverb + kein Einschub möglich.

frei/machen

– Das kannst du ganz <u>frei</u> <u>machen</u>, wie du willst.
Begründung: Adjektiv und Verb werden meistens getrennt geschrieben. + Einschub möglich.

– Du musst den Brief mit einer Briefmarke <u>freimachen</u>.
Begründung: Zusammenschreibung, da eine neue Gesamtbedeutung entsteht.

schön/reden

– Diese Politikerin kann wirklich <u>schön</u> <u>reden</u>.
Begründung: Adjektiv und Verb werden meistens getrennt geschrieben. + Einschub möglich.

– Wir wollen die schwierige Situation aber nicht <u>schönreden</u>.
Begründung: Zusammenschreibung, da eine neue Gesamtbedeutung entsteht.

vorher/sagen

– Dass du heute nach Köln fährst, hättest du mir aber wirklich <u>vorher</u> <u>sagen</u> können!
Begründung: Getrenntschreibung, denn Adverb und Verb werden gleich betont. „Vorher" kann hier ersetzt werden durch „früher".

– Die weitere Wetterentwicklung lässt sich noch nicht <u>vorhersagen</u>.
Begründung: Zusammenschreibung, da Betonung auf dem Adverb + kein Einschub möglich.

fest/nehmen

– Kannst du mich bitte mal <u>fest</u> in den Arm <u>nehmen</u>?
  Begründung: Adjektiv und Verb werden meistens getrennt geschrieben. + Einschub möglich.
– Der Polizei konnte den Flüchtigen <u>festnehmen</u>.
  Begründung: Zusammenschreibung, da eine neue Gesamtbedeutung entsteht.

zusammen/halten

– Wir können das Referat <u>zusammen</u> halten.
  Begründung: Getrenntschreibung, denn Adverb und Verb werden gleich betont. „Zusammen" kann hier ersetzt werden durch „gemeinsam".
– Auch wenn die Lage schwierig ist, wird unser Team <u>zusammenhalten</u>.
  Begründung: Zusammenschreibung, da Betonung auf dem Adverb + neue Bedeutung + kein Einschub möglich.

3 a/b Das Ergebnis der Überlegungen lässt sich in einem **Tafelbild** darstellen:

Getrennt oder zusammen? Nomen + Verb oder Verb?	
Kannst du mir bitte einen Teil abgeben?	An dem Erfolg können alle teilhaben.
Lasst uns Eis essen gehen!	Ab heute kann man im Park wieder eislaufen.
Ich will nicht meinen Kopf riskieren.	Hier scheint heute ja alles kopfzustehen!
– eigenständige Nomen mit eigener Bedeutung + Verben – man könnte ein Wort/eine Wortgruppe einfügen ➔ Wortgruppe aus **Nomen + Verb**	– „verblasste" Nomen, haben in der Verbindung mit dem Verb ihre Eigenständigkeit verloren – man kann kein Wort/keine Wortgruppe einfügen – Betonung der ersten Silbe ➔ **Verben**
Nomen + Verb werden getrennt geschrieben, Nomen groß, Verben klein.	**Verben werden kleingeschrieben.**

Das Ergebnis kann mit Hilfe eines Wörterbuchs überprüft werden.

Station 3: Fremdwörter

1 a/b Wenn nötig, kann das phonetische Alphabet im Wörterbuch nachgeschlagen werden, um die im Text in Lautschrift geschriebenen Wörter richtig lesen/aussprechen zu können. An den meisten Stellen sollte aber vor allem der Kontext helfen, die Wörter zu erschließen.
Es handelt sich um die folgenden:
Racing-Saison – Crash – Overall – perfekt – Garagen – Teams – checken – positiv – Interview – Fans – Ingenieur – Computer – Detail – Tour – Gokart – Chance – trainiert

2 a/b Das Nachschlagen im Wörterbuch bestätigt, dass es für einige der Begriffe aus dem Kasten zwei richtige Schreibweisen gibt, für andere nur jeweils eine. Die richtigen Schreibweisen:
platzieren; Saxophon/Saxofon; existenziell/existentiell; Grafikerin/Graphikerin; Dragee/Dragée; Rhetorik; orthografisch/orthographisch; Download

3 Fremdwörter sind Wörter, die **aus anderen Sprachen** kommen, z. B. Gymnastik **(griechisch)**, diskutieren **(lateinisch)**, Garage **(französisch)**, Spaghetti **(italienisch)**, Snowboard **(englisch)**. […] Häufig gebrauchte Fremdwörter werden **eingedeutscht**, d. h. in ihrer Schreibweise dem Deutschen angeglichen, z. B.: Photographie/Fotografie. Beide Schreibweisen sind **richtig**. Fremdwörter, die **als Fachbegriffe** verwendet werden, sind **nicht eingedeutscht**, z. B.: Apposition.

Station 4: Kommasetzung in Satzgefügen

1 Nebensätze sind unterstrichen

Lieber Tierfreund, liebe Tierfreundin,
hier noch ein paar wichtige Punkte*, die wir dir ans Herz legen möchten: In den ersten drei bis vier Tagen solltest du deinem Schützling Ruhe bieten, damit er sich an die neue Umgebung gewöhnen kann. Ein bis drei Mal pro Woche ist ein Vitaminpräparat, das dem Wasser oder Futter beigemischt werden kann, empfehlenswert. Platziere das Kleintierheim so, dass es hell steht, aber vor Sonneneinstrahlung und Zugluft geschützt ist. Die Futter- und Pflegeanleitung, die dir mitgegeben wird, solltest du unbedingt befolgen. Wenn es in den ersten zwei Wochen zu Auffälligkeiten kommt, setze dich bitte umgehend mit uns in Verbindung. Bitte bedenke, dass es sich bei deinem Pflegling um ein Lebewesen handelt, das auch so behandelt werden möchte.
Dass du viel Spaß mit deinem neuen Hausgenossen hast, wünscht dir das Team von deiner Zoohandlung.

*Bei diesem Satz handelt es sich um einen unvollständigen Hauptsatz, da das Prädikat fehlt. Ergänzt werden kann z. B. „hier folgen noch ein paar wichtige Punkte …".

2 Zur Bildung der Satzgefüge müssen nicht alle vorgegebenen Konjunktionen verwendet werden, die gleiche Konjunktion kann ggf. auch mehrmals benutzt werden.

Beispiellösung:

1E Bevor Sie mit dem Lesen eines Buches beginnen, beherzigen Sie bitte folgende Hinweise.

2C Verwenden Sie das Buch nicht beim Duschen oder in der Nähe von offenem Feuer, da/weil Papier aufquellen kann und leicht entflammbar ist.

3D Wenn Sie unter Müdigkeit oder Konzentrationsstörungen leiden, sollten Sie das Lesen des Buches vermeiden.

4A Wenn Sie Seiten aus dem Buch herausreißen, kann das Verständnis des Buches beeinträchtigt werden.

5B Sobald Sie am Ende des Buches angekommen sind, wenden Sie sich bitte an Ihre Bibliothek oder Ihre Buchhandlung.

3 In der Gebrauchsanweisung für die erstmalige Verwendung eines Mobiltelefons werden zwei Arten von Nebensätzen verwendet:
— Infinitivsätze mit *um … zu* und
— Konditionalsätze (also Bedingungssätze), eingeleitet mit der Konjunktion *wenn*.
Diese Satzarten simulieren ein Gespräch mit der Benutzerin/dem Benutzer: Sie nennen zum einen (durch die Konditionalsätze) Bedingungen, auf die dann die jeweils passende Reaktion angeboten wird; zum anderen nehmen sie (durch die Infinitivsätze) mögliche gewünschte Funktionen/Absichten in den Blick. Wie die jeweilige Absicht umgesetzt, die Funktion in Betrieb genommen werden kann, beschreibt jeweils der Hauptsatz.

Station 5: Kommasetzung bei Infinitivsätzen

1 Für die vier zu bildenden Satzgefüge müssen nicht alle angebotenen Konjunktionen genutzt werden; verschiedene Lösungen sind denkbar, z. B.:
— Hilf mir lieber mal, (an)statt/ohne dich lustig zu machen.
— Ich erwarte nichts von Gebrauchsanweisungen, außer/als hilfreich zu sein.
— Da bleibt uns wohl nichts anderes übrig, als/außer ganz von vorne anzufangen.
— Diese Anleitung besteht nur aus Bildern, um in jedem Land verständlich zu sein.

2 **Forschungsprojekt „Bedienungsanleitung"**
Das Ziel einer wissenschaftlichen Studie zu Bedienungsanleitungen ist es, deren unverzichtbare Funktion als Mittler zwischen Mensch und Technik zu erforschen. Ein Team von Sprach- und Kulturwissenschaftlern aus allen Kontinenten arbeitet daran, universale und kulturspezifische Merkmale von Bedienungsanleitungen herauszufinden. Die Forscher haben es sich zur Aufgabe gemacht, der Menschheit endlich die Bedeutung dieser ganz besonderen Textsorte deutlich zu machen.

3 a Die von den Schülerinnen und Schülern zu verfassenden Anleitungen sollten insgesamt etwa 100 Wörter und ca. fünf bis sieben Sätze umfassen. Infinitivsätze sollten in verschiedenen Farben unterstrichen werden, damit die Schüler/-innen selbst noch einmal überprüfen, ob sie die Anforderungen erfüllt haben.

b Vor dem Partnerdiktat sollte die Lehrkraft die von den Schülerinnen und Schülern geschriebenen Texte auf ihre sprachliche Richtigkeit überprüfen, damit beim Diktat und seiner Korrektur keine Fehlschreibungen vermittelt werden.

Station 6: Kommasetzung bei Relativsätzen und Appositionen (Beifügungen)

1 a/b Relativsätze, Appositionen

Musikinstrumente

Saiteninstrumente, wie z. B. die Geige oder die Gitarre, werden gezupft oder mit einem Bogen gestrichen. Beim Klavier, das ja eigentlich auch ein Saiteninstrument ist, werden beim Anschlagen der Tasten Hämmerchen gegen Saiten im Inneren des Instruments geschlagen. Ein nur hinsichtlich der Tastatur, Manual genannt, ähnliches Instrument, das Orgel heißt, wird mit Händen und Füßen gespielt. Bei der Orgel wird der Klang durch Pfeifen, angeblasen durch einen „Orgelwind" genannten Luftstrom, erzeugt. Durch eine besondere Technik des Anblasens entlockt man auch der Querflöte, einem Holzblasinstrument, Töne.

Vorschläge für Tests

Vorschlag 1: Strategieorientierte Textüberarbeitung
Siehe **Kopiervorlagen S. 412 f.**

Vorschlag 2: Kommaregeln und Großschreibung
Siehe **Kopiervorlagen S. 414 f.**

Material zu diesem Kapitel auf den folgenden Seiten und auf der CD

Lernwegeliste zum Kompetenzschwerpunkt des Kapitels (vollständig auf der CD), S. 411

Diagnose: Rechtschreibtraining (auf der CD, mit Lösungshinweisen und Förderempfehlungen)

Test: Strategieorientierte Textüberarbeitung (KA 1, mit Lösungen auf der CD), S. 412 f.

Test: Kommaregeln und Großschreibung (KA 2, mit Lösungen auf der CD), S. 414 f.

KV 1: Fehlerschwerpunkte finden, S. 416 ff.

KV 2: Zeichensetzung und Großschreibung, S. 419 ff.

KV 3: Zusatzstationen, S. 422 f.

KV 4: Fehlerbogen (auf der CD)

Hinweis: Lösungen zu allen KV finden sich auf der CD.

Folie: Rechtschreibstrategien anwenden (zu SB S. 252, auf der CD)

Folie: Kommas richtig setzen (zu SB S. 268, auf der CD)

Folie: Rechtschreibwissen anwenden (zu SB S. 271, auf der CD)

Weiteres Übungsmaterial

„Deutschbuch Arbeitsheft 4"

Was kannst du schon? – Rechtschreibung, S. 74–99

Groß- und Kleinschreibung, S. 76 ff.

- Wiederholung: Nominalisierungen, S. 76
- Die Schreibung von Eigennamen und Herkunftsbezeichnungen, S. 78
- Die Schreibung von Tageszeiten und Wochentagen, S. 79
- Teste dich! Groß- oder Kleinschreibung?, S. 80

Getrennt- und Zusammenschreibung, S. 81 ff.

- ●○○/ ●●○ Stärken stärken: Regeln der Getrennt- und Zusammenschreibung anwenden, S. 84
- ●●● Stärken stärken: Schreibentscheidungen treffen, S. 85
- Teste dich! Getrennt- oder Zusammenschreibung?, S. 86

Rechtschreibung verstehen – Regeln anwenden, S. 87 ff.

- Doppelte Konsonanten – Achte auf die erste Silbe, S. 87
- Wörter mit *h* – Wenn die erste Silbe offen ist, …, S. 88
- *ss* und *ß* in einer Wortfamilie – Achte auf die erste Silbe, S. 89
- *i* oder *ie*? – Achte auf die Silbenzahl, S. 90
- ○○○ Stärken stärken: Fremdwörter mit *ph*, *th*, *ch* und *y*, S. 91
- ○○○ Stärken stärken: *das* oder *dass*?, S. 92
- Textlupe: Strategien und Regeln anwenden, S. 93
- Teste dich! Dein Regelwissen, S. 94

Zeichensetzung, S. 95 ff.

- Das Komma zwischen den Sätzen, S. 95
- ○○○ Stärken stärken: Das Komma bei Infinitiv- und Partizipialsätzen, S. 96
- Das Komma bei Appositionen und Erläuterungen, S. 98
- Teste dich! Zeichensetzung, S. 99

„Deutschbuch Differenzieren und Fördern 7/8"

Strategien anwenden, S. 464 ff.

- Strategien anwenden – Wörter verlängern und zerlegen, S. 464 ff.
- Strategien anwenden – Ableiten: Wörter mit *ä* und *äu*, S. 467 ff.

Regelwissen anwenden, S. 470 ff.

- Wörter mit *i* und *ie*, S. 473 ff.
- Wörter mit *ss* und *ß*, S. 476 ff.
- Wörter mit *h*, S. 479 ff.
- Nomen und Nominalisierungen, S. 482 ff.
- Zusammenschreibung, S. 485 ff.
- Fremdwörter richtig schreiben, S. 488 ff.
- Die Kommasetzung in Satzgefügen, S. 491 ff.
- Klassenarbeit 1 – Rechtschreibstrategien anwenden, S. 494 ff.

Name: _____   Klasse: _____   Lehrer/-in: _____

Lernwegeliste – mit Materialzuordnung und Dokumentationsmöglichkeit

Kompetenzbereich: Schreiben – Sprache untersuchen

| **Kompetenz:** | Ich kann Regeln und Strategien für die Rechtschreibung und die Zeichensetzung anwenden. |
| | Ich kann eigene und fremde Texte bewerten und überarbeiten. |

Was dir dabei helfen kann:	Du kannst den Wortstamm eines Wortes bilden.
	Du kannst Wortarten unterscheiden.
	Du kannst Rechtschreibstrategien und Regeln anwenden.

	Was du in Kapitel 12 lernen kannst:	**Niveau**	**Lernmaterialien**	**Selbsteinschätzung**			**Hinweise/ Bewertung der Lehrkraft**
				☺	😐	☹	
01	Ich kann die Groß- und Kleinschreibung richtig anwenden.	GME	„Deutsche Technikmuseen – Groß- und Klein-schreibung" – Buch S. 248 f.				
02	Ich kann die Groß- und Kleinschreibung bei Eigennamen und Herkunftsbezeich-nungen richtig anwenden.	GME	„Stärken stärken: Eigennamen und Herkunfts-bezeichnungen" – Buch S. 250 f.				
03	Ich kann Rechtschreibstrategien und -regeln richtig anwenden.	GME	„Bionik – Fremdwörter" – Buch S. 252 ff.				
04	Ich kann Fremdwörter richtig schreiben.	GME	„Stärken stärken: Fremdwörter" – Buch S. 256				
05	Ich kann Rechtschreibstrategien anwenden und die richtige Schreibung von Wörtern erschließen.	GME	„Mit Strategien Regeln finden" – Buch S. 257 ff.				
06	Ich kann die Regeln der Getrennt- und Zusammenschreibung richtig anwenden.	GME	„Hoch hinausfahren – Getrennt- und Zusam-menschreibung" – Buch S. 260 f.				

Die zweite und dritte Seite der Lernwegeliste sind auf der CD zu finden.

Kapitel 12
Lernwegeliste, Blatt 1

Kopiervorlage

Teste dich! – Strategieorientierte Textüberarbeitung

Der folgende Text ist noch fehlerhaft und muss überarbeitet werden.

1 a Lies den Textabschnitt **A**.
Markiere die Fehlerstellen in den fett gedruckten Wörtern.

Baukünstler Termiten

A   Insekten sind **grossartige** Baukünstler, die bestaunenswerte Meisterwerke **volbringen**. Termiten zum Beispiel bauen Wohntürme, die echte Hochhäuser wären, wenn man sie auf menschliche **Verhelt- nisse** übertragen würde. Das gelang ihnen schon, bevor Architekten Wolkenkratzer entwerfen konnten. Aber sie bauen nicht nur **unvorstelbar** hoch, sondern auch tief in den Boden hinein. Ihr Baumaterial

5   besteht aus Erde, **Sant** und Lehm, für die Wände stellen sie Karton her, indem sie Holz zerkleinern und mit Speichel verarbeiten. Nun brauchen auch Termiten **Sauerstof** zum Leben, 300 Liter **teglich**. Damit der auch in den verschiedenen Wohnetagen **ausreichent** vorhanden ist, haben Termitenstaaten ein Be- lüftungssystem für ihre Wohnanlagen entwickelt.

b Korrigiere die Fehlerwörter und markiere sie mit den hilfreichen Strategiezeichen.

_____

_____

_____

c Mit welchen beiden Strategien sind in diesem Abschnitt die meisten Fehler zu korrigieren? Schreibe auf.

_____

2 a Lies den Textabschnitt **B**. Markiere die Fehler.

B   Die meisten Aktivitäten der Termiten finden im Kellergeschoß statt, hier muß also besonders viel

10   verbrauchte Luft abgegeben und Frischluft zugeführt werden. Das pasiert durch einen zentralen Kamin: In ihm steigt die warme, verbrauchte Luft auf und fliesst oberirdisch über Seitengenge ab. Durch Poren der Aussenwände reichert sich die Luft mit Sauerstof an und gelangt zurück in die Kellerreume der Termiten. Durch diesen Kreißlauf können die Insekten das Klima in ihrem Gebeude regulieren, sodass Temperatur und Feuchtigkeit fast immer gleich bleiben, und das ganz ohne technische Hilfsmittel.

15   Termiten leben in trockenen Gebieten, teilweise sogar in Wüsten, und natürlich brauchen sie Waser. Sie sind in der Lage, Wasserquellen in grosser Tiefe zu erschliessen, indem sie tiefe Schechte bauen. Dann wird die benötigte Feuchtigkeit tropfenweise nach oben geholt, aus Tifen, die für Menschen ohne technischen Aufwand nicht erreichbar sind.

Texte A/B frei nach: www.scinexx.de/dossier-detail-292-10.html (Stand: 10.05.2017)

Kopiervorlage

Autorin: Agnes Fulde

Kapitel 12
KA 1, Blatt 1

b Nimm eine Fehleranalyse vor.
Trage die korrigierten Wörter in die richtige Tabellenspalte ein.

Schwingen	Verlängern	Zerlegen	Ableiten

c Welche Buchstaben wurden bei den Fehlern besonders häufig verwechselt? Schreibe auf.

_____

3 **a** Nenne die Strategie, die für dich bei der Überarbeitung besonders hilfreich war.

_____

b Erkläre, bei welchen Wörtern man diese Strategie anwenden muss. Zeige an einem Beispielwort, wie man dabei vorgeht.
Nutze dazu die Wörter und Wortgruppen im Kasten und schreibe in ganzen Sätzen.

> zusammengesetzte Wörter – Einsilber – unklare Auslaute – Zweisilber – jeden Buchstaben hören – untersuchen – eine Silbe anhängen – versteckte Verlängerungsstellen finden

_____

_____

_____

_____

_____

_____

_____

mauritius images/imagebroker/Christian Kapteyn

Autorin: Agnes Fulde

413

Kopiervorlage

Teste dich! – Kommaregeln und Großschreibung

Lies zunächst **alle** Textabschnitte und die Aufgaben, bevor du sie löst.

Meister im Nestbau

A   (1) Die Nester einiger Kolibris in Südamerika sind perfekt an die Natur angepasst. Die kleinen Vögel weben ihre Kinderstube aus Spinnweben denn die extrem stabile Spinnseide ist perfektes Baumaterial. **Regel:** _____

5 (2) Damit bauen Kolibris Nester die fast unsichtbar unter großen Blättern in den Bäumen hängen.
Regel: _____

(3) Eigentlich dient das Material den Spinnen als tödliche Fliegenfalle aber die Vögel nutzen es gern als Wiege für
10 ihre Küken. **Regel:** _____

mauritius images/Minden Pictures/Gerry Ellis

1 a Setze im Abschnitt **A** die fehlenden Kommas.

b Ordne den drei Sätzen die passende Kommaregel zu.

> **A** Aufzählungen werden durch Kommas getrennt.
> **B** Vor Konjunktionen, die einen Gegensatz einleiten, steht immer ein Komma.
> **C** Satzreihen werden durch Kommas getrennt.
> **D** Satzgefüge werden durch Kommas getrennt.
> **E** Der erweiterte Infinitiv wird vom Satz durch ein Komma abgetrennt.

VORSICHT
FEHLER!

B   (1) Beim Hüttengärtner-Laubenvogel erahnt man bereits am Namen _____ es mit seinen Bauwerken etwas besonderes auf sich hat. (2) Er baut in den Wäldern Neuguineas ein kunstvolles Haus _____ einzig dem Zweck der Verführung dient. (3) Der Hüttengärtner hat einen Blick fürs schöne dekoriert den Waldboden mit leuchtend bunten Früchten und Blüten stimmt Form und Farbe perfekt
15 aufeinander ab um ein Weibchen zu überzeugen. (4) Seine Laube funktioniert außerdem wie ein Konzertsaal sie dient vermutlich als Klangverstärker für seinen Gesang. (5) Nur wenn alles perfekt eingerichtet ist klappt es auch mit den Weibchen. (6) Wenn die Wohnung nicht gefällt flattert die Auserwählte einfach davon.

2 a Setze im Abschnitt **B** die fehlenden Kommas.

b Notiere hinter den Regeln, wie oft sie im Text angewendet werden.

A Aufzählungen werden durch Kommas getrennt. ☐

B Vor Konjunktionen, die einen Gegensatz einleiten, steht immer ein Komma. ☐

C Satzreihen werden durch Kommas getrennt. ☐

D Satzgefüge werden durch Kommas getrennt. ☐

E Der erweiterte Infinitiv wird vom Satz durch Kommas abgetrennt. ☐

3 *das* oder *dass*? Setze passend in die beiden Lücken ein.

4 Markiere zwei Adjektive, die wie Nomen genutzt und großgeschrieben werden müssen. Unterstreiche jeweils den Begleiter.

Autorin: Agnes Fulde

Kapitel 12
KA 2, Blatt 1

Kopiervorlage

C   Viele Bauwerke der Natur bestechen allein durch ihre Größe. <u>Man kann sie auf</u>

20 <u>menschliche Größenverhältnisse übertragen. Dann wären die unterirdischen Städte</u>
<u>der Blatt- und Grasschneiderameisen über einen Kilometer tief und acht Kilometer</u>
<u>breit.</u> Das sind echte Megacitys im Tierreich!

Andere Tiere verwenden ungewöhnliches Baumaterial: Salanganen sind schwalbenähnliche Vögel. Sie
bauen ihre Nester aus reiner Spucke. Die sind vom Menschen begehrt. Sie werden als Grundstoff für

25 die Schwalbennestersuppe genutzt. Wespen und Hornissen brauchen auch Speichel zum Bauen. Sie
zerkauen Holzfasern zum idealen Leichtbaustoff Papier.

Im gegensatz zu vielen insekten und nagetieren sind wir menschen anfänger im bauen. Wer sich jedoch
genau anschaut wie tiere wohnen wie einfallsreich sie material verwenden und wie großartig sie bauen
wird viel nützliches für die konstruktion von häusern lernen können.

Texte A, B, C aus: www.wdr.de/wissen/wdr_wissen/programmtipps/fernsehen/12/11/20_2015_w.php5
(Stand: 26.01.2015, leicht verändert)

5 **a** Verbinde die unterstrichenen Sätze im Abschnitt **C** auf unterschiedliche Weise und setze die Kommas.
     Tipp: Nutze einmal die Konjunktion „wenn".

     A als Satzreihe: _____

     _____

     B als Satzgefüge: _____

     _____

b Überarbeite den Text von Zeile 23 bis 26 so, dass dieser aus nur vier Sätzen besteht.
     Beachte die Kommasetzung.

     _____

     _____

     _____

     _____

c Schreibe die Zeilen 27 bis 29 in richtiger Groß- und Kleinschreibung ab und setze dabei die fehlenden Kommas.

     _____

     _____

     _____

     _____

6 Prüfe, ob dir beim Umformulieren und Abschreiben keine Rechtschreibfehler unterlaufen sind.
     Korrigiere gegebenenfalls.

Autorin: Agnes Fulde

Kopiervorlage

Kapitel 12
KA 2, Blatt 2

Fehlerschwerpunkte finden

1 Lies den **ganzen** Text (Z. 1–20). Markiere in allen drei Abschnitten die Fehlerwörter.

VORSICHT FEHLER!

Tierbehausungen

Wenn man sich anschaut, wie die unterschidlichsten Tire ihre Wohnungen bauen, bekomt man Respekt, denn sie sind oft architektonische Baumeister. Tiere graben, mauern, kleben, flechten wie hochspezialisierte Hantwerker, und sie nutzen verschidenste Materialien für den Bau ihrer Wohnungen. Dise haben vor allem die Aufgabe, die Aufzucht der Jungen zu ermöglichen, Sicherheit vor Feinden und Schutz
5 gegen Kelte, Hitze und Nesse zu bieten.

2 **a** Korrigiere die Fehler des ersten Abschnitts (Z. 1–5) im Heft.

   b Markiere die Fehlerwörter mit den hilfreichen Strategiezeichen.

   c Gegen welche Regel wurde in diesem Abschnitt am häufigsten verstoßen? _____

Wenn Tiere ihre Wohnungen bauen, sind sie beim Menschen nicht imer gern gesehen. Weil viele Wildtiere heute oft nicht mehr genügend Naturraum finden, müsen sie neher an menschliche Siedlungsräume rücken. So braucht der Biber zum Beispiel Beche und Flüse, aber der Mensch hat in seine Lebensreume eingegrifen und Flüse und Beche begradigt. Dadurch kan das Wasser schneler fließen, aber der Wasser-
10 stand sinkt auch schneller ab. Das aber gefehrdet die Biberburg. Die ist nämlich so gebaut, dass der Eingank unter Wasser liekt, während seine Wohnhöhle trocken ist und sich oberhalb des Wasserspiegels befindet.

3 **a** Korrigiere die Fehler des zweiten Abschnitts (Z. 6–12) im Heft.

   b Schreibe die Anzahl der Fehler auf: _____

   c Finde die vier Ableitungsfehler und begründe die richtige Schreibweise durch ein Beweiswort.

   _____

   d Gegen welche Regel wurde in diesem Abschnitt am häufigsten verstoßen? _____

Wenn man den Biber schwimmen sieht, traut man diesem Nager überhaupt nicht zu, dass er ganze Lantschaften verendern kan. Aber wenn er sich ansiedelt, gestaltet er die Fluslandschaft so um, wie er sie für
15 seine Burk braucht. Es ist kaum zu glauben, dass er unermütlich ganze Bäume fellt, aus ihnen einen Dam baut und damit das Wasser staut. Steikt der Wasserspiegel, baut der Biber die Staudemme wieder ab, damit das Wasser nicht in seine Wohnhöhle eindrinkt. Sinkt der Wasserspiegel, dann staut er erneut, damit der Eingang wieder geschützt unter Wasser liegt. Durch seine Eingriffe in die Natur stelt er wieder her, was der Mensch verendern wollte. Nur in Naturschutzgebieten ist er deswegen als Baumeister
20 wieder gerne gesehen.

4 Nimm eine Strategieanalyse vor: Übertrage die folgende Tabelle in dein Heft. Korrigiere dann die Fehler in Abschnitt 3 (Z. 13–20) und trage die Wörter in die richtige Spalte der Tabelle ein.

Verlängern ↶	Zerlegen ⋔	Ableiten ⚡

5 Vergleiche deine Ergebnisse mit einer Lernpartnerin/einem Lernpartner.

Autorin: Agnes Fulde

Kapitel 12
KV 1, Blatt 1

Kopiervorlage

●●○ Fehlerschwerpunkte finden

1 Lies den **ganzen** Text (Z. 1–18). Markiere in allen drei Abschnitten die Fehlerwörter.

Tierbehausungen

Wenn man sich anschaut, wie die unterschidlichsten Tire ihre Wohnungen bauen, bekomt man Respekt, denn sie sind oft architektonische Baumeister. Tiere graben, mauern, kleben, flechten wie hochspezialisierte Hantwerker, und sie nutzen verschidenste Materialien für den Bau ihrer Wohnungen. Dise haben vor allem die Aufgabe, die Aufzucht der Jungen zu ermöglichen, Sicherheit vor Feinden und Schutz
5 gegen Kelte, Hitze und Nesse zu bieten.

2 **a** Markiere die Fehlerwörter mit den folgenden, hilfreichen Strategiezeichen: ◡ ◡̵ ⩊ ⚡

    b Korrigiere die Fehler des ersten Abschnitts im Heft.

    c Gegen welche Regel wurde in diesem Abschnitt am häufigsten verstoßen?

    Kreuze an: ☐ Konsonantenverdopplung   ☐ *ie*-Schreibung   ☐ *ß*-Schreibung

Wenn Tiere ihre Wohnungen bauen, sind sie beim Menschen nicht imer gern gesehen. Weil viele Wildtiere heute oft nicht mehr genügend Naturraum finden, müsen sie neher an menschliche Siedlungsräume rücken. So braucht der Biber zum Beispiel Beche und Flüse, aber der Mensch hat in seine Lebensreume eingegrifen und Flüse und Beche begradigt. Dadurch kan das Wasser schneler fließen, aber der Wasser
10 stand sinkt auch schneller ab. Das aber gefehrdet die Biberburg. Die ist nämlich so gebaut, dass der Eingank unter Wasser liekt, während seine Wohnhöhle sich oberhalb des Wasserspiegels befindet.

3 **a** Korrigiere die Fehler des zweiten Abschnitts (Z. 6–11) im Heft.

    b Ordne die korrigierten Wörter den Fehlerquellen zu:

Schwingfehler (6): _____

Verlängerungsfehler (2): _____

Ableitungsfehler (4): _____

Wenn man den Biber schwimmen sieht, traut man diesem Nager überhaupt nicht zu, dass er ganze Lantschaften verendern kan. Aber wenn er sich ansiedelt, gestaltet er die Fluslandschaft so um, wie er sie für seine Burk braucht. Es ist kaum zu glauben, dass er unermütlich ganze Bäume fellt, aus ihnen einen
15 Dam baut und damit das Wasser staut. Steikt der Wasserspiegel, baut der Biber die Staudemme wieder ab, damit das Wasser nicht in seine Wohnhöhle eindrinkt. Sinkt der Wasserspiegel, dann staut er erneut, damit der Eingang wieder geschützt unter Wasser liegt. Durch seine Eingriffe in die Natur stelt er wieder her, was der Mensch verendern wollte.

4 Nimm eine Strategieanalyse vor: Übertrage die folgende Tabelle in dein Heft. Korrigiere dann die Fehler in Abschnitt 3 (Z. 12–18) und trage die Wörter in die richtige Spalte der Tabelle ein.

Verlängern ◡̵	Zerlegen ⩊	Ableiten ⚡
kann, …	Landschaften, …	

5 Vergleiche deine Ergebnisse mit einem Lernpartner/einer Lernpartnerin.

Autorin: Agnes Fulde

Kapitel 12
KV 1, Blatt 2

Kopiervorlage

Fehlerschwerpunkte finden

1 **a** Lies den **ganzen** Text (Z. 1–19). Markiere in allen drei Abschnitten die Fehlerwörter.

> VORSICHT
> **FEHLER!**

Tierbehausungen

Wenn man sich anschaut, wie die unterschidlichsten Tire ihre Wohnungen bauen, bekomt man Respekt,
denn sie sind oft architektonische Baumeister. Tiere graben, mauern, kleben, flechten wie hochspezialisierte Hantwerker, und sie nutzen verschidenste Materialien für den Bau ihrer Wohnungen. Dise haben
vor allem die Aufgabe, die Aufzucht der Jungen zu ermöglichen, Sicherheit vor Feinden und Schutz
5 gegen Kelte, Hitze und Nesse zu bieten.

2 **a** Markiere die Fehlerwörter mit den hilfreichen Strategiezeichen.
Diese Zeichen solltest du unterbringen: ⌇⌇   ⌒   ⅄⅄⅄   ⚡⚡

b Korrigiere die Fehler des ersten Abschnitts im Heft.

c Gegen welche der beiden Regeln wurde in diesem Abschnitt am häufigsten verstoßen?
Kreuze an: ☐ Konsonantenverdopplung   ☐ *ie*-Schreibung

Wenn Tiere ihre Wohnungen bauen, sind sie beim Menschen nicht imer gern gesehen. Weil viele Wildtiere heute oft nicht mehr genügend Naturraum finden, müsen sie neher an menschliche Siedlungsräume
rücken. So braucht der Biber zum Beispiel Beche und Flüse, aber der Mensch hat in seine Lebensreume
eingegrifen und Flüse und Beche begradigt. Dadurch kan das Wasser schneler fließen, aber der Wasser-
10 stand sinkt auch schneller ab. Das aber gefehrdet die Biberburg. Die ist nämlich so gebaut, dass der
Eingank unter Wasser liekt, während seine Wohnhöhle sich oberhalb des Wasserspiegels befindet.

3 **a** Korrigiere die Fehler des zweiten Abschnitts (Z. 6–11) im Heft.

b Schreibe die Anzahl der Fehler auf: _____

c Gegen welche Regel wurde in diesem Abschnitt am häufigsten verstoßen?
Kreuze an: ☐ Konsonantenverdopplung   ☐ *ie*-Schreibung   ☐ *ß*-Schreibung

Wenn man den Biber schwimmen sieht, traut man diesem Nager überhaupt nicht zu, dass er ganze Lantschaften verendern kan. Aber wenn er sich ansiedelt, gestaltet er die Fluslandschaft so um, wie er sie für
seine Burk braucht. Es ist kaum zu glauben, dass er unermütlich ganze Bäume fellt, aus ihnen einen
15 Dam baut und damit das Wasser staut. Steikt der Wasserspiegel, baut der Biber die Staudemme wieder
ab, damit das Wasser nicht in seine Wohnhöhle eindrinkt. Sinkt der Wasserspiegel, dann staut er erneut,
damit der Eingang wieder geschützt unter Wasser liegt. Durch seine Eingriffe in die Natur stelt er wieder her, was der Mensch verendern wollte. Nur in Naturschutzgebieten ist er deswegen als Baumeister
wieder gerne gesehen.

4 Nimm eine Strategieanalyse vor: Übertrage die folgende Tabelle in dein Heft. Korrigiere dann die Fehler
der Wörter in Abschnitt 3 (Z. 12–19) und trage die Wörter in die richtige Spalte der Tabelle ein.

Verlängern (6 Wörter) ⌒	Zerlegen (drei Wörter) ⅄	Ableiten (drei Wörter) ⚡
kann, ...	Landschaften, ...	verändern, ...

5 Vergleiche deine Ergebnisse mit einem Lernpartner/einer Lernpartnerin.

Kopiervorlage

Cornelsen   Autorin: Agnes Fulde

Kapitel 12
KV 1, Blatt 3

••• Zeichensetzung und Großschreibung

1 **a** Setze im folgenden Text alle fehlenden Kommas.

 b Notiere hinter den Sätzen, nach welcher Regel aus dem Kasten die Kommas gesetzt sind.

> **A** Kommas bei Aufzählungen
> **B** Komma vor Verknüpfungen, die einen Gegensatz einleiten
> **C** Kommas bei Satzgefügen
> **D** Kommas bei Satzreihen
> **E** Kommas bei erweitertem Infinitiv

Zeige mir, wie du wohnst, und ich sage dir, wer du bist!

1 Häuser Bauten und Nester erzählen eine Menge über **Regel:** _____

die Intelligenz aber auch über die lebensumstände und Feinde ihrer Erbauer. **Regel:** _____

2 Biber Beispielsweise gehören zu den tüchtigsten Baumeistern der Natur:

3 Sie fällen Tonnenweise Bäume bauen daraus massive Dämme setzen damit ganze Landstriche

unter Wasser und wohnen in einer massiven Biberburg. **Regel:** _____

4 Was kaum jemand weiß: Unter der wasseroberfläche legen Biber sogar vorratskammern an.

5 Dazu verkeilen sie Zweige mit Laub auf dem Grund ihrer Teiche das sind rücklagen für schlechte

Zeiten. **Regel:** _____

6 Biber nehmen Flussläufe teils Kilometerlang in Beschlag aber gegenüber schwächeren sind sie

tolerant: **Regel:** _____

7 Wenn in harten Wintern Mäuse und Bisams Unterschlupf in der warmen Biberburg suchen reagieren

die Hausherren erstaunlich gelassen auf ihre Untermieter. **Regel:** _____

www.wdr.de/wissen/wdr_wissen/programmtipps/fernsehen/12/11/20_2015_w.php5 (Stand: 26.01.2015, leicht verändert)

2 **a** Finde im Test fünf Nomen, die fälschlicherweise kleingeschrieben sind.
   Beweise durch zwei der Nomenproben, dass es sich um Nomen handelt.

_____

_____

 b Finde drei Wörter, die fälschlicherweise großgeschrieben sind.

_____

   Um welche Wortart handelt es sich? _____

   Notiere Merkmale dieser Wortart: _____

3 Verbinde die Sätze **2** und **3** so, dass du ein Komma mehr setzen musst.

_____

_____

_____

_____

Autorin: Agnes Fulde

Kapitel 12
KV 2, Blatt 1

Kopiervorlage

Zeichensetzung und Großschreibung

Zeige mir, wie du wohnst, und ich sage dir, wer du bist!

VORSICHT
FEHLER!

1 Häuser, Bauten und Nester erzählen eine Menge über **Regel:** _____
die Intelligenz, aber auch über die lebensumstände und Feinde ihrer Erbauer. **Regel:** _____

2 Biber Beispielsweise gehören zu den tüchtigsten Baumeistern der Natur:

3 Sie fällen Tonnenweise Bäume, bauen daraus massive Dämme, setzen damit ganze Landstriche
unter Wasser und wohnen in einer massiven Biberburg. **Regel:** _____

4 Was kaum jemand weiß: Unter der wasseroberfläche legen Biber sogar vorratskammern an.

5 Dazu verkeilen sie Zweige mit Laub auf dem Grund ihrer Teiche, das sind rücklagen für schlechte
Zeiten. **Regel:** _____

6 Biber nehmen Flussläufe teils Kilometerlang in Beschlag, aber gegenüber schwächeren sind sie
tolerant: **Regel:** _____

7 Wenn in harten Wintern Mäuse und Bisams Unterschlupf in der warmen Biberburg suchen, reagieren die Hausherren erstaunlich gelassen auf ihre Untermieter. **Regel:** _____

www.wdr.de/wissen/wdr_wissen/programmtipps/fernsehen/12/11/20_2015_w.php5 (Stand: 26.01.2015, leicht verändert)

1 Notiere hinter den Sätzen, nach welcher Regel die Kommas gesetzt sind.

> **A** Kommas bei Aufzählungen
> **B** Komma vor Verknüpfungen, die einen Gegensatz einleiten
> **C** Kommas bei Satzgefügen
> **D** Kommas bei Satzreihen

2 a Finde im Test fünf Nomen, die fälschlicherweise kleingeschrieben sind.
Beweise durch eine der Nomenproben, dass es sich um Nomen handelt.

_____

_____

b Finde drei Wörter, die fälschlicherweise großgeschrieben sind.

_____

Um welche Wortart handelt es sich? _____

3 Verbinde die Sätze **2** und **3** so, dass du ein Komma mehr setzen musst. Nutze die Konjunktion *weil.*

_____

_____

_____

_____

_____
Autorin: Agnes Fulde

420

Kapitel 12
KV 2, Blatt 2

Kopiervorlage

Zeichensetzung und Großschreibung

1 **a** Lies den Text und achte auf die Kommasetzung.

VORSICHT FEHLER!

Zeige mir, wie du wohnst, und ich sage dir, wer du bist!

1 Häuser, Bauten und Nester erzählen eine Menge über die Intelligenz, aber auch über die lebensumstände und Feinde ihrer Erbauer.

2 Biber Beispielsweise gehören zu den tüchtigsten Baumeistern der Natur:

3 Sie fällen tonnenweise Bäume, bauen daraus massive Dämme, setzen damit ganze Landstriche unter Wasser und wohnen in einer massiven Biberburg.

4 Was kaum jemand weiß: Unter der wasseroberfläche legen Biber sogar Vorratskammern an.

5 Dazu verkeilen sie Zweige mit Laub auf dem Grund ihrer Teiche, das sind rücklagen für schlechte Zeiten.

6 Biber nehmen Flussläufe teils Kilometerlang in Beschlag, aber gegenüber Schwächeren sind sie tolerant:

7 Wenn in harten Wintern Mäuse und Bisams Unterschlupf in der warmen Biberburg suchen, reagieren die Hausherren erstaunlich gelassen auf ihre Untermieter.

www.wdr.de/wissen/wdr_wissen/programmtipps/fernsehen/12/11/20_2015_w.php5 (Stand: 26. 01. 2015, leicht verändert)

b Finde je einen Beispielsatz, in dem die folgenden Regeln vorkommen. Notiere die Nummer hinter der jeweiligen Regel.

A Kommas bei Aufzählungen: Satz _____

B Komma vor Verknüpfungen, die einen Gegensatz einleiten: Satz _____

C Kommas bei Satzgefügen: Satz _____

D Kommas bei Satzreihen: Satz _____

E Komma bei erweitertem Infinitiv: Satz _____

c Welche Regel kommt nicht vor? _____

2 **a** Finde drei Nomen, die fälschlicherweise kleingeschrieben sind.

_____

b Finde zwei Wörter, die fälschlicherweise großgeschrieben sind.

_____

Um welche Wortart handelt es sich? Kreuze an. ☐ Nomen ☐ Adjektive ☐ Adverbien

3 Verbinde die Sätze **2** und **3** so, dass du ein Komma mehr setzen musst. Nutze die Konjunktion *denn*.

_____

_____

_____

Autorin: Agnes Fulde

Kapitel 12
KV 2, Blatt 3

Kopiervorlage

Fehlerbogen

Fehlerschwerpunkte	Fehlerzahl	Trainingsstationen
Sätze 1–9		
Groß- und Kleinschreibung 1 … morgens nach dem Aufstehen … 2 Statt der elektrischen die … 3 Beim Frühstücken … 4 … am Vormittag … 5 … mittags … 6 … das Abwaschen … 7 Das Planschen … Spaß gemacht! 8 … von der Düsseldorfer Allee … zum Bettina-von-Arnim-Platz … 9 … über die Bergische Landstraße, …		Mehr als drei Fehler gemacht: ▶ Training an der Station 1, S. 274 ▶ Hilfen im „Deutschbuch": S. 332–333
Getrennt- und Zusammenschreibung 2 … ist mir nicht so schwergefallen. 4 … schnell lahmgelegt … freigestellt. 5 … satt gegessen … 7 … mehr Spaß gemacht! 9 … blauzumachen … Fahrrad gefahren.		Mehr als zwei Fehler gemacht: ▶ Training an der Station 2, S. 275 ▶ Hilfen im „Deutschbuch": S. 334
Fremdwörter 2 … analoge … 3 … Toaster … 5 … Mikrowellenherd … delikat … 6 Die Spülmaschine … 8 … kompliziert … 9 … Fitnesstraining …		Mehr als zwei Fehler gemacht: ▶ Training an der Station 3, S. 276 ▶ Hilfen im „Deutschbuch": S. 334
Sätze 10–16		
Kommasetzung bei Satzgefügen (ohne Infinitivsätze) 10 … nicht ganz sicher, ob Duschen verboten ist, weil … funktioniert. 12 … hatte ich abends, als meine … 16 … haben mir, obwohl ich sie sonst häufig benutze, kaum gefehlt.		Mehr als zwei Fehler gemacht: ▶ Training an der Station 4, S. 277 ▶ Hilfen im „Deutschbuch": S. 328
Kommasetzung bei Infinitivsätzen 11 … doch gemacht, aber ohne hinterher die Haare zu föhnen. 12 … viel Spaß dabei hatten, einen Film im Fernsehen zu schauen … 14 Denkt daran, im Bett zu schmökern kann auch Freude machen.		Ab einem Fehler: ▶ Training an der Station 5, S. 278 ▶ Hilfen im „Deutschbuch": S. 329

Autorin: Angela Mielke

Kapitel 12
KV 4, Blatt 1

Kopiervorlage

Fehlerschwerpunkte	Fehlerzahl	Trainingsstationen
Kommasetzung bei Relativsätzen und Appositionen **12** … meine ganze Familie, meine Eltern sowie meine beiden Brüder, viel Spaß … **13** … Buch gesucht, das heißt doch so, oder? **15** Das Handy, mein ständiger Begleiter, habe …		Mehr als zwei Fehler gemacht: ▶ Training an der Station 6, S. 278 ▶ Hilfen im „Deutschbuch": S. 329
Andere Fehler:		Sprecht mit eurer Lehrkraft über diese Fehler. Sie gibt euch Tipps und Übungen für diese Fehler-bereiche.
Fehler insgesamt:		

Keine oder nur ganz wenige Fehler gemacht?
Bearbeitet an den Stationen die Aufgaben „Für Spezialisten".

Autorin: Angela Mielke
Illustrator: Peter Menne, Potsdam

Kapitel 12
KV 4, Blatt 2

Kopiervorlage

13 Glücklich sein – Texte auswerten, Lernstrategien anwenden

Konzeption des Kapitels

Dieses Kapitel leitet zur Auseinandersetzung mit Sachtexten und literarischen Texten an, indem konkrete Lese- und Lernstrategien angewandt und vertieft werden. Da die Texterschließung auch in Lernstandserhebungen einen Schwerpunkt bildet, werden die Schüler/-innen außerdem angeleitet, Strategien zum Umgang mit solchen Tests und ihren typischen Aufgabenformaten zu entwickeln. Abschließend erhalten sie Informationen und Tipps zur Präsentation eines Themas. Inhaltlich beschäftigen sich alle Texte mit dem Thema „Glück". Die Begrenzung auf einen Themenbereich soll den Schülerinnen und Schülern den Zugang erleichtern und ermöglichen, ihre Aufmerksamkeit auf die methodischen Kompetenzen zu konzentrieren.

Im ersten Teilkapitel (**„Lesetechniken anwenden – Informationen entnehmen und bewerten")** werden die Schüler/-innen darauf aufmerksam gemacht, dass man je nach Zweck und Intention des Lesens unterschiedliche Lesestrategien anwendet. Die bewusste Nutzung einer Lesestrategie kann dazu beitragen, schneller, gezielter und effektiver mit Texten umzugehen. Dies üben die Schüler/-innen anhand eines Sachtextes, den sie abschließend zusammenfassen und bewerten. Integriert ist die Anleitung zum Auswerten von Diagrammen. Anhand eines Erzähltextes vertiefen die Schüler/-innen außerdem ihre Kompetenz, literarische Texte zu erschließen und zu verstehen.

Im zweiten Teilkapitel (**„Wie bereite ich mich vor? – Aufgabenformate kennen lernen")** erschließen die Schüler/-innen einen Sachtext und überprüfen ihr Textverständnis. Dabei erproben sie unterschiedliche Aufgabenformate, wie sie in Testverfahren vorkommen. Es werden außerdem Strategien vermittelt, um mit solchen Tests besser zurechtzukommen, z. B. indem die Schüler/-innen selbst Testaufgaben entwickeln.

Im dritten Teilkapitel (**„Vortragen und Zuhören – Ein Referat halten")** erfahren die Schüler/-innen, wie sie ein Thema in einem mediengestützten Referat ihren Mitschülerinnen und Mitschülern präsentieren können.

Literaturhinweise

Bertschi-Kaufmann, Andrea (Hrsg.): Lesekompetenz – Leseleistung – Leseförderung. Grundlagen, Modelle und Materialien. Kallmeyer-Klett, Seelze-Velber 2007
Brenner, Gerd: Lernen lehren. Methoden für Deutsch und Fremdsprachen. Cornelsen, Berlin 2. Aufl. 2011
Groeben, Norbert/Hurrelmann, Bettina (Hrsg.): Lesekompetenz. Bedingungen, Dimensionen, Funktionen. Juventa, Weinheim/München 3. Aufl. 2009
Lesen beobachten und fördern. Praxis Deutsch 194/2005
Rosebrock, Cornelia/Nix, Daniel: Grundlagen der Lesedidaktik und der systematischen schulischen Leseförderung. Schneider, Baltmannsweiler 4. Aufl. 2011

Inhalte	Kompetenzen Die Schülerinnen und Schüler
S. 279 **13 Glücklich sein – Texte auswerten, Lernstrategien anwenden**	– wenden Lesestrategien an – wenden Methoden der Texterschließung an
S. 280 **13.1 Lesetechniken anwenden – Informationen entnehmen und bewerten**	– entnehmen und bewerten Informationen aus linearen und nichtlinearen Texten
S. 280 Texte überfliegen	– wenden Lesestrategien an (hier: Texte überfliegen) – formulieren ihr Textverständnis
S. 282 Sachtexte erschließen, zusammenfassen und bewerten *Philipp Glitz:* Erfolgreich, aber unglücklich	– erschließen einen Sachtext nach der Fünf-Schritt-Lesemethode – visualisieren die gewonnenen Informationen grafisch – reflektieren Vor- und Nachteile verschiedener Informationsdarstellungen (hier: Inhalts-angabe/Grafik)
S. 285 Diagramme entschlüsseln und auswerten	– entschlüsseln Diagramme und werten sie aus – stellen einen Bezug her zwischen einem linea-ren und nichtlinearen Text
S. 286 Einen literarischen Text erschließen *Erich Kästner:* Das Märchen vom Glück	– erschließen und interpretieren einen Erzähltext – beschreiben die Wirkung sprachlicher Beson-derheiten (hier: märchenhafte Elemente)
S. 289 **13.2 Wie bereite ich mich vor? – Aufgabenformate kennen lernen**	– verwenden unterschiedliche Aufgabenformate
S. 289 *Eckart von Hirschhausen:* Die Pinguin-Geschichte oder: Wie man sich in seinem Element fühlt	– verwenden Aufgabenformate zum Überprüfen des Textverständnisses (hier: Auswahlaufga-ben, Richtig-Falsch-Aufgaben, Zuordnungsauf-gaben, Lückentextaufgaben, Kurzantworten)
S. 292 Glück kann man trainieren	– formulieren ihr Textverständnis (hier: erstellen selbst Aufgaben zu einem Sachtext)
S. 293 **13.3 Vortragen und Zuhören – Ein Referat halten**	– geben Inhalte adressatenorientiert wieder – wenden Präsentationstechniken an (z. B. Handout) – tragen frei und medial gestützt vor – beobachten, reflektieren und bewerten ihr Gesprächsverhalten – hören aktiv zu – formulieren kriterienorientiert Feedback

425

||S. 279| Auftaktseite

1 **a/b** Die Aufgabe soll die Schüler/-innen dazu anregen, sich dem Thema „Glück" individuell zu nähern.
Beispiellösung (Cluster):

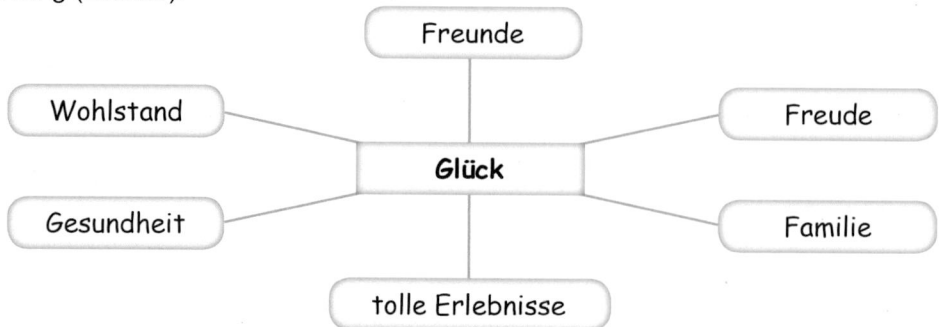

2 **a/b** Neben der offenen Rechercheaufgabe kann diese auch konkretisiert werden, z. B. können die Schüler/-innen auch nach Glücksbringern oder Glückssymbolen sowie Wortverbindungen im Zusammenhang mit „Glück" recherchieren (z. B. Hufeisen, Glückspfennig, Glücksklee, Glücksschwein, Schornsteinfeger, Glücksfee, Glücksrad, Glückskind).

Die **Folie** „Glücklich sein – Texte auswerten, Lernstrategien anwenden" bietet einen alternativen Einstieg in das Kapitel, der weniger den Inhalt als die Methode in den Blick nimmt.

13.1 Lesetechniken anwenden –
Informationen entnehmen und bewerten

||S. 280| Texte überfliegen

Die Sehnsucht nach Glück/Glück: Was ist das?

Das Thema „Glück" hat in den Medien Hochkonjunktur: Immer wieder beschäftigen sich Zeitungsartikel und Beiträge in Radio oder Fernsehen damit. Berichtet wird von „Glücksforschern", „Glücksratgeber" werden zu Bestsellern, sogar Seminare zur „Glücksfindung" werden angeboten. Stellvertretend seien hier nur zwei Buchtitel genannt:
– von Hirschhausen, Eckart: Glück kommt selten allein. Rowohlt Taschenbuch Verlag, Reinbek 16. Aufl. 2011
– GEO Wissen: Glück, Zufriedenheit, Souveränität. Heft 47/2011

1 Die Schüler/-innen lesen beide Texte mit Hilfe des Methodenkastens „Texte überfliegen" im SB auf S. 281 zunächst möglichst schnell und gezielt im Hinblick auf die Fragestellung: „Welche Faktoren fördern das Glücklichsein?" Die einzelnen Abschnitte werden überflogen und dabei die Überschrift, der Vorspann, die jeweils ersten Zeilen eines Abschnitts sowie Signalwörter in den Blick genommen. Im ersten Text ist „Faktoren" (Z. 43) ein deutliches Signalwort, das einen Hinweis auf Informationen zur Fragestellung liefert.

2 **a/b** Nun lesen die Schüler/-innen die Texte vollständig durch, fassen zusammen, worum es darin geht, und tauschen sich darüber aus:
– Der erste Text „Die Sehnsucht nach Glück" sagt aus, dass der Begriff „Glück" allgemein positiv besetzt ist und jedermann sich danach sehnt. Es gibt allerdings viele verschiedene Auffassungen von Glück. Nach einem sprachlichen Exkurs über die unterschiedlichen Bedeutungen von Glück werden Faktoren benannt, die ein dauerhaftes Glücksgefühl begünstigen.

– Der zweite Text „Glück: Was ist das?" beschäftigt sich ebenfalls mit verschiedenen Auffassungen von Glück. Es geht hier aber um historische Einschätzungen und vor allem um die Erforschung von Glück. Unterschiedliche Wissenschaften beschäftigen sich mit der Erkundung des Begriffs „Glück" und der Entstehung von Glücksempfinden: Philosophie, Soziologie, Psychologie und die Hirnforschung.

3 Aspekte, die Schüler/-innen diskutieren möchten, hängen von persönlichen Interessen und auch vom Vorwissen ab. Die Texte bieten aber genügend Ansatzpunkte zum Nachdenken. Beispiele für Fragestellungen: Inwiefern kann Glück darin liegen, etwas für das Gemeinwohl zu tun? Warum ist gerade der glücklich, der dem Glück nicht mehr hinterherläuft? Was haben Glück und gesellschaftliche Bedingungen miteinander zu tun? Warum entstehen positive und negative Gefühle in unterschiedlichen Bereichen des Gehirns?

Der erste Text geht darauf ein, dass es verschiedene Kategorien von Glück gibt. Hier sind über den Text hinaus verschiedene Einteilungen möglich, z. B. Glück als Zufall (kommt von außen, ist ein momentanes Ereignis), Glück als Lohn/Belohnung (etwas, das man sich erarbeitet hat, das man verdient hat, ein Ergebnis), Glück als Ausdruck einer Gestaltung des äußeren Umfelds sowie des eigenen Umstands (befriedigender Beruf, genug Geld, Gesundheit, Freiheit) oder als Ergebnis einer inneren Haltung (etwa Zufriedenheit, Anspruchslosigkeit, Glück als länger anhaltender Zustand).

S. 282 Sachtexte erschließen, zusammenfassen und bewerten

Philipp Glitz: Erfolgreich, aber unglücklich

1 Die Schüler/-innen überfliegen den Text zunächst. Als Hilfe beim überfliegenden Lesen wird ihnen die Leitfrage gestellt: „Was macht Deutschlands Kinder und Jugendliche unglücklich und was kann dagegen unternommen werden?" Diese Leitfrage dient dazu, dass die Schüler/-innen zunächst die zentralen Informationen des Textes aufnehmen.

Mögliches **Tafelbild:**

Was macht Deutschlands Kinder und Jugendliche unglücklich?	Was kann dagegen unternommen werden?
– Leistungsdruck – Erfolgsdruck – Gefühl, ausgeschlossen zu sein – Perspektivlosigkeit	– Gesundheit fördern – Kinderrechte stärken – Kinderarmut stärker bekämpfen – Kinder nicht ausschließlich nach Leistungsfähigkeit beurteilen

2 Beim ersten vollständigen Lesevorgang sollten die Schüler/-innen den gesamten Text erfassen, ohne sich an einzelnen Textstellen aufzuhalten. Wörter, die möglicherweise geklärt werden müssen:
– UNICEF (Z. 5) = Das Kinderhilfswerk der Vereinten Nationen (UN). UNICEF wurde 1946 gegründet und hilft Kindern in rund 150 Ländern.
– Industrienation (Z. 11) = technisch hoch entwickelter Staat mit einer bedeutenden industriellen Produktion einer Vielzahl von Gütern
– relative Armut (Z. 13 f.) = misst den Einkommensabstand von Menschen zum allgemeinen gesellschaftlichen Durchschnitt (wie viel jemand verdient im Verhältnis zu anderen)
– Komitee (Z. 21) = Gruppe von Personen, die sich treffen, um eine fachliche Fragestellung zu bearbeiten (auch Gremium genannt)
– formaler Erfolg (Z. 26 f.) = Erfolg, der auf sichtbaren Aspekten beruht (z. B. berufliche Karriere)
– Richtschnur (Z. 49) = Wertvorstellung, an der jemand sein Handeln ausrichtet

3 Beim zweiten Lesevorgang wird „gründlich" gelesen. Die Schüler/-innen nehmen Markierungen vor, schreiben Notizen an den Rand und fassen Textaussagen zusammen.

   a   Beispiele für Schlüsselwörter:
      – Kinder und Jugendlichen (Z. 1)
      – in Deutschland unglücklich (Z. 3)

– Studie (Z. 4)
– Lebenssituation, mäßig bis negativ (Z. 8 f.)
– Leistungsdruck (Z. 10)
– Kluft […] groß (Z. 11 f.)
– Lebenszufriedenheit, abgefallen (Z. 17 f.)
– Leistung, formaler Erfolg (Z. 26 f.)
– ausgeschlossen (Z. 27 f.)
– gerechte Teilhabe (Z. 30)
– zuhören (Z. 38)
– Gesundheit, Kinderrechte, Kinderarmut (Z. 41–43)
– nicht ausschließlich, Leistungsfähigkeit beurteilen (Z. 47 f.)
– Wohlbefinden, Richtschnur der Politik (Z. 48 f.)

b Beispiellösung (mögliche Fragen):

Was genau ist mit „allgemeiner Situation" gemeint?
Was bedeutet „relative Armut"?
Welche Nation liegt bei der Selbsteinschätzung zur Lebenszufriedenheit auf Platz 1?
Was bedeutet „formaler Erfolg"?
Wie kann ich mitgestalten?

c Beispiellösung:

Z. 1-9: Viele Kinder und Jugendliche in Deutschland unglücklich
Z. 10-20: Deutschland im Vergleich zu anderen Nationen
Z. 21-34: Einseitige Konzentration auf Leistung
Z. 35-39: Kindern besser zuhören
Z. 40-51: Mögliche Gegenmaßnahmen

 **4** a–c Für die Textzusammenfassung kann der Methodenkasten „Einen Sachtext erschließen und zusammenfassen" im SB auf S. 284 zu Hilfe genommen werden.

Beispiellösung:

Erfolgreich, aber unglücklich – Textzusammenfassung
(Einleitung) In dem Bericht „Erfolgreich, aber unglücklich" von Philipp Glitz geht es um die Frage nach den Gründen, weshalb Kinder und Jugendliche in Deutschland im Vergleich zu anderen Industrienationen meist unglücklicher sind.
(Hauptteil) Laut einer UNICEF-Studie leiden in Deutschland besonders viele Kinder und Jugendliche unter Leistungsdruck. Jeder siebte Jugendliche bewertet seine aktuelle Lebenssituation als mäßig bis negativ. Damit liegt Deutschland auf Platz 22 von 29 untersuchten Ländern. Nach Hans Bertram, Mitglied des deutschen UNICEF-Komitees, führt die einseitige Konzentration auf Leistung und formalen Erfolg dazu, dass sich Kinder aus der Gesellschaft ausgeschlossen fühlen. Das Kinderhilfswerk fordert deshalb von der Bundesregierung, „die Gesundheit von Kindern stärker zu fördern, Kinderrechte zu stärken und Kinderarmut stärker zu bekämpfen".
(Schluss) Durch den vorliegenden Text ist mir deutlich geworden, wie wichtig es ist, nicht nur auf seine Leistungen zu schauen. Auch ich fühle mich manchmal von der Gesellschaft im Stich gelassen und kann die Forderungen des Kinderhilfswerks an die Politik sehr gut nachvollziehen. In der nächsten Woche möchte ich das Thema im Klassenrat besprechen und bin sicher, dass auch an unserer Schule viele Schülerinnen und Schüler davon betroffen sind.

5 a/b Beispiellösung:

	Vorteile	Nachteile
Textzusammenfassung im Fließtext	– detailliert – ausführlich	– aufwendig – dauert lange
Strukturierung mit Fluss-diagramm oder Mind-Map	– schneller Überblick – Zusammenhänge erkennbar	– grobe Darstellung – Detailinformationen fehlen

S. 285 Diagramme entschlüsseln und auswerten

1 a In Partnerarbeit untersuchen die Schüler/-innen das links abgedruckte Diagramm „Glücksskala".
- Die Überschrift „Glücksskala", die darunter abgedruckte Frage „Wie glücklich sind Sie zurzeit in Ihrem Leben?" und die weiteren Erklärungen verweisen darauf, dass das linke Diagramm das momentane Glücksempfinden der Befragten darstellt. Befragt wurden 1 004 Personen, die durchschnittliche Angabe zum Glückszustand (Bewertung zwischen 1 = überhaupt nicht glücklich und 10 = sehr glücklich) liegt bei 7,4.
- Die Farbgebung zeigt den Glückszustand an: hellblau = unglücklich, dunkelblau = glücklich.
- Die Prozentzahlen beziehen sich auf den Anteil der insgesamt 1 004 Befragen, die ihren Glückszustand auf einer Skala eingeordnet haben.

b Beispiellösung:

> Das Diagramm mit dem Titel „Glücksskala" zeigt, dass die Mehrheit der Befragten sich zum Befragungszeitpunkt als glücklich empfand. Nur 5 Prozent der Befragten gaben an, dass sie sich unglücklich fühlten (Stufen 1, 2 und 3 auf der zehnteiligen Skala). Zirka 48 Prozent der Befragten ordnen sich auf einer Glücksskala von 1 (unglücklich) bis 10 (sehr glücklich) unter den Stufen 1 bis 7 ein, sind also unglücklich oder zumindest nicht glücklich. 52 Prozent hingegen bezeichnen sich als glücklich, auch wenn die meisten davon nur bei Stufe 8 liegen.

2 a/b Aus dem rechten Diagramm lässt sich ablesen, was Glück für die Befragten bedeutet. Dafür wurden ihnen sieben Aussagen vorgelegt, zu denen sie jeweils angeben konnten, ob die Aussage für sie „sehr", „eher", „eher nicht" oder „gar nicht" zutrifft. Die Balken zeigen an, für wie viel Prozent der Befragten die jeweilige Aussage „sehr" zutrifft. Interessant dabei ist, dass auf die Frage „Was bedeutet für Sie Glück?" Gesundheit, Familie, Freude „über die kleinen Dinge des Lebens" und ein Arbeitsplatz am häufigsten genannt wurden.
Mögliche Überschrift: Glücksfaktoren – Was zum Glück gehört

c Die im Diagramm genannten Prozentzahlen ergeben addiert mehr als 100 %, weil die Befragten zu jeder Aussage angegeben haben, ob diese für sie zutrifft oder nicht.

Die **Folie** „Diagramme entschlüsseln und auswerten" bereitet die ersten beiden Aufgaben medial auf und kann begleitend eingesetzt werden.

3 Aus den beiden Diagrammen lässt sich ablesen, dass sich 52 % aller 1 004 Befragten für glücklich halten. Zum Glück gehören offenbar für die meisten Befragten die eigene Gesundheit und die der Angehörigen, eine liebevolle Familie, die Freude an kleinen Dingen und ein Arbeitsplatz. Gesundheit hat bei den Glücksvorstellungen der befragten Deutschen Vorrang vor allen anderen Glückserwartungen. Von den befragten Deutschen gaben nur 31 % an, dass es für sie Glück bedeute, „sich keine Sorgen über Geld machen zu müssen".

4 Die Schüler/-innen verknüpfen die in diesem Teilkapitel erworbenen Fähigkeiten und bringen diese miteinander in Verbindung. Eine mögliche Verbindung zwischen dem Text und den beiden Diagrammen wäre zum Beispiel die eher geringe Wertschätzung von Erfolg, Leistung und Geld für das eigene Glücksempfinden.

Die **Kopiervorlage 1** („Einen Sachtext erschließen, Lesetechniken anwenden") verbindet das Erarbeiten eines Textes mit dem Auswerten eines Diagramms und trainiert so die Kompetenz zum Entnehmen und Bewerten von Informationen.

S.286 Einen literarischen Text erschließen

Erich Kästner: Das Märchen vom Glück

Die Aufgaben bilden kleinschrittig das im Methodenkasten „Einen Erzähltext erschließen und interpretieren" im SB auf S. 288 erläuterte Vorgehen ab.

1 Die Schüler/-innen nähern sich zunächst dem erzählenden Text, indem sie ihre ersten Leseeindrücke austauschen.
Diese könnten z. B. so lauten:
– Die Geschichte beginnt gar nicht wie ein Märchen.
– Die Geschichte ist so aufgebaut, dass man bestimmt eine Lehre daraus ziehen soll.
Bei der Wiedergabe sollten die Schüler/-innen darauf achten, sich auf Wesentliches zu konzentrieren.

2 Beispiellösung:

> – Einige typische Märchenelemente, wie z. B. magische Zahlen (drei), Wundersames (Wünsche) und ein gutes Ende kommen in diesem Text vor.
> – Die Vorstellung, durch bestimmte Handlungen oder nur unter gewissen Voraussetzungen glücklich zu sein, ist falsch/ein Märchen.

3 a–c Beispiellösung:

> Ausgangssituation (Z. 1–18): Zwei Männer begegnen sich in einer verrauchten Kneipe und unterhalten sich über das Glück
> Die Geschichte des alten Manns (Z. 19-54): Der ältere Mann erzählt, dass er vor vierzig Jahren von einem seltsamen Fremden angesprochen wurde, der behauptete, ihm drei Wünsche schenken zu können.
> Der erste und der zweite Wunsch (Z. 55-101): Wütend über sein unglückliches Leben wünscht er den Fremden zum Teufel, der daraufhin verschwindet. Unsicher, ob die Behauptung des Alten wahr sind, wünscht er ihn zurück.
> Der dritte Wunsch (Z. 102-137): Nachdem der Fremde wieder erscheint, entschuldigt sich der Mann und verspricht seinen letzten Wunsch gut zu nutzen.
> Die Frage nach dem Glück (Z. 138-154): Der Zuhörende fragt, ob der Mann seitdem glücklich sei, bekommt aber keine direkte Antwort.

a/b Den Höhe- oder Wendepunkt der Kurzgeschichte bildet die lehrhafte Aussage des alten Mannes „Wünsche sind nur gut, solange man sie noch vor sich hat" (Z. 146 f.).

4 Mögliches **Tafelbild:**

	Der alte Mann in der Kneipe	Der Zuhörer in der Kneipe	Der alte Mann mit Bart, der die Wünsche vergibt
Wirkung	glücklich, humorvoll, selbstironisch	neugierig	freundlich, bestimmt, gutmütig
Beschreibung	ca. 70 Jahre (Z. 1) weiße Haare (Z. 3 f.) blitzende Augen (Z. 4) glücklich (Z. 13–15) früher verbittert (Z. 25) und schnell reizbar (Z. 56 f.) reuig (Z. 119–123)		anfangs genervt (Z. 33 f.) sieht aus wie der Weihnachtsmann in Zivil (Z. 34–37) vielleicht ein bisschen zu gutmütig (Z. 37 f.)
Rolle	Erzähler (belehrend)	Perspektive des Lesers (lernend)	übernatürliches Element (Mittel zur Vermittlung der Lehre)

5 Die Besonderheit der Geschichte ist, dass sie eine Erzählung in der Erzählung enthält. Der eigentliche Ich-Erzähler ist der Zuhörer in der Kneipe, über den man nur wenig erfährt. Ab Z. 20 wechselt die Perspektive und der alte Mann in der Kneipe wird zum Ich-Erzähler. Dies wird an manchen Stellen durch Rückfragen des Zuhörers unterbrochen. So entsteht ein Dialog zwischen beiden Erzählern.

6 Einige märchenhafte Elemente:
- drei Wünsche (z. B. Aschenputtel) – Sie bringen den alten Mann erst zum Nachdenken über das Glück.
- hilfreiche Figur (der alte Mann mit den magischen Kräften)
- zum Teufel fahren (z. B. Der Teufel mit den drei goldenen Haaren) – Hier wird dem Erzähler bewusst, dass die Wünsche tatsächlich existieren.
- ein gutes Ende (z. B. Hänsel und Gretel) – Das gute Ende bringt den Mann, aber auch den Leser zum Nachdenken über das Glück.

13.2 Wie bereite ich mich vor? – Aufgabenformate kennen lernen

S. 289 **Eckart von Hirschhausen: Die Pinguin-Geschichte oder: Wie man sich in seinem Element fühlt**

Zu diesem Sachtext werden Aufgabenformate vorgestellt und geübt, wie sie in Tests zur Überprüfung des Textverständnisses vorkommen (vgl. Informationskasten „Verschiedene Aufgabenformate" im SB auf S. 291): Auswahlaufgaben (Multiple-Choice-Aufgaben), Richtig-Falsch-Aufgaben (True-False-Aufgaben), Zuordnungsaufgaben (Matching-Aufgaben), Lückentexte und Kurzantworten. Die Schüler/-innen sollten sich außerdem darüber austauschen, wie sie diese Aufgabenformate leichter lösen oder Routine bei deren Lösung gewinnen können.

Auswahlaufgaben (Multiple-Choice-Aufgaben)

1 Richtig ist Aussage **A**: Kreuzfahrten machen kreuzunglücklich.

Richtig-Falsch-Aufgaben (True-False-Aufgaben)

2 Richtig ist die Aussage **D**.

Zuordnungsaufgaben (Matching-Aufgaben)

3 Man kann mit seiner Einschätzung komplett danebenliegen, wenn man schnell Vorurteile hat.
Man wird einzigartig, wenn man seine Stärken stärkt.
Das Umfeld ist wichtig, wenn das zum Tragen kommen soll, was man kann.
Man findet sein Wasser, wenn man kleine Schritte macht.

Lückentexte

4 Der Autor Eckart von Hirschhausen nimmt eine Kreuzfahrt als **Irrtum** für ihn wahr. Aus seiner **Beobachtung** im Zoo leitet er das **Fehlurteil** ab, Pinguine seien eine **Fehlkonstruktion**. Im Nachhinein folgt aber die **Lehre**: Jeder ist dann im **Element**, wenn **Stärken** trainiert werden.

Kurzantworten

5 Beispiellösung:

> **A** Warum bezeichnet der Autor den Pinguin zunächst als „Fehlkonstruktion"?
> – Weil er ihn auf Grund seines Aussehens für plump und wenig geschickt hält.
> **B** Welche Erkenntnis hat der Autor, nachdem er das Schwimmverhalten des Pinguins beobachtet hat?
> – Dass der Pinguin an Land zwar wenig geschickt wirken mag, er in der richtigen Umgebung (im Wasser) aber völlig im Gegenteil äußerst agil und elegant ist.

6 Alternativ können die Ergebnisse auch erst in Gruppen- oder Partnerarbeit verglichen werden.

7 **a/b** Die Schüler/-innen tauschen sich nun über ihre eigenen Erfahrungen mit den unterschiedlichen Aufgabenformaten aus. Jeder hat Vorlieben, muss sich aber bewusst werden, dass er lernen muss, auch mit Aufgabenformaten umzugehen, die für ihn schwierig sind. Dabei können Tipps von Mitschülerinnen und Mitschülern hilfreich sein, z. B. bei einem Test zunächst die Aufgaben zu lösen, die einem schwerfallen, weil im Verlauf des Tests die Konzentration nachlässt.

IIS.292 Glück kann man trainieren

1–3 Die Schüler/-innen erproben an einem überschaubaren, eher einfachen Text in Gruppenarbeit die unterschiedlichen Aufgabenformate zur Überprüfung des Textverständnisses, indem sie selbst Aufgaben entwickeln und diese in wechselseitigen Tests ausprobieren.

IIS.293 13.3 Vortragen und Zuhören – Ein Referat halten

In diesem Teilkapitel erhalten die Schüler/-innen eine Anleitung zum Erstellen eines mediengestützten Vortrags. Sie erfahren, wie man Einleitungssätze formuliert, Folien gestaltet und ein Handout für die Zuhörer entwirft.

Die Eröffnung – Auf die Einleitung kommt es an

1 **a/b** Die Schüler/-innen formulieren zum bisher erarbeiteten Thema „Glück" oder zu einem selbst gewählten Thema einen individuellen Einleitungssatz und geben einen Überblick über den Inhalt ihres Referats.

Beispiellösung:

> Ich habe das Thema Glück ausgewählt, weil ich im Internet auf eine Umfrage gestoßen bin, die zeigt, dass Menschen in einzelnen Ländern der Welt unterschiedlich glücklich sind. Dem Grund hierfür bin ich in den letzten Wochen nachgegangen und habe Erstaunliches festgestellt. Zuerst möchte ich euch einen Überblick über das gewählte Thema geben. Ich werde mit einer Definition von Glück beginnen, dann aufzeigen, in welchen Ländern besonders glückliche Menschen und in welchen besonders unglückliche wohnen. Zuletzt werde ich mit euch ein kleines Quiz durchführen, bei dem ihr das Gehörte noch einmal anwenden könnt.

Der Vortrag – Medien zum Einsatz bringen

2 a Die Schüler/-innen sollten darauf achten, auf den Karteikarten nur die wichtigsten Aspekte festzuhalten. Dazu eignet es sich, Inhalte immer weiter zu reduzieren, sodass am Ende nur noch die zentralen Stichpunkte übrig bleiben.

    b Die Erstellung von Folien bietet die Möglichkeit, das Arbeiten mit Programmen zur Präsentation einzubinden und deren besondere Vor- und Nachteile zu erkennen.

3 a/b Gelungen sind die klare Strukturierung der einzelnen Sätze sowie die Hervorhebung durch fett markierte und farbige Begriffe.

    Zu optimieren sind die beträchtliche Textmenge (weiter reduzieren) sowie die geringe Schriftgröße (vergrößern) und die grafische Gestaltung der Kopfzeile.

Die Zuhörer einbinden – Ein Handout erstellen

4–6 Mit Hilfe der drei Aufgaben planen die Schüler/-innen ihren Vortrag, gestalten Folie und Handout nach den Vorgaben und geben sich ausgehend von einem Beobachtungsbogen ein Feedback.

Vorschlag für einen Test

Vorschlag 1:   Das Textverständnis prüfen, Aufgabenformate trainieren
                     Siehe **Kopiervorlage S. 436 ff.**

Material zu diesem Kapitel auf den folgenden Seiten und auf der CD

Lernwegeliste zum Kompetenzschwerpunkt des Kapitels (vollständig auf der CD), S. 435
Diagnose: Kann ich Lernstrategien anwenden? (auf der CD)
Test: Das Textverständnis prüfen, Aufgabenformate trainieren (KA 1, mit Lösungen auf der CD), S. 436 ff.
KV 1:   Einen Sachtext erschließen, Lesetechniken anwenden, S. 440 ff.
Hinweis: Lösungen zu allen KV finden sich auf der CD.

Folie: Glücklich sein – Texte auswerten, Lernstrategien anwenden (zu SB S. 279, auf der CD)
Folie: Diagramme entschlüsseln und auswerten (zu SB S. 285, auf der CD)

Weiteres Übungsmaterial

„Deutschbuch Arbeitsheft 4"

Arbeitstechniken und Methoden, S. 4–8

– Ein Kurzreferat vorbereiten und halten, S. 4 ff.

Sachtexte und Schaubilder erschließen, S. 26–32

– Einen Sachtext lesen und verstehen, S. 26 ff.

– ●○○ Stärken stärken: Sachtext und Grafik verstehen, S. 29

– ●●○ Stärken stärken: Den Text und ein Diagramm auswerten, S. 30

– ●●● Stärken stärken: Den Text zusammenfassen und bewerten, S. 31

– Teste dich! Einen Sachtext und ein Schaubild auswerten, S. 32

„Deutschbuch Differenzieren und Fördern 7/8"

Methoden und Arbeitstechniken beherrschen, S. 499 ff.

– Überfliegendes Lesen, S. 499 f.

– Aufgabenformate kennen, S. 501 f.

– Einen Kurzvortrag halten, S. 504

– Eine Folienpräsentation vorbereiten, S. 505

Name: _____   Klasse: _____   Lehrer/-in: _____

Lernwegeliste – mit Materialzuordnung und Dokumentationsmöglichkeit

Kompetenzbereich: Texte auswerten, Lernstrategien anwenden

Kompetenz:
Ich kann Techniken und Strategien zur Erschließung von Texten und anderen Medien nutzen.
Ich kann meine Redebeiträge klar strukturieren.

Was dir dabei helfen kann:
Du kannst unterschiedliche Lesetechniken nutzen.
Du kannst Methoden der Texterschließung nutzen.
Du kannst einfache Suchstrategien und Hilfsmittel zur Informationsbeschaffung nutzen.
Du kannst Inhalte verstehen und wiedergeben.

	Was du in Kapitel 13 lernen kannst:	Niveau	Lernmaterialien	Selbsteinschätzung ☺	Selbsteinschätzung ☺	Selbsteinschätzung ☹	Hinweise/ Bewertung der Lehrkraft
01	Ich kann Lesestrategien anwenden.	GME	„Texte überfliegen" – Buch S. 280 f.				
02	Ich kann Informationen aus Sachtexten entnehmen, reflektieren und bewerten.	GME	„Sachtexte erschließen, zusammenfassen und bewerten" – Buch S. 282 ff.				
03	Ich kann Informationen aus nichtlinearen Texten (z. B. Diagrammen) entnehmen, reflektieren und bewerten.	GME	„Diagramme entschlüsseln und auswerten" – Buch S. 285				
04	Ich kann literarische Texte erschließen und bewerten.	GME	„Einen literarischen Text erschließen" – Buch S. 286 ff.				
05	Ich kann verschiedene Aufgabenformate zur Texterschließung einsetzen.	GME	„Die Pinguin-Geschichte oder: Wie man sich in seinem Element fühlt" – Buch S. 289 ff.				

Die zweite Seite der Lernwegeliste ist auf der CD zu finden.

Cornelsen

Kopiervorlage

Teste dich! – Das Textverständnis prüfen, Aufgabenformate trainieren

Nicole Walter

Glück als Schulfach, Lernen ohne Leistungsdruck

Ein Südseestrand, ein Pferderücken, eine große Familie – Glück hat viele Gesichter. Für Lisa Käufer klingt das Glück an diesem Tag nach Trommeln und Beats. Sie und ihre Freundinnen
5 mussten nach der Schule lange auf den Bus warten. Um sich die Zeit zu verkürzen, haben sie, statt mit schlechter Laune durchzuhängen, im Glücksunterricht geschaffene Rhythmen geklatscht. Eine Art Musikmachen mit dem eigenen Körper. „Die
10 Zeit verging im Nu, wir haben so viel gelacht", sagt Lisa. Ein kleines Beispiel dafür, wie Glücksunterricht im Alltag der Schüler ankommt.
Als der Schuldirektor Ernst Fritz-Schubert 2007 erstmals an seiner Heidelberger Schule das Fach
15 Glück einführte, machte er bundesweit Furore. Inzwischen ist Fritz-Schubert pensioniert und Glück ist an einigen Schulen in Deutschland, Österreich und der Schweiz in den Stundenplan integriert. Als eigenständiges Fach oder als Pro-
20 jektkurs, einmalig oder in mehreren Klassenstufen nacheinander.

Fitness, Freunde und Freude

Die Inhalte sind an allen Schulen ähnlich und geprägt von Erkenntnissen aus Psychologie und
25 Soziologie, aber auch durchzogen von viel Praktischem: Auf dem Stundenplan stehen das Zusammenspiel in der Gemeinschaft, sich das Glück im Alltag bewusst zu machen, die eigenen Stärken und Schwächen zu entdecken und sich selbst Ziele
30 zu setzen, sich im eigenen Körper wohlzufühlen, Gesundheit und Ernährung, Sport – aber ohne Leistungsdruck, Theaterspielen.
Ernst Gehmacher, Soziologe und Glücksforscher in Wien, fasst das prägnant zusammen: „Ich spre-
35 che immer von den drei großen F: Fitness, Freunde und Freude an dem, was man tut." Auch in den USA und Großbritannien wird das Glückslernen in der Schule und in Universitäten schon länger ausprobiert. „Social and Emotional Learning"
40 heißt es dort.

Werner Sander unterrichtet Glück als Wahlfach in der 11. Klasse des Anna-Essinger-Gymnasiums in Ulm. Besonders hat ihm imponiert, wie eine Schülerin gleich in der ersten Stunde für sich das Glück definiert hat: „Glück ist für mich, wenn ich 45 jeden Abend zufrieden einschlafe." „Das ist es", sagt Sander, der ursprünglich gegen Mobbing und gegen die Härten des Notendrucks angehen wollte und sich so Schritt für Schritt zum Glückslehrer entwickelte. „Es geht nicht um das große, einma- 50 lige Glück, sondern darum, innerlich stabil zu sein, seine eigenen Stärken zu kennen und die Schwächen als Ressourcen zu nutzen. Das ist wichtig im Leben, aber in der Schule kommt es zu kurz." 55

Spielerische Übungen

Jede Stunde beginnt Sander mit einem Warm-up: rhythmische Körperbewegungen, Body-Drumming genannt, die locker machen und Hemmungen nehmen sollen. Im Unterricht ste- 60 hen spielerische Übungen an erster Stelle, um ganz praktisch zu erfahren, was Glück und Zufriedenheit schafft. Ein Beispiel: Allein oder mit anderen zusammen ist „der Rubikon zu überschreiten", um auszuprobieren, wie man spiele- 65 risch Hindernisse überwinden kann. Zwei Klebebänder auf dem Fußboden des Klassenraums symbolisieren den historischen Grenzfluss, den Caesar einst überschritt und damit einen Bürgerkrieg auslöste. Drei Kartons kommen dazu, auf 70 die jeweils nur ein Fuß passt, um „trocken" über die Wasserscheide zu kommen. „Das geht nur, wenn alle miteinander sprechen, sich helfen und gemeinsam eine Lösung finden", sagt Sander.
Lisa Käufer, die sich zu Beginn dieses Schuljahrs 75 für den Glückskurs bei Werner Sander entschieden hat, erhofft sich davon einiges. „Mich selbst zu finden, im Alltag ruhiger zu sein und im Schulstress besser zu bestehen", sagt sie. Anfangs hat sie vor allem gereizt, dass das Fach im 80

Abitur anerkannt wird und die mündliche Prüfung ersetzen kann. Inzwischen sieht Lisa darin eine echte Bereicherung und vor allem die Möglichkeit, die eigenen Stärken besser auszuschöpfen. Glück, das bedeutet für sie „mit Freunden

zusammen zu sein, nicht allein zu sein, sondern Menschen um mich zu haben, die ich mag, und die Dinge zu tun, die ich gern tue." [...]

Aus: Fluter. Magazin der Bundeszentrale für Politische Bildung, 19.11.2012, Quelle: http://www.fluter.de/de/116/thema/11024/, (Stand 24.05.2017)

[1] Lies den Text aufmerksam und überprüfe dein Textverständnis, indem du die folgenden Aufgaben löst. Dabei übst du auch den Umgang mit verschiedenen Aufgabenformaten.

[2] Kreuze an: Wer führte das Fach Glück ein?
- ☐ Ernst Gehmacher, ein Soziologe und Glücksforscher aus Wien
- ☐ Schuldirektor Ernst Fritz-Schubert aus Heidelberg
- ☐ Werner Sander, ein Lehrer aus Ulm
- ☐ Schuldirektor Ernst Fritz-Schubert aus Stuttgart

[3] Kreuze für jede Aussage zum Text an, ob sie richtig oder falsch ist.

		richtig	falsch
A	Freunde und Gemeinschaftserleben spielen beim Erlernen des Glücks eine wichtige Rolle.	☐	☐
B	Im Fach Glück wird man in Kunst und Sport unterrichtet.	☐	☐
C	Das Fach Glück ist inzwischen an allen Schulen in Deutschland eingeführt.	☐	☐
D	Ziel des Fachs ist es, sich das Glück im Alltag bewusst zu machen und eigene Stärken und Schwächen zu erkennen.	☐	☐
E	Auch in Australien und Frankreich wird das Glückslernen als „Social and Emotional Learning" in der Schule schon länger ausprobiert.	☐	☐
F	Im Unterricht sollen die Schülerinnen und Schüler lernen, jeden Tag Glück zu empfinden.	☐	☐
G	Das Fach Glück kann im Abitur sowohl eine schriftliche als auch eine mündliche Prüfung ersetzen.	☐	☐

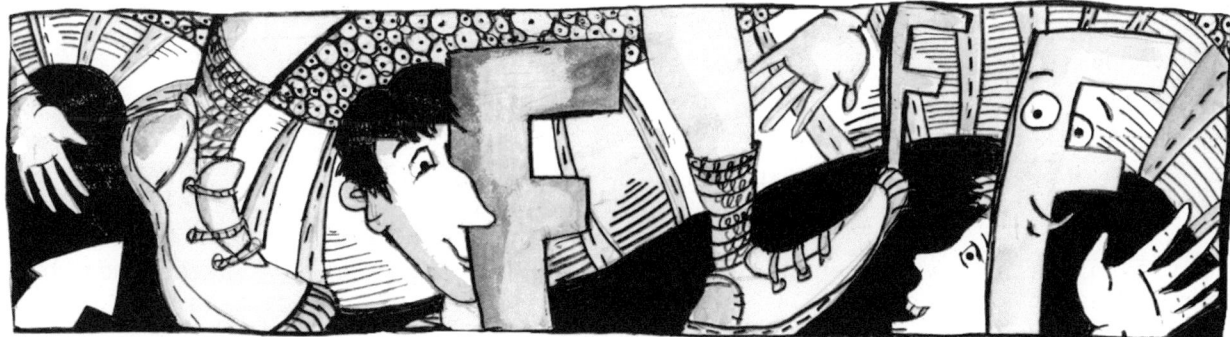

Autorin: Ute Fenske
Illustratorin: Sylvia Graupner, Annaberg-Buchholz

Kapitel 13
KA 1, Blatt 2

Kopiervorlage

4 Bilde Satzgefüge, sodass zutreffende Aussagen zum Inhalt des Textes entstehen.

> Der Schulleiter Fritz-Schubert wurde bekannt,

> Die Schülerin Lisa findet das Fach gut,

> Werner Sander wurde zum Glücks-lehrer,

> An den Anfang seiner Unterrichts-stunden stellt Werner Sander Körperübungen.

> weil er ursprünglich gegen Mobbing und Notendruck vorgehen wollte.

> weil die Schüler dadurch locker werden und ihre Hemmungen verlieren.

> weil er als Erster in Deutschland das Fach Glück einführte.

> weil man dadurch eigene Stärken besser ausschöpfen kann.

_____

_____

_____

_____

_____

_____

5 Fülle die Lücken in dem folgenden Text. Wenn du nicht weiterweißt, lies noch einmal im Text nach.

Im Jahr _____ wurde das Fach Glück zum ersten Mal in Deutschland eingeführt. Inzwischen gibt es

„Glück" als eigenständiges Fach oder als _____. Die Inhalte sind geprägt von

Erkenntnissen aus _____ und _____. Es geht vor

allem darum, dass man die eigenen Stärken und _____ erkennt und sich

eigene _____ setzt. Ein Soziologe und Glücksforscher aus Wien spricht von den

drei großen F als Voraussetzung für dauerhaftes Glück. Damit meint er _____

_____. Lehrer Sander setzt die Übung „Den Rubikon überschreiten" ein,

Autorin: Ute Fenske

Kapitel 13
KA 1, Blatt 3

Kopiervorlage

deren Name sich von einem _____ ableitet, den Caesar einst überschritt. In der Übung

geht es darum, gemeinsam _____ zu überwinden.

6 Notiere Kurzantworten zu den beiden Fragen.

A Warum hält der Lehrer Sander, der Glück als Wahlfach unterrichtet, das Fach für wichtig?

_____

_____

_____

_____

_____

B Was erhofft sich die Schülerin Lisa Käufer von dem Glückskurs?

_____

_____

_____

_____

Kopiervorlage

Autorin: Ute Fenske

Kapitel 13
KA 1, Blatt 4

Einen Sachtext erschließen, Lesetechniken anwenden

Susanne Paulsen

Niemand ist eine Insel

Weshalb sich soziale Bindungen kaum in Geld aufwiegen lassen

Was sind uns andere Menschen wert? Wirtschaftswissenschaftler behaupten, dass sie sich in Geld kaum aufwiegen lassen. So lassen uns gute Freundschaften beispielsweise langsamer altern.

5 Und auch enge Familienbande sind enorm wichtig für die Lebenszufriedenheit – wenn auch nicht für jeden Preis.

Was macht Menschen glücklich? Glaubt man der Mehrheit jener Wissenschaftler, die sich mit

10 dieser Frage befassen, so lautet die Antwort: vor allem andere Menschen, besonders aber Freunde und Familienmitglieder. Das jedenfalls ist ein Fazit im „World Book of Happiness", einem Kompendium, in dem mehr als 100 Glücks-

15 forscher aus fast 50 Ländern die Erkenntnisse ihrer Arbeit zusammengetragen haben.

„Geben Sie engen Beziehungen den Vorzug vor Erfolg", schreibt der US-Sozialpsychologe David G. Myers. „Wir sind vom Glück anderer abhän-

20 gig", erklärt der rumänische Soziologe Sergiu Baltatescu. „Niemand ist eine Insel", schreibt der Grieche Konstantinos Kafetsios, der über Gefühle forscht. „Erfahren Sie zwischenmenschliche Beziehungen", rät dessen chinesischer Kollege

25 Xing Zhanjun. „Glück ist sozial", so der britische Ökonom Andrew Clark.

Die Quintessenz all dieser Aussagen: Das soziale Wesen *Homo sapiens* ist bei der Suche nach Glück entscheidend von anderen Vertretern sei-

30 ner Spezies abhängig, von Freunden, Partnern und Kindern.

Freunde: Das Netz, das einen trägt

Zahlreiche wissenschaftliche Untersuchungen in den vergangenen Jahren haben ergeben, was oh-

35 nehin selbstverständlich erscheint: Freunde fördern das Wohlbefinden. Der Grund, weshalb die Forscher großen Aufwand betrieben, um eine auf den ersten Blick höchst triviale Frage zu beantworten: Sie wollten die umgekehrte Kausalität

picture alliance/Cultura RF

ausschließen – dass der augenfällige Zusammen- 40 hang zwischen Freundschaft und Glück also schon deshalb zustande kommt, weil glückliche Menschen leichter Kontakte schließen.

Freundschaften haben aber noch weitere positive Effekte. Sie halten gesund, mehr noch: Sie kön- 45 nen das Leben des Einzelnen sogar um Jahre verlängern. Das zeigte sich kürzlich bei einer über zehn Jahre laufenden Studie mit fast 1 500 australischen Männern und Frauen im Alter von mehr als 70 Jahren. Das Ergebnis: Ein starkes 50 Netz aus Freunden erhöhte die Lebenserwartung der Probanden um bis zu 22 Prozent. Dagegen blieb ein enger Kontakt mit den eigenen Kindern oder mit Verwandten ohne vergleichbare Effekte. Die Forscher führen das darauf zurück, dass 55 Menschen sich ihre Freunde im Gegensatz zu ihren Verwandten selbst auswählen können.

Die positiven Effekte wirken allerdings vor allem dann, wenn die Beziehung zu Freunden nicht ausschließlich dem gegenseitigen Nutzen oder 60 dem gemeinsamen Vergnügen dient. Glücks- und gesundheitsfördernd ist vor allem jene Form der Freundschaft, die der griechische Philosoph Aristoteles bereits vor über 2 000 Jahren als „tugendhaft" bezeichnete: ein vertrautes Miteinander in 65 gegenseitiger Anteilnahme und Fürsorge. Im Idealfall trifft man sich häufig, mindestens einmal pro Woche. Wie viele Freunde ein Mensch

Autorin: Ute Fenske

Kapitel 13
KV 1, Blatt 1

Kopiervorlage

hat, ist dabei nicht wichtig, sondern dass er über-
70 haupt vertraute Beziehungen pflegt.

Große Studien haben gezeigt, dass dies keines-
wegs selbstverständlich ist: Während bei Umfra-
gen in Deutschland, der Schweiz und Norwegen
immerhin 95 Prozent der Menschen angaben, zu
mindestens einer Person in vertrauter Beziehung 75
zu stehen, war das in Kanada und Großbritannien
nur bei 87 Prozent der Fall. In Italien konnten
sogar nur etwa 75 Prozent der Befragten eine
ihnen vertraute Person benennen.

Aus: Glück. Zufriedenheit. Souveränität. GeoWissen Nr. 47,
05/2011, S. 141–154

Quellen für Glück und Wohlbefinden

Frage: Was sind für Sie die Quellen für Glück und Wohlbefinden? Ich nenne Ihnen jetzt wieder
einige Aussagen und Sie sagen mir bitte jeweils, ob das auf Sie sehr zutrifft, eher zutrifft oder eher nicht
zutrifft oder gar nicht zutrifft.

n = 1004   Übersicht: Nennungen „trifft sehr zu"

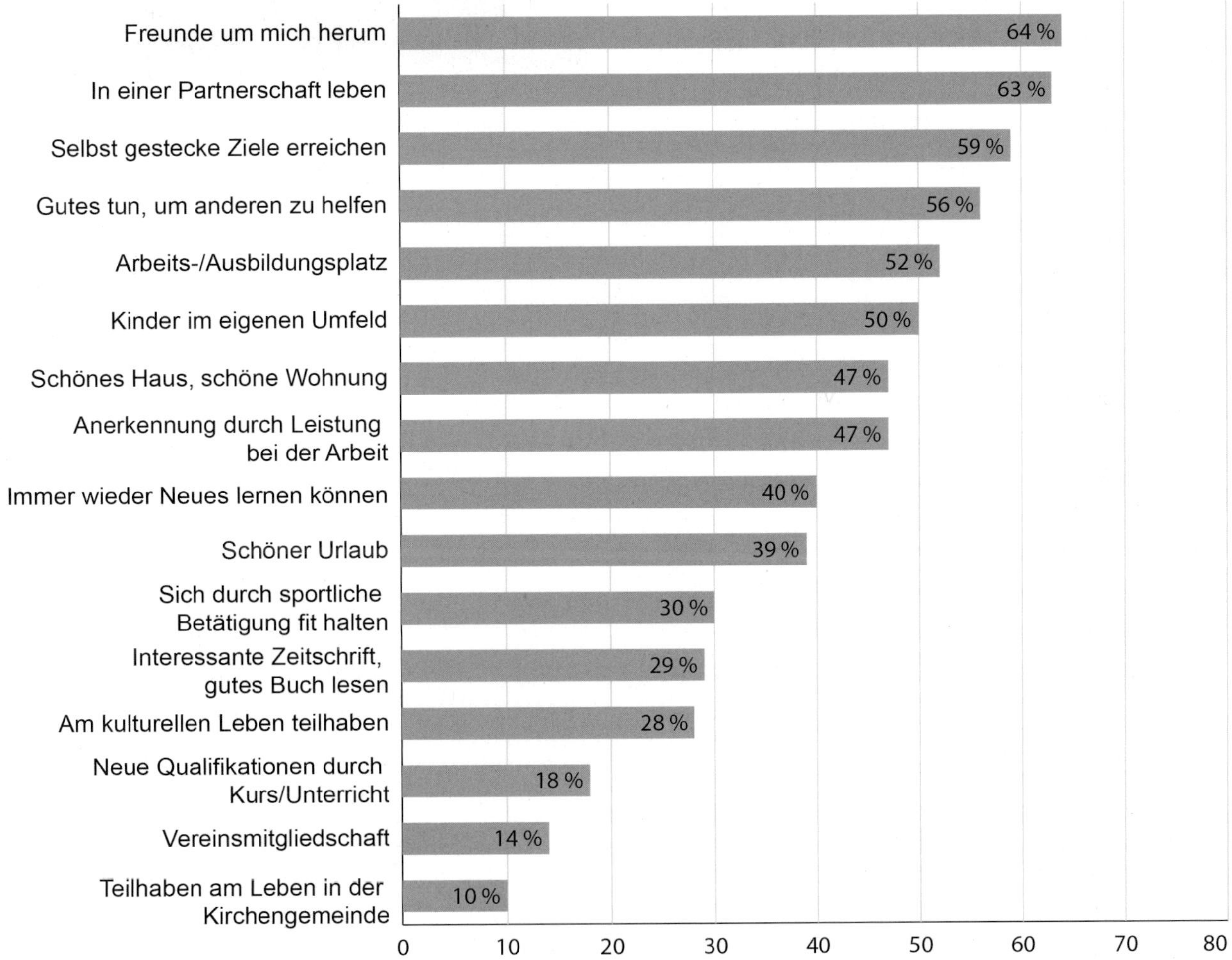

	%
Freunde um mich herum	64 %
In einer Partnerschaft leben	63 %
Selbst gesteckte Ziele erreichen	59 %
Gutes tun, um anderen zu helfen	56 %
Arbeits-/Ausbildungsplatz	52 %
Kinder im eigenen Umfeld	50 %
Schönes Haus, schöne Wohnung	47 %
Anerkennung durch Leistung bei der Arbeit	47 %
Immer wieder Neues lernen können	40 %
Schöner Urlaub	39 %
Sich durch sportliche Betätigung fit halten	30 %
Interessante Zeitschrift, gutes Buch lesen	29 %
Am kulturellen Leben teilhaben	28 %
Neue Qualifikationen durch Kurs/Unterricht	18 %
Vereinsmitgliedschaft	14 %
Teilhaben am Leben in der Kirchengemeinde	10 %

0   10   20   30   40   50   60   70   80

Quelle: Glück, Freude, Wohlbefinden – welche Rolle spielt das Lernen? Ergebnisse einer repräsentativen Umfrage
unter Erwachsenen in Deutschland, S. 10. © 2008 Bertelsmann Stiftung, Gütersloh. Quelle: http://www.bertelsmann-
stiftung.de/bst/de/media/xcms_bst_dms_23599_23600_2.pdf (Stand 06.07.2015)

Kopiervorlage

Autorin: Ute Fenske

Kapitel 13
KV 1, Blatt 2

●●● Einen Sachtext erschließen, Lesetechniken anwenden

1 Lies die Überschrift, den Untertitel sowie die Zwischenüberschrift und überfliege den restlichen Text, achte dabei besonders auf die Satzanfänge jedes Abschnitts.
Fasse nun zusammen, um was es in diesem Text geht.

_____

_____

_____

2 Lies den Text einmal zügig durch und überprüfe, ob du das Thema richtig bestimmt hast. Falls nicht, korrigiere deine Zusammenfassung in Aufgabe 1.

3 Lies den Text ein zweites Mal. Umkreise unbekannte Wörter, die du nachschlagen willst.
Notiere die Wörter und ihre Bedeutung.

_____

_____

_____

_____

_____

_____

_____

_____

4 Erschließe den Inhalt des Textes. Gehe so vor:

a Markiere Schlüsselwörter. In den Zeilen 1–5 ist das bereits geschehen.

b Welche Textaussagen treffen zu? Kreuze die zutreffenden an.

☐ A Freundschaften sind ein wichtiger Faktor für das eigene Glück.

☐ B Für das Glücksempfinden sind Freundschaften und Beziehungen zu Verwandten wichtig.

☐ C Studien und internationale Forscher belegen den Zusammenhang zwischen Freundschafts-beziehungen und Glücksempfinden.

☐ D Die Anzahl der Freunde erhöht die Lebenserwartung.

☐ E Ein Netz aus Freunden erhöht die Lebenserwartung.

☐ F Besonders gut ist es, wenn Freundschaften nur einem Nutzen oder dem Vergnügen dienen.

☐ G Freundschaften tragen besonders zum Glück bei, wenn sie nicht nur einem Nutzen dienen, sondern ein vertrautes Miteinander bedeuten.

 Autorin: Ute Fenske

Kapitel 13
KV 1, Blatt 3

Kopiervorlage

c   Fasse die wichtigsten Informationen des Textes zusammen. Schreibe in dein Heft.
Gehe so vor:
– Formuliere eine Einleitung, in der du alle nötigen Angaben machst und das Thema des Textes nennst.
– Fasse im Hauptteil die wichtigsten Informationen des Textes mit eigenen Worten sachlich zusammen. Nutze deine Vorarbeiten und denke an Satzverknüpfungen.
– Notiere zum Schluss, was dir am Text gut bzw. weniger gut gefallen hat. Hier solltest du zu einer Textstelle Bezug nehmen.

5   Untersuche das Diagramm.
Überlege, was sich aus den Angaben ablesen lässt, und fasse zusammen, was das Diagramm über Quellen für Glück und Wohlbefinden aussagt.

_____

_____

_____

_____

_____

6   Erläutere den Zusammenhang zwischen Diagramm und Text. Streiche in der folgenden Aussage die unzutreffende Formulierung und vervollständige den Satz.

Zwischen Text und Diagramm besteht ein Zusammenhang/kein Zusammenhang, denn _____

_____

Autorin: Ute Fenske
Illustratorin: Sylvia Graupner, Annaberg-Buchholz

Kapitel 13
KV 1, Blatt 4

Kopiervorlage

Einen Sachtext erschließen, Lesetechniken anwenden

1 Lies die Überschrift, den Untertitel sowie die Zwischenüberschrift und überfliege den restlichen Text, achte dabei besonders auf die Satzanfänge jedes Abschnitts.
Kreuze dann an, um welches Thema es in dem Artikel geht.

- ☐ **A** In dem Text geht es um das Glück, auf einer einsamen Insel zu leben.
- ☐ **B** In dem Text geht es um die Bedeutung eines engen Familienzusammenhalts für die Lebenszufriedenheit.
- ☐ **C** In dem Text geht es um die Bedeutung guter Freunde für die Lebenszufriedenheit.
- ☐ **D** In dem Text geht es darum, dass Freunde für das Glück unwichtig sind.
- ☐ **E** In dem Text geht es um Reisen mit guten Freunden.

2 Lies den Text einmal zügig durch und überprüfe, ob du das Thema richtig bestimmt hast.
Falls nicht, korrigiere deine Entscheidung in Aufgabe 1.

3 Lies den Text ein zweites Mal. Umkreise unbekannte Wörter, die du nachschlagen willst.
Notiere die Wörter und ihre Bedeutung.

Fazit (Z. 13): Ergebnis, Schlussfolgerung; Kompendium (Z. 14): Lehrbuch, Handbuch;

_____

_____

_____

_____

_____

_____

4 Erschließe den Inhalt des Textes. Gehe so vor:

a Markiere Schlüsselwörter. In den Zeilen 1–5 ist das bereits geschehen.
Tipp: Schlüsselwörter sind Wörter, an denen du beim Überfliegen des Textes mit den Augen hängen bleibst. Meist geben Schlüsselwörter Antworten auf W-Fragen.

b Welche Textaussagen treffen zu? Kreuze die zutreffenden an.
Tipp: Insgesamt treffen fünf Aussagen zu.

- ☐ **A** Freundschaften sind ein wichtiger Faktor für das eigene Glück.
- ☐ **B** Für das Glücksempfinden sind Freundschaften und Beziehungen zu Verwandten wichtig.
- ☐ **C** Studien und internationale Forscher belegen den Zusammenhang zwischen Freundschaftsbeziehungen und Glücksempfinden.
- ☐ **D** Die Anzahl der Freunde erhöht die Lebenserwartung.
- ☐ **E** Ein Netz aus Freunden erhöht die Lebenserwartung.
- ☐ **F** Besonders gut ist es, wenn Freundschaften nur einem Nutzen oder dem Vergnügen dienen.
- ☐ **G** Freundschaften tragen besonders zum Glück bei, wenn sie nicht nur einem Nutzen dienen, sondern ein vertrautes Miteinander bedeuten.

Autorin: Ute Fenske

Kapitel 13
KV 1, Blatt 5

Kopiervorlage

c Fasse die wichtigsten Informationen des Textes zusammen. Schreibe in dein Heft.
   Gehe so vor:
   – Formuliere eine Einleitung, in der du über Autor/-in, Titel, Textsorte informierst und knapp das
     Thema des Textes nennst.
   – Fasse im Hauptteil die wichtigsten Informationen des Textes mit eigenen Worten sachlich
     zusammen. Nutze deine Vorarbeiten. Mache die Zusammenhänge durch passende Satz-
     verknüpfungen deutlich.

5 Untersuche das Diagramm und beantworte die folgenden Fragen.

   A Worüber informiert das Diagramm? _____

   _____

   B Wie viele Menschen wurden befragt? _____

   C Für wie viel Prozent der Befragten gehören Freunde zum Glück? _____

   D Ist es für die Befragten wichtiger, Freunde zu haben oder in einer Partnerschaft zu leben?

   _____

   E Für wie viele der Befragten stehen sportliche Aktivitäten im Zusammenhang mit Glück? _____

6 a Erläutere den Zusammenhang zwischen dem Diagramm und dem Text.
      Welche Aussage über den Zusammenhang von Text und Diagramm ist zutreffend? Kreuze an.
      ☐ Es besteht ein Zusammenhang zwischen Text und Diagramm.
      ☐ Es besteht kein Zusammenhang zwischen Text und Diagramm.

      Welche Aussage über den Text und das Diagramm stimmt? Kreuze an.
      ☐ Der Text und das Diagramm beurteilen die Bedeutung von Freundschaft für das Glück gegen-
        sätzlich.
      ☐ Der Text und das Diagramm zeigen beide, wie wichtig Freundschaft für das Glück ist.
      ☐ Der Text und das Diagramm zeigen, dass Freundschaft für das Glück eher unwichtig ist.

   b Formuliere den Zusammenhang zwischen Text und Diagramm in einer Satzreihe oder einem Satz-
      gefüge.

   _____

   _____

Autorin: Ute Fenske
Illustratorin: Sylvia Graupner, Annaberg-Buchholz

Kapitel 13
KV 1, Blatt 6

Kopiervorlage

Einen Sachtext erschließen, Lesetechniken anwenden

1 Lies die Überschrift, den Untertitel sowie die Zwischenüberschrift und überfliege den restlichen Text. Achte dabei besonders auf die Satzanfänge jedes Abschnitts.
Kreuze dann an, um welches Thema es in dem Artikel geht.

☐ **A** In dem Text geht es um das Glück, auf einer einsamen Insel zu leben.

☐ **B** In dem Text geht es um die Bedeutung eines engen Familienzusammenhalts für die Lebenszufriedenheit.

☐ **C** In dem Text geht es um die Bedeutung guter Freunde für die Lebenszufriedenheit.

2 Lies den Text einmal zügig durch und überprüfe, ob du das Thema richtig bestimmt hast. Falls nicht, korrigiere deine Entscheidung in Aufgabe 1.

3 Lies den Text ein zweites Mal. Umkreise unbekannte Wörter, die du nachschlagen willst. Notiere die Wörter und ihre Bedeutung.

Fazit (Z. 13): Ergebnis, Schlussfolgerung; Kompendium (Z. 14): Lehrbuch, Handbuch;

Sozialpsychologe (Z. 18): Psychologe, der sich z. B. mit sozialen Gruppen beschäftigt;

_____

_____

_____

_____

_____

Effekt (Z. 45): Wirkung, Ergebnis; Proband (Z. 52): Versuchsperson

4 Erschließe den Inhalt des Textes. Gehe so vor:

a Markiere Schlüsselwörter. In den Zeilen 1–5 ist das bereits geschehen.
Tipp: Die folgenden Schlüsselwörter könntest du in den Zeilen 6–31 gefunden haben:
Lebenszufriedenheit – andere Menschen – Freunde – Familienmitglieder – 100 Glücksforscher – US-Sozialpsychologe – rumänische Soziologe – Grieche – chinesischer Kollege – sozial – britische Ökonom – soziale Wesen _Homo sapiens_ – Glück – anderen Vertretern seiner Spezies

b Welche Textaussage trifft nicht zu? Kreuze sie an.

☐ **A** Freundschaften sind ein wichtiger Faktor für das eigene Glück.

☐ **B** Für das Glücksempfinden sind Freundschaften und Beziehungen zu Verwandten wichtig.

☐ **C** Studien und internationale Forscher belegen den Zusammenhang zwischen Freundschafts-beziehungen und Glücksempfinden.

☐ **D** Ein Netz aus Freunden erhöht die Lebenserwartung.

☐ **E** Besonders gut ist es, wenn Freundschaften dem gegenseitigen Nutzen oder gemeinsamen Vergnügen dienen.

☐ **F** Freundschaften tragen besonders zum Glück bei, wenn sie nicht nur einem Nutzen dienen, sondern ein vertrautes Miteinander bedeuten.

Autorin: Ute Fenske

Kapitel 13
KV 1, Blatt 7

Kopiervorlage

c Fasse die wichtigsten Informationen des Textes zusammen. Schreibe in dein Heft.

Gehe so vor:
- Formuliere eine Einleitung, in der du über Autor/-in, Titel, Textsorte informierst und knapp das Thema des Textes nennst.
- Fasse im Hauptteil die wichtigsten Informationen des Textes mit eigenen Worten sachlich zusammen. Nutze deine Vorarbeiten. Mache die Zusammenhänge durch passende Satzverknüpfungen deutlich.
- Finde eine treffende Überschrift.

Du kannst so beginnen: In dem Artikel „Niemand ist eine Insel" von Susanne Paulsen, der 2011 in dem Heft „Glück" der Zeitschrift „GEO Wissen" erschienen ist, geht es um …

5 Untersuche das Diagramm. Welche Aussagen treffen zu? Kreuze an.

A ☐ Das Diagramm informiert über Quellen für Glück und Wohlstand.

☐ Das Diagramm informiert darüber, was zum Glück gehört.

B ☐ Es wurden 1004 Menschen befragt.

☐ Es wurden 4001 Menschen befragt.

C ☐ Für weniger als 60 Prozent der Befragten gehören Freunde zum Glück.

☐ Für 64 Prozent der Befragten gehören Freunde zum Glück.

D ☐ Freunde zu haben oder in einer Partnerschaft zu leben, ist für die Befragten fast gleich wichtig.

☐ In einer Partnerschaft zu leben, ist für die Befragten viel wichtiger, als Freunde zu haben.

E ☐ Für knapp ein Drittel der Befragten stehen sportliche Aktivitäten in Zusammenhang mit Glück.

☐ Für fast die Hälfte der Befragten stehen sportliche Aktivitäten in Zusammenhang mit Glück.

6 **a** Zwischen Text und Diagramm besteht ein Zusammenhang.
Welche Aussage stimmt? Kreuze an.

☐ Der Text und das Diagramm zeigen beide, wie wichtig Freundschaft für das Glück ist.

☐ Der Text und das Diagramm zeigen, dass Freundschaft für das Glück eher unwichtig ist.

b Formuliere den Zusammenhang zwischen Text und Diagramm in einem Satzgefüge.

Zwischen Text und Diagramm besteht ein Zusammenhang, denn beide _____

_____

_____

_____

Kopiervorlage

Autorin: Ute Fenske

Kapitel 13
KV 1, Blatt 8

Redaktion: lüra – Klemt & Mues GbR, Wuppertal

Illustrationen:
Friederike Ablang, Berlin: S. 238–239
Uta Bettzieche, Leipzig: S. 174, 177, 180, 249
Bildbad, Berlin: S. 133, 147, 149, 151, 306–307
Michael Fleischmann, Waldegg: S. 240
Nils Fliegner, Hamburg: S. 184–185, 187, 190, 335–337
Christiane Grauert, Milwaukee (USA): S. 97–99, 102, 104, 106
Sylvia Graupner, Annaberg-Buchholz: S. 437, 443, 445
Kristine Heldmann, Berlin: S. 210, 214–215, 221
Peter Menne, Potsdam: S. 69, 72, 74, 76, 275–277, 363, 369, 371, 373–374, 376, 378, 423

Umschlaggestaltung: werkstatt für gebrauchsgrafik, Berlin
(Foto: Shutterstock/Osadchaya Olga)

Technische Umsetzung: zweiband.media, Berlin

www.cornelsen.de

1. Auflage, 1. Druck 2017

Druck: Athesiadruck GmbH

ISBN 978-3-06-067472-5

 Inhalt gedruckt auf säurefreiem Papier aus nachhaltiger Forstwirtschaft.